国有控股上市公司
发展报告

李维安 郝 臣 等◎著

Report of
State-controlled Listed
Companies Development

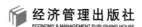

经济管理出版社
ECONOMY & MANAGEMENT PUBLISHING HOUSE

图书在版编目（CIP）数据

国有控股上市公司发展报告/李维安等著．—北京：经济管理出版社，2022.5
ISBN 978-7-5096-8423-8

Ⅰ.①国…　Ⅱ.①李…　Ⅲ.①国有控股公司—上市公司—研究报告—中国　Ⅳ.①F279.246

中国版本图书馆 CIP 数据核字（2022）第 078390 号

责任编辑：胡　茜　亢文琴　王虹茜
责任印制：黄章平
责任校对：董杉珊　陈颖

出版发行：经济管理出版社
　　　　　（北京市海淀区北蜂窝 8 号中雅大厦 A 座 11 层　100038）
网　　址：www.E-mp.com.cn
电　　话：（010）51915602
印　　刷：唐山昊达印刷有限公司
经　　销：新华书店
开　　本：880mm×1230mm/16
印　　张：33.5
字　　数：876 千字
版　　次：2022 年 5 月第 1 版　　2022 年 5 月第 1 次印刷
书　　号：ISBN 978-7-5096-8423-8
定　　价：298.00 元

序　言

　　本书是我国首部以国有控股上市公司为研究对象的系统性发展报告。随着国有企业公司制改革的基本完成，我国过去按《中华人民共和国全民所有制工业企业法》注册的国有企业都成为了按《中华人民共和国公司法》注册的国有公司。伴随混合所有制、国有资产证券化以及改制上市工作的加快推进，国有控股上市公司已经成为我国国有企业中最主要的组织形式，代表着国有企业成长进步的较高水平，也是我国上市公司的重要组成部分。国有股东的主营业务资产向其控股的上市公司不断集中，使国有控股上市公司在其国有股东的经营发展中发挥出越来越重要的作用。国有控股上市公司是国有企业市场化、现代化和国际化的实践引领者，是国有企业改革、发展和成长的中坚力量，更是国有企业、国有资本和国有经济的重要载体。但是，国有控股上市公司扮演好上述角色或发挥好上述作用的前提条件是其自身高质量发展的实现。国有控股上市公司只有不断改革创新、转换发展动能、激发企业活力，才能做强做优做大，并引领国民经济转型增效，才能走在高质量发展前列。因此，目前亟须对我国国有控股上市公司发展状况进行全面的分析与评价，并依此有针对性地提出提升国有控股上市公司发展质量的对策建议。

　　本书遵循党的十八届三中全会和党的十九大以来关于国有企业改革发展的基本思路和原则，借鉴和参考国内外重要文献和最新研究成果，充分结合国有企业改革发展的实际情况，在构建国有控股上市公司发展模型的基础上，重点关注了公司治理、经营机制市场化、市值管理、创新和社会责任等公司微观层面重要维度。本书基于构建的发展模型，利用中国证监会网站、沪深证券交易所网站、巨潮资讯网、公司网站等渠道披露的公开信息以及南开大学公司治理数据库、万得（Wind）数据库等下载的公开信息，采用规范研究和实证研究相结合的方法对我国国有控股上市公司情况进行了具体分析。本书的主要研究内容包括以下六个方面：

　　第一，国有控股上市公司发展概况研究。一般谈国有企业改革和发展，多指国务院国资委监管的中央企业或地方国资委监管的地方国企，但严格来讲这仅是国有企业的一部分。本书基于股权穿透原则，将国有控股上市公司按实际控制人属性划分的中央企业国有控股上市公司、中央部委所属企业控股上市公司、地方国企控股上市公司和地方机构所属企业控股上市公司四种类型都作为分析对象，并从资产负债、盈利状况、期间费用和现金流量四个方面对国有控股上市公司发展概况进行了综合分析。

　　第二，国有控股上市公司治理研究。公司治理是现代企业制度的核心，作为国有控股上市公司发展的重要保障，公司治理成为本书分析的第一个发展维度。本书利用南开大学中国公司治理研究院发布的中国上市公司治理指数，对我国国有控股上市公司治理状况进行了总体分析、分维度分析和基于治理指标的具体分析。

　　第三，国有控股上市公司市值管理研究。"管资本"是国有资产监管的主线，与"管资本"

直接相关的市值管理工作变得尤其重要。作为国有控股上市公司发展的重要工具，市值管理成为本书分析的第二个发展维度。本书从价值创造、价值经营、价值实现等方面对国有控股上市公司的市值管理状况及其与绩效的相关性进行了分析。

第四，国有控股上市公司经营机制市场化研究。作为国有控股上市公司发展的重要前提，经营机制市场化成为本书分析的第三个发展维度。本书利用公开数据和信息，从国有控股上市公司领导人薪酬激励、领导人股权激励、分配机制状况等方面对国有控股上市公司的经营机制市场化状况及其与绩效的相关性进行了分析。

第五，国有控股上市公司创新情况研究。党的十九大报告中指出，创新是引领发展的第一动力，是建设现代化经济体系的战略支撑。作为国有控股上市公司发展的重要动力，创新成为本书分析的第四个发展维度。本书从创新投入、专利产出等方面对国有控股上市公司的创新状况及其与绩效的相关性进行了分析。

第六，国有控股上市公司社会责任状况研究。作为国有控股上市公司发展的重要基石，社会责任成为本书分析的第五个发展维度。报告从股东和投资者权益保护、职工权益保护、公共关系、社会公益与环境保护状况等方面对国有控股上市公司社会责任状况及其与绩效的相关性进行了分析。

本书研究发现：2018年国有控股上市公司净利润总额为2.59万亿元，占全部上市公司的70.38%，国有控股上市公司净利润增长率高于全部上市公司净利润增长率，国有控股上市公司整体经营状况良好；在混合所有制改革过程中，国有持股比例逐步下降，"一股独大"问题得到明显改善，股权结构趋于优化，国有控股上市公司的治理水平领先于民营控股上市公司等其他类型上市公司，但其各具体维度的发展仍存在一定程度的不均衡。具体而言，经理层治理是其发展的显著短板；国有控股上市公司的总市值表现整体处于较为合理的区间，但其相对市场价值相较于全部上市公司而言偏低；国有控股上市公司对创新的重视程度较高，但就相对值来看，其创新投入仍有不足。结合上述研究结论，本书分别从总体层面以及公司治理、市值管理、经营机制市场化、研发创新和履行社会责任五个具体维度提出了国有控股上市公司发展的对策建议。

新时代，新征程，新使命。在全面深化改革和进一步提高上市公司质量的大背景下，希望本书的出版能够为深化我国国有企业改革和推动国有控股上市公司实现高质量发展提供一些借鉴。

李维安

2021年11月15日

于中国公司治理研究院

目　录

第一章　引言

本章介绍了本书的研究背景与研究意义，提出了本书的研究内容和研究思路，构建了以公司治理、市值管理、经营机制市场化、创新与社会责任为主要维度的国有控股上市公司发展模型。同时，本章描述了研究样本的来源与分布状况、使用的指标与研究方法，并对本书中使用的核心概念进行了界定。

第一节　研究背景与研究意义

一、研究背景

（一）国有控股上市公司成为国有企业混合所有制改革的重要载体

国有企业是中国特色社会主义的重要物质基础和政治基础，是我们党执政兴国的重要支柱和依靠力量。中华人民共和国成立以来，特别是改革开放以来，国有企业发展取得了巨大成就。我国国有企业为我国经济社会发展、科技进步、国防建设、民生改善做出了历史性贡献，功勋卓著，功不可没。面对突发的新冠肺炎疫情，广大国有企业勇挑重担，在应急保供、医疗支援、复工复产、稳定产业链供应链等方面发挥了重要作用。

随着现代化市场经济体系的不断发展和完善，资本市场成为国有企业市场化改革的重要阵地，国有控股上市公司成为国有企业混合所有制改革的重要载体，国有企业主要优质资产已进入上市公司。2019 年 11 月，国资委印发了《中央企业混合所有制改革操作指引》，进一步明确并规范国有企业通过科创板上市等方式实施混合所有制改革。作为国有企业的优质资产载体和现代企业制度的引领者，国有控股上市公司理应在治理能力提升和创新驱动等方面不断积极进取，在高质量发展中继续发挥标杆示范作用。

（二）国有控股上市公司高质量发展是国民经济高质量发展的基础

习近平总书记在党的十九大报告中指出："我国经济已由高速增长阶段转向高质量发展阶段。"经济高质量发展的微观基础就是要实现企业特别是国有控股上市公司的高质量发展。截至2019 年 12 月 31 日，国有控股上市公司为 1129 家，占同时期全国上市公司 3753 家的 30.08%，但是其资产总额为 190.79 万亿元，收入总额为 33.47 万亿元，净利润总额为 2.75 万亿元，分别占同时期全体上市公司的 68.00%、66.43% 和 66.61%。同时，国有控股上市公司收入增长率为12.42%，高于全部上市公司，而净利润增长率为 6.04%，所有者权益增长率为 14.56%，均低于同时期全国上市公司的平均水平，保值增值能力有待进一步提升。推动国有控股上市公司高质量发展，必须夯实现代企业的制度基础，实现创新驱动的内涵发展，推动国有控股上市公司综合效益提升。国有控股上市公司要在加快转型升级、推动高质量发展、提升自主创新能力等方面充分发挥引领和表率作用，在保障国家安全和国民经济运行、发展前瞻性战略性产业方面继续贡献更大力量。

（三）公司治理是国有控股上市公司高质量发展的保障

国有控股上市公司高质量发展包括科学的治理体系和管理制度、高效的价值创造和价值实现等维度，其中，治理能力提升是基础。党的十八大以来，在习近平总书记系列重要讲话精神和治国理政新理念新思想新战略的指引下，按照《关于深化国有企业改革的指导意见》等一系列制度举措，国有控股上市公司治理改革持续深入，治理能力现代化建设取得积极进展。国有企业治理能力提升需要把加强党的领导和完善公司治理统一起来，明确国有企业党组织在法人治理结构中的法定地位，发挥国有企业党组织的领导核心和政治核心作用。在此背景下，国务院国资委以建设规范的中央企业董事会为核心，做了很多制度性探索，包括外部董事占多数，建立规范的专门委员会，赋予董事会重大决策的权力，尤其是对经理层的选聘、考核权等。近年来，国有控股上市公司中实施股权激励的比重持续增加，2019年末达到18%，为国有控股上市公司创新发展发挥了积极作用。2020年，国务院国资委印发的《中央企业控股上市公司实施股权激励工作指引》，进一步规范了国有企业股权激励制度。国有控股上市公司持续高质量发展的关键是进一步推动公司治理转型，提升治理有效性，用资本市场的开放和透明，促进公司治理机制的完善。

基于以上背景，我们编写了《国有控股上市公司发展报告》，从公司治理、创新驱动等多个维度对国有控股上市公司的发展状况进行客观评价并提出相关改进建议，可以为未来国有企业的改革发展提供客观依据和理论支撑。

二、研究意义

开展国有控股上市公司发展研究的主要目的是了解目前国有控股上市公司的发展状况，准确把握影响国有控股上市公司高质量发展的关键要素，揭示国有控股上市公司改革发展方面存在的关键问题，明确未来改革的重点和方向。一方面，本书有望为高质量发展、国有控股上市公司评价等相关研究提供理论借鉴；另一方面，本书可以为国资国企监管制度优化、国有控股上市公司自身改革发展等提供客观依据。

（一）理论意义

1. 构建国有控股上市公司发展模型，丰富公司高质量发展相关研究

近年来，国内有关研究机构基于特定视角和样本建立了相应的公司发展评估体系，从不同区域和维度等对上市公司发展状况进行了分析，但缺乏针对国有控股上市公司的专门系统研究。基于此，本书聚焦国有控股上市公司高质量发展的内涵，围绕公司价值创造和价值实现的关键环节，构建包含公司治理、市值管理和创新三个维度的国有控股上市公司发展模型，对国有控股上市公司进行系统评价分析，从而丰富公司高质量发展相关理论。

2. 构筑国有控股上市公司评价体系，深化国有控股上市公司评价研究

在构建国有控股上市公司发展模型的基础上，本书结合各维度的功能定位并借鉴相关研究成果，开发了包括国有控股上市公司发展的保障（公司治理）、工具（市值管理）、动力（创新）三个维度的评价指标体系，而且基于公开数据进行了客观评价，客观分析了国有控股上市公司发展质量，从而深化了国有控股上市公司评价相关研究。

（二）实践意义

1. 为深化国有企业改革发展提供对策支持

作为履行国有股东出资人职责的机构，国务院国资委深入推进国资国企改革，加快实现国资监管从管企业向管资本转变，加快完善市场化经营机制，着力培育具有全球竞争力的世界一流企业。通过评价分析国有控股上市公司的发展状况，国资监管部门可以定期对国有控股上市公司的发展改革进展进行科学的评估和考评，了解其价值创造和价值实现的成效，准确把握国有控股上市公司发展改革中存在的问题及影响因素，并据此确定相应的国资国企改革政策，持续提升国有控股上市公司价值创造和价值实现的能力，确保国有资本保值增值。

2. 为国有控股上市公司改革发展提供指导

国有控股上市公司是我国国有企业的优秀代表，其在价值创造和价值实现等方面具有重要示范效应。围绕国有控股上市公司价值创造和价值实现能力，本书从公司治理、市值管理、创新三个维度对国有控股上市公司的发展状况进行了分析评价并提出了可行的建议，一方面评价总结了国有控股上市公司改革发展的客观状况，另一方面为国有控股上市公司改革发展明确了方向和路径。国有控股上市公司可以根据本书中的研究报告对自身的发展状况进行检验，不断提升治理能力，为培育具有全球竞争力的一流企业打下坚实的制度基础。

第二节 研究思路与研究内容

一、研究思路：国有控股上市公司发展模型

本书结合党的十八大以来国企改革的重要精神以及取得的进展，构建了国有控股上市公司发展模型，重点关注公司微观层面的五个重要维度，即国有控股上市公司发展的保障（公司治理）、基石（社会责任）、前提（经营机制市场化）、工具（市值管理）和动力（创新），其中，创新与社会责任两个部分也是公司战略管理的重要内容。国有控股上市公司发展模型如图1-1所示。

二、研究内容：国有控股上市公司发展模型具体说明

深化国有企业改革一是要进行体制机制建设，夯实发展基础。中共中央、国务院《关于深化国有企业改革的指导意见》要求，到2020年，在国企改革重要领域和关键环节取得决定性成果，形成更加符合我国基本经济制度和社会主义市场经济发展要求的国有资产管理体制和现代企业制度。二是要发掘发展动力和工具，开拓发展道路。习近平总书记在党的十九大报告中指出，创新是引领发展的第一动力，是建设现代化经济体系的战略支撑。对于国有控股上市公司而言，就是要坚持以提升内在价值为核心的市值管理理念，不断提升价值创造能力。

基于国有控股上市公司发展模型，本书以截至2019年12月31日的1129家国有控股上市公司为研究对象，从公司治理等方面对国有控股上市公司的发展状况进行分析并提出相关对策建议，研究内容说明如下文及图1-1所示。

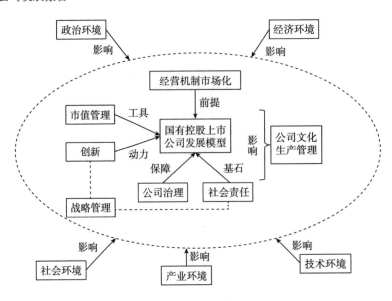

图 1-1　国有控股上市公司发展模型

资料来源：本书作者编制。

（一）公司治理

国有企业改革的核心任务是建立现代企业制度，而作为现代企业制度核心的公司制则需要市场经济下的经济型治理与之匹配，需要市场化配置资源，经济化经营目标，在厘清政府与市场边界的前提下完善公司的内外部治理机制，实现由政府计划管控下的行政型治理向以市场机制为主的经济型治理转变。因此，公司治理改革成为我国国有企业改革的核心主线。为进一步提高国有企业公司治理的有效性，2015 年，中共中央、国务院印发了《关于深化国有企业改革的指导意见》，要求到2020 年形成更加符合我国基本经济制度和社会主义市场经济发展要求的现代企业制度。2017 年，国务院办公厅印发了《中央企业公司制改制工作实施方案》，要求在 2017 年底前将按照《中华人民共和国全民所有制工业企业法》登记的国务院国有资产监督管理委员会监管的中央企业全部改制为按照《中华人民共和国公司法》登记的有限责任公司或股份有限公司，标志着国资委监管的全部中央企业将全面进入公司治理时代。由此，在已有公司治理改革的基础上，分析公司治理取得的成效和改进对策，对于国有控股上市公司治理能力提升就至关重要。

（二）市值管理

深化国企改革进程中一个重大转变在于从国有资产管理逐步转变为国有资本管理，其目的在于让国有企业的管理更加适应市场配置资源起决定性作用的经济环境，更有效地提高国有资本的价值创造水平。国务院国资委 2019 年 11 月 7 日发布的《关于以管资本为主加快国有资产监管职能转变的实施意见》围绕"管资本"这条主线，构建了以管资本为主加快国有资产监管职能转变的工作体系。市值管理不仅意味着上市公司凭借优异的经营绩效、公司战略与公司经营层面前瞻性的经营布局等举措影响外部投资者的预期，而且更重要的是将市值管理作为企业外部治理的工具，以市值为基础来评价公司绩效和经理层的能力，并将其作为采取积极管理措施的依据，最大化公司价值。国有控股上市公司要坚持以提升内在价值为核心的市值管理理念，不断提高价值创造能力。国有控股上市公司积极推进市值管理，有利于减少经理人的短视行为，促进经营理念向股东价值最大化转变，进而实现可持续发展。在国企改革的大背景下，市值管理是改善公司经营管理，强化竞争力，赢得投资者的长期认同和支持，实现国有资本做强做优、保值增值，从"管资产"向以"管资本"为主转变的重要工具。

（三）经营机制市场化

在国有企业改革步入纵深之际，建立健全国有企业的市场化经营机制，已成为提高国有企业市场竞争力的当务之急。改革开放四十多年来，我国经济体制改革沿着由计划经济向建立完善社会主义市场经济的道路不断前进，也正是在这一改革方向的指引下，我国的经济建设取得了举世瞩目的成就。在微观经济组织层面，国有企业改革沿着市场化的方向，进入了崭新的时期。与此同时，国有企业的经营机制问题，特别是企业领导人的薪酬激励和股权激励机制，以及高管—员工薪酬分配机制等一系列问题，仍是困扰国有企业经营效率提升的重要因素。正是基于以上考虑，2015年中共中央、国务院印发了《关于深化国有企业改革的指导意见》，确定国有企业在市场化经营机制方面的目标是实现"内部管理人员能上能下、员工能进能出、收入能增能减"。综上所述，国有企业的经营机制市场化，有助于充分激发和释放国有企业活力，提高国有企业市场竞争力和发展引领力。

（四）战略管理

创新与社会责任是影响国有控股上市公司高质量发展与可持续发展的两种重要战略。创新战略的实施有助于企业确立竞争优势，是驱动企业发展的动力源泉；社会责任战略的实施有助于企业协调与利益相关者的关系，是对国家绿色经济转型需求的积极响应。因此，有必要将创新与社会责任融入企业的发展战略，对从战略制定到战略执行的全过程进行科学有序的战略管理。

1. 创新

习近平总书记在党的十九大报告中指出，创新是引领发展的第一动力，是建设现代化经济体系的战略支撑。在贯彻创新驱动发展战略的过程中，上市公司是一大重要主体，我国经济在新时代能否实现从数量向质量的转变在很大程度上取决于上市公司的创新能力。科技部、国资委联合印发的《关于进一步推进中央企业创新发展的意见》明确指出，要实施创新驱动发展战略，落实中央企业科技创新推进会议要求，加快推动中央企业创新发展，坚持科技创新与体制机制创新双轮驱动，坚持政府引导和市场配置资源相结合，坚持聚焦国家发展战略布局创新资源，坚持基础研究、应用研究和技术创新融通发展。通过鼓励和支持中央企业参与国家重大科技项目、鼓励中央企业增加研发投入和支持中央企业发挥创新主体作用，推动经济社会高质量发展，为我国建成创新型国家和现代化经济体系提供强有力的支撑。在当今国企改革的大背景下，提升国有企业的创新能力，处理好国有企业研发创新投入分配不均匀的问题，将逐渐成为国有企业未来发展的重要动力。

2. 社会责任

习近平总书记强调指出："只有富有爱心的财富才是真正有意义的财富，只有积极承担社会责任的企业才是最有竞争力和生命力的企业。"国有企业是我国国民经济的重要支柱，是国有经济发挥主导作用的骨干力量，履行社会责任更是其与生俱来的使命。中国特色社会主义新时代赋予了国有企业新使命。站在新的起点，国有企业履责有了新方向、新内涵、新要求。2016年，国资委发布了《关于国有企业更好履行社会责任的指导意见》，推动社会责任融入企业的战略和发展目标，不断满足人民群众日益增长的美好生活需要。随着我国经济发展进入新常态，在保持经济平稳健康发展的同时实现就业稳定、民生改善、文化繁荣和生态良好，离不开国有企业对社会责任的切实履行。对于企业发展而言，企业履行社会责任不仅有助于实现产品差异化，还可以有效提升企业声誉，而且高质量履行社会责任还能够帮助企业突破国际贸易壁垒。履行社会责任已成为新时代国有企业发展的重要基石。

本书研究内容及章节安排如表 1-1 所示。

表 1-1　本书研究内容及章节安排

研究部分	具体研究内容	相关章节
引言	研究背景与研究意义 研究思路与研究内容 研究样本 指标与研究方法 概念界定	第一章
发展概况	资产负债 盈利状况 期间费用 现金流量	第二章 第三章 第四章
公司治理	股东治理 董事会治理 监事会治理 经理层治理 信息披露	第五章 第十章
市值管理	价值实现 价值创造 价值经营	第六章 第十一章
经营机制市场化	薪酬激励 股权激励 分配机制	第七章 第十二章
创新	创新投入 专利产出 非专利创新产出	第八章 第十三章
社会责任	股东和投资者权益保护 职工权益保护 公共关系 社会公益和环境保护	第九章 第十四章
发展对策	各部分研究对应的对策建议	第十五章

资料来源：本书作者编制。

第三节　研究样本

一、样本选择

本书的研究样本为截至 2019 年 12 月 31 日我国 A 股国有控股上市公司，根据信息齐全以及不含异常值数据这两项样本筛选的基本原则，我们最终确定国有控股上市公司的有效样本为1129家，占同时期全国上市公司3753家的30.08%。数据来源于公司网站、巨潮资讯网、中国证监会、沪深证券交易所网站等披露的公开信息以及南开大学公司治理数据库、万得（Wind）数据库、国泰安（CSMAR）数据库和色诺芬（CCER）数据库下载的公开信息。

通过对 Wind、CSMAR 和 CCER 三个数据库实际控制人类型的比较和归纳，国有控股上市公司的实际控制人可分为国务院国资委、中央国家机关、地方国资委以及地方国家机关四类，具体分类情况如表1-2所示。本书在国有控股上市公司的控股股东性质确认过程中，主要遵循以下两个原则：第一，一致性原则，三个数据库比对一致就确定其控股股东性质；第二，实质性原则，对于三个数据库中不一致的样本，核对年报进一步确定。

表1-2　国有控股上市公司控股股东性质分类

控股股东性质	控股股东子类	公司数量（家）	比例（%）
中央国有控股上市公司	中央企业控股上市公司	319	28.26
	中央部委所属企业控股上市公司	83	7.35
地方国有控股上市公司	地方国企控股上市公司	589	52.17
	地方机构所属企业控股上市公司	138	12.22
合计		1129	100.00

资料来源：根据 Wind 数据库整理。

根据上述控股股东性质确认标准，本书将国有控股上市公司分为中央国有控股上市公司（402家）和地方国有控股上市公司（727家）两类。中央国有控股上市公司按实际控制人性质可细分为中央企业控股上市公司（319家）和中央部委所属企业控股上市公司（83家）两类。地方国有控股上市公司按实际控制人性质又细分为地方国企控股上市公司（589家）和地方机构所属企业控股上市公司（138家）两类。

需要说明的是，本书只有第二章"国有控股上市公司发展概况"部分采用国有控股上市公司全样本数据对国有控股上市公司整体发展状况进行分析，包括"中央企业控股上市公司""中央部委所属企业控股上市公司""地方国企控股上市公司""地方机构所属企业控股上市公司"。本书的其余章节所使用的样本均为国资委所属企业控股上市公司（包括"中央企业控股上市公司"和"地方国企控股上市公司"），共计908家。

此外，本书表格中涉及各省、自治区、直辖市的称谓，统一简写。例如，"北京市"简写为"北京"，如此类同。

二、样本分布

（一）行业分布

本书采用的是中国证监会发布的2012版行业分类标准，从行业分布来看，国有控股上市公司中制造业数量居首位，为531家，占比47.03%。其次是电力、热力、燃气及水生产和供应业，上市公司数量为81家，占比7.17%。住宿和餐饮业、教育类上市公司的数量较少，分别为7家和3家，而居民服务、修理和其他服务、卫生和社会工作类则不存在国有控股上市公司。进一步地，从制造业细分来看，计算机、通信和其他电子设备制造业国有控股上市公司在制造业中数量最多，为80家，其次是化学原料及化学制品制造业，国有控股上市公司数量为67家，而皮革、毛皮、羽毛及其制品和制鞋业，金属制品、机械和设备修理业，烟草制品业则没有国有控股上市公司。国有控股上市公司具体行业构成如表1-3所示。

表1-3 国有控股上市公司的行业构成

行业	公司数量（家）	比例（%）
农、林、牧、渔业	17	1.51
采矿业	48	4.25
制造业（合计）	531	47.03
农副食品加工业	9	0.80
食品制造业	15	1.33
酒、饮料和精制茶制造业	21	1.86
纺织业	7	0.62
纺织服装、服饰业	1	0.09
木材加工和木、竹、藤、棕、草制品业	1	0.09
家具制造业	1	0.09
造纸和纸制品业	9	0.80
印刷和记录媒介复制业	1	0.09
文教、工美、体育和娱乐用品制造业	1	0.09
石油加工、炼焦和核燃料加工业	9	0.80
化学原料及化学制品制造业	67	5.93
医药制造业	41	3.63
化学纤维制造业	6	0.53
橡胶和塑料制品业	9	0.80
非金属矿物制品业	24	2.13
黑色金属冶炼和压延加工业	22	1.95
有色金属冶炼和压延加工业	25	2.21
金属制品业	7	0.62
通用设备制造业	32	2.83
专用设备制造业	46	4.07
汽车制造业	35	3.10
铁路、船舶、航空航天和其他运输设备制造业	22	1.95
电气机械和器材制造业	31	2.75
计算机、通信和其他电子设备制造业	80	7.09
仪器仪表制造业	4	0.35
其他制造业	4	0.35
废弃资源综合利用业	1	0.09
电力、热力、燃气及水生产和供应业	81	7.17
建筑业	42	3.72
批发和零售业	75	6.64

续表

行业	公司数量（家）	比例（%）
交通运输、仓储和邮政业	74	6.55
住宿和餐饮业	7	0.62
信息传输、软件和信息技术服务业	48	4.25
金融业	50	4.43
房地产业	61	5.40
租赁和商务服务业	19	1.68
科学研究和技术服务业	15	1.33
水利、环境和公共设施管理业	17	1.51
教育	3	0.27
文化、体育和娱乐业	30	2.66
综合	11	0.97
合计	1129	100.00

资料来源：根据 Wind 数据库整理。

（二）地区分布

从不同地区国有控股上市公司数量、占样本比例来看，经济发达地区的北京（148 家，占样本公司的 13.11%）、广东（124 家，占样本公司的 10.98%）和上海（105 家，占样本公司的 9.30%）国有控股上市公司的数量较多，而甘肃、贵州、海南、内蒙古、宁夏、西藏和青海样本量较少，其中，宁夏、西藏和青海国有控股上市公司数量分别为 6 家、4 家和 4 家。国有控股上市公司的地区构成如表 1-4 所示。

表 1-4　国有控股上市公司的地区构成

地区	公司数量（家）	比例（%）	地区	公司数量（家）	比例（%）
北京	148	13.11	湖北	36	3.19
天津	32	2.83	湖南	41	3.63
河北	25	2.21	广东	124	10.98
山西	23	2.04	广西	17	1.51
内蒙古	8	0.71	海南	10	0.89
辽宁	25	2.21	重庆	22	1.95
吉林	19	1.68	四川	43	3.81
黑龙江	17	1.51	贵州	14	1.24
上海	105	9.30	云南	19	1.68
江苏	71	6.29	西藏	4	0.35
浙江	56	4.96	陕西	31	2.75
安徽	43	3.81	甘肃	14	1.24
福建	36	3.19	青海	4	0.35
江西	20	1.77	宁夏	6	0.53

地区	公司数量（家）	比例（%）	地区	公司数量（家）	比例（%）
山东	61	5.40	新疆	24	2.13
河南	31	2.75	合计	1129	100.00

资料来源：根据 Wind 数据库整理。

（三）市场板块分布

2004 年 6 月，我国中小企业板揭幕，中小企业板是深圳证券交易所为了鼓励自主创新而专门设置的中小型公司聚集板块。2009 年 10 月，我国创业板正式启动，创业板是指主板之外的、专为暂时无法上市的中小企业和新兴公司提供融资途径和成长空间的证券交易市场，是对主板市场的有效补给，在资本市场中占据着重要的位置。2019 年 6 月 13 日，科创板正式开板，设立科创板并试点注册制是提升服务科技创新企业能力、增强市场包容性、强化市场功能的一项资本市场重大改革举措。2020 年，国有控股上市公司样本按照市场板块类型进行了详细划分，其中 80.34% 的样本公司来自主板，共 907 家；中小企业板 157 家，占 13.91%；创业板 62 家，占 5.49%；科创板 3 家，占 0.26%。国有控股上市公司市场板块构成详情如表 1-5 所示。

表 1-5　国有控股上市公司市场板块分布

市场板块	公司数量（家）	比例（%）
主板	907	80.34
中小企业板	157	13.91
创业板	62	5.49
科创板	3	0.26
合计	1129	100.00

资料来源：根据 Wind 数据库整理。

第四节　绩效指标与研究方法

一、绩效指标

绩效指标分为盈利能力指标、代理成本指标、营运能力指标、成长性指标、分红指标、价值指标六个方面。后续对各发展维度进行分析时，本书根据具体研究内容对绩效指标筛选后使用（见表 1-6）。

（一）盈利能力指标

1. 净资产收益率

净资产收益率（Return on Equity，ROE），也叫权益净利率、净值报酬率，是净利润与平均净资产的百分比，反映公司所有者权益的投资回报率，按照计算口径不同，又可以分为三种，具体如式（1-1）、式（1-2）和式（1-3）所示。

表 1-6　本书分析所使用的绩效指标状况统计

绩效指标分类	绩效指标具体名称	公司治理	市值管理	经营机制市场化	创新	社会责任
盈利能力指标	净资产收益率（平均）	√		√	√	√
	净资产收益率（加权）	√		√	√	√
	净资产收益率（摊薄）	√		√	√	√
	总资产报酬率	√		√	√	√
	总资产净利率	√		√	√	√
	投入资本回报率	√		√	√	√
代理成本指标	销售费用占营业总收入百分比	√				√
	管理费用占营业总收入百分比	√				√
	财务费用占营业总收入百分比	√				
营运能力指标	存货周转率					
	应收账款周转率					
	总资产周转率					
成长性指标	营业收入同比增长率	√		√		√
	净利润同比增长率	√		√		√
	总资产同比增长率	√		√		√
	研发费用同比增长率	√				
分红指标	上市以来分红率	√				
价值指标	企业价值（含货币资金）	√			√	√
	企业价值（剔除货币资金）	√		√	√	√
	企业价值倍数 1					
	企业价值倍数 2					
	总市值 1	√	√		√	√
	总市值 2	√	√		√	√
	市盈率（TTM）	√	√			
	市盈率（TTM，扣非）	√	√			
	市净率（MRQ）		√		√	
	市净率（LF）		√		√	
	市销率（TTM）		√			
	市销率（LYR）		√			
	经济增加值 1	√		√	√	√
	经济增加值 2	√		√	√	√
	净资产 EVA 率				√	

资料来源：本书作者整理。

净资产收益率(平均)＝归属母公司股东净利润/[（期初归属母公司股东的权益+期末归属母

公司股东的权益）/2]×100%   (1-1)

净资产收益率（加权）＝归属母公司股东净利润/加权平均归属母公司股东的权益×100%

(1-2)

净资产收益率（摊薄）＝归属母公司股东净利润/期末归属母公司股东的权益×100%   (1-3)

2. 总资产报酬率与总资产净利率

总资产报酬率（Return on Assets，ROA）是公司在报告期内获得的可供投资者和债权人分配的经营收益占总资产的百分比，反映资产利用的综合效果，具体如式（1-4）所示。

总资产报酬率＝息税前利润×2/（期初总资产+期末总资产）×100%   (1-4)

总资产净利率（Net Return on Assets，NROA 或 JROA）是公司在报告期内获得的可供投资者分配的经营收益占总资产的百分比，反映投资者（含少数股东权益）利用全部资产获利的能力，具体如式（1-5）所示。

总资产净利率＝净利润（含少数股东损益）×2/（期初总资产+期末总资产）×100%   (1-5)

3. 投入资本回报率

投入资本回报率（Return on Invested Capital，ROIC）是生产经营活动中所有投入资本赚取的收益率，而不论这些投入资本被称为债务还是权益。指标分子是指公司如果完全按权益筹资所应报告的税后利润，指标分母是指公司所有要求回报的现金来源的总和，如式（1-6）所示。

投入资本回报率＝EBIT 反推法×（1-有效税率）×2/（期初全部投入资本+期末全部投入资本）

(1-6)

其中，EBIT 反推法＝利润总额+利息费用（不含资本化利息支出）；有效税率，当所得税>0时，为所得税/利润总额，否则为0；投入资本是指所有投资者（股权人、债权人）投入的资金总和，这些资金都是意图分享企业经营回报的，投入资本与总资产的核心差别在于投资资本中不包括无息负债，其计算公式为：股东权益（含少数股东权益）+负债合计-无息流动负债-无息长期负债。

（二）代理成本指标

借鉴公司治理领域经典文献的做法，本书采用销售费用、管理费用、财务费用占营业总收入的比例来衡量一家公司代理成本的高低，如式（1-7）、式（1-8）和式（1-9）所示。

1. 销售费用占营业总收入百分比

销售费用占营业总收入百分比＝销售费用/营业总收入×100%   (1-7)

2. 管理费用占营业总收入百分比

管理费用占营业总收入百分比＝（管理费用+研发费用）/营业总收入×100%   (1-8)

其中，一般公司营业总收入＝营业收入+利息收入+已赚保费+手续费及佣金收入；银行、证券、保险营业总收入＝营业收入。

3. 财务费用占营业总收入百分比

财务费用占营业总收入百分比＝财务费用/营业总收入×100%   (1-9)

其中，一般公司营业总收入＝营业收入+利息收入+已赚保费+手续费及佣金收入；银行、证券、保险营业总收入＝营业收入。

（三）营运能力指标

1. 存货周转率

存货周转率是衡量和评价企业购入存货、投入生产、销售收回等环节管理状况的综合性指标，存货周转速度越快，存货的占用水平越低，流动性越强，存货转换为现金、应收账款的速度越快，具体如式（1-10）所示。

存货周转率＝营业成本/[（期初存货净额+期末存货净额）/2]　　　　　　　（1-10）

2. 应收账款周转率

应收账款周转率是报告期内应收账款转为现金的平均次数，应收账款周转率越高，平均收现期越短，说明应收账款的收回越快，具体如式（1-11）所示。

应收账款周转率＝营业收入/[（期初应收账款净额+期末应收账款净额）/2]　　（1-11）

3. 总资产周转率

总资产周转率是企业一定时期的销售收入净额与平均资产总额之比，它是衡量资产投资规模与销售水平之间配比状况的指标，具体如式（1-12）所示。

总资产周转率＝营业收入/[（期初资产总计+期末资产总计）/2]　　　　　（1-12）

（四）成长性指标

1. 营业收入同比增长率

根据报表营业收入的公布值，计算本期相对上年同期调整数的增长百分比；如果报表尚未披露，则以公司业绩快报中披露的营业收入同比增长率替代，具体如式（1-13）所示。

营业收入同比增长率＝（本期营业收入调整数-上年同期营业收入调整数）/上年同期营业收入调整数×100%　　　　　　　　　　　　　　　　　　　　　　（1-13）

2. 净利润同比增长率

根据报表税后净利润的公布值，计算本期相对上年同期调整数的增长百分比。具体如式（1-14）所示。

净利润同比增长率＝（本期净利润调整数-上年同期净利润调整数）/上年同期净利润调整数×100%　　　　　　　　　　　　　　　　　　　　　　（1-14）

3. 总资产同比增长率

总资产同比增长率为本年总资产增长额与年初资产总额的比值，具体如式（1-15）所示。

总资产同比增长率＝本年总资产增长额/年初资产总额×100%　　　　　　　（1-15）

4. 研发费用同比增长率

研发费用同比增长率为本期研发费用和上年同期研发费用的差额与上年同期研发费用的比值，具体如式（1-16）所示。

研发费用同比增长率＝（本期研发费用-上年同期研发费用）/上年同期研发费用×100%

（1-16）

（五）分红指标

上市以来分红率（Dividend Payout Ratio，DPR）是自上市日至指定报告期区间累计现金分红占累计实现净利润的比例，具体如式（1-17）所示。

上市以来分红率＝自上市日至指定报告期区间累计现金分红/累计实现净利润×100%

（1-17）

（六）价值指标

1. 内在价值指标

企业价值（Enterprise Vale，EV）是企业全部资产的总体价值，也称"企业实体价值"。理论上，企业价值是股权的公平市场价值与债务的公平市场价值之和，这里以带息债务账面价值代替债务的公平市场价值。企业价值按照计算过程中是否考虑货币资金又分为含货币资金企业价值和剔除货币资金企业价值，具体如式（1-18）和式（1-19）所示。

企业价值(含货币资金)＝股权价值(总市值1)＋带息债务 　　　　　　　　　　（1-18）

其中：①股权价值（总市值1）＝A股收盘价×A股合计＋B股收盘价×B股合计×人民币外汇牌价＋H股收盘价×H股合计×人民币外汇牌价＋海外上市股收盘价×海外上市股合计×人民币外汇牌价；②带息债务＝负债合计-无息流动负债-无息非流动负债，数据取自指定日期最近报告期，不考虑披露日期。

企业价值(剔除货币资金)＝股权价值(总市值1)＋带息债务-货币资金 　　　　（1-19）

其中：①股权价值（总市值1）＝A股收盘价×A股合计＋B股收盘价×B股合计×人民币外汇牌价＋H股收盘价×H股合计×人民币外汇牌价＋海外上市股收盘价×海外上市股合计×人民币外汇牌价；②带息债务＝负债合计-无息流动负债-无息非流动负债，数据取自指定日期最近报告期，不考虑披露日期。

2. 市场价值指标——总市值

总市值是指上市公司的股权公平市场价值。对于一家在多地上市的公司，区分不同类型的股份价格和股份数量分别计算类别市值，然后加总，如式（1-20）所示。

总市值1＝A股收盘价×A股合计＋B股收盘价×B股合计×人民币外汇牌价＋H股收盘价×H股合计×人民币外汇牌价＋海外上市股收盘价×海外上市股合计×人民币外汇牌价 　　　　（1-20）

另一种口径的总市值是用指定证券价格乘以指定日总股本来计算上市公司在该市场的估值，如式（1-21）所示。该总市值是计算市盈率、市净率等估值指标的基础指标。

总市值2＝个股当日股价×当日总股本 　　　　　　　　　　　　　　　　（1-21）

3. 市场价值指标——市盈率

市盈率（Price to Earnings，PE）是最新每股市价为最近12个月每股收益的倍数。本书采用了最近12个月或者滚动（Trailing Twelve Months，TTM）市盈率的计算方法，同时按照净利润的计算过程中是否扣除非经常性损益，将滚动市盈率又分为两种，具体如式（1-22）和式（1-23）所示。

市盈率(TTM)＝总市值2/归属母公司股东的净利润(TTM) 　　　　　　　（1-22）

扣非后的市盈率(TTM)＝总市值2/前推12个月扣除非经常性损益后的净利润 　（1-23）

其中，总市值2＝指定日证券收盘价×指定日当日总股本。

4. 市场价值指标——市净率

市净率（Price to Book Ratio，P/B PBR）是普通股每股市价为每股净资产的倍数。根据股东权益计算选取的时间点不同，又可以分为最新公告（Last File，LF）计算的市净率（LF）和最近一个季度（Most Recent Quarter，MRQ）的市净率（MRQ）。具体如式（1-24）和式（1-25）所示。

市净率(LF)＝总市值2/指定日最新公告股东权益(不含少数股东权益、优先股及永续债)

　　　　　　　　　　　　　　　　　　　　　　　　　　　　　　　　　（1-24）

市净率(MRQ)＝指定日证券收盘价×指定日当日总股本×人民币外汇牌价/指定日最新报告期股东权益(不含少数股东权益、优先股及永续债) 　　　　　　　　　　　　　　（1-25）

其中，总市值2＝指定日证券收盘价×指定日当日总股本；B股涉及汇率转换。

5. 市场价值指标——市销率

市销率（Price to Sales，PS）是每股市价为营业收入的倍数。其中，营业收入的计算方法有两种，因此计算市销率也存在两种常用的公式。第一种市销率计算中，使用的是上一年度（Last

Year Ratio，LYR）的营业收入，计算所得的市销率也就是通常所说的静态市销率（LYR）。第二种市销率计算中，使用的是过去 12 个月（Trailing Twelve Months，TTM）的营业收入，计算所得的市销率也就是通常所说的动态市销率（TTM）。具体如式（1-26）和式（1-27）所示。

市销率(LYR)= 总市值 2/营业收入(LYR)　　　　　　　　　　　　　　　　　（1-26）

市销率(TTM)= 总市值 2/营业收入(TTM)　　　　　　　　　　　　　　　　　（1-27）

其中，总市值 2=指定日证券收盘价×指定日当日总股本；B 股涉及汇率转换。

6. 价值创造指标

经济增加值（Economic Value Added，EVA）是指从税后净营业利润中扣除包括股权和债务的全部投入资本成本后的所得。经济增加值的计算公式如式（1-28）所示，其核心是资本投入是有成本的，公司的盈利只有在高于资本成本（包括股权成本和债务成本）时才会为股东创造价值。

经济增加值=税后净营业利润-资本总额×加权平均资本成本　　　　　　　　（1-28）

本书采用两种方法计算经济增加值，计算结果分别为经济增加值 1 和经济增加值 2，具体如下：

第一种计算方法参照国资委发布的《中央企业负责人经营业绩考核暂行办法》，如式（1-29）所示，计算过程中的重要参数如式（1-30）、式（1-31）和式（1-32）所示。

经济增加值 1=净利润+（利息支出+研究开发费用调整项）×（1-企业所得税税率）-（平均所有者权益+平均负债合计-平均无息流动负债-平均在建工程）×5.5%　　　（1-29）

税后净营业利润=净利润+（利息支出+研究开发费用调整项）×（1-企业所得税税率）（1-30）

资本总额=平均所有者权益+平均负债合计-平均无息流动负债-平均在建工程　（1-31）

加权平均资本成本=5.5%　　　　　　　　　　　　　　　　　　　　　　　（1-32）

需要说明的是：2008 年之前的企业所得税税率为 33%，2008 年及之后的企业所得税税率为25%。平均无息流动负债包括：应收票据+应交税费+应付账款+预收账款+应付职工薪酬+应付利息+应付股利+其他应付款+其他流动负债，专项应付款视同无息流动负债扣除。

第二种计算方法主要是按照其定义来计算，如式（1-33）所示，计算过程中的重要参数如式（1-34）、式（1-35）和式（1-36）所示。

经济增加值 2=营业利润-所得税费用+利息支出(非金融机构)+资产减值损失+开发支出+递延所得税负债增加额-递延所得税资产增加额-(所有者权益合计+资产减值准备-在建工程减值准备-在建工程净额+递延所得税负债-递延所得税资产+短期借款+交易性金融负债+一年内到期非流动负债+长期借款+应付债券+长期应付款)×债券资本成本×(1-企业所得税税率)×(债务资本/总资本)+股权资本成本×(股权资本/总资本)　　　　　　　　　　　　（1-33）

税后净营业利润=营业利润-所得税费用+利息支出(非金融机构)+资产减值损失+开发支出+递延所得税负债增加额-递延所得税资产增加额　　　　　　　　　　　　（1-34）

资本总额=所有者权益合计+资产减值准备-在建工程减值准备-在建工程净额+递延所得税负债-递延所得税资产+短期借款+交易性金融负债+一年内到期非流动负债+长期借款+应付债券+长期应付款　　　　　　　　　　　　　　　　　　　　　（1-35）

加权平均资本成本=债券资本成本×(1-企业所得税税率)×(债务资本/总资本)+股权资本成本×(股权资本/总资本)　　　　　　　　　　　　　　　　　　　　　（1-36）

其中，股权资本成本=无风险利率+风险因子×市场风险溢价；债券资本成本使用一年期银行贷款利率；无风险收益率使用银行一年期存款利率；风险因子使用沪深市场股票 250 交易日流通市值加权的 BETA 值；考虑到中国股票市场波动率过大的特点，计算时市场风险溢价使用 4%。

净资产 EVA 率是指企业的经济增加值与净资产的比率，反映了单位净资产能为股东创造的价值，具体如式（1-37）所示。

$$净资产 EVA 率 = 经济增加值/净资产 \tag{1-37}$$

7. 企业价值倍数指标

企业价值倍数又称企业价值收益比，是企业价值（剔除货币资金）与企业收益（扣除利息、税金、折旧和摊销前的收益）（Earnings Before Interest, Taxes, Depreciation and Amortization, EBITDA）的比值。企业价值倍数包含债务，是从潜在收购方的角度评估公司的价值。其中，企业收益根据选定交易日向前最近一期年报（LYR）财务数据计算，但计算方法有两种：第一种方法即反推法，企业收益（EBITDA）= 利润总额＋利息费用（不含资本化利息支出）＋折旧与摊销，计算得到的便是 EBITDA（反推法）；第二种方法即直接法，企业收益（EBITDA）=（营业总收入-营业税金及附加）-（营业成本＋利息支出＋手续费及佣金支出＋销售费用＋管理费用＋研发费用＋坏账损失＋存货跌价损失）+（固定资产折旧、油气资产折耗、生产性生物资产折旧）＋无形资产摊销＋长期待摊费用摊销）＋其他收益。具体如式（1-38）和式（1-39）所示。

$$企业价值倍数 1 = EV2/EBITDA（反推法） \tag{1-38}$$
$$企业价值倍数 2 = EV2/息税折旧摊销前利润 \tag{1-39}$$

其中，EV2 算法如式（1-19）所示。

二、研究方法

（一）规范研究

规范性研究方法是一种运用演绎和归纳的方法，这一研究方法更注重从逻辑性方面概括指明"应该怎样，应当怎样，或应该怎样解决"的方法。它涉及伦理标准和价值判断问题。

（二）实证研究

实证研究方法，要求事先对现实提出一些前提或假定，然后通过经验及实际证据来证明，进而用数据去修订有关的具体原则、准则和程序。本书主要使用了以下两种方法：

1. 描述性统计分析

描述性统计分析是描绘或概述观察量基本状况的统计方法的总称。本书使用的描述性统计量包括平均值、中位数、标准差、最大值、最小值与全距。

2. 相关性分析

相关性分析是指对两个或多个具备相关性的变量元素进行分析，从而衡量两个变量因素的相关密切程度。本书给出了 Pearson、Spearman 和 Kendall 三个相关系数，反映的都是两个变量之间变化趋势的方向以及程度，其值范围为-1 到+1，0 表示两个变量不相关，正值表示正相关，负值表示负相关，值越大表示相关性越强。Pearson 相关系数主要适用于两个连续型变量的相关性分析；Spearman 相关系数又称秩相关系数，利用两个变量秩次大小进行相关性分析，对原始变量的分布不做要求，属于非参数方法；Kendall 相关系数主要适用于两个分类变量的相关性分析，也属于非参数方法。在置信水平方面，本书考虑了最低标准、常用标准和较高标准，分别为 0.1、0.05 和 0.01。

第五节　概念界定

一、公司绩效

公司绩效的概念需要与更广泛的概念——组织有效性区分开。Venkatraman 和 Ramanujan（1986）提供了一个启发性的图，它是三个重叠的同心圆，最大的代表组织有效性，中间的代表业务绩效与财务绩效的和，最小的代表财务绩效。组织有效性涵盖了与组织功能相关的其他方面，如获得资源和实现既定目标（Cameron，1986），而本书中的公司绩效是覆盖运营和财务成果的组织有效性的子集。

二、公司治理

公司治理是指一套用来协调公司与所有利益相关者之间利益关系的包括正式和非正式的、内部和外部的制度安排，公司治理的目标是决策的科学化，从而实现利益相关者利益最大化（李维安，2001，2009，2016；李维安等，2005；李维安和郝臣，2015）。本书关注了国有控股上市公司内部治理中的股东治理、董事会治理、监事会治理和经理层治理以及外部治理中的信息披露内容。

三、市值管理

（一）市值管理

市值管理是上市公司基于公司市值信号，综合运用多种科学、合规的价值经营方法和工具，以达到公司价值创造最大化、价值实现最优化，最终实现股东价值最大化的战略管理行为（施光耀等，2008）。

（二）价值创造

价值创造是指在账面价值的基础上，最大化公司内在价值，尽可能多地获得市场溢价，是市值管理的基础（马永斌，2018）。

（三）价值经营

价值经营是指当公司价值被低估或者被高估时，顺应资本市场的周期性波动规律，运用上市公司市值的偏差和投资者的投资偏好，通过金融策略、整合公司资源、确立公司价值理念、吸引目标投资者等，充分分享资本市场的溢价功能，不断提升公司的价值和做大公司市值的管理行为，是市值管理的工具（施光耀、刘国芳，2008）。

（四）价值实现

价值实现是指通过投资者关系管理、公司品牌战略和企业社会责任等手段将企业创造的价值充分地表现在股市上，实现社会公众对企业经营业绩的充分了解，是市值管理的目标（施光耀等，2008；张济建、苗晴，2010）。

四、经营机制市场化

（一）经营机制市场化

中共中央、国务院印发的《关于深化国有企业改革的指导意见》指出，国有企业在市场化经营机制方面的目标是实现"内部管理人员能上能下、员工能进能出、收入能增能减"。根据该指导意见，国有控股上市公司经营机制市场化就是：公司领导人原则上应实行市场化选聘、契约化管理，董事会成员要逐步扩大市场化选聘比例；在用人机制上实现竞争上岗；在分配上形成重实绩、重贡献的分配激励机制，对公司的专业技术骨干采取股票期权等分配办法和激励形式，鼓励资本、技术等生产要素参与收益分配。

（二）薪酬激励

现代公司制企业所有权和经营权已经分离，企业的经营决策权配置给了管理层（代理人），为了缓解股东与管理层之间的代理冲突，高管的薪酬激励成为重要的激励约束机制，有效的薪酬激励安排能够激励管理者，使其基于股东利益最大化的原则行事（李四海等，2015）。现有文献多用高管现金薪酬作为高管薪酬激励的代理变量（李维安等，2010）。

（三）股权激励

《上市公司股权激励管理办法（试行）》指出："股权激励是指上市公司以本公司股票为标的，对其董事、监事、高级管理人员及其他员工进行的长期性激励。"《国有控股上市公司（境内）实施股权激励试行办法》指出："股权激励主要是指上市公司以本公司股票为标的，对公司高级管理等人员实施的中长期激励。"现有文献多用高管是否持有本公司股份表示高管股权激励状况（逯东等，2014）。

（四）分配机制

《国务院关于改革国有企业工资决定机制的意见》指出："国有企业应建立健全以岗位工资为主的基本工资制度，以岗位价值为依据，以业绩为导向，参照劳动力市场工资价位并结合企业经济效益，通过集体协商等形式合理确定不同岗位的工资水平，向关键岗位、生产一线岗位和紧缺急需的高层次、高技能人才倾斜，合理拉开工资分配差距，调整不合理过高收入。"

五、创新

（一）创新

熊彼特指出，创新是通过对生产要素进行重新组合，创造性地打破原来市场中的静态平衡，进而推动发展的过程。创新是提高社会生产力和综合国力的战略支撑，也是推动企业持续健康发展的重要因素。我国实施创新驱动发展战略，最根本的是要增强自主创新能力。

（二）专利

专利是受法律规范保护的发明创造，它是指一项发明创造向国家审批机关提出专利申请，经依法审查合格后向专利申请人授予的在规定的时间内对该项发明创造享有的专利权。《中华人民共和国专利法》规定，专利分为发明专利、实用新型专利和外观设计专利。发明专利是指对产品、方法或者其改进所提出的新的技术方案。实用新型专利是指对产品的形状、构造或者其结合所提出的适于实用的新的技术方案。外观设计专利是指对产品的形状、图案或者其结合以及色彩与形状、图案的结合所作出的富有美感并适于工业应用的新设计。在三类专利中，发明专利是最具新颖性、创造性和实用性的，其审查最严格、审查周期最长。

六、社会责任

（一）社会责任

根据国务院国资委发布的《关于中央企业履行社会责任的指导意见》，企业履行社会责任，就是要自觉遵守法律法规、社会规范和商业道德，在追求经济效益的同时，对股东、职工、消费者、供应商、社区等利益相关者和自然环境负责，实现企业和社会、环境的全面协调可持续发展。

（二）利益相关者

根据《公司治理手册》，利益相关者是指包括股东、债权人、供应商、雇员、政府和社区等与公司有利益关系的集团。

第二章　国有控股上市公司发展概况

本章介绍了国有控股上市公司的发展状况，着眼于沪深交易所上市公司公开披露的信息，从资产负债、盈利能力、期间费用、现金流量四个方面对公司发展状况进行介绍，并分行业、分地区、分市场板块对国有控股上市公司整体状况进行重点分析。2019 年，1129 家国有控股上市公司的资产总额为 190.79 万亿元，负债总额为 160.78 万亿元，收入总额为 33.47 万亿元，净利润为 2.75 万亿元。在中国证监会发布的《上市公司行业分类指引》（2012 年修订）的 90 个行业中，国有控股上市公司在 73 个行业中有所分布。除对发展现状进行横向分析外，本章还结合 2019 年度国有控股上市公司发展概况的相关数据进行了纵向分析，更好地反映了国有控股上市公司的发展趋势。

第一节　国有控股上市公司整体状况

一、国有控股上市公司资产负债分析

2019 年，国有控股上市公司资产总额为 190.79 万亿元，平均值为 1689.93 亿元；负债总额为 160.78 万亿元，平均值为 1424.06 亿元；所有者权益总额为 30.02 万亿元，平均值为 265.87 亿元。

2019 年国有控股上市公司资产、负债和所有者权益增长率分别为 14.44%、14.42% 和 14.56%。三者当中，资产增长率大于负债增长率，所有者权益增长率最高，且超过了 10%，显示了较强的国有资本保值增值能力。2019 年国有控股上市公司资产负债率平均值为 84.27%，略高于全部上市公司（83.70%），因此，国有控股上市公司需注意提升长期偿债能力。

国有控股上市公司平均资产、平均负债、平均所有者权益均高于全部上市公司相应指标平均值。国有控股上市公司所有者权益增长率略低于全部上市公司，保值增值能力还有进一步提升的空间。具体如表 2-1 所示。

表 2-1　国有控股上市公司资产负债总额分析表

类别	项目	总额（亿元）	平均值（亿元）	中位数（亿元）	标准差（亿元）	最小值（亿元）	最大值（亿元）	增长率（%）
国有控股上市公司	总资产	1907928.22	1689.93	98.81	16238.01	1.40	301094.36	14.44
	总负债	1607765.40	1424.06	47.47	14838.68	0.19	274174.33	14.42
	所有者权益	300162.82	265.87	45.24	1497.38	-290.69	26920.03	14.56

续表

类别	项目	总额 （亿元）	平均值 （亿元）	中位数 （亿元）	标准差 （亿元）	最小值 （亿元）	最大值 （亿元）	增长率 （%）
全部上市公司	总资产	2805809.91	748.02	41.32	9400.64	0.42	301094.36	16.36
	总负债	2348571.17	626.12	15.95	8587.77	0.09	274174.33	16.56
	所有者权益	457243.64	121.90	23.48	867.42	-290.69	26920.03	15.31

资料来源：根据 Wind 数据库整理。

二、国有控股上市公司盈利状况分析

2019 年，国有控股上市公司营业总收入（以下简称"收入"）为 33.47 万亿元，平均营业收入为 296.46 亿元；总成本（以下简称"成本"）为 30.52 万亿元，平均成本为 270.33 亿元；销售毛利率约为 8.82%，同比提升 0.45 个百分点。

2019 年，国有控股上市公司净利润总额为 2.75 万亿元，平均值为 24.32 亿元，销售净利率为 8.21%，略高于全部上市公司（8.18%）。由于行业分布范围广，行业属性差异较大，各行业所处的行业发展周期也不尽相同，因此，国有控股上市公司盈利能力差异较大，最低为 -466.62 亿元，最高为 3133.61 亿元，极差为 3600.23 亿元，同比有所扩大。2019 年，国有控股上市公司收入增长率和成本增长率分别为 12.42% 和 11.88%，收入增长率高于成本增长率。净利润增长率为 6.04%，低于全部上市公司净利润增长率（12.12%），但高于宏观 GDP 增长率，说明国有控股上市公司整体经营状况良好，但仍需进一步注重提质增效，在提升盈利能力方面下功夫。具体如表 2-2 所示。

表 2-2 国有控股上市公司收入、成本、利润

类别	项目	总额 （亿元）	平均值 （亿元）	中位数 （亿元）	标准差 （亿元）	最小值 （亿元）	最大值 （亿元）	增长率 （%）
国有控股 上市公司	收入	334705.39	296.46	47.04	1444.30	0.16	29661.93	12.42
	成本	305200.66	270.33	44.35	1354.59	0.20	28899.40	11.88
	净利润	27462.76	24.32	2.60	163.42	-466.62	3133.61	6.04
全部上市公司	收入	503881.05	134.33	20.71	844.14	-2.67	29661.93	11.52
	成本	460149.02	122.67	19.96	785.68	-7.62	28899.40	11.75
	净利润	41229.06	10.99	1.34	98.41	-466.62	3133.61	12.12

资料来源：根据 Wind 数据库整理。

三、国有控股上市公司期间费用分析

期间费用包括销售费用、管理费用、财务费用、研发费用等直接计入当期利润表的费用化支出。2019 年，国有控股上市公司研发费用总额为 3817.37 亿元，同比增长 26.60%，占收入总额的 1.14%。由于管理费用中的研发费用仅仅是费用化的研发支出，仅能反映企业研发投入的一部分。因此，本部分仅对研发费用作简要描述，以大致反映企业研发投入状况。详细研发投入状况请参考本书相应章节内容。考虑到金融机构会计报表的特殊性，金融类国有控股上市公

司的期间费用只包含业务及管理费。因此，对金融类国有控股上市公司的描述和分析仅包含期间费用总额部分，不涉及对销售费用、管理费用和财务费用的分析和对比。

2019 年，国有控股上市公司期间费用总额为 33833.72 亿元，平均值为 31.21 亿元，中位数为 5.62 亿元，期间费用大于 5.62 亿元的公司占比更高。国有控股上市公司（除金融类国有控股上市公司①外）的销售费用、管理费用和财务费用总额分别为 8549.59 亿元、21878.87 亿元和 3907.80 亿元，平均值分别为 8.13 亿元、19.38 亿元和 3.59 亿元。在国有控股上市公司（除金融类国有控股上市公司外）期间费用中，管理费用最高、财务费用最低。这与全部上市公司管理费用最高、财务费用最低的状况相同。可见，压缩管理费用仍是控制国有控股上市公司期间费用的重点。

从期间费用变动来看，国有控股上市公司（除金融类国有控股上市公司外）管理费用和销售费用增长较快，增长率分别为 15.00% 和 8.64%。财务费用增长率（6.95%）小于负债总额增长率（14.42%），表明国有控股上市公司（除金融类国有控股上市公司外）融资成本有所降低。2019 年，国有控股上市公司期间费用同比增长 12.04%，且高于全部上市公司期间费用增幅（8.71%），说明国有控股上市公司在期间费用管控上仍需要进一步加强。具体如表 2-3 所示。

表 2-3　国有控股上市公司（除金融类国有控股上市公司外）期间费用分析表

类别	项目	总额（亿元）	平均值（亿元）	中位数（亿元）	标准差（亿元）	最小值（亿元）	最大值（亿元）	增长率（%）
国有控股上市公司	销售费用	8549.59	8.13	1.33	38.93	0.00	741.08	8.64
	管理费用	21878.87	19.38	2.43	127.98	0.04	1990.50	15.00
	财务费用	3907.80	3.59	0.47	13.31	-24.27	278.16	6.95
	期间费用	33833.72	31.21	5.62	147.33	0.06	1990.50	12.04
全部上市公司	销售费用	17608.22	4.89	0.99	24.36	0.00	741.08	10.04
	管理费用	34916.16	9.31	1.29	79.47	0.04	1990.50	15.11
	财务费用	6072.56	1.66	0.17	7.93	-24.27	278.16	8.83
	期间费用	55963.95	15.28	3.09	85.65	-0.32	1990.50	8.71

资料来源：根据 Wind 数据库整理。

四、国有控股上市公司现金流量分析

2019 年国有控股上市公司经营活动产生的现金流量净额（以下简称"经营现金流量"）、投资活动产生的现金流量净额（以下简称"投资现金流量"）和筹资活动产生的现金流量净额（以下简称"筹资现金流量"）分别为 44769.80 亿元、-45462.77 亿元、4054.09 亿元，平均值分别为 39.65 亿元、-40.34 亿元和 3.62 亿元。投资现金流量绝对值较高，说明国有控股上市公司有较高的投资额，为公司未来增长预留了空间。国有控股上市公司投资现金流量绝对值超过了经营现金流量绝对值，因此需警惕个别公司的经营资金链风险。国有控股上市公司筹资现金

---

① 金融类国有控股上市公司是指分布于货币金融服务业、保险业、资本市场服务业、其他金融业等中的国有控股上市公司。

流量约占全部上市公司筹资现金流量的 33.20%，略高于国有控股上市公司数量占全部上市公司数量的比重（30.08%）。

2019 年，国有控股上市公司经营现金流量增长率、投资现金流量增长率和筹资现金流量增长率分别为 -6.24%、-12.48% 和 -12.20%，出现了不同程度的下滑。经营现金流量增长率远低于全部上市公司，投资现金流量增长率高于全部上市公司，筹资现金流量增长率略低于全部上市公司。这说明在经营状况方面，国有控股上市公司经营回款压力增加，盈利质量有所下滑，需警惕经营风险带来的连锁效应，亦体现了整体经济环境下行压力增大对微观企业现金流量造成了实质性影响。具体如表 2-4 所示。

表 2-4　国有控股上市公司现金流分析

类别	项目	总额（亿元）	平均值（亿元）	中位数（亿元）	标准差（亿元）	最小值（亿元）	最大值（亿元）	增长率（%）
国有控股上市公司	经营现金流量	44769.80	39.65	4.03	362.52	-4842.66	6945.21	-6.24
	投资现金流量	-45462.77	-40.34	-2.08	333.30	-8759.67	49.64	-12.48
	筹资现金流量	4054.09	3.62	-0.83	161.42	-1018.41	3517.65	-12.20
全部上市公司	经营现金流量	57013.39	15.20	1.92	228.75	-5880.09	6945.21	23.48
	投资现金流量	-59928.29	-15.99	-1.44	221.01	-8759.67	6023.37	-29.69
	筹资现金流量	12209.67	3.28	-0.33	108.20	-1018.41	3517.65	-9.31

资料来源：根据 Wind 数据库整理。

第二节　国有控股上市公司行业发展状况

一、国有控股上市公司行业分布状况

本书采用的是中国证监会发布的 2012 版行业分类标准，从行业分布来看，国有控股上市公司分布在制造业中的企业数量居首位，为 531 家，占比 47.03%。其次是电力、热力、燃气及水生产和供应业，上市公司数量为 81 家，占比 7.17%。农、林、牧、渔服务业，建筑装饰和其他建筑业，租赁业，科技推广和应用服务业、文化艺术业上市公司数量较少，均仅有 1 家上市公司，而卫生和社会工作等行业中不存在国有控股上市公司。从制造业细分来看，在制造业中，计算机、通信和其他电子设备制造业的上市公司数量最多，为 80 家。其次是化学原料及化学制品制造业，上市公司数量为 67 家。皮革、毛皮、羽毛及其制品和制鞋业，机械和设备修理业则暂时没有分布国有控股上市公司。国有控股上市公司中印刷和记录媒介复制业，文化艺术业为本年度新增行业，相应财务指标增长率暂无法计算，因此行业增长率分析中不涉及相关行业。国有控股上市公司具体行业构成如表 2-5 所示。

表 2-5　国有控股上市公司行业分布

行业代码	行业	公司数量（家）	比例（%）	行业代码	行业	公司数量（家）	比例（%）
A01	农业	9	0.80	C42	废弃资源综合利用业	1	0.09
A02	林业	2	0.18	D44	电力、热力生产和供应业	57	5.05
A03	畜牧业	3	0.27	D45	燃气生产和供应业	11	0.97
A04	渔业	2	0.18	D46	水的生产和供应业	13	1.15
A05	农、林、牧、渔服务业	1	0.09	E47	房屋建筑业	2	0.18
B06	煤炭开采和洗选业	25	2.21	E48	土木工程建筑业	39	3.45
B07	石油和天然气开采业	3	0.27	E50	建筑装饰和其他建筑业	1	0.09
B08	黑色金属矿采选业	3	0.27	F51	批发业	42	3.72
B09	有色金属矿采选业	10	0.89	F52	零售业	33	2.92
B11	开采辅助活动	7	0.62	G53	铁路运输业	4	0.35
C13	农副食品加工业	9	0.80	G54	道路运输业	30	2.66
C14	食品制造业	15	1.33	G55	水上运输业	27	2.39
C15	酒、饮料和精制茶制造业	21	1.86	G56	航空运输业	9	0.80
C17	纺织业	7	0.62	G58	装卸搬运和运输代理业	2	0.18
C18	纺织服装、服饰业	1	0.09	G59	仓储业	2	0.18
C20	木材加工和木、竹、藤、棕、草制品业	1	0.09	H61	住宿业	5	0.44
C21	家具制造业	1	0.09	H62	餐饮业	2	0.18
C22	造纸及纸制品业	9	0.80	I63	电信、广播电视和卫星传输服务	12	1.06
C23	印刷和记录媒介复制业	1	0.09	I64	互联网和相关服务	7	0.62
C24	文教、工美、体育和娱乐用品制造业	1	0.09	I65	软件和信息技术服务业	29	2.57
C25	石油加工、炼焦及核燃料加工业	9	0.80	J66	货币金融服务	11	0.97
C26	化学原料及化学制品制造业	67	5.93	J67	资本市场服务	30	2.66
C27	医药制造业	41	3.63	J68	保险业	3	0.27
C28	化学纤维制造业	6	0.53	J69	其他金融业	6	0.53
C29	橡胶和塑料制品业	9	0.80	K70	房地产业	61	5.40
C30	非金属矿物制品业	24	2.13	L71	租赁业	1	0.09
C31	黑色金属冶炼和压延加工业	22	1.95	L72	商务服务业	18	1.59
C32	有色金属冶炼和压延加工业	25	2.21	M74	专业技术服务业	14	1.24
C33	金属制品业	7	0.62	M75	科技推广和应用服务业	1	0.09
C34	通用设备制造业	32	2.83	N77	生态保护和环境治理业	6	0.53
C35	专用设备制造业	46	4.07	N78	公共设施管理业	11	0.97
C36	汽车制造业	35	3.10	P82	教育	3	0.27
C37	铁路、船舶、航空航天和其他运输设备制造业	22	1.95	R85	新闻和出版业	20	1.77
C38	电气机械和器材制造业	31	2.75	R86	广播、电视、电影和影视录音制作业	9	0.80
C39	计算机、通信和其他电子设备制造业	80	7.09	R87	文化艺术业	1	0.09
C40	仪器仪表制造业	4	0.35	S90	综合	11	0.97
C41	其他制造业	4	0.35				
				合计		1129	100.00

资料来源：根据 Wind 数据库整理。

二、国有控股上市公司分行业资产负债分析

在相关行业分析中，分行业来看，国有控股上市公司之间的资产和负债差异都较大（见表2-6）。在资产方面，金融行业①、土木工程建筑业、房地产业、石油和天然气开采业等行业国有控股上市公司资产总额较高，农、林、牧、渔服务业，家具制造业，印刷和记录媒介复制业，科技推广和应用服务业资产总额较低。国有控股上市公司资产总额排名较高的行业有货币金融服务、土木工程建筑业、保险业和资本市场服务，其公司资产总额均超过5万亿元。国有控股上市公司资产总额排名较低的行业分别为农、林、牧、渔服务业，家具制造业，印刷和记录媒介复制业，科技推广和应用服务业。所有者权益总额较高的国有控股上市公司分布在货币金融服务，石油和天然气开采业，土木工程建筑业，电力、热力生产和供应业，资本市场服务，房地产业，所有者权益总额均在1万亿元以上。

表2-6 分行业国有控股上市公司资产负债总额分析表

行业	资产总额（亿元）	负债总额（亿元）	所有者权益总额（亿元）	资产平均值（亿元）	负债平均值（亿元）	所有者权益平均值（亿元）	资产增长率（%）	负债增长率（%）	所有者权益增长率（%）
农业	576.76	253.57	323.19	64.08	28.17	35.91	2.24	7.23	-1.36
林业	52.87	40.93	11.94	26.44	20.47	5.97	0.42	-1.52	7.76
畜牧业	110.27	61.59	48.68	36.76	20.53	16.23	-6.52	-11.25	0.25
渔业	36.99	10.70	26.29	18.49	5.35	13.15	10.32	19.29	7.04
农、林、牧、渔服务业	26.04	8.55	17.50	26.04	8.55	17.50	6.59	4.40	7.76
煤炭开采和洗选业	17716.58	8329.47	9387.12	708.66	333.18	375.48	5.82	4.60	6.93
石油和天然气开采业	44970.64	21711.60	23259.04	14990.21	7237.20	7753.01	11.51	23.34	2.35
黑色金属矿采选业	186.21	41.26	144.95	62.07	13.75	48.32	-37.44	-53.67	-30.52
有色金属矿采选业	3520.33	1862.79	1657.54	352.03	186.28	165.75	9.53	8.27	10.98
开采辅助活动	3047.51	1900.43	1147.08	435.36	271.49	163.87	14.51	8.10	26.98
农副食品加工业	560.73	276.76	283.97	62.30	30.75	31.55	3.38	-5.17	13.33
食品制造业	943.81	421.99	521.81	62.92	28.13	34.79	13.08	10.63	15.15
酒、饮料和精制茶制造业	5373.92	1656.83	3717.09	255.90	78.90	177.00	14.90	16.73	14.10
纺织业	1046.60	856.21	190.39	149.51	122.32	27.20	136.87	260.77	-6.91
纺织服装、服饰业	311.97	131.10	180.88	311.97	131.10	180.88	-1.62	-3.55	-0.16
木材加工和木、竹、藤、棕、草制品业	65.89	24.26	41.63	65.89	24.26	41.63	-0.59	-31.91	35.82
家具制造业	25.77	19.73	6.04	25.77	19.73	6.04	-7.60	1.13	-27.84
造纸及纸制品业	1360.49	879.31	481.18	151.17	97.70	53.46	-6.75	-8.81	-2.76
印刷和记录媒介复制业	9.78	3.95	5.84	9.78	3.95	5.84	—	—	—
文教、工美、体育和娱乐用品制造业	44.71	10.45	34.25	44.71	10.45	34.25	2.17	-0.48	2.98

---

① 此处的"金融行业"是对货币金融服务业和保险业及资本市场服务业的统称。

续表

行业	资产总额（亿元）	负债总额（亿元）	所有者权益总额（亿元）	资产平均值（亿元）	负债平均值（亿元）	所有者权益平均值（亿元）	资产增长率（%）	负债增长率（%）	所有者权益增长率（%）
石油加工、炼焦及核燃料加工业	1369.27	597.62	771.65	152.14	66.40	85.74	-1.41	-5.39	1.91
化学原料及化学制品制造业	8527.36	5091.84	3435.51	127.27	76.00	51.28	-8.00	-6.01	-10.80
医药制造业	3901.35	1619.33	2282.03	95.15	39.50	55.66	10.68	8.79	12.07
化学纤维制造业	460.62	257.62	203.00	76.77	42.94	33.83	-2.82	-6.14	1.74
橡胶和塑料制品业	641.47	352.14	289.33	71.27	39.13	32.15	17.43	9.54	28.72
非金属矿物制品业	8010.53	4099.22	3911.31	333.77	170.80	162.97	10.21	5.51	15.62
黑色金属冶炼和压延加工业	16487.64	9553.57	6934.07	749.44	434.25	315.19	6.30	4.61	8.71
有色金属冶炼和压延加工业	7216.00	4397.15	2818.85	288.64	175.89	112.75	12.47	10.82	15.15
金属制品业	740.77	369.97	370.79	105.82	52.85	52.97	-0.59	-8.35	8.57
通用设备制造业	6231.76	3869.82	2361.94	194.74	120.93	73.81	14.21	13.59	15.24
专用设备制造业	6291.30	3786.64	2504.66	136.77	82.32	54.45	3.57	4.88	1.65
汽车制造业	18972.71	11774.47	7198.24	542.08	336.41	205.66	10.79	11.99	8.87
铁路、船舶、航空航天和其他运输设备制造业	11140.32	6177.90	4962.42	506.38	280.81	225.56	14.75	13.52	16.31
电气机械和器材制造业	5954.84	3532.07	2422.77	192.09	113.94	78.15	11.15	7.43	17.07
计算机、通信和其他电子设备制造业	14723.17	8231.96	6491.21	184.04	102.90	81.14	25.71	30.79	19.82
仪器仪表制造业	85.28	40.47	44.81	21.32	10.12	11.20	10.93	15.60	7.02
其他制造业	340.66	182.85	157.81	85.16	45.71	39.45	1.39	-1.89	5.49
废弃资源综合利用业	103.95	53.61	50.35	103.95	53.61	50.35	6.68	5.99	7.45
电力、热力生产和供应业	40995.28	26289.38	14705.90	719.22	461.22	258.00	18.41	14.20	26.75
燃气生产和供应业	1783.01	966.52	816.49	162.09	87.87	74.23	14.32	13.83	14.91
水的生产和供应业	2373.98	1302.09	1071.89	182.61	100.16	82.45	8.20	11.38	4.58
房屋建筑业	777.26	662.16	115.10	388.63	331.08	57.55	7.16	5.07	20.98
土木工程建筑业	80871.83	61150.15	19721.68	2073.64	1567.95	505.68	14.42	12.59	20.50
建筑装饰和其他建筑业	46.20	37.32	8.88	46.20	37.32	8.88	-0.88	0.81	-7.31
批发业	10293.40	7126.26	3167.14	245.08	169.67	75.41	13.85	16.56	8.20
零售业	4473.91	2656.06	1817.85	135.57	80.49	55.09	7.29	8.67	5.34
铁路运输业	2001.11	377.80	1623.31	500.28	94.45	405.83	1.73	-11.74	5.48
道路运输业	6124.56	3118.04	3006.52	204.15	103.93	100.22	10.99	12.77	9.20
水上运输业	12660.35	6612.57	6047.79	468.90	244.91	223.99	13.23	7.61	20.08
航空运输业	11669.88	7877.07	3792.82	1296.65	875.23	421.42	15.13	22.37	2.54
装卸搬运和运输代理业	682.95	338.66	344.29	341.47	169.33	172.14	1146.26	2103.38	773.17
仓储业	231.75	93.21	138.54	115.88	46.61	69.27	-9.72	-23.28	2.47

行业	资产总额（亿元）	负债总额（亿元）	所有者权益总额（亿元）	资产平均值（亿元）	负债平均值（亿元）	所有者权益平均值（亿元）	资产增长率（%）	负债增长率（%）	所有者权益增长率（%）
住宿业	705.51	394.80	310.71	141.10	78.96	62.14	-1.78	-6.74	5.36
餐饮业	31.02	9.07	21.95	15.51	4.53	10.98	-5.83	-11.34	-3.35
电信、广播电视和卫星传输服务	7359.67	3038.43	4321.24	613.31	253.20	360.10	7.79	8.33	7.40
互联网和相关服务	324.99	92.35	232.63	46.43	13.19	33.23	170.22	149.46	179.47
软件和信息技术服务业	1885.45	960.44	925.01	65.02	33.12	31.90	20.60	32.08	10.61
货币金融服务	1361706.15	1249444.49	112261.66	123791.47	113585.86	10205.61	16.07	15.78	19.37
资本市场服务	51979.84	39867.69	12112.15	1732.66	1328.92	403.74	18.41	20.16	13.00
保险业	57384.75	49978.33	7406.42	19128.25	16659.44	2468.81	14.31	12.93	24.62
其他金融业	5760.23	4440.50	1319.73	960.04	740.08	219.96	33.09	28.71	50.33
房地产业	45690.14	34047.39	11642.74	749.02	558.15	190.86	-13.73	-18.29	3.07
租赁业	29.44	2.43	27.02	29.44	2.43	27.02	-0.71	-63.68	17.68
商务服务业	2878.54	1608.98	1269.56	159.92	89.39	70.53	14.03	15.63	12.06
专业技术服务业	812.18	524.56	287.62	58.01	37.47	20.54	35.42	35.59	35.10
科技推广和应用服务业	2.68	1.54	1.14	2.68	1.54	1.14	-21.87	-34.47	5.56
生态保护和环境治理业	1192.49	726.56	465.93	198.75	121.09	77.66	60.31	67.30	50.49
公共设施管理业	342.40	132.39	210.01	31.13	12.04	19.09	11.64	23.10	5.45
教育	95.28	53.40	41.87	31.76	17.80	13.96	39.79	-1.80	203.85
新闻和出版业	2097.03	752.55	1344.48	104.85	37.63	67.22	2.88	7.38	0.52
广播、电视、电影和影视录音制作业	669.68	223.62	446.06	74.41	24.85	49.56	12.29	21.53	8.17
文化艺术业	170.78	82.58	88.20	170.78	82.58	88.20	—	—	—
综合	637.62	286.29	351.33	57.97	26.03	31.94	-15.19	-24.21	-6.07

注：—表示数据缺失或无法计算。本书余同，不再标注。

资料来源：根据 Wind 数据库整理。

从资产平均值来看，在国有控股上市公司的分布中，排名前三位的行业分别是货币金融服务、保险业、石油和天然气开采业，资产较低的行业分别为餐饮业、印刷和记录媒介复制业、科技推广和应用服务业，这是由分布公司数量较少以及特定行业具有典型轻资产的特征造成的。在负债方面，国有控股上市公司中负债总额较高的行业分别为货币金融服务、土木工程建筑业、保险业，负债总额较低的行业分别为印刷和记录媒介复制业、租赁业、科技推广和应用服务业。国有控股上市公司所有者权益平均值较高的三个行业分别为货币金融服务（10205.61 亿元）、石油和天然气开采业（7753.01 亿元）、保险业（2468.81 亿元），所有者权益平均值较低的三个行业是林业（5.97 亿元）、印刷和记录媒介复制业（5.84 亿元）、科技推广和应用服务业（1.14 亿元）。

从增长率来看，装卸搬运和运输代理业、互联网和相关服务、纺织业中的国有控股上市公司资产增长较快，增速达到了 1146.26%、170.22% 和 136.87%。装卸搬运和其他运输代理资产增长较快的原因是新增的中国外运资产总额较高。装卸搬运和运输代理业、纺织业、互联网和相关服务中的国有控股上市公司负债增长率较高，分别为 2103.38%、260.77% 和 149.46%。国有控股上市公司所有者权益增长较快的行业为装卸搬运和运输代理业（773.17%）、教育（203.85%）、互联网和相关服务（179.47%）。互联网和相关服务行业持续高速增长，然而纺织服装、服饰业，农业，造纸及纸制品业，餐饮业，综合，纺织业，建筑装饰和其他建筑业，化学原料及化学制品制造业，家具制造业，黑色金属矿采选业 10 个行业中的国有控股上市公司则出现了所有者权益负增长，保值增值能力有所减弱。

从全部上市公司来看，货币金融服务、保险业、房地产业资产总额较高。从行业中公司的资产平均规模来看，货币金融服务、保险业、石油和天然气开采业位居前三。从资产增长速度来看，装卸搬运和运输代理业、教育、研究和试验发展增长较快，平均增长率分别为 214.87%、205.83% 和 73.72%。从负债增长率来看，装卸搬运和运输代理业、研究和试验发展、教育分别达到了 247.85%、159.26% 和 149.74%，研究和试验发展、文化艺术业、体育、装卸搬运和运输代理业等 41 个行业负债增长率均超过了其资产增长率。从所有者权益增长率来看，教育、装卸搬运和运输代理业、生态保护和环境治理业增长率分别为 326.10%、183.68% 和 52.89%，保值增值状况较好，渔业、黑色金属矿采选业、其他制造业等 13 个行业所有者权益出现了负增长（见表 2-7）。

表 2-7　分行业全部上市公司资产负债总额分析表

行业	资产总额（亿元）	负债总额（亿元）	所有者权益总额（亿元）	资产平均值（亿元）	负债平均值（亿元）	所有者权益平均值（亿元）	资产增长率（%）	负债增长率（%）	所有者权益增长率（%）
农业	738.68	318.29	420.39	49.25	21.22	28.03	2.07	9.18	-2.72
林业	98.87	50.80	48.07	24.72	12.70	12.02	-0.51	-6.17	6.26
畜牧业	1754.84	586.04	1168.80	134.99	45.08	89.91	7.24	-28.43	42.96
渔业	264.22	138.14	126.09	33.03	17.27	15.76	-3.81	7.26	-13.57
农、林、牧、渔服务业	26.04	8.55	17.50	26.04	8.55	17.50	6.59	4.40	7.76
煤炭开采和洗选业	18781.43	9107.56	9673.87	722.36	350.29	372.07	5.47	4.16	6.73
石油和天然气开采业	45668.74	22145.54	23523.20	7611.46	3690.92	3920.53	11.50	22.99	2.48
黑色金属矿采选业	304.37	89.82	214.54	60.87	17.96	42.91	-23.41	-30.37	-20.06
有色金属矿采选业	5363.84	2810.39	2553.45	243.81	127.75	116.07	10.62	12.92	8.19
非金属矿采选业	18.30	8.15	10.15	18.30	8.15	10.15	20.95	21.82	20.26
开采辅助活动	3356.69	2026.36	1330.33	197.45	119.20	78.25	13.93	8.67	22.99
农副食品加工业	3954.84	2049.18	1905.66	80.71	41.82	38.89	21.13	26.69	15.68
食品制造业	2976.83	1306.03	1670.80	58.37	25.61	32.76	19.42	25.01	15.38
酒、饮料和精制茶制造业	6336.84	1967.86	4368.98	150.88	46.85	104.02	6.17	3.24	7.54
纺织业	2350.66	1383.23	967.43	67.16	39.52	27.64	27.84	60.10	-0.76
纺织服装、服饰业	2844.74	1391.57	1453.17	74.86	36.62	38.24	39.96	64.47	22.48
皮革、毛皮、羽毛及其制品和制鞋业	301.63	84.96	216.67	27.42	7.72	19.70	0.67	2.65	-0.07

行业	资产总额（亿元）	负债总额（亿元）	所有者权益总额（亿元）	资产平均值（亿元）	负债平均值（亿元）	所有者权益平均值（亿元）	资产增长率（%）	负债增长率（%）	所有者权益增长率（%）
木材加工和木、竹、藤、棕、草制品业	352.75	128.96	223.79	44.09	16.12	27.97	-4.53	-5.90	-3.72
家具制造业	1265.52	577.24	688.28	50.62	23.09	27.53	16.21	13.94	18.19
造纸及纸制品业	3119.03	1779.22	1339.81	107.55	61.35	46.20	1.54	-0.72	4.70
印刷和记录媒介复制业	372.89	117.07	255.81	26.63	8.36	18.27	17.28	14.53	18.57
文教、工美、体育和娱乐用品制造业	394.49	149.51	244.98	28.18	10.68	17.50	6.22	5.64	6.57
石油加工、炼焦及核燃料加工业	1941.68	850.03	1091.65	121.35	53.13	68.23	0.70	-2.65	3.47
化学原料及化学制品制造业	17600.02	8759.58	8840.44	71.84	35.75	36.08	0.40	-1.22	2.05
医药制造业	14949.74	5733.13	9216.61	66.74	25.59	41.15	8.24	6.63	9.26
化学纤维制造业	6548.22	4477.14	2071.08	272.84	186.55	86.29	42.72	49.37	30.20
橡胶和塑料制品业	3768.03	1775.47	1992.56	48.31	22.76	25.55	6.46	8.96	4.32
非金属矿物制品业	11922.70	5796.89	6125.81	141.94	69.01	72.93	9.81	6.16	13.50
黑色金属冶炼和压延加工业	18192.73	10377.77	7814.96	568.52	324.31	244.22	6.49	4.68	9.00
有色金属冶炼和压延加工业	11153.26	6614.47	4538.80	164.02	97.27	66.75	7.40	8.31	6.09
金属制品业	4624.26	2547.23	2077.03	78.38	43.17	35.20	2.24	2.65	1.75
通用设备制造业	10956.56	6470.81	4485.75	81.16	47.93	33.23	14.46	17.41	10.46
专用设备制造业	14272.80	7465.60	6807.20	64.29	33.63	30.66	7.88	6.34	9.62
汽车制造业	27908.73	16632.92	11275.81	213.04	126.97	86.07	9.42	10.89	7.32
铁路、船舶、航空航天和其他运输设备制造业	12259.26	6627.91	5631.35	240.38	129.96	110.42	14.89	14.10	15.83
电气机械和器材制造业	23673.29	13336.59	10336.69	101.17	56.99	44.17	8.62	9.09	8.01
计算机、通信和其他电子设备制造业	34262.31	18255.43	16011.78	93.10	49.61	43.51	9.61	6.14	13.89
仪器仪表制造业	1314.86	543.91	770.95	27.39	11.33	16.06	-4.80	-7.54	-2.77
其他制造业	1018.07	704.27	313.80	53.58	37.07	16.52	-18.89	-7.99	-35.93
废弃资源综合利用业	508.91	316.22	192.70	72.70	45.17	27.53	10.09	11.09	8.51
电力、热力生产和供应业	42308.25	27000.22	15308.03	604.40	385.72	218.69	17.87	13.47	26.51
燃气生产和供应业	2704.34	1522.36	1181.98	112.68	63.43	49.25	6.19	8.30	3.59
水的生产和供应业	2421.82	1315.41	1106.41	172.99	93.96	79.03	7.88	11.01	4.38
房屋建筑业	777.26	662.16	115.10	388.63	331.08	57.55	7.16	5.07	20.98
土木工程建筑业	82860.73	62444.11	20416.62	1315.25	991.18	324.07	8.53	6.56	15.06
建筑安装业	21.27	9.60	11.67	21.27	9.60	11.67	9.92	17.50	4.38

续表

行业	资产总额（亿元）	负债总额（亿元）	所有者权益总额（亿元）	资产平均值（亿元）	负债平均值（亿元）	所有者权益平均值（亿元）	资产增长率（%）	负债增长率（%）	所有者权益增长率（%）
建筑装饰和其他建筑业	2344.68	1511.30	833.39	83.74	53.97	29.76	5.35	4.72	6.53
批发业	15283.23	10435.90	4847.32	198.48	135.53	62.95	10.30	11.18	8.44
零售业	14695.55	8828.79	5866.76	166.99	100.33	66.67	7.93	10.31	4.54
铁路运输业	2001.11	377.80	1623.31	500.28	94.45	405.83	1.73	-11.74	5.48
道路运输业	6359.16	3211.33	3147.83	176.64	89.20	87.44	10.75	12.43	9.08
水上运输业	12840.11	6723.81	6116.30	442.76	231.86	210.91	13.10	7.60	19.84
航空运输业	12392.88	8292.39	4100.49	1032.74	691.03	341.71	15.88	22.94	3.83
装卸搬运和运输代理业	916.70	492.17	424.52	114.59	61.52	53.07	214.87	247.85	183.68
仓储业	370.98	176.85	194.13	41.22	19.65	21.57	-5.29	-11.08	0.68
邮政业	1601.26	776.11	825.15	320.25	155.22	165.03	23.41	36.38	13.28
住宿业	706.38	394.89	311.50	117.73	65.81	51.92	-1.77	-6.74	5.35
餐饮业	31.88	9.84	22.04	10.63	3.28	7.35	-5.82	-9.72	-3.97
电信、广播电视和卫星传输服务	7889.09	3279.52	4609.57	464.06	192.91	271.15	7.07	8.06	6.38
互联网和相关服务	3273.24	1474.56	1798.69	52.79	23.78	29.01	-3.38	-1.83	-4.61
软件和信息技术服务业	8396.85	3313.75	5083.11	38.70	15.27	23.42	18.78	18.88	18.72
货币金融服务	1881155.09	1727991.15	153163.94	50842.03	46702.46	4139.57	18.23	17.86	22.51
资本市场服务	81349.09	62455.82	18893.27	1626.98	1249.12	377.87	18.35	20.28	12.39
保险业	157596.04	139232.85	18363.20	22513.72	19890.41	2623.31	14.27	13.15	23.54
其他金融业	6413.37	4787.61	1625.76	458.10	341.97	116.13	26.25	23.13	36.42
房地产业	117755.41	93363.21	24392.19	949.64	752.93	196.71	17.63	17.04	19.95
租赁业	2736.63	2143.47	593.17	912.21	714.49	197.72	-8.71	-9.87	-4.23
商务服务业	6044.54	3341.33	2703.21	118.52	65.52	53.00	13.74	11.28	16.94
研究和试验发展	523.01	180.50	342.50	65.38	22.56	42.81	73.72	159.26	47.99
专业技术服务业	1864.76	981.72	883.04	38.06	20.04	18.02	30.38	33.92	26.66
科技推广和应用服务业	2.68	1.54	1.14	2.68	1.54	1.14	-21.87	-34.47	5.56
生态保护和环境治理业	4671.56	2962.31	1709.25	129.77	82.29	47.48	61.75	67.34	52.89
公共设施管理业	425.32	156.73	268.58	28.35	10.45	17.91	-6.84	-3.62	-8.62
机动车、电子产品和日用产品修理业	3.47	0.76	2.71	3.47	0.76	2.71	—	—	—
教育	331.12	184.38	146.75	41.39	23.05	18.34	205.83	149.74	326.10
卫生	811.07	385.45	425.62	67.59	32.12	35.47	31.13	30.67	31.55
新闻和出版业	2182.71	767.18	1415.53	90.95	31.97	58.98	2.54	7.23	0.16
广播、电视、电影和影视录音制作业	1776.53	718.26	1058.27	71.06	28.73	42.33	-8.27	-4.47	-10.69
文化艺术业	439.57	156.16	283.41	48.84	17.35	31.49	55.42	105.02	37.14

续表

行业	资产总额（亿元）	负债总额（亿元）	所有者权益总额（亿元）	资产平均值（亿元）	负债平均值（亿元）	所有者权益平均值（亿元）	资产增长率（%）	负债增长率（%）	所有者权益增长率（%）
体育	7.39	2.24	5.16	7.39	2.24	5.16	25.68	68.42	13.41
综合	2002.09	995.79	1006.30	91.00	45.26	45.74	8.39	9.85	6.99

资料来源：根据 Wind 数据库整理。

三、国有控股上市公司分行业盈利状况分析

2019 年，石油和天然气开采业、土木工程建筑业、货币金融服务行业中的国有控股上市公司收入、成本总额都较高（见表 2-8）。其中，石油和天然气开采业国有控股上市公司收入总额为 54848.90 亿元，而林业、家具制造业、印刷和记录媒介复制业、租赁业、科技推广和应用服务业收入总额不足 10 亿元。由于行业属性不同，行业间的收入总额、成本总额差异较大。2019年，货币金融服务，土木工程建筑业，石油和天然气开采业，房地产业，电力、热力生产和供应业，煤炭开采和洗选业，保险业中的国有控股上市公司的净利润总额都超过了 1000 亿元。

表 2-8　分行业国有控股上市公司收入、成本、利润

行业	收入总额（亿元）	成本总额（亿元）	净利润总额（亿元）	收入平均值（亿元）	成本平均值（亿元）	净利润平均值（亿元）	收入增长率（%）	成本增长率（%）	净利润增长率（%）
农业	310.48	311.15	6.90	34.50	34.57	0.77	39.40	37.57	-60.07
林业	8.11	9.02	0.70	4.05	4.51	0.35	-12.61	-16.17	138.89
畜牧业	82.97	82.77	-0.18	27.66	27.59	-0.06	2.84	3.08	-110.78
渔业	27.91	28.13	2.03	13.95	14.07	1.01	10.06	14.26	1.50
农、林、牧、渔服务业	24.04	23.45	0.64	24.04	23.45	0.64	24.75	19.58	12.28
煤炭开采和洗选业	9444.82	8176.67	1082.97	377.79	327.07	43.32	16.16	20.21	3.52
石油和天然气开采业	54848.90	53134.24	1396.69	18282.97	17711.41	465.56	4.53	5.14	-8.93
黑色金属矿采选业	77.93	67.07	9.91	25.98	22.36	3.30	-64.04	-63.69	-69.78
有色金属矿采选业	3270.93	3148.65	90.02	327.09	314.86	9.00	15.85	14.74	64.54
开采辅助活动	2224.29	2161.40	60.52	317.76	308.77	8.65	43.86	41.36	294.78
农副食品加工业	565.39	549.90	25.02	62.82	61.10	2.78	16.98	13.09	2002.52
食品制造业	837.92	784.57	50.61	55.86	52.30	3.37	7.66	7.44	7.54
酒、饮料和精制茶制造业	2788.48	1683.93	842.97	132.78	80.19	40.14	10.01	6.33	16.41
纺织业	939.46	928.03	13.16	134.21	132.58	1.88	206.68	207.01	32.66
纺织服装、服饰业	211.54	219.34	0.55	211.54	219.34	0.55	-6.72	-3.73	170.51
木材加工和木、竹、藤、棕、草制品业	20.13	17.01	3.88	20.13	17.01	3.88	30.21	17.23	691.84
家具制造业	7.02	9.86	-2.37	7.02	9.86	-2.37	-7.02	-53.75	82.31
造纸及纸制品业	498.14	482.26	26.29	55.35	53.58	2.92	-1.34	2.72	-27.40

续表

行业	收入总额（亿元）	成本总额（亿元）	净利润总额（亿元）	收入平均值（亿元）	成本平均值（亿元）	净利润平均值（亿元）	收入增长率（%）	成本增长率（%）	净利润增长率（%）
印刷和记录媒介复制业	5.79	5.36	0.36	5.79	5.36	0.36	—	—	—
文教、工美、体育和娱乐用品制造业	20.53	18.82	1.87	20.53	18.82	1.87	3.95	2.84	7.47
石油加工、炼焦及核燃料加工业	1870.40	1841.24	46.27	207.82	204.58	5.14	-2.61	0.71	-52.67
化学原料及化学制品制造业	6579.95	6937.18	-209.97	98.21	103.54	-3.13	-6.16	5.76	-145.42
医药制造业	2876.14	2675.40	215.89	70.15	65.25	5.27	17.16	20.08	-6.85
化学纤维制造业	300.73	292.88	12.05	50.12	48.81	2.01	-3.27	-6.03	161.96
橡胶和塑料制品业	393.60	399.17	8.22	43.73	44.35	0.91	5.52	4.49	27300.00
非金属矿物制品业	4301.29	3610.23	585.57	179.22	150.43	24.40	17.78	18.07	18.50
黑色金属冶炼和压延加工业	14414.04	13882.26	524.17	655.18	631.01	23.83	6.74	11.03	-42.93
有色金属冶炼和压延加工业	8611.33	8523.35	136.24	344.45	340.93	5.45	16.54	15.81	108.00
金属制品业	580.73	561.25	21.55	82.96	80.18	3.08	3.31	6.04	14.26
通用设备制造业	2897.21	2893.74	81.37	90.54	90.43	2.54	15.10	17.53	-18.00
专用设备制造业	3293.73	3211.51	122.36	71.60	69.82	2.66	9.44	9.33	39.81
汽车制造业	16555.77	16394.12	673.67	473.02	468.40	19.25	-0.76	-0.07	-20.48
铁路、船舶、航空航天和其他运输设备制造业	5411.11	5214.51	279.87	245.96	237.02	12.72	14.58	13.49	54.37
电气机械和器材制造业	4146.81	3853.39	288.86	133.77	124.30	9.32	3.53	4.06	1.63
计算机、通信和其他电子设备制造业	9239.07	9181.17	253.00	115.49	114.76	3.16	23.98	26.59	-30.91
仪器仪表制造业	57.68	56.67	2.90	14.42	14.17	0.73	17.12	17.09	-34.24
其他制造业	622.05	594.88	20.13	155.51	148.72	5.03	3.11	2.04	22.67
废弃资源综合利用业	34.59	31.28	4.67	34.59	31.28	4.67	5.33	5.75	-1.48
电力、热力生产和供应业	11429.65	10417.64	1119.92	200.52	182.77	19.65	19.69	17.03	31.87
燃气生产和供应业	1031.43	982.81	61.98	93.77	89.35	5.63	13.32	12.83	31.37
水的生产和供应业	453.34	389.89	75.21	34.87	29.99	5.79	4.63	3.89	3.97
房屋建筑业	554.41	547.96	7.36	277.20	273.98	3.68	16.46	16.64	39.66
土木工程建筑业	52424.01	50374.18	1806.64	1344.21	1291.65	46.32	17.23	17.29	14.92
建筑装饰和其他建筑业	47.04	46.25	0.77	47.04	46.25	0.77	-1.53	-6.13	226.23
批发业	17739.25	17498.06	270.99	422.36	416.62	6.45	13.32	13.55	-4.64
零售业	5328.50	5214.08	105.98	161.47	158.00	3.21	10.93	11.89	-28.98
铁路运输业	1182.64	995.44	164.17	295.66	248.86	41.04	3.22	5.39	-6.63
道路运输业	1122.72	897.92	285.70	37.42	29.93	9.52	4.03	3.13	1.55
水上运输业	3944.32	3688.74	525.40	146.09	136.62	19.46	16.36	15.91	58.65
航空运输业	5097.26	5062.99	222.57	566.36	562.55	24.73	4.68	4.13	24.26

续表

行业	收入总额（亿元）	成本总额（亿元）	净利润总额（亿元）	收入平均值（亿元）	成本平均值（亿元）	净利润平均值（亿元）	收入增长率（%）	成本增长率（%）	净利润增长率（%）
装卸搬运和运输代理业	879.03	872.84	33.02	439.51	436.42	16.51	830.68	861.60	879.82
仓储业	422.49	422.50	4.02	211.24	211.25	2.01	6.94	7.20	-20.24
住宿业	336.82	312.20	26.08	67.36	62.44	5.22	4.25	2.49	48.52
餐饮业	20.67	21.08	-0.09	10.33	10.54	-0.04	-9.06	-4.79	-110.00
电信、广播电视和卫星传输服务	3318.29	3186.85	159.24	276.52	265.57	13.27	-0.55	-0.41	3.21
互联网和相关服务	119.37	110.78	15.09	17.05	15.83	2.16	179.69	182.39	201.80
软件和信息技术服务业	1138.81	1088.57	50.11	39.27	37.54	1.73	34.46	31.93	3.62
货币金融服务	35982.40	20999.18	12337.95	3271.13	1909.02	1121.63	21.28	22.13	9.80
资本市场服务	2829.39	1911.37	811.47	94.31	63.71	27.05	111.50	58.86	55.11
保险业	14752.46	13721.74	1052.69	4917.49	4573.91	350.90	33.75	11.38	167.47
其他金融业	606.31	531.37	107.18	101.05	88.56	17.86	162.88	203.09	54.55
房地产业	8285.05	6940.01	1198.64	135.82	113.77	19.65	-19.70	-18.77	-22.93
租赁业	4.49	3.83	0.46	4.49	3.83	0.46	-50.55	-55.41	27.78
商务服务业	4635.90	4531.84	100.35	257.55	251.77	5.58	13.95	14.14	-1.17
专业技术服务业	451.93	429.36	23.49	32.28	30.67	1.68	43.90	44.68	26.70
科技推广和应用服务业	1.34	1.64	0.18	1.34	1.64	0.18	41.05	26.15	147.37
生态保护和环境治理业	291.79	264.88	29.66	48.63	44.15	4.94	59.38	58.81	67.38
公共设施管理业	103.01	94.71	8.46	9.36	8.61	0.77	-6.99	-4.48	-55.50
教育	38.86	38.71	-0.22	12.95	12.90	-0.07	-22.09	-24.23	92.95
新闻和出版业	1159.36	1061.27	129.45	57.97	53.06	6.47	1.80	-3.31	85.49
广播、电视、电影和影视录音制作业	231.69	212.34	23.77	25.74	23.59	2.64	9.58	2.61	54.65
文化艺术业	125.01	113.87	11.58	125.01	113.87	11.58	—	—	—
综合	215.40	217.93	14.14	19.58	19.81	1.29	-4.75	-6.11	-5.29

资料来源：根据 Wind 数据库整理。

从平均收入方面来看，国有控股上市公司行业平均营业收入排名前三位的为石油和天然气开采业、保险业、货币金融服务，平均营业收入分别达到 18282.97 亿元、4917.49 亿元和 3271.13 亿元。可见，分布在资源类和金融行业的国有控股上市公司收入较高。平均收入排名较低的国有控股上市公司主要分布在租赁业、林业、科技推广和应用服务业。从成本方面来看，平均成本较高的国有控股上市公司分布在石油和天然气开采业、保险业、货币金融服务。平均成本较低的有林业、租赁业、科技推广和应用服务业。从净利润方面来看，国有控股上市公司平均净利润较高的行业为货币金融服务（1121.63 亿元）、石油和天然气开采业（465.56 亿元）、保险业（350.90 亿元），平均净利润都在 300 亿元以上，而餐饮业、畜牧业、教育、家具制造业、化学原料及化学制品制造业 5 个行业中的国有控股上市公司总体出现了亏损。从营业净利率来角度看，货币金融服务，酒、饮料和精制茶制造业中的国有控股上市公司净利润率遥遥领先，营业净利润率均高于30%，而仓储业，纺织服装、服饰业，畜牧业，餐饮业，教育，化学原料及化学制品制造业，家具制造业中的国有控股上市公司净利润率均低于1%，排名靠后。

从收入增长率角度来看，国有控股上市公司中收入增长率较高的行业为装卸搬运和运输代理业、纺织业、互联网和相关服务、其他金融业，收入增长率均超过150%。全部上市公司中收入增长较高的行业为装卸搬运和运输代理业、教育、文化艺术业，收入增长率均超过130%（见表2-9）。对比来看，处于装卸搬运和运输代理业、纺织业、互联网和相关服务等40个行业的国有控股上市公司收入增长率高于全部上市公司同行业均值，国有控股上市公司在上述对应行业中的优势凸显。国有控股上市公司成本增长较快的三个行业分别为装卸搬运和运输代理业、纺织业、其他金融业，成本增长率分别为861.60%、207.01%和203.09%。国有控股上市公司成本下降较多的三个行业分别为家具制造业、租赁业、黑色金属矿采选业，成本同比下降53.75%、55.41%和63.69%。

在全部上市公司中，成本增长较快的行业为装卸搬运和运输代理业、教育、文化艺术业，增长率分别为276.88%、185.08%和118.90%。分布在其他制造业、黑色金属矿采选业等17个行业的上市公司收入出现负增长。从净利润增长率角度来看，全部上市公司中文化艺术业、畜牧业、教育增长较快，有29个行业的净利润出现不同程度的下滑，其中餐饮业（－145.92%），广播、电视、电影和影视录音制作业（－280.03%），渔业（－1063.58%）下降幅度较大（见表2-9）。国有控股上市公司在橡胶和塑料制品业、农副食品加工业、装卸搬运和运输代理业等行业中的利润率增长较快，畜牧业、化学原料及化学制品制造业等23个行业出现了下滑，其中餐饮业（－110.00%）、畜牧业（－110.78%）、化学原料及化学制品制造业（－145.42%）下降幅度较大。

表2-9　分行业全部上市公司收入、成本、利润

行业	收入总额（亿元）	成本总额（亿元）	净利润总额（亿元）	收入平均值（亿元）	成本平均值（亿元）	净利润平均值（亿元）	收入增长率（%）	成本增长率（%）	净利润增长率（%）
农业	365.33	366.81	7.43	24.36	24.45	0.50	34.54	33.66	-64.77
林业	19.80	21.31	0.92	4.95	5.33	0.23	-0.10	-3.84	164.34
畜牧业	1383.43	1082.94	318.51	106.42	83.30	24.50	19.49	-6.24	2019.16
渔业	159.21	174.76	-20.13	19.90	21.84	-2.52	-1.42	4.72	-1063.58
农、林、牧、渔服务业	24.04	23.45	0.64	24.04	23.45	0.64	24.75	19.58	12.28
煤炭开采和洗选业	9656.69	8380.37	1085.75	371.41	322.32	41.76	15.59	19.28	3.63
石油和天然气开采业	55032.46	53292.45	1415.17	9172.08	8882.08	235.86	4.56	5.17	-8.82
黑色金属矿采选业	171.84	158.43	12.09	34.37	31.69	2.42	-33.14	-31.80	-52.10
有色金属矿采选业	4536.60	4389.58	137.12	206.21	199.53	6.23	26.34	28.87	0.36
非金属矿采选业	8.09	5.15	2.25	8.09	5.15	2.25	37.59	26.54	63.04
开采辅助活动	2349.82	2291.68	55.47	138.22	134.80	3.26	40.39	37.97	647.57
农副食品加工业	4575.92	4372.07	240.76	93.39	89.23	4.91	18.21	17.02	87.43
食品制造业	2767.60	2530.34	232.53	54.27	49.61	4.56	17.70	17.97	17.38

行业	收入总额（亿元）	成本总额（亿元）	净利润总额（亿元）	收入平均值（亿元）	成本平均值（亿元）	净利润平均值（亿元）	收入增长率（%）	成本增长率（%）	净利润增长率（%）
酒、饮料和精制茶制造业	3297.48	2081.17	939.60	78.51	49.55	22.37	8.36	3.28	16.20
纺织业	1781.52	1733.10	40.73	50.90	49.52	1.16	47.64	48.46	-10.29
纺织服装、服饰业	1656.10	1600.82	77.93	43.58	42.13	2.05	6.50	8.64	3.82
皮革、毛皮、羽毛及其制品和制鞋业	170.75	160.57	10.38	15.52	14.60	0.94	-3.80	-2.27	-18.01
木材加工和木、竹、藤、棕、草制品业	221.70	205.74	18.25	27.71	25.72	2.28	-8.16	-7.18	-15.00
家具制造业	931.80	847.94	86.86	37.27	33.92	3.47	16.01	12.91	79.57
造纸及纸制品业	1734.13	1646.78	101.40	59.80	56.79	3.50	-0.09	2.02	-25.54
印刷和记录媒介复制业	193.06	164.99	27.32	13.79	11.79	1.95	14.02	13.98	7.98
文教、工美、体育和娱乐用品制造业	288.61	267.75	19.40	20.61	19.12	1.39	15.87	3.69	396.18
石油加工、炼焦及核燃料加工业	2273.80	2218.38	68.04	142.11	138.65	4.25	-3.61	0.20	-51.52
化学原料及化学制品制造业	11675.97	11579.01	256.37	47.66	47.26	1.05	-2.59	4.90	-73.24
医药制造业	8448.12	7811.48	678.72	37.71	34.87	3.03	11.46	14.22	-5.52
化学纤维制造业	4467.14	4217.78	260.84	186.13	175.74	10.87	19.55	16.64	91.39
橡胶和塑料制品业	2434.27	2322.97	93.93	31.21	29.78	1.20	3.64	2.73	-12.14
非金属矿物制品业	6567.07	5547.67	846.98	78.18	66.04	10.08	12.87	13.30	6.27
黑色金属冶炼和压延加工业	16028.71	15397.37	626.97	500.90	481.17	19.59	7.27	11.75	-42.60
有色金属冶炼和压延加工业	11817.59	11897.65	16.67	173.79	174.97	0.25	8.65	10.14	-77.02
金属制品业	2917.26	2851.98	132.89	49.45	48.34	2.25	1.48	4.18	-21.74
通用设备制造业	5149.28	5145.15	92.72	38.14	38.11	0.69	14.14	13.83	31.24
专用设备制造业	7417.73	6974.74	499.73	33.41	31.42	2.25	16.99	15.34	51.61
汽车制造业	22369.94	22285.52	679.61	170.76	170.12	5.19	-0.46	0.96	-37.34
铁路、船舶、航空航天和其他运输设备制造业	5964.78	5766.78	296.93	116.96	113.07	5.82	14.68	13.53	66.64
电气机械和器材制造业	16545.08	15744.16	984.60	70.71	67.28	4.21	4.79	4.85	19.11
计算机、通信和其他电子设备制造业	24442.29	24071.61	742.97	66.42	65.41	2.02	7.82	8.29	10.53
仪器仪表制造业	544.01	516.78	36.88	11.33	10.77	0.77	3.87	2.84	-4.55
其他制造业	846.52	933.40	-92.21	44.55	49.13	-4.85	-24.87	-25.29	25.52
废弃资源综合利用业	243.91	253.09	-10.40	34.84	36.16	-1.49	8.61	0.71	64.40
电力、热力生产和供应业	11853.92	10802.45	1156.71	169.34	154.32	16.52	18.74	15.55	38.85
燃气生产和供应业	1356.59	1351.97	17.95	56.52	56.33	0.75	8.90	10.62	-55.68
水的生产和供应业	458.72	396.42	75.44	32.77	28.32	5.39	4.74	4.24	4.16

续表

行业	收入总额（亿元）	成本总额（亿元）	净利润总额（亿元）	收入平均值（亿元）	成本平均值（亿元）	净利润平均值（亿元）	收入增长率（%）	成本增长率（%）	净利润增长率（%）
房屋建筑业	554.41	547.96	7.36	277.20	273.98	3.68	16.46	16.64	39.66
土木工程建筑业	53251.25	51197.27	1814.38	845.26	812.66	28.80	14.59	14.71	9.94
建筑安装业	18.70	17.60	1.01	18.70	17.60	1.01	-17.11	-15.34	-37.65
建筑装饰和其他建筑业	1521.06	1460.42	54.30	54.32	52.16	1.94	6.13	5.51	31.13
批发业	27012.31	26679.22	375.10	350.81	346.48	4.87	9.40	9.48	3.33
零售业	15088.29	14864.41	400.55	171.46	168.91	4.55	4.86	5.16	-6.00
铁路运输业	1182.64	995.44	164.17	295.66	248.86	41.04	3.22	5.39	-6.63
道路运输业	1263.28	1034.74	297.98	35.09	28.74	8.28	4.91	4.55	1.05
水上运输业	4022.57	3765.38	527.44	138.71	129.84	18.19	16.31	15.86	57.80
航空运输业	5466.86	5414.68	256.09	455.57	451.22	21.34	5.40	4.84	22.53
装卸搬运和运输代理业	1093.29	1117.16	-2.65	136.66	139.64	-0.33	247.80	276.88	-116.11
仓储业	492.25	494.37	3.25	54.69	54.93	0.36	-3.67	-6.00	110.20
邮政业	2267.60	2146.70	116.71	453.52	429.34	23.34	31.61	34.35	-0.67
住宿业	337.08	312.47	26.09	56.18	52.08	4.35	4.24	2.48	48.58
餐饮业	21.60	22.20	-0.45	7.20	7.40	-0.15	-8.28	-4.19	-145.92
电信、广播电视和卫星传输服务	3434.02	3330.74	138.84	202.00	195.93	8.17	-1.32	-1.11	4.52
互联网和相关服务	3104.91	3221.20	-149.76	50.08	51.95	-2.42	24.25	22.20	-10.13
软件和信息技术服务业	4387.99	4357.22	144.06	20.22	20.08	0.66	25.09	24.45	55.91
货币金融服务	50525.97	30032.08	17004.44	1365.57	811.68	459.58	19.58	24.50	13.32
资本市场服务	4662.39	3165.48	1276.86	93.25	63.31	25.54	45.58	37.01	65.42
保险业	30946.66	27774.45	2981.10	4420.95	3967.78	425.87	15.20	13.86	64.65
其他金融业	675.35	634.46	85.97	48.24	45.32	6.14	102.41	118.46	31.19
房地产业	24866.81	21532.20	2943.03	200.54	173.65	23.73	20.29	21.00	14.59
租赁业	404.06	371.67	37.66	134.69	123.89	12.55	-7.12	-11.96	69.33
商务服务业	6230.01	6075.27	198.91	122.16	119.12	3.90	4.99	4.39	60.29
研究和试验发展	209.19	174.08	29.25	26.15	21.76	3.66	75.29	58.27	71.45
专业技术服务业	937.60	865.75	77.93	19.13	17.67	1.59	29.07	26.57	73.06
科技推广和应用服务业	1.34	1.64	0.18	1.34	1.64	0.18	41.05	26.15	147.37
生态保护和环境治理业	1338.04	1247.37	104.17	37.17	34.65	2.89	66.64	68.99	53.17
公共设施管理业	123.91	110.12	12.65	8.26	7.34	0.84	-23.05	-21.99	-54.00
机动车、电子产品和日用产品修理业	3.53	4.47	-0.93	3.53	4.47	-0.93	—	—	—
教育	186.87	170.48	16.09	23.36	21.31	2.01	209.44	185.08	1992.94
卫生	424.79	427.13	-6.38	35.40	35.59	-0.53	20.95	39.00	-115.57
新闻和出版业	1191.92	1097.56	126.59	49.66	45.73	5.27	1.69	-5.35	171.42

行业	收入总额（亿元）	成本总额（亿元）	净利润总额（亿元）	收入平均值（亿元）	成本平均值（亿元）	净利润平均值（亿元）	收入增长率（%）	成本增长率（%）	净利润增长率（%）
广播、电视、电影和影视录音制作业	611.70	786.35	-165.16	24.47	31.45	-6.61	-9.76	6.84	-280.03
文化艺术业	211.89	192.96	15.78	23.54	21.44	1.75	130.62	118.90	2934.62
体育	4.40	4.09	0.38	4.40	4.09	0.38	17.33	22.09	-9.52
综合	655.83	617.65	43.35	29.81	28.07	1.97	25.81	14.11	406.43

资料来源：根据 Wind 数据库整理。

四、国有控股上市公司分行业期间费用分析

考虑到金融机构会计报表的特殊性，金融类国有控股上市公司的期间费用只包含业务及管理费。因此，本部分对金融类国有控股上市公司期间费用的描述和分析仅包含期间费用总额部分，对销售费用、管理费用和财务费用的分析不包含金融类国有控股上市公司的数据。同样，对全部上市公司行业期间费用的分析包含金融类上市公司的数据，涉及销售费用、管理费用和财务费用的描述、分析和对比都不包含金融类上市公司的数据。

从 2019 年国有控股上市公司（除金融类国有控股上市公司外）销售费用总额来看，行业差异较为明显（见表 2-10）。石油和天然气开采业、汽车制造业、医药制造业、零售业的销售费用总额较高，均超过 500 亿元，印刷和记录媒介复制业、林业、租赁业等的销售费用较低。从管理费用总额来看，土木工程建筑业、石油和天然气开采业、汽车制造业中的国有控股上市公司（除金融类国有控股上市公司外）管理费用总额排名前三，而排名靠后的农、林、牧、渔服务业，租赁业，科技推广和应用服务业，印刷和记录媒介复制业的管理费用均在 1 亿元以下。从财务费用总额来看，分布在电力、热力生产和供应业，土木工程建筑业，石油和天然气开采业中的国有控股上市公司（除金融类国有控股上市公司外）财务费用总额较高，而电气机械和器材制造业，新闻和出版业，酒、饮料和精制茶制造业中的国有控股上市公司（除金融类国有控股上市公司外）财务费用较低。

在全部上市公司（除金融类上市公司外）中，医药制造业、零售业、电气机械和器材制造业销售费用总额较高，土木工程建筑业、石油和天然气开采业、房地产业管理费用较高，电力、热力生产和供应业，房地产业，土木工程建筑业财务费用较高（见表 2-11）。医药制造业、零售业上市公司在国有控股上市公司（除金融类国有控股上市公司外）和全部上市公司中（除金融类上市公司外）销售费用都较高。土木工程建筑业上市公司在国有控股上市公司（除金融类国有控股上市公司外）和全部上市公司中（除金融类上市公司外）的管理费用、财务费用都较高。

从期间费用平均值来看，在 2019 年国有控股上市公司（除金融类国有控股上市公司外）中，销售费用较高的三个行业分别为石油和天然气开采业（458.83 亿元），电信、广播电视和卫星传输服务（30.18 亿元），航空运输业（29.20 亿元）；管理费用较高的三个行业分别为石油和天然气开采业（413.43 亿元），土木工程建筑业（35.27 亿元），电信、广播电视和卫星传输服务（22.72 亿元）；财务费用较高的三个行业分别为石油和天然气开采业（126.38 亿元），航空运输业（28.44 亿元），电力、热力生产和供应业（15.20 亿元）。从全部上市公司来看（除金融类上

表 2-10　分行业国有控股上市公司期间费用分析表

行业	销售费用总额（亿元）	管理费用总额（亿元）	财务费用总额（亿元）	期间费用总额（亿元）	销售费用平均值（亿元）	管理费用平均值（亿元）	财务费用平均值（亿元）	期间费用平均值（亿元）	销售费用增长率（%）	管理费用增长率（%）	财务费用增长率（%）	期间费用增长率（%）
农业	11.11	34.60	6.86	52.57	1.23	3.84	0.76	5.84	22.49	4.00	-9.38	5.33
林业	0.26	1.19	2.12	3.57	0.13	0.59	1.06	1.79	-29.73	0.85	7.07	0.85
畜牧业	1.80	2.45	1.00	5.25	0.60	0.82	0.33	1.75	4.65	5.60	-47.64	-11.76
渔业	5.43	2.06	0.20	7.69	2.72	1.03	0.10	3.85	16.03	8.42	1900.00	16.69
农、林、牧、渔服务业	1.60	0.95	0.07	2.62	1.60	0.95	0.07	2.62	15.94	2.15	-46.15	7.38
煤炭开采和洗选业	301.08	519.20	197.11	1017.39	12.04	20.77	7.88	40.70	11.96	2.70	2.97	5.33
石油和天然气开采业	1376.50	1240.28	379.14	2995.92	458.83	413.43	126.38	998.64	7.29	-12.20	115.21	4.33
黑色金属矿采选业	23.74	7.18	-0.55	30.36	7.91	2.39	-0.18	10.12	-5.23	-12.01	-41.03	-7.50
有色金属矿采选业	15.84	108.29	45.68	169.80	1.58	10.83	4.57	16.98	-2.16	9.72	5.64	7.38
开采辅助活动	7.12	90.79	19.06	116.97	1.02	12.97	2.72	16.71	161.76	19.90	616.54	44.23
农副食品加工业	23.52	24.02	4.94	52.48	2.61	2.67	0.55	5.83	14.96	4.80	-23.77	5.28
食品制造业	132.61	36.12	6.67	175.40	8.84	2.41	0.44	11.69	6.97	9.26	-4.99	6.92
酒、饮料和精制茶制造业	333.91	189.19	-25.70	497.40	15.90	9.01	-1.22	23.69	18.82	14.11	-20.37	16.91
纺织业	12.02	21.84	11.28	45.15	1.72	3.12	1.61	6.45	-11.03	68.65	58.43	34.46
纺织服装、服饰业	5.47	8.44	1.22	15.13	5.47	8.44	1.22	15.13	8.10	-0.47	-41.35	-3.07
木材加工和木、竹、藤、棕、草制品业	0.89	1.91	1.15	3.95	0.89	1.91	1.15	3.95	-41.45	8.52	194.87	7.63
家具制造业	0.98	1.10	0.70	2.79	0.98	1.10	0.70	2.79	2.08	-14.73	12.90	-2.79
造纸及纸制品业	21.43	20.33	32.49	74.25	2.38	2.26	3.61	8.25	6.14	0.94	4.27	3.86
印刷和记录媒介复制业	0.29	0.34	0.13	0.76	0.29	0.34	0.13	0.76	—	—	—	—
文教、工美、体育和娱乐用品制造业	1.42	1.69	0.02	3.12	1.42	1.69	0.02	3.12	-13.41	9.03	-84.62	-6.02
石油加工、炼焦及核燃料加工业	14.32	52.89	10.11	77.32	1.59	5.88	1.12	8.59	4.15	-2.09	1.20	-0.57
化学原料及化学制品制造业	272.53	247.39	154.44	674.36	4.07	3.69	2.31	10.07	8.26	-9.61	-5.21	-2.03
医药制造业	592.20	163.58	17.12	772.91	14.44	3.99	0.42	18.85	14.71	13.53	15.83	14.49
化学纤维制造业	5.75	11.65	7.00	24.39	0.96	1.94	1.17	4.07	-19.47	-3.40	-16.77	-11.69
橡胶和塑料制品业	19.91	20.13	6.01	46.06	2.21	2.24	0.67	5.12	13.00	21.63	24.43	18.07

续表

行业	销售费用 总额 (亿元)	管理费用 总额 (亿元)	财务费用 总额 (亿元)	期间费用 总额 (亿元)	销售费用 平均值 (亿元)	管理费用 平均值 (亿元)	财务费用 平均值 (亿元)	期间费用 平均值 (亿元)	销售费用 增长率 (%)	管理费用 增长率 (%)	财务费用 增长率 (%)	期间费用 增长率 (%)
非金属矿物制品业	144.68	239.14	74.48	458.30	6.03	9.96	3.10	19.10	11.81	11.98	-2.64	9.26
黑色金属冶炼和压延加工业	225.06	248.03	197.75	670.84	10.23	11.27	8.99	30.49	6.99	11.18	-19.41	-1.18
有色金属冶炼和压延加工业	65.55	150.38	130.70	346.63	2.62	6.02	5.23	13.87	2.28	15.18	0.54	6.77
金属制品业	19.05	15.73	5.37	40.15	2.72	2.25	0.77	5.74	10.43	10.31	-27.63	3.13
通用设备制造业	118.52	184.73	26.44	329.68	3.70	5.77	0.83	10.30	6.46	15.82	13.14	12.06
专用设备制造业	153.22	168.24	56.93	378.38	3.33	3.66	1.24	8.23	14.50	-11.98	-4.21	-1.56
汽车制造业	980.55	563.75	18.12	1562.43	28.02	16.11	0.52	44.64	-5.11	1.46	51.51	-2.41
铁路、船舶、航空航天和其他运输设备制造业	127.12	322.02	-0.55	448.60	5.78	14.64	-0.03	20.39	19.54	10.96	-103.54	8.86
电气机械和器材制造业	328.28	108.67	-1.29	435.66	10.59	3.51	-0.04	14.05	0.20	-5.58	-108.59	-4.83
计算机、通信和其他电子设备制造业	494.50	344.49	100.37	939.37	6.18	4.31	1.25	11.74	33.14	33.11	5.20	29.46
仪器仪表制造业	6.34	4.12	0.35	10.82	1.59	1.03	0.09	2.70	21.22	9.57	-30.00	14.01
其他制造业	11.07	8.91	8.13	28.12	2.77	2.23	2.03	7.03	4.63	3.12	1.50	3.27
废弃资源综合利用业	1.22	3.64	1.41	6.27	1.22	3.64	1.41	6.27	23.23	-2.67	5.22	3.29
电力、热力生产和供应业	25.21	320.60	866.67	1041.90	0.59	5.62	15.20	24.23	52.97	21.51	15.43	24.99
燃气生产和供应业	33.07	26.40	18.73	78.20	3.01	2.40	1.70	7.11	13.10	21.27	14.77	16.14
水的生产和供应业	8.16	40.91	25.86	74.94	0.63	3.15	1.99	5.76	-0.12	3.15	0.78	3.27
房屋建筑业	1.25	9.48	5.31	16.03	0.62	4.74	2.65	8.02	1.63	8.34	-1.85	4.23
土木工程建筑业	242.78	1375.35	463.35	2067.77	6.74	35.27	11.88	57.44	19.77	10.40	-13.09	4.95
建筑装饰和其他建筑业	0.93	1.68	0.68	3.29	0.93	1.68	0.68	3.29	-21.85	-31.43	-46.88	-33.13
批发业	325.37	175.07	108.84	609.28	7.75	4.17	2.59	14.51	13.96	7.65	-10.70	6.89
零售业	513.08	193.18	33.54	739.81	15.55	5.85	1.02	22.42	16.86	2.72	26.71	13.19
铁路运输业	4.13	12.51	1.92	14.84	1.38	3.13	0.48	4.95	18.34	9.83	-33.33	-16.39
道路运输业	11.94	55.08	82.86	135.03	0.52	1.84	2.76	5.87	3.74	8.83	-1.67	-2.37
水上运输业	6.82	267.91	170.36	373.37	0.36	9.92	6.31	19.65	22.66	21.61	16.15	21.98
航空运输业	233.57	145.49	255.99	634.54	29.20	16.17	28.44	79.32	6.01	3.51	12.95	8.08

续表

行业	销售费用总额（亿元）	管理费用总额（亿元）	财务费用总额（亿元）	期间费用总额（亿元）	销售费用平均值（亿元）	管理费用平均值（亿元）	财务费用平均值（亿元）	期间费用平均值（亿元）	销售费用增长率（%）	管理费用增长率（%）	财务费用增长率（%）	期间费用增长率（%）
装卸搬运和运输代理业	13.24	28.58	2.93	44.75	6.62	14.29	1.47	22.38	200.91	1105.91	9866.67	563.95
仓储业	3.35	6.06	2.40	11.81	1.68	3.03	1.20	5.91	35.08	9.58	-17.24	8.25
住宿业	138.52	61.71	7.05	207.28	27.70	12.34	1.41	41.46	-0.25	-0.71	-16.37	-1.04
餐饮业	8.40	2.34	0.05	10.79	4.20	1.17	0.02	5.40	-5.19	-2.90	225.00	-3.92
电信、广播电视和卫星传输服务	362.17	272.62	13.11	647.91	30.18	22.72	1.09	53.99	-4.50	0.62	220.54	-0.97
互联网和相关服务	13.76	12.94	-0.87	25.82	1.97	1.85	-0.12	3.69	131.26	183.15	-278.26	150.68
软件和信息技术服务业	59.47	61.54	9.12	130.13	2.05	2.12	0.31	4.49	33.64	17.60	105.41	28.49
货币金融服务	—	—	—	10430.83	—	—	—	948.26	—	—	—	23.34
资本市场服务	—	—	—	998.33	—	—	—	38.40	—	—	—	16.65
保险业	—	—	—	1482.46	—	—	—	494.15	—	—	—	19.91
其他金融业	—	—	—	5.30	—	—	—	5.30	—	—	—	53.62
房地产业	244.54	256.71	251.97	753.22	4.01	4.21	4.13	12.35	-18.52	-23.15	-6.92	-16.76
租赁业	0.09	0.86	-0.04	0.91	0.09	0.86	-0.04	0.91	-62.50	-8.51	-119.05	-34.53
商务服务业	229.93	71.81	40.72	342.46	12.77	3.99	2.26	19.03	28.05	0.59	7.84	18.62
专业技术服务业	9.88	28.90	4.77	43.54	0.71	2.06	0.34	3.11	139.81	35.81	79.32	55.17
科技推广和应用服务业	0.35	0.40	0.10	0.85	0.35	0.40	0.10	0.85	66.67	5.26	-9.09	23.19
生态保护和环境治理业	3.57	20.18	16.86	31.83	0.89	3.36	2.81	7.96	18.21	35.35	60.88	45.88
公共设施管理业	4.32	13.50	1.81	19.63	0.39	1.23	0.16	1.78	2.13	6.22	-24.27	1.55
教育	2.81	5.56	1.57	9.94	0.94	1.85	0.52	3.31	-63.84	-17.87	112.16	-34.99
新闻和出版业	117.26	118.96	-6.88	229.33	5.86	5.95	-0.34	11.47	8.01	3.08	-20.28	5.08
广播、电视、电影和影视录音制作业	19.45	18.39	-0.81	37.03	2.16	2.04	-0.09	4.11	14.95	9.01	-3.85	12.21
文化艺术业	21.41	6.10	-0.37	27.14	21.41	6.10	-0.37	27.14	—	—	—	—
综合	9.45	15.35	5.78	30.57	0.86	1.40	0.53	2.78	0.32	-5.89	-49.39	-17.71

资料来源：根据 Wind 数据库整理。

表2-11 分行业全部上市公司期间费用分析表

行业	销售费用总额（亿元）	管理费用总额（亿元）	财务费用总额（亿元）	期间费用总额（亿元）	销售费用平均值（亿元）	管理费用平均值（亿元）	财务费用平均值（亿元）	期间费用平均值（亿元）	销售费用增长率（%）	管理费用增长率（%）	财务费用增长率（%）	期间费用增长率（%）
农业	16.02	39.09	7.93	63.04	1.07	2.61	0.53	4.20	11.87	4.43	-4.80	4.91
林业	0.65	2.08	2.35	5.08	0.16	0.52	0.59	1.27	-32.29	-7.14	3.98	-6.96
畜牧业	20.62	69.93	11.01	101.56	1.59	5.38	0.85	7.81	-9.04	7.82	-56.33	-9.92
渔业	13.53	10.41	4.97	28.90	1.69	1.30	0.62	3.61	10.18	16.18	31.48	15.55
农、林、牧、渔服务业	1.60	0.95	0.07	2.62	1.60	0.95	0.07	2.62	15.94	2.15	-46.15	7.38
煤炭开采和洗选业	302.87	526.96	235.65	1065.49	11.65	20.27	9.06	40.98	12.15	2.56	-0.17	4.47
石油和天然气开采业	1383.50	1248.10	395.93	3027.53	230.58	208.02	65.99	504.59	7.39	7.82	105.92	4.42
黑色金属矿采选业	23.86	11.73	0.76	36.35	4.77	2.35	0.15	7.27	-5.24	-12.03	-22.45	-12.22
有色金属矿采选业	20.53	139.32	67.49	227.35	0.93	6.33	3.07	10.33	2.50	12.16	21.91	13.93
非金属矿采选业	0.51	0.59	0.19	1.30	0.51	0.59	0.19	1.30	34.21	31.11	-20.83	21.50
开采辅助活动	11.38	102.42	21.88	135.07	0.71	6.02	1.29	8.44	52.75	18.43	354.89	37.34
农副食品加工业	189.87	161.89	40.99	392.75	3.87	3.30	0.84	8.02	5.21	22.38	21.74	13.37
食品制造业	506.45	128.76	12.54	647.75	9.93	2.52	0.25	12.70	14.35	27.62	-4.93	16.29
酒、饮料和精制茶制造业	423.69	218.66	-23.42	618.92	10.09	5.21	-0.56	14.74	14.61	9.01	-99.15	10.82
纺织业	64.02	63.76	27.49	155.27	1.83	1.82	0.79	4.44	-2.82	17.96	4.13	6.11
纺织服装、服饰业	341.41	98.20	23.48	463.09	8.98	2.58	0.62	12.19	14.27	19.15	95.99	17.78
皮革、毛皮、羽毛及其制品和制鞋业	27.12	12.51	1.56	41.19	2.47	1.14	0.14	3.74	-2.76	-1.03	136.36	0.00
木材加工和木、竹、藤、棕、草制品业	18.48	14.31	2.79	35.58	2.31	1.79	0.35	4.45	-5.13	-5.73	12.05	-4.20
家具制造业	139.42	53.67	10.17	203.26	5.58	2.15	0.41	8.13	15.95	17.39	24.18	16.71
造纸及纸制品业	82.92	67.95	54.99	205.86	2.86	2.34	1.90	7.10	11.27	10.13	-5.89	5.75
印刷和记录媒介复制业	15.11	14.69	1.24	31.04	1.08	1.05	0.09	2.22	22.75	14.86	26.53	19.02

续表

行业	销售费用总额（亿元）	管理费用总额（亿元）	财务费用总额（亿元）	期间费用总额（亿元）	销售费用平均值（亿元）	管理费用平均值（亿元）	财务费用平均值（亿元）	期间费用平均值（亿元）	销售费用增长率（%）	管理费用增长率（%）	财务费用增长率（%）	期间费用增长率（%）
文教、工美、体育和娱乐用品制造业	28.13	17.82	1.21	47.16	2.01	1.27	0.09	3.37	8.23	9.06	-26.67	7.23
石油加工、炼焦及核燃料加工业	30.22	65.01	14.50	109.73	1.89	4.06	0.91	6.86	2.51	-0.76	-4.48	-0.41
化学原料及化学制品制造业	593.01	536.29	231.58	1360.87	2.42	2.19	0.95	5.55	9.74	-0.32	-4.20	3.09
医药制造业	2131.30	561.79	108.99	2802.08	9.51	2.51	0.49	12.51	10.99	16.48	18.71	12.34
化学纤维制造业	59.82	62.24	84.35	206.41	2.49	2.59	3.51	8.60	41.55	34.57	45.88	41.06
橡胶和塑料制品业	117.19	115.47	38.90	272.56	1.50	1.49	0.50	3.49	5.10	11.86	25.24	10.49
非金属矿物制品业	276.75	373.91	102.50	750.16	3.29	4.42	1.22	8.93	13.08	8.32	-6.20	7.72
黑色金属冶炼和压延加工业	256.99	295.60	213.70	766.29	8.03	9.24	6.68	23.95	7.50	6.56	-20.78	-2.53
有色金属冶炼和压延加工业	110.94	223.42	214.25	553.61	1.63	3.36	3.15	8.14	6.22	9.67	2.98	6.30
金属制品业	139.70	123.68	33.28	301.66	2.37	2.18	0.56	5.11	10.96	2.40	-9.05	4.69
通用设备制造业	282.74	310.45	69.32	662.51	2.09	2.30	0.51	4.91	30.35	11.52	13.45	19.08
专用设备制造业	530.63	401.46	108.63	1040.73	2.39	1.81	0.49	4.69	23.43	1.54	2.44	11.75
汽车制造业	1244.77	843.39	107.04	2194.36	9.58	6.44	0.82	16.88	-4.42	5.34	31.68	0.46
铁路、船舶、航空航天和其他运输设备制造业	154.92	361.01	6.58	522.51	3.04	7.08	0.13	10.25	18.93	11.94	-68.53	10.31
电气机械和器材制造业	1518.49	668.19	92.55	2279.22	6.49	2.86	0.40	9.74	6.86	5.86	-2.52	6.15
计算机、通信和其他电子设备制造业	971.26	885.27	258.08	2114.61	2.64	2.41	0.70	5.75	4.32	7.94	3.32	5.68
仪器仪表制造业	58.82	41.12	9.92	109.87	1.23	0.86	0.21	2.29	4.70	-2.03	-8.49	0.81
其他制造业	32.23	20.50	47.84	100.58	1.70	1.08	2.52	5.29	-18.80	-14.01	32.37	0.91
废弃资源综合利用业	3.85	13.31	11.92	29.08	0.55	1.90	1.70	4.15	50.98	2.86	6.62	9.04
电力、热力生产和供应业	29.73	344.49	888.09	1087.49	0.56	4.92	12.69	20.52	35.69	20.33	13.98	22.83
燃气生产和供应业	44.64	47.22	37.66	129.52	1.86	1.97	1.57	5.40	9.47	6.04	11.42	8.74

续表

行业	销售费用总额(亿元)	管理费用总额(亿元)	财务费用总额(亿元)	期间费用总额(亿元)	销售费用平均值(亿元)	管理费用平均值(亿元)	财务费用平均值(亿元)	期间费用平均值(亿元)	销售费用率增长率(%)	管理费用率增长率(%)	财务费用率增长率(%)	期间费用增长率(%)
水的生产和供应业	8.32	41.95	26.01	76.28	0.59	3.00	1.86	5.45	0.12	2.79	0.54	2.98
房屋建筑业	1.25	9.48	5.31	16.03	0.62	4.74	2.65	8.02	1.63	8.34	-1.85	4.23
土木工程建筑业	246.73	1404.22	477.50	2108.81	4.49	22.29	7.58	38.34	0.38	5.25	-16.90	-1.35
建筑安装业	0.03	0.69	-0.06	0.66	0.03	0.69	-0.06	0.66	0.00	-10.39	14.29	-9.59
建筑装饰和其他建筑业	32.92	57.64	23.44	113.47	1.22	2.06	0.84	4.20	3.88	1.19	-18.75	-2.94
批发业	521.53	394.33	211.34	1126.74	6.86	5.12	2.74	14.83	13.31	6.26	-4.80	7.07
零售业	1581.48	520.03	166.12	2267.63	17.97	5.91	1.89	25.77	9.62	-1.68	20.60	7.50
铁路运输业	4.13	12.51	1.92	14.84	1.38	3.13	0.48	4.95	18.34	9.83	-33.33	-16.39
道路运输业	13.52	63.14	84.48	145.82	0.48	1.75	2.35	5.21	5.96	8.21	-1.44	-1.59
水上运输业	7.15	270.00	175.84	381.28	0.34	9.31	6.06	18.16	20.78	21.17	16.47	21.71
航空运输业	245.28	153.64	262.73	661.15	22.30	12.80	21.89	60.10	6.25	3.66	13.03	8.20
装卸搬运和运输代理业	15.55	34.62	7.48	57.65	1.94	4.33	0.93	7.21	156.18	383.52	108.94	242.95
仓储业	6.09	12.28	4.37	22.30	0.76	1.36	0.49	2.79	20.36	4.87	1.86	7.99
邮政业	28.46	139.93	7.98	176.37	5.69	27.99	1.60	35.27	12.18	11.79	197.76	15.10
住宿业	138.58	61.81	7.05	207.44	23.10	10.30	1.17	34.57	-0.24	-0.72	-16.37	-1.04
餐饮业	8.70	2.62	0.05	11.37	2.90	0.87	0.02	3.79	-4.71	-2.24	266.67	-3.48
电信、广播电视和卫星传输服务	370.12	286.91	20.30	677.33	21.77	16.88	1.19	39.84	-4.47	0.69	174.70	-0.36
互联网和相关服务	242.03	114.89	19.33	376.24	3.90	1.85	0.31	6.07	30.94	-4.97	-29.19	12.97
软件和信息技术服务业	392.35	338.17	29.50	760.02	1.81	1.56	0.14	3.50	27.42	13.01	36.20	20.86
货币金融服务	—	—	—	14441.54	—	—	—	390.31	—	—	—	23.19
资本市场服务	—	—	—	1488.73	—	—	—	38.17	—	—	—	4.67

续表

行业	销售费用总额（亿元）	管理费用总额（亿元）	财务费用总额（亿元）	期间费用总额（亿元）	销售费用平均值（亿元）	管理费用平均值（亿元）	财务费用平均值（亿元）	期间费用平均值（亿元）	销售费用增长率（%）	管理费用增长率（%）	财务费用增长率（%）	期间费用增长率（%）
保险业	—	—	—	1978.54	—	—	—	395.71	—	—	—	-37.27
其他金融业	—	—	—	5.30	—	—	—	5.30	—	—	—	-48.94
房地产业	736.33	948.76	620.65	2300.24	6.09	7.65	5.01	19.01	16.79	13.77	14.43	14.98
租赁业	3.27	20.04	87.88	111.19	1.09	6.68	29.29	37.06	5.48	-4.62	-5.05	-4.70
商务服务业	339.62	144.67	90.94	575.22	6.66	2.84	1.78	11.28	25.46	9.45	28.92	21.51
研究和试验发展	9.35	27.11	1.48	37.94	1.17	3.39	0.18	4.74	39.34	65.41	138.71	59.88
专业技术服务业	37.44	67.05	9.43	112.39	0.78	1.37	0.19	2.34	38.10	23.94	65.15	31.39
科技推广和应用服务业	0.35	0.40	0.10	0.85	0.35	0.40	0.10	0.85	66.67	5.26	-9.09	23.19
生态保护和环境治理业	29.49	80.39	61.75	157.57	0.98	2.23	1.72	5.25	53.04	52.95	67.21	60.57
公共设施管理业	6.22	17.68	2.74	26.65	0.41	1.18	0.18	1.78	-23.21	-10.30	-33.66	-16.56
机动车、电子产品和日用产品修理业	0.30	0.69	0.00	0.99	0.30	0.69	0.00	0.99	—	—	—	—
教育	30.70	27.66	4.62	62.98	3.84	3.46	0.58	7.87	271.67	210.79	366.67	247.00
卫生	49.92	47.17	10.57	107.65	4.16	3.93	0.88	8.97	14.36	27.45	39.63	22.01
新闻和出版业	123.41	122.46	-7.04	238.84	5.14	5.10	-0.29	9.95	8.46	3.15	-18.52	5.42
广播、电视、电影和影视录音制作业	46.62	53.26	17.39	117.27	1.86	2.13	0.70	4.69	-11.49	2.44	4.07	-3.38
文化艺术业	26.43	13.33	0.38	40.14	2.94	1.48	0.04	4.46	320.19	82.10	-46.48	180.11
体育	0.11	0.36	0.06	0.53	0.11	0.36	0.06	0.53	0.00	16.13	500.00	26.19
综合	55.52	42.79	24.23	115.40	2.78	1.94	1.10	5.77	65.29	7.89	5.62	20.50

资料来源：根据 Wind 数据库整理。

市公司外），石油和天然气开采业、住宿业、航空运输业中的上市公司销售费用较高，平均销售费用分别为230.58亿元、23.10亿元和22.30亿元。在全部上市公司（除金融类上市公司外）中，石油和天然气开采业、邮政业、土木工程建筑业平均管理费用较高，分别为208.02亿元、27.99亿元和22.29亿元；在国有控股上市公司（除金融类国有控股上市公司外）中，石油和天然气开采业、土木工程建筑业平均管理费用更高。石油和天然气开采业，航空运输业，电力、热力生产和供应业中的国有控股上市公司（除金融类国有控股上市公司外）平均财务费用较高，分别为126.38亿元、28.44亿元和15.20亿元，明显高于一般上市公司。

从期间费用变动来看，分布在装卸搬运和运输代理业、开采辅助活动、专业技术服务业等51个行业中的国有控股上市公司（除金融类国有控股上市公司外）销售费用同比增加，其中增长较快的国有控股上市公司（除金融类国有控股上市公司外）分布在装卸搬运和运输代理业（200.91%）、开采辅助活动（161.76%）、专业技术服务业（139.81%）。水的生产和供应业、住宿业、有色金属矿采选业等16个行业中的国有控股上市公司（除金融类国有控股上市公司外）销售费用出现下降，其中降幅较大的为木材加工和木、竹、藤、棕、草制品业（-41.45%），租赁业（-62.50%），教育（-63.84%）。分布在装卸搬运和运输代理业、互联网和相关服务、纺织业等50个行业中的国有控股上市公司（除金融类国有控股上市公司外）管理费用同比上升，其中管理费用上升较快的包括装卸搬运和运输代理业（1105.91%）、互联网和相关服务（183.15%）、纺织业（68.65%）。纺织服装、服饰业，住宿业，石油加工、炼焦及核燃料加工业等17个行业中的国有控股上市公司（除金融类国有控股上市公司外）管理费用出现下降。教育、房地产业、建筑装饰和其他建筑业中的国有控股上市公司（除金融类国有控股上市公司外）管理费用出现较大幅度下滑。在财务费用变动方面，装卸搬运和运输代理业、渔业、开采辅助活动等33个行业中的国有控股上市公司（除金融类国有控股上市公司外）财务费用上升。国有控股上市公司（除金融类国有控股上市公司外）财务费用增长较快的行业为装卸搬运和运输代理业（9866.67%）、渔业（1900.00%）、开采辅助活动（616.54%），34个行业中的国有控股上市公司（除金融类国有控股上市公司外）出现不同程度下降。铁路、船舶、航空航天和其他运输设备制造业，电气机械和器材制造业，租赁业，互联网和相关服务财务费用降低超过100%。

在全部上市公司中（除金融类国有控股上市公司外），文化艺术业、教育、装卸搬运和运输代理业的销售费用增长较快，分别为320.19%、271.67%和156.18%（见表2-11）。装卸搬运和运输代理业、教育、文化艺术业管理费用增长较快，分别为383.52%、210.79%和82.10%。财务费用增长较快的行业为体育、教育、开采辅助活动，增长率分别为500.00%、366.67%和354.89%。

从期间费用总额来看，在国有控股上市公司中，货币金融服务、石油和天然气开采业、土木工程建筑业期间费用总额较高，分别为10430.83亿元、2995.92亿元和2067.77亿元。租赁业、科技推广和应用服务业、印刷和记录媒介复制业期间费用总额较低，分别为0.91亿元、0.85亿元和0.76亿元。

从期间费用平均值来看，石油和天然气开采业、货币金融服务、保险业中的国有控股上市公司的期间费用平均值较高，分别为998.64亿元、948.26亿元和494.15亿元。分布在租赁业、科技推广和应用服务业、印刷和记录媒介复制业中的国有控股上市公司期间费用平均值较低，分别为0.91亿元、0.85亿元和0.76亿元。

从期间费用总额增长率来看，装卸搬运和运输代理业、互联网和相关服务、专业技术服务业等49个行业中的国有控股上市公司期间费用上升。建筑装饰和其他建筑业、租赁业、教育等

22 个行业中的国有控股上市公司期间费用同比下降。

五、国有控股上市公司分行业现金流量分析

从经营现金流量总额来看，2019 年货币金融服务、石油和天然气开采业、保险业等行业中的国有控股上市公司经营现金流量总额较高，分布在印刷和记录媒介复制业、林业、其他金融业、综合、其他制造业 5 个行业中的国有控股上市公司经营现金流量总额为负。从投资现金流量总额来看，纺织服装、服饰业，综合，其他制造业等 12 个行业的国有控股上市公司投资现金流量总额为正，其他行业的投资现金流量为负。大部分行业投资活动活跃，而保险业、石油和天然气开采业、货币金融服务受行业特性影响，分布其中的国有控股上市公司的净投资总额较高，净投资总额为 29536.44 亿元。从筹资现金流量总额来看，分布在货币金融服务、土木工程建筑业、房地产业中的国有控股上市公司总筹资较多，而煤炭开采和洗选业，石油和天然气开采业，电力、热力生产和供应业中的国有控股上市公司筹资净支出较大。国有控股上市公司净筹资总额为 4054.10 亿元，占全部上市公司净筹资额的 33.20%（见表 2-12）。

表 2-12　分行业国有控股上市公司现金流量总额分析表

行业	经营现金流量总额（亿元）	投资现金流量总额（亿元）	筹资现金流量总额（亿元）	经营现金流量平均值（亿元）	投资现金流量平均值（亿元）	筹资现金流量平均值（亿元）	经营现金流量增长率（%）	投资现金流量增长率（%）	筹资现金流量增长率（%）
农业	18.81	-5.96	-8.67	2.09	-0.66	-1.08	-7.29	-227.35	-641.03
林业	-1.17	1.99	-3.21	-0.58	0.99	-1.60	-30.00	328.74	-300.63
畜牧业	6.07	-3.23	-2.49	2.02	-1.08	-0.83	-70.16	77.24	86.91
渔业	1.90	-0.27	-0.57	0.95	-0.14	-0.29	-6.40	94.16	-121.76
农、林、牧、渔服务业	1.32	-2.18	0.96	1.32	-2.18	0.96	297.01	-223.86	304.26
煤炭开采和洗选业	1802.51	-915.98	-1008.19	72.10	-36.64	-40.33	-9.32	10.92	-19.03
石油和天然气开采业	5138.93	-4535.72	-1124.11	1712.98	-1511.91	-374.70	-2.69	-35.71	52.30
黑色金属矿采选业	14.74	-10.17	-5.74	4.91	-3.39	-1.91	-44.29	-25.09	74.70
有色金属矿采选业	266.94	-248.05	-32.69	26.69	-24.81	-3.27	16.47	3.70	-143.42
开采辅助活动	99.46	-70.73	-49.45	14.21	-10.10	-7.06	-8.63	40.56	-1211.24
农副食品加工业	44.06	-23.52	-28.43	4.90	-2.61	-3.16	37.00	-48.48	3.40
食品制造业	87.89	-69.81	-22.55	5.86	-4.65	-1.50	19.03	28.04	-165.36
酒、饮料和精制茶制造业	937.96	-106.03	-328.68	44.66	-5.05	-15.65	16.27	-15.09	-9.51
纺织业	6.02	-23.65	37.13	0.86	-3.38	5.30	-44.82	-177.26	1480.00
纺织服装、服饰业	18.86	23.42	-8.64	18.86	23.42	-8.64	269.08	8464.29	-232.31
木材加工和木、竹、藤、棕、草制品业	2.10	-3.10	0.50	2.10	-3.10	0.50	9.95	-146.03	-75.37
家具制造业	0.71	0.13	-1.28	0.71	0.13	-1.28	148.30	116.46	-6500.00
造纸及纸制品业	137.21	-27.04	-95.45	15.25	-3.00	-10.61	-16.13	0.66	31.01
印刷和记录媒介复制业	-0.18	-1.44	0.53	-0.18	-1.44	0.53	—	—	—
文教、工美、体育和娱乐用品制造业	2.04	1.97	0.06	2.04	1.97	0.06	65.85	222.36	104.80

续表

行业	经营现金流量总额（亿元）	投资现金流量总额（亿元）	筹资现金流量总额（亿元）	经营现金流量平均值（亿元）	投资现金流量平均值（亿元）	筹资现金流量平均值（亿元）	经营现金流量增长率（%）	投资现金流量增长率（%）	筹资现金流量增长率（%）
石油加工、炼焦及核燃料加工业	111.09	-58.30	-75.82	12.34	-6.48	-8.42	-18.24	-172.68	-34.29
化学原料及化学制品制造业	807.12	-492.21	-385.42	12.05	-7.46	-5.93	-2.22	-2.73	-5.10
医药制造业	231.44	-121.32	-82.96	5.64	-2.96	-2.02	-10.86	-5.47	20.27
化学纤维制造业	31.82	-35.25	17.17	5.30	-5.87	2.86	70.98	-89.82	303.92
橡胶和塑料制品业	38.26	0.31	-28.90	4.25	0.03	-3.21	68.47	102.39	-3805.13
非金属矿物制品业	822.62	-447.71	-247.03	34.28	-18.65	-10.29	43.43	1.10	-227.58
黑色金属冶炼和压延加工业	1168.20	-815.96	-527.86	53.10	-38.86	-23.99	-27.98	-60.59	41.15
有色金属冶炼和压延加工业	435.17	-397.38	-67.43	17.41	-15.90	-2.70	16.76	-25.03	51.86
金属制品业	50.89	-9.27	-29.59	7.27	-1.32	-4.23	0.61	18.18	-39.64
通用设备制造业	205.34	-158.50	111.08	6.42	-4.95	3.47	248.80	-195.16	43.89
专用设备制造业	271.59	-127.27	-43.67	5.90	-2.77	-0.95	39.50	18.48	-105.22
汽车制造业	1011.35	-722.63	-184.00	28.90	-20.65	-5.26	179.50	-123.81	33.52
铁路、船舶、航空航天和其他运输设备制造业	464.16	-320.39	-3.92	21.10	-14.56	-0.19	105.75	-125.50	98.87
电气机械和器材制造业	377.97	-201.82	-190.42	12.19	-6.51	-6.35	17.17	33.72	-397.07
计算机、通信和其他电子设备制造业	752.78	-843.10	360.42	9.41	-10.54	4.51	18.04	2.13	50.66
仪器仪表制造业	8.01	-2.96	0.65	2.00	-0.74	0.16	182.04	-51.79	912.50
其他制造业	-28.09	5.64	18.75	-7.02	1.41	4.69	-360.82	63.95	364.83
废弃资源综合利用业	12.35	-9.33	-2.34	12.35	-9.33	-2.34	37.53	2.30	-72.06
电力、热力生产和供应业	3329.37	-2047.53	-1268.01	58.41	-35.92	-22.25	26.04	-11.18	-92.08
燃气生产和供应业	118.94	-135.42	30.41	10.81	-12.31	2.76	40.49	-47.85	100.33
水的生产和供应业	145.15	-285.35	135.52	11.17	-21.95	10.42	2.38	-23.42	38.22
房屋建筑业	10.14	-5.57	20.33	5.07	-2.79	10.16	25450.00	-194.73	437.15
土木工程建筑业	788.84	-3024.17	2252.97	20.23	-77.54	59.29	-12.71	-6.79	-15.97
建筑装饰和其他建筑业	4.70	0.13	-3.26	4.70	0.13	-3.26	-10.82	152.00	7.65
批发业	340.17	-199.16	6.39	8.10	-4.74	0.15	13.59	-573.52	102.66
零售业	185.58	-105.48	-79.23	5.62	-3.20	-2.40	5.97	34.99	-219.14
铁路运输业	183.33	-102.64	-108.91	45.83	-25.66	-27.23	-17.54	-70.98	-29.69
道路运输业	422.94	-303.44	-107.24	14.10	-10.11	-3.57	1.77	-1.15	-8.28
水上运输业	772.89	-294.19	-465.77	28.63	-10.90	-17.25	24.12	67.01	-229.27
航空运输业	1295.27	-654.07	-880.97	143.92	-72.67	-97.89	40.33	-9.81	-125.42
装卸搬运和运输代理业	36.02	-26.18	-61.08	18.01	-13.09	-30.54	2491.37	-5850.00	-3535.71
仓储业	12.11	-4.20	-40.48	6.05	-2.10	-20.24	33.08	19.54	-281.12
住宿业	52.19	-3.40	-46.74	10.44	-0.68	-9.35	-13.32	70.36	41.09

行业	经营现金流量总额（亿元）	投资现金流量总额（亿元）	筹资现金流量总额（亿元）	经营现金流量平均值（亿元）	投资现金流量平均值（亿元）	筹资现金流量平均值（亿元）	经营现金流量增长率（%）	投资现金流量增长率（%）	筹资现金流量增长率（%）
餐饮业	0.35	-4.10	-0.82	0.17	-2.05	-0.41	-59.77	-298.06	-382.35
电信、广播电视和卫星传输服务	1059.09	-660.90	-348.44	88.26	-55.08	-29.04	4.02	2.84	2.09
互联网和相关服务	14.16	-25.09	11.16	2.02	-3.58	1.86	66.39	-498.81	138.46
软件和信息技术服务业	106.84	-72.75	-12.28	3.68	-2.51	-0.44	58.23	16.39	-132.83
货币金融服务	13185.66	-21606.22	7867.82	1198.70	-1964.20	715.26	-42.24	-14.92	30.62
资本市场服务	2877.15	-429.41	111.39	95.90	-14.31	3.71	345.62	-13.41	132.22
保险业	3649.42	-3394.50	-49.93	1216.47	-1131.50	-16.64	152.53	-32.48	-104.87
其他金融业	-10.47	-131.66	167.96	-1.75	-21.94	27.99	97.33	39.11	-68.71
房地产业	400.03	-861.57	975.80	6.56	-14.12	16.00	-50.28	44.07	-37.75
租赁业	6.62	0.01	-0.41	6.62	0.01	-0.41	296.41	-98.68	65.83
商务服务业	124.04	-79.94	-44.14	6.89	-4.44	-2.45	-11.34	11.36	-14.74
专业技术服务业	28.05	-24.98	15.56	2.00	-1.78	1.11	473.50	-59.62	-45.42
科技推广和应用服务业	0.15	0.81	-0.86	0.15	0.81	-0.86	200.00	437.50	-24.64
生态保护和环境治理业	48.77	-106.41	59.91	8.13	-17.74	9.98	1605.24	-59.34	52.71
公共设施管理业	20.95	-16.63	-1.48	1.90	-1.51	-0.13	8.94	-307.60	42.41
教育	2.47	5.48	-13.55	0.82	1.83	-4.52	-36.01	5580.00	-2845.65
新闻和出版业	161.61	-73.00	-65.55	8.08	-3.65	-3.28	20.80	21.11	-151.92
广播、电视、电影和影视录音制作业	48.97	-38.67	7.08	5.44	-4.30	0.79	177.61	-31.44	186.64
文化艺术业	2.93	1.09	21.25	2.93	1.09	21.25	—	—	—
综合	-12.85	23.18	11.96	-1.17	2.11	1.09	-140.95	916.20	165.82

资料来源：根据 Wind 数据库整理。

在全部上市公司中，保险业、货币金融服务、石油和天然气开采业的经营现金流量总额较高，分别为6990.90亿元、6635.98亿元和5194.65亿元。仅有纺织服装、服饰业，其他制造业，建筑装饰和其他建筑业，建筑安装业，林业，科技推广和应用服务业，皮革、毛皮、羽毛及其制品和制鞋业7个行业中的上市公司投资现金流量为正。在筹资现金流量方面，货币金融服务、土木工程建筑业、保险业中的上市公司筹资现金流量总额较高（见表2-13）。

表2-13 分行业全部上市公司现金流量总额分析表

行业	经营现金流量总额（亿元）	投资现金流量总额（亿元）	筹资现金流量总额（亿元）	经营现金流量平均值（亿元）	投资现金流量平均值（亿元）	筹资现金流量平均值（亿元）	经营现金流量增长率（%）	投资现金流量增长率（%）	筹资现金流量增长率（%）
农业	29.78	-15.93	-8.43	1.99	-1.06	-0.60	-10.06	-330.54	17.35
林业	2.17	1.63	-7.91	0.54	0.41	-1.98	130.18	158.01	-378.52

行业	经营现金流量总额（亿元）	投资现金流量总额（亿元）	筹资现金流量总额（亿元）	经营现金流量平均值（亿元）	投资现金流量平均值（亿元）	筹资现金流量平均值（亿元）	经营现金流量增长率（%）	投资现金流量增长率（%）	筹资现金流量增长率（%）
畜牧业	411.99	-302.91	7.09	31.69	-23.30	0.55	212.73	-99.43	-1.66
渔业	13.40	-7.22	-5.70	1.67	-0.90	-0.71	1686.67	62.82	-172.80
农、林、牧、渔服务业	1.32	-2.18	0.96	1.32	-2.18	0.96	297.01	-223.86	304.26
煤炭开采和洗选业	1854.19	-933.00	-1056.67	71.32	-35.88	-40.64	-8.93	14.04	-21.28
石油和天然气开采业	5194.65	-4577.96	-1140.51	865.78	-762.99	-190.09	-2.65	-34.87	51.64
黑色金属矿采选业	30.90	-30.65	-6.56	6.18	-6.13	-1.31	54.96	-393.56	74.99
有色金属矿采选业	333.19	-318.94	-142.67	15.14	-14.50	-6.79	-14.05	7.01	-894.38
非金属矿采选业	2.93	-2.18	0.76	2.93	-2.18	0.76	150.43	-159.52	222.58
开采辅助活动	107.74	-87.28	-42.64	6.34	-5.13	-2.51	-4.49	30.62	-8300.00
农副食品加工业	318.54	-383.46	93.23	6.50	-7.83	1.94	27.29	-26.07	213.80
食品制造业	359.74	-281.71	-61.67	7.05	-5.52	-1.23	15.99	-5.10	19.86
酒、饮料和精制茶制造业	1024.51	-151.63	-386.58	24.39	-3.61	-9.43	14.62	40.36	-170.22
纺织业	109.40	-70.14	6.23	3.13	-2.00	0.18	85.17	-13.81	156.18
纺织服装、服饰业	170.89	56.66	-140.90	4.50	1.49	-3.71	96.22	258.89	-199.85
皮革、毛皮、羽毛及其制品和制鞋业	8.92	0.06	-7.37	0.81	0.01	-0.67	-17.33	108.45	-40.11
木材加工和木、竹、藤、棕、草制品业	18.69	-7.52	3.99	2.34	-0.94	0.50	-31.54	79.76	-70.64
家具制造业	96.04	-112.98	-4.74	3.84	-4.52	-0.19	31.58	15.03	-108.50
造纸及纸制品业	300.78	-160.78	-90.96	10.37	-5.54	-3.14	2.04	-5.31	46.27
印刷和记录媒介复制业	42.25	-31.81	-2.41	3.02	-2.27	-0.17	45.79	-83.03	81.76
文教、工美、体育和娱乐用品制造业	31.80	-14.76	-11.53	2.27	-1.05	-0.82	54.82	16.56	-419.39
石油加工、炼焦及核燃料加工业	142.83	-104.82	-78.68	8.93	-6.55	-4.92	-20.37	-70.69	-31.79
化学原料及化学制品制造业	1452.09	-1051.68	-414.15	5.93	-4.31	-1.71	8.96	-5.49	7.62
医药制造业	1005.99	-495.36	-394.38	4.49	-2.21	-1.77	22.00	36.00	-551.33
化学纤维制造业	358.57	-1094.30	786.51	14.94	-45.60	32.77	99.56	-8.94	-17.42
橡胶和塑料制品业	248.42	-225.22	-83.72	3.18	-2.89	-1.09	33.80	2.44	-232.15
非金属矿物制品业	1307.92	-679.99	-296.49	15.57	-8.10	-3.53	39.80	-1.01	-44.14
黑色金属冶炼和压延加工业	1283.13	-833.75	-591.28	40.10	-26.90	-18.48	-29.77	-50.72	40.18
有色金属冶炼和压延加工业	624.93	-625.46	21.40	9.19	-9.20	0.31	5.59	24.46	-81.97
金属制品业	229.44	-244.92	-5.25	3.89	-4.15	-0.09	10.13	-45.44	-140.08
通用设备制造业	491.34	-411.27	221.66	3.64	-3.05	1.65	152.55	-59.21	230.20
专用设备制造业	850.38	-465.71	-174.30	3.83	-2.10	-0.79	54.44	28.28	-180.86
汽车制造业	1652.09	-1371.98	-163.40	12.61	-10.47	-1.26	83.07	-43.69	15.06

续表

行业	经营现金流量总额（亿元）	投资现金流量总额（亿元）	筹资现金流量总额（亿元）	经营现金流量平均值(亿元)	投资现金流量平均值(亿元)	筹资现金流量平均值(亿元)	经营现金流量增长率(%)	投资现金流量增长率(%)	筹资现金流量增长率(%)
铁路、船舶、航空航天和其他运输设备制造业	520.34	-376.42	34.42	10.20	-7.38	0.69	101.77	-91.88	110.45
电气机械和器材制造业	1806.53	-1163.60	-240.54	7.72	-4.97	-1.04	40.26	13.27	-962.15
计算机、通信和其他电子设备制造业	2088.57	-2361.32	772.43	5.68	-6.42	2.12	31.56	1.75	-25.91
仪器仪表制造业	73.67	-50.22	-3.81	1.53	-1.05	-0.08	72.29	42.43	-109.35
其他制造业	-34.73	30.03	5.46	-1.83	1.58	0.29	-144.58	445.17	262.50
废弃资源综合利用业	20.17	-34.95	13.88	2.88	-4.99	1.98	-21.24	-13.14	165.90
电力、热力生产和供应业	3414.39	-2137.71	-1328.89	48.78	-30.98	-18.98	26.52	-11.54	-106.87
燃气生产和供应业	181.61	-161.65	-2.09	7.57	-6.74	-0.09	35.64	6.59	-119.85
水的生产和供应业	146.17	-287.49	133.51	10.44	-20.53	9.54	1.85	-26.70	40.80
房屋建筑业	10.14	-5.57	20.33	5.07	-2.79	10.16	25450.00	-194.73	437.15
土木工程建筑业	820.03	-3095.97	2285.14	13.02	-49.14	36.86	-22.74	1.12	-18.15
建筑安装业	-1.97	1.82	-0.52	-1.97	1.82	-0.52	-180.08	214.47	-20.93
建筑装饰和其他建筑业	61.05	5.84	-31.34	2.18	0.21	-1.12	54.79	114.07	-402.80
批发业	637.62	-242.67	-232.61	8.28	-3.15	-3.06	45.77	-129.13	8.74
零售业	325.61	-732.99	39.93	3.70	-8.33	0.45	106.19	-52.90	-87.46
铁路运输业	183.33	-102.64	-108.91	45.83	-25.66	-27.23	-17.54	-70.98	-29.69
道路运输业	424.18	-305.75	-108.46	11.78	-8.49	-3.01	0.57	-0.55	-12.22
水上运输业	780.24	-296.37	-470.55	26.90	-10.22	-16.23	23.86	67.24	-229.36
航空运输业	1367.54	-782.19	-793.73	113.96	-65.18	-66.14	40.02	-10.09	-141.30
装卸搬运和运输代理业	54.64	-37.47	-60.50	6.83	-4.68	-7.56	329.22	-5.91	-507.96
仓储业	19.54	-11.65	-40.31	2.17	-1.29	-4.48	41.90	2.67	-265.07
邮政业	205.91	-281.73	69.62	41.18	-56.35	13.92	31.44	-13.24	-34.13
住宿业	52.24	-3.52	-46.74	8.71	-0.59	-9.35	-13.34	69.34	41.09
餐饮业	0.18	-4.14	-0.75	0.06	-1.38	-0.25	-83.02	-283.33	-212.50
电信、广播电视和卫星传输服务	1087.87	-711.63	-347.35	63.99	-41.86	-20.43	3.01	5.39	-2.90
互联网和相关服务	238.44	-188.96	-62.94	3.85	-3.05	-1.03	41.16	-12.57	39.04
软件和信息技术服务业	400.51	-502.66	212.33	1.85	-2.32	0.99	78.97	-51.93	72.43
货币金融服务	6635.98	-19256.48	14797.84	179.35	-520.45	399.94	-22.85	-106.06	20.55
资本市场服务	4511.70	-430.56	309.48	90.23	-8.61	6.19	152.20	52.65	135.76
保险业	6990.90	-8019.00	1160.61	998.70	-1145.57	165.80	108.57	-63.84	-21.99
其他金融业	16.52	-152.72	158.84	1.18	-10.91	11.35	104.00	39.93	-72.78
房地产业	2546.09	-1919.76	88.82	20.53	-15.48	0.72	19.35	25.64	-94.11
租赁业	213.51	-136.63	-73.12	71.17	-45.54	-24.37	-2.72	-950.22	75.68

续表

行业	经营现金流量总额（亿元）	投资现金流量总额（亿元）	筹资现金流量总额（亿元）	经营现金流量平均值（亿元）	投资现金流量平均值（亿元）	筹资现金流量平均值（亿元）	经营现金流量增长率（%）	投资现金流量增长率（%）	筹资现金流量增长率（%）
商务服务业	261.78	-171.65	-129.50	5.13	-3.37	-2.59	33.94	36.05	-166.57
研究和试验发展	45.11	-71.54	67.85	5.64	-8.94	8.48	119.62	-24.42	-2.08
专业技术服务业	75.53	-112.60	42.93	1.54	-2.30	0.88	164.92	-336.60	23.86
科技推广和应用服务业	0.15	0.81	-0.86	0.15	0.81	-0.86	200.00	437.50	-24.64
生态保护和环境治理业	197.27	-432.63	290.74	5.48	-12.02	8.08	511.12	-54.49	37.78
公共设施管理业	29.86	-24.17	-8.60	1.99	-1.61	-0.57	42.12	-2097.27	-388.64
机动车、电子产品和日用产品修理业	-0.53	-0.06	-0.41	-0.53	-0.06	-0.41	—	—	—
教育	35.17	-5.16	-17.20	4.40	-0.65	-2.15	2564.39	-29.65	-774.51
卫生	59.13	-67.02	45.68	4.93	-5.59	3.81	12.33	-20.63	6190.67
新闻和出版业	166.03	-77.41	-66.55	6.92	-3.23	-2.77	23.34	19.88	-160.37
广播、电视、电影和影视录音制作业	130.88	-109.87	-37.01	5.24	-4.39	-1.48	94.04	-3.90	5.32
文化艺术业	22.71	-3.66	12.96	2.52	-0.41	1.44	11.54	79.52	341.34
体育	0.79	-0.62	-0.66	0.79	-0.62	-0.66	1216.67	-219.23	-278.38
综合	80.07	-56.79	37.87	3.64	-2.58	1.80	-10.49	32.82	461.70

资料来源：根据 Wind 数据库整理。

从分行业经营现金流量平均值来看，石油和天然气开采业、保险业、货币金融服务等行业中的国有控股上市公司经营现金流量较高。从投资现金流量平均值来看，货币金融服务、石油和天然气开采业、保险业等行业中的国有控股上市公司投资现金流出较多。从筹资现金流量平均值来看，货币金融服务、土木工程建筑业、其他金融业行业中的国有控股上市公司筹资现金流量较高。石油和天然气开采业、煤炭开采和洗选业、航空运输业三个重资产行业中的国有控股上市公司平均筹资现金净流出较多。

在全部上市公司中，平均经营现金流量较高的上市公司分布在保险业、石油和天然气开采业、货币金融服务。平均投资现金净流出较多的上市公司分布在货币金融服务、石油和天然气开采业、保险业。平均筹资现金流量较高的上市公司分布在货币金融服务、保险业、土木工程建筑业。

从经营现金流量变动来看，46个行业中的国有控股上市公司经营现金流状况有所改善。房屋建筑业、装卸搬运和运输代理业、生态保护和环境治理业中的国有控股上市公司现金流量波动较大，同比分别增长25450.00%、2491.37%和1605.24%。在国有控股上市公司经营现金流量同比下降的行业中，畜牧业、综合、其他制造业降幅较大。从投资现金流量变动来看，在国有控股上市公司所分布行业中，33个行业投资现金流量同比上升，其中，纺织服装、服饰业，教育，综合中的国有控股上市公司投资现金净流量增长较快，同比增长率分别为8464.29%、5580.00%和916.20%，等于或高于同期全部上市公司中相应行业的增长率（258.89%、-29.65%和32.82%），而互联网和相关服务、批发业、装卸搬运和运输代理业中的国有控股上市公司投资现金净流量降幅较大。从筹资现金流量变动来看，纺织业、仪器仪表制造业、房屋建筑业中的国有控股上市公司筹资现金净流量增长较快，而装卸搬运和运输代理业、橡胶和塑料制品业、家具制造业筹资现金净流量降幅较大。

第三节　国有控股上市公司地区发展状况

一、国有控股上市公司地区分布状况

从不同地区国有控股上市公司数量、占样本比例来看，经济发达地区北京（148 家，占样本公司的 13.11%）、广东（124 家，占样本公司的 10.98%）和上海（105 家，占样本公司的 9.30%）国有控股上市公司的数量较多，而西部欠发达地区占样本量少，其中宁夏、西藏和青海国有控股上市公司数量较少，分别为 6 家、4 家和 4 家。国有控股上市公司地区构成具体如表 2-14 所示。

表 2-14　国有控股上市公司的地区构成

地区	公司数量（家）	比例（%）	地区	公司数量（家）	比例（%）
北京	148	13.11	湖北	36	3.19
天津	32	2.83	湖南	41	3.63
河北	25	2.21	广东	124	10.98
山西	23	2.04	广西	17	1.51
内蒙古	8	0.71	海南	10	0.89
辽宁	25	2.21	重庆	22	1.95
吉林	19	1.68	四川	43	3.81
黑龙江	17	1.51	贵州	14	1.24
上海	105	9.30	云南	19	1.68
江苏	71	6.29	西藏	4	0.35
浙江	56	4.96	陕西	31	2.75
安徽	43	3.81	甘肃	14	1.24
福建	36	3.19	青海	4	0.35
江西	20	1.77	宁夏	6	0.53
山东	61	5.40	新疆	24	2.13
河南	31	2.75	合计	1129	100.00

资料来源：根据 Wind 数据库整理。

二、国有控股上市公司分地区资产负债分析

分地区来看，北京、上海和广东国有控股上市公司资产、负债总额均较高，宁夏和西藏国有控股上市公司资产、负债总额均较低。国有资产分布不均衡。从平均值来看，北京、上海和新疆平均资产、负债较高，平均规模较大。北京国有控股上市公司资产平均值超过全部国有控股上市公司平均值。从所有者权益总额来看，北京（182088.15 亿元）、上海（27235.34 亿元）和广东（20661.48 亿元）的国有控股上市公司居于前三。由于西部地区收集的国有控股上市公

司样本量较小，因此宁夏（195.04亿元）、西藏（123.70亿元）和青海（-91.50亿元）排名靠后，青海国有控股上市公司所有者权益低于0，经营压力较大。北京的国有控股上市公司所有者权益平均值高于全国平均值，其他地区的国有控股上市公司则低于全国平均值。可见，北京国有资本总额和平均值均远高于其他地区（见表2-15）。

表2-15　分地区国有控股上市公司资产负债分析表

地区	资产总额（亿元）	负债总额（亿元）	所有者权益总额（亿元）	资产平均值（亿元）	负债平均值（亿元）	所有者权益平均值（亿元）	资产增长率（%）	负债增长率（%）	所有者权益增长率（%）
北京	1496243.59	1314155.45	182088.15	10109.75	8879.43	1230.33	17.90	17.78	18.84
天津	8515.98	5278.64	3237.34	266.12	164.96	101.17	20.75	12.30	37.63
河北	7294.97	4104.66	3190.31	291.80	164.19	127.61	9.59	5.59	15.20
山西	7963.01	4623.41	3339.60	346.22	201.02	145.20	2.13	0.31	4.75
内蒙古	2954.37	1650.80	1303.57	369.30	206.35	162.95	10.42	5.20	17.82
辽宁	7871.14	4633.42	3237.72	314.85	185.34	129.51	11.22	6.98	17.89
吉林	2555.79	1577.88	977.92	134.52	83.05	51.47	15.12	14.60	15.96
黑龙江	5414.40	4292.39	1122.01	318.49	252.49	66.00	9.98	11.28	5.28
上海	153346.51	126111.18	27235.34	1460.44	1201.06	259.38	3.32	4.55	-2.00
江苏	17742.27	11311.18	6431.09	249.89	159.31	90.58	26.62	33.56	16.03
浙江	19894.16	14744.15	5150.01	355.25	263.29	91.96	-30.91	-36.93	-4.89
安徽	9601.59	5148.61	4452.98	223.29	119.74	103.56	8.32	5.83	11.33
福建	10614.06	7089.94	3524.11	294.83	196.94	97.89	21.42	23.47	17.48
江西	3796.68	1983.77	1812.91	189.83	99.19	90.65	12.86	16.75	8.89
山东	17112.22	10302.61	6809.61	280.53	168.90	111.63	11.54	9.60	14.61
河南	6025.89	3951.34	2074.55	194.38	127.46	66.92	-37.65	-47.96	0.11
湖北	8318.19	5208.11	3110.09	231.06	144.67	86.39	17.50	17.61	17.30
湖南	7143.95	4691.71	2452.24	174.24	114.43	59.81	17.29	21.40	10.16
广东	61966.99	41305.51	20661.48	499.73	333.11	166.62	1.25	-4.99	16.57
广西	2593.82	1653.38	940.44	152.58	97.26	55.32	4.65	4.77	4.45
海南	2533.85	1573.54	960.31	253.39	157.35	96.03	-2.20	-0.20	-5.31
重庆	4688.77	2998.41	1690.37	213.13	136.29	76.83	7.95	8.93	6.27
四川	7622.66	4113.07	3509.58	177.27	95.65	81.62	3.46	4.06	2.75
贵州	2994.06	1058.88	1935.18	213.86	75.63	138.23	11.34	0.37	18.43
云南	5658.04	3994.43	1663.61	297.79	210.23	87.56	11.55	7.26	23.40
西藏	294.79	171.09	123.70	73.70	42.77	30.93	21.72	27.66	14.35
陕西	8174.06	5240.92	2933.15	263.68	169.06	94.62	70.57	124.83	19.18
甘肃	1199.70	674.00	525.70	85.69	48.14	37.55	0.39	-4.99	8.26
青海	887.31	978.81	-91.50	221.83	244.70	-22.88	-36.03	-7.86	-128.17
宁夏	302.11	107.07	195.04	50.35	17.84	32.51	-1.51	-11.39	4.91
新疆	16603.26	13037.04	3566.22	691.80	543.21	148.59	5.65	4.46	10.26
合计	1907928.22	1607765.40	300162.82	1689.93	1424.06	265.87	14.44	14.42	14.56

资料来源：根据Wind数据库整理。

全部上市公司中，北京、广东和上海上市公司资产总额较高，分别达到1636743.57亿元、328783.46亿元和294596.30亿元。国有资产总额分别占全部上市公司资产的91.42%、18.85%和52.05%。广东非国有资本比重更高。北京、山西和陕西国有控股上市公司资产总额占该区域全部上市公司比重均超过80%。北京、山西、陕西等15个地区的非国有资本占比低于50%，资本布局有进一步优化的空间（见表2-16）。

表2-16　分地区全部上市公司资产负债分析表

地区	资产总额（亿元）	负债总额（亿元）	所有者权益总额（亿元）	资产平均值（亿元）	负债平均值（亿元）	所有者权益平均值（亿元）	资产增长率（%）	负债增长率（%）	所有者权益增长率（%）
北京	1636743.57	1437869.76	198873.81	4785.80	4204.30	581.50	17.19	17.02	18.47
天津	10970.91	6737.83	4233.08	203.17	124.77	78.39	20.14	10.23	40.19
河北	17939.11	11772.33	6166.78	314.72	206.53	108.19	7.15	4.43	12.74
山西	9546.59	5637.04	3909.55	258.02	152.35	105.66	0.64	-0.66	2.57
内蒙古	6209.22	3348.29	2860.93	248.37	133.93	114.44	-0.24	-7.04	9.10
辽宁	13296.88	8044.09	5252.79	182.15	110.19	71.96	10.03	8.59	12.32
吉林	4667.06	2833.44	1833.62	108.54	65.89	42.64	1.69	7.50	-6.15
黑龙江	6935.20	5233.70	1701.50	182.51	137.73	44.78	6.15	9.04	-1.83
上海	294596.30	248383.72	46212.59	978.73	825.20	153.53	7.15	7.69	4.33
江苏	92144.63	71428.49	20721.04	216.81	168.07	48.76	20.70	23.27	12.63
浙江	79452.73	58613.31	20839.43	174.24	128.54	45.70	48.31	62.94	18.40
安徽	13694.37	7281.61	6412.76	129.19	68.69	60.50	2.46	2.67	2.22
福建	93258.98	80522.72	12736.26	675.79	583.50	92.29	8.43	7.47	14.86
江西	5120.62	2673.36	2447.27	116.38	60.76	55.62	13.04	17.97	8.11
山东	34956.43	22017.46	12938.96	166.46	104.85	61.61	36.77	53.11	15.74
河南	15863.54	10982.86	4880.68	193.46	133.94	59.52	13.22	12.39	15.12
湖北	17619.45	11070.07	6549.38	169.42	106.44	62.97	15.09	13.11	18.59
湖南	17121.59	12333.01	4788.58	163.06	117.46	45.61	12.72	15.08	7.07
广东	328783.46	266746.06	62037.41	537.23	435.86	101.37	15.39	14.42	19.76
广西	4238.17	2605.95	1632.22	111.53	68.58	42.95	10.80	14.35	5.56
海南	4171.63	2494.16	1677.47	134.57	80.46	54.11	-3.53	-0.71	-7.43
重庆	21082.01	16768.49	4313.53	397.77	316.39	81.39	128.97	174.42	39.30
四川	20433.99	13790.83	6643.16	162.17	109.45	52.72	10.92	13.06	6.73
贵州	10421.16	7562.98	2858.18	359.35	260.79	98.56	11.61	10.75	13.93
云南	7418.07	4793.79	2624.28	206.06	133.16	72.90	12.61	6.01	27.04
西藏	1021.06	486.21	534.85	53.74	25.59	28.15	30.80	49.60	17.39
陕西	10192.99	6203.53	3989.47	192.32	117.05	75.27	56.98	91.92	22.35
甘肃	2846.96	1566.43	1280.53	86.27	47.47	38.80	-1.79	-4.05	1.12
青海	1360.48	1207.74	152.74	113.37	100.64	12.73	-27.28	-6.49	-73.63
宁夏	890.18	351.00	539.19	63.58	25.07	38.51	43.70	0.30	100.06
新疆	22812.56	17210.93	5601.63	414.77	312.93	101.85	4.78	3.52	8.83
合计	2805809.91	2348571.17	457243.64	748.02	626.12	121.90	16.36	16.56	15.31

资料来源：根据Wind数据库整理。

从资产增长率来看，陕西（70.57%）、江苏（26.62%）和西藏（21.72%）国有控股上市公司的资产增长率较高，西藏低于同地区全部上市公司平均值（30.80%）。浙江、宁夏、海南、青海和河南的国有控股上市公司出现国有资产负增长。全部上市公司中，内蒙古、甘肃、海南和青海的上市公司出现资产负增长。26个地区的国有控股上市公司资产总额增长率超过全国平均值。从负债增长率来看，陕西、江苏和西藏等9个地区的国有控股上市公司负债增长率高于全部国有控股上市公司的平均值14.44%，而广东、甘肃、青海、宁夏、浙江和河南国有控股上市公司负债总额出现下降。从所有者权益变动来看，天津、云南、陕西等14个地区国有控股上市公司所有者权益增速超过全部国有控股上市公司的平均值，天津（37.63%）和云南（23.40%）增幅明显，而西藏、安徽、新疆等17个地区国有控股上市公司所有者权益增速低于全部国有控股上市公司平均值。上海、浙江、海南和青海的国有控股上市公司所有者权益出现负增长，增长率分别为-2.00%、-4.89%、-5.31%和-128.17%。

三、国有控股上市公司分地区盈利状况分析

2019年，北京、上海和广东国有控股上市公司收入总额较高。从净利润来看，北京、上海和广东国有控股上市公司净利润较高。但从平均值来看，北京和贵州国有控股上市公司平均净利润高于全部国有控股上市公司平均值。北京、上海和广东国有控股上市公司净利润约占相应地区全部上市公司净利润总额的94.29%、55.78%和28.30%。吉林、黑龙江、甘肃、海南国有控股上市公司净利润总额为正，远大于该地区全部上市公司净利润总额，显示上述地区非国有经济发展遭遇困境。此外，青海、北京和山西等11个地区国有控股上市公司净利润占本地区全部上市公司净利润的比例均超过全国均值（66.61%）。青海国有控股上市公司净利润连续两年为负。

从增长率来看，2019年，吉林、陕西、浙江等18个地区的收入增速高于全部国有控股上市公司平均值。上海国有控股上市公司收入出现下滑。青海、吉林、陕西等17个地区国有控股上市公司成本增长快于全部国有控股上市公司平均增速。从净利润变动来看，甘肃、海南、天津等17个地区净利润同比增加，而广东、吉林、山东等14个地区的净利润同比下降，同比下降的地区比2018年有所扩大。其中，山西、辽宁和青海国有控股上市公司净利润下降较大，降幅分别为-25.39%、-43.59%和-508.12%（见表2-17和表2-18）。

表 2-17 分地区国有控股上市公司收入、成本、利润

地区	收入总额（亿元）	成本总额（亿元）	净利润总额（亿元）	收入平均值（亿元）	成本平均值（亿元）	净利润平均值（亿元）	收入增长率（%）	成本增长率（%）	净利润增长率（%）
北京	180215.29	159481.23	17644.80	1217.67	1077.58	119.22	15.79	14.08	13.36
天津	4235.02	4114.84	246.43	132.34	128.59	7.70	20.56	18.90	123.07
河北	3900.80	3671.23	219.56	156.03	146.85	8.78	4.29	4.74	4.56
山西	4033.22	3727.01	266.77	175.36	162.04	11.60	2.63	5.09	-25.39
内蒙古	1414.20	1335.86	70.77	176.77	166.98	8.85	15.37	17.51	-11.43
辽宁	4386.90	4364.14	86.53	175.48	174.57	3.46	12.50	15.89	-43.59
吉林	1320.09	1294.84	44.58	69.48	68.15	2.35	36.88	39.16	-3.04
黑龙江	1117.75	1084.77	44.96	65.75	63.81	2.64	20.08	17.73	94.80
上海	32291.40	30403.57	2315.06	307.54	289.56	22.05	-4.16	-4.39	-11.04

地区	收入总额 （亿元）	成本总额 （亿元）	净利润总额 （亿元）	收入平均值 （亿元）	成本平均值 （亿元）	净利润平均值 （亿元）	收入增长率 （%）	成本增长率 （%）	净利润增长率 （%）
江苏	6494.38	6011.01	508.56	91.47	84.66	7.16	14.78	13.72	4.26
浙江	8503.00	8104.29	482.86	151.84	144.72	8.62	23.27	25.28	-15.16
安徽	6877.81	6256.32	568.66	159.95	145.50	13.22	8.60	8.83	4.86
福建	12597.04	12280.78	258.85	349.92	341.13	7.19	18.40	18.93	-10.98
江西	4572.25	4449.38	122.93	228.61	222.47	6.15	10.69	11.50	-21.67
山东	11456.13	10789.48	690.35	187.81	176.88	11.32	13.10	15.09	-3.06
河南	2613.51	2560.38	105.94	84.31	82.59	3.42	4.50	5.09	-4.30
湖北	4463.17	4253.94	248.67	123.98	118.17	6.91	20.19	19.91	9.89
湖南	3566.94	3417.39	167.71	87.00	83.35	4.09	14.56	13.10	17.44
广东	20161.98	18355.21	2077.63	162.60	148.03	16.76	5.06	6.90	-2.02
广西	1332.27	1248.83	77.59	78.37	73.46	4.56	16.97	18.63	-19.67
海南	1126.01	1176.82	19.98	112.60	117.68	2.00	13.71	5.76	124.99
重庆	2639.05	2565.64	78.83	119.96	116.62	3.58	11.73	9.81	-15.40
四川	3944.13	3501.70	419.03	91.72	81.43	9.74	9.49	7.17	16.40
贵州	1440.40	816.40	475.01	102.89	58.31	33.93	9.05	5.32	15.00
云南	2789.15	2695.68	84.34	146.80	141.88	4.44	13.00	10.99	2.18
西藏	79.85	70.42	10.29	19.96	17.61	2.57	13.17	15.37	25.33
陕西	2385.29	2131.47	260.29	76.94	68.76	8.40	26.44	26.64	22.08
甘肃	744.96	709.14	39.60	53.21	50.65	2.83	6.62	3.50	138.12
青海	584.29	1172.61	-451.83	146.07	293.15	-112.96	9.12	95.81	-508.12
宁夏	106.79	95.89	10.60	17.80	15.98	1.77	4.08	1.32	35.72
新疆	3312.31	3060.40	267.41	138.01	127.52	11.14	22.90	24.28	5.44
合计	334705.39	305200.66	27462.76	296.46	270.33	24.32	12.42	11.88	6.04

资料来源：根据 Wind 数据库整理。

表2-18 分地区全部上市公司收入、成本、利润

地区	收入总额 （亿元）	成本总额 （亿元）	净利润总额 （亿元）	收入平均值 （亿元）	成本平均值 （亿元）	净利润平均值 （亿元）	收入增长率 （%）	成本增长率 （%）	净利润增长率 （%）
北京	189482.88	167471.47	18713.97	531.39	468.62	52.82	13.56	13.81	12.84
天津	8097.95	7899.22	343.31	149.39	147.51	3.09	10.63	9.28	126.74
河北	7907.99	7268.10	564.36	131.96	121.76	8.89	5.14	4.72	11.39
山西	4653.77	4318.91	286.43	125.75	114.38	10.19	-2.61	-0.63	-26.03
内蒙古	3185.27	2996.89	190.82	120.88	110.99	9.17	5.40	8.01	-16.75
辽宁	8762.23	8546.91	251.60	104.11	101.26	3.01	12.22	12.54	11.51
吉林	1800.60	1937.06	-94.85	39.34	38.80	1.19	11.63	21.77	-293.61
黑龙江	1625.42	1717.07	-65.31	45.68	46.99	-0.79	-1.17	1.50	-128.44

续表

地区	收入总额（亿元）	成本总额（亿元）	净利润总额（亿元）	收入平均值（亿元）	成本平均值（亿元）	净利润平均值（亿元）	收入增长率（%）	成本增长率（%）	净利润增长率（%）
上海	50494.75	46742.69	4150.16	173.17	159.79	14.06	1.60	1.93	2.88
江苏	23040.78	21682.37	1579.79	52.13	48.67	3.94	11.33	12.22	1.01
浙江	25905.25	24422.36	1703.03	51.29	48.31	3.39	17.46	17.57	16.92
安徽	9674.44	8911.35	684.42	93.46	86.31	6.97	-0.47	-0.73	-5.56
福建	19515.53	18227.88	1180.82	127.35	117.68	8.60	16.09	17.34	4.02
江西	5450.49	5282.42	155.33	120.41	115.44	5.22	10.41	11.60	-27.48
山东	19951.66	18834.95	1169.45	91.14	85.42	5.53	12.27	13.07	8.46
河南	5763.16	5501.08	332.76	63.27	60.08	3.14	15.30	15.90	34.25
湖北	8632.36	8161.04	510.71	71.51	68.47	3.36	19.52	18.02	50.30
湖南	6234.67	5942.93	286.54	53.09	50.97	2.34	11.84	11.03	16.59
广东	69822.51	62235.04	7342.20	105.84	95.09	9.56	12.97	12.07	31.48
广西	2589.33	2501.86	87.69	64.60	61.55	3.29	8.34	9.86	-28.06
海南	1483.18	1577.59	-10.95	46.20	51.47	-3.14	10.71	5.69	87.96
重庆	4956.98	4653.61	294.69	82.95	80.09	4.39	21.95	18.58	37.13
四川	7347.21	6722.57	599.09	54.86	50.42	4.36	12.55	12.03	15.44
贵州	2111.49	1415.75	544.01	66.49	45.88	16.55	9.50	6.40	13.32
云南	3553.06	3387.87	165.89	93.86	91.37	4.24	14.71	12.36	18.65
西藏	412.01	355.05	58.50	20.40	17.34	2.94	18.79	20.46	17.05
陕西	3181.50	2933.84	305.28	56.10	52.07	5.05	20.67	19.88	28.57
甘肃	1856.45	1889.76	-27.53	58.58	55.87	2.80	-3.97	2.50	-129.84
青海	868.13	1461.54	-459.56	67.79	71.78	-4.89	6.72	69.67	-683.83
宁夏	374.66	330.97	20.32	19.67	22.56	-2.82	46.53	12.85	155.41
新疆	5145.34	4818.87	366.10	86.15	79.20	6.91	10.60	12.68	-1.87
合计	503881.05	460149.02	41229.06	126.85	115.60	10.32	11.52	11.75	12.12

资料来源：根据 Wind 数据库整理。

四、国有控股上市公司分地区期间费用分析

考虑到金融机构会计报表的特殊性，金融类国有控股上市公司期间费用状况在分行业分析中单独分析。本节分地区期间费用的分析都不包含各地区的金融类国有控股上市公司。

从期间费用总额来看，北京、上海、广东和山东的国有控股上市公司销售费用、管理费用和财务费用均处于较高水平。从相对比例来看，重庆、四川的国有控股上市公司销售费用占期间费用的比重较高，超过50%。可见，销售费用管控是其期间费用管理的重点。黑龙江、西藏和青海的国有控股上市公司销售费用占期间费用的比重较低。西藏、陕西、贵州和黑龙江的国有控股上市公司管理费用占期间费用的比重较高，超过50%。可见，压缩管理费用是其期间费用管理的重点。青海、云南、海南、辽宁、内蒙古、河南、天津、山西、甘肃、河北、吉林、宁夏、福建、黑龙江、湖北、广西和广东的国有控股上市公司财务费用占期间费用的比重超过

全部国有控股上市公司平均水平（18.30%），应注意管控财务费用。

从销售费用平均值来看，北京、上海、山西、广东和山东国有控股上市公司平均销售费用较高，分别为22.89亿元、12.96亿元、8.96亿元、8.77亿元和8.52亿元，高于全部国有控股上市公司销售费用平均值8.17亿元，多数地区销售费用低于全国平均值。黑龙江、宁夏和西藏国有控股上市公司平均销售费用较低。管理费用方面，北京和上海是管理费用较高的两个地区，平均值分别为29.01亿元和10.34亿元，且高于全部国有控股上市公司平均值。其他地区管理费用低于全部国有控股上市公司平均值。财务费用方面，北京、青海等8个地区国有控股上市公司的财务费用高于全部国有控股上市公司平均值，宁夏、陕西等23个地区国有控股上市公司财务费用低于全部国有控股上市公司平均值。

从期间费用增长率来看，山西、天津、北京等19个地区国有控股上市公司销售费用增长较快，而辽宁、宁夏和上海的国有控股上市公司销售费用出现下降。国有控股上市公司管理费用方面，天津、福建、湖南等22个地区的增长率高于全部国有控股上市公司平均值。值得注意的是，本年度有9个地区的国有控股上市公司管理费用同比下降。安徽、天津、福建等15个地区国有控股上市公司管理费用增长率高于该地区全部上市公司，应进一步注重管理费用增长的速度，严格管控管理费用的变动。财务费用方面，天津、陕西、西藏等11个地区的国有控股上市公司财务费用增长高于全部国有控股上市公司平均值6.59%。河北、山西、浙江等11个地区的国有控股上市公司财务费用同比下降（见表2-19和表2-20）。

表2-19　分地区国有控股上市公司期间费用分析表

地区	销售费用总额（亿元）	管理费用总额（亿元）	财务费用总额（亿元）	销售费用平均值（亿元）	管理费用平均值（亿元）	财务费用平均值（亿元）	销售费用增长率（%）	管理费用增长率（%）	财务费用增长率（%）
北京	3066.66	3915.70	1518.06	22.89	29.01	11.24	24.53	5.76	7.91
天津	86.71	186.04	112.69	2.80	5.81	3.52	31.72	34.89	58.01
河北	141.10	191.72	96.33	5.64	7.67	3.85	13.40	7.59	-0.69
山西	179.27	144.67	113.55	8.96	6.58	5.16	61.93	9.43	-4.20
内蒙古	34.15	39.58	41.38	4.88	4.95	5.17	14.56	3.48	5.94
辽宁	78.44	109.02	154.54	3.41	4.36	6.18	-0.10	4.24	4.65
吉林	89.60	73.97	45.57	5.27	3.89	2.40	14.08	17.32	27.15
黑龙江	23.92	66.59	23.97	1.59	4.44	1.60	20.87	-13.62	22.48
上海	1282.99	1034.26	312.60	12.96	10.34	3.13	-23.20	-14.02	2.19
江苏	243.22	215.59	64.68	3.80	3.22	0.97	17.25	15.27	5.03
浙江	213.36	180.43	52.79	4.35	3.54	1.04	17.31	15.13	-4.07
安徽	195.35	232.75	51.99	4.88	5.68	1.27	4.92	11.05	-16.59
福建	204.49	118.85	86.03	6.39	3.40	2.46	19.68	23.94	2.11
江西	64.35	79.15	28.18	3.22	3.96	1.41	15.30	11.29	3.37
山东	493.93	341.70	179.99	8.52	5.60	2.95	9.93	6.64	0.58
河南	66.91	109.16	82.70	2.31	3.76	2.85	6.90	6.86	-9.02
湖北	200.70	169.63	97.41	5.90	4.71	2.71	5.06	6.89	25.17

地区	销售费用总额（亿元）	管理费用总额（亿元）	财务费用总额（亿元）	销售费用平均值（亿元）	管理费用平均值（亿元）	财务费用平均值（亿元）	销售费用增长率（%）	管理费用增长率（%）	财务费用增长率（%）
湖南	115.51	136.78	45.88	3.04	3.51	1.18	8.33	18.19	-6.08
广东	999.52	646.67	384.56	8.77	5.39	3.20	9.93	6.19	17.23
广西	54.64	42.32	24.09	3.90	2.64	1.51	15.23	12.17	-21.63
海南	37.55	35.96	63.30	3.76	3.60	6.33	0.37	-6.89	-7.58
重庆	156.09	87.81	24.77	7.80	4.18	1.18	4.96	-2.70	28.61
四川	210.86	158.49	31.01	5.02	3.77	0.74	5.24	0.23	3.82
贵州	51.71	99.13	14.40	3.98	7.08	1.03	14.96	9.94	8.43
云南	56.63	86.10	127.09	3.15	4.78	7.06	7.97	-1.45	5.16
西藏	2.37	8.11	1.11	0.59	2.03	0.28	23.44	8.71	32.14
陕西	65.09	137.33	18.61	2.32	4.90	0.66	16.94	7.33	52.92
甘肃	28.14	29.25	17.28	2.16	2.09	1.23	5.71	4.61	-15.87
青海	8.26	23.80	30.03	2.06	5.95	7.51	9.69	-8.07	-17.48
宁夏	4.83	7.21	3.22	0.81	1.20	0.54	-4.17	-16.16	-8.26
新疆	68.81	87.84	32.07	3.13	3.99	1.46	9.47	7.87	16.58
合计	8525.17	8795.62	3879.86	8.17	8.15	3.60	8.56	4.16	6.59

资料来源：根据 Wind 数据库整理。

表 2-20　分地区全部上市公司期间费用分析表

地区	销售费用总额（亿元）	管理费用总额（亿元）	财务费用总额（亿元）	销售费用平均值（亿元）	管理费用平均值（亿元）	财务费用平均值（亿元）	销售费用增长率（%）	管理费用增长率（%）	财务费用增长率（%）
北京	3575.71	4280.64	1610.64	11.17	13.29	5.00	22.40	4.33	4.71
天津	188.59	357.79	153.07	3.63	6.63	2.83	15.78	21.18	33.38
河北	322.12	371.99	168.81	5.75	6.64	3.01	10.91	6.25	17.16
山西	235.27	172.14	158.00	6.92	4.78	4.39	3.18	4.78	-7.29
内蒙古	281.64	130.21	70.02	12.25	5.43	2.92	6.46	16.59	-2.64
辽宁	232.90	248.23	246.62	3.28	3.40	3.38	4.72	4.36	14.80
吉林	140.52	108.52	75.71	3.51	2.58	1.80	7.19	8.31	22.55
黑龙江	93.00	101.75	66.49	2.58	2.83	1.85	-3.68	-8.28	28.58
上海	1946.30	1482.88	456.58	6.83	5.17	1.59	-13.75	-7.84	7.48
江苏	1294.05	871.24	281.36	3.20	2.11	0.68	13.23	12.32	21.02
浙江	1301.03	923.22	254.56	2.93	2.06	0.57	19.92	15.12	7.24
安徽	450.40	352.36	88.56	4.42	3.42	0.86	16.99	-12.69	-10.73
福建	596.92	332.14	130.99	4.52	2.46	0.97	18.62	12.77	4.63
江西	104.77	130.29	40.13	2.44	3.03	0.93	13.70	7.59	7.96

续表

地区	销售费用总额（亿元）	管理费用总额（亿元）	财务费用总额（亿元）	销售费用平均值（亿元）	管理费用平均值（亿元）	财务费用平均值（亿元）	销售费用增长率（%）	管理费用增长率（%）	财务费用增长率（%）
山东	1284.66	681.81	272.41	6.33	3.29	1.32	12.16	8.69	-4.71
河南	224.32	215.11	136.08	2.84	2.72	1.72	8.04	8.62	-8.45
湖北	407.04	315.76	159.05	4.15	3.13	1.57	9.42	8.37	6.37
湖南	383.32	271.63	94.84	3.83	2.69	0.94	13.09	10.89	5.06
广东	2813.66	1985.30	757.45	4.80	3.31	1.26	8.51	14.19	22.87
广西	90.72	71.69	43.61	2.59	1.94	1.18	18.43	9.58	-5.36
海南	67.71	71.90	94.02	2.33	2.40	3.13	6.51	-7.23	-2.49
重庆	310.31	185.67	58.15	6.21	3.64	1.14	14.63	1.24	24.79
四川	477.11	318.80	103.56	3.94	2.59	0.84	9.53	7.44	31.99
贵州	100.42	140.78	41.72	3.72	5.03	1.49	5.68	9.49	-12.50
云南	184.35	128.26	131.01	5.42	3.77	3.85	11.07	8.35	3.88
西藏	65.42	27.80	4.27	3.63	1.54	0.24	13.73	17.55	58.74
陕西	116.96	186.24	44.60	2.39	3.80	0.91	10.77	9.29	31.41
甘肃	51.71	81.04	48.65	1.62	2.46	1.47	3.36	4.73	-11.43
青海	36.03	36.03	35.84	3.00	3.00	2.99	0.45	-3.61	-13.68
宁夏	28.71	22.73	15.62	2.21	1.62	1.12	10.17	21.49	2.97
新疆	171.34	180.32	162.98	3.29	3.40	3.08	5.58	6.50	5.03
合计	17577.02	14784.28	6005.38	4.91	4.06	1.65	9.97	6.01	8.02

资料来源：根据 Wind 数据库整理。

五、国有控股上市公司分地区现金流量分析

北京、广东和上海国有控股上市公司的经营现金流量总额较高，分别为28454.90亿元、3185.00亿元和1773.55亿元。西藏、新疆和黑龙江国有控股上市公司的经营现金流量由负转正，经营状况有所改善。各地区投资现金流量总额均为负，显示有净投资增加。筹资现金流方面，北京、上海和江苏国有控股上市公司的筹资现金流量总额较高，分别为6134.99亿元、844.66亿元和225.90亿元。

分地区来看，北京国有控股上市公司平均经营现金流高于全部国有控股上市公司平均值，其他地区则小于全部国有控股上市公司平均值。宁夏、西藏和黑龙江的国有控股上市公司平均经营现金流较低，需要注意提升其经营能力。北京国有控股上市公司平均投资现金流较高，达到-236.70亿元。筹资现金流方面，北京、上海、黑龙江、西藏、陕西和福建的国有控股上市公司的筹资现金净流量平均值高于全部国有控股上市公司平均值，表明国有控股上市公司筹资能力较强。吉林、宁夏、内蒙古等19个地区国有控股上市公司的平均筹资现金流量为负，说明国有控股上市公司面临偿债压力。山西、辽宁、贵州地区的国有控股上市公司平均筹资现金净流出较高。

从现金流增长率来看，国有控股上市公司经营现金流量出现负增长（-6.24%），而全部上

市公司经营现金流量出现正增长（23.48%）。国有控股上市公司投资现金流增长率高于全部上市公司，筹资现金流的降幅大于全部上市公司降幅。河南、西藏、浙江等 9 个地区国有控股上市公司的经营现金流量增长率超过该地区全部上市公司平均值，山东、陕西、安徽等 22 个地区国有控股上市公司经营现金流量增长率低于该地区全部上市公司平均值。湖南、河南、浙江等 16 个地区的国有控股上市公司投资现金净流量增长率（筹资净流出金额增长率）超过该地区全部上市公司平均值。江苏、西藏、辽宁等 18 个地区国有控股上市公司筹资现金净流量增长率高于该地区全部上市公司平均值。

河南、西藏、新疆等 27 个地区国有控股上市公司的经营现金流量增长率高于全部国有控股上市公司平均值，而河北（－9.75%）、山西（－13.39%）、北京（－15.65%）和上海（－58.94%）4 个地区的经营现金流量增速低于全部国有控股上市公司平均值（－12.48%）。投资现金流方面，天津、宁夏、黑龙江等 17 个地区的国有控股上市公司投资现金流出规模有所下降，而其余地区投资现金流量流出增加较多。筹资现金流方面，江苏、福建、西藏等 12 个地区的国有控股上市公司仍然保持增长态势，其他地区则出现不同程度下滑。其中，浙江、海南和河北的国有控股上市公司筹资现金流下降较为明显，应警惕其现金流压力（见表 2-21 和表 2-22）。

表 2-21　分地区国有控股上市公司现金流量分析表

地区	经营现金流量总额（亿元）	投资现金流量总额（亿元）	筹资现金流量总额（亿元）	经营现金流量平均值（亿元）	投资现金流量平均值（亿元）	筹资现金流量平均值（亿元）	经营现金流量增长率（%）	投资现金流量增长率（%）	筹资现金流量增长率（%）
北京	28454.90	-35031.17	6134.99	192.26	-236.70	41.45	-15.65	-18.95	12.30
天津	499.08	-108.02	-282.17	15.60	-3.38	-8.82	51.04	82.56	-264.39
河北	367.57	-230.34	-276.45	14.70	-9.21	-11.06	-9.75	5.43	-1120.86
山西	543.59	-225.59	-326.50	23.63	-9.81	-14.20	-13.39	4.09	-1.44
内蒙古	131.14	-79.04	-23.40	16.39	-9.88	-2.93	-5.16	-12.45	70.17
辽宁	661.73	-215.84	-362.31	26.47	-8.63	-14.49	39.76	-12.00	-16.25
吉林	123.90	-78.40	-11.94	6.52	-4.13	-0.63	13.62	6.05	-179.13
黑龙江	40.20	-127.68	117.80	2.36	-7.51	7.36	113.74	42.95	-73.32
上海	1773.55	-2760.62	844.66	16.89	-26.54	8.12	-58.94	4.38	160.73
江苏	786.06	-348.04	225.90	11.07	-4.90	3.23	31.51	21.20	1461.66
浙江	890.80	-156.05	-438.77	15.91	-2.79	-7.84	361.60	-452.10	-644.58
安徽	901.21	-433.86	-263.12	20.96	-10.09	-6.12	24.45	3.12	6.25
福建	532.61	-377.23	132.96	14.79	-10.48	3.69	-1.62	-44.46	287.64
江西	304.43	-264.72	40.11	15.22	-13.24	2.01	27.79	-29.63	178.08
山东	1491.15	-852.41	-582.82	24.45	-13.97	-9.71	7.81	2.02	-84.58
河南	325.72	-113.97	-161.56	10.51	-3.68	-5.21	2639.44	-293.41	-268.40
湖北	336.00	-339.73	30.76	9.33	-9.44	0.88	96.80	9.95	-81.36
湖南	555.55	-185.73	-233.41	13.55	-4.53	-5.69	153.26	-101.73	-77.24
广东	3185.00	-1958.38	10.72	25.69	-15.79	0.09	48.64	29.48	-99.23
广西	213.77	-94.13	-124.66	12.57	-5.88	-7.79	19.43	-76.24	-42.52
海南	159.00	-320.84	-71.93	15.90	-32.08	-7.99	38.03	-116.33	-1062.04
重庆	124.70	-102.64	41.29	5.67	-4.67	1.88	0.61	13.24	127.14

续表

地区	经营现金流量总额（亿元）	投资现金流量总额（亿元）	筹资现金流量总额（亿元）	经营现金流量平均值（亿元）	投资现金流量平均值（亿元）	筹资现金流量平均值（亿元）	经营现金流量增长率（%）	投资现金流量增长率（%）	筹资现金流量增长率（%）
四川	525.53	-280.53	9.59	12.22	-6.52	0.22	65.42	-28.32	-18.93
贵州	522.39	-59.65	-207.76	37.31	-4.26	-14.84	13.70	15.71	-37.84
云南	215.36	-131.44	-58.73	11.33	-6.92	-3.09	-3.20	30.63	-21.47
西藏	11.83	-9.42	18.05	2.96	-2.35	4.51	468.54	3.88	263.79
陕西	350.51	-339.74	118.30	11.31	-10.96	3.82	22.10	-71.96	242.68
甘肃	79.26	-20.79	-60.83	5.66	-1.49	-4.34	16.10	-48.93	-29.54
青海	70.79	-35.62	-38.74	17.70	-8.90	-9.69	-5.03	37.23	25.26
宁夏	20.15	-1.63	-10.66	3.36	-0.27	-1.78	6.33	62.44	38.10
新疆	572.32	-179.51	-135.28	23.85	-7.48	-5.88	413.79	-245.31	-135.59
合计	44769.80	-45462.77	4054.09	39.65	-40.34	3.62	-6.24	-12.48	-12.20

资料来源：根据 Wind 数据库整理。

表 2-22　分地区全部上市公司现金流量分析表

地区	经营现金流量总额（亿元）	投资现金流量总额（亿元）	筹资现金流量总额（亿元）	经营现金流量平均值（亿元）	投资现金流量平均值（亿元）	筹资现金流量平均值（亿元）	经营现金流量增长率（%）	投资现金流量增长率（%）	筹资现金流量增长率（%）
北京	29733.38	-36915.01	7636.63	86.94	-107.94	22.33	-0.03	-35.35	8.93
天津	611.57	-190.31	-349.56	11.33	-3.52	-6.47	58.56	71.51	-287.73
河北	234.58	-457.91	-78.25	4.12	-8.03	-1.37	-62.70	10.57	67.67
山西	630.23	-263.16	-389.28	17.03	-7.11	-10.52	-10.97	22.21	-14.55
内蒙古	-229.18	289.28	-26.83	-9.17	11.57	-1.07	71.52	-66.40	89.15
辽宁	1069.95	-825.15	-199.90	14.66	-11.30	-2.74	68.59	-18.85	-644.23
吉林	233.89	-117.52	-53.06	5.44	-2.73	-1.26	48.24	20.99	-373.08
黑龙江	91.61	-125.32	51.89	2.41	-3.30	1.44	133.59	48.15	-87.76
上海	3561.41	-5485.44	2296.00	11.83	-18.28	7.73	35.25	-160.59	2910.97
江苏	2088.10	-1261.32	1.14	4.91	-2.97	0.00	150.75	48.47	-99.93
浙江	2944.98	-1423.94	-599.92	6.46	-3.12	-1.32	161.68	24.90	-152.96
安徽	1205.67	-687.61	-258.81	11.37	-6.49	-2.44	26.27	7.50	4.61
福建	-4545.42	5475.13	1433.33	-32.94	39.67	10.39	-95.08	72.69	2452.68
江西	396.26	-384.19	54.36	9.01	-8.73	1.24	25.07	-30.94	106.30
山东	2242.64	-1499.76	-454.09	10.68	-7.14	-2.19	7.84	5.74	-59.56
河南	589.37	-485.60	-144.15	7.19	-5.92	-1.76	96.67	-110.09	-805.46
湖北	1114.08	-1007.08	19.58	10.71	-9.68	0.19	52.28	-36.01	-61.26
湖南	595.35	-254.55	-148.46	5.67	-2.42	-1.43	953.16	57.21	-138.00
广东	9490.57	-10262.62	3507.98	15.51	-16.77	5.76	61.81	-45.14	-3.40
广西	243.33	-281.34	1.13	6.40	-7.60	0.03	25.57	-27.93	-98.57
海南	195.52	-374.93	-112.57	6.31	-12.09	-3.88	5.57	-242.53	46.33
重庆	494.15	-841.51	299.77	9.32	-15.88	5.76	67.97	-193.13	460.30

续表

地区	经营现金流量总额（亿元）	投资现金流量总额（亿元）	筹资现金流量总额（亿元）	经营现金流量平均值（亿元）	投资现金流量平均值（亿元）	筹资现金流量平均值（亿元）	经营现金流量增长率（%）	投资现金流量增长率（%）	筹资现金流量增长率（%）
四川	1060.54	-933.09	92.69	8.42	-7.41	0.75	115.74	31.98	-88.49
贵州	734.83	-197.81	-151.58	25.34	-6.82	-5.23	729.10	-331.14	-190.72
云南	324.87	-47.80	-143.27	9.02	-1.33	-3.98	6.43	80.09	-79.51
西藏	110.48	-65.81	-12.54	5.81	-3.46	-0.70	77.62	17.25	-1278.02
陕西	447.89	-556.92	235.52	8.45	-10.51	4.44	23.64	-105.51	315.72
甘肃	226.92	-88.43	-97.71	6.88	-2.68	-3.05	7.06	-112.47	36.60
青海	93.72	-37.69	-56.90	7.81	-3.14	-4.74	8.52	50.72	10.22
宁夏	62.49	-49.83	10.21	4.46	-3.56	0.73	178.48	-348.11	145.16
新疆	959.60	-571.05	-153.68	17.45	-10.38	-2.85	674.50	-1898.08	-178.95
合计	57013.39	-59928.29	12209.67	15.20	-15.99	3.28	23.48	-29.69	-9.31

资料来源：根据 Wind 数据库整理。

第四节　国有控股上市公司市场板块发展状况

一、国有控股上市公司市场板块分布状况

2004 年 6 月，我国中小企业板块正式揭幕。中小企业板是深圳证券交易所为中小型公司聚集专门设置的市场板块，鼓励企业自主创新。2009 年 10 月，我国创业板正式启动，创业板是除了主板之外的、专为暂时无法上市的中小企业和新兴公司提供融资途径和成长空间的证券交易市场，是对主板的有效补充，在资本市场中占据着重要的位置。2019 年，国有控股上市公司按照市场板块类型进行详细划分，其中，80.34% 的样本公司来自于主板，共 907 家，比 2018 年降低 3.29 个百分点；中小企业板 157 家，占 13.91%，同比增长 1.00 个百分点；创业板 61 家，占 5.49%，同比增加 2.03 个百分点；科创板 3 家，占比 0.27%。国有控股上市公司中科创板为本年度新增市场板块，财务指标的增长率暂无法计算，因此市场板块增长率分析中不涉及相关市场板块。国有控股上市公司市场板块构成具体如表 2-23 所示。

表 2-23　国有控股上市公司市场板块分布

市场板块	公司数量（家）	比例（%）
主板	907	80.34
中小企业板	157	13.91
创业板	62	5.49
科创板	3	0.27
合计	1129	100.00

资料来源：根据 Wind 数据库整理。

二、国有控股上市公司分市场板块资产负债分析

分市场板块来看，国有控股上市公司中主板、中小企业板、创业板和科创板总资产分别占全部国有控股上市公司的98.45%、1.36%、0.14%和0.06%，板块之间的差异明显。全部上市公司相应板块占全国上市公司比重分别为94.75%、4.13%、1.03%和0.09%，国有控股上市公司资产向主板集中。负债方面，国有控股上市公司中主板、中小企业板、创业板和科创板总负债分别占全部国有控股上市公司的98.91%、0.98%、0.08%和0.04%。全部上市公司中相应板块占比分别为96.19%、3.23%、0.55%和0.04%，国有控股上市公司主板、创业板负债比重略高于全部上市公司。所有者权益方面，国有控股上市公司所有者权益总额从高到低依次为主板、中小企业板、创业板和科创板，分别占全部国有控股上市公司的95.99%、3.39%、0.46%和0.16%。全部上市公司相应板块占比分别为87.39%、8.75%、3.48%和0.38%。可见，国有控股上市公司所有者权益主要分布在主板。

从平均值来看，主板国有控股上市公司资产、负债和所有者权益平均值最高，其次为科创板、中小企业板和创业板。全部上市公司中科创板上市公司资产和负债均值低于中小企业板。

从增长率来看，主板、创业板国有控股上市公司资产、负债增长率都高于全部国有控股上市公司。所有者权益增速从高到低依次为创业板（88.30%）、中小企业板（21.72%）和主板（13.92%）。值得注意的是，主板国有控股上市公司所有者权益增长率均低于该板块全部上市公司均值，中小企业板、创业板国有控股上司公司所有者权益增长率均高于该板块全部上市公司均值，科技型公司显示出较强的保值增值能力。

主板、中小企业板、创业板和科创板国有控股上市公司资产负债率分别为84.66%、60.71%、46.59%、55.13%，全部上市公司相应板块资产负债率分别为84.97%、65.45%、44.78%、34.08%。创业板、科创板国有控股上市公司债务融资比重较低，非债务融资比重更高。主板、中小企业板和创业板国有控股上市公司所有者权益增长率高于全部上市公司，对股东回报良好（见表2-24和表2-25）。

表2-24 国有控股上市公司分市场板块资产负债分析表

市场板块	资产总额（亿元）	负债总额（亿元）	所有者权益总额（亿元）	资产平均值（亿元）	负债平均值（亿元）	所有者权益平均值（亿元）	资产增长率（%）	负债增长率（%）	所有者权益增长率（%）
主板	1878358.87	1590240.46	288118.42	2070.96	1753.30	317.66	15.02	15.22	13.92
中小企业板	25915.98	15732.44	10183.54	165.07	100.21	64.86	-20.89	-35.51	21.72
创业板	2594.80	1208.90	1385.90	41.85	19.50	22.35	91.39	95.06	88.30
科创板	1058.57	583.6	474.97	352.86	194.53	158.32	—	—	—
合计	1907928.22	1607765.40	300162.82	1689.93	1424.06	265.87	14.44	14.42	14.56

资料来源：根据 Wind 数据库整理。

表2-25 全部上市公司分市场板块资产负债分析表

市场板块	资产总额（亿元）	负债总额（亿元）	所有者权益总额（亿元）	资产平均值（亿元）	负债平均值（亿元）	所有者权益平均值（亿元）	资产增长率（%）	负债增长率（%）	所有者权益增长率（%）
主板	2658571.44	2258981.22	399595.13	1364.07	1159.05	205.03	15.80	15.92	15.14

市场板块	资产总额（亿元）	负债总额（亿元）	所有者权益总额（亿元）	资产平均值（亿元）	负债平均值（亿元）	所有者权益平均值（亿元）	资产增长率（%）	负债增长率（%）	所有者权益增长率（%）
中小企业板	115806.66	75796.00	40010.66	122.81	80.38	42.43	28.72	38.11	14.02
创业板	28802.68	12897.99	15904.69	36.51	16.35	20.16	12.53	15.08	10.53
科创板	2629.12	895.96	1733.16	37.56	12.80	24.76	—	—	—
合计	2805809.91	2348571.17	457243.64	748.02	626.12	121.90	16.36	16.56	15.31

资料来源：根据 Wind 数据库整理。

三、国有控股上市公司分市场板块盈利状况分析

分市场板块来看，主板、中小企业板、创业板和科创板国有控股上市公司收入总额分别占全部国有控股上市公司的95.82%、3.69%、0.36%和0.14%，成本总额分别占全部国有控股上市公司的95.69%、3.77%、0.40%和0.13%。主板上市的国有控股上市公司净利润总额占全部国有控股上市公司净利润总额的96.78%，国有控股上市公司中较多的利润来自主板上市公司。创业板国有控股上市公司净利润总额为负，全部上市公司创业板净利润总额为正，说明创业板国有控股上市公司经营状况不佳。国有控股上市公司净利润占全部上市公司净利润总额的均值为66.61%，其中，主板、中小企业板和科创板国有控股上市公司净利润总额分别占该板块全部上市公司净利润总额的69.62%、35.91%和28.62%，其相应板块中国有控股上市公司收入占其全部上市公司收入总额的比重分别为74.07%、23.18%和39.07%。相对而言，中小企业板国有控股上市公司盈利能力更强，主板、创业板和科创板国有控股上市公司盈利能力有待进一步提升。

从收入增长来看，主板、中小企业板和创业板国有控股上市公司收入增长均高于同板块全部上市公司均值，但净利润增长率均低于该板块全部上市公司净利润增长率。这说明国有控股上市公司整体盈利能力有待提升。特别是中小企业板和创业板国有控股上市公司，收入大幅增长但净利润却下滑（见表2-26和表2-27）。建议国有控股上市公司通过技术创新和优化内部管理，推动上市公司高质量发展。

表2-26　国有控股上市公司分市场板块收入、成本、利润

市场板块	收入总额（亿元）	成本总额（亿元）	净利润总额（亿元）	收入平均值（亿元）	成本平均值（亿元）	净利润平均值（亿元）	收入增长率（%）	成本增长率（%）	净利润增长率（%）
主板	320716.54	292047.67	26577.19	353.60	321.99	29.30	11.39	10.73	6.33
中小企业板	12334.00	11513.29	852.49	78.56	73.33	5.43	36.24	38.05	-0.12
创业板	1196.40	1228.66	-12.78	19.30	19.82	-0.21	59.52	72.39	-125.34
科创板	458.45	411.04	45.86	152.82	137.01	15.29	—	—	—
合计	334705.39	305200.66	27462.76	296.46	270.33	24.32	12.42	11.88	6.04

资料来源：根据 Wind 数据库整理。

表2-27　全部上市公司分市场板块收入、成本、利润

市场板块	收入总额（亿元）	成本总额（亿元）	净利润总额（亿元）	收入平均值（亿元）	成本平均值（亿元）	净利润平均值（亿元）	收入增长率（%）	成本增长率（%）	净利润增长率（%）
主板	435381.41	394290.46	38172.59	223.39	202.30	19.59	10.89	11.22	10.93
中小企业板	51733.48	49676.11	2374.23	54.86	52.68	2.52	12.70	12.67	15.03
创业板	15558.64	15130.27	522.03	19.72	19.18	0.66	16.81	14.80	75.34
科创板	1207.52	1052.18	160.21	17.25	15.03	2.29	—	—	—
合计	503881.05	460149.02	41229.06	134.33	122.67	10.99	11.52	11.75	12.12

资料来源：根据 Wind 数据库整理。

四、国有控股上市公司分市场板块期间费用分析

考虑到金融机构会计报表的特殊性，金融类国有控股上市公司的期间费用数据仅细分为业务及管理费，不涉及管理费用、销售费用和财务费用。因此，本节对期间费用总额部分的描述和分析包含金融类国有控股上市公司的状况，而对销售费用、管理费用和财务费用的分析则不包含金融类国有控股上市公司的数据。

从期间费用总额来看，2019年，主板、中小企业板、创业板和科创板国有控股上市公司的期间费用总额依次递减。主板、中小企业板、创业板和科创板国有控股上市公司期间费用总额占全部上市公司的比重分别为69.03%、19.64%、8.86%和23.49%，中小企业板、创业板和科创板国有控股上市公司期间费用占全部上市公司期间费用的比重小于全部国有控股上市公司均值（60.46%）。

主板、中小企业板和科创板国有控股上市公司（除金融类国有控股上市公司外）管理费用较高。创业板国有控股上市公司（除金融类国有控股上市公司外）销售费用占比更大，市场开拓成本较高。

从期间费用平均值来看，主板、中小企业板、创业板和科创板国有控股上市公司期间费用平均值均高于全部上市公司。具体来看，主板、创业板和科创板国有控股上市公司销售费用平均值高于该板块全部上市公司平均值。主板、中小企业板、创业板和科创板国有控股上市公司（除金融类国有控股上市公司外）的管理费用平均值高于同板块全部上市公司平均值。主板、中小企业板和创业板国有控股上市公司财务费用平均值高于同板块全部上市公司平均值。主板、创业板国有控股上市公司应注意强化期间费用整体管控，科创板上市公司应注重加强销售费用、管理费用的管控。

从费用增长率来看，除科创板无法计算增长率外，其他市场板块国有控股上市公司期间费用均有不同程度上升，且高于该板块全部上市公司期间费用增长率（见表2-28和表2-29）。

表2-28　国有控股上市公司分市场板块期间费用分析表

市场板块	销售费用总额（亿元）	管理费用总额（亿元）	财务费用总额（亿元）	期间费用总额（亿元）	销售费用平均值（亿元）	管理费用平均值（亿元）	财务费用平均值（亿元）	期间费用平均值（亿元）	销售费用增长率（%）	管理费用增长率（%）	财务费用增长率（%）	期间费用增长率（%）
主板	7910.95	21175.35	3650.97	32274.99	9.45	23.35	4.19	37.23	6.37	15.01	3.53	71.80

续表

市场板块	销售费用总额（亿元）	管理费用总额（亿元）	财务费用总额（亿元）	期间费用总额（亿元）	销售费用平均值（亿元）	管理费用平均值（亿元）	财务费用平均值（亿元）	期间费用平均值（亿元）	销售费用增长率（%）	管理费用增长率（%）	财务费用增长率（%）	期间费用增长率（%）
中小企业板	519.54	596.63	233.68	1309.58	3.49	3.80	1.55	8.62	34.37	4.11	104.82	58.73
创业板	107.91	78.60	24.26	210.76	1.74	1.27	0.39	3.40	137.32	97.39	82.00	113.71
科创板	11.20	28.31	-1.11	38.40	3.73	9.44	-0.37	12.80	—	—	—	—
合计	8549.59	21878.87	3907.80	33833.72	8.13	19.38	3.59	31.21	8.64	15.00	6.95	12.04

资料来源：根据 Wind 数据库整理。

表 2-29　全部上市公司分市场板块期间费用分析表

市场板块	销售费用总额（亿元）	管理费用总额（亿元）	财务费用总额（亿元）	期间费用总额（亿元）	销售费用平均值（亿元）	管理费用平均值（亿元）	财务费用平均值（亿元）	期间费用平均值（亿元）	销售费用增长率（%）	管理费用增长率（%）	财务费用增长率（%）	期间费用增长率（%）
主板	12996.89	31269.07	5031.38	46754.26	7.11	16.04	2.68	24.87	7.31	14.75	5.95	6.94
中小企业板	3305.65	2596.30	835.50	6668.72	3.60	2.75	0.90	7.17	14.53	16.99	29.60	16.77
创业板	1212.95	975.63	210.11	2377.51	1.54	1.24	0.27	3.04	20.84	12.96	12.90	15.94
科创板	92.72	75.17	-4.42	163.46	1.32	1.07	-0.06	2.34	—	—	—	—
合计	17608.22	34916.16	6072.56	55963.95	4.89	9.31	1.66	15.28	10.04	15.11	8.83	8.71

资料来源：根据 Wind 数据库整理。

五、国有控股上市公司分市场板块现金流量分析

2019 年，主板、中小企业板、创业板和科创板国有控股上市公司经营现金流量总额分别为 43061.79 亿元、1540.13 亿元、130.81 亿元和 37.08 亿元，分别占全部国有控股上市公司的 96.18%、3.44%、0.29% 和 0.08%，主板占比最高。中小企业板国有控股上市公司经营现金流由负转正。创业板国有控股上市公司经营现金流占比也有所增加。主板、中小企业板、创业板和科创板国有控股上市公司投资现金净流量总额为 -44485.28 亿元、-822.69 亿元、-96.59 亿元和 -58.21 亿元，分别占全部国有控股上市公司的 97.85%、1.81%、0.21% 和 0.13%，且投资额同比均有所增加。筹资现金流方面，主板、中小企业板、创业板和科创板国有控股上市公司筹资现金净流量总额分别为 4005.16 亿元、-60.82 亿元、15.14 亿元和 94.62 亿元。主板、科创板是融资资金的重要流入板块。主板和科创板国有控股上市公司经营现金流小于该板块国有控股上市公司投资现金流绝对值，有较大的筹资需求。中小企业板和创业板国有控股上市公司经营现金流大于该板块国有控股上市公司投资现金流绝对值，筹资需求较小。

从现金流量平均值来看，国有控股上市公司经营现金流量平均值为 39.65 亿元，同比有所降低，主要原因在于主板国有控股上市公司经营现金流下降。科创板经营现金流平均值高于中小企业板和创业板国有控股上市公司，现金创造能力仅次于主板国有控股上市公司。国有控股上市公司投资现金流量平均值为 -40.34 亿元，所有市场板块中的国有控股上市公司均呈现投资净流出状态。从筹资现金流量来看，中小企业板国有控股上市公司存在筹资现金净流出，其他市场板块的国有控股公司均有筹资现金流入，主板国有控股上市公司筹资现金流量最高。主板国有控股上市公司经营现金流量平均值优于主板全部上市公司平均值，其投资现金流量平均值的

绝对值大于全部上市公司投资现金流量平均值的绝对值。

从增长率来看，主板国有控股上市公司经营现金流量有所下滑，在主板国有控股上市公司净利润提升 6.33% 的背景下，应注意防范相关风险，而其他板块均有不同程度增幅。中小企业板、创业板经营现金流量增幅最为明显，分别为 1266.77% 和 3724.85%，且经营现金流超过投资现金流量绝对值，短时间内经营风险较小。各市场板块国有控股上市公司投资现金流有所增加，创业板国有控股上市公司投资现金流增长最快，为未来发展预留较大增长空间。筹资现金流方面，国有控股上市公司平均筹资现金流有所下滑。具体来看，国有控股上市公司筹资现金流下降主要是由中小企业板国有控股上市公司筹资现金流下降导致。主板、创业板国有控股上市公司筹资现金流反而有所上升，需进一步关注特定板块国有控股上市公司筹资方式的创新，强化融资支持。具体如表 2-30 和表 2-31 所示。

表 2-30　国有控股上市公司分市场板块现金流量分析表

市场板块	经营现金流量总额（亿元）	投资现金流量总额（亿元）	筹资现金流量总额（亿元）	经营现金流量平均值（亿元）	投资现金流量平均值（亿元）	筹资现金流量平均值（亿元）	经营现金流量增长率（%）	投资现金流量增长率（%）	筹资现金流量增长率（%）
主板	43061.79	-44485.28	4005.16	47.48	-49.16	4.45	-10.06	-11.98	0.77
中小企业板	1540.13	-822.69	-60.82	9.81	-5.24	-0.39	1266.77	-25.59	-109.66
创业板	130.81	-96.59	15.14	2.11	-1.56	0.25	3724.85	-160.28	17.00
科创板	37.08	-58.21	94.62	12.36	-19.40	31.54	—	—	—
合计	44769.80	-45462.77	4054.09	39.65	-40.34	3.62	-6.24	-12.48	-12.20

资料来源：根据 Wind 数据库整理。

表 2-31　全部上市公司分市场板块现金流量分析表

市场板块	经营现金流量总额（亿元）	投资现金流量总额（亿元）	筹资现金流量总额（亿元）	经营现金流量平均值（亿元）	投资现金流量平均值（亿元）	筹资现金流量平均值（亿元）	经营现金流量增长率（%）	投资现金流量增长率（%）	筹资现金流量增长率（%）
主板	49697.31	-53158.12	10733.91	25.50	-27.30	5.56	15.17	-33.61	0.40
中小企业板	5171.76	-4543.08	333.55	5.48	-4.82	0.36	165.68	0.17	-84.27
创业板	1983.64	-1732.86	431.02	2.51	-2.20	0.55	85.03	7.46	-33.74
科创板	160.69	-494.23	711.18	2.30	-7.06	10.16	—	—	—
合计	57013.39	-59928.29	12209.67	15.20	-15.99	3.28	23.48	-29.69	-9.31

资料来源：根据 Wind 数据库整理。

第五节　国有控股上市公司发展概况总结

一、国有控股上市公司发展概况总体分析总结

第一，国有控股上市公司共计 1129 家，分布在 73 个行业门类中，其中，分布在制造业中的

国有控股上市公司数量最多，为 531 家，占比 47.03%，其次是电力、热力、燃气及水生产和供应业，上市公司数量为 81 家，占比 7.17%。国有控股上市公司平均总资产为 1689.93 亿元，平均总负债为 1424.06 亿元，平均所有者权益为 265.87 亿元，同比分别增长 14.44%、14.42% 和 14.56%，均低于全部上市公司相应指标增长率。

报告年度，国有控股上市公司资产负债率平均值为 84.27%，略高于全部上市公司（83.70%），债务融资占比较大。国有控股上市公司资产增长率大于负债增长率，所有者权益增长率最高，超过 10%。可见，国有控股上市公司稳步发展，运行态势良好，显示了较好的保值增值能力。

第二，报告年度，国有控股上市公司实现净利润 2.75 万亿元，平均净利润 24.32 亿元，同比增长 6.04%，低于全部上市公司净利润增长率，盈利能力需要进一步提升。

第三，报告年度，除科创板外，其他市场板块国有控股上市公司期间费用总额都保持了增长的趋势。2019 年，国有控股上市公司期间费用同比增长 12.04%，且高于全部上市公司期间费用增幅，说明国有控股上市公司在期间费用管控上仍需要进一步加强。国有控股上市公司（除金融类国有控股上市公司外）期间费用中，管理费用最高，财务费用最低。压缩管理费用仍是国有控股上市公司控制期间费用的重点。

第四，报告年度，国有控股上市公司经营现金流量增长率为 -6.24%，投资现金流量增长率为 -12.48%，筹资现金流量增长率为 -12.20%。相对于全部上市公司，经营现金流量下降明显，主要原因在于主板国有控股上市公司经营现金流量下降。在主板国有控股上市公司净利润提升 6.33% 的背景下，应注意防范相关风险。

二、国有控股上市公司发展概况对比分析总结

从行业分布来看，国有控股上市公司之间的资产和负债差异都较大。资产方面，金融行业、土木工程建筑业、房地产业、石油和天然气开采业等行业国有控股上市公司资产总额较高，国有资本集中于金融、基础设施和能源建设等领域，而农、林、牧、渔服务业，家具制造业，印刷和记录媒介复制业，科技推广和应用服务业资产总额较低。从营业净利率来看，货币金融服务，酒、饮料和精制茶制造业中的国有控股上市公司净利润率遥遥领先，营业净利润率高于 30%，而仓储业，纺织服装、服饰业，畜牧业，餐饮业，教育，化学原料及化学制品制造业，家具制造业中的国有控股上市公司净利润率均低于 1%。

全部上市公司（除金融类上市公司外）中，医药制造业、零售业、电气机械和器材制造业销售费用总额较高，土木工程建筑业、石油和天然气开采业、房地产业管理费用较高，电力、热力生产和供应业，房地产业，土木工程建筑业财务费用较高。医药制造业、零售业类上市公司在国有控股上市公司中（除金融类国有控股上市公司外）和全部上市公司（除金融类上市公司外）中销售费用都较高。销售费用增长较快的国有控股上市公司（除金融类国有控股上市公司外）分布在装卸搬运和运输代理业（200.91%）、开采辅助活动（161.76%）、专业技术服务业（139.81%）。管理费用上升较快的包括装卸搬运和运输代理业（1105.91%）、互联网和相关服务（183.15%）、纺织业（68.65%）。国有控股上市公司财务费用增长较快的行业为装卸搬运和运输代理业（9866.67%）、渔业（1900.00%）、开采辅助活动（616.54%）。相关行业国有控股上市公司应重点关注期间费用管控。

从地区分布来看，国有控股上市公司数量和资产分布不均衡。北京、上海和广东国有资产、负债、所有者权益分别占全部国有控股上市公司的 89.71%、92.15%、76.62%，远高于三个地

区国有控股上市公司数量占比（33.39%）。从国有资本在全部上市公司中的比重来看，北京、上海和广东国有控股上市公司资产总额分别占该地区全部上市公司资产的91.42%、52.05%和18.85%，三个地区相比，广东非国有资本比重较高。北京、山西和陕西国有控股上市公司资产总额占该区域全部上市公司比重均超过80%。北京、山西、陕西等15个地区的非国有资本占比均低于50%，资本布局有进一步优化的空间。从净利润变动来看，甘肃、海南、天津等17个地区国有控股上市公司净利润同比增加，而广东、吉林、山东等14个地区的净利润同比下降，同比下降的地区比2018年有所扩大。其中，山西、辽宁和青海国有控股上市公司净利润下降幅度较大，需注意防范经营风险。

从期间费用总额来看，北京、上海、广东和山东销售费用、管理费用和财务费用均处于较高水平。报告年度，有9个地区的国有控股上市公司管理费用同比下降。安徽、天津、福建等15个地区国有控股上市公司管理费用增长率高于该地区全部上市公司，应进一步关注管理费用增长的速度，严格管控管理费用的变动。财务费用方面，天津、陕西、西藏等11个地区的国有控股上市公司财务费用增长高于全部国有控股上市公司平均值（6.59%），应注意管控财务费用。

国有控股上市公司经营现金流量出现负增长（-6.24%），而全部上市公司经营现金流量出现正增长（23.48%）。河南、西藏、浙江等9个地区国有控股上市公司的经营现金流量增长率超过该地区全部上市公司平均值，山东、陕西、安徽等22个地区国有控股上市公司经营现金流量增长率低于该地区全部上市公司平均值。投资现金流量方面，天津、宁夏、黑龙江等17个地区的国有控股上市公司投资现金流出规模有所下降，而其余地区投资现金流量流出增加较多。筹资现金流量方面，江苏、福建、西藏等12个地区的国有控股上市公司仍然保持增长态势，其他地区则不同程度下滑，应警惕由此导致的现金流压力。

分市场板块来看，报告年度，主板国有控股上市公司资产、负债、所有者权益占全部上市公司的比重均超过95%，高于全部上市公司比例，国有资本向主板集中。主板国有控股上市公司所有者权益增长率均低于该板块全部上市公司均值，中小企业板、创业板上市公司显示出较强的保值增值能力。净利润增长率板块之间差异较大，中小企业板和创业板国有控股上市公司净利润均为负增长，其中创业板中的国有控股上市公司已连续两年净利润下滑。从期间费用平均值来看，主板、中小企业板和科创板国有控股上市公司（除金融类国有控股上市公司外）管理费用较高。创业板国有控股上市公司（除金融类国有控股上市公司外）销售费用占比更大，市场开拓成本较高。除科创板外，其他市场板块国有控股上市公司期间费用均有不同程度上升，且高于该板块全部上市公司期间费用增长率。

主板国有控股上市公司经营现金流量有所下滑，在主板国有控股上市公司净利润提升6.33%的背景下，应注意防范相关风险。中小企业板、创业板国有控股上市公司经营现金流量增幅最为明显，且经营现金流超过投资现金流量绝对值，短时间内经营风险不大。各市场板块国有控股上市公司投资现金流有所增加，创业板国有控股上市公司投资现金流增长最快，为未来发展预留较大增长空间。筹资现金流方面，中小企业板国有控股上市公司筹资现金流下降，主板、创业板国有控股上市公司筹资现金流反而有所上升，需进一步关注特定板块国有控股上市公司筹资方式创新，强化融资支持。

第三章 中央国有控股上市公司发展概况

报告年度，中央国有控股上市公司共有 402 家，占全部国有控股上市公司的 35.61%。402 家中央国有控股上市公司总资产 170.38 万亿元，总负债 147.67 万亿元，净资产 22.71 万亿元，资产负债率 86.67%，高于全部国有控股上市公司平均值。实现营业收入 22.41 万亿元，实现净利润 2.15 万亿元。中央国有控股上市公司资产、负债、所有者权益、收入、净利润分别占国有控股上市公司的 89.30%、91.85%、75.65%、66.96% 和 78.17%。

第一节 中央国有控股上市公司整体状况

一、中央国有控股上市公司资产负债分析

报告年度，402 家中央国有控股上市公司总资产 170.38 万亿元，总负债 147.67 万亿元，所有者权益总额 22.71 万亿元。中央国有控股上市公司平均总资产、负债和所有者权益分别为 4238.26 亿元、3673.39 亿元和 564.87 亿元，同比有所增加。中央国有控股上市公司资产、负债和所有者权益平均值均大于国有控股上市公司资产、负债和所有者权益的平均值，说明中央国有控股上市公司的整体规模体量较大。中央国有控股上市公司资产、负债和所有者权益的标准差也大于国有控股上市公司的标准差，说明中央国有控股上市公司之间的规模差异比较大。从增长率来看，中央国有控股上市公司资产、负债和所有者权益的增长率均大于国有控股上市公司的增长率（14.44%、14.42% 和 14.55%）。同时，中央国有控股上市公司资产增长率大于负债增长率，说明中央国有控股上市公司的财务和经营状况相对稳健。中央国有控股上市公司平均资产负债率为 86.67%，中央企业控股上市公司平均资产负债率为 63.61%，中央部委所属企业控股上市公司平均资产负债率为 91.14%，同比有所降低。

细分来看，中央企业控股上市公司资产、负债和所有者权益的平均值分别为 867.13 亿元、551.59 亿元和 315.54 亿元，低于中央国有控股上市公司的平均值。中央部委所属企业控股上市公司资产、负债和所有者权益较高，所有者权益平均值达到 1523.15 亿元；从所有者权益增长率来看，中央企业控股上市公司所有者权益增长率略低于中央部委所属企业控股上市公司增长率。中央国有控股上市公司资产负债状况如表 3-1 所示。

二、中央国有控股上市公司盈利状况分析

报告年度，402 家中央国有控股上市公司共计实现营业收入 22.41 万亿元，实现净利润 2.15

万亿元。其中，中央企业控股上市公司实现营业收入16.74万亿元，实现净利润7639.80亿元，分别占全部中央国有控股上市公司的74.68%和35.59%。

表3-1 中央国有控股上市公司资产负债总额分析表

类别	项目	总额（亿元）	平均值（亿元）	中位数（亿元）	标准差（亿元）	最小值（亿元）	最大值（亿元）	增长率（%）
中央国有控股	总资产	1703780.12	4238.26	118.49	27031.37	2.93	301094.36	16.97
	总负债	1476701.26	3673.39	61.37	24717.48	0.19	274174.33	16.81
	所有者权益	227078.86	564.87	56.46	2468.26	-39.36	26920.03	18.03
中央企业控股	总资产	276615.89	867.13	129.66	2637.42	5.18	27331.90	15.43
	总负债	175958.20	551.59	66.98	1677.37	0.49	15326.17	15.40
	所有者权益	100657.69	315.54	59.66	1087.36	-13.59	14445.78	15.48
中央部委所属企业控股	总资产	1427164.23	17194.75	94.49	57724.98	2.93	301094.36	17.27
	总负债	1300743.06	15671.60	38.98	52850.52	0.19	274174.33	17.00
	所有者权益	126421.17	1523.15	46.21	4902.69	-39.36	26920.03	20.13
全部上市公司	总资产	2805809.91	748.02	41.32	9400.64	0.42	301094.36	16.36
	总负债	2348571.17	626.12	15.95	8587.77	0.09	274174.33	16.56
	所有者权益	457243.64	121.90	23.48	867.42	-290.69	26920.03	15.31

资料来源：根据Wind数据库整理。

中央国有控股上市公司平均营业收入为557.5亿元，同比增长15.15%；平均成本为497.59亿元，同比增长13.66%。从净利润来看，中央国有控股上市公司平均净利润为53.4亿元，远高于国有控股上市公司的24.35亿元，同比增长13.85%。中央国有控股上市公司销售净利率为9.58%，高于国有控股上市公司8.21%的销售净利率。

细分来看，中央企业控股上市公司平均净利润23.95亿元，低于中央部委所属企业控股上市公司的166.59亿元。中央企业控股上市公司营业收入、营业成本和净利润增长率小于中央部委所属企业控股的上市公司。由此，中央企业控股上市公司净利润增长率达到8.70%，低于中央部委所属企业控股上市公司的16.91%。中央部委所属企业控股上市公司销售净利率为24.37%，高于中央企业控股上市公司的4.56%以及中央国有控股上市公司的9.58%。全部上市公司平均销售净利率为8.23%，中央部委所属企业控股上市公司盈利能力较强。中央国有控股上市公司盈利状况如表3-2所示。

表3-2 中央国有控股上市公司营业收入、成本总额分析表

类别	项目	总额（亿元）	平均值（亿元）	中位数（亿元）	标准差（亿元）	最小值（亿元）	最大值（亿元）	增长率（%）
中央国有控股	收入	224113.83	557.50	64.97	2320.69	0.16	29661.93	15.15
	成本	200030.91	497.59	62.35	2173.22	0.30	28899.40	13.66
	净利润	21466.89	53.40	3.52	267.45	-96.80	3133.61	13.85

续表

类别	项目	总额 （亿元）	平均值 （亿元）	中位数 （亿元）	标准差 （亿元）	最小值 （亿元）	最大值 （亿元）	增长率 （％）
中央企业控股	收入	167375.71	524.69	73.66	2440.39	1.30	29661.93	11.74
	成本	159769.08	500.84	71.13	2357.19	1.73	28899.40	12.13
	净利润	7639.80	23.95	3.43	81.20	-96.80	721.22	8.70
中央部委所属 企业控股	收入	56738.12	683.59	39.20	1794.69	0.16	8551.64	26.50
	成本	40261.82	485.08	37.48	1244.23	0.30	6851.75	20.19
	净利润	13827.09	166.59	3.65	554.87	-38.60	3133.61	16.91
全部上市公司	收入	503881.05	134.33	20.71	844.14	-2.67	29661.93	11.52
	成本	460149.02	122.67	19.96	785.68	-7.62	28899.40	11.75
	净利润	41229.06	10.99	1.34	98.41	-466.62	3133.61	12.12

资料来源：根据 Wind 数据库整理。

三、中央国有控股上市公司期间费用分析

期间费用包括销售费用、管理费用、财务费用、研发费用等能够直接计入当期利润表的费用化支出。由于研发费用占比较小，因此本书重点分析销售费用、管理费用和财务费用三项费用。

从期间费用总额来看，中央国有控股上市公司销售费用、管理费用、财务费用总额分别为4107.85亿元、17613.63亿元、2430.26亿元，分别占国有控股上市公司总额的48.05％、80.51％和62.19％，中央国有控股上市公司管理费用和财务费用较高。从平均值来看，中央国有控股上市公司期间费用平均值为61.83亿元，中位数为7.40亿元，增长率为16.25％，期间费用增长快于全部国有控股上市公司，主要是管理费用上升过快导致（18.13％）。其中，销售费用平均值为11.13亿元，管理费用平均值为43.81亿元，财务费用平均值为6.36亿元。销售费用占期间费用的17.26％，管理费用占期间费用的73.99％，财务费用占期间费用的10.21％。销售费用同比上升11.17％，略低于收入15.15％的增长率；管理费用同比上升18.13％，财务费用同比上升15.87％。

从中央企业控股上市公司来看，期间费用平均值为36.60亿元，低于中央国有控股上市公司的平均值61.83亿元，高于国有控股上市公司期间费用的平均值31.21亿元。期间费用增长率为8.34％，低于中央国有控股上市公司和中央部委所属企业控股上市公司。期间费用中，销售费用、管理费用和财务费用占比分别为34.63％、47.29％和21.16％，销售费用、财务费用占比高于中央国有控股上市公司。从占比较高的销售费用和管理费用变动状况来看，中央企业控股上市公司的销售费用增长率、管理费用增长率均低于中央国有控股上市公司。中央国有控股上市公司期间费用状况如表3-3所示。

四、中央国有控股上市公司现金流量分析

从现金流量总额来看，报告年度，中央国有控股上市公司经营现金流量、投资现金流量和筹资现金流量分别为33600.01亿元、-38161.56亿元和5003.46亿元，占全部国有控股上市公司的比重分别为75.05％、83.94％和123.42％。

表 3-3 中央国有控股上市公司期间费用分析表

类别	项目	总额 （亿元）	平均值 （亿元）	中位数 （亿元）	标准差 （亿元）	最小值 （亿元）	最大值 （亿元）	增长率 （%）
中央国有控股	销售费用	4107.85	11.13	1.52	55.47	0.00	741.08	11.17
	管理费用	17613.63	43.81	3.26	211.66	0.08	1990.50	18.13
	财务费用	2430.26	6.36	0.44	21.07	-11.40	278.16	15.87
	期间费用	23804.59	61.83	7.40	239.19	0.06	1990.50	16.25
中央企业控股	销售费用	3853.24	12.63	1.48	60.73	0.00	741.08	9.99
	管理费用	5261.28	16.49	3.70	58.15	0.12	621.12	5.97
	财务费用	2353.98	7.45	0.54	23.00	-11.40	278.16	16.21
	期间费用	11126.40	36.60	7.51	133.98	0.23	1636.81	8.34
中央部委所属 企业控股	销售费用	254.61	3.98	1.61	10.60	0.00	78.69	32.68
	管理费用	12352.35	148.82	2.38	438.06	0.08	1990.50	24.20
	财务费用	76.28	1.16	0.23	2.12	-1.56	9.66	6.45
	期间费用	12678.19	156.52	6.49	441.75	0.06	1990.50	24.20
全部上市公司	销售费用	17608.22	4.89	0.99	24.36	0.00	741.08	10.04
	管理费用	34916.16	9.31	1.29	79.47	0.04	1990.50	15.11
	财务费用	6072.56	1.66	0.17	7.93	-24.27	278.16	8.83
	期间费用	55963.95	15.28	3.09	85.65	-0.32	1990.50	8.71

资料来源：根据 Wind 数据库整理。

从经营现金流量来看，中央国有控股上市公司经营活动现金净流量平均值为 83.58 亿元，中位数为 4.83 亿元，标准差为 601.88 亿元。中央国有控股上市公司经营活动现金净流量平均值高于国有控股上市公司的 39.65 亿元，但增长率低于国有控股上市公司的 -6.24%。从投资现金流量来看，中央国有控股上市公司的平均值为 -94.93 亿元，对外投资平均规模高于国有控股上市公司。从筹资现金流量来看，中央国有控股上市公司的平均值为 12.60 亿元，增长率为 -6.42%，下降幅度低于国有控股上市公司，说明中央国有控股上市公司融资能力和规模都超过国有控股上市公司的平均水平。

从中央企业控股上市公司来看，经营现金流量、投资现金流量和筹资现金流量均值分别为 48.81 亿元、-39.93 亿元和 -7.48 亿元，现金流状况劣于中央部委所属企业控股上市公司，这与中央部委所属企业控股上市公司中金融企业占比较高有关。从现金流量增长率来看，中央企业控股上市公司经营现金流量增长率为 17.59%，远高于中央部委所属企业控股上市公司的 -28.37% 和国有控股上市公司的 -6.24%。这说明，中央企业控股上市公司的经营活动质量改善趋势较为明显。中央企业控股上市公司筹资现金流量下降幅度较大，资金来源渠道有待进一步畅通、基础有待进一步夯实。中央国有控股上市公司现金流量状况如表 3-4 所示。

表 3-4　中央国有控股上市公司现金流量分析表

类别	项目	总额（亿元）	平均值（亿元）	中位数（亿元）	标准差（亿元）	最小值（亿元）	最大值（亿元）	增长率（%）
中央国有控股	经营现金流量	33600.01	83.58	4.83	601.88	-4842.66	6945.21	-12.53
	投资现金流量	-38161.56	-94.93	-2.47	552.26	-8759.67	49.64	-13.07
	筹资现金流量	5003.46	12.60	-0.75	267.51	-1018.41	3517.65	-6.42
中央企业控股	经营现金流量	15571.65	48.81	5.87	237.58	-342.20	3596.10	17.59
	投资现金流量	-12736.47	-39.93	-2.81	213.57	-3329.48	49.64	-8.07
	筹资现金流量	-2355.74	-7.48	-0.83	87.22	-847.13	509.23	-83.65
中央部委所属企业控股	经营现金流量	18028.36	217.21	3.13	1236.89	-4842.66	6945.21	-28.37
	投资现金流量	-25425.09	-306.33	-1.87	1121.42	-8759.67	21.65	-15.76
	筹资现金流量	7359.21	89.75	-0.47	559.26	-1018.41	3517.65	11.01
全部上市公司	经营现金流量	57013.39	15.20	1.92	228.75	-5880.09	6945.21	23.48
	投资现金流量	-59928.29	-15.99	-1.44	221.01	-8759.67	6023.37	-29.69
	筹资现金流量	12209.67	3.28	-0.33	108.20	-1018.41	3517.65	-9.31

资料来源：根据 Wind 数据库整理。

第二节　中央国有控股上市公司行业发展状况

一、中央国有控股上市公司行业分布状况

从行业分布来看，中央国有控股上市公司中制造业数量居首位，为 207 家，占比 51.49%；其次是电力、热力生产和供应业，水的生产和供应业，中央国有控股上市公司数量为 31 家，占比 7.71%；数量位居第三的为软件和信息技术服务业，为 19 家，占比 4.73%。林业，畜牧业，农、林、牧、渔服务业，黑色金属矿采选业等行业则不存在中央国有控股上市公司。从制造业细分来看，计算机、通信和其他电子设备制造业上市公司在制造业中的数量最多，为 46 家；其次是化学原料及化学制品制造业，该行业中央国有控股上市公司数量为 24 家；而纺织业，木材加工和木、竹、藤、棕、草制品业，家具制造业，文教、工美、体育和娱乐用品制造业，化学纤维制造业，其他制造业，废弃资源综合利用业，金属制品、机械和设备修理业则不存在中央国有控股上市公司。中央国有控股上市公司、中央企业控股上市公司和中央部委所属企业控股上市公司具体行业构成如表 3-5 所示。

表 3-5　中央国有控股上市公司行业分布

行业代码	行业	中央国有控股		中央企业控股		中央部委所属企业控股	
		公司数量（家）	比例（%）	公司数量（家）	比例（%）	公司数量（家）	比例（%）
A01	农业	4	1.00	1	0.31	3	3.61

续表

行业代码	行业	中央国有控股		中央企业控股		中央部委所属企业控股	
		公司数量（家）	比例（%）	公司数量（家）	比例（%）	公司数量（家）	比例（%）
A02	林业	—	—	—	—	—	—
A03	畜牧业	—	—	—	—	—	—
A04	渔业	1	0.25	1	0.31	—	—
A05	农、林、牧、渔服务业	—	—	—	—	—	—
B06	煤炭开采和洗选业	6	1.49	6	1.88	—	—
B07	石油和天然气开采业	2	0.50	2	0.63	—	—
B08	黑色金属矿采选业	—	—	—	—	—	—
B09	有色金属矿采选业	3	0.75	3	0.94	—	—
B11	开采辅助活动	5	1.24	5	1.57	—	—
C13	农副食品加工业	1	0.25	1	0.31	—	—
C14	食品制造业	1	0.25	—	—	1	1.20
C15	酒、饮料和精制茶制造业	2	0.50	2	0.63	—	—
C17	纺织业	—	—	—	—	—	—
C18	纺织服装、服饰业	1	0.25	1	0.31	—	—
C20	木材加工和木、竹、藤、棕、草制品业	—	—	—	—	—	—
C21	家具制造业	—	—	—	—	—	—
C22	造纸及纸制品业	3	0.75	3	0.94	—	—
C24	文教、工美、体育和娱乐用品制造业	—	—	—	—	—	—
C25	石油加工、炼焦及核燃料加工业	4	1.00	4	1.25	—	—
C26	化学原料及化学制品制造业	24	5.97	20	6.27	4	4.82
C27	医药制造业	13	3.23	9	2.82	4	4.82
C28	化学纤维制造业	—	—	—	—	—	—
C29	橡胶和塑料制品业	2	0.50	2	0.63	—	—
C30	非金属矿物制品业	10	2.49	10	3.13	—	—
C31	黑色金属冶炼和压延加工业	6	1.49	5	1.57	1	1.20
C32	有色金属冶炼和压延加工业	11	2.74	10	3.13	1	1.20
C33	金属制品业	3	0.75	3	0.94	—	—
C34	通用设备制造业	7	1.74	6	1.88	1	1.20
C35	专用设备制造业	21	5.22	18	5.64	3	3.61
C36	汽车制造业	15	3.73	15	4.70	—	—
C37	铁路、船舶、航空航天和其他运输设备制造业	21	5.22	21	6.58	—	—
C38	电气机械和器材制造业	13	3.23	13	4.08	—	—
C39	计算机、通信和其他电子设备制造业	46	11.44	37	11.60	9	10.84
C40	仪器仪表制造业	3	0.75	2	0.63	1	1.20
C41	其他制造业	—	—	—	—	—	—

行业代码	行业	中央国有控股		中央企业控股		中央部委所属企业控股	
		公司数量（家）	比例（%）	公司数量（家）	比例（%）	公司数量（家）	比例（%）
C42	废弃资源综合利用业	—	—	—	—	—	—
D44	电力、热力生产和供应业	30	7.46	30	9.40	—	—
D45	燃气生产和供应业	—	—	—	—	—	—
D46	水的生产和供应业	1	0.25	—	—	1	1.20
E47	房屋建筑业	—	—	—	—	—	—
E48	土木工程建筑业	18	4.48	16	5.02	2	2.41
E50	建筑装饰和其他建筑业	1	0.25	1	0.31	—	—
F51	批发业	12	2.99	9	2.82	3	3.61
F52	零售业	3	0.75	3	0.94	—	—
G53	铁路运输业	3	0.75	—	—	3	3.61
G54	道路运输业	2	0.50	1	0.31	1	1.20
G55	水上运输业	10	2.49	10	3.13	—	—
G56	航空运输业	4	1.00	3	0.94	1	1.20
G58	装卸搬运和运输代理业	2	0.50	2	0.63	—	—
G59	仓储业	1	0.25	1	0.31	—	—
H61	住宿业	—	—	—	—	—	—
H62	餐饮业	—	—	—	—	—	—
I63	电信、广播电视和卫星传输服务	3	0.75	2	0.63	1	1.20
I64	互联网和相关服务	4	1.00	2	0.63	2	2.41
I65	软件和信息技术服务业	19	4.73	12	3.76	7	8.43
J66	货币金融服务	8	1.99	—	—	8	9.64
J67	资本市场服务	11	2.74	5	1.57	6	7.23
J68	保险业	3	0.75	—	—	3	3.61
J69	其他金融业	3	0.75	3	0.94	—	—
K70	房地产业	12	2.99	9	2.82	3	3.61
L71	租赁业	1	0.25	—	—	1	1.20
L72	商务服务业	3	0.75	1	0.31	2	2.41
M73	研究和试验发展	—	—	—	—	—	—
M74	专业技术服务业	8	1.99	7	2.19	1	1.20
M75	科技推广和应用服务业	—	—	—	—	—	—
N77	生态保护和环境治理业	2	0.50	1	0.31	1	1.20
N78	公共设施管理业	1	0.25	1	0.31	—	—
P82	教育	2	0.50	—	—	2	2.41
R85	新闻和出版业	4	1.00	—	—	4	4.82
R86	广播、电视、电影和影视录音制作业	2	0.50	—	—	2	2.41

续表

行业代码	行业	中央国有控股		中央企业控股		中央部委所属企业控股	
		公司数量（家）	比例（%）	公司数量（家）	比例（%）	公司数量（家）	比例（%）
S90	综合	1	0.25	—	—	1	1.20
	合计	402	100.00	319	100.00	83	100.00

资料来源：根据 Wind 数据库整理。

二、中央国有控股上市公司分行业资产负债分析

从资产总额来看，中央国有控股上市公司中资产总额较高的行业为货币金融服务、土木工程建筑业、保险业，资产总额均超过 5 万亿元。上述行业负债总额也居前三。所有者权益较高的行业为货币金融服务、石油和天然气开采业、土木工程建筑业，所有者权益分别为 111279.57 亿元、23214.83 亿元和 17973.48 亿元，分别占中央国有控股上市公司所有者权益总额的 49.00%、10.22% 和 7.92%。

从平均指标来看，中央国有控股上市公司中，平均资产总额较高的行业为货币金融服务（168499.87 亿元）、石油和天然气开采业（22441.31 亿元）、保险业（19128.25 亿元），资产总额较低的行业分别为食品制造业（13.25 亿元）、仪器仪表制造业（11.48 亿元）、渔业（11.25 亿元）。从负债来看，货币金融服务（154589.93 亿元）、保险业（16659.44 亿元）、石油和天然气开采业（10833.89 亿元）排名前三，负债总额较低的行业为渔业（3.12 亿元）、食品制造业（2.98 亿元）、租赁业（2.43 亿元）。资产和负债分布状况呈现出典型的行业特征。金融行业资产负债率较高，货币金融服务、资本市场服务、保险业、其他金融业资产负债率分别为 91.74%、78.22%、87.09% 和 79.87%。非金融行业中，建筑装饰和其他建筑业（80.78%）、土木工程建筑业（75.08%）、房地产业（73.59%）资产负债率处于较高层次，而食品制造业（22.49%）、铁路运输业（19.23%）、租赁业（8.25%）资产负债率较低。共计 28 个行业的资产负债率高于 50%，占中央国有控股上市公司全部行业的 50.91%。从所有者权益来看，货币金融服务（13909.95 亿元），石油和天然气开采业（11607.42 亿元），保险业（2468.81 亿元），电信、广播电视和卫星传输服务（1158.78 亿元）平均所有者权益高于其他行业，这表明国有资本主要集中于金融、自然资源开发以及电信等领域。建筑装饰和其他建筑业（8.88 亿元）、渔业（8.12 亿元）、仪器仪表制造业（6.80 亿元）所有者权益均值最低。

从增长率来看，装卸搬运和运输代理业、互联网和相关服务增长较快。其中，装卸搬运和运输代理业、互联网和相关服务、有色金属矿采选业资产增长率分别为 1146.26%、81.54% 和 52.97%，增速排名前三。专用设备制造业、教育、综合资产增长率分别为 −10.73%、−14.57% 和 −85.59%，排名靠后。装卸搬运和运输代理业、互联网和相关服务、仪器仪表制造业负债增速较高，分别为 2103.38%、105.66% 和 90.38%。广播、电视、电影和影视录音制作业，农副食品加工业，纺织服装、服饰业等 13 个行业负债总额有不同程度下降。教育、租赁业、综合负债分别降低 30.36%、63.68% 和 87.39%。所有者权益方面，装卸搬运和运输代理业、互联网和相关服务、有色金属矿采选业等 46 个行业所有者权益实现增长，纺织服装、服饰业，汽车制造业，石油加工、炼焦及核燃料加工业等 9 个行业所有者权益同比下降。中央国有控股上市公司、中央企业控股上市公司和中央部委所属企业控股上市公司分行业资产、负债和所有者权益状况

如表3-6、表3-7、表3-8所示。

表3-6　分行业中央国有控股上市公司资产负债总额分析表

行业	资产总额（亿元）	负债总额（亿元）	所有者权益总额（亿元）	资产平均值（亿元）	负债平均值（亿元）	所有者权益平均值（亿元）	资产增长率（%）	负债增长率（%）	所有者权益增长率（%）
农业	267.22	109.83	157.40	66.81	27.46	39.35	-0.11	3.88	-2.71
渔业	11.25	3.12	8.12	11.25	3.12	8.12	7.55	21.88	2.78
煤炭开采和洗选业	9142.66	3419.24	5723.42	1523.78	569.87	953.90	-0.51	-7.99	4.57
石油和天然气开采业	44882.61	21667.78	23214.83	22441.31	10833.89	11607.42	11.51	23.37	2.33
有色金属矿采选业	968.68	505.47	463.21	322.89	168.49	154.40	52.97	46.22	61.08
开采辅助活动	2928.42	1836.97	1091.46	585.68	367.39	218.29	12.85	6.42	25.64
农副食品加工业	161.25	79.29	81.95	161.25	79.29	81.95	3.66	-1.04	8.64
食品制造业	13.25	2.98	10.27	13.25	2.98	10.27	0.38	-26.05	12.00
酒、饮料和精制茶制造业	55.82	21.62	34.20	27.91	10.81	17.10	15.71	29.85	8.26
纺织服装、服饰业	311.97	131.10	180.88	311.97	131.10	180.88	-1.62	-3.55	-0.16
造纸及纸制品业	227.80	97.14	130.66	75.93	32.38	43.55	3.85	7.35	1.39
石油加工、炼焦及核燃料加工业	848.23	361.03	487.20	212.06	90.26	121.80	-2.51	-3.79	-1.54
化学原料及化学制品制造业	2700.34	1204.94	1495.40	112.51	50.21	62.31	11.94	12.51	11.49
医药制造业	1384.18	491.44	892.74	106.48	37.80	68.67	9.08	8.36	9.48
橡胶和塑料制品业	222.57	156.15	66.41	111.28	78.08	33.21	3.75	6.64	-2.47
非金属矿物制品业	1529.29	733.12	796.17	152.93	73.31	79.62	6.18	7.73	4.80
黑色金属冶炼和压延加工业	6230.15	3109.85	3120.30	1038.36	518.31	520.05	32.95	46.51	21.73
有色金属冶炼和压延加工业	3331.25	2091.50	1239.76	302.84	190.14	112.71	8.12	3.50	16.91
金属制品业	654.71	341.83	312.88	218.24	113.94	104.29	-2.53	-9.76	6.80
通用设备制造业	1291.06	782.09	508.97	184.44	111.73	72.71	4.91	3.82	6.64
专用设备制造业	3170.97	1867.77	1303.20	151.00	88.94	62.06	-10.73	-8.89	-13.24
汽车制造业	2113.84	1166.75	947.09	140.92	77.78	63.14	2.90	6.67	-1.39
铁路、船舶、航空航天和其他运输设备制造业	11121.94	6174.11	4947.83	529.62	294.01	235.61	14.77	13.53	16.35
电气机械和器材制造业	1325.30	705.48	619.82	101.95	54.27	47.68	5.57	2.70	9.04
计算机、通信和其他电子设备制造业	7742.95	4293.70	3449.24	168.32	93.34	74.98	33.99	47.46	20.31
仪器仪表制造业	34.45	14.05	20.40	11.48	4.68	6.80	30.49	90.38	7.26
电力、热力生产和供应业	32874.39	21893.20	10981.19	1095.81	729.77	366.04	23.39	17.87	36.11
水的生产和供应业	51.71	28.19	23.52	51.71	28.19	23.52	2.56	1.37	4.02
土木工程建筑业	72120.50	54147.01	17973.48	4006.69	3008.17	998.53	12.71	10.46	20.09
建筑装饰和其他建筑业	46.20	37.32	8.88	46.20	37.32	8.88	-0.88	0.81	-7.31
批发业	1837.55	1197.67	639.88	153.13	99.81	53.32	4.35	4.41	4.25

续表

行业	资产总额（亿元）	负债总额（亿元）	所有者权益总额（亿元）	资产平均值（亿元）	负债平均值（亿元）	所有者权益平均值（亿元）	资产增长率（%）	负债增长率（%）	所有者权益增长率（%）
零售业	297.25	162.05	135.20	99.08	54.02	45.07	3.96	4.29	3.55
铁路运输业	1948.29	374.72	1573.56	649.43	124.91	524.52	2.04	-10.70	5.63
道路运输业	973.72	396.85	576.87	486.86	198.43	288.44	7.47	6.47	8.16
水上运输业	7686.26	4728.43	2957.82	768.63	472.84	295.78	22.19	13.93	38.22
航空运输业	8896.97	6374.78	2522.19	2224.24	1593.70	630.55	21.41	29.70	4.53
装卸搬运和运输代理业	682.95	338.66	344.29	341.47	169.33	172.14	1146.26	2103.38	773.17
仓储业	203.49	87.37	116.12	203.49	87.37	116.12	-9.72	-21.37	1.60
电信、广播电视和卫星传输服务	5994.97	2518.63	3476.34	1998.32	839.54	1158.78	7.18	8.01	6.58
互联网和相关服务	170.07	42.18	127.90	42.52	10.54	31.97	81.54	105.66	74.80
软件和信息技术服务业	1474.07	774.92	699.15	77.58	40.79	36.80	4.72	14.34	-4.21
货币金融服务	1347998.99	1236719.42	111279.57	168499.87	154589.93	13909.95	17.47	17.18	20.73
资本市场服务	27559.68	21555.81	6003.87	2505.43	1959.62	545.81	13.49	13.21	14.53
保险业	57384.75	49978.33	7406.42	19128.25	16659.44	2468.81	14.31	12.93	24.62
其他金融业	5360.10	4281.22	1078.89	1786.70	1427.07	359.63	27.47	24.76	39.44
房地产业	25484.29	18754.78	6729.51	2123.69	1562.90	560.79	29.10	23.48	47.89
租赁业	29.44	2.43	27.02	29.44	2.43	27.02	-0.71	-63.68	17.68
商务服务业	536.43	210.44	325.99	178.81	70.15	108.66	11.45	28.17	2.79
专业技术服务业	284.14	136.23	147.91	35.52	17.03	18.49	31.11	33.41	29.06
生态保护和环境治理业	536.96	314.11	222.85	268.48	157.06	111.42	9.99	11.72	7.66
公共设施管理业	61.92	36.36	25.55	61.92	36.36	25.55	49.93	80.63	20.63
教育	58.23	37.87	20.36	29.11	18.94	10.18	-14.57	-30.36	47.75
新闻和出版业	344.05	148.14	195.90	86.01	37.04	48.98	16.31	10.24	21.35
广播、电视、电影和影视录音制作业	188.91	46.72	142.19	94.45	23.36	71.10	5.41	-0.30	7.43
综合	21.67	9.05	12.62	21.67	9.05	12.62	-85.59	-87.39	-83.94

资料来源：根据 Wind 数据库整理。

表3-7 分行业中央企业控股上市公司资产负债总额分析表

行业	资产总额（亿元）	负债总额（亿元）	所有者权益总额（亿元）	资产平均值（亿元）	负债平均值（亿元）	所有者权益平均值（亿元）	资产增长率（%）	负债增长率（%）	所有者权益增长率（%）
农业	30.88	9.73	21.16	30.88	9.73	21.16	-0.87	-4.42	0.86
渔业	11.25	3.12	8.12	11.25	3.12	8.12	7.55	21.88	2.78
煤炭开采和洗选业	9142.66	3419.24	5723.42	1523.78	569.87	953.90	-0.51	-7.99	4.57
石油和天然气开采业	44882.61	21667.78	23214.83	22441.31	10833.89	11607.42	11.51	23.37	2.33

行业	资产总额（亿元）	负债总额（亿元）	所有者权益总额（亿元）	资产平均值（亿元）	负债平均值（亿元）	所有者权益平均值（亿元）	资产增长率（%）	负债增长率（%）	所有者权益增长率（%）
有色金属矿采选业	968.68	505.47	463.21	322.89	168.49	154.40	52.97	46.22	61.08
开采辅助活动	2928.42	1836.97	1091.46	585.68	367.39	218.29	12.85	6.42	25.64
农副食品加工业	161.25	79.29	81.95	161.25	79.29	81.95	3.66	-1.04	8.64
酒、饮料和精制茶制造业	55.82	21.62	34.20	27.91	10.81	17.10	15.71	29.85	8.26
纺织服装、服饰业	311.97	131.10	180.88	311.97	131.10	180.88	-1.62	-3.55	-0.16
造纸及纸制品业	227.80	97.14	130.66	75.93	32.38	43.55	3.85	7.35	1.39
石油加工、炼焦及核燃料加工业	848.23	361.03	487.20	212.06	90.26	121.80	-2.51	-3.79	-1.54
化学原料及化学制品制造业	2103.48	952.22	1151.25	105.17	47.61	57.56	14.85	15.39	14.40
医药制造业	1283.96	456.46	827.51	142.66	50.72	91.95	21.74	16.79	24.65
橡胶和塑料制品业	222.57	156.15	66.41	111.28	78.08	33.21	3.75	6.64	-2.47
非金属矿物制品业	1529.29	733.12	796.17	152.93	73.31	79.62	7.82	8.73	7.00
黑色金属冶炼和压延加工业	5504.30	2636.76	2867.54	1100.86	527.35	573.51	19.42	26.17	13.82
有色金属冶炼和压延加工业	3236.76	2051.79	1184.97	323.68	205.18	118.50	8.14	3.28	17.72
金属制品业	654.71	341.83	312.88	218.24	113.94	104.29	-2.53	-9.76	6.80
通用设备制造业	1191.69	748.41	443.28	198.61	124.73	73.88	7.29	5.35	10.75
专用设备制造业	2900.95	1691.13	1209.82	161.16	93.95	67.21	-9.92	-8.37	-11.99
汽车制造业	2113.84	1166.75	947.09	140.92	77.78	63.14	2.90	6.67	-1.39
铁路、船舶、航空航天和其他运输设备制造业	11121.94	6174.11	4947.83	529.62	294.01	235.61	14.77	13.53	16.35
电气机械和器材制造业	1325.30	705.48	619.82	101.95	54.27	47.68	5.57	2.70	9.04
计算机、通信和其他电子设备制造业	5249.85	2751.52	2498.34	141.89	74.37	67.52	26.53	33.97	19.23
仪器仪表制造业	24.04	12.90	11.15	12.02	6.45	5.57	45.52	101.56	10.29
电力、热力生产和供应业	32874.39	21893.20	10981.19	1095.81	729.77	366.04	23.39	17.87	36.11
土木工程建筑业	71986.47	54049.16	17937.31	4499.15	3378.07	1121.08	12.72	10.47	20.09
建筑装饰和其他建筑业	46.20	37.32	8.88	46.20	37.32	8.88	-0.88	0.81	-7.31
批发业	1692.01	1110.25	581.76	188.00	123.36	64.64	4.93	5.38	4.09
零售业	297.25	162.05	135.20	99.08	54.02	45.07	3.96	4.29	3.55
道路运输业	909.13	369.75	539.38	909.13	369.75	539.38	8.12	7.85	8.31
水上运输业	7686.26	4728.43	2957.82	768.63	472.84	295.78	22.19	13.93	38.22
航空运输业	8838.36	6350.08	2488.28	2946.12	2116.69	829.43	21.55	29.85	4.51
装卸搬运和运输代理业	682.95	338.66	344.29	341.47	169.33	172.14	1146.26	2103.38	773.17
仓储业	203.49	87.37	116.12	203.49	87.37	116.12	-9.72	-21.37	1.60
电信、广播电视和卫星传输服务	5823.88	2435.82	3388.06	2911.94	1217.91	1694.03	7.50	8.34	6.90
互联网和相关服务	81.28	18.55	62.73	40.64	9.28	31.36	535.00	2844.44	415.02
软件和信息技术服务业	1309.91	636.53	673.38	109.16	53.04	56.12	8.40	12.36	4.90

续表

行业	资产总额（亿元）	负债总额（亿元）	所有者权益总额（亿元）	资产平均值（亿元）	负债平均值（亿元）	所有者权益平均值（亿元）	资产增长率（%）	负债增长率（%）	所有者权益增长率（%）
资本市场服务	15880.75	12668.88	3211.86	3176.15	2533.78	642.37	13.42	13.05	14.88
其他金融业	5360.10	4281.22	1078.89	1786.70	1427.07	359.63	27.47	24.76	39.44
房地产业	24174.22	17787.40	6386.82	2686.02	1976.38	709.65	33.67	27.30	55.32
商务服务业	306.87	83.77	223.10	306.87	83.77	223.10	-8.51	-16.10	-5.29
专业技术服务业	276.59	135.15	141.44	39.51	19.31	20.21	31.90	33.67	30.26
生态保护和环境治理业	91.62	37.13	54.49	91.62	37.13	54.49	3.36	4.01	2.91
公共设施管理业	61.92	36.36	25.55	61.92	36.36	25.55	49.93	80.63	20.63

资料来源：根据 Wind 数据库整理。

表 3-8　分行业中央部委所属企业控股上市公司资产负债总额分析表

行业	资产总额（亿元）	负债总额（亿元）	所有者权益总额（亿元）	资产平均值（亿元）	负债平均值（亿元）	所有者权益平均值（亿元）	资产增长率（%）	负债增长率（%）	所有者权益增长率（%）
农业	236.34	100.10	136.24	78.78	33.37	45.41	-0.01	4.75	-3.25
食品制造业	13.25	2.98	10.27	13.25	2.98	10.27	0.38	-26.05	12.00
化学原料及化学制品制造业	596.87	252.72	344.15	149.22	63.18	86.04	2.79	2.85	2.75
医药制造业	100.21	34.98	65.23	25.05	8.74	16.31	-53.24	-44.21	-56.98
黑色金属冶炼和压延加工业	725.85	473.08	252.77	725.85	473.08	252.77	845.36	1344.96	473.96
有色金属冶炼和压延加工业	94.49	39.71	54.79	94.49	39.71	54.79	7.48	16.52	1.78
通用设备制造业	99.38	33.68	65.69	99.38	33.68	65.69	-17.12	-21.49	-14.70
专用设备制造业	270.02	176.64	93.38	90.01	58.88	31.13	-18.60	-13.52	-26.73
计算机、通信和其他电子设备制造业	2493.10	1542.19	950.91	277.01	171.35	105.66	52.99	79.75	23.24
仪器仪表制造业	10.40	1.15	9.25	10.40	1.15	9.25	5.26	17.35	3.93
水的生产和供应业	51.71	28.19	23.52	51.71	28.19	23.52	2.56	1.37	4.02
土木工程建筑业	134.03	97.86	36.17	67.01	48.93	18.09	8.68	5.01	20.01
批发业	145.54	87.42	58.12	48.51	29.14	19.37	-1.95	-6.53	5.85
铁路运输业	1948.29	374.72	1573.56	649.43	124.91	524.52	2.04	-10.70	5.63
道路运输业	64.59	27.10	37.49	64.59	27.10	37.49	-0.95	-9.27	6.08
航空运输业	58.62	24.71	33.91	58.62	24.71	33.91	3.50	0.41	5.87
电信、广播电视和卫星传输服务	171.09	82.81	88.28	171.09	82.81	88.28	-2.73	-0.86	-4.42
互联网和相关服务	88.79	23.62	65.17	44.40	11.81	32.59	9.78	18.81	6.84
软件和信息技术服务业	164.16	138.39	25.77	23.45	19.77	3.68	-17.60	24.40	-70.71
货币金融服务	1347998.99	1236719.42	111279.57	168499.87	154589.93	13909.95	17.47	17.18	20.73
资本市场服务	11678.93	8886.92	2792.01	1946.49	1481.15	465.33	13.60	13.43	14.13
保险业	57384.75	49978.33	7406.42	19128.25	16659.44	2468.81	14.31	12.93	24.62

续表

行业	资产总额（亿元）	负债总额（亿元）	所有者权益总额（亿元）	资产平均值（亿元）	负债平均值（亿元）	所有者权益平均值（亿元）	资产增长率（%）	负债增长率（%）	所有者权益增长率（%）
房地产业	1310.07	967.38	342.69	436.69	322.46	114.23	-20.84	-20.49	-21.82
租赁业	29.44	2.43	27.02	29.44	2.43	27.02	-0.71	-63.68	17.68
商务服务业	229.56	126.67	102.89	114.78	63.34	51.44	57.30	96.85	26.11
专业技术服务业	7.55	1.08	6.48	7.55	1.08	6.48	7.40	8.00	7.46
生态保护和环境治理业	445.34	276.98	168.36	445.34	276.98	168.36	11.47	12.84	9.28
教育	58.23	37.87	20.36	29.11	18.94	10.18	-14.57	-30.36	47.75
新闻和出版业	344.05	148.14	195.90	86.01	37.04	48.98	16.31	10.24	21.35
广播、电视、电影和影视录音制作业	188.91	46.72	142.19	94.45	23.36	71.10	5.41	-0.30	7.43
综合	21.67	9.05	12.62	21.67	9.05	12.62	-32.68	-35.82	-30.24

资料来源：根据 Wind 数据库整理。

三、中央国有控股上市公司分行业盈利状况分析

从营业收入总额来看，石油和天然气开采业、土木工程建筑业、货币金融服务实现营业收入总额最大，分别为 54830.03 亿元、47258.58 亿元和 35669.20 亿元，占同期全部中央国有控股上市公司营业收入总额的比重分别为 24.47%、21.09% 和 15.92%，水的生产和供应业、渔业、租赁业收入总额较低。净利润总额较高的行业为货币金融服务、土木工程建筑业、石油和天然气开采业，净利润分别为 12229.31 亿元、1676.92 亿元和 1391.32 亿元，分别占同期中央国有控股上市公司净利润总额的 56.97%、7.81% 和 6.48%。

中央国有控股上市公司中，石油和天然气开采业、保险业、货币金融服务平均收入总额位于前三，收入同比增长分别为 4.54%、33.75% 和 22.33%，显示了较强的成长性。仪器仪表制造业、渔业、租赁业销售收入较低，收入增长率分别为 31.51%、-7.51% 和 -50.55%。成本方面，成本增速较高的行业为装卸搬运和运输代理业、互联网和相关服务、其他金融业，成本同比增长分别为 861.60%、139.09% 和 132.82%。净利润方面，货币金融服务、土木工程建筑业、石油和天然气开采业等 52 个行业净利润为正，教育、通用设备制造业、汽车制造业 3 个行业净利润为负。32 个行业净利润同比上升，净利润增长较快的行业为有色金属冶炼和压延加工业、装卸搬运和运输代理业、开采辅助活动，增长率分别为 1052.15%、879.82% 和 340.30%。23 个行业净利润同比下降，下降较大的行业为公共设施管理业、通用设备制造业、汽车制造业，同比分别下降 88.34%、143.14% 和 161.56%，表明上述行业发展遇到较大瓶颈。

从销售净利率来看，道路运输业、货币金融服务、资本市场服务、其他金融业销售净利率依然排名前四，销售净利率分别为 60.72%、34.29%、30.89% 和 20.16%，盈利能力较强。汽车制造业、教育、通用设备制造业销售净利率为负值，盈利能力垫底。中央国有控股上市公司、中央企业控股上市公司和中央部委所属企业控股上市公司分行业盈利状况如表3-9、表3-10、表3-11 所示。

表 3-9　分行业中央国有控股上市公司收入、成本、利润

行业	收入总额（亿元）	成本总额（亿元）	净利润总额（亿元）	收入平均值（亿元）	成本平均值（亿元）	净利润平均值（亿元）	收入增长率（%）	成本增长率（%）	净利润增长率（%）
农业	113.99	105.40	6.86	28.50	26.35	1.72	10.32	17.20	-63.47
渔业	5.79	6.73	0.20	5.79	6.73	0.20	-7.51	-4.40	-62.96
煤炭开采和洗选业	4093.20	3322.69	640.03	682.20	553.78	106.67	3.81	6.58	1.52
石油和天然气开采业	54830.03	53119.29	1391.32	27415.01	26559.65	695.66	4.54	5.15	-8.88
有色金属矿采选业	664.45	655.08	2.90	221.48	218.36	0.97	34.90	35.12	-53.53
开采辅助活动	2142.33	2084.16	55.83	428.47	416.83	11.17	42.79	40.22	340.30
农副食品加工业	184.25	177.53	6.11	184.25	177.53	6.11	5.20	6.75	9.69
食品制造业	14.71	13.27	1.27	14.71	13.27	1.27	13.42	7.45	182.22
酒、饮料和精制茶制造业	28.42	24.49	3.15	14.21	12.24	1.57	32.19	31.24	35.19
纺织服装、服饰业	211.54	219.34	0.55	211.54	219.34	0.55	-6.72	-3.73	170.51
造纸及纸制品业	107.44	101.98	5.32	35.81	33.99	1.77	1.24	1.27	2.70
石油加工、炼焦及核燃料加工业	1527.20	1506.85	25.87	381.80	376.71	6.47	-2.88	0.33	-60.60
化学原料及化学制品制造业	1970.22	1885.11	90.60	82.09	78.55	3.78	6.41	9.24	-35.14
医药制造业	1012.32	928.63	82.70	77.87	71.43	6.36	5.88	9.17	-18.73
橡胶和塑料制品业	171.60	176.15	2.27	85.80	88.08	1.14	-5.79	-5.80	154.57
非金属矿物制品业	883.08	771.10	88.90	88.31	77.11	8.89	9.64	9.87	-1.69
黑色金属冶炼和压延加工业	5982.83	5765.09	242.67	997.14	960.85	40.44	27.30	33.36	-32.11
有色金属冶炼和压延加工业	3311.90	3272.90	53.13	301.08	297.54	4.83	16.43	14.48	1052.15
金属制品业	514.40	495.64	19.41	171.47	165.21	6.47	1.70	4.61	11.10
通用设备制造业	466.02	503.90	-8.86	66.57	71.99	-1.27	6.21	17.60	-143.14
专用设备制造业	1443.87	1421.99	45.66	68.76	67.71	2.17	-0.09	1.08	-15.32
汽车制造业	1809.26	1850.08	-19.25	120.62	123.34	-1.28	3.98	3.68	-161.56
铁路、船舶、航空航天和其他运输设备制造业	5401.37	5205.05	279.46	257.21	247.86	13.31	14.56	13.48	54.25
电气机械和器材制造业	924.24	911.45	17.56	71.10	70.11	1.35	11.02	10.27	86.41
计算机、通信和其他电子设备制造业	5230.65	5099.32	253.01	113.71	110.85	5.50	32.15	33.16	2.40
仪器仪表制造业	17.99	17.96	0.61	6.00	5.99	0.20	31.51	30.52	15.09
电力、热力生产和供应业	8479.86	7616.93	890.84	282.66	253.90	29.69	23.13	20.84	32.67
水的生产和供应业	11.75	10.75	0.83	11.75	10.75	0.83	10.02	8.26	-8.79
土木工程建筑业	47258.58	45348.83	1676.92	2625.48	2519.38	93.16	16.03	15.98	16.24
建筑装饰和其他建筑业	47.04	46.25	0.77	47.04	46.25	0.77	-1.53	-6.13	226.23
批发业	3283.77	3248.25	50.84	273.65	270.69	4.24	7.42	8.38	-1.61
零售业	345.06	335.90	10.97	115.02	111.97	3.66	8.50	9.99	-4.36
铁路运输业	1174.64	989.28	163.73	391.55	329.76	54.58	3.21	5.40	-6.09

续表

行业	收入总额（亿元）	成本总额（亿元）	净利润总额（亿元）	收入平均值（亿元）	成本平均值（亿元）	净利润平均值（亿元）	收入增长率（%）	成本增长率（%）	净利润增长率（%）
道路运输业	84.24	65.12	51.15	42.12	32.56	25.58	20.36	21.54	11.29
水上运输业	2306.76	2261.74	257.28	230.68	226.17	25.73	29.67	27.91	190.68
航空运输业	4129.30	4126.74	140.41	1032.32	1031.68	35.10	4.08	4.12	-4.85
装卸搬运和运输代理业	879.03	872.84	33.02	439.51	436.42	16.51	830.68	861.60	879.82
仓储业	403.72	405.80	2.31	403.72	405.80	2.31	5.85	6.57	-49.67
电信、广播电视和卫星传输服务	2967.49	2839.36	119.15	989.16	946.45	39.72	0.64	0.55	6.19
互联网和相关服务	80.28	75.84	8.95	20.07	18.96	2.24	139.00	139.09	151.40
软件和信息技术服务业	883.92	829.10	46.33	46.52	43.64	2.44	18.37	13.90	20.28
货币金融服务	35669.20	20812.06	12229.31	4458.65	2601.51	1528.66	22.33	23.68	10.91
资本市场服务	1406.62	960.48	434.57	127.87	87.32	39.51	108.43	92.38	42.84
保险业	14752.46	13721.74	1052.69	4917.49	4573.91	350.90	33.75	11.38	167.47
其他金融业	453.17	394.17	91.36	151.06	131.39	30.45	105.69	132.82	38.11
房地产业	5100.22	4185.83	824.00	425.02	348.82	68.67	20.31	20.74	21.12
租赁业	4.49	3.83	0.46	4.49	3.83	0.46	-50.55	-55.41	27.78
商务服务业	653.17	599.85	45.55	217.72	199.95	15.18	2.35	4.65	-11.17
专业技术服务业	214.30	205.19	10.57	26.79	25.65	1.32	36.50	38.30	18.50
生态保护和环境治理业	142.44	137.10	5.53	71.22	68.55	2.76	-2.90	-0.65	-32.97
公共设施管理业	28.79	29.94	0.61	28.79	29.94	0.61	27.39	25.27	-88.34
教育	30.91	31.19	-0.58	15.46	15.59	-0.29	-38.03	-38.95	81.41
新闻和出版业	146.32	135.15	18.07	36.58	33.79	4.52	29.02	-8.01	146.46
广播、电视、电影和影视录音制作业	99.24	86.83	13.36	49.62	43.41	6.68	0.76	2.59	-23.48
综合	14.00	13.66	0.61	14.00	13.66	0.61	-82.58	-82.84	-76.08

资料来源：根据 Wind 数据库整理。

表 3-10　2018 年分行业中央企业控股上市公司收入、成本、利润

行业	收入总额（亿元）	成本总额（亿元）	净利润总额（亿元）	收入平均值（亿元）	成本平均值（亿元）	净利润平均值（亿元）	收入增长率（%）	成本增长率（%）	净利润增长率（%）
农业	51.36	51.34	0.45	51.36	51.34	0.45	49.04	47.74	-18.18
渔业	5.79	6.73	0.20	5.79	6.73	0.20	-7.51	-4.40	-62.96
煤炭开采和洗选业	4093.20	3322.69	640.03	682.20	553.78	106.67	3.81	6.58	1.52
石油和天然气开采业	54830.03	53119.29	1391.32	27415.01	26559.65	695.66	4.54	5.15	-8.88
有色金属矿采选业	664.45	655.08	2.90	221.48	218.36	0.97	34.90	35.12	-53.53
开采辅助活动	2142.33	2084.16	55.83	428.47	416.83	11.17	42.79	40.22	340.30

行业	收入总额（亿元）	成本总额（亿元）	净利润总额（亿元）	收入平均值（亿元）	成本平均值（亿元）	净利润平均值（亿元）	收入增长率（%）	成本增长率（%）	净利润增长率（%）
农副食品加工业	184.25	177.53	6.11	184.25	177.53	6.11	5.20	6.75	9.69
酒、饮料和精制茶制造业	28.42	24.49	3.15	14.21	12.24	1.57	32.19	31.24	35.19
纺织服装、服饰业	211.54	219.34	0.55	211.54	219.34	0.55	-6.72	-3.73	170.51
造纸及纸制品业	107.44	101.98	5.32	35.81	33.99	1.77	1.24	1.27	2.70
石油加工、炼焦及核燃料加工业	1527.20	1506.85	25.87	381.80	376.71	6.47	-2.88	0.33	-60.60
化学原料及化学制品制造业	1607.87	1543.84	71.63	80.39	77.19	3.58	7.37	9.37	-32.23
医药制造业	955.10	875.07	78.66	106.12	97.23	8.74	15.44	18.76	-9.14
橡胶和塑料制品业	171.60	176.15	2.27	85.80	88.08	1.14	-5.79	-5.80	154.57
非金属矿物制品业	883.08	771.10	88.90	88.31	77.11	8.89	10.34	10.74	-1.39
黑色金属冶炼和压延加工业	5256.63	5103.91	188.78	1051.33	1020.78	37.76	14.92	21.43	-46.43
有色金属冶炼和压延加工业	3242.30	3204.35	52.01	324.23	320.43	5.20	16.53	14.45	726.63
金属制品业	514.40	495.64	19.41	171.47	165.21	6.47	1.70	4.61	11.10
通用设备制造业	438.57	477.01	-11.76	73.09	79.50	-1.96	9.75	21.99	-174.01
专用设备制造业	1358.51	1324.37	55.33	75.47	73.58	3.07	1.73	2.09	7.31
汽车制造业	1809.26	1850.08	-19.25	120.62	123.34	-1.28	3.98	3.68	-161.56
铁路、船舶、航空航天和其他运输设备制造业	5401.37	5205.05	279.46	257.21	247.86	13.31	14.56	13.48	54.25
电气机械和器材制造业	924.24	911.45	17.56	71.10	70.11	1.35	11.02	10.27	86.41
计算机、通信和其他电子设备制造业	3472.35	3397.67	156.82	93.85	91.83	4.24	18.76	22.15	-33.15
仪器仪表制造业	13.97	14.11	0.10	6.99	7.06	0.05	42.12	39.01	11.11
电力、热力生产和供应业	8479.86	7616.93	890.84	282.66	253.90	29.69	23.13	20.84	32.67
土木工程建筑业	47193.07	45294.27	1667.08	2949.57	2830.89	104.19	15.96	15.93	15.87
建筑装饰和其他建筑业	47.04	46.25	0.77	47.04	46.25	0.77	-1.53	-6.13	226.23
批发业	3051.45	3025.37	43.35	339.05	336.15	4.82	7.80	8.82	-3.37
零售业	345.06	335.90	10.97	115.02	111.97	3.66	8.50	9.99	-4.36
道路运输业	81.85	63.11	48.65	81.85	63.11	48.65	21.10	22.19	11.30
水上运输业	2306.76	2261.74	257.28	230.68	226.17	25.73	29.67	27.91	190.68
航空运输业	4113.63	4112.93	138.30	1371.21	1370.98	46.10	4.06	4.12	-5.26
装卸搬运和运输代理业	879.03	872.84	33.02	439.51	436.42	16.51	830.68	861.60	879.82
仓储业	403.72	405.80	2.31	403.72	405.80	2.31	5.85	6.57	-49.67
电信、广播电视和卫星传输服务	2932.49	2799.70	119.54	1466.24	1399.85	59.77	0.82	0.83	28.52
互联网和相关服务	43.08	43.29	1.73	21.54	21.65	0.87	4434.74	1468.48	191.53
软件和信息技术服务业	783.65	708.86	77.45	65.30	59.07	6.45	15.58	12.57	11.01

续表

行业	收入总额（亿元）	成本总额（亿元）	净利润总额（亿元）	收入平均值（亿元）	成本平均值（亿元）	净利润平均值（亿元）	收入增长率（%）	成本增长率（%）	净利润增长率（%）
资本市场服务	763.36	520.01	286.58	152.67	104.00	57.32	111.22	151.98	34.48
其他金融业	453.17	394.17	91.36	151.06	131.39	30.45	105.69	132.82	38.11
房地产业	4841.99	3956.84	792.91	538.00	439.65	88.10	23.59	23.87	24.87
商务服务业	479.66	418.92	54.15	479.66	418.92	54.15	-6.96	-8.85	28.62
专业技术服务业	212.13	203.57	10.01	30.30	29.08	1.43	36.94	38.76	18.60
生态保护和环境治理业	40.68	39.37	1.25	40.68	39.37	1.25	10.66	11.97	-7.41
公共设施管理业	28.79	29.94	0.61	28.79	29.94	0.61	27.39	25.27	-88.34

资料来源：根据 Wind 数据库整理。

表 3-11　分行业中央部委所属企业控股上市公司收入、成本、利润

行业	收入总额（亿元）	成本总额（亿元）	净利润总额（亿元）	收入平均值（亿元）	成本平均值（亿元）	净利润平均值（亿元）	收入增长率（%）	成本增长率（%）	净利润增长率（%）
农业	62.63	54.06	6.41	20.88	18.02	2.14	-9.06	-2.03	-64.84
食品制造业	14.71	13.27	1.27	14.71	13.27	1.27	13.42	7.45	182.22
化学原料及化学制品制造业	362.35	341.27	18.97	90.59	85.32	4.74	2.36	8.65	-44.19
医药制造业	57.22	53.56	4.04	14.31	13.39	1.01	-55.55	-52.92	-73.40
黑色金属冶炼和压延加工业	726.20	661.17	53.89	726.20	661.17	53.89	477.59	452.77	956.67
有色金属冶炼和压延加工业	69.60	68.56	1.12	69.60	68.56	1.12	11.77	16.22	-58.82
通用设备制造业	27.45	26.89	2.90	27.45	26.89	2.90	-29.87	-28.27	-37.77
专用设备制造业	85.35	97.61	-9.67	28.45	32.54	-3.22	-22.31	-10.88	-508.02
计算机、通信和其他电子设备制造业	1758.30	1701.65	96.18	195.37	189.07	10.69	70.01	62.39	670.06
仪器仪表制造业	4.02	3.85	0.50	4.02	3.85	0.50	4.42	6.65	13.64
水的生产和供应业	11.75	10.75	0.83	11.75	10.75	0.83	10.02	8.26	-8.79
土木工程建筑业	65.50	54.56	9.85	32.75	27.28	4.92	99.45	82.78	160.58
批发业	232.32	222.88	7.49	77.44	74.29	2.50	2.61	2.78	9.99
铁路运输业	1174.64	989.28	163.73	391.55	329.76	54.58	3.21	5.40	-6.09
道路运输业	2.39	2.01	2.50	2.39	2.01	2.50	-0.42	4.15	11.11
航空运输业	15.67	13.81	2.11	15.67	13.81	2.11	9.89	3.91	32.70
电信、广播电视和卫星传输服务	35.01	39.67	-0.39	35.01	39.67	-0.39	-11.90	-15.79	-102.03
互联网和相关服务	37.20	32.54	7.22	18.60	16.27	3.61	14.01	12.36	32.48
软件和信息技术服务业	100.26	120.24	-31.12	14.32	17.18	-4.45	45.92	22.44	0.38
货币金融服务	35669.20	20812.06	12229.31	4458.65	2601.51	1528.66	22.33	23.68	10.91
资本市场服务	643.26	440.47	147.99	107.21	73.41	24.67	105.22	50.39	62.41
保险业	14752.46	13721.74	1052.69	4917.49	4573.91	350.90	33.75	11.38	167.47
房地产业	258.23	228.99	31.10	86.08	76.33	10.37	-19.61	-15.99	-31.39

续表

行业	收入总额（亿元）	成本总额（亿元）	净利润总额（亿元）	收入平均值（亿元）	成本平均值（亿元）	净利润平均值（亿元）	收入增长率（%）	成本增长率（%）	净利润增长率（%）
租赁业	4.49	3.83	0.46	4.49	3.83	0.46	-50.55	-55.41	27.78
商务服务业	173.51	180.93	-8.60	86.75	90.46	-4.30	41.47	59.28	-193.68
专业技术服务业	2.17	1.62	0.56	2.17	1.62	0.56	3.83	-2.41	16.67
生态保护和环境治理业	101.76	97.73	4.28	101.76	97.73	4.28	-7.44	-4.97	-37.88
教育	30.91	31.19	-0.58	15.46	15.59	-0.29	-38.03	-38.95	81.41
新闻和出版业	146.32	135.15	18.07	36.58	33.79	4.52	29.02	-8.01	146.46
广播、电视、电影和影视录音制作业	99.24	86.83	13.36	49.62	43.41	6.68	0.76	2.59	-23.48
综合	14.00	13.66	0.61	14.00	13.66	0.61	11.73	3.25	150.00

资料来源：根据 Wind 数据库整理。

四、中央国有控股上市公司分行业期间费用分析

从销售费用总额来看，石油和天然气开采业，电信、广播电视和卫星传输服务，计算机、通信和其他电子设备制造业，医药制造业中央国有控股上市公司的销售费用较高，而道路运输业、渔业和租赁业的销售费用总额较低。从管理费用总额来看，石油和天然气开采业，土木工程建筑业，铁路、船舶、航空航天和其他运输设备制造业管理费用较高，合计达 2793.66 亿元，占全部中央国有控股上市公司管理费用的 52.82%。租赁业、渔业、食品制造业管理费用总额较低。财务费用总额较高的行业为电力、热力生产和供应业，土木工程建筑业，石油和天然气开采业，财务费用合计达 1484.62 亿元，占全部中央国有控股上市公司财务费用的 61.30%。

销售费用平均值方面，除金融行业之外，石油和天然气开采业，电信、广播电视和卫星传输服务，商务服务业平均销售费用分别为 688.12 亿元、112.65 亿元和 55.04 亿元，居于前三，说明上述行业市场开拓和运营费用较高。水上运输业、仪器仪表制造业、租赁业销售费用较低。增长率方面，43 个行业销售费用同比上升，上升较快的行业为装卸搬运和运输代理业，专业技术服务业，开采辅助活动，电力、热力生产和供应业，销售费用增长率达到 100% 以上。电信、广播电视和卫星传输服务，汽车制造业，非金属矿物制品业等 9 个行业呈现下降态势。

管理费用平均值方面，均值较高的三个行业分别为石油和天然气开采业，电信、广播电视和卫星传输服务，土木工程建筑业，管理费用分别为 619.35 亿元、78.07 亿元和 68.54 亿元。食品制造业、渔业、仪器仪表制造业平均管理费用较低。增长率方面，装卸搬运和运输代理业，其他金融业，互联网和相关服务，有色金属矿采选业管理费用增长较快，增长率均在 50% 以上。15 个行业管理费用同比实现下降，占中央国有控股上市公司所在行业的 27.27%。其中，教育、建筑装饰和其他建筑业、综合管理费用同比分别下降 30.87%、31.43% 和 82.30%，下降幅度较为明显。

财务费用平均值方面，石油和天然气开采业，航空运输业，电力、热力生产和供应业平均财务费用较大，分别为 188.92 亿元、50.11 亿元和 24.41 亿元，且其增长率分别为 116.16%、22.34% 和 18.28%，需要注意偿债压力。仪器仪表制造业，铁路、船舶、航空航天和其他运输设备制造业，租赁业，专业技术服务业，汽车制造业，互联网和相关服务，广播、电视、电影和影视录音制作业平均财务费用为负。增长率方面，26 个行业财务费用同比下降，铁路、船舶、

航空航天和其他运输设备制造业，租赁业，互联网和相关服务财务费用下降幅度较大，短时间内偿债压力较小。其中，铁路、船舶、航空航天和其他运输设备制造业，互联网和相关服务同期负债增长率较高，表明上述行业融资成本降低较多。

从期间费用总额来看，货币金融服务、石油和天然气开采业、土木工程建筑业中央国有控股上市公司期间费用总额较高，分别为10349.28亿元、2992.76亿元和1833.33亿元，增长率分别为25.11%、4.33%和1.93%，在经营现金流量净额下降较大的情况下，货币金融服务应强化对业务管理费用的整体管控。仪器仪表制造业、渔业、租赁业期间费用总额较低，分别为2.31亿元、1.14亿元和0.91亿元。从增长率来看，装卸搬运和运输代理业、专业技术服务业、互联网和相关服务期间费用增长最快，而租赁业、教育、综合期间费用降幅较大，分别为-34.53%、-45.91%和-64.50%。中央国有控股上市公司、中央企业控股上市公司和中央部委所属企业控股上市公司分行业期间费用状况如表3-12、表3-13、表3-14所示。

五、中央国有控股上市公司分行业现金流量分析

报告年度，货币金融服务，石油和天然气开采业，电力、热力生产和供应业，保险业的中央国有控股上市公司经营现金流量总额较高，合计高达21480.52亿元，占全部中央国有控股上市公司的80.74%。化学纤维制造业、生态保护和环境治理业、汽车制造业等5个行业的经营现金流量总额为负。从投资现金流量总额来看，土木工程建筑业、石油和天然气开采业，货币金融服务净投资较大，投资活动现金净流量为-25069.89亿元，占全部中央国有控股上市公司的63.93%。从筹资现金流量总额来看，货币金融服务、土木工程建筑业、房地产业中央国有控股上市公司筹资现金流量总额最高，合计筹资高达10435.60亿元。

从经营现金流量平均值来看，石油和天然气开采业、货币金融服务、保险业经营现金流量较高，分别为2565.15亿元、1587.60亿元和1216.47亿元。渔业经营现金流量平均值为负值。经营现金流量同比上升的有34个行业，上升较快的行业为装卸搬运和运输代理业、通用设备制造业、仪器仪表制造业，增长率分别为2491.37%、1664.00%和608.00%。经营现金流量同比下降的行业有21个，降低幅度较大的行业为农副食品加工业、综合、渔业，降幅分别为55.79%、92.58%和130.77%。

从投资现金流量来看，货币金融服务、石油和天然气开采业、保险业净投资最大，分别为-2685.01亿元、-2267.06亿元和-1131.50亿元，而纺织服装、服饰业，公共设施管理业，造纸及纸制品业等10个行业则有投资流入。从增长率来看，渔业、仪器仪表制造业、仓储业等投资活动现金净流量增幅最大，土木工程建筑业、货币金融服务、铁路运输业等23个行业投资净流出增加，其中，保险业、石油和天然气开采业、货币金融服务投资净流出增幅最大。

从筹资现金流量来看，11个行业筹资活动现金净流量为正，平均筹资额为110.45亿元，其中货币金融服务、土木工程建筑业、其他金融业筹资金额最大，平均筹资额为388.05亿元。筹资向金融业、土木工程建筑业、房地产业集中的趋势较为明显。渔业，铁路、船舶、航空航天和其他运输设备制造业，租赁业等44个行业有筹资活动现金净流出，平均筹资活动净流出30.75亿元。从增长率来看，仪器仪表制造业，通用设备制造业，酒、饮料和精制茶制造业筹资现金流量增长较快，批发业、装卸搬运和运输代理业、零售业筹资现金流量增长率分别为-3144.94%、-3535.71%和-9825.00%，出现较大幅度的下滑。中央国有控股上市公司、中央企业控股上市公司和中央部委所属企业控股上市公司分行业现金流量状况如表3-15、表3-16、表3-17所示。

表3-12 分行业中央国有控股上市公司期间费用分析表

行业	销售费用 总额 (亿元)	管理费用 总额 (亿元)	财务费用 总额 (亿元)	期间费用 总额 (亿元)	销售费用 平均值 (亿元)	管理费用 平均值 (亿元)	财务费用 平均值 (亿元)	期间费用 平均值 (亿元)	销售费用 增长率 (%)	管理费用 增长率 (%)	财务费用 增长率 (%)	期间费用 增长率 (%)
农业	4.59	21.93	2.96	29.48	1.15	5.48	0.74	7.37	1.77	4.33	-22.72	0.41
渔业	0.36	0.76	0.02	1.14	0.36	0.76	0.02	1.14	5.88	-2.56	140.00	5.56
煤炭开采和洗选业	142.26	246.84	87.85	476.95	23.71	41.14	14.64	79.49	22.80	-6.07	-1.23	2.01
石油和天然气开采业	1376.24	1233.69	377.83	2992.76	688.12	619.35	188.92	1496.38	7.29	-12.21	116.16	4.33
有色金属矿采选业	4.92	33.98	12.59	51.50	1.64	11.33	4.20	17.17	39.77	50.62	36.11	45.81
开采辅助活动	5.44	86.09	17.55	109.08	1.09	17.22	3.51	21.82	181.87	18.16	864.29	42.38
农副食品加工业	6.54	6.12	1.02	13.68	6.54	6.12	1.02	13.68	4.98	8.32	-51.66	-2.29
食品制造业	2.66	0.79	0.06	3.51	2.66	0.79	0.06	3.51	7.69	3.95	-14.29	6.36
酒、饮料和精制茶制造业	5.03	2.40	0.24	7.67	2.51	1.20	0.12	3.84	14.58	10.60	900.00	17.64
纺织服装、服饰业	5.47	8.44	1.22	15.13	5.47	8.44	1.22	15.13	8.10	-0.47	-41.35	-3.07
造纸及纸制品业	4.63	4.12	1.53	10.28	1.54	1.37	0.51	3.43	3.12	-5.72	-23.12	-5.25
石油加工、炼焦及核燃料加工业	10.20	42.84	2.14	55.18	2.55	10.71	0.54	13.80	8.28	-4.76	-25.95	-3.68
化学原料及化学制品制造业	113.69	106.58	36.94	257.21	4.74	4.44	1.54	10.72	10.58	12.89	71.26	17.57
医药制造业	228.61	52.18	2.39	283.18	17.59	4.01	0.18	21.78	7.00	9.00	-28.23	6.92
橡胶和塑料制品业	8.54	7.56	2.28	18.38	4.27	3.78	1.14	9.19	7.56	1.34	31.79	7.30
非金属矿物制品业	25.45	44.12	15.00	84.57	2.54	4.41	1.50	8.46	-5.67	5.30	1.35	1.06
黑色金属冶炼和压延加工业	95.45	111.06	53.20	259.70	15.91	18.51	8.87	43.28	19.24	47.51	-17.19	18.27
有色金属冶炼和压延加工业	37.35	65.71	70.18	173.24	3.40	5.97	6.38	15.75	-7.32	2.05	6.04	1.39
金属制品	15.27	12.41	5.09	32.77	5.09	4.14	1.70	10.92	8.84	7.91	-29.40	0.06
通用设备制造业	21.10	45.10	5.74	71.95	3.01	6.44	0.82	10.28	13.50	19.60	534.85	30.84

续表

行业	销售费用总额（亿元）	管理费用总额（亿元）	财务费用总额（亿元）	期间费用总额（亿元）	销售费用平均值（亿元）	管理费用平均值（亿元）	财务费用平均值（亿元）	期间费用平均值（亿元）	销售费用增长率（%）	管理费用增长率（%）	财务费用增长率（%）	期间费用增长率（%）
专用设备制造业	55.14	89.74	32.33	177.20	2.63	4.27	1.54	8.44	1.70	-26.19	-12.95	-16.78
汽车制造业	109.63	78.47	-1.53	186.58	7.31	5.23	-0.10	12.44	-4.81	-0.34	50.49	-2.22
铁路、船舶、航空航天和其他运输设备制造业	126.78	321.19	-0.57	447.41	6.04	15.29	-0.03	21.31	19.51	10.97	-103.66	8.84
电气机械和器材制造业	35.99	36.12	9.12	81.23	2.77	2.78	0.70	6.25	7.95	1.80	-26.03	0.10
计算机、通信和其他电子设备制造业	316.04	204.42	52.68	573.13	6.87	4.44	1.15	12.46	48.38	42.00	22.14	43.25
仪器仪表制造业	0.84	1.50	-0.04	2.31	0.28	0.50	-0.01	0.77	5.00	16.28	—	11.06
电力、热力生产和供应业	11.41	227.44	732.30	840.93	0.52	7.58	24.41	38.22	107.08	31.07	18.28	27.16
水的生产和供应业	1.13	1.53	0.51	3.17	1.13	1.53	0.51	3.17	17.71	5.52	-28.17	1.60
土木工程建筑业	225.06	1233.78	374.49	1833.33	12.50	68.54	20.81	101.85	18.75	8.74	-21.06	1.93
建筑装饰和其他建筑业	0.93	1.68	0.68	3.29	0.93	1.68	0.68	3.29	-21.85	-31.43	-46.88	-33.13
批发业	81.52	52.74	15.34	149.59	6.79	4.39	1.28	12.47	7.22	9.35	-14.06	5.27
零售业	50.70	7.99	1.46	60.16	16.90	2.66	0.49	20.05	8.77	-2.68	21.67	7.37
铁路运输业	4.11	11.87	2.04	14.30	2.05	3.96	0.68	7.15	18.79	11.35	-30.38	-16.13
道路运输业	0.60	4.53	10.59	14.39	0.60	2.27	5.29	14.39	27.66	17.66	15.23	19.42
水上运输业	2.77	152.62	136.69	254.09	0.35	15.26	13.67	31.76	49.73	43.64	36.39	41.65
航空运输业	209.13	123.94	200.44	533.51	52.28	30.98	50.11	133.38	7.27	5.27	22.34	11.96
装卸搬运和运输代理业	13.24	28.58	2.93	44.75	6.62	14.29	1.47	22.38	200.91	1105.91	9866.67	563.95
仓储业	3.25	5.25	2.15	10.65	3.25	5.25	2.15	10.65	35.98	6.92	-15.35	8.12
电信、广播电视和卫星传输服务	337.95	234.20	9.28	581.43	112.65	78.07	3.09	193.81	-4.74	0.69	346.15	-1.36
互联网和相关服务	7.49	7.82	-1.35	13.96	1.87	1.95	-0.34	3.49	26.73	96.48	-187.23	48.20

续表

行业	销售费用总额（亿元）	管理费用总额（亿元）	财务费用总额（亿元）	期间费用总额（亿元）	销售费用平均值（亿元）	管理费用平均值（亿元）	财务费用平均值（亿元）	期间费用平均值（亿元）	销售费用增长率（%）	管理费用增长率（%）	财务费用增长率（%）	期间费用增长率（%）
软件和信息技术服务业	44.90	46.05	7.29	98.24	2.36	2.42	0.38	5.17	19.64	4.83	46.09	13.62
货币金融服务	—	—	—	10349.28	—	—	—	1293.66	—	—	—	25.11
资本市场服务	—	—	—	430.68	—	—	—	47.85	—	—	—	15.20
保险业	—	—	—	1482.46	—	—	—	494.15	—	—	—	19.91
其他金融业	—	—	—	—	—	—	—	—	—	—	—	—
房地产业	139.94	136.76	109.82	386.52	11.66	11.40	9.15	32.21	17.78	22.01	11.63	17.38
租赁业	0.09	0.86	-0.04	0.91	0.09	0.86	-0.04	0.91	-62.50	-8.51	-119.05	-34.53
商务服务业	165.12	25.88	4.04	195.05	55.04	8.63	1.35	65.02	26.01	-2.38	1124.24	23.54
专业技术服务业	4.99	12.17	-0.77	16.39	0.62	1.52	-0.10	2.05	200.60	34.03	-26.23	61.80
生态保护和环境治理业	2.20	11.44	7.72	21.35	1.10	5.72	3.86	10.68	-27.15	-3.30	10.76	-2.15
公共设施管理业	0.90	2.17	0.24	3.31	0.90	2.17	0.24	3.31	36.36	10.15	-61.29	1.85
教育	2.61	4.68	0.98	8.27	1.31	2.34	0.49	4.14	-66.41	-30.87	32.43	-45.91
新闻和出版业	12.95	14.88	0.61	28.44	3.24	3.72	0.15	7.11	29.76	9.49	-30.68	16.37
广播、电视、电影和影视录音制作业	2.21	5.84	-1.63	6.42	1.10	2.92	-0.82	3.21	15.71	6.38	-71.58	-0.47
综合	3.32	1.03	0.18	4.53	3.32	1.03	0.18	4.53	-37.59	-82.30	-88.89	-64.50

资料来源：根据 Wind 数据库整理。

表3-13 分行业中央企业控股上市公司期间费用分析表

行业	销售费用总额（亿元）	管理费用总额（亿元）	财务费用总额（亿元）	期间费用总额（亿元）	销售费用平均值（亿元）	管理费用平均值（亿元）	财务费用平均值（亿元）	期间费用平均值（亿元）	销售费用增长率（%）	管理费用增长率（%）	财务费用增长率（%）	期间费用增长率（%）
农业	0.72	1.41	0.16	2.29	0.72	1.41	0.16	2.29	0.00	16.53	-33.33	5.05
渔业	0.36	0.76	0.02	1.14	0.36	0.76	0.02	1.14	5.88	-2.56	140.00	5.56
煤炭开采和洗选业	142.26	246.84	87.85	476.95	23.71	41.14	14.64	79.49	22.80	-6.07	-1.23	2.01
石油和天然气开采业	1376.24	1238.69	377.83	2992.76	688.12	619.35	188.92	1496.38	7.29	-12.21	116.16	4.33
有色金属矿采选业	4.92	33.98	12.59	51.50	1.64	11.33	4.20	17.17	39.77	50.62	36.11	45.81
开采辅助活动	5.44	86.09	17.55	109.08	1.09	17.22	3.51	21.82	181.87	18.16	864.29	42.38
农副食品加工业	6.54	6.12	1.02	13.68	6.54	6.12	1.02	13.68	4.98	8.32	-51.66	-2.29
酒、饮料和精制茶制造业	5.03	2.40	0.24	7.67	2.51	1.20	0.12	3.84	14.58	10.60	900.00	17.64
纺织服装、服饰业	5.47	8.44	1.22	15.13	5.47	8.44	1.22	15.13	8.10	-0.47	-41.35	-3.07
造纸及纸制品业	4.63	4.12	1.53	10.28	1.54	1.37	0.51	3.43	3.12	-5.72	-23.12	-5.25
石油加工、炼焦及核燃料加工业	10.20	42.84	2.14	55.18	2.55	10.71	0.54	13.80	8.28	-4.76	-25.95	-3.68
化学原料及化学制品制造业	100.09	83.32	29.31	212.71	5.00	4.17	1.47	10.64	9.58	18.98	91.44	20.39
医药制造业	214.70	47.80	1.99	264.49	23.86	5.31	0.22	29.39	10.61	25.82	-23.17	12.71
橡胶和塑料制品业	8.54	7.56	2.28	18.38	4.27	3.78	1.14	9.19	7.56	1.34	31.79	7.30
非金属矿物制品业	25.45	44.12	15.00	84.57	2.54	4.41	1.50	8.46	-4.68	7.32	2.25	2.53
黑色金属冶炼和压延加工业	86.82	96.60	48.34	231.76	17.36	19.32	9.67	46.35	11.12	29.53	-25.31	6.59
有色金属冶炼和压延加工业	36.43	63.92	68.65	169.00	3.64	6.39	6.86	16.90	-7.98	2.47	5.78	1.28
金属制品业	15.27	12.41	5.09	32.77	5.09	4.14	1.70	10.92	8.84	7.91	-29.40	0.06
通用设备制造业	20.12	41.92	4.98	67.02	3.35	6.99	0.83	11.17	21.20	23.66	372.13	37.70
专用设备制造业	50.89	81.93	29.01	161.83	2.83	4.55	1.61	8.99	2.95	-27.62	-12.57	-17.35
汽车制造业	109.63	78.47	-1.53	186.58	7.31	5.23	-0.10	12.44	-4.81	-0.34	50.49	-2.22
铁路、船舶、航空航天和其他运输设备制造业	126.78	321.19	-0.57	447.41	6.04	15.29	-0.03	21.31	19.51	10.97	-103.66	8.84
电气机械和器材制造业	35.99	36.12	9.12	81.23	2.77	2.78	0.70	6.25	7.95	1.80	-26.03	0.10
计算机、通信和其他电子设备制造业	185.76	134.87	35.06	355.68	5.02	3.65	0.95	9.61	29.43	26.66	41.54	29.45

续表

行业	销售费用总额（亿元）	管理费用总额（亿元）	财务费用总额（亿元）	期间费用总额（亿元）	销售费用平均值（亿元）	管理费用平均值（亿元）	财务费用平均值（亿元）	期间费用平均值（亿元）	销售费用增长率（%）	管理费用增长率（%）	财务费用增长率（%）	期间费用增长率（%）
仪器仪表制造业	0.67	0.92	-0.03	1.56	0.33	0.46	-0.02	0.78	9.84	21.05	—	13.87
电力、热力生产和供应业	11.41	227.44	732.30	840.93	0.52	7.58	24.41	38.22	107.08	31.07	18.28	27.16
土木工程建筑业	224.54	1231.61	374.12	1830.28	14.03	76.98	23.38	114.39	18.75	8.72	-21.19	1.87
建筑装饰和其他建筑业	0.93	1.68	0.68	3.29	0.93	1.68	0.68	3.29	-21.85	-31.43	-46.88	-33.13
批发业	72.23	45.63	13.44	135.30	8.03	5.51	1.49	15.03	6.93	10.44	-15.10	5.45
零售业	50.70	7.99	1.46	60.16	16.90	2.66	0.49	20.05	8.77	-2.68	21.67	7.37
道路运输业	0.60	4.30	9.49	14.39	0.60	4.30	9.49	14.39	27.66	16.22	20.43	19.42
水上运输业	2.77	152.62	136.69	254.09	0.35	15.26	13.67	31.76	49.73	43.64	36.39	41.65
航空运输业	209.08	122.69	199.61	531.38	69.69	40.90	66.54	177.13	7.26	5.48	22.52	12.07
装卸搬运和运输代理业	13.24	28.58	2.93	44.75	6.62	14.29	1.47	22.38	200.91	1105.91	9866.67	563.95
仓储业	3.25	5.25	2.15	10.65	3.25	5.25	2.15	10.65	35.98	6.92	-15.35	8.12
电信、广播电视和卫星传输服务	335.97	231.70	6.86	574.53	167.99	115.85	3.43	287.27	-4.47	1.07	597.10	-0.87
互联网和相关服务	1.28	4.45	-0.98	4.74	0.64	2.23	-0.49	2.37	1322.22	270.83	-444.44	327.03
软件和信息技术服务业	37.45	39.31	1.96	78.72	3.12	3.28	0.16	6.56	19.53	12.73	355.81	18.14
资本市场服务				150.86				50.29				5.08
其他金融业												
房地产业	134.42	12..68	97.70	353.79	14.94	13.52	10.86	39.31	21.22	33.13	15.36	23.28
商务服务业	149.04	15.49	0.11	164.64	149.04	15.49	0.11	164.64	26.02	-21.89	115.71	19.83
专业技术服务业	4.89	11.82	-0.76	15.95	0.70	1.69	-0.11	2.28	215.48	34.62	-26.67	64.09
生态保护和环境治理业	0.45	2.85	0.71	4.00	0.45	2.85	0.71	4.00	2.27	-3.39	5.97	-1.48
公共设施管理业	0.90	2.17	0.24	3.31	0.90	2.17	0.24	3.31	36.36	10.15	-61.29	1.85

资料来源：根据 Wind 数据库整理。

表3-14 分行业中央部委所属企业控股上市公司期间费用分析表

行业	销售费用 总额（亿元）	管理费用 总额（亿元）	财务费用 总额（亿元）	期间费用 总额（亿元）	销售费用 平均值（亿元）	管理费用 平均值（亿元）	财务费用 平均值（亿元）	期间费用 平均值（亿元）	销售费用 增长率（%）	管理费用 增长率（%）	财务费用 增长率（%）	期间费用 增长率（%）
农业	3.87	20.51	2.80	27.19	1.29	6.84	0.93	9.06	2.11	3.53	-22.01	0.04
食品制造业	2.66	0.79	0.06	3.51	2.66	0.79	0.06	3.51	7.69	3.95	-14.29	6.36
化学原料及化学制品制造业	13.60	23.27	7.63	44.50	3.40	5.82	1.91	11.12	18.57	-4.51	22.08	5.70
医药制造业	13.91	4.37	0.40	18.69	3.48	1.09	0.10	4.67	-28.89	-55.81	-45.95	-38.07
黑色金属冶炼和压延加工业	8.63	14.46	4.85	27.94	8.63	14.46	4.85	27.94	53.17	347.15	1965.71	1199.53
有色金属冶炼和压延加工业	0.92	1.79	1.53	4.24	0.92	1.79	1.53	4.24	22.41	29.58	-10.95	6.00
通用设备制造业	0.98	3.19	0.76	4.93	0.98	3.19	0.76	4.93	26.58	-51.00	-16.49	-21.99
专用设备制造业	4.25	7.80	3.32	15.37	1.42	2.60	1.11	5.12	12.15	-11.27	-6.92	-10.22
计算机、通信和其他电子设备制造业	130.28	69.55	17.62	217.45	14.48	7.73	1.96	24.16	11.20	87.51	85.57	73.52
仪器仪表制造业	0.17	0.58	0.00	0.75	0.17	0.58	0.00	0.75	0.00	-5.56	9.43	5.63
水的生产和供应业	1.13	1.53	0.51	3.17	1.13	1.53	0.51	3.17	3.23	17.71	5.52	1.60
土木工程建筑业	0.51	2.17	0.37	3.05	0.26	1.08	0.18	1.52	-13.46	13.33	22.60	58.85
批发业	9.29	3.10	1.90	14.29	3.10	1.03	0.63	4.76	20.45	9.55	-5.78	3.63
铁路运输业	4.11	11.87	2.04	14.30	2.05	3.96	0.68	7.15	22.34	18.79	11.35	-16.13
道路运输业	0.00	0.23	1.09	0.00	—	0.23	1.09	—	—	—	53.33	—
航空运输业	0.05	1.24	0.83	2.12	0.05	1.24	0.83	2.12	300.00	25.00	-12.68	-10.55
电信、广播电视和卫星传输服务	1.98	2.50	2.42	6.90	1.98	2.50	2.42	6.90	49.03	-35.50	-25.37	-30.09
互联网和相关信息技术服务	6.21	3.37	-0.37	9.21	3.11	1.68	-0.18	4.61	4.30	6.52	21.66	10.83
软件和信息技术服务业	7.45	6.74	5.34	19.52	1.06	0.96	0.76	2.79	8.54	20.16	-25.61	-1.51

续表

行业	销售费用总额（亿元）	管理费用总额（亿元）	财务费用总额（亿元）	期间费用总额（亿元）	销售费用平均值（亿元）	管理费用平均值（亿元）	财务费用平均值（亿元）	期间费用平均值（亿元）	销售费用增长率（%）	管理费用增长率（%）	财务费用增长率（%）	期间费用增长率（%）
货币金融服务	—	—	—	10349.28	—	—	—	1293.66	—	—	—	25.11
资本市场服务	—	—	—	279.82	—	—	—	46.64	—	—	—	21.51
保险业	—	—	—	1482.46	—	—	—	494.15	—	—	—	19.91
房地产业	5.52	15.08	12.12	32.73	1.84	5.03	4.04	10.91	8.97	-30.30	-27.11	-22.62
租赁业	0.09	0.86	-0.04	0.91	0.09	0.86	-0.04	0.91	26.32	-62.50	-8.51	-34.53
商务服务业	16.08	1C.39	3.94	30.41	8.04	5.19	1.97	15.20	5.72	26.02	55.31	48.41
专业技术服务业	0.10	0.36	-0.01	0.44	0.10	0.36	-0.01	0.44	37.50	-9.09	20.00	7.32
生态保护和环境治理业	1.75	8.59	7.01	17.35	1.75	8.59	7.01	17.35	65.38	-32.17	-3.27	-2.31
教育	2.61	4.68	0.98	8.27	1.31	2.34	0.49	4.14	16.82	-66.41	-30.87	-45.91
新闻和出版业	12.95	14.88	0.61	28.44	3.24	3.72	0.15	7.11	3.74	29.76	9.49	16.37
广播、电视、电影和影视录音制作业	2.21	5.84	-1.63	6.42	1.10	2.92	-0.82	3.21	21.79	15.71	6.38	-0.47
综合	3.32	1.03	0.18	4.53	3.32	1.03	0.18	4.53	155.88	-4.60	-18.90	-5.23

资料来源：根据 Wind 数据库整理。

表3-15 分行业中央国有控股上市公司现金流量分析表

行业	经营现金流量 总额(亿元)	投资现金流量 总额(亿元)	筹资现金流量 总额(亿元)	经营现金流量 平均值(亿元)	投资现金流量 平均值(亿元)	筹资现金流量 平均值(亿元)	经营现金流量 增长率(%)	投资现金流量 增长率(%)	筹资现金流量 增长率(%)
农业	9.41	1.48	-6.95	2.35	0.37	-2.32	-30.09	138.71	-130.13
渔业	-0.04	-0.25	-0.09	-0.04	-0.25	-0.09	-130.77	-212.50	62.50
煤炭开采和洗选业	937.76	-602.96	-508.13	156.29	-100.49	-84.69	-18.20	15.85	8.47
石油和天然气开采业	5130.30	-4534.11	-1119.89	2565.15	-2267.06	-559.94	-2.73	-35.69	52.30
有色金属矿采选业	54.94	-30.24	-22.90	18.31	-10.08	-7.63	6.45	-26.00	-128.32
开采辅助活动	88.09	-63.76	-47.79	17.62	-12.75	-9.56	-13.83	44.72	-1171.52
农副食品加工业	10.72	-7.37	-5.56	10.72	-7.37	-5.56	-55.79	-84.25	83.69
食品制造业	2.18	-0.99	-1.06	2.18	-0.99	-1.06	56.83	20.80	-79.66
酒、饮料和精制茶制造业	1.86	3.20	2.62	0.93	1.60	1.31	-1.59	900.00	427.50
纺织服装、服饰业	18.86	23.42	-8.64	18.86	23.42	-8.64	269.08	8464.29	-232.31
造纸及纸制品业	9.14	5.07	-4.21	3.05	1.69	-1.40	-20.66	260.95	56.01
石油加工、炼焦及核燃料加工业	88.99	-51.04	-61.21	22.25	-12.76	-15.30	-3.57	-346.54	-21.23
化学原料及化学制品制造业	163.33	-89.56	-87.84	6.81	-3.73	-3.82	26.61	21.80	-90.50
医药制造业	77.29	-45.78	-35.36	5.95	-3.52	-2.72	-18.65	19.37	28.44
橡胶和塑料制品业	16.45	0.63	-8.21	8.23	0.32	-4.11	125.65	110.99	-2931.03
非金属矿物制品业	157.64	-124.99	-13.96	15.76	-12.50	-1.40	39.58	-4.48	29.57
黑色金属冶炼和压延加工业	578.71	-349.84	-273.75	96.45	-58.31	-45.63	-3.17	-281.46	49.02
有色金属冶炼和压延加工业	228.61	-214.86	-104.77	20.78	-19.53	-9.52	34.01	-45.68	9.36
金属制品业	45.22	-6.12	-28.21	15.07	-2.04	-9.40	-5.58	26.62	-14.96
通用设备制造业	8.82	9.63	20.88	1.26	1.38	2.98	1664.00	304.03	435.69
专用设备制造业	113.76	-44.71	-53.55	5.42	-2.13	-2.55	7.30	43.62	3.77
汽车制造业	111.80	-69.12	-17.89	7.45	-4.61	-1.19	398.29	14.33	58.53
铁路、船舶、航空航天和其他运输设备制造业	463.94	-320.75	-3.82	22.09	-15.27	-0.19	105.42	-127.55	98.90
电气机械和器材制造业	13.23	-48.79	-14.37	1.02	-3.75	-1.20	17.29	-1378.48	-237.25
计算机、通信和其他电子设备制造业	343.41	-282.74	98.07	7.47	-6.15	2.13	37.95	-20.73	85.07
仪器仪表制造业	1.77	-2.72	3.49	0.59	-0.91	1.16	608.00	-186.32	1192.59
电力、热力生产和供应业	2775.57	-1631.04	-1095.52	92.52	-54.37	-36.52	26.24	-12.85	-70.59
水的生产和供应业	4.45	-2.67	-2.38	4.45	-2.67	-2.38	11.53	17.85	-2063.64

续表

行业	经营现金流量 总额(亿元)	投资现金流量 总额(亿元)	筹资现金流量 总额(亿元)	经营现金流量 平均值(亿元)	投资现金流量 平均值(亿元)	筹资现金流量 平均值(亿元)	经营现金流量 增长率(%)	投资现金流量 增长率(%)	筹资现金流量 增长率(%)
土木工程建筑业	687.87	-2745.20	1891.06	38.21	-152.51	105.06	-17.18	-5.27	-23.39
建筑装饰和其他建筑业	4.70	0.13	-3.26	4.70	0.13	-3.26	-10.82	152.00	7.65
批发业	135.99	-15.03	-115.52	11.33	-1.25	-9.63	107.62	55.81	-3144.94
零售业	11.29	-2.21	-15.56	3.76	-0.74	-5.19	-45.22	91.02	-9825.00
铁路运输业	181.60	-102.69	-110.61	60.53	-34.23	-36.87	-17.44	-69.54	-34.82
道路运输业	42.64	-16.93	-35.62	21.32	-8.47	-17.81	12.45	74.97	-216.48
水上运输业	516.49	-120.01	-261.84	51.65	-12.00	-26.18	96.95	85.37	-151.78
航空运输业	1062.00	-316.66	-768.82	265.50	-79.16	-192.20	44.34	25.34	-124.97
装卸搬运和运输代理业	36.02	-26.18	-61.08	18.01	-13.09	-30.54	2491.37	-5850.00	-3535.71
仓储业	9.92	-6.33	-36.96	9.92	-6.33	-36.96	7.36	-35.55	-247.49
电信、广播电视和卫星传输服务	981.39	-598.96	-328.69	327.13	-199.65	-109.56	3.64	0.87	13.15
互联网和相关服务	4.99	-6.97	-1.22	1.25	-1.74	-0.41	-3.11	-332.33	-369.23
软件和信息技术服务业	92.84	-67.04	-8.83	4.89	-3.53	-0.46	53.86	34.31	-121.62
货币金融服务	12700.80	-21480.07	8056.20	1587.60	-2685.01	1007.03	-46.05	-12.34	46.39
资本市场服务	1415.41	-185.95	-364.18	128.67	-16.90	-33.11	393.92	-314.70	-208.03
保险业	3649.42	-3394.50	-49.93	1216.47	-1131.50	-16.64	152.53	-32.48	-104.87
其他金融业	17.76	-138.56	156.14	5.92	-46.19	52.05	104.69	35.45	-69.60
房地产业	492.80	-404.71	488.34	41.07	-33.73	40.69	36.75	-34.18	-13.66
租赁业	6.62	0.01	-0.41	6.62	0.01	-0.41	296.41	-98.68	65.83
商务服务业	29.85	-24.35	-15.00	9.95	-8.12	-5.00	-27.44	28.61	-48.37
专业技术服务业	17.18	-9.35	7.24	2.15	-1.17	0.91	87.15	-92.78	329.84
生态保护和环境治理业	6.09	-6.47	2.42	3.05	-3.23	1.21	223.78	72.62	-19.33
公共设施管理业	2.21	2.18	-1.98	2.21	2.18	-1.98	220.29	5350.00	61.63
教育	2.25	2.77	-11.16	1.12	1.38	-5.58	-41.71	2870.00	-2326.09
新闻和出版业	15.23	-13.90	1.50	3.81	-3.47	0.38	101.19	78.12	-78.23
广播、电视、电影和影视录音制作业	20.25	-3.46	-7.12	10.12	-1.73	-3.56	169.64	31.49	3.91
综合	0.19	-0.15	-0.66	0.19	-0.15	-0.66	-92.58	87.39	60.00

资料来源：根据 Wind 数据库整理。

表3-16 分行业中央企业控股上市公司现金流量分析表

行业	经营现金流量 总额(亿元)	投资现金流量 总额(亿元)	筹资现金流量 总额(亿元)	经营现金流量 平均值(亿元)	投资现金流量 平均值(亿元)	筹资现金流量 平均值(亿元)	经营现金流量 增长率(%)	投资现金流量 增长率(%)	筹资现金流量 增长率(%)
农业	0.40	-1.67	-0.43	0.40	-1.67	-0.43	25.00	-162.78	76.24
渔业	-0.04	-0.25	-0.09	-0.04	-0.25	-0.09	-130.77	-212.50	62.50
煤炭开采和洗选业	937.76	-602.96	-508.13	156.29	-100.49	-84.69	-18.20	15.85	8.47
石油和天然气开采业	5130.30	-4534.11	-1119.89	2565.15	-2267.06	-559.94	-2.73	-35.69	52.30
有色金属矿采选业	54.94	-30.24	-22.90	18.31	-10.08	-7.63	6.45	-26.00	-128.32
开采辅助活动	88.09	-63.76	-47.79	17.62	-12.75	-9.56	-13.83	44.72	-1171.52
农副食品加工业	10.72	-7.37	-5.56	10.72	-7.37	-5.56	-55.79	-84.25	83.69
酒、饮料和精茶制造业	1.86	3.20	2.62	0.93	1.60	1.31	-1.59	900.00	427.50
纺织服装、服饰业	18.86	23.42	-8.64	18.86	23.42	-8.64	269.08	8464.29	-232.31
造纸及纸制品业	9.14	5.07	-4.21	3.05	1.69	-1.40	-20.66	260.95	56.01
石油加工、炼焦及核燃料加工业	88.99	-51.04	-61.21	22.25	-12.76	-15.30	-3.57	-346.54	-21.23
化学原料及化学制品制造业	138.62	-60.45	-85.81	6.93	-3.02	-4.52	53.85	24.74	-83.00
医药制造业	73.69	-42.36	-33.90	8.19	-4.71	-3.77	-1.75	10.67	-0.80
橡胶和塑料制品业	16.45	0.63	-8.21	8.23	0.32	-4.11	125.65	110.99	-2931.03
非金属矿物制品业	157.64	-124.99	-13.96	15.76	-12.50	-1.40	40.56	-5.86	28.23
黑色金属冶炼和压延加工业	499.45	-319.96	-195.78	99.89	-63.99	-39.16	-15.39	-250.33	63.58
有色金属冶炼和压延加工业	222.14	-213.27	-101.68	22.21	-21.33	-10.17	32.34	-44.41	9.53
金属制品业	45.22	-6.12	-28.21	15.07	-2.04	-9.40	-5.58	26.62	-14.96
通用设备制造业	8.76	10.40	25.33	1.46	1.73	4.22	734.78	255.22	331.11
专用设备制造业	106.76	-39.93	-49.12	5.93	-2.22	-2.73	10.90	46.31	2.33
汽车制造业	111.80	-69.12	-17.89	7.45	-4.61	-1.19	398.29	14.33	58.53
铁路、船舶、航空航天和其他运输设备制造业	463.94	-320.75	-3.82	22.09	-15.27	-0.19	105.42	-127.55	98.90
电气机械和器材制造业	13.23	-48.79	-14.37	1.02	-3.75	-1.20	17.29	-1378.48	-237.25

◇ 国有控股上市公司发展报告

续表

行业	经营现金流量 总额（亿元）	投资现金流量 总额（亿元）	筹资现金流量 总额（亿元）	经营现金流量 平均值（亿元）	投资现金流量 平均值（亿元）	筹资现金流量 平均值（亿元）	经营现金流量 增长率（%）	投资现金流量 增长率（%）	筹资现金流量 增长率（%）
计算机、通信和其他电子设备制造业	195.91	-234.52	63.35	5.29	-6.34	1.71	6.01	-39.54	25.37
仪器仪表制造业	1.05	-2.65	3.63	0.53	-1.33	1.81	517.65	-289.71	881.08
电力、热力生产和供应业	2775.57	-1631.04	-1095.52	92.52	-54.37	-36.52	26.24	-12.85	-70.59
土木工程建筑业	683.76	-2742.28	1895.76	42.74	-171.39	118.48	-13.79	-5.18	-23.57
建筑装饰和其他建筑业	4.70	0.13	-3.26	4.70	0.13	-3.26	-10.82	152.00	7.65
批发业	133.37	-12.83	-120.96	14.82	-1.43	-13.44	92.79	62.71	-1781.18
零售业	11.29	-2.21	-15.56	3.76	-0.74	-5.19	-45.22	91.02	-9825.00
道路运输业	43.10	-23.13	-24.81	43.10	-23.13	-24.81	17.02	66.82	-174.66
水上运输业	516.49	-120.01	-261.84	51.65	-12.00	-26.18	96.95	85.37	-151.78
航空运输业	1054.34	-314.90	-764.73	351.45	-104.97	-254.91	43.76	25.45	-125.08
装卸搬运和运输代理业	36.02	-26.18	-61.08	18.01	-13.09	-30.54	2491.37	-5850.00	-3535.71
仓储业	9.92	-6.33	-36.96	9.92	-6.33	-36.96	7.36	-35.55	-247.49
电信、广播电视和卫星传输服务	981.72	-607.12	-318.84	490.86	-303.56	-159.42	3.52	0.74	12.77
互联网和相关服务	-1.31	-0.87	-1.05	-0.65	-0.44	-1.05	-469.57	-293.33	-2525.00
软件和信息技术服务业	84.08	-66.33	-13.94	7.01	-5.53	-1.16	55.53	30.96	-136.05
资本市场服务	358.63	44.42	-13.04	71.73	8.88	-2.61	423.85	-49.16	-113.59
其他金融业	17.76	-138.56	156.14	5.92	-46.19	52.05	104.69	35.45	-69.60
房地产业	414.27	-339.19	572.96	46.03	-37.69	63.66	59.89	-12.89	-2.44
商务服务业	29.26	-10.99	-16.46	29.26	-10.99	-16.46	-13.79	56.35	-30.12
专业技术服务业	16.49	-8.80	7.33	2.36	-1.26	1.05	87.81	-155.81	365.58
生态保护和环境治理业	4.29	-0.84	-1.23	4.29	-0.84	-1.23	70.92	1.18	57.14
公共设施管理业	2.21	2.18	-1.98	2.21	2.18	-1.98	220.29	5350.00	61.63

资料来源：根据 Wind 数据库整理。

表3-17 分行业中央部委所属企业控股上市公司现金流量分析表

行业	经营现金流量总额（亿元）	投资现金流量总额（亿元）	筹资现金流量总额（亿元）	经营现金流量平均值（亿元）	投资现金流量平均值（亿元）	筹资现金流量平均值（亿元）	经营现金流量增长率（%）	投资现金流量增长率（%）	筹资现金流量增长率（%）
农业	9.01	3.16	-6.53	3.00	1.05	-3.26	-31.43	254.90	-444.17
食品制造业	2.18	-0.99	-1.06	2.18	-0.99	-1.06	56.83	20.80	-79.66
化学原料及化学制品制造业	24.71	-29.11	-2.02	6.18	-7.28	-0.51	-36.48	14.91	-358.97
医药制造业	3.60	-3.42	-1.46	0.90	-0.85	-0.37	-82.00	63.46	90.75
黑色金属冶炼和压延加工业	79.26	-29.89	-77.97	79.26	-29.89	-77.97	982.79	-7765.79	-13095.00
有色金属冶炼和压延加工业	6.47	-1.59	-3.10	6.47	-1.59	-3.10	136.13	-895.00	3.43
通用设备制造业	0.07	-0.78	-4.45	0.07	-0.78	-4.45	-96.28	-139.39	-193.88
专用设备制造业	7.00	-4.78	-4.43	2.33	-1.59	-1.48	-28.21	3.24	17.50
计算机、通信和其他电子设备制造业	147.50	-48.22	34.72	16.39	-5.36	3.86	130.04	27.07	1311.38
仪器仪表制造业	0.72	-0.07	-0.14	0.72	-0.07	-0.14	800.00	75.00	-40.00
水的生产和供应业	4.45	-2.67	-2.38	4.45	-2.67	-2.38	11.53	17.85	-2063.64
土木工程建筑业	4.11	-2.92	-4.70	2.05	-1.46	-2.35	-89.03	-370.97	60.50
批发业	2.62	-2.19	5.45	0.87	-0.73	1.82	171.20	-647.50	89.90
铁路运输业	181.60	-102.69	-110.61	60.53	-34.23	-36.87	-17.44	-69.54	-34.82
道路运输业	-0.45	6.19	-10.81	-0.45	6.19	-10.81	-141.67	199.03	-307.92
航空运输业	7.66	-1.76	-4.09	7.66	-1.76	-4.09	227.35	-0.57	-106.57
电信、广播电视和卫星传输服务	-0.32	8.16	-9.85	-0.32	8.16	-9.85	76.12	9.53	23.88
互联网和相关服务	6.29	-6.10	-0.17	3.15	-3.05	-0.08	16.91	-339.22	22.73
软件和信息技术服务业	8.76	-0.71	5.12	1.25	-0.10	0.73	39.49	88.15	134.86
货币金融服务	12700.80	-21480.07	8056.20	1587.60	-2685.01	1007.03	-46.05	-12.34	46.39
资本市场服务	1056.77	-230.37	-351.14	176.13	-38.39	-58.52	384.97	-30211.84	-245.58
保险业	3649.42	-3394.50	-49.93	1216.47	-1131.50	-16.64	152.53	-32.48	-104.87
房地产业	78.52	-65.53	-84.62	26.17	-21.84	-28.21	-22.47	-5549.14	-289.59
租赁业	6.62	0.01	-0.41	6.62	0.01	-0.41	296.41	-98.68	65.83
商务服务业	0.59	-13.36	1.46	0.29	-6.68	0.73	-91.79	-49.61	-42.29
专业技术服务业	0.69	-0.54	-0.09	0.69	-0.54	-0.09	72.50	61.43	76.92
生态保护和环境治理业	1.80	-5.62	3.66	1.80	-5.62	3.66	124.23	75.33	-37.65
教育	2.25	2.77	-11.16	1.12	1.38	-5.58	-41.71	2870.00	-2326.09
新闻和出版业	15.23	-13.90	1.50	3.81	-3.47	0.38	101.19	78.12	-78.23
广播、电视、电影和影视录音制作业	20.25	-3.46	-7.12	10.12	-1.73	-3.56	169.64	31.49	3.91
综合	0.19	-0.15	-0.66	0.19	-0.15	-0.66	-83.62	6.25	-144.44

资料来源：根据 Wind 数据库整理。

第三节　中央国有控股上市公司地区发展状况

一、中央国有控股上市公司地区分布状况

从不同地区中央国有控股上市公司数量和占比来看，经济发达地区的北京（102 家，占 25.37%）、广东（38 家，占 9.45%）和上海（36 家，占 8.96%）等地中央国有控股上市公司的数量较多，其中，北京中央国有控股上市公司的数量远远高于其他地区。福建、海南、山西、甘肃和广西中央国有控股上市公司的数量较少，分别为 4 家、4 家、3 家、2 家和 1 家，而西藏和青海则不存在中央国有控股上市公司。中央国有控股上市公司地区构成详情如表 3-18 所示。

表 3-18　中央国有控股上市公司地区分布

地区	中央国有控股		中央企业控股		中央部委所属企业控股	
	公司数量（家）	比例（%）	公司数量（家）	比例（%）	公司数量（家）	比例（%）
北京	102	25.37	73	22.88	29	34.94
天津	12	2.99	9	2.82	3	3.61
河北	10	2.49	8	2.51	2	2.41
山西	3	0.75	2	0.63	1	1.20
内蒙古	6	1.49	6	1.88	0	0.00
辽宁	11	2.74	9	2.82	2	2.41
吉林	7	1.74	5	1.57	2	2.41
黑龙江	10	2.49	8	2.51	2	2.41
上海	36	8.96	27	8.46	9	10.84
江苏	17	4.23	17	5.33	0	0.00
浙江	7	1.74	5	1.57	2	2.41
安徽	8	1.99	8	2.51	0	0.00
福建	4	1.00	2	0.63	2	2.41
江西	5	1.24	4	1.25	1	1.20
山东	11	2.74	9	2.82	2	2.41
河南	10	2.49	9	2.82	1	1.20
湖北	21	5.22	17	5.33	4	4.82
湖南	13	3.23	9	2.82	4	4.82
广东	38	9.45	31	9.72	7	8.43
广西	1	0.25	1	0.31	0	0.00
海南	4	1.00	3	0.94	1	1.20
重庆	10	2.49	8	2.51	2	2.41
四川	17	4.23	13	4.08	4	4.82

续表

地区	中央国有控股		中央企业控股		中央部委所属企业控股	
	公司数量（家）	比例（%）	公司数量（家）	比例（%）	公司数量（家）	比例（%）
贵州	8	1.99	8	2.51	0	0.00
云南	8	1.99	7	2.19	1	1.20
西藏	0	0.00	0	0.00	0	0.00
陕西	7	1.74	7	2.19	0	0.00
甘肃	2	0.50	2	0.63	0	0.00
青海	0	0.00	0	0.00	0	0.00
宁夏	5	1.24	5	1.57	0	0.00
新疆	9	2.24	7	2.19	2	2.41
合计	402	100.00	319	100.00	83	100.00

资料来源：根据 Wind 数据库整理。

二、中央国有控股上市公司分地区资产负债分析

从资产总额来看，北京、上海和广东中央国有控股上市公司资产总额分别为 1474860.61 亿元、118052.27 亿元和 41235.68 亿元，位于前三，占全部中央国有控股上市公司的 95.91%，同比提升 0.09 个百分点。宁夏、福建和甘肃中央国有控股上市公司资产总额较低，分别为 249.29 亿元、197.39 亿元和 140.71 亿元。从负债总额来看，北京、上海和广东负债总额较高，负债分别为 1299646.38 亿元、103429.21 亿元和 28779.71 亿元，三者合计占全部中央国有控股上市公司的 96.96%。北京、上海和广东中央国有控股上市公司所有者权益较高，合计为 202293.27 亿元，占全部中央国有控股上市公司的 89.09%。

从资产平均值来看，北京、上海和新疆中央国有控股上市公司资产平均值较高，平均资产分别为 14459.42 亿元、3279.23 亿元和 1658.02 亿元。甘肃、宁夏和福建中央国有控股上市公司资产平均值最低。报告年度，共有 24 个地区中央国有控股上市公司资产实现增长，其中增长较快的为安徽、河南和广东，增长率分别为 116.97%、64.17% 和 47.92%，下降的地区为湖南、山西、广西、浙江和四川。

从负债平均值来看，平均值较高的地区为北京、上海和新疆，分别为 12741.63 亿元、2873.03 亿元和 1330.00 亿元。甘肃、宁夏和福建中央国有控股上市公司负债平均值最低，这与不同地区的公司所处行业性质、资产规模等因素有关。从资产负债率来看，北京、上海、黑龙江、新疆的资产负债率较高，均在 80% 以上，相关地区中央国有控股上市公司"去杠杆"任务更加艰巨。

从所有者权益平均值来看，北京、山西和上海所有者权益平均值较高，分别为 1717.79 亿元、425.73 亿元和 406.20 亿元。27 个地区所有者权益实现同比上升，大部分地区中央国有控股上市公司实现保值增值。增长率较快的地区为安徽、云南、河南和广东，增长率分别为 132.46%、66.67%、52.70% 和 51.35%。安徽、河南两地区中央国有控股上市公司保值增值能力提升较快。中央国有控股上市公司、中央企业控股上市公司和中央部委所属企业控股上市公司分行业资产负债状况如表 3-19、表 3-20、表 3-21 所示。

表3-19　中央国有控股上市公司分地区资产负债分析表

地区	资产总额（亿元）	负债总额（亿元）	所有者权益总额（亿元）	资产平均值（亿元）	负债平均值（亿元）	所有者权益平均值（亿元）	资产增长率（%）	负债增长率（%）	所有者权益增长率（%）
北京	1474860.61	1299646.38	175214.23	14459.42	12741.63	1717.79	17.95	17.82	18.94
天津	6178.27	3914.85	2263.42	514.86	326.24	188.62	27.49	18.35	47.16
河北	2463.47	1263.36	1200.12	246.35	126.34	120.01	37.54	34.08	41.39
山西	1547.37	270.17	1277.20	515.79	90.06	425.73	-3.90	-24.59	2.02
内蒙古	1251.90	687.05	564.85	208.65	114.51	94.14	31.74	38.75	24.11
辽宁	5989.79	3554.26	2435.53	544.53	323.11	221.41	31.60	21.46	49.85
吉林	853.97	578.34	275.63	122.00	82.62	39.38	8.07	10.04	4.14
黑龙江	4520.74	3708.81	811.93	452.07	370.88	81.19	9.68	10.70	5.28
上海	118052.27	103429.21	14623.07	3279.23	2873.03	406.20	0.56	2.29	-10.15
江苏	2630.01	1491.42	1138.59	154.71	87.73	66.98	3.91	3.84	4.00
浙江	1354.61	586.84	767.77	193.52	83.83	109.68	-9.64	-16.89	-3.19
安徽	1552.22	978.58	573.64	194.03	122.32	71.70	116.97	108.81	132.46
福建	197.39	74.74	122.65	49.35	18.68	30.66	41.26	29.42	49.59
江西	630.49	267.28	363.21	126.10	53.46	72.64	9.76	5.47	13.15
山东	3120.98	1898.28	1222.70	283.73	172.57	111.15	1.37	-4.30	11.66
河南	1727.47	1044.67	682.80	172.75	104.47	68.28	64.17	72.65	52.70
湖北	6451.28	4012.97	2438.31	307.20	191.09	116.11	21.04	21.11	20.91
湖南	3539.07	2399.06	1140.01	272.24	184.54	87.69	-0.42	-1.37	1.66
广东	41235.68	28779.71	12455.97	1085.15	757.36	327.79	47.92	46.48	51.35
广西	439.57	268.31	171.26	439.57	268.31	171.26	-4.34	-8.59	3.17
海南	255.41	104.62	150.78	63.85	26.16	37.70	18.12	-6.20	44.03
重庆	2171.99	1332.02	839.98	217.20	133.20	84.00	7.52	10.83	2.65
四川	1744.17	911.26	832.91	102.60	53.60	48.99	-10.03	-14.45	-4.63
贵州	716.91	390.73	326.17	89.61	48.84	40.77	4.47	-2.58	14.39
云南	3366.44	2181.73	1184.71	420.81	272.72	148.09	33.90	20.98	66.67
陕西	1615.91	804.38	811.53	230.84	114.91	115.93	8.52	12.32	5.00
甘肃	140.71	48.27	92.43	70.35	24.14	46.22	9.65	2.72	13.63
宁夏	249.29	103.99	145.30	49.86	20.80	29.06	0.11	-7.47	6.35
新疆	14922.14	11969.97	2952.17	1658.02	1330.00	328.02	5.97	4.81	10.94
合计	1703780.12	1476701.26	227078.86	4238.26	3673.39	564.87	16.97	16.81	18.03

资料来源：根据 Wind 数据库整理。

表3-20　中央企业控股上市公司分地区资产负债分析表

地区	资产总额（亿元）	负债总额（亿元）	所有者权益总额（亿元）	资产平均值（亿元）	负债平均值（亿元）	所有者权益平均值（亿元）	资产增长率（%）	负债增长率（%）	所有者权益增长率（%）
北京	161942.18	99556.53	62385.65	2218.39	1363.79	854.60	14.47	13.78	15.58

地区	资产总额（亿元）	负债总额（亿元）	所有者权益总额（亿元）	资产平均值（亿元）	负债平均值（亿元）	所有者权益平均值（亿元）	资产增长率（%）	负债增长率（%）	所有者权益增长率（%）
天津	5950.51	3762.71	2187.80	661.17	418.08	243.09	28.19	18.26	49.82
河北	2147.57	1109.79	1037.77	268.45	138.72	129.72	45.06	40.94	49.75
山西	66.93	11.97	54.97	33.47	5.98	27.48	6.63	28.30	2.88
内蒙古	1251.90	687.05	564.85	208.65	114.51	94.14	31.74	38.75	24.11
辽宁	5791.49	3481.60	2309.89	643.50	386.84	256.65	32.81	21.94	53.44
吉林	832.64	574.30	258.34	166.53	114.86	51.67	8.15	10.06	4.13
黑龙江	4400.11	3613.12	786.99	550.01	451.64	98.37	10.72	10.62	11.18
上海	16394.54	10449.29	5945.25	607.21	387.01	220.19	-15.63	-4.19	-30.27
江苏	2630.01	1491.42	1138.59	154.71	87.73	66.98	3.91	3.84	4.00
浙江	1273.46	556.22	717.23	254.69	111.24	143.45	-1.06	-8.98	6.10
安徽	1552.22	978.58	573.64	194.03	122.32	71.70	116.97	108.81	132.46
福建	150.61	38.87	111.74	75.31	19.44	55.87	61.46	85.10	54.61
江西	389.93	190.17	199.76	97.48	47.54	49.94	14.48	4.01	26.61
山东	3057.05	1879.97	1177.08	339.67	208.89	130.79	1.37	-4.43	12.24
河南	1519.83	911.92	607.91	168.87	101.32	67.55	77.62	89.19	62.71
湖北	5157.16	3216.79	1940.37	303.36	189.22	114.14	9.26	7.71	11.92
湖南	2005.59	1337.48	668.11	222.84	148.61	74.23	6.54	7.30	5.03
广东	39239.88	27542.72	11697.16	1265.80	888.47	377.33	45.00	42.69	50.77
广西	439.57	268.31	171.26	439.57	268.31	171.26	-4.34	-8.59	3.17
海南	126.67	37.80	88.87	42.22	12.60	29.62	45.31	1.50	77.99
重庆	2082.80	1292.77	790.02	260.35	161.60	98.75	7.72	11.20	2.49
四川	1544.76	825.40	719.36	118.83	63.49	55.34	-16.31	-19.57	-12.24
贵州	716.91	390.73	326.17	89.61	48.84	40.77	4.47	-2.58	14.39
云南	2911.83	1863.32	1048.52	415.98	266.19	149.79	15.81	3.32	47.51
陕西	1615.91	804.38	811.53	230.84	114.91	115.93	8.52	12.32	5.00
甘肃	140.71	48.27	92.43	70.35	24.14	46.22	9.65	2.72	13.63
宁夏	249.29	103.99	145.30	49.86	20.80	29.06	0.11	-7.47	6.35
新疆	11033.84	8932.72	2101.12	1576.26	1276.10	300.16	4.08	3.21	7.95
合计	276615.89	175958.20	100657.69	867.13	551.59	315.54	15.43	15.40	15.48

资料来源：根据 Wind 数据库整理。

表 3-21 中央部委所属企业控股上市公司分地区资产负债分析表

地区	资产总额（亿元）	负债总额（亿元）	所有者权益总额（亿元）	资产平均值（亿元）	负债平均值（亿元）	所有者权益平均值（亿元）	资产增长率（%）	负债增长率（%）	所有者权益增长率（%）
北京	1312918.43	1200089.85	112828.58	45273.05	41382.41	3890.64	18.39	18.16	20.89
天津	227.76	152.14	75.62	75.92	50.71	25.21	11.71	20.71	-2.85

续表

地区	资产总额（亿元）	负债总额（亿元）	所有者权益总额（亿元）	资产平均值（亿元）	负债平均值（亿元）	所有者权益平均值（亿元）	资产增长率（%）	负债增长率（%）	所有者权益增长率（%）
河北	315.91	153.56	162.34	157.95	76.78	81.17	1.70	-0.82	4.20
山西	1480.44	258.21	1222.23	1480.44	258.21	1222.23	-4.33	-26.00	1.98
辽宁	198.29	72.66	125.63	99.15	36.33	62.82	3.82	2.32	4.71
吉林	21.33	4.04	17.29	10.67	2.02	8.64	4.92	6.88	4.41
黑龙江	120.62	95.69	24.94	60.31	47.84	12.47	-18.31	13.44	-60.61
上海	101657.74	92979.92	8677.81	11295.30	10331.10	964.20	3.78	3.07	11.98
浙江	81.16	30.62	50.54	40.58	15.31	25.27	-61.73	-67.77	-56.83
福建	46.78	35.87	10.91	23.39	17.93	5.46	0.67	-2.39	12.24
江西	240.56	77.11	163.45	240.56	77.11	163.45	2.88	9.25	0.13
山东	63.93	18.31	45.61	31.96	9.16	22.81	1.65	10.43	-1.51
河南	207.64	132.75	74.89	207.64	132.75	74.89	5.62	7.87	1.85
湖北	1294.12	796.18	497.94	323.53	199.05	124.48	112.24	143.61	76.01
湖南	1533.48	1061.58	471.90	383.37	265.39	117.98	-8.25	-10.49	-2.77
广东	1995.80	1236.99	758.82	285.11	176.71	108.40	144.42	258.28	61.02
海南	128.74	66.82	61.92	128.74	66.82	61.92	-0.25	-10.07	13.08
重庆	89.20	39.24	49.95	44.60	19.62	24.98	2.95	0.08	5.34
四川	199.41	85.86	113.55	49.85	21.46	28.39	115.32	120.49	111.61
云南	454.61	318.41	136.20	454.61	318.41	136.20	—	—	—
新疆	3888.30	3037.25	851.05	1944.15	1518.62	425.53	11.73	9.83	19.06
合计	1427164.23	1300743.06	126421.17	17194.75	15671.60	1523.15	17.27	17.00	20.13

资料来源：根据 Wind 数据库整理。

三、中央国有控股上市公司分地区盈利状况分析

从收入总额来看，报告年度，北京、广东和上海中央国有控股上市公司收入总额、成本总额均较高，三个地区收入总额和成本总额占全部中央国有控股上市公司的比例分别为87.28%和86.44%。福建、广西和甘肃中央国有控股上市公司收入总额较低。从净利润来看，北京、广东和上海仍居前三位，其净利润合计占全部中央国有控股上市公司净利润的92.16%，盈利水平区域差异明显。

从收入平均值来看，中央国有控股上市公司平均收入为557.50亿元，同比增长15.15%。北京收入最高，平均值为1701.06亿元。海南、甘肃、福建和宁夏收入水平较低。从收入增长率来看，安徽、云南和内蒙古中央国有控股上市公司收入增长较快，增速分别为199.39%、48.05%和44.62%，安徽已连续两年处于各地区收入增长的首位。贵州、四川、山西、广西、浙江和上海中央国有控股上市公司收入呈现下滑态势。

从成本平均值来看，中央国有控股上市公司平均成本较高的地区为北京、辽宁和上海，平均成本分别为1500.32亿元、288.31亿元和275.80亿元。辽宁中央国有控股上市公司平均成本偏高。24个地区中央国有控股上市公司成本处于增长状态，成本增长较快的地区为安徽、内蒙古和云南，

增速分别为207.14%、45.83%和39.71%。贵州、广西、山西、浙江、上海和海南平均成本同比下降，下降幅度较大的地区为浙江、上海和海南，增长率分别为-9.86%、-15.31%和-19.15%。

从净利润平均值来看，中央国有控股上市公司净利润平均值为53.40亿元，其中，北京、山西和广东中央国有控股上市公司平均净利润排名前三，分别为170.18亿元、51.08亿元和33.47亿元。从净利润增长率来看，18个地区中央国有控股上市公司平均净利润同比增加，其中河南、天津和黑龙江增长较快，分别为689.45%、171.77%和141.34%。河北、浙江、山西等11个地区的中央国有控股上市公司平均净利润同比下降。其中，河北、陕西、四川、山东、辽宁和江苏地区中央国有控股上市公司成本增长快于收入增长，这与上海收入、成本均下降导致的净利润下降有所不同。中央国有控股上市公司、中央企业控股上市公司和中央部委所属企业控股上市公司分行业盈利状况如表3-22、表3-23、表3-24所示。

表3-22　中央国有控股上市公司分地区收入、成本、利润

地区	收入总额（亿元）	成本总额（亿元）	净利润总额（亿元）	收入平均值（亿元）	成本平均值（亿元）	净利润平均值（亿元）	收入增长率（%）	成本增长率（%）	净利润增长率（%）
北京	173507.83	153032.58	17358.17	1701.06	1500.32	170.18	15.72	13.87	13.74
天津	3348.77	3269.54	202.71	279.06	272.46	16.89	20.69	18.92	171.77
河北	1258.45	1196.17	66.53	125.84	119.62	6.65	6.83	9.44	-0.48
山西	830.02	660.10	153.25	276.67	220.03	51.08	-4.45	-3.38	-7.44
内蒙古	599.30	539.52	55.43	99.88	89.92	9.24	44.62	45.83	35.79
辽宁	3187.68	3171.45	65.46	289.79	288.31	5.95	27.11	31.81	-42.86
吉林	529.03	527.32	12.07	75.58	75.33	1.72	18.93	19.79	6.72
黑龙江	738.45	712.25	30.65	73.84	71.23	3.07	23.31	20.22	141.34
上海	11027.15	9928.76	1153.76	306.31	275.80	32.05	-14.30	-15.31	-12.89
江苏	2363.59	2329.38	35.12	139.03	137.02	2.07	10.07	12.89	-60.64
浙江	796.24	689.04	137.27	113.75	98.43	19.61	-10.52	-9.86	-0.93
安徽	1217.25	1191.88	36.48	152.16	148.98	4.56	199.39	207.14	133.55
福建	96.00	86.35	11.61	24.00	21.59	2.90	39.13	37.90	73.03
江西	440.83	434.43	11.44	88.17	86.89	2.29	18.14	17.05	6.42
山东	1519.03	1454.89	66.14	138.09	132.26	6.01	2.43	3.51	-14.06
河南	652.09	637.75	37.42	65.21	63.78	3.74	27.82	25.42	689.45
湖北	3413.00	3245.72	197.11	162.52	154.56	9.39	30.17	29.99	19.99
湖南	739.80	700.40	51.02	56.91	53.88	3.92	8.63	0.90	62.74
广东	11072.37	9939.24	1271.69	291.38	261.56	33.47	36.45	35.19	54.65
广西	90.43	61.94	23.99	90.43	61.94	23.99	-4.95	-2.92	-11.51
海南	132.45	129.51	7.99	33.11	32.38	2.00	9.85	-19.15	116.24
重庆	1035.17	1020.39	9.36	103.52	102.04	0.94	10.85	9.29	-75.96
四川	881.76	834.46	61.95	51.87	49.09	3.64	-1.02	0.36	-12.72
贵州	351.40	333.28	19.79	43.92	41.66	2.47	-0.19	-0.62	0.05
云南	1327.88	1226.55	94.65	165.99	153.32	11.83	48.05	39.71	73.45

续表

地区	收入总额（亿元）	成本总额（亿元）	净利润总额（亿元）	收入平均值（亿元）	成本平均值（亿元）	净利润平均值（亿元）	收入增长率（%）	成本增长率（%）	净利润增长率（%）
陕西	826.39	806.89	21.82	118.06	115.27	3.12	8.13	8.66	-9.65
甘肃	80.11	67.70	12.62	40.05	33.85	6.31	21.77	13.95	69.62
宁夏	98.79	89.74	10.16	19.76	17.95	2.03	4.00	1.14	60.25
新疆	1952.57	1713.69	251.26	216.95	190.41	27.92	26.97	28.34	12.69
合计	224113.83	200030.91	21466.89	557.50	497.59	53.40	15.15	13.66	13.85

资料来源：根据 Wind 数据库整理。

表3-23 中央企业控股上市公司分地区收入、成本、利润

地区	收入总额（亿元）	成本总额（亿元）	净利润总额（亿元）	收入平均值（亿元）	成本平均值（亿元）	净利润平均值（亿元）	收入增长率（%）	成本增长率（%）	净利润增长率（%）
北京	123708.13	118415.00	4677.88	1694.63	1622.12	64.08	12.51	12.95	5.39
天津	3233.10	3150.31	203.52	359.23	350.03	22.61	21.42	19.28	195.69
河北	1018.99	970.35	55.12	127.37	121.29	6.89	7.08	8.93	18.92
山西	30.85	29.78	1.54	15.43	14.89	0.77	34.19	36.23	12.41
内蒙古	599.30	539.52	55.43	99.88	89.92	9.24	44.62	45.83	35.79
辽宁	2996.54	2986.85	58.02	332.95	331.87	6.45	29.14	34.00	-44.70
吉林	519.98	518.91	11.15	104.00	103.78	2.23	19.08	19.91	6.90
黑龙江	699.51	655.76	60.91	87.44	81.97	7.61	24.27	23.36	49.00
上海	8407.13	8225.46	363.49	311.38	304.65	13.46	-21.20	-19.60	-35.71
江苏	2363.59	2329.38	35.12	139.03	137.02	2.07	10.07	12.89	-60.64
浙江	780.00	674.46	135.98	156.00	134.89	27.20	-4.13	-2.43	0.76
安徽	1217.25	1191.88	36.48	152.16	148.98	4.56	199.39	207.14	133.55
福建	61.07	52.97	10.11	30.53	26.48	5.06	73.69	72.20	99.02
江西	371.71	370.40	7.06	92.93	92.60	1.76	18.21	15.79	204.31
山东	1454.60	1397.58	59.22	161.62	155.29	6.58	3.02	4.37	-20.24
河南	599.70	585.39	36.05	66.63	65.04	4.01	30.90	28.18	1016.10
湖北	2508.31	2412.21	132.20	147.55	141.89	7.78	8.98	10.11	-10.87
湖南	636.46	606.88	43.26	70.72	67.43	4.81	5.92	0.67	177.31
广东	9851.09	8741.87	1223.93	317.78	282.00	39.48	26.72	24.23	52.30
广西	90.43	61.94	23.99	90.43	61.94	23.99	-4.95	-2.92	-11.51
海南	93.25	89.83	4.34	31.08	29.94	1.45	12.73	10.27	2793.33
重庆	1007.69	994.04	6.36	125.96	124.26	0.79	10.95	9.33	-82.45
四川	756.72	716.59	54.79	58.21	55.12	4.21	-9.75	-9.10	-12.59
贵州	351.40	333.28	19.79	43.92	41.66	2.47	-0.19	-0.62	0.05
云南	1307.23	1217.16	86.17	186.75	173.88	12.31	45.75	38.64	57.91
陕西	826.39	806.89	21.82	118.06	115.27	3.12	8.13	8.66	-9.65

续表

地区	收入总额（亿元）	成本总额（亿元）	净利润总额（亿元）	收入平均值（亿元）	成本平均值（亿元）	净利润平均值（亿元）	收入增长率（%）	成本增长率（%）	净利润增长率（%）
甘肃	80.11	67.70	12.62	40.05	33.85	6.31	21.77	13.95	69.62
宁夏	98.79	89.74	10.16	19.76	17.95	2.03	4.00	1.14	60.25
新疆	1706.41	1536.95	193.30	243.77	219.56	27.61	19.78	24.56	7.13
合计	167375.71	159769.08	7639.80	524.69	500.84	23.95	11.74	12.13	8.70

资料来源：根据 Wind 数据库整理。

表 3-24   中央部委所属企业控股上市公司分地区收入、成本、利润

地区	收入总额（亿元）	成本总额（亿元）	净利润总额（亿元）	收入平均值（亿元）	成本平均值（亿元）	净利润平均值（亿元）	收入增长率（%）	成本增长率（%）	净利润增长率（%）
北京	49799.71	34617.57	12680.30	1717.23	1193.71	437.25	24.57	17.14	17.16
天津	115.67	119.23	-0.80	38.56	39.74	-0.27	3.34	10.18	-113.89
河北	239.46	225.82	11.41	119.73	112.91	5.70	5.81	11.69	-44.34
山西	799.17	630.31	151.71	799.17	630.31	151.71	-5.50	-4.69	-7.60
辽宁	191.14	184.61	7.44	95.57	92.30	3.72	2.03	4.23	-22.82
吉林	9.06	8.41	0.92	4.53	4.20	0.46	11.17	13.04	4.55
黑龙江	38.94	56.49	-30.26	19.47	28.25	-15.13	8.26	-7.20	-7.38
上海	2620.02	1703.30	790.27	291.11	189.26	87.81	19.20	14.15	4.11
浙江	16.24	14.58	1.29	8.12	7.29	0.64	-78.70	-80.08	-64.17
福建	34.93	33.38	1.49	17.47	16.69	0.75	3.22	4.77	-9.15
江西	69.12	64.03	4.38	69.12	64.03	4.38	17.79	24.89	-48.04
山东	64.43	57.31	6.92	32.22	28.66	3.46	-9.29	-13.75	155.35
河南	52.40	52.36	1.37	52.40	52.36	1.37	0.75	1.08	-9.27
湖北	904.69	833.51	64.90	226.17	208.38	16.23	182.57	172.18	306.90
湖南	103.34	93.52	7.76	25.84	23.38	1.94	28.93	2.42	-50.73
广东	1221.27	1197.37	47.76	174.47	171.05	6.82	258.24	279.71	155.95
海南	39.20	39.68	3.65	39.20	39.68	3.65	3.57	-49.60	107.40
重庆	27.48	26.35	3.00	13.74	13.17	1.50	7.51	7.82	11.11
四川	125.04	117.87	7.16	31.26	29.47	1.79	138.81	173.29	-13.73
云南	20.66	9.39	8.47	20.66	9.39	8.47	—	—	—
新疆	246.15	176.74	57.96	123.08	88.37	28.98	117.50	74.42	36.31
合计	56738.12	40261.82	13827.09	683.59	485.08	166.59	26.50	20.19	16.91

资料来源：根据 Wind 数据库整理。

四、中央国有控股上市公司分地区期间费用分析

北京、广东和上海销售费用、管理费用、财务费用都较高，三者销售费用总额、管理费用总额和财务费用总额分别占全部中央国有控股上市公司的 82.13%、80.14% 和 75.63%。甘肃、

山西和广西中央国有控股上市公司销售费用总额较低，甘肃、宁夏和广西中央国有控股上市公司管理费用总额较低，而江西、福建和甘肃中央国有控股上市公司财务费用总额较低。

从销售费用平均值来看，北京、广东和浙江平均销售费用分别为30.44亿元、14.31亿元和11.10亿元，居于前三。黑龙江、宁夏和山西销售费用平均值较低。福建、江西和安徽等18个地区销售费用同比上升，上升较快的地区为福建、江西和安徽，销售费用增长率分别为105.41%、94.42%和64.59%。吉林、河南、宁夏等10个地区则呈现下降态势。

从管理费用平均值来看，平均值较高的三个地区分别为北京、天津和广东，管理费用分别为40.17亿元、12.05亿元和9.49亿元。安徽、广东和福建管理费用增长较快。贵州、黑龙江和山东等11个地区管理费用同比实现下降。其中，宁夏、河南和上海管理费用分别下降16.39%、16.84%和43.82%，降幅较大。

从财务费用平均值来看，北京、辽宁和广西财务费用较高，分别为14.76亿元、12.02亿元和11.08亿元。四川、福建和江西平均财务费用较低。11个地区财务费用同比下降，甘肃、山西和浙江财务费用下降幅度较大。考虑到金融行业的特殊性，分地区中央国有控股上市公司期间费用分析中不包括金融机构。中央国有控股上市公司、中央企业控股上市公司和中央部委所属企业控股上市公司分地区期间费用状况如表3-25、表3-26、表3-27所示。

表3-25　中央国有控股上市公司分地区期间费用分析表

地区	销售费用总额（亿元）	管理费用总额（亿元）	财务费用总额（亿元）	销售费用平均值（亿元）	管理费用平均值（亿元）	财务费用平均值（亿元）	销售费用增长率（%）	管理费用增长率（%）	财务费用增长率（%）
北京	2678.81	3575.51	1313.30	30.44	40.17	14.76	27.24	5.51	6.89
天津	24.97	144.63	78.29	2.08	12.05	6.52	-10.05	40.88	71.88
河北	39.61	55.41	14.95	3.96	5.54	1.50	14.45	5.06	0.07
山西	2.38	8.72	1.40	0.79	2.91	0.47	-21.45	-15.99	-64.91
内蒙古	8.77	18.72	14.32	1.75	3.12	2.39	47.89	5.29	34.59
辽宁	45.70	70.73	132.17	5.08	6.43	12.02	16.17	41.66	24.77
吉林	27.98	20.88	14.26	4.66	2.98	2.04	-0.18	7.24	29.87
黑龙江	9.37	43.57	20.33	1.04	4.84	2.26	4.69	-0.80	17.99
上海	190.76	270.03	200.66	5.78	8.18	6.08	-64.65	-43.82	0.40
江苏	63.18	69.68	23.41	3.72	4.10	1.38	19.23	15.73	10.11
浙江	77.72	34.45	1.58	11.10	4.92	0.23	8.61	-5.90	-75.20
安徽	24.31	41.79	19.90	3.04	5.22	2.49	64.59	121.58	50.87
福建	6.45	10.25	0.77	1.61	2.56	0.19	105.41	51.85	-16.30
江西	26.46	17.83	0.96	5.29	3.57	0.19	94.42	23.31	81.13
山东	40.77	43.49	54.03	4.08	3.95	4.91	-11.18	-0.98	-1.32
河南	22.82	26.22	6.22	2.54	2.91	0.69	-3.92	-16.84	-18.59
湖北	116.83	131.92	72.01	5.84	6.28	3.43	7.69	21.22	45.50
湖南	18.49	22.20	11.88	1.68	2.02	1.08	2.04	-3.18	-9.93
广东	486.68	341.70	304.00	14.31	9.49	8.44	35.81	54.12	72.23

地区	销售费用总额（亿元）	管理费用总额（亿元）	财务费用总额（亿元）	销售费用平均值（亿元）	管理费用平均值（亿元）	财务费用平均值（亿元）	销售费用增长率（%）	管理费用增长率（%）	财务费用增长率（%）
广西	0.00	3.85	11.08	—	3.85	11.08	—	15.96	-6.34
海南	7.02	9.87	3.53	1.75	2.47	0.88	-13.55	3.35	40.64
重庆	58.09	36.85	9.95	6.45	3.69	0.99	-8.19	-13.90	83.24
四川	31.67	51.66	3.44	1.86	3.04	0.20	1.90	-6.18	1333.33
贵州	10.52	23.11	10.39	1.50	2.89	1.30	-5.40	-0.69	-4.50
云南	14.01	40.12	68.27	2.00	5.73	9.75	27.83	39.06	15.83
陕西	21.22	44.75	4.07	3.03	6.39	0.58	7.06	1.80	-10.55
甘肃	4.03	7.82	0.64	2.01	3.91	0.32	14.49	17.77	-44.35
宁夏	4.81	6.58	3.34	0.96	1.32	0.67	-4.18	-16.39	-6.18
新疆	23.28	52.53	4.73	3.33	7.50	0.68	5.01	10.15	84.77
合计	4086.71	5224.89	2403.84	11.20	13.86	6.38	11.10	4.48	15.39

资料来源：根据 Wind 数据库整理。

表 3-26　中央企业控股上市公司分地区期间费用分析表

地区	销售费用总额（亿元）	管理费用总额（亿元）	财务费用总额（亿元）	销售费用平均值（亿元）	管理费用平均值（亿元）	财务费用平均值（亿元）	销售费用增长率（%）	管理费用增长率（%）	财务费用增长率（%）
北京	2590.36	3519.75	1300.07	36.48	48.89	18.06	29.36	6.14	8.31
天津	19.44	140.04	76.40	2.16	15.56	8.49	-15.40	42.03	74.59
河北	29.02	38.23	10.47	3.63	4.78	1.31	14.52	10.49	-2.79
山西	0.40	1.55	-0.03	0.20	0.77	-0.01	25.00	-12.92	40.00
内蒙古	8.77	18.72	14.32	1.75	3.12	2.39	47.89	5.29	34.59
辽宁	42.60	66.27	131.08	6.09	7.36	14.56	14.86	43.91	24.66
吉林	27.73	19.95	14.28	6.93	3.99	2.86	-0.14	7.14	29.82
黑龙江	7.97	24.36	14.94	1.14	3.48	2.13	11.62	0.91	15.01
上海	181.84	258.06	193.58	6.99	9.93	7.45	-65.35	-44.67	-1.29
江苏	63.18	69.68	23.41	3.72	4.10	1.38	19.23	15.73	10.11
浙江	76.51	32.06	1.11	15.30	6.41	0.22	13.06	7.44	-72.04
安徽	24.31	41.79	19.90	3.04	5.22	2.49	64.59	121.58	50.87
福建	3.90	5.62	0.00	1.95	2.81	0.00	420.00	123.90	-100.00
江西	24.37	13.18	-1.50	6.09	3.30	-0.38	95.74	37.87	-50.00
山东	35.33	40.70	53.87	4.42	4.52	5.99	-13.32	-1.19	-0.88
河南	20.51	21.44	4.21	2.56	2.68	0.53	-3.25	-20.50	-28.28
湖北	99.33	105.68	60.35	6.21	6.22	3.55	4.16	11.21	39.28
湖南	13.97	17.74	8.91	1.75	2.22	1.11	3.02	-2.42	-5.31

续表

地区	销售费用总额（亿元）	管理费用总额（亿元）	财务费用总额（亿元）	销售费用平均值（亿元）	管理费用平均值（亿元）	财务费用平均值（亿元）	销售费用增长率（%）	管理费用增长率（%）	财务费用增长率（%）
广东	401.06	282.19	289.16	14.32	9.73	9.97	14.50	36.12	68.12
广西	0.00	3.85	11.08	—	3.85	11.08	—	15.96	-6.34
海南	4.33	6.71	0.46	1.44	2.24	0.15	7.18	13.54	-25.81
重庆	51.15	35.27	8.80	6.39	4.41	1.10	-10.89	-14.81	116.75
四川	28.18	46.42	1.23	2.17	3.57	0.09	-2.29	-9.74	547.37
贵州	10.52	23.11	10.39	1.50	2.89	1.30	-5.40	-0.69	-4.50
云南	14.01	40.12	68.27	2.00	5.73	9.75	27.83	39.06	15.83
陕西	21.22	44.75	4.07	3.03	6.39	0.58	7.06	1.80	-10.55
甘肃	4.03	7.82	0.64	2.01	3.91	0.32	14.49	17.77	-44.35
宁夏	4.81	6.58	3.34	0.96	1.32	0.67	-4.18	-16.39	-6.18
新疆	23.26	52.45	4.77	3.88	8.74	0.79	4.96	10.21	85.60
合计	3832.10	4984.10	2327.56	12.73	16.03	7.48	9.91	3.96	15.71

资料来源：根据 Wind 数据库整理。

表 3-27　中央部委所属企业控股上市公司分地区期间费用分析表

地区	销售费用总额（亿元）	管理费用总额（亿元）	财务费用总额（亿元）	销售费用平均值（亿元）	管理费用平均值（亿元）	财务费用平均值（亿元）	销售费用增长率（%）	管理费用增长率（%）	财务费用增长率（%）
北京	88.45	55.76	13.22	5.20	3.28	0.78	-14.02	-23.20	-53.29
天津	5.53	4.59	1.88	1.84	1.53	0.63	15.93	13.05	5.03
河北	10.58	17.18	4.48	5.29	8.59	2.24	14.13	-5.29	7.43
山西	1.98	7.17	1.42	1.98	7.17	1.42	-26.94	-16.63	-64.85
辽宁	3.11	4.45	1.10	1.55	2.23	0.55	37.61	14.69	41.03
吉林	0.25	0.94	-0.02	0.12	0.47	-0.01	-3.85	10.59	0.00
黑龙江	1.40	19.21	5.39	0.70	9.61	2.69	-22.65	-2.88	26.82
上海	8.92	11.97	7.08	1.27	1.71	1.01	-39.85	-15.88	88.80
浙江	1.21	2.39	0.47	0.61	1.20	0.24	-68.89	-64.64	-80.42
福建	2.54	4.63	0.77	1.27	2.31	0.39	6.28	8.94	2.67
江西	2.09	4.64	2.46	2.09	4.64	2.46	80.17	-5.11	60.78
山东	5.45	2.79	0.16	2.72	1.39	0.08	6.03	2.20	-60.00
河南	2.31	4.78	2.01	2.31	4.78	2.01	-9.41	4.82	12.92
湖北	17.50	26.24	11.66	4.38	6.56	2.92	33.18	90.14	89.29
湖南	4.52	4.46	2.97	1.51	1.49	0.99	-0.88	-5.91	-21.43
广东	85.62	59.52	14.83	14.27	8.50	2.12	958.34	313.05	228.82
海南	2.69	3.17	3.07	2.69	3.17	3.07	-34.23	-12.91	62.43
重庆	6.94	1.58	1.15	6.94	0.79	0.57	18.23	12.86	-16.06
四川	3.49	5.24	2.22	0.87	1.31	0.55	55.80	44.75	4340.00

续表

地区	销售费用总额（亿元）	管理费用总额（亿元）	财务费用总额（亿元）	销售费用平均值（亿元）	管理费用平均值（亿元）	财务费用平均值（亿元）	销售费用增长率（%）	管理费用增长率（%）	财务费用增长率（%）
新疆	0.02	0.08	-0.04	0.02	0.08	-0.04	0.00	-20.00	-300.00
合计	254.61	240.79	76.28	3.98	3.65	1.16	32.68	16.29	6.45

资料来源：根据 Wind 数据库整理。

五、中央国有控股上市公司分地区现金流量分析

从现金流量总额来看，报告年度，北京、广东和辽宁经营活动现金净流量总额较高，分别为27936.50亿元、1605.83亿元和541.10亿元，合计占全部中央国有控股上市公司经营活动现金净流量总额的89.53%。新疆和黑龙江经营活动现金净流量总额由负转正。北京、上海和广东投资活动现金净流量绝对值总额位居前三，投资总量较大，三个地区中央国有控股上市公司投资活动现金净流量总额占全部中央国有控股上市公司投资活动现金净流量总额的95.92%。筹资现金流量总额不同区域之间差异明显，北京、上海和广东中央国有控股上市公司筹资活动现金净流量总额位居前三，而湖南、天津和辽宁中央国有控股上市公司筹资活动现金净流出较大，分别为-174.14亿元、-249.50亿元和-346.52亿元。

从经营现金流量平均值来看，北京、广西和山西经营现金流量均值较高，分别为273.89亿元、54.19亿元和50.28亿元。经营现金流量同比上升的有21个地区，上升较快的地区为湖南、海南和安徽，增长率分别为17302.69%、4405.88%和580.89%。经营现金流量同比下降的地区有8个，降低幅度较大的地区为重庆、河北和上海，降幅分别为36.01%、51.62%和83.72%。

从投资现金流量平均值来看，北京、上海和广东投资净流出平均值最大，分别为333.74亿元、43.68亿元和26.03亿元，而贵州则有投资净流入，平均投资净流入为0.06亿元。从增长率来看，吉林、北京和江西等11个地区增长率为负值，其中，安徽、福建和甘肃分别为-237.93%、-326.94%和-639.72%，位列前三；增长率为正值的地区中，贵州、天津和河南分别为102.62%、97.51%和90.48%，位列前三。

从筹资现金流量平均值来看，10个地区筹资活动现金净流量为正。其中，北京、上海和黑龙江平均筹资金额最大，平均筹资额分别为55.71亿元、11.68亿元和10.49亿元；四川、贵州和宁夏等19个地区有筹资活动现金净流出，平均筹资净流出12.21亿元。从增长率来看，陕西、重庆和上海筹资现金流量增长较快；河南、湖南和浙江筹资现金流量增长率分别为-1022.22%、-1074.48%和-2019.51%，出现较大幅度的下滑。中央国有控股上市公司、中央企业控股上市公司和中央部委所属企业控股上市公司分地区现金流量状况如表3-28、表3-29、表3-30所示。

表 3-28　中央国有控股上市公司分地区现金流量分析表

地区	经营现金流量总额（亿元）	投资现金流量总额（亿元）	筹资现金流量总额（亿元）	经营现金流量平均值（亿元）	投资现金流量平均值（亿元）	筹资现金流量平均值（亿元）	经营现金流量增长率（%）	投资现金流量增长率（%）	筹资现金流量增长率（%）
北京	27936.50	-34041.10	5682.91	273.89	-333.74	55.71	-16.11	-19.75	19.30
天津	385.66	-12.51	-249.50	32.14	-1.04	-20.79	80.27	97.51	-199.66

地区	经营现金流量总额（亿元）	投资现金流量总额（亿元）	筹资现金流量总额（亿元）	经营现金流量平均值（亿元）	投资现金流量平均值（亿元）	筹资现金流量平均值（亿元）	经营现金流量增长率（%）	投资现金流量增长率（%）	筹资现金流量增长率（%）
河北	37.61	-52.77	-67.43	3.76	-5.28	-6.74	-51.62	26.65	-704.75
山西	150.85	-77.59	-100.96	50.28	-25.86	-33.65	-16.79	-121.37	-22.52
内蒙古	126.13	-58.97	-37.65	21.02	-9.83	-6.27	70.95	-48.35	-36.26
辽宁	541.10	-131.09	-346.52	49.19	-11.92	-31.50	50.59	18.84	-94.71
吉林	59.11	-57.81	18.93	8.44	-8.26	2.70	57.25	-13.33	-4.05
黑龙江	12.68	-104.49	94.40	1.27	-10.45	10.49	103.86	49.10	-80.49
上海	484.77	-1572.35	420.51	13.47	-43.68	11.68	-83.72	30.97	145.72
江苏	177.61	-75.14	-109.33	10.45	-4.42	-6.83	107.54	50.68	-361.30
浙江	126.51	-67.66	-43.45	18.07	-9.67	-6.21	-7.64	-42.44	-2019.51
安徽	154.29	-64.95	-86.88	19.29	-8.12	-10.86	580.89	-237.93	-491.42
福建	7.90	-12.68	0.80	1.97	-3.17	0.20	41.83	-326.94	129.85
江西	44.99	-39.01	0.12	9.00	-7.80	0.02	262.53	-24.35	100.88
山东	210.04	-163.52	-78.59	19.09	-14.87	-7.86	-8.09	8.17	-73.45
河南	87.49	-1.75	-56.44	8.75	-0.18	-5.64	309.41	90.48	-1022.22
湖北	224.80	-207.01	21.02	10.70	-9.86	1.00	184.02	25.05	-83.76
湖南	323.69	-54.84	-174.14	24.90	-4.22	-13.40	17302.69	7.63	-1074.48
广东	1605.83	-989.21	317.11	42.26	-26.03	8.35	93.66	6.52	-56.61
广西	54.19	-7.41	-49.64	54.19	-7.41	-49.64	-16.78	64.86	-4.02
海南	7.66	-3.40	-8.06	1.92	-0.85	-2.69	4405.88	87.75	-183.52
重庆	36.78	-81.31	50.17	3.68	-8.13	5.02	-36.01	13.14	165.24
四川	82.59	-21.90	-32.56	4.86	-1.29	-1.92	89.47	59.60	-91.19
贵州	30.87	0.47	-18.06	3.86	0.06	-2.26	60.95	102.62	-153.65
云南	172.44	-111.75	-20.11	21.55	-13.97	-2.51	22.19	0.90	40.57
陕西	39.79	-82.36	25.84	5.68	-11.77	3.69	86.90	-221.59	648.99
甘肃	18.13	-10.43	-9.88	9.07	-5.22	-4.94	44.69	-639.72	27.83
宁夏	18.42	-1.68	-12.36	3.68	-0.34	-2.47	11.10	65.57	19.11
新疆	441.57	-57.34	-126.80	49.06	-6.37	-15.85	255.76	-125.40	-133.68
合计	33600.01	-38161.56	5003.46	83.58	-94.93	12.60	-12.53	-13.07	-6.42

资料来源：根据 Wind 数据库整理。

表 3-29 中央企业控股上市公司分地区现金流量分析表

地区	经营现金流量总额（亿元）	投资现金流量总额（亿元）	筹资现金流量总额（亿元）	经营现金流量平均值（亿元）	投资现金流量平均值（亿元）	筹资现金流量平均值（亿元）	经营现金流量增长率（%）	投资现金流量增长率（%）	筹资现金流量增长率（%）
北京	10185.04	-9797.66	-1279.85	139.52	-134.21	-17.53	8.45	-27.17	23.22
天津	354.17	-5.61	-232.73	39.35	-0.62	-25.86	74.45	98.84	-195.30
河北	25.15	-45.47	-62.13	3.14	-5.68	-7.77	-55.49	30.85	-393.62
山西	0.63	2.00	0.97	0.31	1.00	0.49	285.29	180.65	—

地区	经营现金流量总额（亿元）	投资现金流量总额（亿元）	筹资现金流量总额（亿元）	经营现金流量平均值（亿元）	投资现金流量平均值（亿元）	筹资现金流量平均值（亿元）	经营现金流量增长率（%）	投资现金流量增长率（%）	筹资现金流量增长率（%）
内蒙古	126.13	-58.97	-37.65	21.02	-9.83	-6.27	70.95	-48.35	-36.26
辽宁	533.62	-128.07	-338.24	59.29	-14.23	-37.58	52.34	18.72	-82.65
吉林	58.16	-57.64	19.12	11.63	-11.53	3.82	55.63	-15.12	-3.77
黑龙江	1.14	-109.42	102.02	0.14	-13.68	14.57	100.33	43.83	-79.11
上海	940.92	-713.87	-180.76	34.85	-26.44	-6.69	-49.26	44.33	79.41
江苏	177.61	-75.14	-109.33	10.45	-4.42	-6.83	107.54	50.68	-361.30
浙江	115.44	-65.00	-40.66	23.09	-13.00	-8.13	-7.99	-67.66	-4740.48
安徽	154.29	-64.95	-86.88	19.29	-8.12	-10.86	580.89	-237.93	-491.42
福建	4.35	-9.77	3.71	2.17	-4.89	1.86	132.62	-302.06	389.84
江西	34.78	-21.90	0.14	8.69	-5.47	0.03	4737.33	-69.50	100.78
山东	208.80	-159.76	-80.52	23.20	-17.75	-10.06	-4.67	8.39	-88.79
河南	82.98	0.10	-52.06	9.22	0.01	-5.78	487.68	100.47	-476.97
湖北	136.79	-173.31	94.65	8.05	-10.19	5.57	76.37	31.98	-26.39
湖南	69.36	-49.64	20.25	7.71	-5.52	2.25	6.46	24.46	187.78
广东	1500.77	-902.99	272.94	48.41	-29.13	8.80	92.44	10.06	-61.84
广西	54.19	-7.41	-49.64	54.19	-7.41	-49.64	-16.78	64.86	-4.02
海南	10.73	-5.71	-3.90	3.58	-1.90	-1.95	183.11	-96.22	-2194.12
重庆	37.29	-87.09	59.39	4.66	-10.89	7.42	-31.39	8.62	180.45
四川	68.56	-14.02	-31.07	5.27	-1.08	-2.39	80.28	65.70	-9.63
贵州	30.87	0.47	-18.06	3.86	0.06	-2.26	60.95	102.62	-153.65
云南	243.06	-109.85	-126.63	34.72	-15.69	-18.09	72.22	2.58	-274.20
陕西	39.79	-82.36	25.84	5.68	-11.77	3.69	86.90	-221.59	648.99
甘肃	18.13	-10.43	-9.88	9.07	-5.22	-4.94	44.69	-639.72	27.83
宁夏	18.42	-1.68	-12.36	3.68	-0.34	-2.47	11.10	65.57	19.11
新疆	340.46	18.66	-202.44	48.64	2.67	-28.92	335.08	-92.86	-270.73
合计	15571.65	-12736.47	-2355.75	48.81	-39.93	-7.48	17.59	-8.07	-83.65

资料来源：根据 Wind 数据库整理。

表 3-30　中央部委所属企业控股上市公司分地区现金流量分析表

地区	经营现金流量总额（亿元）	投资现金流量总额（亿元）	筹资现金流量总额（亿元）	经营现金流量平均值（亿元）	投资现金流量平均值（亿元）	筹资现金流量平均值（亿元）	经营现金流量增长率（%）	投资现金流量增长率（%）	筹资现金流量增长率（%）
北京	17751.46	-24243.45	6962.76	612.12	-835.98	240.10	-25.76	-16.98	8.27
天津	31.49	-6.90	-16.78	10.50	-2.30	-5.59	188.63	66.23	-374.18
河北	12.46	-7.30	-5.30	6.23	-3.65	-2.65	-41.31	-18.31	47.05
山西	150.23	-79.58	-101.93	150.23	-79.58	-101.93	-17.28	-144.34	-23.70
辽宁	7.48	-3.01	-8.28	3.74	-1.51	-4.14	-17.07	24.18	-214.68
吉林	0.95	-0.17	-0.18	0.47	-0.09	-0.09	331.82	82.11	-28.57

地区	经营现金流量总额（亿元）	投资现金流量总额（亿元）	筹资现金流量总额（亿元）	经营现金流量平均值（亿元）	投资现金流量平均值（亿元）	筹资现金流量平均值（亿元）	经营现金流量增长率（%）	投资现金流量增长率（%）	筹资现金流量增长率（%）
黑龙江	11.54	4.93	-7.61	5.77	2.46	-3.81	-9.63	146.91	-64.72
上海	-456.16	-858.48	601.27	-50.68	-95.39	66.81	-140.62	13.76	1531.25
浙江	11.07	-2.66	-2.80	5.54	-1.33	-1.40	-3.82	69.50	-131.40
福建	3.55	-2.91	-2.91	1.77	-1.45	-1.46	-4.05	-438.89	-107.86
江西	10.21	-17.11	-0.02	10.21	-17.11	-0.02	-22.42	7.26	-100.48
山东	1.24	-3.77	1.93	0.62	-1.88	0.97	-86.93	-2.72	172.56
河南	4.51	-1.85	-4.39	4.51	-1.85	-4.39	-37.71	-162.71	42.91
湖北	88.02	-33.70	-73.64	22.00	-8.42	-18.41	5435.85	-57.26	-8662.79
湖南	254.33	-5.20	-194.39	63.58	-1.30	-48.60	501.85	-182.15	-574.82
广东	105.06	-86.23	44.17	15.01	-12.32	6.31	112.97	-59.01	185.52
海南	-3.07	2.31	-4.16	-3.07	2.31	-4.16	14.96	109.29	-142.36
重庆	-0.51	5.78	-9.22	-0.26	2.89	-4.61	-116.35	240.00	-199.35
四川	14.02	-7.88	-1.49	3.51	-1.97	-0.37	152.16	40.89	-113.17
云南	-70.63	-1.90	106.52	-70.63	-1.90	106.52	—	—	—
新疆	101.12	-76.01	75.64	50.56	-38.00	75.64	172.92	-112.79	-70.68
合计	18028.36	-25425.09	7359.21	217.21	-306.33	89.75	-28.37	-15.76	11.01

资料来源：根据 Wind 数据库整理。

第四节　中央国有控股上市公司市场板块发展状况

一、中央国有控股上市公司市场板块分布状况

按照市场板块类型进行详细划分，中央国有控股上市公司中，主板 325 家，占比 80.85%；中小企业板 52 家，占比 12.94%；创业板 23 家，占比 5.72%。中央国有控股上市公司市场板块构成详情如表 3-31 所示。

表 3-31　中央国有控股上市公司市场板块分布

类别	板块	公司数量（家）	比例（%）
中央国有控股	主板	325	80.85
	中小企业板	52	12.94
	创业板	23	5.72
	科创板	2	0.50
	合计	402	100.00

类别	板块	公司数量（家）	比例（%）
中央企业控股	主板	260	81.50
	中小企业板	42	13.17
	创业板	15	4.70
	科创板	2	0.63
	合计	319	100.00
中央部委所属企业控股	主板	65	78.31
	中小企业板	10	12.05
	创业板	8	9.64
	合计	83	100.00

资料来源：根据 Wind 数据库整理。

二、中央国有控股上市公司分市场板块资产负债分析

分市场板块来看，资产总额从高到低依次为主板、中小企业板、科创板和创业板，分别为 1691664.07 亿元、10295.98 亿元、1010.54 亿元和 809.53 亿元，分别占全部中央国有控股上市公司资产总额的 99.29%、0.60%、0.06% 和 0.05%，而所有者权益方面，则分别占比 97.77%、1.84%、0.20% 和 0.20%，可见中央国有控股上市公司集中分布在主板，其他板块分布相对较少。

报告年度，主板、中小企业板和创业板中央国有控股上市公司资产、负债均有不同程度上升。中小企业板和创业板资产增长较快，增长率分别为 103.68% 和 36.82%。从资产负债率来看，主板资产负债率为 86.88%，高于中小企业板、创业板和科创板。创业板中央国有控股上市公司平均资产负债率最低，仅为 45.05%。

从所有者权益平均值来看，平均值从高到低依次为主板、科创板、中小企业板和创业板，分别为 683.1 亿元、224.41 亿元、80.33 亿元和 19.34 亿元。从保值增值角度来看，中小企业板和创业板保值增值能力较强，所有者权益增长率分别为 77.85% 和 26.29%；主板中央国有控股上市公司所有者权益增长率同比增长 17.03%。中央国有控股上市公司分市场板块资产负债状况如表 3-32 所示。

表 3-32 中央国有控股上市公司分市场板块资产、负债分析表

类别	市场板块	资产总额（亿元）	负债总额（亿元）	所有者权益总额（亿元）	资产平均值（亿元）	负债平均值（亿元）	所有者权益平均值（亿元）	资产增长率（%）	负债增长率（%）	所有者权益增长率（%）
中央国有控股	主板	1691664.07	1469656.09	222007.98	5205.12	4522.02	683.10	16.59	16.52	17.03
	中小企业板	10295.98	6118.75	4177.23	198.00	117.67	80.33	103.68	126.10	77.85
	创业板	809.53	364.70	444.83	35.20	15.86	19.34	36.82	52.30	26.29
	科创板	1010.54	561.72	448.82	505.27	280.86	224.41	—	—	—
	合计	1703780.12	1476701.26	227078.86	4238.26	3673.39	564.87	16.97	16.81	18.03

类别	市场板块	资产总额（亿元）	负债总额（亿元）	所有者权益总额（亿元）	资产平均值（亿元）	负债平均值（亿元）	所有者权益平均值（亿元）	资产增长率（%）	负债增长率（%）	所有者权益增长率（%）
中央企业控股	主板	265201.66	169255.08	95946.59	1020.01	650.98	369.03	12.89	12.83	13.00
	中小企业板	9878.92	5911.22	3967.71	235.21	140.74	94.47	127.26	155.76	94.89
	创业板	524.77	230.19	294.58	34.98	15.35	19.64	37.33	39.92	35.36
	科创板	1010.54	561.72	448.82	505.27	280.86	224.41	—	—	—
	合计	276615.89	175958.20	100657.69	867.13	551.59	315.54	15.43	15.40	15.48
中央部委所属企业控股	主板	1426462.41	1300401.02	126061.39	21945.58	20006.17	1939.41	17.30	17.02	20.30
	中小企业板	417.06	207.53	209.53	41.71	20.75	20.95	-41.09	-47.47	-33.05
	创业板	284.76	134.51	150.25	35.59	16.81	18.78	35.89	79.47	11.62
	合计	1427164.23	1300743.06	126421.17	17194.75	15671.60	1523.15	17.27	17.00	20.13

资料来源：根据 Wind 数据库整理。

三、中央国有控股上市公司分市场板块盈利状况分析

从收入总额来看，主板、中小企业板、科创板和创业板分别为 219455.80 亿元、3858.87 亿元、443.99 亿元和 355.18 亿元，主板较高，创业板较低。从成本总额来看，主板、中小企业板、科创板和创业板分别为 195844.92 亿元、3429.87 亿元、397.66 亿元和 358.46 亿元，主板较高，创业板较低。中央国有控股上市公司净利润排名从高到低依次为主板、中小企业板、科创板和创业板，各板块净利润占比依次为 97.58%、2.20%、0.21% 和 0.02%。

从收入平均值来看，主板中央国有控股上市公司平均收入较高，平均值为 675.25 亿元；中小企业板和创业板收入水平较低。从收入增长率来看，中小企业板和创业板中央国有控股上市公司收入增速高于主板中央国有控股上市公司。

从成本平均值来看，从高到低依次为主板、科创板、中小企业板和创业板，平均成本为 497.59 亿元。中小企业板和创业板成本增长较快，主板的中央国有控股上市公司成本增长最慢。

从净利润平均值来看，平均值为 53.40 亿元，其中，主板平均净利润最高，达 64.46 亿元；其后为科创板、中小企业板和创业板，平均净利润分别为 22.16 亿元、9.06 亿元和 0.14 亿元。从净利润增长率来看，主板和中小企业板增速较快，增长率均大于 10%；而创业板出现下滑，增长率为 -88.18%。中央国有控股上市公司分市场板块盈利状况如表 3-33 所示。

表 3-33 中央国有控股上市公司分市场板块收入、成本、利润

类别	市场板块	收入总额（亿元）	成本总额（亿元）	净利润总额（亿元）	收入平均值（亿元）	成本平均值（亿元）	净利润平均值（亿元）	收入增长率（%）	成本增长率（%）	净利润增长率（%）
中央国有控股	主板	219455.80	195844.92	20947.92	675.25	602.60	64.46	14.51	13.05	12.83
	中小企业板	3858.87	3429.87	471.34	74.21	65.96	9.06	40.55	35.93	80.27
	创业板	355.18	358.46	3.31	15.44	15.59	0.14	42.21	58.46	-88.18
	科创板	443.99	397.66	44.33	221.99	198.83	22.16	—	—	—
	合计	224113.83	200030.91	21466.89	557.50	497.59	53.40	15.15	13.66	13.85

续表

类别	市场板块	收入总额（亿元）	成本总额（亿元）	净利润总额（亿元）	收入平均值（亿元）	成本平均值（亿元）	净利润平均值（亿元）	收入增长率（％）	成本增长率（％）	净利润增长率（％）
中央企业控股	主板	163229.38	156096.72	7121.27	627.81	600.37	27.39	10.83	11.34	5.08
	中小企业板	3478.08	3067.36	454.38	82.81	73.03	10.82	48.57	42.52	95.57
	创业板	224.26	207.34	19.82	14.95	13.82	1.32	38.67	45.46	2.38
	科创板	443.99	397.66	44.33	221.99	198.83	22.16	—	—	—
	合计	167375.71	159769.08	7639.80	524.69	500.84	23.95	11.74	12.13	8.70
中央部委所属企业控股	主板	56226.42	39748.20	13826.64	865.02	611.51	212.72	26.75	20.29	17.28
	中小企业板	380.79	362.51	16.96	38.08	36.25	1.70	−5.88	−2.30	−41.76
	创业板	130.92	151.12	−16.51	16.37	18.89	−2.06	48.71	80.59	−290.87
	平均	56738.12	40261.82	13827.09	683.59	485.08	166.59	26.50	20.19	16.91

资料来源：根据 Wind 数据库整理。

四、中央国有控股上市公司分市场板块期间费用分析

从期间费用总额来看，主板、中小企业板、创业板和科创板中央国有控股上市公司期间费用总额依次为23251.14亿元、458.88亿元、58.04亿元和36.53亿元。分项来看，主板、中小企业板、创业板和科创板中央国有控股上市公司销售费用分别为3891.48亿元、183.00亿元、22.35亿元和11.02亿元，主板中央国有控股上市公司明显高于其他板块。主板、中小企业板、创业板和科创板中央国有控股上市公司管理费用分别为17351.60亿元、207.02亿元、28.06亿元和26.94亿元，主板中央国有控股上市公司较高，创业板和科创板中央国有控股上市公司较低。主板、中小企业板、创业板和科创板中央国有控股上市公司财务费用分别为2325.95亿元、98.12亿元、7.63亿元和−1.44亿元，主板中央国有控股上市公司较高，创业板和科创板中央国有控股上市公司较低。整体来看，各市场板块中央国有控股上市公司管理费用总额高于销售费用和财务费用，因此中央国有控股上市公司期间费用管控的重点仍然是管理费用和销售费用。

从销售费用平均值来看，从高到低依次为主板、科创板、中小企业板和创业板中央国有控股上市公司销售费用平均值依次为13.24亿元、5.51亿元、3.66亿元和0.97亿元。报告年度，主板、中小企业板和创业板中央国有控股上市公司销售费用均有所增长，其中，创业板中央国有控股上市公司销售费用增长率最高，为73.66%，主板增长率最低，为10.43%。主板和中小企业板中央国有控股上市公司销售费用增长率均低于其销售收入增长率，表明销售费用整体处于可控状态。创业板中央国有控股上市公司销售费用增长率大于其销售收入增长率，需要强化销售费用管控。

从管理费用平均值来看，主板中央国有控股上市公司管理费用平均值为53.39亿元，高于科创板、中小企业板和创业板。从增长率来看，报告年度主板、中小企业板和创业板管理费用均有不同程度上升，其中中小企业板和创业板上升较多，分别上升41.55%和63.33%，创业板中央国有控股上市公司在管理费用管控力度上有待进一步加强。

从财务费用平均值来看，报告年度，主板、中小企业板、创业板和科创板中央国有控股上市公司财务费用平均值分别为7.58亿元、1.96亿元、0.33亿元和−0.72亿元。中小企业板、创业板和主板财务费用分别同比增长365.24%、161.30%和12.19%，中央国有控股上市公司分市场板块期间费用状况如表3-34所示。

表 3-34 中央国有控股上市公司分市场板块期间费用分析表

类别	市场板块	销售费用总额（亿元）	管理费用总额（亿元）	财务费用总额（亿元）	期间费用总额（亿元）	销售费用平均值（亿元）	管理费用平均值（亿元）	财务费用平均值（亿元）	期间费用平均值（亿元）	销售费用增长率（%）	管理费用增长率（%）	财务费用增长率（%）	期间费用增长率（%）
中央国有控股	主板	3891.48	17351.60	2325.95	23251.14	13.24	53.39	7.58	75.00	10.43	17.66	12.19	15.53
	中小企业板	183.00	207.02	98.12	458.88	3.66	3.98	1.96	9.18	15.59	41.55	365.24	43.49
	创业板	22.35	28.06	7.63	58.04	0.97	1.22	0.33	2.52	73.66	63.33	161.30	75.99
	科创板	11.02	26.94	-1.44	36.53	5.51	13.47	-0.72	18.26	—	—	—	—
中央企业控股	主板	3666.74	5024.18	2257.94	10636.01	14.79	19.32	8.72	43.06	9.25	4.04	12.42	6.62
	中小企业板	163.58	193.46	93.96	421.74	4.09	4.61	2.35	10.54	16.69	53.61	519.38	53.13
	创业板	11.89	16.71	3.52	32.12	0.79	1.11	0.23	2.14	81.25	65.94	79.59	72.78
	科创板	11.02	26.94	-1.44	36.53	5.51	13.47	-0.72	18.26	—	—	—	—
中央部委所属企业控股	主板	224.74	12327.43	68.01	12615.13	4.89	189.65	1.42	200.24	34.21	24.29	4.99	24.30
	中小企业板	19.41	13.57	4.16	37.14	1.94	1.36	0.42	3.71	7.00	-33.19	-29.73	-16.29
	创业板	10.45	11.36	4.11	25.91	1.31	1.42	0.51	3.24	65.61	59.77	323.71	80.06

资料来源：根据 Wind 数据库整理。

五、中央国有控股上市公司分市场板块现金流量分析

从经营活动现金净流量总额来看，主板、中小企业板、创业板和科创板中央国有控股上市公司经营活动现金净流量总额分别为32942.06亿元、595.05亿元、24.73亿元和38.17亿元，主板最高，创业板最低。投资活动现金净流量方面，从高到低依次为主板、中小企业板、科创板和创业板。筹资活动现金净流量方面，主板筹资活动现金净流量最多，达4934.03亿元，中小企业板中央国有控股上市公司筹资现金流为-41.39亿元。

从经营现金流量平均值来看，主板经营现金流量均值较高，其后为科创板、中小企业板和创业板。各市场板块经营现金流量增速从高到低依次为创业板、中小企业板和主板，经营现金流增速依次为934.73%、180.71%和-13.76%。

从投资现金流量平均值来看，报告年度，各市场板块均有投资净流出，其中主板投资金额最大，为115.99亿元；其次为科创板、中小企业板和创业板上市公司。从增长率来看，中小企业板投资现金流量增速最高，为86.29%，其后为创业板和主板。

从筹资现金流量平均值来看，中央国有控股上市公司平均筹资活动现金净流量为12.60亿元，其中，科创板为45.14亿元，高于其他市场板块。从增长率来看，中小企业板筹资活动现金净流量下降最大，筹资现金流增长率为-158.87%，而创业板和主板筹资现金流量增长率分别为-53.48%和-5.70%。各个板块负债增长的同时筹资现金流量却在下降，表明筹资活动现金流出也较大。中央国有控股上市公司分地区现金流量状况如表3-35所示。

表3-35　中央国有控股上市公司分市场板块现金流量分析表

类别	市场板块	经营现金流量总额（亿元）	投资现金流量总额（亿元）	筹资现金流量总额（亿元）	经营现金流量平均值（亿元）	投资现金流量平均值（亿元）	筹资现金流量平均值（亿元）	经营现金流量增长率（%）	投资现金流量增长率（%）	筹资现金流量增长率（%）
中央国有控股	主板	32942.06	-37696.01	4934.03	101.36	-115.99	15.37	-13.76	-12.47	-5.70
	中小企业板	595.05	-369.55	-41.39	11.44	-7.11	-0.80	180.71	-86.29	-158.87
	创业板	24.73	-41.56	20.55	1.08	-1.81	0.93	934.73	-20.60	-53.48
	科创板	38.17	-54.44	90.27	19.09	-27.22	45.14	—	—	—
	合计	33600.01	-38161.56	5003.46	83.58	-94.93	12.60	-12.53	-13.07	-6.42
中央企业控股	主板	14934.41	-12299.06	-2418.30	57.44	-47.30	-9.41	14.42	-6.02	-78.35
	中小企业板	575.96	-349.60	-48.51	13.71	-8.32	-1.16	201.72	-134.58	-246.64
	创业板	23.12	-33.37	20.79	1.54	-2.22	1.49	14350.00	7.00	-48.17
	科创板	38.17	-54.44	90.27	19.09	-27.22	45.14	—	—	—
	合计	15571.65	-12736.47	-2355.75	48.81	-39.93	-7.48	17.59	-8.07	-83.65
中央部委所属企业控股	主板	18007.65	-25396.94	7352.33	277.04	-390.72	114.88	-28.39	-15.88	11.60
	中小企业板	19.09	-19.96	7.12	1.91	-2.00	0.71	-9.48	59.55	-80.88
	创业板	1.61	-8.20	-0.24	0.20	-1.02	-0.03	-27.80	-677.46	-105.93
	合计	18028.36	-25425.09	7359.21	217.21	-306.33	89.75	-28.37	-15.76	11.01

资料来源：根据 Wind 数据库整理。

第五节　中央国有控股上市公司发展概况总结

一、中央国有控股上市公司发展概况总体分析总结

第一，分布行业范围广，制造业占比过半。报告年度，中央国有控股上市公司共有402家，占全部国有控股上市公司的35.61%。402家中央国有控股上市公司，共分布在55个行业门类中，占全部行业门类近67.90%；制造业上市公司数量最多，为207家，占比51.49%；其次是电力、热力生产和供应业，水的生产和供应业中央国有控股上市公司数量为31家，占比7.71%。

第二，规模体量较大，所有者权益增速高于国有控股上市公司平均水平。报告年度，中央国有控股上市公司总资产170.38万亿元，总负债147.67万亿元，所有者权益总额22.71万亿元，其均值均大于国有控股上市公司平均值，中央国有控股上市公司整体的规模体量更大。中央国有控股上市公司平均资产负债率为86.67%，中央企业控股上市公司平均资产负债率为63.61%，中央部委所属企业控股上市公司平均资产负债率为91.14%，同比均有所降低。

第三，利润水平及增速均快于一般国有控股上市公司。报告年度，中央国有控股上市公司平均净利润53.40亿元，约为国有控股上市公司的2.2倍。净利润同比增长13.85%，高于国有控股上市公司。细分来看，中央企业控股上市公司净利润增长率较低，为8.70%，中央部委所属企业控股上市公司达到16.91%。

第四，期间费用较高，增长率较快，需进一步强化管理费用和财务费用管控。中央国有控股上市公司销售费用、管理费用、财务费用总额分别为4107.85亿元、17613.63亿元、2430.26亿元，分别占国有控股上市公司总额的48.05%、80.51%和62.19%，中央国有控股上市公司管理费用和财务费用较高。中央国有控股上市公司期间费用增长率为16.25%，期间费用增长快于全部国有控股上市公司，主要是管理费用同比上升18.13%、财务费用同比上升15.87%所致。

第五，经营现金流量和筹资现金流量均有所下滑，但在融资方面情况相对好于一般国有控股上市公司。报告年度，中央国有控股上市公司经营现金流量、投资现金流量和筹资现金流量分别占全部国有控股上市公司的75.05%、83.94%和123.42%。中央国有控股上市公司经营活动现金净流量增长率低于国有控股上市公司的-6.24%。中央国有控股上市公司筹资现金流量增长率为-6.42%，下降幅度低于国有控股上市公司，说明中央国有控股上市公司融资能力和规模都超过国有控股上市公司的平均水平。

二、中央国有控股上市公司发展概况对比分析总结

第一，从行业分布来看。货币金融服务、土木工程建筑业、保险业，资产总额均超过5万亿元，上述行业负债总额也位居前三。46个行业所有者权益实现增长，而纺织服装、服饰业，汽车制造业，石油加工、炼焦及核燃料加工业等9个行业所有者权益同比下降。中央国有控股上市公司中，石油和天然气开采业、保险业、货币金融服务的平均收入总额位于前三，收入分别同比增长4.54%、33.75%和22.33%，表明这三个行业收入规模大，且仍保持较好的发展态势。52个行业净利润为正，教育、通用设备制造业、汽车制造业3个行业净利润为负。32个行

业净利润同比上升，有色金属冶炼和压延加工业、装卸搬运和运输代理业、开采辅助活动增速较快。23 个行业净利润同比下降，下降幅度较大的行业为公共设施管理业、通用设备制造业、汽车制造业，同比分别下降 88.34%、143.14% 和 161.56%，表明上述行业发展遇到较大瓶颈。特别是汽车制造业、教育、通用设备制造业销售净利率为负值，盈利能力垫底。货币金融服务期间费用总额较高，且增长率为 25.11%，在经营现金流量净额下降较大的情况下，货币金融服务应强化对业务管理费用的整体管控。经营现金流量同比上升的有 34 个行业，同比下降的行业有 21 个，降幅较大的行业为农副食品加工业、综合、渔业。

第二，从地区分布来看。资产负债方面，中央国有资产向北京、上海和广东一线城市集中的趋势更加明显。三地区的资产总额占全部中央国有控股上市公司的 95.91%，收入总额占全部中央国有控股上市公司的 92.16%。11 个地区的中央国有控股上市公司净利润同比下降。其中，河北、陕西、四川、山东、辽宁和江苏地区中央国有控股上市公司成本增长较快，而上海则收入、成本都有所降低。北京、广东和上海销售费用、管理费用、财务费用总额都较高，三者销售费用总额、管理费用总额和财务费用总额占全部中央国有控股上市公司的 82.13%、80.14% 和 75.63%。北京、广东和浙江平均销售费用居于前三。北京、天津和广东的平均管理费用较高。北京、辽宁和广西平均财务费用较高。

第三，分市场板块来看。中央国有控股上市公司绝大部分资产、负债和所有者权益集中分布在主板，其他板块相对较少。从保值增值情况来看，中小企业板和创业板保值增值能力较强，所有者权益增长率分别为 77.85% 和 26.29%；主板中央国有控股上市公司所有者权益增长率同比增长 17.03%。创业板中央国有控股上市公司净利润出现大幅度下滑，下降幅度为 88.18%。从三项费用来看，中央国有控股上市公司期间费用管控的重点仍然是管理费用和销售费用。主板和中小企业板上市公司销售费用增长率均低于其销售收入增长率，表明销售费用整体处于可控状态。创业板中央国有控股上市公司销售费用增长率大于其销售收入增长率，需要强化销售费用管控。

从经营活动现金净流量总额来看，主板中央国有控股上市公司经营活动现金净流量最大，创业板中央国有控股上市公司经营活动现金流最低。主板中央国有控股上市公司经营活动现金流出现下滑。中小企业板投资现金流量增速最高，主板最低。科创板中央国有控股上市公司经营现金流量平均值、投资现金流量平均值和筹资现金流量平均值均超过中小企业板和创业板，发展势头较好。

第四章　地方国有控股上市公司发展概况

报告年度，727 家地方国有控股上市公司总资产 20.41 万亿元，总负债 13.11 万亿元，共计实现营业收入 11.06 万亿元，实现净利润 5995.87 亿元，分别占国有控股上市公司的 10.70%、8.15%、33.04% 和 21.83%。从总资产和净利润总额的比例来看，地方国有控股上市公司的盈利能力较强。地方国有控股上市公司分布在 66 个重点行业领域中，其中，房地产业、制造业等行业占比较高。

第一节　地方国有控股上市公司整体状况

一、地方国有控股上市公司资产负债分析

报告年度，地方国有控股上市公司的资产总额为 20.41 万亿元，负债总额为 13.11 万亿元，较上一年度分别下降了 0.65 万亿元和 0.98 万亿元。所有者权益总额为 7.31 万亿元，比上一年度增加了 0.34 万亿元。资产、负债和所有者权益的标准差分别为 704.41 亿元、549.32 亿元和 204.29 亿元，说明不同类型公司之间这三个指标的差异较大。从增长率来看，总资产、总负债和所有者权益的增长率平均值分别为 -3.05%、-7.01% 和 4.97%，总资产和总负债都表现出负增长，且总负债的增长率平均值小于总资产和所有者权益的增长率。所有者权益的最小值为 -290.69 亿元，表明地方国有控股上市公司中有个别公司存在严重的资不抵债现象。

细分来看，地方国企控股上市公司的总资产为 17.47 万亿元，总负债为 10.97 万亿元，所有者权益为 6.50 万亿元。结合增长率来看，地方国企控股上市公司的总资产、总负债和所有者权益增长率平均值分别为 -3.96%、-8.23% 和 4.20%。可以看出，总负债增长率小于总资产增长率和所有者权益增长率，说明地方国企控股上市公司的负债总额较上一年度有所减少。相比而言，地方机构所属企业控股上市公司的总资产增长率（2.78%）和所有者权益增长率（11.61%）均为正值，说明这类公司的总资产和所有者权益较上一年度均有所增加；而总负债增长率为 -0.21%，则表明其负债规模略有减少。由此可见，地方机构所属企业控股上市公司的资产负债状况与上一年度相比有所改善。地方国有控股上市公司资产负债状况如表 4-1 所示。

二、地方国有控股上市公司盈利状况分析

地方国有控股上市公司的收入和成本分别为 11.06 万亿元和 10.52 万亿元，标准差分别为 455.84 亿元和 444.83 亿元，说明不同公司之间的收入和成本差异较大。净利润总额为 5995.87

亿元，标准差为 35.47 亿元，相比其他财务指标，净利润之间的差距较小。从增长率来看，收入、成本和净利润的增长率平均值分别为 7.29%、8.64% 和 -14.86%，收入的增长率低于成本的增长率，且净利润增长率呈现负增长，说明地方国有控股上市公司总体盈利能力有所下降，仍需重视成本控制。

表 4-1　地方国有控股上市公司资产、负债、所有者权益

类别	项目	总额 （亿元）	平均值 （亿元）	中位数 （亿元）	标准差 （亿元）	最小值 （亿元）	最大值 （亿元）	增长率 （%）
地方国有 控股	总资产	204148.10	280.81	89.31	704.41	1.40	10240.70	-3.05
	总负债	131064.14	180.28	43.53	549.32	0.49	9615.26	-7.01
	所有者权益	73083.96	100.53	40.80	204.29	-290.69	3008.40	4.97
地方国企 控股	总资产	174745.95	296.68	99.27	645.67	1.74	8493.33	-3.96
	总负债	109722.58	186.29	48.28	451.13	0.49	5484.94	-8.23
	所有者权益	65023.37	110.40	44.17	221.96	-290.69	3008.40	4.20
地方机构 所属企业 控股	总资产	29402.15	213.06	67.28	913.53	1.40	10240.70	2.78
	总负债	21341.56	154.65	29.82	851.32	0.76	9615.26	-0.21
	所有者权益	8060.59	58.41	33.51	86.57	-4.68	625.45	11.61
全部上市 公司	总资产	2805809.91	748.02	41.32	9400.64	0.42	301094.36	16.36
	总负债	2348571.17	626.12	15.95	8587.77	0.09	274174.33	16.56
	所有者权益	457243.64	121.90	23.48	867.42	-290.69	26920.03	15.31

资料来源：根据 Wind 数据库整理。

细分来看，地方国企控股上市公司收入（10.42 万亿元）、成本（9.92 万亿元）和净利润（5567.77 亿元）平均值均高于同期地方机构所属企业控股的上市公司（6347.98 亿元、5970.28 亿元和 428.10 亿元）。从增长率来看，地方国企控股上市公司的收入增长率（6.49%）低于成本增长率（7.93%），净利润增长率为 -15.47%，说明这类公司呈现盈利下滑的态势，仍需进一步加强增收节支工作。地方机构所属企业控股上市公司的收入增长率大于成本增长率，净利润增长率为 -6.17%，说明这类公司的营业收入增长略高于成本增长，经营状况有所改善，但净利润较上一年度仍有下降。从净利润最小值来看，地方国企控股上市公司和地方机构所属企业控股上市公司的最小值分别为 -466.62 亿元和 -30.47 亿元，表明这两类公司中均有处于较为严重亏损状态的公司。地方国有控股上市公司盈利状况如表 4-2 所示。

表 4-2　地方国有控股上市公司收入、成本、利润

类别	项目	总额 （亿元）	平均值 （亿元）	中位数 （亿元）	标准差 （亿元）	最小值 （亿元）	最大值 （亿元）	增长率 （%）
地方国有 控股	收入	110591.56	152.12	39.50	455.84	0.23	8433.24	7.29
	成本	105169.76	144.66	36.57	444.83	0.20	8338.82	8.64
	净利润	5995.87	8.25	2.26	35.47	-466.62	439.70	-14.86

续表

类别	项目	总额 （亿元）	平均值 （亿元）	中位数 （亿元）	标准差 （亿元）	最小值 （亿元）	最大值 （亿元）	增长率 （%）
地方国企 控股	收入	104243.58	176.98	43.54	502.08	0.24	8433.24	6.49
	成本	99199.48	168.42	42.32	490.11	0.83	8338.82	7.93
	净利润	5567.77	9.45	2.54	39.10	−466.62	439.70	−15.47
地方机构 所属企业 控股	收入	6347.98	46.00	22.46	72.18	0.23	633.97	22.27
	成本	5970.28	43.26	23.59	69.46	0.20	621.68	22.04
	净利润	428.10	3.10	1.57	8.58	−30.47	66.02	−6.17
全部上市 公司	收入	503881.05	134.33	20.71	844.14	−2.67	29661.93	11.52
	成本	460149.02	122.67	19.96	785.68	−7.62	28899.40	11.75
	净利润	41229.06	10.99	1.34	98.41	−466.62	3133.61	12.12

资料来源：根据 Wind 数据库整理。

三、地方国有控股上市公司期间费用分析

地方国有控股上市公司销售费用、管理费用和财务费用的总额分别为 4441.74 亿元、4265.24 亿元和 1477.54 亿元，标准差分别为 25.82 亿元、13.84 亿元和 5.16 亿元，不同公司销售费用和管理费用的差异较上一年度有所缩小。从增长率来看，销售费用的增长率为 6.40%，表明市场仍处于拓展状况；管理费用的增长率为 3.68%，说明地方国有控股上市公司的管理效率有待进一步提升；财务费用的增长率为-5.07%，表明公司的筹融资成本有所降低。

细分来看，地方国企控股上市公司的销售费用增长率、管理费用增长率和财务费用增长率分别为 3.51%、2.25% 和-6.04%，说明财务费用有所下降，即由筹融资活动产生的费用有所减少，这类公司的筹融资压力略有缓解。地方机构所属企业控股上市公司的销售费用增长率、管理费用增长率和财务费用增长率分别为 46.84%、15.30% 和 8.51%，说明这类公司仍然面临较高的管理成本和筹融资压力，比地方国企控股上市公司的情况更为严重。地方国有控股上市公司期间费用状况如表 4-3 所示。

表 4-3 地方国有控股上市公司期间费用分析表

类别	项目	总额 （亿元）	平均值 （亿元）	中位数 （亿元）	标准差 （亿元）	最小值 （亿元）	最大值 （亿元）	增长率 （%）
地方国有 控股	销售费用	4441.74	6.51	1.25	25.82	0.00	574.51	6.40
	管理费用	4265.24	5.87	2.09	13.84	0.04	223.08	3.68
	财务费用	1477.54	2.09	0.48	5.16	−24.27	57.62	−5.07
	期间费用	10029.14	14.35	5.14	37.40	0.08	797.83	3.18
地方国企 控股	销售费用	4032.71	7.27	1.36	28.39	0.00	574.51	3.51
	管理费用	3746.33	6.36	2.38	14.85	0.06	223.08	2.25
	财务费用	1364.82	2.38	0.55	5.54	−24.27	57.62	−6.04
	期间费用	9001.77	15.90	5.65	41.01	0.08	797.83	1.15

续表

类别	项目	总额 (亿元)	平均值 (亿元)	中位数 (亿元)	标准差 (亿元)	最小值 (亿元)	最大值 (亿元)	增长率 (%)
地方机构 所属企业 控股	销售费用	409.03	3.22	0.94	6.77	0.01	53.55	46.84
	管理费用	518.91	3.76	1.45	8.01	0.04	61.47	15.30
	财务费用	112.72	0.85	0.23	2.64	-2.81	23.46	8.51
	期间费用	1027.36	7.72	3.39	11.90	0.27	61.47	25.21
全部上市 公司	销售费用	17608.22	4.89	0.99	24.36	0.00	741.08	10.04
	管理费用	34916.16	9.31	1.29	79.47	0.04	1990.50	15.11
	财务费用	6072.56	1.66	0.17	7.93	-24.27	278.16	8.83
	期间费用	55963.95	15.28	3.09	85.65	-0.32	1990.50	8.71

资料来源：根据 Wind 数据库整理。

四、地方国有控股上市公司现金流量分析

地方国有控股上市公司的经营现金流量总额为 11169.79 亿元，平均增长率为 19.62%，表明通过经营活动获取的现金流量有所增加。投资现金流量和筹资现金流量的总额分别为-7301.21亿元和-949.38 亿元。从增长率来看，投资现金流量的增长率为-9.46%，说明可用于投资活动的现金流量有所减少。筹资现金流量的增长率为-30.16%，结合表 4-3 中的财务费用来看，说明目前地方国有控股上市公司所面临的筹资压力还在加剧，筹资现金流量仍然存在严重不足。

地方国企控股上市公司经营现金流量的总额为 9796.85 亿元，说明通过经营活动获取的现金流量较为充裕。投资现金流量和筹资现金流量的总额分别为-6774.45 亿元和-650.59 亿元，说明如何增加投资活动和筹资活动所需的现金流量是地方国企控股上市公司当前面临的一个挑战。从增长率来看，地方国企控股上市公司筹资现金流量的增长率较低，平均值为-25.46%，结合表 4-3 中的财务费用看，表明地方国企控股上市公司筹资方面仍面临较大压力。相比地方国企控股上市公司，地方机构所属企业控股上市公司的投资现金流量和筹资现金流量缺口较小，但筹资现金流量增长率为负值（-41.73%），表明地方机构所属企业控股上市公司通过筹资活动获取现金流量的增速有较大幅度的下降。地方机构所属企业控股上市公司的投资现金流量增长率为-1993.64%，说明这类公司的投资支出较多，例如，杭州银行（600926）2019 年度有-681 亿元的投资现金流。地方国有控股上市公司现金流状况如表 4-4 所示。

表 4-4 地方国有控股上市公司现金流量分析表

类别	项目	总额 (亿元)	平均值 (亿元)	中位数 (亿元)	标准差 (亿元)	最小值 (亿元)	最大值 (亿元)	增长率 (%)
地方国有 控股	经营现金流量	11169.79	15.36	3.82	49.32	-72.42	462.72	19.62
	投资现金流量	-7301.21	-10.07	-1.96	35.66	-474.16	43.70	-9.46
	筹资现金流量	-949.38	-1.31	-0.90	33.17	-321.92	356.69	-30.16
地方国企 控股	经营现金流量	9796.85	16.63	4.17	50.78	-72.42	462.72	12.32
	投资现金流量	-6774.45	-11.54	-2.06	38.85	-474.16	33.72	-1.95
	筹资现金流量	-650.59	-1.11	-1.04	33.50	-233.72	356.69	-25.46

续表

类别	项目	总额 （亿元）	平均值 （亿元）	中位数 （亿元）	标准差 （亿元）	最小值 （亿元）	最大值 （亿元）	增长率 （%）
地方机构 所属企业 控股	经营现金流量	1372.94	9.95	2.59	42.28	-27.05	452.94	123.20
	投资现金流量	-526.76	-3.82	-1.47	14.61	-143.79	43.70	-1993.64
	筹资现金流量	-298.79	-2.18	-0.56	31.79	-321.92	147.65	-41.73
全部上市 公司	经营现金流量	57013.39	15.20	1.92	228.75	-5880.09	6945.21	23.48
	投资现金流量	-59928.29	-15.99	-1.44	221.01	-8759.67	6023.37	-29.69
	筹资现金流量	12209.67	3.28	-0.33	108.20	-1018.41	3517.65	-9.31

资料来源：根据 Wind 数据库整理。

第二节　地方国有控股上市公司行业发展状况

一、地方国有控股上市公司行业分布状况

从地方国有控股上市公司的行业分布状况来看，数量排名前五位的行业分别是房地产业，化学原料及化学制品制造业，计算机、通信和其他电子设备制造业，批发业，零售业；而纺织服装、服饰业，建筑装饰和其他建筑业，装卸搬运和运输代理业，保险业，租赁业，研究和试验发展行业无地方国有控股的上市公司。

细分来看，地方国企控股上市公司所属行业排名前五位的分别是房地产业，化学原料及化学制品制造业，计算机、通信和其他电子设备制造业，零售业，批发业；纺织服装、服饰业，建筑装饰和其他建筑业，装卸搬运和运输代理业，保险业，租赁业，研究与试验发展，铁路运输业，仓储业，科技推广和应用服务业，文化艺术业无地方国企控股的上市公司。地方机构所属企业控股上市公司中，数量居前五位的行业分别是新闻和出版业，房地产业，电信、广播电视和卫星传输服务，计算机、通信和其他电子设备制造业，公共设施管理业；而纺织服装、服饰业，建筑装饰和其他建筑业，装卸搬运和运输代理业等 27 个行业无地方机构所属企业控股上市公司。教育为地方国有控股上市公司本年度新增行业，相应财务指标增长率暂无法计算，因此行业增长率分析中不涉及相关行业。地方国有控股上市公司分行业状况如表 4-5 所示。

表 4-5　地方国有控股上市公司行业分布

行业 代码	行业	地方国有控股		地方国企控股		地方机构所属企业控股	
		公司数量 （家）	比例（%）	公司数量 （家）	比例（%）	公司数量 （家）	比例（%）
A01	农业	5	0.69	5	0.85	—	—
A02	林业	2	0.28	1	0.17	1	0.72
A03	畜牧业	3	0.41	2	0.34	1	0.72
A04	渔业	1	0.14	1	0.17	—	—

续表

行业代码	行业	地方国有控股		地方国企控股		地方机构所属企业控股	
		公司数量（家）	比例（%）	公司数量（家）	比例（%）	公司数量（家）	比例（%）
A05	农、林、牧、渔服务业	1	0.14	1	0.17	—	—
B06	煤炭开采和洗选业	19	2.61	19	3.23	—	—
B07	石油和天然气开采业	1	0.14	1	0.17	—	—
B08	黑色金属矿采选业	3	0.41	3	0.51	—	—
B09	有色金属矿采选业	7	0.96	7	1.19	—	—
B11	开采辅助活动	2	0.28	1	0.17	1	0.72
C13	农副食品加工业	8	1.10	4	0.68	4	2.90
C14	食品制造业	14	1.93	12	2.04	2	1.45
C15	酒、饮料和精制茶制造业	19	2.61	15	2.55	4	2.90
C17	纺织业	7	0.96	5	0.85	2	1.45
C18	纺织服装、服饰业	—	—	—	—	—	—
C20	木材加工和木、竹、藤、棕、草制品业	1	0.14	1	0.17	—	—
C21	家具制造业	1	0.14	1	0.17	—	—
C22	造纸及纸制品业	6	0.83	6	1.02	—	—
C23	印刷和记录媒介复制业	1	0.14	1	0.17	—	—
C24	文教、工美、体育和娱乐用品制造业	1	0.14	1	0.17	—	—
C25	石油加工、炼焦及核燃料加工业	5	0.69	5	0.85	—	—
C26	化学原料及化学制品制造业	43	5.91	40	6.79	3	2.17
C27	医药制造业	28	3.85	23	3.90	5	3.62
C28	化学纤维制造业	6	0.83	5	0.85	1	0.72
C29	橡胶和塑料制品业	7	0.96	6	1.02	1	0.72
C30	非金属矿物制品业	14	1.93	12	2.04	2	1.45
C31	黑色金属冶炼和压延加工业	16	2.20	15	2.55	1	0.72
C32	有色金属冶炼和压延加工业	14	1.93	10	1.70	4	2.90
C33	金属制品业	4	0.55	3	0.51	1	0.72
C34	通用设备制造业	25	3.44	21	3.57	4	2.90
C35	专用设备制造业	25	3.44	21	3.57	4	2.90
C36	汽车制造业	20	2.75	18	3.06	2	1.45
C37	铁路、船舶、航空航天和其他运输设备制造业	1	0.14	1	0.17	—	—
C38	电气机械和器材制造业	18	2.48	16	2.72	2	1.45
C39	计算机、通信和其他电子设备制造业	34	4.68	28	4.75	6	4.35

行业代码	行业	地方国有控股		地方国企控股		地方机构所属企业控股	
		公司数量（家）	比例（%）	公司数量（家）	比例（%）	公司数量（家）	比例（%）
C40	仪器仪表制造业	1	0.14	1	0.17	—	—
C41	其他制造业	4	0.55	4	0.68	—	—
C42	废弃资源综合利用业	1	0.14	1	0.17	—	—
D44	电力、热力生产和供应业	27	3.71	22	3.74	5	3.62
D45	燃气生产和供应业	11	1.51	10	1.70	1	0.72
D46	水的生产和供应业	12	1.65	9	1.53	3	2.17
E47	房屋建筑业	2	0.28	1	0.17	1	0.72
E48	土木工程建筑业	21	2.89	19	3.23	2	1.45
E50	建筑装饰和其他建筑业	—	—	—	—	—	—
F51	批发业	30	4.13	27	4.58	3	2.17
F52	零售业	30	4.13	28	4.75	2	1.45
G53	铁路运输业	1	0.14	—	—	1	0.72
G54	道路运输业	28	3.85	24	4.07	4	2.90
G55	水上运输业	17	2.34	15	2.55	2	1.45
G56	航空运输业	5	0.69	4	0.68	1	0.72
G58	装卸搬运和运输代理业	—	—	—	—	—	—
G59	仓储业	1	0.14	—	—	1	0.72
H61	住宿业	5	0.69	5	0.85	—	—
H62	餐饮业	2	0.28	1	0.17	1	0.72
I63	电信、广播电视和卫星传输服务	9	1.24	2	0.34	7	5.07
I64	互联网和相关服务	3	0.41	2	0.34	1	0.72
I65	软件和信息技术服务业	10	1.38	9	1.53	1	0.72
J66	货币金融服务	3	0.41	1	0.17	2	1.45
J67	资本市场服务	19	2.61	15	2.55	4	2.90
J68	保险业	—	—	—	—	—	—
J69	其他金融业	3	0.41	3	0.51	—	—
K70	房地产业	49	6.74	41	6.96	8	5.80
L71	租赁业	—	—	—	—	—	—
L72	商务服务业	15	2.06	10	1.70	5	3.62
M73	研究和试验发展	—	—	—	—	—	—
M74	专业技术服务业	6	0.83	6	1.02	—	—
M75	科技推广和应用服务业	1	0.14	—	—	1	0.72
N77	生态保护和环境治理业	4	0.55	3	0.51	1	0.72
N78	公共设施管理业	10	1.38	4	0.68	6	4.35
P82	教育	1	0.14	1	0.17	—	—

续表

行业代码	行业	地方国有控股		地方国企控股		地方机构所属企业控股	
		公司数量（家）	比例（%）	公司数量（家）	比例（%）	公司数量（家）	比例（%）
R85	新闻和出版业	16	2.20	4	0.68	12	8.70
R86	广播、电视、电影和影视录音制作业	7	0.96	2	0.34	5	3.62
R87	文化艺术业	1	0.14	—	—	1	0.72
S90	综合	10	1.38	4	0.68	6	4.35
	合计	727	100.00	589	100.00	138	100.00

资料来源：根据 Wind 数据库整理。

二、地方国有控股上市公司分行业资产负债分析

从行业分布状况来看，地方国有控股上市公司中，资产总额排名前三位的行业分别是资本市场服务、房地产业、汽车制造业，排名后三位的行业是铁路、船舶、航空航天和其他运输设备制造业，印刷和记录媒介复制业，科技推广和应用服务业；负债总额居前三位的行业分别是资本市场服务、房地产业、货币金融服务，居后三位的行业分别是铁路、船舶、航空航天和其他运输设备制造业，铁路运输业，科技推广和应用服务业；所有者权益总额排名居前三位的行业分别是汽车制造业、资本市场服务、房地产业，居后三位的行业分别是家具制造业、印刷和记录媒介复制业、科技推广和应用服务业。

从增长率来看，地方国有控股上市公司中，资产增长率排名前三位的行业分别为互联网和相关服务、其他金融业、软件和信息技术服务业，排名后三位的行业分别是科技推广和应用服务业、房地产业、货币金融服务；负债增长率居前三位的行业分别是其他金融业、软件和信息技术服务业、纺织业，居后三位的行业分别是仓储业、货币金融服务、铁路运输业；所有者权益增长率排名前三位的行业分别是互联网和相关服务、生态保护和环境治理业、其他金融业，居后三位的行业分别是房地产业、家具制造业、货币金融服务（见表4-6）。此外，本书还单独描述了地方国企控股和地方机构所属企业控股上市公司分行业的资产、负债和所有者权益状况，详情如表4-7和表4-8所示。

表4-6　分行业地方国有控股上市公司资产、负债、所有者权益

行业	资产总额（亿元）	负债总额（亿元）	所有者权益总额（亿元）	资产平均值（亿元）	负债平均值（亿元）	所有者权益平均值（亿元）	资产增长率（%）	负债增长率（%）	所有者权益增长率（%）
农业	309.53	143.74	165.79	61.91	28.75	33.16	4.35	9.93	-0.05
林业	52.87	40.93	11.94	26.44	20.47	5.97	0.42	-1.52	7.76
畜牧业	110.27	61.59	48.68	36.76	20.53	16.23	-6.52	-11.25	0.25
渔业	25.74	7.57	18.17	25.74	7.57	18.17	11.57	18.10	9.13
农、林、牧、渔服务业	26.04	8.55	17.50	26.04	8.55	17.50	6.59	4.40	7.76
煤炭开采和洗选业	8573.92	4910.23	3663.69	451.26	258.43	192.83	13.52	15.61	10.83

续表

行业	资产总额（亿元）	负债总额（亿元）	所有者权益总额（亿元）	资产平均值（亿元）	负债平均值（亿元）	所有者权益平均值（亿元）	资产增长率（%）	负债增长率（%）	所有者权益增长率（%）
石油和天然气开采业	88.03	43.82	44.21	88.03	43.82	44.21	10.33	8.22	12.52
黑色金属矿采选业	186.21	41.26	144.95	62.07	13.75	48.32	4.02	-12.81	10.07
有色金属矿采选业	2551.65	1357.32	1194.33	364.52	193.90	170.62	-1.13	-1.28	-0.96
开采辅助活动	119.08	63.46	55.62	59.54	31.73	27.81	79.50	100.06	60.66
农副食品加工业	399.48	197.47	202.01	49.94	24.68	25.25	3.26	-6.73	15.33
食品制造业	930.56	419.01	511.55	66.47	29.93	36.54	13.29	11.02	15.21
酒、饮料和精制茶制造业	5318.10	1635.20	3682.90	279.90	86.06	193.84	14.89	16.58	14.15
纺织业	1046.60	856.21	190.39	149.51	122.32	27.20	136.87	260.77	-6.91
木材加工和木、竹、藤、棕、草制品业	65.89	24.26	41.63	65.89	24.26	41.63	-0.59	-31.91	35.82
家具制造业	25.77	19.73	6.04	25.77	19.73	6.04	-7.60	1.13	-27.84
造纸及纸制品业	1132.70	782.17	350.53	188.78	130.36	58.42	-8.63	-10.48	-4.22
印刷和记录媒介复制业	9.78	3.95	5.84	9.78	3.95	5.84	—	—	—
文教、工美、体育和娱乐用品制造业	44.71	10.45	34.25	44.71	10.45	34.25	2.17	-0.48	2.98
石油加工、炼焦及核燃料加工业	521.04	236.59	284.45	104.21	47.32	56.89	0.43	-7.74	8.41
化学原料及化学制品制造业	5827.01	3886.90	1940.11	135.51	90.39	45.12	-15.02	-10.57	-22.71
医药制造业	2517.18	1127.89	1389.29	89.90	40.28	49.62	11.59	8.98	13.79
化学纤维制造业	460.62	257.62	203.00	76.77	42.94	33.83	12.21	17.93	5.71
橡胶和塑料制品业	418.90	195.98	222.92	59.84	28.00	31.85	26.28	11.96	42.28
非金属矿物制品业	6481.24	3366.10	3115.14	462.95	240.44	222.51	11.21	5.03	18.75
黑色金属冶炼和压延加工业	10257.49	6443.72	3813.77	641.09	402.73	238.36	-5.24	-8.08	-0.03
有色金属冶炼和压延加工业	3884.75	2305.66	1579.10	277.48	164.69	112.79	16.50	18.41	13.81
金属制品业	86.05	28.14	57.91	21.51	7.04	14.48	17.12	12.97	19.23
通用设备制造业	4940.69	3087.72	1852.97	197.63	123.51	74.12	16.91	16.36	17.85
专用设备制造业	3120.34	1918.87	1201.46	124.81	76.75	48.06	23.69	22.96	24.89
汽车制造业	16858.87	10607.72	6251.15	842.94	530.39	312.56	11.86	12.61	10.62
铁路、船舶、航空航天和其他运输设备制造业	18.38	3.79	14.59	18.38	3.79	14.59	3.96	4.99	3.62
电气机械和器材制造业	4629.54	2826.59	1802.95	257.20	157.03	100.16	12.86	8.68	20.10
计算机、通信和其他电子设备制造业	6980.22	3938.26	3041.96	205.30	115.83	89.47	17.65	16.44	19.27
仪器仪表制造业	50.83	26.42	24.41	50.83	26.42	24.41	0.69	-4.34	6.83
其他制造业	340.66	182.85	157.81	85.16	45.71	39.45	1.39	-1.89	5.49
废弃资源综合利用业	103.95	53.61	50.35	103.95	53.61	50.35	6.68	5.99	7.45
电力、热力生产和供应业	8120.89	4396.18	3724.71	300.77	162.82	137.95	1.76	-1.12	5.38
燃气生产和供应业	1783.01	966.52	816.49	162.09	87.87	74.23	14.32	13.83	14.91
水的生产和供应业	2322.26	1273.90	1048.36	193.52	106.16	87.36	8.33	11.62	4.59

行业	资产总额（亿元）	负债总额（亿元）	所有者权益总额（亿元）	资产平均值（亿元）	负债平均值（亿元）	所有者权益平均值（亿元）	资产增长率（%）	负债增长率（%）	所有者权益增长率（%）
房屋建筑业	777.26	662.16	115.10	388.63	331.08	57.55	7.16	5.07	20.98
土木工程建筑业	8751.34	7003.14	1748.19	416.73	333.48	83.25	30.79	32.32	24.98
批发业	8455.85	5928.59	2527.26	281.86	197.62	84.24	16.15	19.36	9.25
零售业	4176.66	2494.01	1682.65	139.22	83.13	56.09	7.54	8.96	5.49
铁路运输业	52.82	3.08	49.75	52.82	3.08	49.75	-8.51	-63.55	0.93
道路运输业	5150.84	2721.19	2429.64	183.96	97.19	86.77	11.68	13.75	9.45
水上运输业	4974.10	1884.13	3089.97	292.59	110.83	181.76	1.70	-5.54	6.68
航空运输业	2772.91	1502.28	1270.63	554.58	300.46	254.13	-1.25	-1.31	-1.19
仓储业	28.26	5.84	22.42	28.26	5.84	22.42	-9.68	-43.74	7.22
住宿业	705.51	394.80	310.71	141.10	78.96	62.14	-1.78	-6.74	5.36
餐饮业	31.02	9.07	21.95	15.51	4.53	10.98	-5.83	-11.34	-3.35
电信、广播电视和卫星传输服务	1364.70	519.80	844.90	151.63	57.76	93.88	10.54	9.90	10.94
互联网和相关服务	154.92	50.18	104.74	51.64	16.73	34.91	482.63	203.94	940.12
软件和信息技术服务业	411.38	185.51	225.86	41.14	18.55	22.59	164.04	275.45	112.27
货币金融服务	13707.16	12725.07	982.09	4569.05	4241.69	327.36	-46.51	-46.43	-47.56
资本市场服务	24420.16	18311.88	6108.28	1285.27	963.78	321.49	24.50	29.52	11.53
其他金融业	400.13	159.28	240.84	133.38	53.09	80.28	225.87	754.51	131.24
房地产业	20205.84	15292.61	4913.23	412.36	312.09	100.27	-39.18	-42.25	-27.16
商务服务业	2342.11	1398.54	943.57	156.14	93.24	62.90	14.64	13.95	15.67
专业技术服务业	528.04	388.34	139.71	88.01	64.72	23.28	37.86	36.38	42.14
科技推广和应用服务业	2.68	1.54	1.14	2.68	1.54	1.14	-21.87	-34.47	5.56
生态保护和环境治理业	655.54	412.45	243.09	163.88	103.11	60.77	156.36	169.38	136.93
公共设施管理业	280.49	96.03	184.46	28.05	9.60	18.45	5.69	9.85	3.65
教育	37.05	15.53	21.52	37.05	15.53	21.52	—	—	—
新闻和出版业	1752.98	604.41	1148.57	109.56	37.78	71.79	0.60	6.70	-2.34
广播、电视、电影和影视录音制作业	480.77	176.90	303.87	68.68	25.27	43.41	15.25	28.99	8.51
文化艺术业	170.78	82.58	88.20	170.78	82.58	88.20	—	—	—
综合	615.94	277.23	338.71	61.59	27.72	33.87	2.42	-9.38	14.63

资料来源：根据 Wind 数据库整理。

表4-7 分行业地方国企控股上市公司资产、负债、所有者权益

行业	资产总额（亿元）	负债总额（亿元）	所有者权益总额（亿元）	资产平均值（亿元）	负债平均值（亿元）	所有者权益平均值（亿元）	资产增长率（%）	负债增长率（%）	所有者权益增长率（%）
农业	309.53	143.74	165.79	61.91	28.75	33.16	4.35	9.93	-0.05
林业	36.14	31.72	4.42	36.14	31.72	4.42	1.52	-1.25	27.01
畜牧业	26.82	8.18	18.64	13.41	4.09	9.32	-1.83	-5.98	0.16

续表

行业	资产总额 （亿元）	负债总额 （亿元）	所有者 权益总额 （亿元）	资产 平均值 （亿元）	负债 平均值 （亿元）	所有者权益 平均值 （亿元）	资产 增长率 （%）	负债 增长率 （%）	所有者权益 增长率 （%）
渔业	25.74	7.57	18.17	25.74	7.57	18.17	11.57	18.10	9.13
农、林、牧、渔服务业	26.04	8.55	17.5	26.04	8.55	17.50	6.59	4.40	7.76
煤炭开采和洗选业	8573.92	4910.23	3663.69	451.26	258.43	192.83	13.52	15.61	10.83
石油和天然气开采业	88.03	43.82	44.21	88.03	43.82	44.21	10.33	8.22	12.52
黑色金属矿采选业	186.21	41.26	144.95	62.07	13.75	48.32	4.02	-12.81	10.07
有色金属矿采选业	2551.65	1357.32	1194.33	364.52	193.90	170.62	-1.13	-1.28	-0.96
开采辅助活动	41.73	23.28	18.46	41.73	23.28	18.46	—	—	—
农副食品加工业	205.47	103.67	101.8	51.37	25.92	25.45	-6.69	-6.79	-6.59
食品制造业	866.46	397.82	468.63	72.20	33.15	39.05	22.18	17.02	26.93
酒、饮料和精制茶制造业	4960.90	1532.62	3428.28	330.73	102.17	228.55	15.39	16.94	14.71
纺织业	875.52	770.76	104.76	175.10	154.15	20.95	226.13	425.94	-14.07
木材加工和木、竹、藤、棕、草制品业	65.89	24.26	41.63	65.89	24.26	41.63	-0.59	-31.91	35.82
家具制造业	25.77	19.73	6.04	25.77	19.73	6.04	-7.60	1.13	-27.84
造纸及纸制品业	1132.70	782.17	350.53	188.78	130.36	58.42	-8.63	-10.48	-4.22
印刷和记录媒介复制业	9.78	3.95	5.84	9.78	3.95	5.84	—	—	—
文教、工美、体育和娱乐用品制造业	44.71	10.45	34.25	44.71	10.45	34.25	2.17	-0.48	2.98
石油加工、炼焦及核燃料加工业	521.04	236.59	284.45	104.21	47.32	56.89	0.43	-7.74	8.41
化学原料及化学制品制造业	5766.00	3872.25	1893.75	144.15	96.81	47.34	-15.49	-10.78	-23.72
医药制造业	2215.03	967.16	1247.87	96.31	42.05	54.26	12.04	11.00	12.85
化学纤维制造业	379.32	214.08	165.23	75.86	42.82	33.05	14.35	21.40	6.34
橡胶和塑料制品业	377.57	180.69	196.88	62.93	30.12	32.81	38.14	27.11	50.08
非金属矿物制品业	6396.27	3333.86	3062.41	533.02	277.82	255.20	9.75	4.03	16.74
黑色金属冶炼和压延加工业	8786.63	5582.67	3203.96	585.78	372.18	213.60	-5.89	-7.70	-2.57
有色金属冶炼和压延加工业	3452.16	2084.04	1368.12	345.22	208.40	136.81	17.88	20.09	14.65
金属制品业	77.27	26.45	50.82	25.76	8.82	16.94	5.17	6.18	4.63
通用设备制造业	4829.24	3037.28	1791.97	229.96	144.63	85.33	16.75	16.24	17.63
专用设备制造业	2902.38	1791.30	1111.09	138.21	85.30	52.91	15.74	15.43	16.24
汽车制造业	16653.77	10479.56	6174.21	925.21	582.20	343.01	12.06	12.83	10.78
铁路、船舶、航空航天和其他运输设备制造业	18.38	3.79	14.59	18.38	3.79	14.59	3.96	4.99	3.62
电气机械和器材制造业	4580.06	2810.53	1769.52	286.25	175.66	110.60	11.93	8.32	18.18
计算机、通信和其他电子设备制造业	6664.82	3740.62	2924.21	238.03	133.59	104.44	13.51	11.47	16.23
仪器仪表制造业	50.83	26.42	24.41	50.83	26.42	24.41	0.69	-4.34	6.83
其他制造业	340.66	182.85	157.81	85.16	45.71	39.45	1.39	-1.89	5.49
废弃资源综合利用业	103.95	53.61	50.35	103.95	53.61	50.35	6.68	5.99	7.45
电力、热力生产和供应业	7501.42	4016.87	3484.54	340.97	182.59	158.39	1.73	-1.34	5.52

行业	资产总额（亿元）	负债总额（亿元）	所有者权益总额（亿元）	资产平均值（亿元）	负债平均值（亿元）	所有者权益平均值（亿元）	资产增长率（%）	负债增长率（%）	所有者权益增长率（%）
燃气生产和供应业	1761.70	961.42	800.28	176.17	96.14	80.03	14.40	13.73	15.22
水的生产和供应业	2080.32	1153.88	926.44	231.15	128.21	102.94	6.90	9.00	4.41
房屋建筑业	718.45	614.4	104.05	718.45	614.40	104.05	4.11	1.78	20.40
土木工程建筑业	8577.99	6877.87	1700.12	451.47	361.99	89.48	28.23	29.98	21.59
批发业	8044.90	5681.91	2362.99	297.96	210.44	87.52	15.15	18.62	7.60
零售业	4024.06	2401.55	1622.51	143.72	85.77	57.95	6.94	7.96	5.47
道路运输业	4157.59	2093.70	2063.89	173.23	87.24	86.00	16.08	20.10	12.28
水上运输业	4618.09	1731.83	2886.26	307.87	115.46	192.42	0.51	−7.42	5.95
航空运输业	2522.84	1416.90	1105.94	630.71	354.22	276.49	−0.58	0.56	−2.00
住宿业	705.51	394.8	310.71	141.10	78.96	62.14	−1.78	−6.74	5.36
餐饮业	19.98	4.23	15.75	19.98	4.23	15.75	−39.34	−58.65	−30.65
电信、广播电视和卫星传输服务	670.91	203.01	467.9	335.45	101.50	233.95	9.58	3.68	12.35
互联网和相关服务	42.98	28.83	14.15	21.49	14.41	7.08	61.64	74.62	40.52
软件和信息技术服务业	398.21	179.16	219.05	44.25	19.91	24.34	175.48	304.61	118.46
货币金融服务	683.63	563.66	119.97	683.63	563.66	119.97	−94.18	−94.80	−86.99
资本市场服务	21071.83	15784.61	5287.22	1404.79	1052.31	352.48	32.93	39.60	16.36
其他金融业	400.13	159.28	240.84	133.38	53.09	80.28	225.87	754.51	131.24
房地产业	18887.11	14422.98	4464.12	460.66	351.78	108.88	−41.27	−44.09	−29.83
商务服务业	1865.37	1197.63	667.74	186.54	119.76	66.77	14.18	12.43	17.46
专业技术服务业	528.04	388.34	139.71	88.01	64.72	23.28	37.86	36.38	42.14
生态保护和环境治理业	518.83	310.71	208.12	172.94	103.57	69.37	245.24	303.68	183.89
公共设施管理业	103.93	19.84	84.09	25.98	4.96	21.02	−25.26	−43.31	−19.18
教育	37.05	15.53	21.52	37.05	15.53	21.52	—	—	—
新闻和出版业	262.35	91.99	170.36	65.59	23.00	42.59	10.55	20.69	5.75
广播、电视、电影和影视录音制作业	146.38	56.89	89.49	73.19	28.44	44.75	14.35	41.13	2.04
综合	227.93	105.94	122	56.98	26.48	30.50	−46.74	−49.44	−44.14

资料来源：根据 Wind 数据库整理。

表 4-8 分行业地方机构所属企业控股上市公司资产、负债、所有者权益

行业	资产总额（亿元）	负债总额（亿元）	所有者权益总额（亿元）	资产平均值（亿元）	负债平均值（亿元）	所有者权益平均值（亿元）	资产增长率（%）	负债增长率（%）	所有者权益增长率（%）
林业	16.73	9.21	7.52	16.73	9.21	7.52	−1.88	−2.44	−1.18
畜牧业	83.45	53.41	30.03	83.45	53.41	30.03	−7.93	−12.01	0.30
开采辅助活动	77.35	40.18	37.17	77.35	40.18	37.17	16.60	26.67	7.37
农副食品加工业	194.01	93.80	100.21	48.50	23.45	25.05	16.40	−6.67	51.42
食品制造业	64.10	21.18	42.91	32.05	10.59	21.46	−42.90	−43.47	−42.63

行业	资产总额（亿元）	负债总额（亿元）	所有者权益总额（亿元）	资产平均值（亿元）	负债平均值（亿元）	所有者权益平均值（亿元）	资产增长率（%）	负债增长率（%）	所有者权益增长率（%）
酒、饮料和精制茶制造业	357.20	102.59	254.62	89.30	25.65	63.65	8.36	11.38	7.19
纺织业	171.07	85.45	85.63	85.54	42.72	42.81	-1.34	-5.87	3.66
化学原料及化学制品制造业	61.01	14.65	46.36	20.34	4.88	15.45	79.86	130.71	68.15
医药制造业	302.15	160.73	141.42	60.43	32.15	28.28	8.38	-1.78	22.84
化学纤维制造业	81.30	43.53	37.77	81.30	43.53	37.77	3.20	3.37	3.00
橡胶和塑料制品业	41.32	15.29	26.03	41.32	15.29	26.03	-29.26	-53.53	2.04
非金属矿物制品业	84.97	32.24	52.73	42.48	16.12	26.37	—	—	—
黑色金属冶炼和压延加工业	1470.87	861.05	609.81	1470.87	861.05	609.81	-1.15	-10.43	15.78
有色金属冶炼和压延加工业	432.59	221.62	210.97	108.15	55.40	52.74	6.54	4.62	8.64
金属制品业	8.78	1.69	7.09	8.78	1.69	7.09	—	—	—
通用设备制造业	111.45	50.45	61.00	27.86	12.61	15.25	24.50	24.29	24.67
专用设备制造业	217.95	127.58	90.38	54.49	31.89	22.59	1354.94	1349.77	1362.46
汽车制造业	205.10	128.16	76.94	102.55	64.08	38.47	-2.21	-2.88	-1.08
电气机械和器材制造业	49.48	16.06	33.42	24.74	8.03	16.71	393.32	159.87	768.05
计算机、通信和其他电子设备制造业	315.40	197.64	117.76	52.57	32.94	19.63	416.37	644.69	240.94
电力、热力生产和供应业	619.47	379.31	240.16	123.89	75.86	48.03	2.09	1.29	3.38
燃气生产和供应业	21.30	5.10	16.20	21.30	5.10	16.20	7.96	36.36	1.31
水的生产和供应业	241.94	120.02	121.92	80.65	40.01	40.64	22.41	45.29	5.98
房屋建筑业	58.81	47.76	11.05	58.81	47.76	11.05	66.93	80.16	26.72
土木工程建筑业	173.35	125.27	48.08	86.67	62.64	24.04	12022.38	13665.93	9146.15
批发业	410.95	246.69	164.27	136.98	82.23	54.76	39.86	39.66	40.16
零售业	152.59	92.46	60.13	76.30	46.23	30.07	25.99	43.64	5.97
铁路运输业	52.82	3.08	49.75	52.82	3.08	49.75	-8.51	-63.55	0.93
道路运输业	993.25	627.49	365.75	248.31	156.87	91.44	-3.61	-3.30	-4.16
水上运输业	356.01	152.30	203.71	178.00	76.15	101.85	20.14	22.89	18.15
航空运输业	250.07	85.39	164.69	250.07	85.39	164.69	-7.60	-24.59	4.62
仓储业	28.26	5.84	22.42	28.26	5.84	22.42	-9.68	-43.74	7.22
餐饮业	11.04	4.83	6.20	11.04	4.83	6.20	—	—	—
电信、广播电视和卫星传输服务	693.79	316.79	377.00	99.11	45.26	53.86	11.49	14.29	9.24
互联网和相关服务	111.93	21.35	90.58	111.93	21.35	90.58	—	—	—
软件和信息技术服务业	13.17	6.35	6.82	13.17	6.35	6.82	17.07	23.78	11.44
货币金融服务	13023.53	12161.41	862.12	6511.76	6080.70	431.06	-6.12	-5.88	-9.28
资本市场服务	3348.33	2527.27	821.06	837.08	631.82	205.26	-11.04	-10.73	-12.00
房地产业	1318.74	869.63	449.11	164.84	108.70	56.14	23.73	27.51	17.01
商务服务业	476.74	200.91	275.83	95.35	40.18	55.17	16.47	23.96	11.55
科技推广和应用服务业	2.68	1.54	1.14	2.68	1.54	1.14	-21.87	-34.47	5.56
生态保护和环境治理业	136.71	101.74	34.97	136.71	101.74	34.97	29.68	33.64	19.39

续表

行业	资产总额（亿元）	负债总额（亿元）	所有者权益总额（亿元）	资产平均值（亿元）	负债平均值（亿元）	所有者权益平均值（亿元）	资产增长率（%）	负债增长率（%）	所有者权益增长率（%）
公共设施管理业	176.56	76.19	100.37	29.43	12.70	16.73	39.75	45.35	35.78
新闻和出版业	1490.64	512.42	978.21	124.22	42.70	81.52	-0.97	4.52	-3.63
广播、电视、电影和影视录音制作业	334.39	120.02	214.37	66.88	24.00	42.87	15.64	23.95	11.47
文化艺术业	170.78	82.58	88.20	170.78	82.58	88.20	—	—	—
综合	388.01	171.30	216.71	64.67	28.55	36.12	123.68	77.72	181.19

资料来源：根据 Wind 数据库整理。

三、地方国有控股上市公司分行业盈利状况分析

地方国有控股上市公司中，收入总额排名前三位的行业是汽车制造业、批发业、黑色金属冶炼和压延加工业，排名后三位的行业是家具制造业、印刷和记录媒介复制业、科技推广和应用服务业；成本总额居前三位的行业分别是汽车制造业、批发业、黑色金属冶炼和压延加工业，居后三位的行业分别是铁路运输业、印刷和记录媒介复制业、科技推广和应用服务业；净利润总额排名前三位的行业分别是酒、饮料和精制茶制造业，汽车制造业，非金属矿物制品业，排名后三位的行业分别是畜牧业、家具制造业、化学原料及化学制品制造业。

从增长率来看，地方国有控股上市公司中，收入增长率居前三位的行业分别是其他金融业、互联网和相关服务、生态保护和环境治理业，居后三位的行业分别是石油和天然气开采业、货币金融服务、房地产业；成本增长率排名前三位的行业分别为其他金融业、互联网和相关服务、生态保护和环境治理业，排名后三位的行业分别为房地产业、货币金融服务、家具制造业；净利润增长率排名居前三位的行业分别为黑色金属矿采选业，木材加工和木、竹、藤、棕、草制品业，广播、电视、电影和影视录音制作业，居后三位的行业分别为餐饮业、畜牧业、化学原料及化学制品制造业。分行业地方国有控股上市公司收入、成本、利润的详情如表4-9所示。另外，分行业地方国企控股上市公司和地方机构所属企业控股上市公司的收入、成本和利润状况如表4-10和表4-11所示。

表4-9 分行业地方国有控股上市公司收入、成本、利润

行业	收入总额（亿元）	成本总额（亿元）	净利润总额（亿元）	收入平均值（亿元）	成本平均值（亿元）	净利润平均值（亿元）	收入增长率（%）	成本增长率（%）	净利润增长率（%）
农业	196.49	205.75	0.04	39.30	41.15	0.01	64.56	51.02	102.67
林业	8.11	9.02	0.70	4.05	4.51	0.35	-12.61	-16.17	138.89
畜牧业	82.97	82.77	-0.18	27.66	27.59	-0.06	2.84	3.08	-110.78
渔业	22.12	21.40	1.82	22.12	21.40	1.82	15.81	21.73	24.66
农、林、牧、渔服务业	24.04	23.45	0.64	24.04	23.45	0.64	24.75	19.58	12.28
煤炭开采和洗选业	5351.62	4853.99	442.93	281.66	255.47	23.31	27.78	31.74	6.55
石油和天然气开采业	18.87	14.95	5.37	18.87	14.95	5.37	-19.12	-18.48	-19.49

续表

行业	收入总额（亿元）	成本总额（亿元）	净利润总额（亿元）	收入平均值（亿元）	成本平均值（亿元）	净利润平均值（亿元）	收入增长率（%）	成本增长率（%）	净利润增长率（%）
黑色金属矿采选业	77.93	67.07	9.91	25.98	22.36	3.30	19.65	8.51	761.74
有色金属矿采选业	2606.48	2493.57	87.12	372.35	356.22	12.45	11.82	10.37	79.74
开采辅助活动	81.96	77.25	4.69	40.98	38.62	2.34	78.95	81.17	76.98
农副食品加工业	381.15	372.37	18.91	47.64	46.55	2.36	23.68	16.39	531.74
食品制造业	823.22	771.31	49.34	58.80	55.09	3.52	7.57	7.44	5.86
酒、饮料和精制茶制造业	2760.06	1659.44	839.82	145.27	87.34	44.20	9.82	6.03	16.35
纺织业	939.46	928.03	13.16	134.21	132.58	1.88	206.68	207.01	32.66
木材加工和木、竹、藤、棕、草制品业	20.13	17.01	3.88	20.13	17.01	3.88	30.21	17.23	691.84
家具制造业	7.02	9.86	-2.37	7.02	9.86	-2.37	-7.02	-53.75	82.31
造纸及纸制品业	390.69	380.28	20.97	65.12	63.38	3.49	-2.04	3.12	-32.42
印刷和记录媒介复制业	5.79	5.36	0.36	5.79	5.36	0.36	—	—	—
文教、工美、体育和娱乐用品制造业	20.53	18.82	1.87	20.53	18.82	1.87	3.95	2.84	7.47
石油加工、炼焦及核燃料加工业	343.20	334.39	20.39	68.64	66.88	4.08	-1.38	2.44	-36.48
化学原料及化学制品制造业	4609.73	5052.08	-300.57	107.20	117.49	-6.99	-10.67	4.52	-193.16
医药制造业	1863.81	1746.77	133.19	66.56	62.38	4.76	24.35	26.81	2.45
化学纤维制造业	300.73	292.88	12.05	50.12	48.81	2.01	10.44	12.06	-19.93
橡胶和塑料制品业	222.01	223.02	5.95	31.72	31.86	0.85	16.31	14.36	42.00
非金属矿物制品业	3418.21	2839.12	496.67	244.16	202.79	35.48	20.08	20.51	23.01
黑色金属冶炼和压延加工业	8431.21	8117.18	281.51	526.95	507.32	17.59	-4.23	-0.78	-49.82
有色金属冶炼和压延加工业	5299.43	5250.44	83.11	378.53	375.03	5.94	16.61	16.65	16.92
金属制品业	66.33	65.60	2.14	16.58	16.40	0.53	17.69	18.22	53.96
通用设备制造业	2431.19	2389.84	90.24	97.25	95.59	3.61	16.97	17.52	14.68
专用设备制造业	1849.86	1789.52	76.70	73.99	71.58	3.07	18.25	16.90	128.27
汽车制造业	14746.51	14544.04	692.91	737.33	727.20	34.65	-1.31	-0.52	-15.08
铁路、船舶、航空航天和其他运输设备制造业	9.75	9.46	0.41	9.75	9.46	0.41	27.95	20.36	215.38
电气机械和器材制造业	3222.57	2941.94	271.30	179.03	163.44	15.07	1.56	2.28	-1.28
计算机、通信和其他电子设备制造业	4008.42	4081.86	-0.01	117.89	120.05	0.00	14.73	19.24	-100.01
仪器仪表制造业	39.69	38.71	2.30	39.69	38.71	2.30	11.58	11.75	-40.72
其他制造业	622.05	594.88	20.13	155.51	148.72	5.03	3.11	2.04	22.67
废弃资源综合利用业	34.59	31.28	4.67	34.59	31.28	4.67	5.33	5.75	-1.48
电力、热力生产和供应业	2949.79	2800.72	229.07	109.25	103.73	8.48	10.79	7.79	28.86

续表

行业	收入总额（亿元）	成本总额（亿元）	净利润总额（亿元）	收入平均值（亿元）	成本平均值（亿元）	净利润平均值（亿元）	收入增长率（%）	成本增长率（%）	净利润增长率（%）
燃气生产和供应业	1031.43	982.81	61.98	93.77	89.35	5.63	13.32	12.83	31.37
水的生产和供应业	441.59	379.15	74.39	36.80	31.60	6.20	4.50	3.77	4.14
房屋建筑业	554.41	547.96	7.36	277.20	273.98	3.68	16.46	16.64	39.66
土木工程建筑业	5165.43	5025.35	129.71	245.97	239.30	6.18	29.48	30.61	0.17
批发业	14455.48	14249.81	220.15	481.85	474.99	7.34	14.75	14.80	−5.31
零售业	4983.43	4878.18	95.01	166.11	162.61	3.17	11.11	12.03	−31.03
铁路运输业	8.00	6.15	0.45	8.00	6.15	0.45	5.12	4.06	−69.39
道路运输业	1038.48	832.80	234.55	37.09	29.74	8.38	2.90	1.92	−0.35
水上运输业	1637.56	1427.00	268.12	96.33	83.94	15.77	1.67	0.89	10.50
航空运输业	967.96	936.25	82.16	193.59	187.25	16.43	7.31	4.19	160.49
仓储业	18.77	16.70	1.72	18.77	16.70	1.72	37.61	25.09	282.22
住宿业	336.82	312.20	26.08	67.36	62.44	5.22	4.25	2.49	48.52
餐饮业	20.67	21.08	−0.09	10.33	10.54	−0.04	−9.06	−4.79	−110.00
电信、广播电视和卫星传输服务	350.80	347.49	40.09	38.98	38.61	4.45	−9.63	−7.62	−4.77
互联网和相关服务	39.09	34.95	6.13	13.03	11.65	2.04	329.56	365.38	328.67
软件和信息技术服务业	254.89	259.47	3.78	25.49	25.95	0.38	154.28	166.86	−61.59
货币金融服务	313.20	187.12	108.64	104.40	62.37	36.21	−38.63	−49.12	−48.23
资本市场服务	1422.77	950.89	376.90	74.88	50.05	19.84	114.63	35.08	72.16
其他金融业	153.14	137.20	15.82	51.05	45.73	5.27	1383.91	2179.07	395.92
房地产业	3184.83	2754.17	374.64	65.00	56.21	7.65	−47.60	−45.75	−57.18
商务服务业	3982.73	3931.99	54.80	265.52	262.13	3.65	16.11	15.74	9.03
专业技术服务业	237.64	224.17	12.92	39.61	37.36	2.15	51.31	51.07	34.30
科技推广和应用服务业	1.34	1.64	0.18	1.34	1.64	0.18	41.05	26.15	147.37
生态保护和环境治理业	149.35	127.79	24.13	37.34	31.95	6.03	310.53	343.87	154.80
公共设施管理业	74.22	64.76	7.85	7.42	6.48	0.79	−15.80	−13.94	−43.03
教育	7.95	7.52	0.37	7.95	7.52	0.37	—	—	—
新闻和出版业	1013.04	926.12	111.38	63.32	57.88	6.96	−1.21	−2.58	2.48
广播、电视、电影和影视录音制作业	132.45	125.51	10.41	18.92	17.93	1.49	17.27	2.63	598.09
文化艺术业	125.01	113.87	11.58	125.01	113.87	11.58	—	—	—
综合	201.40	204.27	13.53	20.14	20.43	1.35	38.17	33.94	9.38

资料来源：根据 Wind 数据库整理。

表 4-10　分行业地方国企控股上市公司收入、成本、利润

行业	收入总额（亿元）	成本总额（亿元）	净利润总额（亿元）	收入平均值（亿元）	成本平均值（亿元）	净利润平均值（亿元）	收入增长率（%）	成本增长率（%）	净利润增长率（%）
农业	196.49	205.75	0.04	39.30	41.15	0.01	64.56	51.02	102.67

续表

行业	收入总额（亿元）	成本总额（亿元）	净利润总额（亿元）	收入平均值（亿元）	成本平均值（亿元）	净利润平均值（亿元）	收入增长率（%）	成本增长率（%）	净利润增长率（%）
林业	6.82	7.63	0.66	6.82	7.63	0.66	-10.26	-18.92	128.95
畜牧业	27.79	27.67	0.17	13.90	13.83	0.08	2.21	-3.52	168.00
渔业	22.12	21.40	1.82	22.12	21.40	1.82	15.81	21.73	24.66
农、林、牧、渔服务业	24.04	23.45	0.64	24.04	23.45	0.64	24.75	19.58	12.28
煤炭开采和洗选业	5351.62	4853.99	442.93	281.66	255.47	23.31	27.78	31.74	6.55
石油和天然气开采业	18.87	14.95	5.37	18.87	14.95	5.37	-19.12	-18.48	-19.49
黑色金属矿采选业	77.93	67.07	9.91	25.98	22.36	3.30	19.65	8.51	761.74
有色金属矿采选业	2606.48	2493.57	87.12	372.35	356.22	12.45	11.82	10.37	79.74
开采辅助活动	22.93	21.82	0.95	22.93	21.82	0.95	—	—	—
农副食品加工业	232.39	232.61	8.18	58.10	58.15	2.05	8.59	5.18	294.30
食品制造业	791.50	742.69	45.97	65.96	61.89	3.83	14.50	14.00	19.53
酒、饮料和精制茶制造业	2550.70	1474.06	818.37	170.05	98.27	54.56	9.89	5.84	16.18
纺织业	852.35	841.64	8.76	170.47	168.33	1.75	291.13	288.28	73.12
木材加工和木、竹、藤、棕、草制品业	20.13	17.01	3.88	20.13	17.01	3.88	30.21	17.23	691.84
家具制造业	7.02	9.86	-2.37	7.02	9.86	-2.37	-7.02	-53.75	82.31
造纸及纸制品业	390.69	380.28	20.97	65.12	63.38	3.49	-2.04	3.12	-32.42
印刷和记录媒介复制业	5.79	5.36	0.36	5.79	5.36	0.36	—	—	—
文教、工美、体育和娱乐用品制造业	20.53	18.82	1.87	20.53	18.82	1.87	3.95	2.84	7.47
石油加工、炼焦及核燃料加工业	343.20	334.39	20.39	68.64	66.88	4.08	-1.38	2.44	-36.48
化学原料及化学制品制造业	4580.73	5021.92	-299.87	114.52	125.55	-7.50	-10.99	4.20	-192.97
医药制造业	1711.99	1576.85	127.07	74.43	68.56	5.52	24.81	26.30	-3.26
化学纤维制造业	252.69	246.42	10.75	50.54	49.28	2.15	11.14	13.29	-22.72
橡胶和塑料制品业	193.52	195.08	5.26	32.25	32.51	0.88	18.98	16.41	76.51
非金属矿物制品业	3379.62	2804.98	492.94	281.64	233.75	41.08	18.73	19.06	22.09
黑色金属冶炼和压延加工业	7797.24	7495.49	272.57	519.82	499.70	18.17	-4.11	-0.68	-48.35
有色金属冶炼和压延加工业	4899.95	4858.99	71.85	489.99	485.90	7.19	17.12	17.21	9.63
金属制品业	60.01	59.41	2.00	20.00	19.80	0.67	6.48	7.06	43.88
通用设备制造业	2354.54	2316.33	86.03	112.12	110.30	4.10	16.55	17.18	12.71
专用设备制造业	1752.43	1697.19	70.77	83.45	80.82	3.37	12.54	11.39	111.51
汽车制造业	14623.62	14422.02	691.68	812.42	801.22	38.43	-1.25	-0.48	-14.73
铁路、船舶、航空航天和其他运输设备制造业	9.75	9.46	0.41	9.75	9.46	0.41	27.95	20.36	215.38
电气机械和器材制造业	3206.20	2909.36	283.24	200.39	181.83	17.70	1.23	1.37	3.09
计算机、通信和其他电子设备制造业	3856.57	3892.26	35.27	137.73	139.01	1.26	11.54	14.77	-69.27

行业	收入总额（亿元）	成本总额（亿元）	净利润总额（亿元）	收入平均值（亿元）	成本平均值（亿元）	净利润平均值（亿元）	收入增长率（%）	成本增长率（%）	净利润增长率（%）
仪器仪表制造业	39.69	38.71	2.30	39.69	38.71	2.30	11.58	11.75	-40.72
其他制造业	622.05	594.88	20.13	155.51	148.72	5.03	3.11	2.04	22.67
废弃资源综合利用业	34.59	31.28	4.67	34.59	31.28	4.67	5.33	5.75	-1.48
电力、热力生产和供应业	2769.44	2630.76	217.49	125.88	119.58	9.89	11.37	8.64	22.01
燃气生产和供应业	1011.27	962.25	61.72	101.13	96.22	6.17	13.77	13.65	22.31
水的生产和供应业	395.29	340.74	66.79	43.92	37.86	7.42	1.97	1.98	3.68
房屋建筑业	521.30	516.14	6.30	521.30	516.14	6.30	11.74	11.99	40.94
土木工程建筑业	5138.11	4985.80	140.22	270.43	262.41	7.38	28.81	29.60	8.33
批发业	13927.93	13744.37	199.77	515.85	509.05	7.40	14.56	14.63	-7.30
零售业	4728.68	4592.40	121.88	168.88	164.01	4.35	7.75	7.62	-5.14
道路运输业	893.78	724.12	200.96	37.24	30.17	8.37	2.66	1.91	-1.88
水上运输业	1537.34	1335.66	258.66	102.49	89.04	17.24	2.78	1.96	10.76
航空运输业	889.26	869.52	71.59	222.31	217.38	17.90	7.85	4.06	259.39
住宿业	336.82	312.20	26.08	67.36	62.44	5.22	4.25	2.49	48.52
餐饮业	15.66	15.57	0.39	15.66	15.57	0.39	-31.10	-29.67	-56.67
电信、广播电视和卫星传输服务	194.22	197.82	25.30	97.11	98.91	12.65	-19.56	-18.10	2.14
互联网和相关服务	10.82	11.68	-0.77	5.41	5.84	-0.38	18.90	55.53	-153.85
软件和信息技术服务业	246.95	252.36	2.80	27.44	28.04	0.31	163.95	176.26	-68.78
货币金融服务	30.66	9.54	15.83	30.66	9.54	15.83	-88.78	-94.75	-87.31
资本市场服务	1156.01	740.88	333.04	77.07	49.39	22.20	120.30	42.02	65.88
其他金融业	153.14	137.20	15.82	51.05	45.73	5.27	1383.91	2179.07	395.92
房地产业	2946.87	2538.81	356.84	71.87	61.92	8.70	-49.96	-48.29	-57.47
商务服务业	3733.32	3698.80	38.11	373.33	369.88	3.81	14.81	14.41	16.62
专业技术服务业	237.64	224.17	12.92	39.61	37.36	2.15	51.31	51.07	34.30
生态保护和环境治理业	131.82	114.04	19.96	43.94	38.01	6.65	410.34	458.75	196.14
公共设施管理业	30.36	23.00	5.67	7.59	5.75	1.42	-32.50	-39.07	-39.81
教育	7.95	7.52	0.37	7.95	7.52	0.37	—	—	—
新闻和出版业	133.26	124.80	13.64	33.31	31.20	3.41	6.61	-2.04	368.73
广播、电视、电影和影视录音制作业	33.31	32.44	1.23	16.65	16.22	0.62	6.02	-16.48	126.39
综合	87.79	92.24	2.09	21.95	23.06	0.52	47.42	44.08	-75.73

资料来源：根据 Wind 数据库整理。

表 4-11 分行业地方机构所属企业控股上市公司收入、成本、利润

行业	收入总额（亿元）	成本总额（亿元）	净利润总额（亿元）	收入平均值（亿元）	成本平均值（亿元）	净利润平均值（亿元）	收入增长率（%）	成本增长率（%）	净利润增长率（%）
林业	1.29	1.39	0.04	1.29	1.39	0.04	-23.21	2.96	-91.49

行业	收入总额（亿元）	成本总额（亿元）	净利润总额（亿元）	收入平均值（亿元）	成本平均值（亿元）	净利润平均值（亿元）	收入增长率（%）	成本增长率（%）	净利润增长率（%）
畜牧业	55.18	55.10	-0.34	55.18	55.10	-0.34	3.16	6.74	-117.71
开采辅助活动	59.02	55.43	3.74	59.02	55.43	3.74	28.86	30.00	41.13
农副食品加工业	148.75	139.76	10.72	37.19	34.94	2.68	57.98	41.50	6405.88
食品制造业	31.71	28.61	3.36	15.86	14.31	1.68	-57.18	-56.91	-58.77
酒、饮料和精制茶制造业	209.36	185.38	21.46	52.34	46.34	5.36	8.93	7.63	23.12
纺织业	87.11	86.39	4.40	43.55	43.20	2.20	-1.47	1.01	-9.28
化学原料及化学制品制造业	29.00	30.15	-0.70	9.67	10.05	-0.23	102.37	112.03	-877.78
医药制造业	151.82	169.92	6.13	30.36	33.98	1.23	19.31	31.70	557.46
化学纤维制造业	48.04	46.46	1.30	48.04	46.46	1.30	6.90	6.00	15.04
橡胶和塑料制品业	28.48	27.94	0.69	28.48	27.94	0.69	0.89	1.86	-42.98
非金属矿物制品业	38.59	34.14	3.73	19.29	17.07	1.86	—	—	—
黑色金属冶炼和压延加工业	633.97	621.68	8.94	633.97	621.68	8.94	-5.64	-1.92	-73.15
有色金属冶炼和压延加工业	399.48	391.45	11.26	99.87	97.86	2.82	10.71	10.08	103.25
金属制品业	6.32	6.19	0.14	6.32	6.19	0.14	—	—	—
通用设备制造业	76.64	73.50	4.21	19.16	18.38	1.05	31.75	29.31	78.39
专用设备制造业	97.43	92.33	5.93	24.36	23.08	1.48	1264.57	1200.42	3853.33
汽车制造业	122.89	122.02	1.24	61.45	61.01	0.62	-7.96	-5.48	-73.84
电气机械和器材制造业	16.37	32.58	-11.94	8.19	16.29	-5.97	186.69	425.48	-20000.00
计算机、通信和其他电子设备制造业	151.85	189.59	-35.28	25.31	31.60	-5.88	318.67	495.82	-912.90
电力、热力生产和供应业	180.35	169.96	11.58	36.07	33.99	2.32	2.49	-3.86	2416.00
燃气生产和供应业	20.16	20.56	0.26	20.16	20.56	0.26	-5.53	-15.53	107.93
水的生产和供应业	46.30	38.41	7.59	15.43	12.80	2.53	32.59	22.99	8.27
房屋建筑业	33.11	31.82	1.06	33.11	31.82	1.06	247.43	258.33	32.50
土木工程建筑业	27.32	39.55	-10.51	13.66	19.77	-5.26	7283.78	10886.11	-21120.00
批发业	527.55	505.44	20.38	175.85	168.48	6.79	20.25	19.72	19.95
零售业	254.75	285.78	-26.87	127.37	142.89	-13.43	163.69	226.83	-389.55
铁路运输业	8.00	6.15	0.45	8.00	6.15	0.45	5.12	4.06	-69.39
道路运输业	144.70	108.68	33.58	36.17	27.17	8.40	4.39	2.00	9.85
水上运输业	100.23	91.35	9.46	50.11	45.67	4.73	-12.82	-12.48	3.61
航空运输业	78.70	66.73	10.57	78.70	66.73	10.57	1.59	5.82	-9.04
仓储业	18.77	16.70	1.72	18.77	16.70	1.72	37.61	25.09	282.22
餐饮业	5.00	5.51	-0.48	5.00	5.51	-0.48	—	—	—
电信、广播电视和卫星传输服务	156.58	149.66	14.79	22.37	21.38	2.11	6.71	11.19	-14.66
互联网和相关服务	28.27	23.26	6.90	28.27	23.26	6.90	—	—	—

续表

行业	收入总额（亿元）	成本总额（亿元）	净利润总额（亿元）	收入平均值（亿元）	成本平均值（亿元）	净利润平均值（亿元）	收入增长率（%）	成本增长率（%）	净利润增长率（%）
软件和信息技术服务业	7.94	7.11	0.99	7.94	7.11	0.99	18.86	21.12	15.12
货币金融服务	282.54	177.57	92.81	141.27	88.79	46.40	19.13	-4.62	9.01
资本市场服务	266.76	210.01	43.86	66.69	52.50	10.97	93.11	15.24	141.65
房地产业	237.95	215.36	17.80	29.74	26.92	2.22	25.32	29.48	-50.58
商务服务业	249.41	233.19	16.69	49.88	46.64	3.34	39.76	42.01	-5.06
科技推广和应用服务业	1.34	1.64	0.18	1.34	1.64	0.18	41.05	26.15	147.37
生态保护和环境治理业	17.52	13.74	4.17	17.52	13.74	4.17	66.07	63.96	52.75
公共设施管理业	43.86	41.77	2.18	7.31	6.96	0.36	1.60	11.39	-50.00
新闻和出版业	879.79	801.32	97.74	73.32	66.78	8.15	-2.30	-2.66	-7.59
广播、电视、电影和影视录音制作业	99.14	93.07	9.17	19.83	18.61	1.83	21.61	11.53	256.81
文化艺术业	125.01	113.87	11.58	125.01	113.87	11.58	—	—	—
综合	113.61	112.03	11.44	18.93	18.67	1.91	31.80	26.59	204.26

资料来源：根据 Wind 数据库整理。

四、地方国有控股上市公司分行业期间费用分析

地方国有控股上市公司中，销售费用总额排名前三位的行业分别是汽车制造业、零售业、医药制造业，排名后三位的行业分别是教育、仓储业以及铁路运输业；管理费用总额排名前三位的行业分别是汽车制造业、煤炭开采和洗选业以及非金属矿物制品业，排名后三位的行业分别是铁路运输业、科技推广和应用服务业、印刷和记录媒介复制业；财务费用总额居前三位的行业分别为黑色金属冶炼和压延加工业，房地产业，电力、热力生产和供应业，居后三位的行业分别为新闻和出版业，电气机械和器材制造业，酒、饮料和精制茶制造业。期间费用总额最高的是汽车制造业地方国有控股上市公司，最低的为铁路运输业地方国有控股上市公司。

从增长率来看，地方国有控股上市公司中销售费用增长率排名前三位的行业分别是互联网和相关服务、开采辅助活动、软件和信息技术服务业，排名后三位的行业分别是林业，木材加工和木、竹、藤、棕、草制品业，房地产业；管理费用增长率排名前三位的行业分别是互联网和相关服务、生态保护和环境治理业以及软件和信息技术服务业，排名后三位的行业分别是家具制造业、化学原料及化学制品制造业以及房地产业，管理费均有所降低，说明其管理成效有明显提升；财务费用增长率居前三位的行业分别为软件和信息技术服务业，广播、电视、电影和影视录音制作业，餐饮业，居后三位的行业分别为文教、工美、体育和娱乐用品制造业，铁路运输业，电气机械和器材制造业，财务费用较上一年度有显著减少。期间费用增长率最高的为互联网和相关服务行业地方国有控股上市公司，最低的为货币金融服务行业地方国有控股上市公司。地方国有控股上市公司分行业期间费用状况如表4-12所示。同时，地方国企控股上市公司和地方机构所属企业控股上市公司的分行业期间费用详情如表4-13和表4-14所示。

表4-12 分行业地方国有控股上市公司期间费用分析表

行业	销售费用 总额(亿元)	管理费用 总额(亿元)	财务费用 总额(亿元)	期间费用 总额(亿元)	销售费用 平均值(亿元)	管理费用 平均值(亿元)	财务费用 平均值(亿元)	期间费用 平均值(亿元)	销售费用 增长率(%)	管理费用 增长率(%)	财务费用 增长率(%)	期间费用 增长率(%)
农业	6.52	12.67	3.90	23.10	1.30	2.53	0.78	4.62	42.98	3.43	4.28	12.41
林业	0.26	1 19	2.12	3.57	0.13	0.59	1.06	1.79	-29.73	0.85	7.07	0.85
畜牧业	1.80	2 45	1.00	5.25	0.60	0.82	0.33	1.75	4.65	5.60	-47.64	-11.76
渔业	5.07	1.30	0.18	6.56	5.07	1.30	0.18	6.56	16.82	16.07	200.00	18.84
农、林、牧、渔服务业	1.60	0.95	0.07	2.62	1.60	0.95	0.07	2.62	15.94	2.15	-46.15	7.38
煤炭开采和洗选业	158.81	272.36	109.26	540.44	8.36	14.33	5.75	28.44	3.74	12.17	6.61	8.44
石油和天然气开采业	0.26	1.59	1.31	3.16	0.26	1.59	1.31	3.16	36.84	5.30	-5.07	2.60
黑色金属矿采选业	23.74	7.18	-0.55	30.36	7.91	2.39	-0.18	10.12	7.42	14.33	68.02	13.88
有色金属矿采选业	10.91	74.30	33.08	118.30	1.56	10.61	4.73	16.90	-13.96	-2.42	-2.68	-3.67
开采辅助活动	1.69	4.70	1.51	7.89	0.84	2.35	0.75	3.95	113.92	64.34	79.76	76.12
农副食品加工业	16.97	17.90	3.92	38.79	2.12	2.24	0.49	4.85	19.34	3.65	-10.09	8.20
食品制造业	129.95	35.32	6.62	171.89	9.28	2.52	0.47	12.28	6.96	9.35	-4.89	6.94
酒、饮料和精制茶制造业	328.88	186.79	-25.94	489.73	17.31	9.83	-1.37	25.78	18.89	14.15	-21.67	16.90
纺织业	12.02	21.84	11.28	45.15	1.72	3.12	1.61	6.45	-11.03	68.65	58.43	34.46
木材加工和木、竹、藤、棕、草制品业	0.89	1.91	1.15	3.95	0.89	1.91	1.15	3.95	-41.45	8.52	194.87	7.63
家具制造业	0.98	1.10	0.70	2.79	0.98	1.10	0.70	2.79	2.08	-14.73	12.90	-2.79
造纸及纸制品业	16.80	16.21	30.95	63.97	2.80	2.70	5.16	10.66	7.07	2.72	6.10	5.49
印刷和记录媒介复制业	0.29	0.34	0.13	0.76	0.29	0.34	0.13	0.76	—	—	—	—
文教、工美、体育和娱乐用品制造业	1.42	1.69	0.02	3.12	1.42	1.69	0.02	3.12	-13.41	9.03	-84.62	-6.02
石油加工、炼焦及核燃料加工业	4.12	10 06	7.96	22.14	0.82	2.01	1.59	4.43	-4.85	11.28	12.11	8.16
化学原料及化学制品制造业	158.85	140.81	117.50	417.16	3.69	3.27	2.73	9.70	6.66	-21.45	-16.88	-11.16
医药制造业	363.59	111.40	14.73	489.73	12.99	3.98	0.53	17.49	20.16	15.79	28.65	19.37
化学纤维制造业	5.75	11 65	7.00	24.39	0.96	1.94	1.17	4.07	1.41	14.78	39.44	17.03

续表

行业	销售费用总额（亿元）	管理费用总额（亿元）	财务费用总额（亿元）	期间费用总额（亿元）	销售费用平均值（亿元）	管理费用平均值（亿元）	财务费用平均值（亿元）	期间费用平均值（亿元）	销售费用增长率（%）	管理费用增长率（%）	财务费用增长率（%）	期间费用增长率（%）
橡胶和塑料制品业	11.37	12.58	3.73	27.68	1.62	1.80	0.53	3.95	17.34	38.39	20.32	26.51
非金属矿物制品业	119.23	195.02	59.48	373.73	8.52	13.93	4.25	26.69	16.41	13.61	-3.60	11.30
黑色金属冶炼和压延加工业	129.62	136.98	144.55	411.14	8.10	8.56	9.03	25.70	-0.53	-7.32	-20.20	-10.47
有色金属冶炼和压延加工业	28.19	84.67	60.53	173.39	2.01	6.05	4.32	12.38	18.50	27.98	-5.17	12.75
金属制品业	3.78	3.32	0.28	7.37	0.94	0.83	0.07	1.84	17.76	20.29	40.00	19.26
通用设备制造业	97.42	139.62	20.70	257.74	3.90	5.58	0.83	10.31	5.06	14.64	-16.16	7.75
专用设备制造业	98.08	78.50	24.60	201.18	3.92	3.14	0.98	8.05	23.20	12.87	10.31	17.33
汽车制造业	870.92	485.28	19.65	1375.85	43.55	24.26	0.98	68.79	-5.15	1.76	30.56	-2.43
铁路、船舶、航空航天和其他运输设备制造业	0.34	0.83	0.02	1.19	0.34	0.83	0.02	1.19	30.77	7.79	200.00	16.67
电气机械和器材制造业	292.29	72.55	-10.41	354.43	16.24	4.03	-0.58	19.69	-0.68	-8.87	-485.56	-5.89
计算机、通信和其他电子设备制造业	178.47	140.07	47.70	366.24	5.25	4.12	1.40	10.77	12.67	21.96	-8.74	12.51
仪器仪表制造业	5.50	2.62	0.39	8.51	5.50	2.62	0.39	8.51	24.15	6.07	-22.00	14.84
其他制造业	11.07	8.91	8.13	28.12	2.77	2.23	2.03	7.03	4.63	3.12	1.50	3.27
废弃资源综合利用业	1.22	3.64	1.41	6.27	1.22	3.64	1.41	6.27	23.23	-2.67	5.22	3.29
电力、热力生产和供应业	13.80	93.15	134.37	200.97	0.66	3.45	4.98	9.57	25.80	3.14	2.05	16.66
燃气生产和供应业	33.07	26.40	18.73	78.20	3.01	2.40	1.70	7.11	13.10	21.27	14.77	16.14
水的生产和供应业	7.03	39.38	25.36	71.76	0.59	3.28	2.11	5.98	-2.50	3.06	1.60	3.33
房屋建筑业	1.25	9.48	5.31	16.03	0.62	4.74	2.65	8.02	1.63	8.34	-1.85	4.23
土木工程建筑业	17.73	141.57	88.86	234.44	0.98	6.74	4.23	13.02	34.42	27.33	51.25	36.58
批发业	243.86	122.34	93.50	459.69	8.13	4.08	3.12	15.32	16.41	6.93	-10.12	7.42
零售业	462.38	185.19	32.08	679.65	15.41	6.17	1.07	22.65	17.82	2.96	26.95	13.73
铁路运输业	0.02	0.63	-0.12	0.54	0.02	0.63	-0.12	0.54	0.00	-13.70	-140.00	-22.86
道路运输业	11.34	50.55	72.27	120.64	0.52	1.81	2.58	5.48	2.72	8.13	-3.74	-4.45

续表

行业	销售费用总额（亿元）	管理费用总额（亿元）	财务费用总额（亿元）	期间费用总额（亿元）	销售费用平均值（亿元）	管理费用平均值（亿元）	财务费用平均值（亿元）	期间费用平均值（亿元）	销售费用增长率（%）	管理费用增长率（%）	财务费用增长率（%）	期间费用增长率（%）
水上运输业	4.05	115.29	33.68	119.28	0.37	6.78	1.98	10.84	9.46	1.09	-27.49	-5.86
航空运输业	24.44	21.55	55.55	101.03	6.11	4.31	11.11	25.26	-3.70	-5.57	-11.56	-8.61
仓储业	0.10	0.81	0.24	1.16	0.10	0.81	0.24	1.16	11.11	30.65	-31.43	9.43
住宿业	138.52	61.71	7.05	207.28	27.70	12.34	1.41	41.46	-0.25	-0.71	-16.37	-1.04
餐饮业	8.40	2.34	0.05	10.79	4.20	1.17	0.02	5.40	-5.19	-2.90	225.00	-3.92
电信、广播电视和卫星传输服务	24.22	38.42	3.83	66.47	2.69	4.27	0.43	7.39	-1.02	0.18	90.55	2.53
互联网和相关服务	6.26	5.12	0.48	11.86	2.09	1.71	0.16	3.95	15550.00	767.80	100.00	1263.22
软件和信息技术服务业	14.57	15.48	1.83	31.89	1.46	1.55	0.18	3.19	109.04	84.29	432.73	115.18
货币金融服务	—	—	—	81.55	—	—	—	27.18	—	—	—	-55.80
资本市场服务	—	—	—	567.66	—	—	—	33.39	—	—	—	17.77
其他金融业	—	—	—	5.30	—	—	—	5.30	—	—	—	53.62
房地产业	104.60	119.95	142.15	366.70	2.13	2.45	2.90	7.48	-42.31	-45.96	-17.50	-36.29
商务服务业	64.80	45.93	36.67	147.41	4.32	3.06	2.44	9.83	33.55	2.34	-2.03	12.67
专业技术服务业	4.89	16.72	5.54	27.15	0.81	2.79	0.92	4.52	99.59	37.05	69.42	51.42
科技推广和应用服务业	0.35	0.40	0.10	0.85	0.35	0.40	0.10	0.85	66.67	5.26	-9.09	23.19
生态保护和环境治理业	1.37	8.74	9.14	10.48	0.69	2.19	2.28	5.24	—	183.77	160.40	—
公共设施管理业	3.42	11.33	1.58	16.33	0.34	1.13	0.16	1.63	-4.20	5.49	-10.73	1.55
教育	0.20	0.88	0.59	1.67	0.20	0.88	0.59	1.67	—	—	—	—
新闻和出版业	104.31	104.07	-7.49	200.89	6.52	6.50	-0.47	12.56	5.81	2.21	-13.48	3.66
广播、电视、电影和影视录音制作业	17.24	12.55	0.82	30.61	2.46	1.79	0.12	4.37	14.86	10.28	412.50	15.29
文化艺术业	21.41	6.10	-0.37	27.14	21.41	6.10	-0.37	27.14	—	—	—	—
综合	6.13	14.32	5.60	26.05	0.61	1.43	0.56	2.60	49.15	36.51	-42.80	6.81

资料来源：根据 Wind 数据库整理。

表 4-13　分行业地方国企控股上市公司期间费用分析表

行业	销售费用总额（亿元）	管理费用总额（亿元）	财务费用总额（亿元）	期间费用总额（亿元）	销售费用平均值（亿元）	管理费用平均值（亿元）	财务费用平均值（亿元）	期间费用平均值（亿元）	销售费用增长率（%）	管理费用增长率（%）	财务费用增长率（%）	期间费用增长率（%）
农业	6.52	12.67	3.90	23.10	1.30	2.53	0.78	4.62	42.98	3.43	4.28	12.41
林业	0.24	0.76	1.68	2.68	0.24	0.76	1.68	2.68	-27.27	-8.43	5.66	-2.55
畜牧业	0.94	1.19	0.12	2.25	0.47	0.60	0.06	1.13	1.08	2.59	-60.00	-5.86
渔业	5.07	1.30	0.18	6.56	5.07	1.30	0.18	6.56	16.82	16.07	200.00	18.84
农、林、牧、渔服务业	1.50	0.95	0.07	2.62	1.60	0.95	0.07	2.62	15.94	2.15	-46.15	7.38
煤炭开采和洗选业	158.81	272.36	109.26	540.44	8.36	14.33	5.75	28.44	3.74	12.17	6.61	8.44
石油和天然气开采业	0.26	1.59	1.31	3.16	0.26	1.59	1.31	3.16	36.84	5.30	-5.07	2.60
黑色金属矿采选业	23.74	7.18	-0.55	30.36	7.91	2.39	-0.18	10.12	7.42	14.33	68.02	13.88
有色金属矿采选业	10.91	74.30	33.08	118.30	1.56	10.61	4.73	16.90	-13.96	-2.42	-2.68	-3.67
开采辅助活动	0.89	1.51	0.66	3.07	0.89	1.51	0.66	3.07	—	—	—	—
农副食品加工业	7.81	9.42	2.00	19.23	1.95	2.35	0.50	4.81	-17.09	-16.34	-28.32	-18.07
食品制造业	128.49	33.93	6.09	168.51	10.71	2.83	0.51	14.04	11.25	19.68	14.26	12.96
酒、饮料和精制茶制造业	294.90	167.69	-25.20	437.40	19.66	11.18	-1.68	29.16	19.69	15.16	-20.11	17.89
纺织业	9.97	19.48	7.68	37.13	1.99	3.90	1.54	7.43	-13.15	84.12	130.63	46.30
木材加工和木、竹、藤、棕、草制品业	0.89	1.91	1.15	3.95	0.89	1.91	1.15	3.95	-41.45	8.52	194.87	7.63
家具制造业	0.98	1.10	0.70	2.79	0.98	1.10	0.70	2.79	2.08	-14.73	12.90	-2.79
造纸及纸制品业	16.80	16.21	30.95	63.97	2.80	2.70	5.16	10.66	7.07	2.72	6.10	5.49
印刷和记录媒介复制业	0.29	0.34	0.13	0.76	0.29	0.34	0.13	0.76	—	—	—	—
文教、工美、体育和娱乐用品制造业	1.42	1.69	0.02	3.12	1.42	1.69	0.02	3.12	-13.41	9.03	-84.62	-6.02
石油加工、炼焦及核燃料加工业	4.12	10.06	7.96	22.14	0.82	2.01	1.59	4.43	-4.85	11.28	12.11	8.16
化学原料及化学制品制造业	157.59	138.37	117.38	413.33	3.94	3.46	2.93	10.33	6.47	-22.17	-16.85	-11.49
医药制造业	326.83	98.66	8.79	434.28	14.21	4.29	0.38	18.88	18.89	13.98	29.07	17.93

续表

行业	销售费用总额（亿元）	管理费用总额（亿元）	财务费用总额（亿元）	期间费用总额（亿元）	销售费用平均值（亿元）	管理费用平均值（亿元）	财务费用平均值（亿元）	期间费用平均值（亿元）	销售费用增长率（%）	管理费用增长率（%）	财务费用增长率（%）	期间费用增长率（%）
化学纤维制造业	4.71	9.04	5.77	19.52	0.94	1.81	1.15	3.90	-2.28	8.92	35.45	12.31
橡胶和塑料制品业	10.29	10.85	3.19	24.33	1.72	1.81	0.53	4.05	21.92	48.02	28.11	33.32
非金属矿物制品业	116.23	192.41	59.01	367.65	9.69	16.03	4.92	30.64	13.48	12.09	-4.36	9.49
黑色金属冶炼和压延加工业	105.37	123.40	121.09	349.87	7.02	8.23	8.07	23.32	-1.74	-7.79	-22.43	-11.91
有色金属冶炼和压延加工业	26.03	73.59	52.74	152.36	2.60	7.36	5.27	15.24	17.84	32.69	-4.75	14.63
金属制品业	3.59	2.83	0.21	6.63	1.20	0.94	0.07	2.21	11.84	2.54	5.00	7.28
通用设备制造业	93.59	135.16	20.28	249.03	4.46	6.44	0.97	11.86	4.24	14.08	-16.20	7.12
专用设备制造业	91.38	71.93	22.84	186.15	4.35	3.43	1.09	8.86	15.20	4.17	3.07	9.16
汽车制造业	864.36	480.19	18.24	1362.78	48.02	26.68	1.01	75.71	-5.17	1.79	32.75	-2.45
铁路、船舶、航空航天和其他运输设备制造业	0.34	0.83	0.02	1.19	0.34	0.83	0.02	1.19	30.77	7.79	200.00	16.67
电气机械和器材制造业	290.57	71.23	-10.72	351.08	18.16	4.45	-0.67	21.94	-1.07	-10.23	-532.26	-6.52
计算机、通信和其他电子设备制造业	173.58	127.85	41.91	343.34	6.20	4.57	1.50	12.26	10.15	12.43	-19.74	6.13
仪器仪表制造业	5.50	2.62	0.39	8.51	5.50	2.62	0.39	8.51	24.15	6.07	-22.00	14.84
其他制造业	11.07	8.91	8.13	28.12	2.77	2.23	2.03	7.03	4.63	3.12	1.50	3.27
废弃资源综合利用业	1.22	3.64	1.41	6.27	1.22	3.64	1.41	6.27	23.23	-2.67	5.22	3.29
电力、热力生产和供应业	12.58	85.33	125.66	185.22	0.74	3.88	5.71	10.90	30.63	2.51	2.20	17.81
燃气生产和供应业	32.32	25.57	18.73	76.63	3.23	2.56	1.87	7.66	14.37	22.46	14.07	16.89
水的生产和供应业	6.02	35.39	22.91	64.32	0.67	3.93	2.55	7.15	-2.27	1.81	-1.72	1.60
房屋建筑业	0.11	8.64	5.34	14.09	0.11	8.64	5.34	14.09	-21.43	5.11	-8.40	-0.70
土木工程建筑业	16.35	138.91	85.70	227.28	0.96	7.31	4.51	13.37	23.96	24.99	45.87	32.41
批发业	216.81	108.91	89.51	415.24	8.03	4.03	3.32	15.38	14.39	3.02	-10.08	5.18
零售业	393.07	176.32	30.78	600.18	14.04	6.30	1.10	21.43	4.98	0.61	20.66	4.34

续表

行业	销售费用 总额（亿元）	管理费用 总额（亿元）	财务费用 总额（亿元）	期间费用 总额（亿元）	销售费用 平均值（亿元）	管理费用 平均值（亿元）	财务费用 平均值（亿元）	期间费用 平均值（亿元）	销售费用 增长率（%）	管理费用 增长率（%）	财务费用 增长率（%）	期间费用 增长率（%）
道路运输业	10.44	44.10	48.47	91.26	0.55	1.84	2.02	4.80	3.26	8.27	-0.76	-4.12
水上运输业	3.89	111.25	29.98	116.20	0.39	7.42	2.00	11.62	6.87	0.72	-29.74	-6.14
航空运输业	24.31	16.94	55.00	95.75	8.10	4.23	13.75	31.92	-1.50	-7.73	-10.19	-7.77
住宿业	138.52	61.71	7.05	207.28	27.70	12.34	1.41	41.46	-0.25	-0.71	-16.37	-1.04
餐饮业	6.73	2.04	0.00	8.78	6.73	2.04	0.00	8.78	-24.04	-15.35	100.00	-21.82
电信、广播电视和卫星传输服务	12.49	19.99	2.53	35.01	6.25	9.99	1.26	17.50	-3.92	-5.40	-7.33	-5.02
互联网和相关服务	0.08	1.24	0.64	1.95	0.04	0.62	0.32	0.98	100.00	110.17	166.67	124.14
软件和信息技术服务业	13.45	14.37	1.85	29.67	1.49	1.60	0.21	3.30	126.43	96.04	449.06	132.71
货币金融服务	—	—	—	2.61	—	—	—	2.61	—	—	—	-97.45
资本市场服务	—	—	—	452.47	—	—	—	34.81	—	—	—	20.31
其他金融业	—	—	—	5.30	—	—	—	5.30	—	—	—	53.62
房地产业	96.44	109.88	135.43	341.75	2.35	2.68	3.30	8.34	-44.96	-48.49	-19.03	-38.51
商务服务业	58.85	41.16	36.24	136.25	5.88	4.12	3.62	13.63	33.36	2.01	-1.17	12.45
专业技术服务业	4.89	16.72	5.54	27.15	0.81	2.79	0.92	4.52	99.59	37.05	69.42	51.42
生态保护和环境治理业	1.37	7.32	5.86	10.48	0.69	2.44	1.95	5.24	—	275.38	309.79	—
公共设施管理业	1.68	4.94	-0.02	6.61	0.42	1.24	-0.01	1.65	-27.90	-24.92	-103.39	-30.49
教育	0.20	0.88	0.59	1.67	0.20	0.88	0.59	1.67	—	—	—	—
新闻和出版业	17.79	17.22	0.59	34.07	4.45	4.30	-0.24	8.52	7.43	7.09	10.48	7.88
广播、电视、电影和影视录音制作业	0.96	3.24	1.20	5.40	0.48	1.62	0.60	2.70	5.49	6.58	69.01	15.88
综合	3.13	6.71	3.39	13.22	0.78	1.68	0.85	3.31	67.38	20.04	-39.89	0.92

资料来源：根据 Wind 数据库整理。

表4-14 分行业地方机构所属企业控股上市公司期间费用分析表

行业	销售费用总额（亿元）	管理费用总额（亿元）	财务费用总额（亿元）	期间费用总额（亿元）	销售费用平均值（亿元）	管理费用平均值（亿元）	财务费用平均值（亿元）	期间费用平均值（亿元）	销售费用增长率（%）	管理费用增长率（%）	财务费用增长率（%）	期间费用增长率（%）
林业	0.03	0.43	0.44	0.89	0.03	0.43	0.44	0.89	-40.00	22.86	12.82	12.66
畜牧业	0.86	1.26	0.88	3.00	0.86	1.26	0.88	3.00	8.86	8.62	-45.34	-15.73
开采辅助活动	0.80	3.19	0.84	4.82	0.80	3.19	0.84	4.82	1.27	11.54	0.00	7.59
农副食品加工业	9.16	8.48	1.92	19.57	2.29	2.12	0.48	4.89	90.83	41.10	22.29	58.08
食品制造业	1.46	1.39	0.53	3.38	0.73	0.70	0.26	1.69	-75.63	-64.72	-67.48	-70.76
酒、饮料和精制茶制造业	33.98	19.10	-0.75	52.34	8.50	4.78	-0.19	13.08	12.37	5.99	-114.29	9.22
纺织业	2.06	2.36	3.60	8.02	1.03	1.18	1.80	4.01	1.48	-0.42	-5.26	-2.20
化学原料及化学制品制造业	1.26	2.45	0.12	3.82	0.42	0.82	0.04	1.27	38.46	64.43	-36.84	47.49
医药制造业	36.76	12.74	5.94	55.45	7.35	2.55	1.19	11.09	32.71	31.88	27.74	31.99
化学纤维制造业	1.03	2.61	1.23	4.87	1.03	2.61	1.23	4.87	21.18	41.85	61.84	40.75
橡胶和塑料制品业	1.08	1.73	0.54	3.35	1.08	1.73	0.54	3.35	-13.60	-2.26	-12.90	-7.71
非金属矿物制品业	3.00	2.61	0.47	6.08	1.50	1.31	0.24	3.04	—	—	—	—
黑色金属冶炼和压延加工业	24.24	13.58	23.46	61.28	24.24	13.58	23.46	61.28	5.12	-2.79	-6.31	-1.27
有色金属冶炼和压延加工业	2.16	11.08	7.78	21.03	0.54	2.77	1.95	5.26	27.06	3.55	-8.04	0.81
金属制品业	0.19	0.49	0.06	0.74	0.19	0.49	0.06	0.74	—	—	—	—
通用设备制造业	3.83	4.46	0.42	8.71	0.96	1.12	0.10	2.18	29.39	35.15	-14.29	29.23
专用设备制造业	6.70	6.57	1.76	15.03	1.68	1.64	0.44	3.76	2210.34	1188.24	1253.85	1516.13
汽车制造业	6.56	5.09	1.41	13.06	3.28	2.55	0.71	6.53	-2.67	-1.36	7.63	-1.21
电气机械和器材制造业	1.72	1.32	0.31	3.35	0.86	0.66	0.15	1.68	196.55	407.69	47.62	216.04
计算机、通信和其他电子设备制造业	4.89	12.23	5.78	22.90	0.82	2.04	0.96	3.82	503.70	982.30	9533.33	1045.00
电力、热力生产和供应业	1.22	7.82	8.71	15.76	0.30	1.56	1.74	3.94	-8.96	10.61	0.00	4.72
燃气生产和供应业	0.75	0.83	-0.01	1.57	0.75	0.83	-0.01	1.57	-23.47	-6.74	90.00	-11.30
水的生产和供应业	1.01	3.99	2.45	7.44	0.34	1.33	0.82	2.48	-2.88	15.65	49.39	21.37
房屋建筑业	1.14	0.84	-0.03	1.95	1.14	0.84	-0.03	1.95	4.59	58.49	92.86	63.87

续表

行业	销售费用 总额 (亿元)	管理费用 总额 (亿元)	财务费用 总额 (亿元)	期间费用 总额 (亿元)	销售费用 平均值 (亿元)	管理费用 平均值 (亿元)	财务费用 平均值 (亿元)	期间费用 平均值 (亿元)	销售费用 增长率 (%)	管理费用 增长率 (%)	财务费用 增长率 (%)	期间费用 增长率 (%)
土木工程建筑业	1.38	2.66	3.16	7.16	1.38	1.33	1.58	7.16	—	6550.00	—	—
批发业	27.04	13.43	3.98	44.45	9.01	4.48	1.33	14.82	35.54	54.55	-11.56	34.17
零售业	69.31	8.87	1.29	79.47	34.66	4.43	0.65	39.74	284.84	91.99	637.50	254.94
铁路运输业	0.02	0.63	-0.12	0.54	0.02	0.63	-0.12	0.54	0.00	-13.70	-140.00	-22.86
道路运输业	0.90	6.45	23.80	29.39	0.30	1.61	5.95	9.80	-3.23	6.97	-9.30	-5.44
水上运输业	0.16	4.03	3.70	3.08	0.16	2.02	1.85	3.08	128.57	11.94	-2.37	6.21
航空运输业	0.12	4.61	0.55	5.28	0.12	4.61	0.55	5.28	-82.61	3.36	-64.97	-21.55
仓储业	0.10	0.81	0.24	1.16	0.10	0.81	0.24	1.16	11.11	30.65	-31.43	9.43
餐饮业	1.67	0.30	0.05	2.02	1.67	0.30	0.05	2.02	—	—	—	—
电信、广播电视和卫星传输服务	11.73	18.43	1.30	31.46	1.68	2.63	0.19	4.49	2.27	7.03	280.56	12.48
互联网和相关服务	6.19	3.88	-0.15	9.91	6.19	3.88	-0.15	9.91	—	—	—	—
软件和信息技术服务业	1.12	1.12	-0.02	2.22	1.12	1.12	-0.02	2.22	8.74	4.67	33.33	7.25
货币金融服务	—	—	—	78.94	—	—	—	39.47	—	—	—	-3.98
资本市场服务	—	—	—	115.18	—	—	—	28.80	—	—	—	8.73
房地产业	8.16	10.07	6.72	24.95	1.02	1.26	0.84	3.12	33.55	16.55	33.07	26.01
商务服务业	5.96	4.77	0.43	11.16	1.19	0.95	0.09	2.23	36.07	5.30	-43.42	15.41
科技推广和应用服务业	0.35	0.40	0.10	0.85	0.35	0.40	0.10	0.85	66.67	5.26	-9.09	23.19
生态保护和环境治理业	0.00	1.42	3.28	0.00	—	1.42	3.28	—	—	25.66	56.94	—
公共设施管理业	1.73	6.39	1.60	9.72	0.29	1.06	0.27	1.62	40.65	53.98	35.59	47.95
新闻和出版业	86.51	86.85	-6.55	166.82	7.21	7.24	-0.55	13.90	5.47	1.29	-18.02	2.84
广播、电视、电影和影视录音制作业	16.28	9.31	-0.38	25.21	3.26	1.86	-0.08	5.04	15.46	11.63	30.91	15.11
文化艺术业	21.41	6.10	-0.37	27.14	21.41	6.10	-0.37	27.14	—	—	—	—
综合	3.00	7.61	2.21	12.82	0.50	1.27	0.37	2.14	33.93	55.31	-46.75	13.55

资料来源：根据 Wind 数据库整理。

五、地方国有控股上市公司分行业现金流量分析

地方国有控股上市公司中，经营现金流量总额排名前三位的行业分别是资本市场服务，酒、饮料和精制茶制造业，汽车制造业，排名后三位的行业分别是其他制造业、其他金融业、房地产业；投资现金流量总额居前三位的行业分别为综合、其他金融业、其他制造业，居后三位的行业分别为黑色金属冶炼和压延加工业，计算机、通信和其他电子设备制造业，汽车制造业，结合表4-15来看，汽车制造业，计算机、通信和其他电子设备制造业等多个行业地方国有控股上市公司可用于投资活动的现金流量严重短缺；筹资现金流量总额居前三位的行业分别是房地产业、资本市场服务、土木工程建筑业，居后三位的行业分别为化学原料及化学制品制造业，酒、饮料和精制茶制造业，煤炭开采和洗选业。

从增长率来看，地方国有控股上市公司中，经营现金流量增长率排名前三位的行业分别是房屋建筑业、仓储业、生态保护和环境治理业，而其他金融业、房地产业、综合、其他制造业地方国有控股上市公司的经营现金流量增长率分别为-117.66%、-120.88%、-145.26%和-360.82%，说明这几类行业地方国有控股上市公司经营活动现金流量急剧下滑；投资现金流量增长率居前三位的行业分别是综合、其他金融业、仓储业，而批发业、公共设施管理业、餐饮业等多个行业都存在投资现金流减少现象；筹资现金流量增长率居前三位的行业分别是纺织业、房屋建筑业、其他制造业，居后三位的行业分别是橡胶和塑料制品业、家具制造业、开采辅助活动。地方国有控股上市公司分行业现金流量状况具体如表4-15所示，地方国企控股上市公司和地方机构所属企业控股上市公司分行业现金流量状况具体如表4-16和表4-17所示。

表4-15 分行业地方国有控股上市公司现金流量分析表

行业	经营现金流量总额（亿元）	投资现金流量总额（亿元）	筹资现金流量总额（亿元）	经营现金流量平均值（亿元）	投资现金流量平均值（亿元）	筹资现金流量平均值（亿元）	经营现金流量增长率（%）	投资现金流量增长率（%）	筹资现金流量增长率（%）
农业	9.40	-7.45	-1.71	1.88	-1.49	-0.34	37.63	-283.50	-192.43
林业	-1.17	1.99	-3.21	-0.58	0.99	-1.60	-30.00	328.74	-300.63
畜牧业	6.07	-3.23	-2.49	2.02	-1.08	-0.83	-70.16	77.24	86.91
渔业	1.95	-0.03	-0.48	1.95	-0.03	-0.48	2.63	99.34	-116.78
农、林、牧、渔服务业	1.32	-2.18	0.96	1.32	-2.18	0.96	297.01	-223.86	304.26
煤炭开采和洗选业	864.75	-313.02	-500.06	45.51	-16.47	-26.32	2.79	-0.39	-71.35
石油和天然气开采业	8.63	-1.61	-4.22	8.63	-1.61	-4.22	24.71	-168.33	51.61
黑色金属矿采选业	14.74	-10.17	-5.74	4.91	-3.39	-1.91	70.01	-52.02	65.57
有色金属矿采选业	212.00	-217.81	-9.79	30.29	-31.12	-1.40	19.38	6.75	-111.47
开采辅助活动	11.37	-6.97	-1.66	5.68	-3.49	-0.83	71.75	-90.44	-16500.00
农副食品加工业	33.33	-16.14	-22.87	4.17	-2.02	-2.86	321.37	-36.32	-591.83
食品制造业	85.71	-68.82	-21.49	6.12	-4.92	-1.54	18.30	28.13	-161.24
酒、饮料和精制茶制造业	936.10	-109.23	-331.31	49.27	-5.75	-17.44	16.32	-19.09	-10.68
纺织业	6.02	-23.65	37.13	0.86	-3.38	5.30	-44.82	-177.26	1480.00
木材加工和木、竹、藤、棕、草制品业	2.10	-3.10	0.50	2.10	-3.10	0.50	9.95	-146.03	-75.37

行业	经营现金流量总额（亿元）	投资现金流量总额（亿元）	筹资现金流量总额（亿元）	经营现金流量平均值（亿元）	投资现金流量平均值（亿元）	筹资现金流量平均值（亿元）	经营现金流量增长率（%）	投资现金流量增长率（%）	筹资现金流量增长率（%）
家具制造业	0.71	0.13	−1.28	0.71	0.13	−1.28	148.30	116.46	−6500.00
造纸及纸制品业	128.07	−32.11	−91.24	21.35	−5.35	−15.21	−15.78	−33.40	29.16
印刷和记录媒介复制业	−0.18	−1.44	0.53	−0.18	−1.44	0.53	—	—	—
文教、工美、体育和娱乐用品制造业	2.04	1.97	0.06	2.04	1.97	0.06	65.85	222.36	104.80
石油加工、炼焦及核燃料加工业	22.10	−7.26	−14.61	4.42	−1.45	−2.92	−49.32	27.04	−144.72
化学原料及化学制品制造业	643.78	−402.65	−297.58	14.97	−9.59	−7.09	−7.56	−10.43	7.18
医药制造业	154.15	−75.54	−47.60	5.51	−2.70	−1.70	−6.36	−29.68	12.88
化学纤维制造业	31.82	−35.25	17.17	5.30	−5.87	2.86	40.98	−107.35	319.01
橡胶和塑料制品业	21.81	−0.32	−20.69	3.12	−0.05	−2.96	41.44	95.57	−4322.45
非金属矿物制品业	664.98	−322.72	−233.07	47.50	−23.05	−16.65	44.38	3.11	−319.27
黑色金属冶炼和压延加工业	589.49	−466.12	−254.11	36.84	−31.07	−15.88	−42.45	−11.94	29.43
有色金属冶炼和压延加工业	206.56	−182.52	37.34	14.75	−13.04	2.67	2.20	−7.16	252.60
金属制品业	5.67	−3.14	−1.38	1.42	−0.79	−0.34	111.57	−5.02	−141.19
通用设备制造业	196.52	−168.13	90.20	7.86	−6.73	3.61	236.68	−243.26	8.13
专用设备制造业	157.83	−82.56	9.87	6.31	−3.30	0.39	78.00	−7.47	−71.29
汽车制造业	899.55	−653.52	−166.11	44.98	−32.68	−8.31	125.27	−169.84	28.90
铁路、船舶、航空航天和其他运输设备制造业	0.22	0.36	−0.09	0.22	0.36	−0.09	184.62	132.43	76.92
电气机械和器材制造业	364.74	−153.03	−176.05	20.26	−8.50	−9.78	17.16	49.19	−428.21
计算机、通信和其他电子设备制造业	409.37	−560.36	262.35	12.04	−16.48	7.72	5.29	10.67	40.87
仪器仪表制造业	6.24	−0.24	−2.84	6.24	−0.24	−2.84	140.93	75.76	−711.43
其他制造业	−28.09	5.64	18.75	−7.02	1.41	4.69	−360.82	63.95	364.83
废弃资源综合利用业	12.35	−9.33	−2.34	12.35	−9.33	−2.34	37.53	2.30	−72.06
电力、热力生产和供应业	553.81	−416.49	−172.50	20.51	−15.43	−6.39	25.04	−5.08	−862.61
燃气生产和供应业	118.94	−135.42	30.41	10.81	−12.31	2.76	40.49	−47.85	100.33
水的生产和供应业	140.71	−282.68	137.90	11.73	−23.56	11.49	2.12	−24.01	40.47
房屋建筑业	10.14	−5.57	20.33	5.07	−2.79	10.16	25450.00	−194.73	437.15
土木工程建筑业	100.97	−278.97	361.92	4.81	−13.28	18.10	38.03	−24.50	70.14
批发业	204.17	−184.13	121.91	6.81	−6.14	4.06	−12.74	−4247.07	151.43
零售业	174.29	−103.27	−63.66	5.81	−3.44	−2.12	12.80	24.97	−195.97
铁路运输业	1.73	0.05	1.70	1.73	0.05	1.70	−26.69	−90.74	187.63
道路运输业	380.29	−286.51	−71.63	13.58	−10.23	−2.56	0.69	−23.30	44.74

行业	经营现金流量总额（亿元）	投资现金流量总额（亿元）	筹资现金流量总额（亿元）	经营现金流量平均值（亿元）	投资现金流量平均值（亿元）	筹资现金流量平均值（亿元）	经营现金流量增长率（%）	投资现金流量增长率（%）	筹资现金流量增长率（%）
水上运输业	256.40	-174.18	-203.93	15.08	-10.25	-12.00	-28.87	-144.22	-40.31
航空运输业	233.27	-337.41	-112.15	46.65	-67.48	-22.43	24.58	-96.69	-128.46
仓储业	2.19	2.13	-3.52	2.19	2.13	-3.52	1560.00	487.27	-29.41
住宿业	52.19	-3.40	-46.74	10.44	-0.68	-9.35	-13.32	70.36	41.09
餐饮业	0.35	-4.10	-0.82	0.17	-2.05	-0.41	-59.77	-298.06	-382.35
电信、广播电视和卫星传输服务	77.70	-61.94	-19.75	8.63	-6.88	-2.19	9.14	18.49	-187.54
互联网和相关服务	9.17	-18.12	12.39	3.06	-6.04	4.13	173.73	-152.02	150.81
软件和信息技术服务业	14.00	-5.72	-3.46	1.40	-0.57	-0.38	94.71	-138.01	-0.87
货币金融服务	484.86	-126.15	-188.38	161.62	-42.05	-62.79	168.10	-139.51	-136.23
资本市场服务	1461.74	-243.46	475.57	76.93	-12.81	25.03	29.68	47.67	169.64
其他金融业	-28.23	6.90	11.83	-9.41	2.30	3.94	-117.66	542.31	-49.16
房地产业	-92.77	-456.86	487.46	-1.89	-9.32	9.95	-120.88	63.12	-51.35
商务服务业	94.19	-55.59	-29.14	6.28	-3.71	-1.94	-4.63	0.86	-2.75
专业技术服务业	10.86	-15.63	8.32	1.81	-2.61	1.39	165.07	-44.72	-73.72
科技推广和应用服务业	0.15	0.81	-0.86	0.15	0.81	-0.86	200.00	437.50	-24.64
生态保护和环境治理业	42.68	-99.94	57.48	10.67	-24.99	14.37	448.59	-131.61	58.70
公共设施管理业	18.74	-18.81	0.50	1.87	-1.88	0.05	1.08	-355.45	-80.69
教育	0.22	2.71	-2.39	0.22	2.71	-2.39	—	—	—
新闻和出版业	146.38	-59.10	-67.05	9.15	-3.69	-4.19	15.97	-103.79	-103.74
广播、电视、电影和影视录音制作业	28.73	-35.21	14.19	4.10	-5.03	2.03	183.61	-44.48	43.62
文化艺术业	2.93	1.09	21.25	2.93	1.09	21.25	—	—	—
综合	-13.04	23.32	12.62	-1.30	2.33	1.26	-145.26	1521.95	176.39

资料来源：根据 Wind 数据库整理。

表4-16 分行业地方国企控股上市公司现金流量分析表

行业	经营现金流量总额（亿元）	投资现金流量总额（亿元）	筹资现金流量总额（亿元）	经营现金流量平均值（亿元）	投资现金流量平均值（亿元）	筹资现金流量平均值（亿元）	经营现金流量增长率（%）	投资现金流量增长率（%）	筹资现金流量增长率（%）
农业	9.40	-7.45	-1.71	1.88	-1.49	-0.34	37.63	-283.50	-192.43
林业	-1.06	2.00	-2.49	-1.06	2.00	-2.49	42.08	412.50	-209.69
畜牧业	-0.51	-1.56	0.34	-0.26	-0.78	0.17	-107.38	-126.31	102.75
渔业	1.95	-0.03	-0.48	1.95	-0.03	-0.48	2.63	99.34	-116.78
农、林、牧、渔服务业	1.32	-2.18	0.96	1.32	-2.18	0.96	297.01	-223.86	304.26
煤炭开采和洗选业	864.75	-313.02	-500.06	45.51	-16.47	-26.32	2.79	-0.39	-71.35

行业	经营现金流量总额（亿元）	投资现金流量总额（亿元）	筹资现金流量总额（亿元）	经营现金流量平均值（亿元）	投资现金流量平均值（亿元）	筹资现金流量平均值（亿元）	经营现金流量增长率（%）	投资现金流量增长率（%）	筹资现金流量增长率（%）
石油和天然气开采业	8.63	-1.61	-4.22	8.63	-1.61	-4.22	24.71	-168.33	51.61
黑色金属矿采选业	14.74	-10.17	-5.74	4.91	-3.39	-1.91	70.01	-52.02	65.57
有色金属矿采选业	212.00	-217.81	-9.79	30.29	-31.12	-1.40	19.38	6.75	-111.47
开采辅助活动	3.16	-2.46	0.56	3.16	-2.46	0.56	—	—	—
农副食品加工业	15.56	-4.82	-17.02	3.89	-1.20	-4.25	-9.69	14.54	-2.35
食品制造业	82.61	-68.42	-26.69	6.88	-5.70	-2.22	36.41	24.63	-164.02
酒、饮料和精制茶制造业	902.83	-87.93	-327.57	60.19	-5.86	-21.84	16.02	-6.84	-12.73
纺织业	-10.83	-22.31	54.08	-2.17	-4.46	10.82	-207.23	-271.21	1543.77
木材加工和木、竹、藤、棕、草制品业	2.10	-3.10	0.50	2.10	-3.10	0.50	9.95	-146.03	-75.37
家具制造业	0.71	0.13	-1.28	0.71	0.13	-1.28	148.30	116.46	-6500.00
造纸及纸制品业	128.07	-32.11	-91.24	21.35	-5.35	-15.21	-15.78	-33.40	29.16
印刷和记录媒介复制业	-0.18	-1.44	0.53	-0.18	-1.44	0.53	—	—	—
文教、工美、体育和娱乐用品制造业	2.04	1.97	0.06	2.04	1.97	0.06	65.85	222.36	104.80
石油加工、炼焦及核燃料加工业	22.10	-7.26	-14.61	4.42	-1.45	-2.92	-49.32	27.04	-144.72
化学原料及化学制品制造业	640.40	-397.78	-296.38	16.01	-10.20	-7.60	-7.55	-9.70	6.93
医药制造业	140.53	-75.70	-29.53	6.11	-3.29	-1.28	-4.51	-77.57	35.93
化学纤维制造业	29.14	-29.40	14.31	5.83	-5.88	2.86	30.73	-131.50	206.55
橡胶和塑料制品业	25.10	-1.35	-15.87	4.18	-0.22	-2.65	464.04	78.61	-307.72
非金属矿物制品业	658.93	-318.17	-233.58	54.91	-26.51	-19.47	43.07	4.47	-320.18
黑色金属冶炼和压延加工业	593.36	-446.61	-284.10	39.56	-31.90	-18.94	-37.73	-11.66	7.74
有色金属冶炼和压延加工业	187.26	-171.72	56.20	18.73	-17.17	5.62	-5.68	-12.13	406.60
金属制品业	4.36	-2.99	-0.51	1.45	-1.00	-0.17	62.69	0.00	-115.22
通用设备制造业	193.54	-168.15	91.05	9.22	-8.01	4.34	241.82	-249.51	8.44
专用设备制造业	148.28	-76.83	12.77	7.06	-3.66	0.61	67.09	-0.62	-62.06
汽车制造业	880.62	-643.72	-152.86	48.92	-35.76	-8.49	121.48	-178.38	37.76
铁路、船舶、航空航天和其他运输设备制造业	0.22	0.36	-0.09	0.22	0.36	-0.09	184.62	132.43	76.92
电气机械和器材制造业	364.51	-151.61	-174.74	22.78	-9.48	-10.92	17.16	49.81	-418.29
计算机、通信和其他电子设备制造业	406.84	-554.62	255.44	14.53	-19.81	9.12	6.14	11.26	35.88
仪器仪表制造业	6.24	-0.24	-2.84	6.24	-0.24	-2.84	140.93	75.76	-711.43
其他制造业	-28.09	5.64	18.75	-7.02	1.41	4.69	-360.82	63.95	364.83
废弃资源综合利用业	12.35	-9.33	-2.34	12.35	-9.33	-2.34	37.53	2.30	-72.06
电力、热力生产和供应业	514.40	-382.96	-164.26	23.38	-17.41	-7.47	26.22	-7.42	-567.18
燃气生产和供应业	117.36	-133.24	29.56	11.74	-13.32	2.96	40.30	-46.74	102.74

行业	经营现金流量总额（亿元）	投资现金流量总额（亿元）	筹资现金流量总额（亿元）	经营现金流量平均值（亿元）	投资现金流量平均值（亿元）	筹资现金流量平均值（亿元）	经营现金流量增长率（%）	投资现金流量增长率（%）	筹资现金流量增长率（%）
水的生产和供应业	123.53	-257.46	125.46	13.73	-28.61	13.94	-6.64	-15.58	39.03
房屋建筑业	12.58	-1.05	16.14	12.58	-1.05	16.14	733.11	-119.16	298.77
土木工程建筑业	103.41	-273.79	355.85	5.44	-14.41	18.73	41.46	-22.17	67.28
批发业	165.65	-155.60	120.47	6.14	-5.76	4.46	-20.67	-901.65	155.12
零售业	174.94	-101.60	-68.73	6.25	-3.63	-2.45	10.53	31.53	-201.76
道路运输业	312.12	-252.30	-19.92	13.01	-10.51	-0.83	7.96	-21.94	70.49
水上运输业	238.98	-155.56	-206.80	15.93	-10.37	-13.79	-29.85	-195.69	-47.09
航空运输业	203.14	-326.83	-82.15	50.79	-81.71	-20.54	30.18	-112.99	-169.26
住宿业	52.19	-3.40	-46.74	10.44	-0.68	-9.35	-13.32	70.36	41.09
餐饮业	0.69	-2.88	-0.74	0.69	-2.88	-0.74	-20.69	-179.61	-335.29
电信、广播电视和卫星传输服务	45.34	10.19	-60.17	22.67	5.09	-30.09	40.81	406.01	-222.80
互联网和相关服务	1.48	-11.90	8.08	0.74	-5.95	4.04	-55.82	-65.51	63.56
软件和信息技术服务业	13.25	-5.03	-3.29	1.47	-0.56	-0.41	124.20	-135.40	-3.13
货币金融服务	12.21	-0.42	-14.11	12.21	-0.42	-14.11	102.09	99.38	-103.03
资本市场服务	1137.18	-280.31	541.99	75.81	-18.69	36.13	17.91	35.13	196.52
其他金融业	-28.23	6.90	11.83	-9.41	2.30	3.94	-117.66	542.31	-49.16
房地产业	-84.13	-464.28	474.32	-2.05	-11.32	11.57	-118.36	62.95	-52.33
商务服务业	81.96	-53.39	-18.86	8.20	-5.34	-1.89	15.98	-37.60	-39.70
专业技术服务业	10.86	-15.63	8.32	1.81	-2.61	1.39	165.07	-44.72	-73.72
生态保护和环境治理业	43.16	-77.30	37.18	14.39	-25.77	12.39	331.60	-166.28	83.88
公共设施管理业	9.30	-6.67	-0.71	2.32	-1.67	-0.18	-5.49	-717.59	-121.52
教育	0.22	2.71	-2.39	0.22	2.71	-2.39	—	—	—
新闻和出版业	5.56	12.36	-4.98	1.39	3.09	-1.24	-59.24	982.86	-11.16
广播、电视、电影和影视录音制作业	5.01	-23.66	11.33	2.50	-11.83	5.67	191.09	-1332.29	705.88
综合	1.72	0.42	-7.08	0.43	0.10	-1.77	-82.80	131.34	-461.22

资料来源：根据 Wind 数据库整理。

表 4-17　分行业地方机构所属企业控股上市公司现金流量分析表

行业	经营现金流量总额（亿元）	投资现金流量总额（亿元）	筹资现金流量总额（亿元）	经营现金流量均值（亿元）	投资现金流量均值（亿元）	筹资现金流量均值（亿元）	经营现金流量增长率（%）	投资现金流量增长率（%）	筹资现金流量增长率（%）
林业	-0.10	-0.01	-0.72	-0.10	-0.01	-0.72	-110.64	95.65	-7.46
畜牧业	6.58	-1.68	-2.83	6.58	-1.68	-2.83	-51.01	91.65	57.51
开采辅助活动	8.20	-4.52	-2.22	8.20	-4.52	-2.22	23.87	-23.50	-22100.00
农副食品加工业	17.77	-11.32	-5.86	4.44	-2.83	-1.46	290.67	-82.58	-127.54
食品制造业	3.10	-0.39	5.19	1.55	-0.20	2.60	-73.91	92.17	178.52

续表

行业	经营现金流量总额（亿元）	投资现金流量总额（亿元）	筹资现金流量总额（亿元）	经营现金流量均值（亿元）	投资现金流量均值（亿元）	筹资现金流量均值（亿元）	经营现金流量增长率（%）	投资现金流量增长率（%）	筹资现金流量增长率（%）
酒、饮料和精制茶制造业	33.27	−21.30	−3.74	8.32	−5.32	−0.93	24.93	−126.11	57.35
纺织业	16.85	−1.34	−16.95	8.43	−0.67	−8.47	1980.25	46.61	−1703.19
化学原料及化学制品制造业	3.39	−4.87	−1.20	1.13	−1.62	−0.40	−8.38	−141.09	43.40
医药制造业	13.62	0.16	−18.07	2.72	0.03	−3.61	−21.99	101.02	−111.35
化学纤维制造业	2.68	−5.85	2.86	2.68	−5.85	2.86	857.14	−36.05	−48.84
橡胶和塑料制品业	−3.29	1.02	−4.82	−3.29	1.02	−4.82	−129.99	212.09	32.59
非金属矿物制品业	6.05	−4.55	0.51	3.03	−2.28	0.26	—	—	—
黑色金属冶炼和压延加工业	−3.87	−19.51	29.99	−3.87	−19.51	29.99	−105.41	−18.96	157.52
有色金属冶炼和压延加工业	19.30	−10.81	−18.86	4.83	−2.70	−4.72	437.60	37.08	−207.17
金属制品业	1.31	−0.15	−0.87	1.31	−0.15	−0.87	—	—	—
通用设备制造业	2.98	0.03	−0.85	0.74	0.01	−0.21	71.26	103.45	−54.55
专用设备制造业	9.55	−5.73	−2.90	2.39	−1.43	−0.73	13742.86	−1145.65	−508.45
汽车制造业	18.93	−9.80	−13.25	9.46	−4.90	−6.63	1000.58	10.50	−210.60
电气机械和器材制造业	0.23	−1.41	−1.32	0.11	−0.71	−0.66	15.00	−260.23	−4.76
计算机、通信和其他电子设备制造业	2.52	−5.74	6.91	0.42	−0.96	1.15	−54.35	−146.35	490.40
电力、热力生产和供应业	39.41	−33.53	−8.23	7.88	−6.71	−1.65	11.45	15.84	−222.65
燃气生产和供应业	1.57	−2.18	0.85	1.57	−2.18	0.85	57.00	−179.49	39.34
水的生产和供应业	17.18	−25.23	12.44	5.73	−8.41	4.15	214.08	−385.19	56.87
房屋建筑业	−2.43	−4.52	4.18	−2.43	−4.52	4.18	−57.79	−1230.00	100.00
土木工程建筑业	−2.44	−5.18	6.06	−1.22	−2.59	6.06	−6200.00	−13050.00	60700.00
批发业	38.53	−28.53	1.44	12.84	−9.51	0.48	53.08	−90.58	107.79
零售业	−0.65	−1.67	5.07	−0.33	−0.84	2.53	82.76	−115.55	519.01
铁路运输业	1.73	0.05	1.70	1.73	0.05	1.70	−26.69	−90.74	187.63
道路运输业	68.17	−34.21	−51.71	17.04	−8.55	−12.93	−23.02	−34.37	16.76
水上运输业	17.43	−18.62	2.87	8.71	−9.31	1.44	−11.97	0.48	160.42
航空运输业	30.13	−10.59	−30.00	30.13	−10.59	−30.00	−3.40	41.43	−61.46
仓储业	2.19	2.13	−3.52	2.19	2.13	−3.52	1560.00	487.27	−29.41
餐饮业	−0.34	−1.23	−0.07	−0.34	−1.23	−0.07	—	—	—
电信、广播电视和卫星传输服务	32.36	−72.13	40.42	4.62	−10.30	5.77	−17.00	0.73	−1.89
互联网和相关服务	7.69	−6.21	4.31	7.69	−6.21	4.31	—	—	—
软件和信息技术服务业	0.75	−0.69	−0.17	0.75	−0.69	−0.17	−41.41	−182.14	29.17
货币金融服务	472.65	−125.73	−174.27	236.32	−62.86	−87.13	471.23	−132.51	−420.47
资本市场服务	324.56	36.85	−66.41	81.14	9.21	−16.60	99.36	211.09	45.29

续表

行业	经营现金流量总额（亿元）	投资现金流量总额（亿元）	筹资现金流量总额（亿元）	经营现金流量均值（亿元）	投资现金流量均值（亿元）	筹资现金流量均值（亿元）	经营现金流量增长率（%）	投资现金流量增长率（%）	筹资现金流量增长率（%）
房地产业	-8.64	7.43	13.14	-1.08	0.93	1.64	38.06	-47.93	90.43
商务服务业	12.24	-2.20	-10.28	2.45	-0.44	-2.06	-56.44	87.26	30.82
科技推广和应用服务业	0.15	0.81	-0.86	0.15	0.81	-0.86	200.00	437.50	-24.64
生态保护和环境治理业	-0.48	-22.65	20.31	-0.48	-22.65	20.31	78.48	-60.41	26.94
公共设施管理业	9.44	-12.14	1.20	1.57	-2.02	0.20	8.51	-133.01	269.01
新闻和出版业	140.82	-71.47	-62.07	11.74	-5.96	-5.17	25.08	-158.95	-118.33
广播、电视、电影和影视录音制作业	23.72	-11.55	2.86	4.74	-2.31	0.57	51.76	56.07	-75.66
文化艺术业	2.93	1.09	21.25	2.93	1.09	21.25	—	—	—
综合	-14.76	22.91	19.71	-2.46	3.82	3.28	-178.47	7736.67	206.66

资料来源：根据 Wind 数据库整理。

第三节　地方国有控股上市公司地区发展状况

一、地方国有控股上市公司地区分布状况

从不同地区地方国有控股上市公司数量和占比来看，经济发达地区的广东（86 家，占比 11.83%）、上海（69 家，占比 9.49%）、江苏（54 家，占比 7.43%）、山东（50 家，占比 6.88%）、浙江（49 家，占比 6.74%）和北京（46 家，占比 6.33%）等地区的地方国有控股上市公司的数量较多，而经济欠发达地区的西藏（4 家，占比 0.55%）、青海（4 家，占比 0.55%）、内蒙古（2 家，占比 0.28%）和宁夏（1 家，占比 0.14%）等地区的地方国有控股上市公司的数量较少。

从地方国企控股上市公司的地区构成状况来看，经济较为发达地区的广东、上海、北京、山东、江苏和浙江各地区的地方国企控股上市公司数量较多，分别为 69 家、67 家、40 家、39 家、37 家和 33 家，而内蒙古和宁夏不存在地方国企控股的上市公司。地方机构所属企业控股上市公司数量较多的地区分别为广东（17 家）、江苏（17 家）、浙江（16 家）和河南（13 家）。地方国有控股上市公司地区构成详情如表 4-18 所示。

表 4-18　地方国有控股上市公司的地区构成

地区	地方国有控股		地方国企控股		地方机构所属企业控股	
	公司数量（家）	比例（%）	公司数量（家）	比例（%）	公司数量（家）	比例（%）
北京	46	6.33	40	6.79	6	4.35
天津	20	2.75	19	3.23	1	0.72

地区	地方国有控股		地方国企控股		地方机构所属企业控股	
	公司数量（家）	比例（%）	公司数量（家）	比例（%）	公司数量（家）	比例（%）
河北	15	2.06	13	2.21	2	1.45
山西	20	2.75	18	3.06	2	1.45
内蒙古	2	0.28	—	—	2	1.45
辽宁	14	1.93	12	2.04	2	1.45
吉林	12	1.65	9	1.53	3	2.17
黑龙江	7	0.96	7	1.19	—	—
上海	69	9.49	67	11.38	2	1.45
江苏	54	7.43	37	6.28	17	12.32
浙江	49	6.74	33	5.60	16	11.59
安徽	35	4.81	30	5.09	5	3.62
福建	32	4.40	27	4.58	5	3.62
江西	15	2.06	13	2.21	2	1.45
山东	50	6.88	39	6.62	11	7.97
河南	21	2.89	8	1.36	13	9.42
湖北	15	2.06	12	2.04	3	2.17
湖南	28	3.85	21	3.57	7	5.07
广东	86	11.83	69	11.71	17	12.32
广西	16	2.20	14	2.38	2	1.45
海南	6	0.83	5	0.85	1	0.72
重庆	12	1.65	11	1.87	1	0.72
四川	26	3.58	21	3.57	5	3.62
贵州	6	0.83	5	0.85	1	0.72
云南	11	1.51	11	1.87	—	—
西藏	4	0.55	4	0.68	—	—
陕西	24	3.30	16	2.72	8	5.80
甘肃	12	1.65	11	1.87	1	0.72
青海	4	0.55	4	0.68	—	—
宁夏	1	0.14	—	—	1	0.72
新疆	15	2.06	13	2.21	2	1.45
合计	727	100.00	589	100.00	138	100.00

资料来源：根据 Wind 数据库整理。

二、地方国有控股上市公司分地区资产负债分析

地方国有控股上市公司中，资产总额排名前五位的地区分别是上海、北京、广东、浙江和江苏，总资产平均值居前五位的地区分别为内蒙古、上海、北京、海南和贵州，说明上海、北

京等地区的国有控股上市公司不仅数量较多，资产规模也相对较大，新疆、甘肃、西藏和宁夏地区的国有控股上市公司在资产总额和总资产平均值方面均比较靠后；负债总额居前五位的地区分别为上海、北京、浙江、广东和江苏，居后五位的地区分别为贵州、甘肃、黑龙江、西藏和宁夏；所有者权益总额名列前五位的地区分别为上海、广东、北京、山东和江苏，排名后五位的地区分别为甘肃、黑龙江、西藏、宁夏和青海。

从增长率来看，地方国有控股上市公司中，资产增长率排名前五位的地区分别为陕西、湖南、江苏、西藏和福建，而辽宁、浙江、青海、广东和河南等地区的国有控股上市公司的总资产规模则有较大程度的减少；负债增长率居前五位的地区分别为陕西、湖南、江苏、西藏和福建，居后五位的地区分别为辽宁、浙江、广东、河南和宁夏；所有者权益增长率居前五位的地区分别为陕西、吉林、天津、贵州和江苏，居后五位的地区分别为广东、河南、云南、辽宁和青海。地方国有控股上市公司、地方国企控股上市公司和地方机构所属企业控股上市公司分地区的资产、负债和所有者权益状况描述性统计如表4-19、表4-20和表4-21所示。

表4-19　地方国有控股上市公司分地区资产、负债、所有者权益

地区	资产总额（亿元）	负债总额（亿元）	所有者权益总额（亿元）	总资产平均值（亿元）	总负债平均值（亿元）	所有者权益平均值（亿元）	资产增长率（%）	负债增长率（%）	所有者权益增长率（%）
北京	21382.99	14509.07	6873.92	464.85	315.41	149.43	14.96	14.33	16.29
天津	2337.72	1363.79	973.93	116.89	68.19	48.70	5.94	-2.07	19.63
河北	4831.50	2841.30	1990.20	322.10	189.42	132.68	-0.70	-3.52	3.62
山西	6415.64	4353.24	2062.40	320.78	217.66	103.12	3.69	2.41	6.51
内蒙古	1702.48	963.76	738.72	851.24	481.88	369.36	-1.32	-10.27	13.42
辽宁	1881.35	1079.16	802.19	134.38	77.08	57.30	-25.51	-23.18	-28.44
吉林	1701.82	999.54	702.29	141.82	83.29	58.52	19.01	17.41	21.37
黑龙江	893.66	583.58	310.08	127.67	83.37	44.30	11.53	15.16	5.28
上海	35294.24	22681.97	12612.27	511.51	328.72	182.79	13.76	16.25	9.53
江苏	15112.25	9819.75	5292.50	279.86	181.85	98.01	31.63	39.62	19.00
浙江	18539.55	14157.31	4382.24	378.36	288.92	89.43	-32.08	-37.56	-5.18
安徽	8049.37	4170.03	3879.34	229.98	119.14	110.84	-1.22	-5.14	3.37
福建	10416.67	7015.20	3401.46	325.52	219.23	106.30	21.09	23.41	16.58
江西	3166.20	1716.49	1449.70	211.08	114.43	96.65	13.50	18.73	7.87
山东	13991.24	8404.34	5586.91	279.82	168.09	111.74	14.09	13.31	15.28
河南	4298.42	2906.68	1391.74	204.69	138.41	66.27	-50.09	-58.40	-14.36
湖北	1866.92	1195.14	671.78	124.46	79.61	44.79	6.71	7.21	5.84
湖南	3604.88	2292.65	1312.23	128.75	81.88	46.87	42.10	60.08	18.79
广东	20731.31	12525.80	8205.51	241.06	145.65	95.41	-37.79	-47.43	-13.58
广西	2154.25	1385.07	769.17	134.64	86.57	48.07	6.70	7.82	4.74
海南	2278.45	1468.92	809.53	379.74	244.82	134.92	-4.05	0.26	-10.99
重庆	2516.78	1666.39	850.39	209.73	138.87	70.87	8.33	7.46	10.09
四川	5878.48	3201.81	2676.67	226.10	123.15	102.95	8.27	10.89	5.29

地区	资产总额（亿元）	负债总额（亿元）	所有者权益总额（亿元）	总资产平均值（亿元）	总负债平均值（亿元）	所有者权益平均值(亿元)	资产增长率（%）	负债增长率（%）	所有者权益增长率（%）
贵州	2277.16	668.15	1609.01	379.53	111.36	268.17	13.70	2.18	19.28
云南	2291.60	1812.70	478.90	208.33	164.79	43.54	-10.42	-5.63	-24.85
西藏	294.79	171.09	123.70	73.70	42.77	30.93	21.72	27.66	14.35
陕西	6558.16	4436.54	2121.62	273.26	184.86	88.40	98.54	174.72	25.67
甘肃	1059.00	625.73	433.27	88.25	52.14	36.11	-0.72	-5.54	7.17
青海	887.31	978.81	-91.50	221.83	244.70	-22.88	-36.03	-7.86	-128.17
宁夏	52.82	3.08	49.75	52.82	3.08	49.75	-8.51	-63.55	0.93
新疆	1681.12	1067.07	614.04	112.07	71.14	40.94	2.95	0.69	7.13
合计	204148.10	131064.14	73083.96	280.81	180.28	100.53	-3.05	-7.01	4.97

资料来源：根据 Wind 数据库整理。

表 4-20　地方国企控股上市公司分地区资产、负债、所有者权益

地区	资产总额（亿元）	负债总额（亿元）	所有者权益总额（亿元）	总资产平均值（亿元）	总负债平均值（亿元）	所有者权益平均值(亿元)	资产增长率（%）	负债增长率（%）	所有者权益增长率（%）
北京	20838.17	14315.30	6522.87	520.95	357.88	163.07	14.67	13.83	16.56
天津	2308.55	1351.73	956.82	121.50	71.14	50.36	6.32	-1.64	20.03
河北	4761.68	2807.25	1954.43	366.28	215.94	150.34	1.26	-1.95	6.25
山西	5753.57	3868.95	1884.62	319.64	214.94	104.70	2.47	1.59	4.34
辽宁	1803.11	1040.68	762.43	150.26	86.72	63.54	-26.39	-23.96	-29.47
吉林	1455.96	893.35	562.62	161.77	99.26	62.51	18.43	17.38	20.14
黑龙江	893.66	583.58	310.08	127.67	83.37	44.30	19.15	17.05	23.31
上海	35052.65	22518.24	12534.41	523.17	336.09	187.08	13.56	15.92	9.56
江苏	12918.34	8632.08	4286.26	349.14	233.30	115.84	30.27	39.96	14.34
浙江	6661.76	3674.12	2987.65	201.87	111.34	90.53	-60.12	-72.38	-12.14
安徽	7599.05	3966.04	3633.01	253.30	132.20	121.10	-1.48	-5.61	3.47
福建	8570.37	5570.77	2999.60	317.42	206.32	111.10	23.42	26.21	18.57
江西	2588.03	1451.34	1136.69	199.08	111.64	87.44	16.44	23.48	8.55
山东	13271.50	8134.64	5136.86	340.29	208.58	131.71	12.67	12.56	12.85
河南	2263.12	1565.85	697.27	282.89	195.73	87.16	7.52	5.65	11.96
湖北	1638.68	1110.77	527.91	136.56	92.56	43.99	6.90	7.45	5.76
湖南	2911.02	1931.70	979.32	138.62	91.99	46.63	40.82	59.65	14.25
广东	19553.81	11981.90	7571.90	283.39	173.65	109.74	-39.48	-48.73	-15.26
广西	2034.47	1319.18	715.29	145.32	94.23	51.09	56.16	76.89	28.41
海南	2245.87	1464.28	781.6	449.17	292.86	156.32	-4.09	0.28	-11.35
重庆	2393.25	1609.48	783.77	217.57	146.32	71.25	6.74	6.10	8.09
四川	5527.76	3027.76	2500.00	263.23	144.18	119.05	7.98	10.64	4.94

地区	资产总额（亿元）	负债总额（亿元）	所有者权益总额（亿元）	总资产平均值（亿元）	总负债平均值（亿元）	所有者权益平均值（亿元）	资产增长率（%）	负债增长率（%）	所有者权益增长率（%）
贵州	2126.29	565.31	1560.97	425.26	113.06	312.19	13.23	-1.38	19.65
云南	2291.60	1812.70	478.90	208.33	164.79	43.54	-9.64	-5.31	-22.98
西藏	294.79	171.09	123.70	73.70	42.77	30.93	21.72	27.66	14.35
陕西	3543.54	1770.83	1772.70	221.47	110.68	110.79	12.30	15.52	9.26
甘肃	1038.46	622.61	415.85	94.41	56.60	37.80	-0.79	-5.62	7.46
青海	887.31	978.81	-91.50	221.83	244.70	-22.88	-36.03	-7.86	-128.17
新疆	1519.57	982.22	537.35	116.89	75.56	41.33	4.02	2.54	6.83
合计	174745.95	109722.58	65023.37	296.68	186.29	110.40	-3.96	-8.23	4.20

资料来源：根据 Wind 数据库整理。

表 4-21　地方机构所属企业控股上市公司分地区资产、负债、所有者权益

地区	资产总额（亿元）	负债总额（亿元）	所有者权益总额（亿元）	总资产平均值（亿元）	总负债平均值（亿元）	所有者权益平均值（亿元）	资产增长率（%）	负债增长率（%）	所有者权益增长率（%）
北京	544.82	193.77	351.05	90.80	32.30	58.51	27.23	70.71	11.55
天津	29.16	12.06	17.11	29.16	12.06	17.11	-17.49	-34.39	0.88
河北	69.82	34.05	35.77	34.91	17.02	17.89	-57.23	-58.45	-56.00
山西	662.07	484.29	177.78	331.04	242.14	88.89	15.66	9.45	36.79
内蒙古	1702.48	963.76	738.72	851.24	481.88	369.36	-1.32	-10.27	13.42
辽宁	78.24	38.48	39.76	39.12	19.24	19.88	2.93	6.59	-0.40
吉林	245.86	106.19	139.67	81.95	35.40	46.56	22.59	17.68	26.62
上海	241.59	163.73	77.86	120.79	81.87	38.93	51.26	92.71	4.15
江苏	2193.92	1187.68	1006.24	129.05	69.86	59.19	40.24	37.24	43.96
浙江	11877.78	10483.19	1394.59	742.36	655.20	87.16	12.15	11.89	14.18
安徽	450.33	203.99	246.33	90.07	40.80	49.27	3.24	4.91	1.89
福建	1846.29	1444.43	401.86	369.26	288.89	80.37	11.34	13.69	3.63
江西	578.17	265.16	313.01	289.08	132.58	156.51	1.96	-1.89	5.47
山东	719.74	269.70	450.05	65.43	24.52	40.91	48.50	41.86	52.79
河南	2035.29	1340.82	694.47	156.56	103.14	53.42	-68.73	-75.65	-30.71
湖北	228.23	84.37	143.87	76.08	28.12	47.96	5.40	4.20	6.12
湖南	693.85	360.95	332.90	99.12	51.56	47.56	47.72	62.39	34.54
广东	1177.50	543.89	633.61	69.26	31.99	37.27	16.01	19.16	13.44
广西	119.78	65.89	53.88	59.89	32.95	26.94	-83.28	-87.77	-69.62
海南	32.58	4.64	27.93	32.58	4.64	27.93	-0.82	-7.94	0.43
重庆	123.53	56.91	66.62	123.53	56.91	66.62	52.26	68.22	40.88
四川	350.72	174.05	176.68	70.14	34.81	35.34	12.99	15.54	10.59
贵州	150.87	102.83	48.03	150.87	102.83	48.03	20.71	27.44	8.42

续表

地区	资产总额（亿元）	负债总额（亿元）	所有者权益总额（亿元）	总资产平均值（亿元）	总负债平均值（亿元）	所有者权益平均值(亿元)	资产增长率（%）	负债增长率（%）	所有者权益增长率（%）
陕西	3014.62	2665.70	348.92	376.83	333.21	43.62	1939.25	3153.23	429.55
甘肃	20.54	3.12	17.42	20.54	3.12	17.42	2.60	14.71	0.69
宁夏	52.82	3.08	49.75	52.82	3.08	49.75	-8.51	-63.55	0.93
新疆	161.55	84.85	76.70	80.78	42.43	38.35	-6.06	-16.67	9.34
合计	29402.15	21341.56	8060.59	213.06	154.65	58.41	2.78	-0.21	11.61

资料来源：根据 Wind 数据库整理。

三、地方国有控股上市公司分地区盈利状况分析

上海、福建、山东、广东、浙江和北京等地区的地方国有控股上市公司的营业收入总额居地区前列，而宁夏、西藏、黑龙江、青海、甘肃等地区的地方国有控股上市公司收入总额排名则相对靠后。在地方国有控股上市公司中，成本总额居前五位的分别为上海、福建、山东、广东和浙江，居后五位的地区分别为甘肃、贵州、黑龙江、西藏和宁夏；上海、广东、山东、安徽和江苏地区的地方国有控股上市公司的总体盈利能力较强，而青海和云南地区的地方国有控股上市公司则出现了亏损现象。

从增长率来看，地方国有控股上市公司中，收入增长率排名前五位的地区分别为吉林、陕西、浙江、天津和广西，排名后五位的地区分别为湖北、安徽、云南、辽宁和广东；成本增长率居前五位的地区分别为青海、吉林、陕西、浙江和广西，居后五位的地区分别为湖北、云南、安徽、辽宁和广东；净利润增长率名列前五位的地区分别是甘肃、海南、黑龙江、重庆和陕西，而青海、云南、宁夏、内蒙古和新疆等地区的地方国有控股上市公司在净利润方面都有明显的下滑。地方国有控股上市公司、地方国企控股上市公司和地方机构所属企业控股上市公司分地区的盈利状况分析如表4-22、表4-23和表4-24所示。

表4-22　地方国有控股上市公司分地区收入、成本、利润

地区	收入总额（亿元）	成本总额（亿元）	净利润总额（亿元）	收入平均值（亿元）	成本平均值（亿元）	净利润平均值（亿元）	收入增长率（%）	成本增长率（%）	净利润增长率（%）
北京	6707.46	6448.66	286.62	145.81	140.19	6.23	17.50	19.38	-5.84
天津	886.25	845.30	43.72	44.31	42.26	2.19	20.07	18.79	21.85
河北	2642.35	2475.06	153.03	176.16	165.00	10.20	3.12	2.61	6.91
山西	3203.20	3066.92	113.52	160.16	153.35	5.68	4.64	7.11	-40.88
内蒙古	814.89	796.34	15.34	407.45	398.17	7.67	0.43	3.84	-60.76
辽宁	1199.22	1192.68	21.07	85.66	85.19	1.50	-13.83	-12.29	-45.74
吉林	791.05	767.52	32.51	65.92	63.96	2.71	52.24	56.55	-6.23
黑龙江	379.30	372.52	14.31	54.19	53.22	2.04	14.25	13.25	37.86
上海	21264.25	20474.81	1161.30	308.18	296.74	16.83	2.11	1.99	-9.12
江苏	4130.79	3681.62	473.44	76.50	68.18	8.77	17.66	14.25	18.79

地区	收入总额 （亿元）	成本总额 （亿元）	净利润总额 （亿元）	收入平均值 （亿元）	成本平均值 （亿元）	净利润平均值 （亿元）	收入增长率 （%）	成本增长率 （%）	净利润增长率 （%）
浙江	7706.77	7415.25	345.59	157.28	151.33	7.05	28.28	29.99	-19.74
安徽	5660.55	5064.45	532.18	161.73	144.70	15.21	-4.48	-5.53	1.04
福建	12501.05	12194.43	247.24	390.66	381.08	7.73	18.26	18.81	-12.96
江西	4131.42	4014.95	111.49	275.43	267.66	7.43	9.95	10.93	-23.73
山东	9937.10	9334.59	624.21	198.74	186.69	12.48	14.93	17.13	-1.72
河南	1961.41	1922.62	68.53	93.40	91.55	3.26	-1.47	-0.27	-35.32
湖北	1050.17	1008.22	51.57	70.01	67.21	3.44	-3.79	-4.04	-16.85
湖南	2827.14	2716.99	116.69	100.97	97.04	4.17	16.23	16.74	4.69
广东	9089.62	8415.97	805.94	105.69	97.86	9.37	-17.94	-14.28	-37.92
广西	1241.84	1186.89	53.60	77.61	74.18	3.35	18.96	20.02	-22.86
海南	993.56	1047.31	11.99	165.59	174.55	2.00	14.25	9.95	139.00
重庆	1603.88	1545.25	69.47	133.66	128.77	5.79	12.30	10.15	28.06
四川	3062.38	2667.23	357.08	117.78	102.59	13.73	12.95	9.49	23.55
贵州	1089.00	483.12	455.21	181.50	80.52	75.87	12.41	9.85	15.74
云南	1461.27	1469.13	-10.31	132.84	133.56	-0.94	-7.00	-5.26	-136.86
西藏	79.85	70.42	10.29	19.96	17.61	2.57	13.17	15.37	25.33
陕西	1558.90	1324.58	238.47	64.95	55.19	9.94	38.90	40.82	26.13
甘肃	664.86	641.44	26.98	55.40	53.45	2.25	5.05	2.51	193.58
青海	584.29	1172.61	-451.83	146.07	293.15	-112.96	9.12	95.81	-508.12
宁夏	8.00	6.15	0.45	8.00	6.15	0.45	5.12	4.06	-69.39
新疆	1359.74	1346.71	16.16	90.65	89.78	1.08	17.49	19.46	-47.28
合计	110591.56	105169.76	5995.87	152.12	144.66	8.25	7.29	8.64	-14.86

资料来源：根据 Wind 数据库整理。

表 4-23 地方国企控股上市公司分地区收入、成本、利润

地区	收入总额 （亿元）	成本总额 （亿元）	净利润总额 （亿元）	收入平均值 （亿元）	成本平均值 （亿元）	净利润平均值 （亿元）	收入增长率 （%）	成本增长率 （%）	净利润增长率 （%）
北京	6517.62	6257.56	287.03	162.94	156.44	7.18	17.68	19.35	-1.97
天津	879.47	838.78	43.57	46.29	44.15	2.29	20.43	19.17	21.94
河北	2600.18	2437.53	148.76	200.01	187.50	11.44	3.37	2.92	13.03
山西	2973.44	2814.63	135.56	165.19	156.37	7.53	-1.10	0.60	-28.58
辽宁	1194.19	1187.33	21.54	99.52	98.94	1.80	-13.01	-11.59	-42.31
吉林	754.70	716.97	41.60	83.86	79.66	4.62	53.72	53.61	42.51
黑龙江	379.30	372.52	14.31	54.19	53.22	2.04	16.71	14.67	99.03
上海	21180.57	20389.71	1161.61	316.13	304.32	17.34	1.83	1.70	-8.67
江苏	3163.74	2802.93	386.84	85.51	75.75	10.46	15.79	11.95	15.66

地区	收入总额（亿元）	成本总额（亿元）	净利润总额（亿元）	收入平均值（亿元）	成本平均值（亿元）	净利润平均值（亿元）	收入增长率（%）	成本增长率（%）	净利润增长率（%）
浙江	7099.15	6899.84	232.75	215.13	209.09	7.05	26.71%	29.06%	-33.00%
安徽	5373.45	4781.37	521.26	179.12	159.38	17.38	-4.53	-5.64	2.13
福建	12272.29	11961.87	257.51	454.53	443.03	9.54	17.46	18.08	-7.15
江西	3968.44	3875.94	83.43	305.26	298.15	6.42	10.32	11.32	-29.82
山东	9641.30	9060.59	595.17	247.21	232.32	15.26	14.43	16.63	-2.01
河南	1252.97	1245.34	36.74	156.62	155.67	4.59	0.41	2.73	-31.20
湖北	946.98	911.14	42.29	78.91	75.93	3.52	-1.36	-1.52	-19.22
湖南	2479.85	2399.06	84.36	118.09	114.24	4.02	12.97	13.60	-2.98
广东	8481.99	7851.23	756.28	122.93	113.79	10.96	-20.36	-16.78	-39.62
广西	1213.48	1156.15	52.25	86.68	82.58	3.73	20.11	22.41	-22.15
海南	991.82	1045.64	11.36	198.36	209.13	2.27	14.65	10.15	135.06
重庆	1556.10	1498.33	67.16	141.46	136.21	6.11	14.04	11.76	28.00
四川	2833.65	2456.30	340.15	134.94	116.97	16.20	12.50	8.63	24.41
贵州	1054.82	450.58	453.09	210.96	90.12	90.62	12.64	9.77	16.13
云南	1461.27	1469.13	-10.31	132.84	133.56	-0.94	-6.36	-4.47	-133.75
西藏	79.85	70.42	10.29	19.96	17.61	2.57	13.17	15.37	25.33
陕西	1401.09	1199.02	210.18	87.57	74.94	13.14	31.83	35.71	12.85
甘肃	655.14	632.02	26.36	59.56	57.46	2.40	4.77	2.22	200.23
青海	584.29	1172.61	-451.83	146.07	293.15	-112.96	9.12	95.81	-508.12
新疆	1252.41	1244.93	8.45	96.34	95.76	0.65	16.79	20.90	-78.60
合计	104243.58	99199.48	5567.77	176.98	168.42	9.45	6.49%	7.93%	-15.47%

资料来源：根据 Wind 数据库整理。

表4-24　地方机构所属企业控股上市公司分地区收入、成本、利润

地区	收入总额（亿元）	成本总额（亿元）	净利润总额（亿元）	收入平均值（亿元）	成本平均值（亿元）	净利润平均值（亿元）	收入增长率（%）	成本增长率（%）	净利润增长率（%）
北京	189.84	191.10	-0.41	31.64	31.85	-0.07	11.95	20.14	-103.54
天津	6.78	6.52	0.15	6.78	6.52	0.15	-13.19	-15.87	0.00
河北	42.18	37.54	4.27	21.09	18.77	2.14	-10.31	-14.35	-62.97
山西	229.76	252.29	-22.04	114.88	126.14	-11.02	319.58	284.30	-1106.39
内蒙古	814.89	796.34	15.34	407.45	398.17	7.67	0.43	3.84	-60.76
辽宁	5.03	5.35	-0.47	2.51	2.67	-0.24	-73.53	-68.23	-131.33
吉林	36.35	50.55	-9.09	12.12	16.85	-3.03	26.96	115.01	-265.88
上海	83.68	85.10	-0.31	41.84	42.55	-0.16	230.62	217.77	-105.23
江苏	967.05	878.70	86.60	56.89	51.69	5.09	24.21	22.28	35.12
浙江	607.61	515.41	112.84	37.98	32.21	7.05	49.89	43.82	35.64

地区	收入总额 （亿元）	成本总额 （亿元）	净利润总额 （亿元）	收入平均值 （亿元）	成本平均值 （亿元）	净利润平均值 （亿元）	收入增长率 （%）	成本增长率 （%）	净利润增长率 （%）
安徽	287.10	283.08	10.92	57.42	56.62	2.18	-3.72	-3.52	-33.01
福建	228.75	232.55	-10.27	45.75	46.51	-2.05	86.96	74.47	-252.83
江西	162.98	139.01	28.06	81.49	69.50	14.03	1.74	1.20	2.78
山东	295.80	274.00	29.04	26.89	24.91	2.64	33.87	36.45	4.54
河南	708.44	677.29	31.78	54.50	52.10	2.44	-4.64	-5.36	-39.54
湖北	103.19	97.08	9.28	34.40	32.36	3.09	-21.52	-22.63	-4.13
湖南	347.29	317.93	32.33	49.61	45.42	4.62	46.34	47.44	31.91
广东	607.63	564.74	49.66	35.74	33.22	2.92	42.37	47.03	8.83
广西	28.36	30.74	1.35	14.18	15.37	0.67	-15.49	-30.72	-42.80
海南	1.74	1.67	0.62	1.74	1.67	0.62	-62.34	-48.30	-62.65
重庆	47.77	46.91	2.31	47.77	46.91	2.31	-24.97	-24.53	30.51
四川	228.72	210.94	16.93	45.74	42.19	3.39	18.74	20.55	8.53
贵州	34.18	32.54	2.12	34.18	32.54	2.12	5.79	11.02	-32.27
陕西	157.81	125.56	28.29	19.73	15.70	3.54	164.87	119.89	903.19
甘肃	9.72	9.42	0.63	9.72	9.42	0.63	27.73	26.44	57.50
宁夏	8.00	6.15	0.45	8.00	6.15	0.45	5.12	4.06	-69.39
新疆	107.33	101.78	7.70	53.67	50.89	3.85	26.36	4.30	187.20
合计	6347.98	5970.28	428.10	46.00	43.26	3.10	22.27	22.04	-6.17

资料来源：根据 Wind 数据库整理。

四、地方国有控股上市公司分地区期间费用分析

地方国有控股上市公司中，销售费用总额排名前五位的地区分别为上海、广东、山东、北京和福建，排名后五位的地区分别为甘肃、黑龙江、青海、西藏和宁夏；管理费用总额居前五位的地区分别为上海、北京、广东、山东和安徽，居后五位的地区分别为黑龙江、甘肃、内蒙古、西藏和宁夏；筹资费用总额排名前五位的地区分别是北京、山东、山西、上海和福建，排名后五位的地区分别是广西、贵州、黑龙江、西藏和宁夏。

从增长率来看，地方国有控股上市公司中，销售费用增长率排名前五位的地区分别为山西、天津、黑龙江、西藏和浙江，排名后五位的地区分别为安徽、上海、广东、江西和辽宁；管理费用增长率居前五位的分别是湖南、福建、吉林、浙江和河南，而黑龙江、辽宁、湖北、云南和广东等地区的地方国有控股上市公司的管理费用有所下降，说明其管理效率有一定程度的提升；筹资费用增长率最靠前的五个地区分别是陕西、贵州、黑龙江、天津和西藏，结合筹资费用总额来看，西藏、黑龙江和贵州等地区的地方国有控股上市公司面临着较大的筹资压力。由于金融机构报表具有自身的特殊性，此处三项期间费用分析不包括地方国有金融机构控股上市公司。地方国有控股上市公司、地方国企控股上市公司和地方机构所属企业控股上市公司分地区期间费用描述性统计详情如表4-25、表4-26和表4-27所示。

表 4-25　地方国有控股上市公司分地区期间费用分析表

地区	销售费用总额（亿元）	管理费用总额（亿元）	筹资费用总额（亿元）	销售费用平均值（亿元）	管理费用平均值（亿元）	筹资费用平均值（亿元）	销售费用增长率（%）	管理费用增长率（%）	筹资费用增长率（%）
北京	387.86	340.19	204.76	8.43	7.40	4.45	8.59	8.50	14.96
天津	61.74	41.41	34.41	3.25	2.07	1.72	62.13	17.44	33.53
河北	101.49	136.31	81.38	6.77	9.09	5.43	12.99	8.65	-0.84
山西	176.89	135.95	112.15	10.41	7.16	5.90	64.29	11.61	-2.09
内蒙古	25.38	20.86	27.06	12.69	10.43	13.53	6.28	1.86	-4.82
辽宁	32.74	38.29	22.37	2.34	2.74	1.60	-16.44	-29.95	-46.42
吉林	61.62	53.09	31.31	5.60	4.42	2.61	22.00	21.82	25.95
黑龙江	14.54	23.02	3.64	2.42	3.84	0.61	34.13	-30.58	55.56
上海	1092.23	764.23	111.94	16.55	11.41	1.67	-3.43	5.82	5.57
江苏	180.03	145.91	41.27	3.83	2.92	0.83	16.57	15.05	2.36
浙江	135.63	145.97	51.21	3.23	3.32	1.16	22.95	21.53	5.24
安徽	171.04	190.96	32.09	5.34	5.79	0.97	-0.22	0.12	-34.70
福建	198.04	108.60	85.26	7.07	3.50	2.75	18.08	21.84	2.30
江西	37.89	61.32	27.22	2.53	4.09	1.81	-10.21	8.21	1.83
山东	453.15	298.21	125.96	9.44	5.96	2.52	12.33	7.85	1.41
河南	44.09	82.94	76.48	2.20	4.15	3.82	13.52	17.46	-8.14
湖北	83.87	37.71	25.40	5.99	2.51	1.69	1.60	-24.38	-10.37
湖南	97.02	114.57	34.00	3.59	4.09	1.21	9.61	23.45	-4.66
广东	512.84	304.96	80.57	6.41	3.63	0.96	-6.91	-21.25	-46.83
广西	54.64	38.47	13.01	3.90	2.56	0.87	15.23	11.77	-31.20
海南	30.53	26.09	59.77	5.09	4.35	9.96	4.23	-10.22	-9.41
重庆	98.00	50.96	14.82	8.91	4.63	1.35	14.70	7.40	7.16
四川	179.19	106.82	27.57	7.17	4.27	1.10	5.85	3.65	-6.95
贵州	41.20	76.01	4.01	6.87	12.67	0.67	21.68	13.62	66.39
云南	42.62	45.98	58.82	3.87	4.18	5.35	2.72	-21.43	-4.99
西藏	2.37	8.11	1.11	0.59	2.03	0.28	23.44	8.71	32.14
陕西	43.87	92.59	14.54	2.09	4.41	0.69	22.44	10.24	90.81
甘肃	24.12	21.43	16.63	2.19	1.79	1.39	4.46	0.52	-14.23
青海	8.26	23.80	30.03	2.06	5.95	7.51	9.69	-8.07	-17.48
宁夏	0.02	0.63	-0.12	0.02	0.63	-0.12	0.00	-13.70	-140.00
新疆	45.53	35.31	27.35	3.04	2.35	1.82	11.89	4.65	9.62
合计	4438.46	3570.73	1476.02	6.55	5.09	2.10	6.33	3.70	-5.19

资料来源：根据 Wind 数据库整理。

国有控股上市公司发展报告

表 4-26　地方国企控股上市公司分地区期间费用分析表

地区	销售费用总额（亿元）	管理费用总额（亿元）	筹资费用总额（亿元）	销售费用平均值（亿元）	管理费用平均值（亿元）	筹资费用平均值（亿元）	销售费用增长率（%）	管理费用增长率（%）	筹资费用增长率（%）
北京	367.38	318.28	201.87	9.18	7.96	5.05	8.34	7.45	12.94
天津	61.54	41.30	33.60	3.42	2.17	1.77	62.46	17.56	34.99
河北	91.09	132.38	81.34	7.01	10.18	6.26	14.28	8.58	0.62
山西	123.35	130.80	111.11	7.71	7.27	6.17	14.56	7.38	-2.99
辽宁	32.53	37.17	21.40	2.71	3.10	1.78	-16.48	-30.58	-47.54
吉林	58.07	47.55	29.69	6.45	5.28	3.30	20.58	20.93	26.23
黑龙江	14.54	23.02	3.64	2.42	3.84	0.61	35.38	-29.45	45.60
上海	1085.15	758.75	108.53	16.96	11.67	1.67	-3.90	5.52	3.79
江苏	116.30	101.04	37.05	3.75	3.06	1.12	13.40	11.22	5.98
浙江	88.63	117.85	44.48	3.17	3.93	1.48	24.55	16.72	0.54
安徽	156.46	178.62	31.83	5.79	6.38	1.14	-0.73	0.18	-34.40
福建	196.19	104.90	82.53	8.17	3.89	3.06	17.85	20.15	1.43
江西	31.45	46.84	21.89	2.42	3.60	1.68	-10.42	8.96	3.01
山东	429.09	274.67	120.32	11.29	7.04	3.09	10.08	6.07	1.65
河南	25.31	57.12	43.30	3.16	7.14	5.41	10.33	13.45	-13.52
湖北	73.81	27.03	25.22	6.15	2.25	2.10	1.32	-31.66	-10.28
湖南	54.31	87.90	33.07	2.72	4.19	1.57	-5.55	19.69	-8.60
广东	473.91	268.75	73.06	7.40	4.01	1.09	-10.33	-24.76	-49.06
广西	52.72	34.22	12.12	4.39	2.63	0.93	15.79	6.24	-35.22
海南	30.41	25.24	59.93	6.08	5.05	11.99	4.83	-10.56	-9.28
重庆	97.84	48.86	14.00	9.78	4.89	1.40	14.61	6.94	9.72
四川	175.95	100.71	26.47	8.80	5.04	1.32	5.97	2.81	-6.47
贵州	39.52	72.74	2.22	7.90	14.55	0.44	23.27	14.57	8.29
云南	42.62	45.98	58.82	3.87	4.18	5.35	3.12	-18.98	-4.82
西藏	2.37	8.11	1.11	0.59	2.03	0.28	23.44	8.71	32.14
陕西	38.06	82.42	12.89	2.72	5.89	0.92	19.20	8.36	102.99
甘肃	23.76	20.38	16.72	2.38	1.85	1.52	4.35	-0.15	-14.26
青海	8.26	23.80	30.03	2.06	5.95	7.51	9.69	-8.07	-17.48
新疆	38.83	29.52	25.06	2.99	2.27	1.93	7.00	6.61	7.09
合计	4029.43	3245.94	1363.31	7.31	5.69	2.39	3.43	2.03	-6.17

资料来源：根据 Wind 数据库整理。

表 4-27　地方机构所属企业控股上市公司分地区期间费用分析表

地区	销售费用总额（亿元）	管理费用总额（亿元）	筹资费用总额（亿元）	销售费用平均值（亿元）	管理费用平均值（亿元）	筹资费用平均值（亿元）	销售费用增长率（%）	管理费用增长率（%）	筹资费用增长率（%）
北京	20.48	21.92	2.89	3.41	3.65	0.48	13.15	26.56	573.77
天津	0.20	0.11	0.81	0.20	0.11	0.81	0.00	-8.33	-7.95

·168·

地区	销售费用总额（亿元）	管理费用总额（亿元）	筹资费用总额（亿元）	销售费用平均值（亿元）	管理费用平均值（亿元）	筹资费用平均值（亿元）	销售费用增长率（%）	管理费用增长率（%）	筹资费用增长率（%）
河北	10.41	3.93	0.04	5.20	1.97	0.02	2.97	11.33	-96.75
山西①	53.55	5.15	1.04	53.55	5.15	1.04	—	—	—
内蒙古	25.38	20.86	27.06	12.69	10.43	13.53	6.28	1.86	-4.82
辽宁	0.20	1.12	0.96	0.10	0.56	0.48	-9.09	0.00	0.00
吉林	3.55	5.54	1.63	1.78	1.85	0.54	51.06	30.35	21.64
上海	7.09	5.48	3.41	3.54	2.74	1.70	298.31	72.33	133.56
江苏	63.73	44.87	4.22	3.98	2.64	0.25	22.84	24.74	-21.27
浙江	47.01	28.12	6.73	3.36	2.01	0.48	20.08	46.92	52.26
安徽	14.58	12.34	0.26	2.92	2.47	0.05	5.58	-0.72	-58.06
福建	1.85	3.70	2.73	0.46	0.93	0.68	48.00	103.30	38.58
江西	6.44	14.48	5.33	3.22	7.24	2.67	-9.17	5.85	-2.56
山东	24.07	23.54	5.64	2.41	2.14	0.51	77.12	33.98	-3.59
河南	18.78	25.82	33.18	1.57	2.15	2.76	18.11	27.38	-0.03
湖北	10.07	10.68	0.18	5.03	3.56	0.06	3.81	3.59	-21.74
湖南	42.72	26.67	0.93	6.10	3.81	0.13	37.76	37.69	278.85
广东	38.94	36.22	7.50	2.43	2.13	0.44	74.23	20.41	-7.52
广西	1.92	4.24	0.89	0.96	2.12	0.44	2.13	91.86	345.00
海南	0.12	0.85	-0.16	0.12	0.85	-0.16	-57.14	0.00	-100.00
重庆	0.16	2.10	0.82	0.16	2.10	0.82	128.57	19.32	-23.36
四川	3.24	6.12	1.10	0.65	1.22	0.22	-0.31	19.77	-17.91
贵州	1.68	3.28	1.79	1.68	3.28	1.79	-6.67	-3.81	411.43
陕西	5.81	10.17	1.65	0.83	1.45	0.24	48.97	28.25	29.92
甘肃	0.35	1.05	-0.08	0.35	1.05	-0.08	9.37	15.38	27.27
宁夏	0.02	0.63	-0.12	0.02	0.63	-0.12	0.00	-13.70	-140.00
新疆	6.69	5.80	2.29	3.35	2.90	1.14	52.05	-4.13	47.74
合计	409.03	324.78	112.72	3.22	2.46	0.85	46.84	24.01	8.51

资料来源：根据 Wind 数据库整理。

五、地方国有控股上市公司分地区现金流量分析

广东、上海、山东、浙江、安徽、江苏等地区的地方国有控股上市公司在经营现金流量方面较为充足，而宁夏、内蒙古、西藏和黑龙江等地区的地方国有控股上市公司的经营现金流量则相对较少。从地方国有控股上市公司的投资现金总额来看，除宁夏地区（0.05 亿元）为正值外，其他地区的投资现金流量均出现或多或少的不足，说明投资现金流量成为制约地方国有控股上市公司发展的一个重要挑战。地方国有控股上市公司中，筹资现金流量平均值居前五位的

---

① 2018 年山西省地方机构所属企业控股公司仅有一家金融行业公司，即山西证券，故无法计算本年度地方机构所属企业控股上市公司的销售费用、管理费用和筹资费用的增长率。

地区分别是北京、上海、江苏、福建和陕西，山东、浙江、广东、山西等地区的地方国有控股上市公司可用于筹资活动的现金流量存在短缺。

从增长率来看，河南、浙江和西藏地区的地方国有控股上市公司在经营现金流量方面有较为明显的增长，而内蒙古、云南、宁夏、黑龙江等地区的地方国有控股上市公司则存在经营现金流减少的现象。地方国有控股上市公司中，投资现金流量增长率居前五位的地区分别是云南、广东、青海、吉林和内蒙古，居后五位的地区分别是广西、辽宁、浙江、湖南和河南；筹资现金流量增长率排名前五位的地区分别为江苏、福建、西藏、陕西和江西，排名后五位的地区分别为海南、新疆、吉林、浙江和河北。地方国有控股上市公司、地方国企控股上市公司和地方机构所属企业控股上市公司分地区现金流量描述性统计详情如表4-28、表4-29和表4-30所示。

表4-28　地方国有控股上市公司分地区现金流量分析表

地区	经营现金流量总额（亿元）	投资现金流量总额（亿元）	筹资现金流量总额（亿元）	经营现金流量平均值（亿元）	投资现金流量平均值（亿元）	筹资现金流量平均值（亿元）	经营现金流量增长率（%）	投资现金流量增长率（%）	筹资现金流量增长率（%）
北京	518.40	-990.07	452.08	11.27	-21.52	9.83	20.47	3.16	-35.35
天津	113.42	-95.51	-32.67	5.67	-4.78	-1.63	-2.64	18.52	58.48
河北	329.96	-177.57	-209.02	22.00	-11.84	-13.93	0.12	-3.45	-1412.12
山西	392.73	-148.00	-225.54	19.64	-7.40	-11.28	-12.01	26.06	5.81
内蒙古	5.01	-20.07	14.24	2.51	-10.03	7.12	-92.23	34.28	128.03
辽宁	120.62	-84.76	-15.78	8.62	-6.05	-1.13	5.65	-171.84	88.20
吉林	64.80	-20.59	-30.88	5.40	-1.72	-2.57	-9.32	36.53	-565.52
黑龙江	27.52	-23.19	23.40	3.93	-3.31	3.34	-22.70	-25.22	155.36
上海	1288.78	-1188.28	424.15	18.68	-17.47	6.24	-4.00	-95.03	190.04
江苏	608.45	-272.90	335.23	11.27	-5.05	6.21	18.81	5.68	673.73
浙江	764.29	-88.39	-395.32	15.60	-1.80	-8.07	1264.56	-196.26	-578.48
安徽	746.92	-368.92	-176.24	21.34	-10.54	-5.04	6.47	13.93	33.73
福建	524.71	-364.55	132.16	16.40	-11.39	4.13	-2.08	-41.21	293.84
江西	259.44	-225.71	39.98	17.30	-15.05	2.67	14.89	-30.59	206.10
山东	1281.10	-688.88	-504.23	25.62	-13.78	-10.08	10.96	0.44	-86.45
河南	238.23	-112.21	-105.12	11.34	-5.34	-5.01	2612.97	-959.58	-217.03
湖北	111.20	-132.72	9.75	7.41	-8.85	0.70	21.42	-31.33	-72.63
湖南	231.86	-130.89	-59.27	8.28	-4.67	-2.12	6.60	-300.28	60.37
广东	1579.17	-969.17	-306.39	18.36	-11.27	-3.56	20.22	43.62	-146.48
广西	159.58	-86.72	-75.02	9.97	-5.78	-5.00	40.14	-168.32	-88.73
海南	151.34	-317.44	-63.87	25.22	-52.91	-10.65	31.58	-163.33	-303.22
重庆	87.93	-21.33	-8.88	7.33	-1.78	-0.74	32.29	13.61	88.20
四川	442.94	-258.63	42.15	17.04	-9.95	1.62	61.60	-57.31	46.00
贵州	491.52	-60.12	-189.70	81.92	-10.02	-31.62	11.64	-13.84	-32.09

续表

地区	经营现金流量总额（亿元）	投资现金流量总额（亿元）	筹资现金流量总额（亿元）	经营现金流量平均值（亿元）	投资现金流量平均值（亿元）	筹资现金流量平均值（亿元）	经营现金流量增长率（%）	投资现金流量增长率（%）	筹资现金流量增长率（%）
云南	42.92	−19.69	−38.62	3.90	−1.79	−3.51	−47.24	74.34	−165.98
西藏	11.83	−9.42	18.05	2.96	−2.35	4.51	468.54	3.88	263.79
陕西	310.72	−257.38	92.46	12.95	−10.72	3.85	16.90	−49.67	207.06
甘肃	61.13	−10.36	−50.95	5.09	−0.86	−4.25	9.67	17.45	−53.09
青海	70.79	−35.62	−38.74	17.70	−8.90	−9.69	−5.03	37.23	25.26
宁夏	1.73	0.05	1.70	1.73	0.05	1.70	−26.69	−90.74	187.63
新疆	130.75	−122.16	−8.49	8.72	−8.14	−0.57	29.31	−19.47	−339.15
合计	11169.79	−7301.21	−949.38	15.36	−10.07	−1.31	19.62	−9.46	−30.16

资料来源：根据 Wind 数据库整理。

表 4-29　地方国企控股上市公司分地区现金流量分析表

地区	经营现金流量总额（亿元）	投资现金流量总额（亿元）	筹资现金流量总额（亿元）	经营现金流量平均值（亿元）	投资现金流量平均值（亿元）	筹资现金流量平均值（亿元）	经营现金流量增长率（%）	投资现金流量增长率（%）	筹资现金流量增长率（%）
北京	491.66	−968.73	450.87	12.29	−24.22	11.27	20.54	3.94	−36.08
天津	112.56	−95.52	−27.17	5.92	−5.03	−1.43	−0.83	18.51	64.51
河北	326.25	−173.54	−211.76	25.10	−13.35	−16.29	0.50	3.81	−1140.08
山西	352.80	−142.46	−225.76	19.60	−7.91	−12.54	−27.14	29.41	13.05
辽宁	117.10	−79.95	−16.52	9.76	−6.66	−1.38	5.56	−185.13	87.57
吉林	53.31	−11.40	−34.10	5.92	−1.27	−3.79	−8.83	−5.75	−153.16
黑龙江	27.52	−23.19	23.40	3.93	−3.31	3.34	−10.33	−86.41	158.31
上海	1283.01	−1198.49	425.35	19.15	−18.16	6.44	−4.60	−96.43	191.92
江苏	558.33	−234.02	304.13	15.09	−6.32	8.22	21.50	17.70	662.47
浙江	198.74	−88.85	−28.80	6.02	−2.69	−0.87	224.69	37.34	−111.94
安徽	715.09	−316.39	−158.56	23.84	−10.55	−5.29	2.53	28.40	41.86
福建	327.79	−407.01	159.22	12.14	−15.07	5.90	−6.55	−65.34	217.87
江西	217.02	−213.76	66.22	16.69	−16.44	5.09	20.30	−57.59	278.30
山东	1237.87	−665.28	−497.44	31.74	−17.06	−12.75	11.51	−1.72	−95.07
河南	97.54	−35.95	−33.42	12.19	−4.49	−4.18	−24.46	7.30	9.23
湖北	99.82	−119.84	2.16	8.32	−9.99	0.18	23.05	−48.74	−89.42
湖南	183.89	−115.66	−62.01	8.76	−5.51	−2.95	−8.79	−322.58	52.19
广东	1501.66	−901.91	−296.39	21.76	−13.07	−4.30	21.73	45.73	−143.89
广西	153.16	−76.55	−74.51	10.94	−5.89	−5.73	23.46	−136.12	−111.20
海南	151.36	−316.70	−63.39	30.27	−63.34	−12.68	34.22	−170.43	−312.70
重庆	82.02	−19.63	−5.13	7.46	−1.78	−0.47	33.32	18.24	92.37

续表

地区	经营现金流量总额（亿元）	投资现金流量总额（亿元）	筹资现金流量总额（亿元）	经营现金流量平均值（亿元）	投资现金流量平均值（亿元）	筹资现金流量平均值（亿元）	经营现金流量增长率（%）	投资现金流量增长率（%）	筹资现金流量增长率（%）
四川	428.23	−247.77	43.66	20.39	−11.80	2.08	65.21	−63.49	8.47
贵州	489.44	−37.73	−211.92	97.89	−7.55	−42.38	12.96	−22.50	−30.18
云南	42.92	−19.69	−38.62	3.90	−1.79	−3.51	−45.73	74.06	−198.69
西藏	11.83	−9.42	18.05	2.96	−2.35	4.51	468.54	3.88	263.79
陕西	288.24	−97.49	−65.28	18.02	−6.09	−4.08	12.21	38.44	30.13
甘肃	61.50	−12.17	−50.81	5.59	−1.11	−4.62	12.23	−6.29	−53.88
青海	70.79	−35.62	−38.74	17.70	−8.90	−9.69	−5.03	37.23	25.26
新疆	115.39	−109.72	−3.32	8.88	−8.44	−0.26	5.15	−15.64	81.42
合计	9796.85	−6774.45	−650.59	16.63	−11.54	−1.11	12.32	−1.95	−25.46

资料来源：根据 Wind 数据库整理。

表4-30 地方机构所属企业控股上市公司分地区现金流量分析表

地区	经营现金流量总额（亿元）	投资现金流量总额（亿元）	筹资现金流量总额（亿元）	经营现金流量平均值（亿元）	投资现金流量平均值（亿元）	筹资现金流量平均值（亿元）	经营现金流量增长率（%）	投资现金流量增长率（%）	筹资现金流量增长率（%）
北京	26.74	−21.34	1.21	4.46	−3.56	0.20	19.22	−53.75	119.77
天津	0.87	0.01	−5.50	0.87	0.01	−5.50	−71.00	200.00	−158.22
河北	3.71	−4.02	2.73	1.85	−2.01	1.37	−24.75	−145.79	161.63
山西	39.93	−5.55	0.22	19.97	−2.77	0.11	205.50	−438.41	−98.91
内蒙古	5.01	−20.07	14.24	2.51	−10.03	7.12	−92.23	34.28	128.03
辽宁	3.52	−4.81	0.73	1.76	−2.41	0.37	8.31	−53.18	185.88
吉林	11.49	−9.19	3.23	3.83	−3.06	1.08	−11.55	57.57	−63.42
上海	5.77	10.21	−1.20	2.88	5.11	−0.60	329.88	1087.21	85.61
江苏	50.12	−38.88	31.10	2.95	−2.29	1.83	−4.73	−680.72	813.30
浙江	565.55	0.47	−366.52	35.35	0.03	−22.91	162.56	−99.80	−131.17
安徽	31.83	−52.52	−17.69	6.37	−10.50	−3.54	683.99	−495.18	−362.46
福建	196.92	42.46	−27.06	39.38	8.49	−5.41	6.41	453.83	77.12
江西	42.42	−11.95	−26.23	21.21	−5.97	−13.12	−6.61	67.88	−4757.41
山东	43.24	−23.60	−6.79	3.93	−2.15	−0.62	−2.72	37.73	55.99
河南	140.69	−76.26	−71.69	10.82	−5.87	−5.51	201.51	−370.52	−156.61
湖北	11.37	−12.88	7.58	3.79	−4.29	3.79	8.70	37.17	−50.16
湖南	47.97	−15.23	2.75	6.85	−2.18	0.39	202.08	−185.74	113.85
广东	77.51	−67.26	−10.00	4.56	−3.96	−0.59	−3.09	−17.81	37.85
广西	6.42	−10.17	−0.50	3.21	−5.08	−0.25	163.00	−10270.00	88.81
海南	−0.02	−0.74	−0.48	−0.02	−0.74	−0.48	−100.89	78.49	2.04

续表

地区	经营现金流量总额（亿元）	投资现金流量总额（亿元）	筹资现金流量总额（亿元）	经营现金流量平均值（亿元）	投资现金流量平均值（亿元）	筹资现金流量平均值（亿元）	经营现金流量增长率（%）	投资现金流量增长率（%）	筹资现金流量增长率（%）
重庆	5.91	-1.71	-3.74	5.91	-1.71	-3.74	19.39	-151.47	53.48
四川	14.71	-10.86	-1.51	2.94	-2.17	-0.30	-1.28	15.49	86.73
贵州	2.08	-22.39	22.22	2.08	-22.39	22.22	-70.24	-1.77	15.85
陕西	22.48	-159.89	157.74	2.81	-19.99	19.72	152.30	-1074.80	2131.12
甘肃	-0.37	1.81	-0.14	-0.37	1.81	-0.14	-139.36	263.06	44.00
宁夏	1.73	0.05	1.70	1.73	0.05	1.70	-26.69	-90.74	187.63
新疆	15.36	-12.45	-5.17	7.68	-6.22	-2.58	277.98	-68.70	-124.13
合计	1372.94	-526.76	-298.79	9.95	-3.82	-2.18	123.20	-1993.64	-41.73

资料来源：根据 Wind 数据库整理。

第四节　地方国有控股上市公司市场板块发展状况

一、地方国有控股上市公司市场板块分布状况

按照市场板块类型进行详细划分，地方国有控股上市公司中，主板 582 家，占比 80.06%；中小企业板 105 家，占比 14.44%；创业板 39 家，占比 5.36%；科创板 1 家，占比 0.14%。地方国企控股上市公司中，主板上市公司数量最多，为 483 家，其后依次是中小企业板（80 家）和创业板（26 家）。地方机构所属企业控股上市公司中，数量从高到低依次是主板（99 家）、中小企业板（25 家）、创业板（13 家）和科创板（1 家）。地方国有控股上市公司市场板块构成详情如表 4-31 所示。

表4-31　地方国有控股上市公司市场板块分布

类型	市场板块	公司数量（家）	比例（%）
地方国有控股	主板	582	80.06
	中小企业板	105	14.44
	创业板	39	5.36
	科创板	1	0.14
	合计	727	100.00
地方国企控股	主板	483	82.00
	中小企业板	80	13.58
	创业板	26	4.41
	合计	589	100.00

类型	市场板块	公司数量（家）	比例（%）
地方机构所属企业控股	主板	99	71.74
	中小企业板	25	18.12
	创业板	13	9.42
	科创板	1	0.72
	合计	138	100.00

资料来源：根据 Wind 数据库整理。

二、地方国有控股上市公司分市场板块资产负债分析

从市场板块来看，地方国有控股上市公司中主板的资产总额、负债总额、所有者权益总额以及总资产平均值、总负债平均值和所有者权益平均值均居首位，其后依次是中小企业板、创业板和科创板。从增长率来看，总资产增长率、总负债增长率以及所有者权益增长率从高到低依次是创业板、主板和中小企业板。地方国企控股上市公司中，资产总额、负债总额和所有者权益总额居首位的均为主板，其后依次是中小企业板和创业板；而总资产增长率、总负债增长率和所有者权益增长率最高的均是创业板地方国有控股上市公司，其后依次是主板和中小企业板。地方国有控股上市公司分市场板块的资产、负债、所有者权益详情如表4-32所示。

表4-32　地方国有控股上市公司分市场板块的资产、负债、所有者权益

类别	市场板块	资产总额（亿元）	负债总额（亿元）	所有者权益总额（亿元）	总资产平均值（亿元）	总负债平均值（亿元）	所有者权益平均值（亿元）	总资产增长率（%）	总负债增长率（%）	所有者权益增长率（%）
地方国有控股	主板	186694.80	120584.36	66110.43	320.78	207.19	113.59	2.52	1.44	4.57
	中小企业板	15620.00	9613.69	6006.31	148.76	91.56	57.20	-43.62	-55.67	-0.19
	创业板	1783.27	844.20	941.07	45.78	21.65	24.13	133.65	121.98	145.21
	科创板	48.03	21.88	26.15	48.03	21.88	26.15	—	—	—
	合计	204148.10	131064.14	73083.96	280.81	180.28	100.53	-3.05	-7.01	4.97
地方国企控股	主板	160176.01	100858.75	59317.26	331.63	208.82	122.81	0.13	-1.88	3.75
	中小企业板	13291.70	8241.20	5050.50	166.15	103.01	63.13	-37.99	-49.99	1.90
	创业板	1278.23	622.62	655.61	49.16	23.95	25.22	128.05	118.48	137.95
	合计	174745.95	109722.58	65023.37	296.68	186.29	110.40	-3.96	-8.23	4.20
地方机构所属企业控股	主板	26518.79	19725.61	6793.18	267.87	199.25	68.62	19.81	22.65	12.23
	中小企业板	2328.30	1372.49	955.80	93.13	54.90	38.23	-62.86	-73.65	-9.92
	创业板	507.04	221.58	285.46	39.00	17.04	21.96	149.06	132.46	163.68
	科创板	48.03	21.88	26.15	48.03	21.88	26.15	—	—	—
	合计	29402.15	21341.56	8060.59	213.06	154.65	58.41	2.78	-0.21	11.61

资料来源：根据 Wind 数据库整理。

三、地方国有控股上市公司分市场板块盈利状况分析

地方国有控股上市公司中，收入总额、成本总额、净利润总额以及收入平均值、成本平均值和净利润平均值居首位的均是主板，最低的均为科创板。从增长率来看，收入增长率和成本增长率从高到低依次为创业板、中小企业板和主板。三个市场板块地方国有控股上市公司的净利润增长率均为负值，从高到低依次为主板、中小企业板和创业板，说明各市场板块地方国有控股上市公司的盈利能力有所下降。

地方国企控股上市公司中，收入总额、成本总额、净利润总额以及收入平均值、成本平均值和净利润平均值从高到低依次是主板、中小企业板和创业板，收入总额增长率和成本增长率从高到低依次是创业板、中小企业板和主板。净利润增长率均为负值，最高的是主板地方国企控股上市公司，最低的是创业板地方国企控股上市公司，说明三个市场板块地方国企控股上市公司的净利润均呈现下滑态势。地方国有控股上市公司分市场板块盈利状况如表4-33所示。

表4-33　地方国有控股上市公司分市场板块收入、成本、利润

类别	市场板块	收入总额（亿元）	成本总额（亿元）	净利润总额（亿元）	收入平均值（亿元）	成本平均值（亿元）	净利润平均值（亿元）	收入增长率（%）	成本增长率（%）	净利润增长率（%）
地方国有控股	主板	101260.74	96202.75	5629.27	173.99	165.30	9.67	5.18	6.30	-12.43
	中小企业板	8475.13	8083.42	381.16	80.72	76.98	3.63	34.37	38.98	-35.62
	创业板	841.22	870.20	-16.09	21.57	22.31	-0.41	68.16	78.86	-171.73
	科创板	14.46	13.38	1.53	14.46	13.38	1.53	—	—	—
	合计	110591.56	105169.76	5995.87	152.12	144.66	8.25	7.29	8.64	-14.86
地方国企控股	主板	96578.10	91891.39	5219.44	199.95	190.25	10.81	4.81	6.07	-13.81
	中小企业板	7118.56	6730.77	374.06	88.98	84.13	4.68	32.25	36.51	-27.37
	创业板	546.91	577.32	-25.73	21.04	22.20	-0.99	52.05	65.05	-260.51
	合计	104243.58	99199.48	5567.77	176.98	168.42	9.45	6.49	7.93	-15.47
地方机构所属企业控股	主板	4682.64	4311.36	409.84	47.30	43.55	4.14	13.48	11.42	9.94
	中小企业板	1356.57	1352.65	7.10	54.26	54.11	0.28	46.68	52.70	-90.78
	创业板	294.31	292.88	9.64	22.64	22.53	0.74	109.38	114.20	50.63
	科创板	14.46	13.38	1.53	14.46	13.38	1.53	—	—	—
	合计	6347.98	5970.28	428.10	46.00	43.26	3.10	22.27	22.04	-6.17

资料来源：根据Wind数据库整理。

四、地方国有控股上市公司分市场板块期间费用分析

从市场板块来看，地方国有控股上市公司销售费用总额、管理费用总额、财务费用总额和期间费用总额从高到低依次为主板、中小企业板、创业板和科创板。从增长率来看，销售费用增长率和财务费用增长率从高到低依次为创业板、中小企业板和主板；而创业板地方国有控股上市公司的管理费用增长率最高，中小企业板地方国有控股上市公司最低，说明中小企业板地方国有控股上市公司的管理成效有所提升；期间费用增长率从高到低分别是创业板、中小企业

板和主板。

地方国企控股上市公司销售费用总额、管理费用总额、财务费用总额和期间费用总额最高的均是主板上市公司，其后依次是中小企业板和创业板；期间费用增长率从高到低依次是创业板（201.17%）、中小企业板（3.73%）和主板（0.21%），说明三个市场板块的地方国企控股上市公司期间费用均有所上升。地方国有控股上市公司分市场板块期间费用状况如表4-34所示。

表4-34 地方国有控股上市公司分市场板块期间费用分析表

类别	市场板块	销售费用总额（亿元）	管理费用总额（亿元）	财务费用总额（亿元）	期间费用总额（亿元）	销售费用平均值（亿元）	管理费用平均值（亿元）	财务费用平均值（亿元）	期间费用平均值（亿元）	销售费用增长率（%）	管理费用增长率（%）	财务费用增长率（%）	期间费用增长率（%）
地方国有控股	主板	4019.47	3823.74	1325.03	9023.85	7.40	6.57	2.35	16.20	2.71	4.35	-8.81	1.23
	中小企业板	336.54	389.60	135.56	850.70	3.40	3.71	1.34	8.34	47.39	-8.72	45.75	14.94
	创业板	85.56	50.53	16.63	152.72	2.19	1.30	0.43	3.92	162.45	123.19	59.75	132.63
	科创板	0.18	1.36	0.33	1.87	0.18	1.36	0.33	1.87	—	—	—	—
地方国企控股	主板	3773.18	3395.57	1232.65	8270.31	8.31	7.03	2.62	17.86	2.02	2.94	-9.39	0.21
	中小企业板	213.41	318.86	117.47	638.74	2.85	3.99	1.53	8.30	11.95	-9.21	43.34	3.73
	创业板	46.12	31.91	14.70	92.73	1.77	1.23	0.57	3.57	585.29	130.40	44.12	201.17
地方机构所属企业控股	主板	246.29	428.18	92.37	753.54	2.77	4.33	0.98	8.02	14.55	17.10	-0.26	13.95
	中小企业板	123.13	70.74	18.09	211.96	5.13	2.83	0.75	8.48	226.69	-6.44	63.56	70.43
	创业板	39.44	18.63	1.93	59.99	3.03	1.43	0.15	4.61	52.51	111.95	865.00	72.09
	科创板	0.18	1.36	0.33	1.87	0.18	1.36	0.33	1.87	—	—	—	—

资料来源：根据Wind数据库整理。

五、地方国有控股上市公司分市场板块现金流量分析

地方国有控股上市公司经营现金流量总额居首位的是主板，其后依次是中小企业板、创业板和科创板。三个市场板块的投资现金流量总额和筹资现金流量总额均为负值，说明投资活动和筹资活动的现金流量处于净流出状态，显示出目前地方国有控股上市公司面临较大的筹资压力。从增长率来看，创业板地方国有控股上市公司的经营现金流量增长率居第一位，其后依次是中小企业板和主板；投资现金流量增长率最高的是中小企业板地方国有控股上市公司，主板地方国有控股上市公司投资现金流量略有减少，而创业板地方国有控股上市公司在投资现金流量上则出现了大幅度下降；从筹资现金流量增长率来看，最高的是创业板地方国有控股上市公司，最低的为中小企业板地方国有控股上市公司。

地方国企控股上市公司经营现金流量总额从高到低依次是主板、创业板和中小企业板，经营现金流量增长率从高到低依次为创业板、中小企业板和主板。从投资现金流量和筹资现金流量来看，三个市场板块地方国企控股上市公司可用于投资和筹资活动的现金流量均为净流出状态。从现金流量增长率来看，三大市场板块地方国企控股上市公司的经营现金流量均有所增加，

增长率从高到低依次为创业板、中小企业板和主板；中小企业板地方国企控股上市公司的投资活动现金流量略有增长，其他两个市场板块地方国企控股上市公司的投资现金流量均有所减少；主板地方国企控股上市公司筹资现金流量有所增加，而创业板略有减少，中小企业板则出现了较大程度的下滑。地方国有控股上市公司分市场板块现金流量状况如表4-35所示。

表4-35 地方国有控股上市公司分市场板块现金流量分析表

类别	市场板块	经营现金流量总额（亿元）	投资现金流量总额（亿元）	筹资现金流量总额（亿元）	经营现金流量平均值（亿元）	投资现金流量平均值（亿元）	筹资现金流量平均值（亿元）	经营现金流量增长率（%）	投资现金流量增长率（%）	筹资现金流量增长率（%）
地方国有控股	主板	10119.73	-6789.27	-928.87	17.39	-11.71	-1.60	4.54	-9.32	26.14
	中小企业板	945.08	-453.14	-19.43	9.00	-4.32	-0.19	374.75	0.78	-103.47
	创业板	106.08	-55.03	-5.41	2.72	-1.41	-0.14	10199.03	-1976.60	82.67
	科创板	-1.10	-3.77	4.35	-1.10	-3.77	4.35	—	—	—
	合计	11169.79	-7301.21	-949.38	15.36	-10.07	-1.31	19.62	-9.46	-30.16
地方国企控股	主板	8890.03	-6358.48	-607.67	18.41	-13.22	-1.26	0.76	-3.31	28.05
	中小企业板	820.68	-379.63	-10.74	10.26	-4.75	-0.13	885.49	21.02	-103.02
	创业板	86.13	-36.34	-32.18	3.31	-1.40	-1.29	2196.80	-280.52	-10.43
	合计	9796.85	-6774.45	-650.59	16.63	-11.54	-1.11	12.32	-1.95	-25.46
地方机构所属企业控股	主板	1229.70	-430.79	-321.20	12.42	-4.35	-3.28	43.43	-669.13	22.23
	中小企业板	124.39	-73.51	-8.69	4.98	-2.94	-0.35	151.94	-407.06	-104.25
	创业板	19.95	-18.69	26.77	1.53	-1.44	2.06	833.46	-370.87	1387.02
	科创板	-1.10	-3.77	4.35	-1.10	-3.77	4.35	—	—	—
	合计	1372.94	-526.76	-298.79	9.95	-3.82	-2.18	123.20	-1993.64	-41.73

资料来源：根据 Wind 数据库整理。

第五节 地方国有控股上市公司发展概况总结

一、地方国有控股上市公司发展概况总体分析总结

第一，资产负债率水平有所下降，所有者权益增长速度放缓。从资产负债方面看，地方国有控股上市公司资产总额为20.41万亿元，总负债为13.11万亿元，所有者权益总额为7.31万亿元，低于中央国有控股上市公司和全部国有控股上市公司。地方国有控股上市公司平均资产负债率为64.19%，同比下降了2.74个百分点，低于中央国有控股上市公司（86.67%）。地方国有控股上市公司所有者权益增长率为4.97%，增速同比（11.02%）有所放缓，低于中央国有控股上市公司（18.03%）和全部国有控股上市公司（14.56%），表明地方国有控股上市公司的保值增值能力仍需加强。

第二，营业收入增长较慢，整体盈利能力下滑。从营业收入来看，地方国有控股上市公司

的平均增长率为 7.29%，低于中央国有控股上市公司（15.15%）和全部国有控股上市公司（12.42%）。从利润方面看，地方国有控股上市公司净利润总额为 5995.87 亿元，净利润增长率为-14.86%，远低于中央国有控股上市公司（13.85%）和全部国有控股上市公司（6.04%）。地方国企控股上市公司和地方机构所属企业控股上市公司的净利润均出现负增长，净利润增长率分别为-15.47%和-6.17%。地方国有控股上市公司的盈利能力出现明显下滑，盈利稳健性有待提升。

第三，销售费用和管理费用有所增加，财务费用出现减少。地方国有控股上市公司销售费用增长率为 6.40%，同比（10.22%）有所下降，但市场仍处于拓展阶段；管理费用增长率则略有上升，增长率为 3.68%，表明地方国有控股上市公司管理费用略有增加；财务费用增长率为-5.07%，说明地方国有控股上市公司筹融资的成本控制成效有一定的提升。

第四，经营现金流量状态良好，投资现金流量和筹资现金流量面临较大压力。从现金流量方面看，地方国有控股上市公司经营现金流量总额为 1.12 万亿元，平均增长率为 19.62%，与上一年度相比有明显下降，说明通过经营活动获取的现金流量增量减少。投资现金流量总额和筹资现金流量总额分别为-7301.21 亿元和-949.38 亿元，说明可用于投资活动和筹资活动的现金流量有较大缺口。从增长率来看，投资现金流量的增长率为-9.46%，呈负增长状态；筹资现金流量的增长率为-30.16%，较上一年度（-116.93%）有明显提升，表明地方国有控股上市公司筹资能力有所增强，但仍需进一步提高。

二、地方国有控股上市公司发展概况对比分析总结

一是从行业分布来看，房地产业和汽车制造业的地方国有控股上市公司资产规模较大，但成本控制压力较大。资本市场服务业和房地产业的地方国有控股上市公司资产总额、负债总额以及所有者权益总额排名均在前列，但房地产业的资产增长率和所有者权益增长率均比较靠后，说明该行业地方国有控股上市公司资产规模较大，但增长速度较慢。房地产行业地方国有控股上市公司的财务费用和筹资现金流量总额都比较高，表明其筹资能力较强，但同时筹资成本也较高。汽车制造业地方国有控股上市公司的资产总额、所有者权益总额、营业收入总额、成本总额、净利润总额、销售费用和管理费用均位列行业前三，表明这类行业的地方国有控股上市公司资产规模较大，保值增值能力较强，也具有较强的盈利能力，但成本控制能力需要提高。

二是从地区分布来看，经济发达地区地方国有控股上市公司的财务状况较好，而欠发达地区则面临较大的增长压力。处于经济发达地区的上海、北京和广东的地方国有控股上市公司资产总额、负债总额、所有者权益总额均排在前列，说明其资产规模较大；而甘肃和西藏等地区的资产总额、负债总额、所有者权益总额、营业收入总额和成本总额排名均比较靠后，说明经济欠发达地区的地方国有控股上市公司资产规模相对较小，创收能力也较弱。上海和广东地方国有控股上市公司的收入总额、成本总额、利润总额、销售费用总额和管理费用总额均排名前三。同时，经济发达地区地方国有控股上市公司的现金流量也较充足。

三是从市场板块来看，盈利能力提升和成本控制是各市场板块地方国有控股上市公司的共同任务。地方国有控股上市公司中，创业板地方国有控股上市公司的总资产增长率、总负债增长率、所有者权益增长率、收入增长率、成本增长率、费用总额、经营现金流量增长率以及筹资现金流量增长率均居各市场板块首位，而净利润增长率和投资现金流量增长率则呈现较为严重的负增长状态，说明创业板国有控股上市公司的规模扩张速度较快，但盈利能力较差，可用于投资活动的现金流量也存在较大缺口。创业板国有控股上市公司的资产总额、负债总额、所有者权益总额、净利润总额以及筹资现金流量均有所减少，而主板国有控股上市公司的净利润总额也有所下降。因此，地方国有控股上市公司的盈利能力亟须提升，成本控制也面临较大压力。

第五章 国有控股上市公司治理情况

推动国有企业高质量发展是遵循经济发展规律的必然要求。提高国有控股上市公司治理能力，将为国有企业高质量发展提供保障。公司治理是本书分析的第一个发展维度。本章内容具体安排如下：首先，利用南开大学中国公司治理研究院发布的被誉为我国上市公司治理状况"晴雨表"的中国上市公司治理指数（CCGI^{NK}），对我国中央企业控股、地方国企控股上市公司治理状况进行总体分析以及分行业、分证券市场板块和分地区的比较分析。其次，对公司治理的股东治理、董事会治理、监事会治理、经理层治理、信息披露五大维度的状况进行总体分析以及分行业、分证券市场板块和分地区的比较分析，并利用具体治理指标对中央企业控股、地方国企控股上市公司各维度的具体状况进行详细分析。最后，对国资委所属企业控股上市公司、中央企业控股上市公司、地方国企控股上市公司进行公司治理指数及其分指数的总体分析以及分行业、分证券市场板块和分地区的比较分析。

第一节 中央企业控股上市公司治理情况

一、中央企业控股上市公司治理总体情况

按控股股东类型分类，国有控股上市公司分为中央控股上市公司和地方控股上市公司，而中央控股上市公司可分为国务院国资委所属中央企业控股上市公司（以下简称"中央企业控股上市公司"）和中央部委所属企业控股上市公司。其中，国务院国资委所属中央企业控股上市公司有319家，中央部委所属企业控股上市公司有83家。二者样本数占总体样本的10.71%，治理指数平均值分别为63.71和64.16。地方国企控股和地方机构所属企业控股上市公司治理指数平均值分别为63.48和63.55。民营控股上市公司治理指数平均值为63.45。这表明中央企业控股上市公司治理水平总体较高，相较于其他控股股东类型有较大优势（见表5-1）。

表5-1 按控股股东类型分组的样本公司治理指数描述性统计表

控股股东类型	样本数	平均值	中位数	标准差	极差	最小值	最大值
国有控股	1129	63.60	63.60	3.14	18.59	53.73	72.32
中央企业控股	319	63.71	63.69	2.97	14.34	56.32	70.65
中央部委所属企业控股	83	64.16	64.29	3.35	15.44	55.49	70.94

控股股东类型	样本数	平均值	中位数	标准差	极差	最小值	最大值
地方国企控股	589	63.48	63.42	3.21	18.59	53.73	72.32
地方机构所属企业控股	138	63.55	63.53	3.07	17.13	53.96	71.08
国资委所属企业控股	908	63.56	63.58	3.13	18.59	53.73	72.32
集体控股	20	63.25	63.63	2.98	11.73	56.41	68.14
民营控股	2208	63.45	63.85	3.49	22.08	49.78	71.86
社会团体控股	16	60.54	59.81	3.60	13.75	54.74	68.50
外资控股	187	63.12	63.65	3.57	15.88	53.94	69.82
职工持股会控股	3	61.11	61.36	2.90	5.79	58.09	63.88
其他类型	190	64.10	64.47	4.05	22.50	50.09	72.59
合计	3753	63.49	63.78	3.43	22.81	49.78	72.59

注：①国有控股样本数量=中央企业控股样本数量+中央部委所属企业控股样本数量+地方国企控股样本数量+地方机构所属企业控股样本数量；②国资委所属企业控股样本数量=中央企业控股样本数量+地方国企控股样本数量；③全部样本数量=国有控股样本数量+集体控股样本数量+民营控股样本数量+社会团体控股样本数量+外资控股样本数量+职工持股会控股样本数量+其他类型（主要是无实际控制人）样本数量。

资料来源：南开大学公司治理数据库。

二、中央企业控股上市公司股东治理情况

（一）中央企业控股上市公司股东治理指数统计分析

319 家中央企业控股上市公司股东治理指数的平均值为 62.47，中位数为 62.78，最小值为 37.61，最大值为 81.01，标准差为 8.78，股东治理指数基本服从正态分布。股东治理评价的三个二级指标即独立性、中小股东权益保护和关联交易的平均值分别为 55.29、71.92 和 56.60。不同公司的三个二级指标间的差距较大，独立性、中小股东权益保护和关联交易的极差分别达到了 80.29、58.01 和 74.08（见表 5-2）。

表 5-2 中央企业控股上市公司股东治理指数描述性统计表

治理指数	平均值	中位数	标准差	极差	最小值	最大值
股东治理指数	62.47	62.78	8.78	43.40	37.61	81.01
独立性	55.29	57.71	17.94	80.29	11.71	92.00
中小股东权益保护	71.92	73.00	10.38	58.01	36.50	94.51
关联交易	56.60	58.00	17.18	74.08	12.00	86.08

资料来源：南开大学公司治理数据库。

数据显示，中国上市公司治理评价总样本包含 3753 家上市公司。其中集体控股、社会团体控股和职工持股会控股分别有 20 家、16 家和 3 家上市公司，样本量太少，不具有统计意义，本部分只对国有、民营和外资控股上市公司的股东治理指数进行比较分析。中央企业控股上市公司股东治理指数的平均值为 62.47；包含中央企业控股和地方国企控股在内的国有控股上市公司的股东治理指数平均值为 64.70；民营控股上市公司股东治理指数的平均值为 69.30，外资控股

上市公司股东治理指数的平均值为 68.97。在几种主要控股上市公司类型中，民营控股上市公司股东治理指数的平均值最高，其次为外资控股上市公司（见表 5-3）。

表 5-3   中央企业控股上市公司股东治理指数分控股股东性质比较描述性统计表

治理指数	股东治理指数	独立性	中小股东权益保护	关联交易
国有控股	64.70	59.67	71.49	60.44
中央企业控股	62.47	55.29	71.92	56.60
地方国企控股	64.97	60.77	71.44	60.60
国资委所属企业控股	62.47	55.29	71.92	56.60
民营控股	69.30	70.10	69.34	68.86
集体控股	66.63	61.83	69.96	65.70
外资控股	68.97	64.31	71.13	69.13
社会团体控股	59.04	49.78	62.07	60.65
职工持股会控股	57.14	59.76	56.61	56.37
其他类型	69.75	74.75	69.06	67.95

资料来源：南开大学公司治理数据库。

（二）中央企业控股上市公司股东治理要素分析

本部分将对中央企业控股上市公司主要的股东治理要素进行详细分析。本书在独立性二级指标方面选择了董事兼任高管比例、高管在股东单位兼职比例、整体上市和控制层级四个治理要素。数据表明，中央企业控股上市公司存在董事会成员与高管之间交叉任职的现象，也存在中央企业控股上市公司高管在股东单位兼职的现象，因此，在实践中应以中国证监会发布的《上市公司治理准则》（2018 年版）为依据执行。整体上市有助于减少上市公司与控股股东之间的同业竞争，缓解关联交易，进而遏制实际控制人通过金字塔层级来损害中小股东权益的行为。表 5-4 的统计结果显示，已有 11.3% 的中央企业实施了整体上市。控制层级越长，越容易降低决策效率。2015 年 9 月，中共中央、国务院《关于深化国有企业改革的指导意见》提出，要合理限定国有企业法人层级，有效压缩管理层级。从表 5-4 可以看出，从上市公司到最终控制人的控制链条层级的平均值为 2.94，表明控制层级得到了有效压缩。

本书在中小股东权益保护二级指标上选择了股权质押冻结比例、股东大会出席股份比例、现金股利分配规模、现金股利分配连续性、差异化分红政策、累积投票实施等治理要素。由表 5-4 可以看出，大股东股权质押冻结占总股本比例的平均值为 1.82%，处在一个相对较低的水平。不包含实际控制人或第一大股东持股的股东大会出席股份比例的平均值为 28.98%，说明中小股东用手投票，积极参与公司治理的积极性比较高。现金股利分配方面共有三个指标：现金股利分配规模、现金股利分配连续性和差异化分红政策。其中，现金股利分配占当年净利润的平均值为 30.89%，相比 2019 年的 15.72% 有了大幅的提高；最近 5 年内分配现金股利的年份平均值为 3.50 年，相比 2019 年的 3.11 年有了较大的提高；有 57.40% 的公司在公司章程中规定了差异化分红政策。绝大部分上市公司章程中包含了累积投票条款，有 19.12% 的公司在股东大会选举董监事时实际运用了累积投票制。本书在关联交易二级指标上选择了经营类关联交易和资产类关联交易两个治理要素，经营类关联交易占总资产比例的平均值为 17.52%，资产类关联交易占总资产比例的平均值为 5.48%，说明中央企业控股上市公司在关联交易方面仍有较大改善空间。

表5-4　中央企业控股上市公司股东治理要素描述性统计表

治理要素	平均值	中位数	标准差	极差	最小值	最大值
董事兼任高管比例（%）	26.65	25.00	15.89	80.00	0.00	80.00
高管在股东单位兼职比例（%）	13.66	9.09	14.96	63.64	0.00	63.64
整体上市（%）	11.29	0.00	31.69	100.00	0.00	1.00
控制层级	2.94	3.00	1.29	10.00	1.00	11.00
股权质押冻结比例（%）	1.82	0.00	4.97	51.67	0.00	51.67
股东大会出席股份比例（%）	28.98	25.16	18.22	84.73	0.00	84.73
现金股利分配规模（%）	30.89	26.45	69.64	979.40	-29.47	949.90
现金股利分配连续性（年）	3.50	4.00	1.76	5.00	0.00	5.00
差异化分红政策（%）	57.40	1.00	49.50	100.00	0.00	100.00
累积投票实施（%）	19.12	0.00	39.39	1.00	0.00	1.00
经营类关联交易比例（%）	17.52	1.86	43.05	384.78	0.00	384.78
资产类关联交易比例（%）	5.48	0.00	18.59	166.82	0.00	166.82

资料来源：南开大学公司治理数据库。

三、中央企业控股上市公司董事会治理情况

（一）中央企业控股上市公司董事会治理指数统计分析

中央企业控股上市公司样本量为319家，董事会治理指数的平均值为64.53，中位数为64.71，标准差为2.26。从董事会治理的五个主要因素来看，董事会组织结构指数最高，平均值为68.75；董事会运作效率指数的平均值次之，为68.60；董事权利与义务指数和独立董事制度指数位于中间，其平均值分别为62.99和62.47；董事薪酬指数的平均值最低，为58.57。从董事会分指数的公司间差异情况来看，中央企业控股上市公司在董事会组织结构方面的差异程度较大，其标准差为8.13；而在董事薪酬、独立董事制度、董事权利与义务方面，中央企业控股上市公司之间的差异程度居中，其标准差分别为4.92、4.72和4.23；董事会运作效率的标准差最小，为3.94（见表5-5）。

表5-5　中央企业控股上市公司董事会治理指数描述性统计表

治理指数	平均值	中位数	标准差	极差	最小值	最大值
董事会治理指数	64.53	64.71	2.26	18.09	52.39	70.48
董事权利与义务	62.99	63.00	4.23	23.00	51.50	74.50
董事会运作效率	68.60	68.71	3.94	15.81	58.65	74.46
董事会组织结构	68.75	70.00	8.13	88.00	0.00	88.00
董事薪酬	58.57	58.50	4.92	25.00	50.00	75.00
独立董事制度	62.47	62.00	4.72	23.75	48.75	72.50

资料来源：南开大学公司治理数据库。

从董事会治理的整体水平来看，国资委所属企业控股上市公司表现居中，地方国企控股上

市公司的董事会治理水平优于中央企业控股上市公司。细分来看，中央企业控股上市公司董事会运作效率和独立董事制度指数略高于国资委所属企业控股上市公司的平均值，明显高于民营控股、集体控股、外资控股等类型的上市公司的平均值。中央企业控股上市公司董事权利与义务和董事会组织结构指数平均值居中。在董事薪酬水平方面，中央企业控股上市公司的平均值低于国资委所属企业控股上市公司的平均值，并且与民营控股等类型上市公司的董事薪酬水平差距较大（见表5-6）。

表5-6　中央企业控股上市公司董事会治理分控股股东性质比较描述性统计表

治理指数	董事会治理指数	董事权利与义务	董事会运作效率	董事会组织结构	董事薪酬	独立董事制度
国有控股	64.61	63.23	68.51	69.66	58.76	61.89
中央企业控股	64.53	62.99	68.60	68.75	58.57	62.47
地方国企控股	64.65	63.40	68.58	69.62	58.93	61.83
国资委所属企业控股	64.61	63.25	68.59	69.31	58.81	62.06
民营控股	65.08	63.30	66.71	69.02	64.50	61.46
集体控股	63.51	61.15	66.37	66.53	61.48	60.80
外资控股	64.64	61.11	66.90	68.84	63.35	61.45
社会团体控股	64.63	64.34	67.31	69.50	58.75	62.86
职工持股会控股	64.77	59.58	69.48	58.33	66.50	65.92
其他类型	65.93	63.74	67.56	72.14	63.31	62.29

资料来源：南开大学公司治理数据库。

（二）中央企业控股上市公司董事会治理要素分析

从董事会权利与义务来看，中央企业控股上市公司董事长平均年龄为54.39岁，具有经济管理专业背景的董事比例为46.01%，而在股东单位有兼职的董事比例超过一半。从董事会的运作效率来看，中央企业控股上市公司的董事会规模平均值为9.01人，一年内平均开董事会10.03次，董事会会议次数最多的公司可达到一年37次，而最少的只有4次。从董事会组织结构来看，平均每个中央企业控股上市公司董事会设立3.98个专业委员会，最多设有6个专业委员会。从董事薪酬来看，中央企业控股上市公司63.57%的董事领取薪酬，持股董事比例达到15.57%，公司间董事会薪酬水平差异较大，董事前三名薪酬总额最多的公司可达1873.49万元，而最少的为0。从独立董事制度来看，中央企业控股上市公司的独立董事比例基本满足法定要求（38.32%），独立董事津贴的平均水平为10.62万元/人（见表5-7）。

表5-7　中央企业控股上市公司董事会治理要素描述性统计表

治理要素	平均值	中位数	标准差	极差	最小值	最大值
董事长年龄（岁）	54.39	55.00	4.27	32.00	41.00	73.00
经管背景董事比例（%）	46.01	53.85	19.35	66.67	0.00	66.67
股东董事比例（%）	56.26	57.14	27.06	100.00	0.00	100.00
董事人数（人）	9.01	9.00	1.78	10.00	5.00	15.00
董事会会议次数（次）	10.03	9.00	4.28	33.00	4.00	37.00

续表

治理要素	平均值	中位数	标准差	极差	最小值	最大值
委员会设立总数（个）	3.98	4.00	0.56	6.00	0.00	6.00
领薪董事比例（%）	63.57	62.50	15.71	70.00	30.00	100.00
董事前三名薪酬总额（万元）	245.35	191.27	236.73	1873.49	0.00	1873.49
持股董事比例（%）	15.57	0.00	24.17	166.67	0.00	166.67
独立董事比例（%）	38.32	36.36	6.97	41.67	25.00	66.67
独立董事津贴（万元）	10.62	8.00	7.21	56.67	0.00	56.67

资料来源：南开大学公司治理数据库。

四、中央企业控股上市公司监事会治理情况

（一）中央企业控股上市公司监事会治理指数统计分析

中央企业控股公司样本量为 319 家，监事会治理指数的平均值为 63.42，中位数为 62.96，标准差为 6.16。从监事会治理的三个主要因素来看，运行状况指数最高，平均值为 75.20；胜任能力指数的平均值次之，为 61.51；规模结构指数的平均值最低，为 55.22。从监事会分指数的公司间差异情况来看，中央企业控股上市公司在监事会规模结构方面的差异程度较大，其标准差为 14.88；运行状况和胜任能力方面，中央企业控股上市公司之间的差异程度相似，其标准差分别为 5.71 和 5.82（见表 5-8）。

表 5-8　中央企业控股上市公司监事会治理指数描述性统计表

治理指数	平均值	中位数	标准差	极差	最小值	最大值
监事会治理指数	63.42	62.96	6.16	34.77	42.91	77.68
运行状况	75.20	80.00	5.71	20.00	60.00	80.00
规模结构	55.22	60.00	14.88	40.00	40.00	80.00
胜任能力	61.51	61.50	5.82	51.65	22.60	74.25

资料来源：南开大学公司治理数据库。

从监事会治理的整体水平来看，相较民营控股上市公司、集体控股上市公司等，国有控股上市公司表现最好；在国有控股上市公司中，中央企业控股上市公司的监事会治理水平相对更高。横向比较而言，中央企业控股上市公司在规模结构和胜任能力方面具有一定优势，明显高于民营控股上市公司。中央企业控股上市公司在运行状况方面表现相对较差，仅高于集体控股上市公司（见表 5-9）。

表 5-9　中央企业控股上市公司监事会治理分控股股东性质比较描述性统计表

治理指数	监事会治理指数	运行状况	规模结构	胜任能力
国有控股	63.20	75.14	55.69	60.48
中央企业控股	63.42	75.20	55.22	61.51
地方国企控股	63.34	75.38	56.17	60.17

治理指数	监事会治理指数	运行状况	规模结构	胜任能力
国资委所属企业控股	63.36	75.32	55.84	60.64
民营控股	57.88	76.03	45.22	54.97
集体控股	58.67	74.00	46.50	57.69
外资控股	57.23	75.24	43.82	55.19
社会团体控股	59.87	75.62	44.38	61.87
职工持股会控股	61.38	76.67	46.67	63.00
其他类型	61.68	76.00	52.18	58.89

资料来源：南开大学公司治理数据库。

（二）中央企业控股上市公司监事会治理要素分析

从监事会运行状况方面来看，中央企业控股上市公司的监事会会议次数平均值为6.05，最高值达14次，而最少的仅有2次。在规模结构方面，监事会规模平均值为4.06，职工监事平均人数为1.70，平均占比40.55%。在胜任能力方面，监事会主席的平均年龄为52.45岁，监事会主席学历平均值为2.54（原始数据统计结果显示，约有50%的监事会主席有研究生学历）；监事会其他成员中，40~59岁的监事占比83.05%，约有41.47%的监事具有研究生学历，36.14%的监事拥有财务或法律专业背景（见表5-10）。

表5-10　中央企业控股上市公司监事会治理要素描述性统计表

治理要素	平均值	中位数	标准差	极差	最小值	最大值
监事会会议次数（次）	6.05	6.00	2.25	12.00	2.00	14.00
监事会规模（人）	4.06	3.00	1.32	7.00	2.00	9.00
职工监事人数（人）	1.70	2.00	0.82	5.00	1.00	6.00
职工监事比例（%）	40.55	37.50	11.24	52.38	33.33	85.71
监事会主席学历	2.54	3.00	0.79	4.00	0.00	4.00
监事会主席年龄（岁）	52.45	54.00	7.77	67.00	0.00	67.00
监事学历（研究生比例,%）	41.47	50.00	35.30	100.00	0.00	100.00
监事年龄（40~59岁比例,%）	83.05	100.00	23.19	100.00	0.00	100.00
监事背景（财务或法律背景比例,%）	36.14	50.00	27.97	100.00	0.00	100.00

注：①监事会主席学历取值为1代表博士、2代表硕士、3代表学士、4代表大专及以下；②监事学历为监事会中（除监事会主席外）研究生学历的监事所占的比例；③监事年龄为监事会中（除监事会主席外）年龄在40~59岁的监事所占的比例；④监事背景为监事会中（除监事会主席外）具有财务或法律背景的监事所占的比例。

资料来源：南开大学公司治理数据库。

五、中央企业控股上市公司经理层治理情况

（一）中央企业控股上市公司经理层治理指数统计分析

中央企业控股上市公司经理层治理指数最高值为76.68，最低值为33.58，平均值为60.94，标准差为8.20，样本公司数量319家。从经理层评价的三个主因素层面来看，样本公司经理层

任免制度指数平均值为 70.71，样本标准差为 15.44；执行保障指数的平均值为 65.55，样本标准差为 14.30，样本公司间差异度和离散程度最大，极差也最大，为 53.01；激励约束机制指数平均值为 47.96，标准差为 11.89（见表 5-11）。

表 5-11　中央企业控股上市公司经理层治理指数描述性统计表

治理指数	平均值	中位数	标准差	极差	最小值	最大值
经理层治理指数	60.94	62.39	8.20	43.10	33.58	76.68
任免制度	70.71	79.76	15.44	49.85	29.91	79.76
执行保障	65.55	61.84	14.30	53.01	35.34	88.34
激励约束	47.96	42.57	11.89	49.66	17.74	67.40

资料来源：南开大学公司治理数据库。

表 5-12 给出了中央企业控股上市公司和按控股股东性质分类的评价中各组样本公司的经理层治理指数统计指标。中央企业控股上市公司的经理层治理水平本年度仅低于集体控股样本公司，经理层治理指数平均值为 60.48，依次高于其他类型、国有控股、民营控股、职工持股会控股、外资控股、社会团体控股的上市公司，其经理层治理指数分别为 59.97、59.63、58.94、57.59、57.46 和 56.46，并且高于中国上市公司全部样本 59.12 的平均水平。在国资委所属企业控股上市公司中，中央企业控股上市公司的经理层治理指数也高于地方国企控股上市公司 59.16 的平均水平。

表 5-12　中央企业控股上市公司经理层治理分控股股东性质比较描述性统计表

治理指数	经理层治理指数	任免制度	执行保障	激励约束
国有控股	59.63	68.85	64.40	47.02
中央企业控股	60.48	69.55	65.08	48.15
地方国企控股	59.16	68.47	64.02	46.39
国资委所属企业控股	59.63	68.85	64.40	47.02
集体控股	61.00	66.05	63.61	54.10
民营控股	58.94	59.63	61.46	56.15
社会团体控股	56.46	65.43	63.77	41.90
外资控股	57.46	59.58	60.24	53.14
职工持股会控股	57.59	56.50	50.06	65.04
其他类型	59.97	60.87	62.26	57.19
合计	59.12	62.52	62.33	53.24

资料来源：南开大学公司治理数据库。

从经理层评价的三个主要因素层面来看，中央企业控股上市公司在任免制度指数和执行保障指数上均高于全国上市公司样本的平均水平，而激励约束指数 48.15 低于全国上市公司样本的平均水平 53.24，其中执行保障指数 65.08 高于外资控股上市公司的平均指数 60.24。

（二）中央企业控股上市公司经理层治理要素分析

从经理层任免机制看，中央企业控股上市公司总经理与董事长两职设置指数平均值为

70.82，比国资委所属企业控股这一指数平均值 70.22 高 0.60，比地方国企控股上市公司这一指数平均值 69.90 高 0.92，远远高于全部上市公司样本平均水平 63.01；样本标准差为 17.08；经理层变更和稳定性指数平均值为 65.47，样本标准差为 13.69。中央企业控股上市公司总经理与董事长兼职比例为 21.34%，比国资委所属企业控股公司这一比例 20.78% 高 0.56%，比地方国企控股上市公司这一比例 20.46% 高 0.88%；总经理与董事长、党委书记兼职比例为 8.28%，分别较国资委所属企业控股公司和地方国企控股上市公司这一比例高 2.23% 和 3.48%（见表 5-13）。

表 5-13　中央企业控股上市公司经理层治理要素描述性统计表

治理要素	平均值	中位数	标准差	极差	最小值	最大值
总经理与董事长两职设置	70.82	80.00	17.08	50.00	30.00	80.00
经理层变更和稳定性	65.47	70.00	13.69	50.00	20.00	70.00
总经理学历	85.27	90.00	10.51	80.00	20.00	100.00
经理层双重任职	63.13	60.00	30.17	90.00	10.00	100.00
经理层薪酬水平	86.74	80.00	12.18	70.00	30.00	100.00
经理层股权激励	47.49	40.00	29.21	70.00	20.00	90.00
高管前三名平均薪酬（万元）	116.42	87.76	93.33	641.48	0.00	641.48
高管层平均持股（万股）	231.09	0.56	1462.52	21957.45	0.00	21957.45
高管在控股或参股单位任职比例（%）	30.59	25.00	29.87	100.00	0.00	100.00

资料来源：南开大学公司治理数据库。

从经理层执行保障机制看，中央企业控股上市公司总经理学历指数均值为 85.27，比国资委所属企业控股这一指数平均值 83.08 高 2.19，比地方国企控股上市公司这一指数平均值 81.90 高 3.37，高于全部上市公司样本平均水平 82.35；经理层双重任职指数均值为 63.13，比国资委所属企业控股这一指数平均值 62.72 高 0.41，比地方国企控股上市公司这一指数平均值 62.50 高 0.63，高于全部上市公司样本平均水平 58.76；其中高管在控股或参股单位任职比例为 30.59%，比国资委所属企业控股这一指数平均值 31.25% 低 0.66%，比地方国企控股上市公司这一指数平均值 31.61% 低 1.02%，低于全部上市公司样本平均水平 35.52%。

从经理层激励约束机制看，中央企业控股上市公司经理层薪酬水平指数平均值为 86.74，比国资委所属企业控股这一指数平均值 83.60 高 3.14，比地方国企控股上市公司这一指数平均值 81.90 高 4.84，高于全部上市公司样本平均水平 82.40；其中高管前三名平均薪酬为 116.42 万元，比国资委所属企业控股平均值 103.43 万元高 12.99 万元，高于全部上市公司样本平均水平 103.43 万元。经理层股权激励指数为 47.49，比国资委所属企业控股这一指数平均值 47.25 高 0.24，比地方国企控股上市公司这一指数平均值 47.11 高 0.38，较大程度低于全部上市公司样本平均水平 66.66；其中高管层持股平均值 231.09 万股，中位数 5600 股，比国资委所属企业控股平均值 542.05 万股低 123.40 万股，较大程度低于全部上市公司样本平均水平 3918.92 万股。

六、中央企业控股上市公司信息披露情况

（一）中央企业控股上市公司信息披露指数统计分析

数据显示，中央企业控股上市公司信息披露指数平均值为 66.94，中位数为 67.17，标准差为 5.81，最大值为 81.13，最小值为 50.77；从不同维度来看，真实性、相关性和及时性平均值分别为 66.97、64.59 和 70.38（见表 5-14）。

表 5-14 中央企业控股上市公司信息披露指数描述性统计表

治理指数	平均值	中位数	标准差	极差	最小值	最大值
信息披露指数	66.94	67.17	5.81	30.36	50.77	81.13
真实性	66.97	67.22	9.80	42.56	45.77	88.34
相关性	64.59	64.96	7.42	45.08	43.38	88.46
及时性	70.38	70.25	6.49	35.00	53.59	88.59

资料来源：南开大学公司治理数据库。

在中央企业控股上市公司中，信息披露指数平均值为 66.94，真实性平均值为 66.97，相关性平均值为 64.59，及时性平均值为 70.38；在国资委所属企业控股上市公司中，信息披露指数平均值为 66.47，真实性平均值为 66.69，相关性平均值为 64.12，及时性平均值为 69.44；在国有控股上市公司中，信息披露指数平均值为 66.33，真实性平均值为 66.70，相关性平均值为 63.77，及时性平均值为 69.25；在民营控股上市公司中，信息披露指数平均值为 64.85，真实性平均值为 64.17，相关性平均值为 65.81，及时性平均值为 65.09；在集体控股上市公司中，信息披露指数平均值为 64.87，真实性平均值为 63.34，相关性平均值为 65.54，及时性平均值为 67.68；在外资控股上市公司中，信息披露指数平均值为 65.71，真实性平均值为 65.17，相关性平均值为 66.04，及时性平均值为 66.57；在社会团体控股上市公司中，信息披露指数平均值为 62.11，真实性平均值为 60.86，相关性平均值为 62.27，及时性平均值为 64.99；在职工持股会控股上市公司中，信息披露指数平均值为 64.15，真实性平均值为 57.95，相关性平均值为 67.20，及时性平均值为 75.07；在其他类型控股的上市公司中，信息披露指数平均值为 63.72，真实性平均值为 63.91，相关性平均值为 61.81，及时性平均值为 66.11（见表 5-15）。

表 5-15 中央企业控股上市公司信息披露指数分控股股东性质比较描述性统计表

治理指数	信息披露指数	真实性	相关性	及时性
国有控股	66.33	66.70	63.77	69.25
中央企业控股	66.94	66.97	64.59	70.38
地方国企控股	66.22	66.55	63.86	68.92
国资委所属企业控股	66.47	66.69	64.12	69.44
民营控股	64.85	64.17	65.81	65.09
集体控股	64.87	63.34	65.54	67.68
外资控股	65.71	65.17	66.04	66.57
社会团体控股	62.11	60.86	62.27	64.99
职工持股会控股	64.15	57.95	67.20	75.07
其他类型	63.72	63.91	61.81	66.11

资料来源：南开大学公司治理数据库。

（二）中央企业控股上市公司信息披露要素分析

上市公司信息披露要素共有 10 个。数据显示，中央企业控股上市公司现金流数据发生重大变动及原因披露平均值为0.627，略低于地方国企控股上市公司样本平均值0.644；公司在行业或市场的地位披露平均值为0.536，略高于地方国企控股上市公司样本平均值0.486；公司未来发展战略描述平均值为0.522，略低于地方国企控股上市公司样本平均值0.536；与日常相关关联交易的主要内容披露平均值为0.539，低于地方国企控股上市公司样本平均值0.613；子公司取得和处置披露平均值为0.857，略低于地方国企控股上市公司样本平均值0.868；环保工作及其有效措施披露平均值为0.757，略低于地方国企控股上市公司样本平均值0.789；年报审计意见平均值为-0.002，略高于地方国企控股上市公司样本平均值-0.004；内部控制有效性程度平均值为0.797，略低于地方国企控股上市公司样本平均值0.818；实际披露所处期间平均值为0.396，略高于地方国企控股上市公司样本平均值0.351；当年延迟披露处罚平均值为0.956，略高于地方国企控股上市公司样本平均值0.924（见表5-16）。

表5-16　中央企业控股上市公司信息披露要素描述性统计表

治理要素	平均值	中位数	标准差	极差	最小值	最大值
现金流数据发生重大变动及原因披露	0.627	0.500	0.328	1.000	0.000	1.000
公司在行业或市场的地位披露	0.536	0.600	0.189	1.000	0.000	1.000
公司未来发展战略描述	0.522	0.500	0.179	1.000	0.000	1.000
与日常相关关联交易的主要内容披露	0.539	0.600	0.262	1.000	0.000	1.000
子公司取得和处置披露	0.857	1.000	0.215	1.000	0.000	1.000
环保工作及其有效措施披露	0.757	1.000	0.386	1.000	0.000	1.000
年报审计意见	-0.002	0.000	0.028	0.500	-0.500	0.000
内部控制有效性程度	0.797	0.750	0.246	1.000	0.000	1.000
实际披露所处期间	0.396	0.250	0.284	1.000	0.000	1.000
当年延迟披露处罚	0.956	1.000	0.205	1.000	0.000	1.000

资料来源：南开大学公司治理数据库。

第二节　地方国企控股上市公司治理情况

一、地方国企控股上市公司治理总体情况

按控股股东类型分组样本中，地方国有控股上市公司可分为地方国资委所属国企控股上市公司（简称"地方国企控股上市公司"）和地方机构所属企业控股上市公司。其中，地方国企控股上市公司有589家，仅少于民营控股上市公司样本数；地方机构所属企业控股上市公司有138家，样本数相对较少。二者样本数占总体样本的19.37%。地方国企控股上市公司和地方机构所属企业控股上市公司的治理指数平均值分别为63.48和63.55，略低于中央企业控股上市公司，但高于其他控股股东类型的上市公司，表明我国地方国企控股上市公司治理水平较其他控股股东类型有一定的优势（见表5-17）。

表 5-17　按控股股东类型分组的样本公司治理指数描述性统计表

控股股东类型	样本数	平均值	中位数	标准差	极差	最小值	最大值
国有控股	1129	63.60	63.60	3.14	18.59	53.73	72.32
地方国企控股	589	63.48	63.42	3.21	18.59	53.73	72.32
地方机构所属企业控股	138	63.55	63.53	3.07	17.13	53.96	71.08
中央企业控股	319	63.71	63.69	2.97	14.34	56.32	70.65
中央部委所属企业控股	83	64.16	64.29	3.35	15.44	55.49	70.94
国资委所属企业控股	908	63.56	63.58	3.13	18.59	53.73	72.32
集体控股	20	63.25	63.63	2.98	11.73	56.41	68.14
民营控股	2208	63.45	63.85	3.49	22.08	49.78	71.86
社会团体控股	16	60.54	59.81	3.60	13.75	54.74	68.50
外资控股	187	63.12	63.65	3.57	15.88	53.94	69.82
职工持股会控股	3	61.11	61.36	2.90	5.79	58.09	63.88
其他类型	190	64.10	64.47	4.05	22.50	50.09	72.59
合计	3753	63.49	63.78	3.43	22.81	49.78	72.59

资料来源：南开大学公司治理数据库。

二、地方国企控股上市公司股东治理情况

（一）地方国企控股上市公司股东治理指数统计分析

589 家地方国企控股上市公司股东治理指数的平均值为 64.97，中位数为 65.89，最小值为 36.16，最大值为 85.26，标准差为 8.55，股东治理指数基本服从正态分布。股东治理评价的三个二级指标即独立性、中小股东权益保护和关联交易的平均值分别为 60.49、69.12 和 62.66。不同公司的三个二级指标间的差距较大，独立性、中小股东权益保护和关联交易的极差分别达到 75.29、53.77 和 70.72（见表 5-18）。

表 5-18　地方国企控股上市公司股东治理指数描述性统计表

治理指数	平均值	中位数	标准差	极差	最小值	最大值
股东治理指数	64.97	65.89	8.55	49.10	36.16	85.26
独立性	60.49	63.95	16.64	75.29	15.00	90.29
中小股东权益保护	69.12	72.36	10.91	53.77	40.30	94.07
关联交易	62.66	61.00	15.45	70.72	16.00	86.72

资料来源：南开大学公司治理数据库。

按照控股股东性质分类对地方国企控股和其他类型上市公司股东治理指数进行比较分析，由于集体控股、社会团体控股和职工持股会控股分别有 20 家、16 家和 3 家上市公司，样本量太少，不具有统计意义，因此这里只比较国有、民营和外资控股等上市公司的股东治理指数。地方国企控股上市公司股东治理指数的平均值为 64.97；包含中央企业控股和地方国企控股在内的国有控股上市公司的股东治理指数平均值为 64.70；民营控股上市公司股东治理指数的平均值为 69.30；

外资控股上市公司股东治理指数的平均值为 68.97。在主要几种控股类型中，民营控股上市公司的股东治理指数的平均值最高，其次为外资控股上市公司，国有控股上市公司较低（见表5-19）。

表5-19　地方国企控股上市公司股东治理指数分控股股东性质比较描述性统计表

治理指数	股东治理指数	独立性	中小股东权益保护	关联交易
国有控股	64.70	59.67	71.49	60.44
地方国企控股	64.97	60.77	71.44	60.60
中央企业控股	62.47	55.29	71.92	56.60
国资委所属企业控股	62.47	55.29	71.92	56.60
民营控股	69.30	70.10	69.34	68.86
集体控股	66.63	61.83	69.96	65.70
外资控股	68.97	64.31	71.13	69.13
社会团体控股	59.04	49.78	62.07	60.65
职工持股会控股	57.14	59.76	56.61	56.37
其他类型	69.75	74.75	69.06	67.95

资料来源：南开大学公司治理数据库。

（二）地方国企控股上市公司股东治理要素分析

本书在地方国企控股上市公司主要的股东治理要素独立性二级指标中选择了董事兼任高管比例、高管在股东单位兼职比例、整体上市和控制层级四个要素。数据显示，地方国企控股上市公司董事兼任高管的比例，即执行董事与董事会成员（不包含独立董事）总数之比的平均值为32.37%，说明地方国企控股上市公司存在董事会成员与高管之间交叉任职的现象。高管在股东单位兼职比例的平均值为11.56%，低于中央企业控股上市公司的13.66%。有13.75%的地方国企控股上市公司实施了整体上市，略高于中央企业控股上市公司的11.29%。从上市公司到最终控制人控制层级的平均值为2.51，小于中央企业控股上市公司的2.94，控制层级越低，终极控制人通过隧道效应侵害中小股东利益的可能性越低（见表5-20）。

表5-20　地方国企控股上市公司股东治理要素描述性统计表

治理要素	平均值	中位数	标准差	极差	最小值	最大值
董事兼任高管比例（%）	32.27	30.00	17.01	83.33	0.00	83.33
高管在股东单位兼职比例（%）	11.56	8.333	13.59	100.00	0.00	100.00
整体上市（%）	13.75	0.00	34.47	100.00	0.00	100.00
控制层级	2.51	2.00	0.89	9.00	1.00	10.00
股权质押冻结比例（%）	5.48	0.00	9.63	50.77	0.00	50.77
股东大会出席股份比例（%）	27.51	23.45	17.50	80.86	0.00	80.86
现金股利分配规模（%）	24.56	26.30	25.89	321.69	-3.04	321.69
现金股利分配连续性（年）	3.45	4.00	1.83	5.00	0.00	5.00
差异化分红政策（%）	66.04	100.00	47.40	100.00	0.00	100.00
累积投票实施（%）	18.51	0.00	38.87	100.00	0.00	100.00

续表

治理要素	平均值	中位数	标准差	极差	最小值	最大值
经营类关联交易比例（%）	6.40	0.18	19.62	265.08	0.00	265.08
资产类关联交易比例（%）	4.24	0.00	32.76	748.96	0.00	748.96

资料来源：南开大学公司治理数据库。

本书在中小股东权益保护二级指标中选择了股权质押冻结比例、股东大会出席股份比例、现金股利分配规模、现金股利分配连续性、差异化分红政策、累积投票实施等治理要素。数据显示，大股东股权质押冻结占总股本比例的平均值为5.48%，高于中央企业控股上市公司的1.82%。不包含实际控制人所持股份的股东大会出席股份比例的平均值为27.51%，略低于中央企业控股上市公司的28.98%。现金股利分配占当年净利润的平均值为24.56%，略低于央企的30.89%。现金股利连续性与中央企业控股上市公司基本相同，最近5年内分配现金股利年份数的平均值为3.45年；有66.04%的公司在公司章程中规定了差异化分红政策。尽管绝大部分上市公司在公司章程中建立了累积投票制度，但只有18.51%的公司在股东大会选举董监事时实际运用了累积投票制，低于央企的19.12%。

本书在关联交易二级指标上选择了经营类关联交易和资产类关联交易两个治理要素。经营类关联交易占总资产比例的平均值为6.40%，资产类关联交易占总资产比例的平均值为4.24%，低于中央企业控股上市公司的17.52%和5.48%，说明地方国企控股上市公司在关联交易上的表现略好于中央企业控股上市公司。

三、地方国企控股上市公司董事会治理情况

（一）地方国企控股上市公司董事会治理指数统计分析

地方国企控股上市公司样本量为589家，董事会治理指数的平均值为64.65，中位数为64.79，标准差为2.21。从董事会治理的五个主要因素来看，董事会组织结构指数最高，平均值为69.62；董事会运作效率指数的平均值次之，为68.58；董事权利与义务指数和独立董事制度指数位于中间，其平均值分别为63.40和61.83；董事薪酬指数的平均值最低，为58.93。从董事会分指数的公司间差异情况来看，上市公司在董事会组织结构方面的差异程度较大，其标准差为6.36；而在董事薪酬、独立董事制度、董事权利与义务、董事会运作效率方面，上市公司之间的差异程度较小，其标准差分别为5.27、4.29、3.98和3.98（见表5-21）。

表5-21　地方国企控股上市公司董事会治理指数描述性统计表

治理指数	平均值	中位数	标准差	极差	最小值	最大值
董事会治理指数	64.65	64.79	2.21	17.26	54.75	72.02
董事权利与义务	63.40	63.25	3.98	22.50	52.25	74.75
董事会运作效率	68.58	68.71	3.98	19.55	54.91	74.46
董事会组织结构	69.62	70.00	6.36	53.00	35.00	88.00
董事薪酬	58.93	58.50	5.27	26.50	50.00	76.50
独立董事制度	61.83	61.75	4.29	23.75	48.75	72.50

资料来源：南开大学公司治理数据库。

从董事会治理的整体水平来看，地方国企控股上市公司平均值高于国资委所属企业控股、集体控股、外资控股、社会团体控股上市公司的平均值，但是低于民营控股和职工持股会控股上市公司的平均值。细分来看，地方国企控股上市公司董事权利与义务和董事会组织结构指数平均值较高，高于民营控股、集体控股、外资控股、国有控股等类型上市公司的平均值。地方国企控股上市公司董事会运作效率、独立董事制度指数平均值低于中央企业控股上市公司的平均值，高于民营控股、集体控股、外资控股上市公司的平均值。地方国企控股上市公司的董事会治理短板是董事薪酬，虽然高于中央企业控股上市公司和国有控股上市公司的平均值，但是与民营控股、外资控股等类型上市公司的平均值差距较为明显（见表5-22）。

表5-22 地方国企控股上市公司董事会治理分控股股东性质比较描述性统计表

治理指数	董事会治理指数	董事权利与义务	董事会运作效率	董事会组织结构	董事薪酬	独立董事制度
国有控股	64.61	63.23	68.51	69.66	58.76	61.89
地方国企控股	64.65	63.40	68.58	69.62	58.93	61.83
中央企业控股	64.53	62.99	68.60	68.75	58.57	62.47
国资委所属企业控股	64.61	63.25	68.59	69.31	58.81	62.06
民营控股	65.08	63.30	66.71	69.02	64.50	61.46
集体控股	63.51	61.15	66.37	66.53	61.48	60.80
外资控股	64.64	61.11	66.90	68.84	63.35	61.45
社会团体控股	64.63	64.34	67.31	69.50	58.75	62.86
职工持股会控股	64.77	59.58	69.48	58.33	66.50	65.92
其他类型	65.93	63.74	67.56	72.14	63.31	62.29

资料来源：南开大学公司治理数据库。

（二）地方国企控股上市公司董事会治理要素分析

从董事会权利与义务来看，地方国企控股上市公司的董事长平均年龄为53.54岁（低于中央企业控股上市公司），具有经济管理专业背景的董事比例达到46.56%（高于中央企业控股上市公司），而在股东单位兼职的董事比例不足一半（低于中央企业控股上市公司）。从董事会的运作效率来看，地方国企控股上市公司的董事会规模为9.04人（高于中央企业控股上市公司），一年内平均开董事会10.23次（高于中央企业控股上市公司），董事会会议次数最多的公司可达到一年34次，而最少的仅有3次。从董事会组织结构来看，平均每个地方国企控股上市公司的董事会设4.03个专业委员会，最多设有6个专业委员会。从董事薪酬来看，地方国企控股上市公司有70.55%的董事领取薪酬（高于中央企业控股上市公司），董事持股比例达到20.26%（高于中央企业控股上市公司），公司间董事会薪酬水平的差异较大，董事前三名薪酬总额的公司最多可达1832.95万元，而最少的为0。从独立董事制度来看，独立董事比例为37.50%（低于中央企业控股上市公司），独立董事津贴的平均水平为8.17万元/人（低于中央企业控股上市公司）（见表5-23）。

表 5-23　地方国企控股上市公司董事会治理要素描述性统计表

治理要素	平均值	中位数	标准差	极差	最小值	最大值
董事长年龄（岁）	53.54	54.00	5.10	37.00	33.00	70.00
经管背景董事比例（%）	46.56	50.00	18.20	71.43	0.00	71.43
股东董事比例（%）	48.46	50.00	25.35	100.00	0.00	100.00
董事人数（人）	9.04	9.00	1.80	15.00	5.00	20.00
董事会会议次数（次）	10.23	9.00	4.58	31.00	3.00	34.00
委员会设立总数（个）	4.03	4.00	0.49	4.00	2.00	6.00
领薪董事比例（%）	70.55	70.00	16.75	88.89	11.11	100.00
董事前三名薪酬总额（万元）	231.56	170.80	223.97	1832.95	0.00	1832.95
持股董事比例（%）	20.26	0.00	27.39	100.00	0.00	100.00
独立董事比例（%）	37.50	36.36	6.25	55.00	25.00	80.00
独立董事津贴（万元）	8.17	7.50	4.00	28.57	0.00	28.57

资料来源：南开大学公司治理数据库。

四、地方国企控股上市公司监事会治理情况

（一）地方国企控股上市公司监事会治理指数统计分析

地方国企控股上市公司样本量为 589 家，监事会治理指数的平均值为 63.34，中位数为 64.02，标准差为 6.22。从监事会治理的三个主要因素来看，运行状况指数最高，平均值为 75.38；其次是胜任能力指数，平均值为 60.17；规模结构指数最低，平均值为 56.17。从监事会分指数的公司间差异情况来看，地方国企控股上市公司在规模结构方面的差异程度较大，其标准差为 15.22；而在运行状况和胜任能力方面，地方国企控股上市公司之间的差异程度较小，其标准差分别为 5.38 和 5.21（见表 5-24）。

表 5-24　地方国企控股上市公司监事会治理指数描述性统计表

治理指数	平均值	中位数	标准差	极差	最小值	最大值
监事会治理指数	63.34	64.02	6.22	26.12	50.10	76.21
运行状况	75.38	80.00	5.38	20.00	60.00	80.00
规模结构	56.17	60.00	15.22	50.00	30.00	80.00
胜任能力	60.17	60.30	5.21	51.35	25.07	76.42

资料来源：南开大学公司治理数据库。

从监事会治理的整体水平来看，地方国企控股上市公司的平均值高于国有控股上市公司的平均值，更高于民营控股、其他类型、社会团体控股、集体控股和外资控股上市公司的平均水平。从分指数来看，地方国企控股上市公司的规模结构和胜任能力指数较高，其平均值显著高于民营控股、集体控股、外资控股和其他类型等上市公司的平均值。地方国企控股上市公司的运行状况指数相对较低，其平均值低于民营控股、其他类型、职工持股会控股上市公司的平均值（见表 5-25）。

表 5-25　地方国企控股上市公司监事会治理分控股股东性质比较描述性统计表

治理指数	监事会治理指数	运行状况	规模结构	胜任能力
国有控股	63.20	75.14	55.69	60.48
地方国企控股	63.34	75.38	56.17	60.17
中央企业控股	63.42	75.20	55.22	61.51
国资委所属企业控股	63.36	75.32	55.84	60.64
民营控股	57.88	76.03	45.22	54.97
集体控股	58.67	74.00	46.50	57.69
外资控股	57.23	75.24	43.82	55.19
社会团体控股	59.87	75.62	44.38	61.87
职工持股会控股	61.38	76.67	46.67	63.00
其他类型	61.68	76.00	52.18	58.89

资料来源：南开大学公司治理数据库。

（二）地方国企控股上市公司监事会治理要素分析

从运行状况来看，地方国企控股上市公司的监事会会议次数的平均值为 6.23。在规模结构方面，监事会规模平均值为 4.09，职工监事平均人数为 1.71，平均占比 40.76%。在胜任能力方面，监事会主席的平均年龄为 51.60 岁，监事会主席学历平均值为 2.37（原始数据统计结果显示，监事会主席有研究生学历的不足 50%）；监事会其他成员中 40~59 岁的监事占比 80.08%，约有 32.82% 的监事具有研究生学历，37.78% 的监事拥有财务或法律专业背景（见表 5-26）。

表 5-26　地方国企控股上市公司监事会治理要素描述性统计表

治理要素	平均值	中位数	标准差	极差	最小值	最大值
监事会会议次数（次）	6.23	6.00	2.56	18.00	2.00	20.00
监事会规模（人）	4.09	3.00	1.34	10.00	2.00	12.00
职工监事人数（人）	1.71	2.00	0.80	6.00	0.00	6.00
职工监事比例（%）	40.76	40.00	10.72	85.71	0.00	85.71
监事会主席学历	2.37	2.00	0.77	4.00	0.00	4.00
监事会主席年龄（岁）	51.60	53.00	7.79	69.00	0.00	69.00
监事学历（研究生比例,%）	32.82	25.00	31.88	100.00	0.00	100.00
监事年龄（40~59岁比例,%）	80.08	100.00	26.42	100.00	0.00	100.00
监事背景（财务或法律背景比例,%）	37.78	50.00	30.00	100.00	0.00	100.00

注：①监事会主席学历取值为1代表博士、2代表硕士、3代表学士、4代表大专及以下；②监事学历为监事会中（除监事会主席外）研究生学历的监事所占的比例；③监事年龄为监事会中（除监事会主席外）年龄在40~59岁的监事所占的比例；④监事背景为监事会中（除监事会主席外）具有财务或法律背景的监事所占的比例。

资料来源：南开大学公司治理数据库。

五、地方国企控股上市公司经理层治理情况

（一）地方国企控股上市公司经理层治理指数统计分析

数据显示，地方国企控股上市公司经理层治理指数最高值为 76.60，最低值为 20.41，平均值为 59.15，标准差为 9.19，样本公司数量 589 家。从经理层治理指数的三个主要因素层面来看，样本公司经理层任免制度指数平均值为 68.73，样本标准差为 17.04；执行保障指数的平均值 63.78，样本标准差为 15.66，样本公司间差异度和离散程度最大，极差也最大，为 75.09；激励约束机制指数平均值为 46.33，标准差为 13.06（见表 5-27）。

表 5-27　地方国企控股上市公司经理层治理指数描述性统计表

治理指数	平均值	中位数	标准差	极差	最小值	最大值
经理层治理指数	59.15	60.51	9.19	56.19	20.41	76.60
任免制度	68.73	79.76	17.04	54.84	24.93	79.76
执行保障	63.78	61.84	15.66	75.09	13.25	88.34
激励约束	46.33	42.57	13.06	49.66	17.74	67.40

资料来源：南开大学公司治理数据库。

数据显示，地方国企控股上市公司的经理层治理指数平均值为 59.15，低于国资委所属企业控股、集体控股和其他类型上市公司的平均值，但是依次高于民营控股、职工持股会控股、外资控股、社会团体控股上市公司指数平均值，其经理层治理指数分别为 58.94、57.59、57.46 和 56.46，略高于中国上市公司全部样本 59.12 的平均水平。在国资委所属企业控股上市公司中，地方国企控股上市公司的经理层治理指数也低于中央企业控股上市公司 60.94 的平均水平（见表 5-28）。

表 5-28　地方国企控股上市公司经理层治理分控股股东性质比较描述性统计表

治理指数	经理层治理指数	任免制度	执行保障	激励约束
国有控股	59.63	68.85	64.40	47.02
地方国企控股	59.15	68.73	63.78	46.33
中央企业控股	60.94	70.71	65.55	47.96
国资委所属企业控股	59.78	69.43	64.41	46.91
集体控股	61.00	66.05	63.61	54.10
民营控股	58.94	59.63	61.46	56.15
社会团体控股	56.46	65.43	63.77	41.90
外资控股	57.46	59.58	60.24	53.14
职工持股会控股	57.59	56.50	50.06	65.04
其他类型	59.97	60.87	62.26	57.19
合计	59.12	62.52	62.33	53.24

资料来源：南开大学公司治理数据库。

从经理层治理指数的三个主要因素层面来看，地方国企控股上市公司任免制度指数高于全国上市公司样本的平均水平，而执行保障指数 63.78 和激励约束指数 46.33 分别低于全国上市公司样本的平均水平 62.33 和 53.24，其中，执行保障指数分别低于国资委所属企业控股（64.41）和中央企业控股（65.55），而高于社会团体控股（63.77）、集体控股（63.61）、其他类型（62.26）、民营控股（61.46）、外资控股（60.24）、职工持股会控股（50.06）；激励约束指数分别低于职工持股会控股（65.04）、其他类型（57.19）、民营控股（56.15）、集体控股（54.10）、外资控股（53.14）和国资委所属企业控股（46.91），而仅高于社会团体控股（41.90）。

（二）地方国企控股上市公司经理层治理要素分析

从经理层任免机制看，地方国企控股上市公司总经理与董事长两职设置指数平均值为 69.59，比国资委所属企业控股这一指数平均值 70.22 低 0.63，远远高于全部上市公司样本平均水平 63.01；样本标准差为 18.12；经理层变更和稳定性指数平均值为 58.11，样本标准差为 19.66（见表 5-29）。地方国企控股上市公司总经理与董事长兼职比例为 20.46%，比国资委所属企业控股公司低 0.31%，比中央企业控股上市公司低 0.87%；总经理与董事长、党委书记兼职比例为 4.80%，分别较国资委所属企业控股公司和中央国企控股上市公司这一比例低 1.25% 和 3.48%。

表 5-29　地方国企控股上市公司经理层治理要素描述性统计表

治理要素	平均值	中位数	标准差	极差	最小值	最大值
总经理与董事长两职设置	69.59	80.00	18.12	50.00	30.00	80.00
经理层变更和稳定性	58.11	70.00	19.66	50.00	20.00	70.00
总经理学历	82.46	80.00	14.47	80.00	20.00	100.00
经理层双重任职	62.48	60.00	31.46	90.00	10.00	100.00
经理层薪酬水平	81.65	80.00	13.79	70.00	30.00	100.00
经理层股权激励	47.59	20.00	30.33	70.00	20.00	90.00
高管前三名平均薪酬（万元）	94.27	70.00	82.36	722.36	0.00	722.36
高管层平均持股（万股）	785.01	0.78	3506.72	39441.66	0.00	39441.66
高管在控股或参股单位任职比例（%）	31.74	25.00	31.45	100.00	0.00	100.00

资料来源：南开大学公司治理数据库。

从经理层执行保障机制看，地方国企控股上市公司总经理学历指数平均值为 82.46，比国资委所属企业控股这一指数平均值 83.08 低 0.62，比中央企业控股上市公司这一指数平均值 85.27 低 2.91，比全部上市公司样本平均水平 82.35 高 0.11；其中高管在控股或参股单位任职比例为 31.74%，比国资委所属企业控股这一指数平均值 31.25 高 0.49，比中央企业控股上市公司这一指数平均值 30.59 高 1.15。

从经理层激励约束机制看，地方国企控股上市公司经理层薪酬水平指数平均值为 81.65，比国资委所属企业控股上市公司这一指数平均值 83.60 低 1.95，比中央企业控股上市公司这一指数平均值 86.74 低 5.09，并低于全部上市公司样本平均水平 82.40；其中高管前三名平均薪酬平均值为 94.27 万元，比国资委所属企业控股上市公司平均值 102.91 万元低 8.64 万元，低于全部上市公司样本平均水平 103.43 万元。地方国企控股上市公司经理层股权激励指数平均值为

47.59，比国资委所属企业控股这一指数平均值47.25高0.34，比中央企业控股上市公司这一指数平均值47.49高0.1，较大程度低于全部上市公司样本平均水平66.66；其中高管层持股平均值为785.01万股，中位数为7800股，比国资委所属企业控股平均值542.05万股高242.96万股，较大程度低于全部上市公司样本平均水平3918.92万股。

六、地方国企控股上市公司信息披露情况

（一）地方国企控股上市公司信息披露指数统计分析

地方国企控股上市公司信息披露指数平均值为66.22，中位数为66.66，标准差为6.07，最大值为84.30，最小值为47.34，极差为36.96；真实性、相关性和及时性平均值分别为66.55、63.86和68.92（见表5-30）。

表5-30 地方国企控股上市公司信息披露指数描述性统计表

治理指数	平均值	中位数	标准差	极差	最小值	最大值
信息披露指数	66.22	66.66	6.07	36.96	47.34	84.30
真实性	66.55	66.78	10.18	47.35	42.35	89.70
相关性	63.86	63.84	7.64	47.27	38.30	85.58
及时性	68.92	70.25	6.91	37.60	52.42	90.02

资料来源：南开大学公司治理数据库。

在地方国企控股上市公司中，信息披露指数平均值为66.22，真实性平均值为66.55，相关性平均值63.86，及时性平均值为68.92；在国资委所属企业控股上市公司中，信息披露指数平均值为66.47，真实性平均值为66.69，相关性平均值为64.12，及时性平均值为69.44；在国有控股上市公司中，信息披露指数平均值为66.33，真实性平均值为66.70，相关性平均值为63.77，及时性平均值为69.25；在民营控股上市公司中，信息披露指数平均值为64.85，真实性平均值为64.17，相关性平均值为65.81，及时性平均值为65.09；在集体控股上市公司中，信息披露指数平均值为64.87，真实性平均值为63.34，相关性平均值为65.54，及时性平均值为67.68；在外资控股上市公司中，信息披露指数平均值为65.71，真实性平均值为65.17，相关性平均值为66.04，及时性平均值为66.57；在社会团体控股上市公司中，信息披露指数平均值为62.11，真实性平均值为60.86，相关性平均值为62.27，及时性平均值为64.99；在职工持股会控股上市公司中，信息披露指数平均值为64.15，真实性平均值为57.95，相关性平均值为67.20，及时性平均值为75.07；在其他类型上市公司中，信息披露指数平均值为63.72，真实性平均值为63.91，相关性平均值为61.81，及时性平均值为66.11（见表5-31）。

表5-31 地方国企控股上市公司信息披露指数分控股股东性质比较描述性统计表

治理指数	信息披露指数	真实性	相关性	及时性
国有控股	66.33	66.70	63.77	69.25
地方国企控股	66.22	66.55	63.86	68.92
中央企业控股	66.94	66.97	64.59	70.38

治理指数	信息披露指数	真实性	相关性	及时性
国资委所属企业控股	66.47	66.69	64.12	69.44
民营控股	64.85	64.17	65.81	65.09
集体控股	64.87	63.34	65.54	67.68
外资控股	65.71	65.17	66.04	66.57
社会团体控股	62.11	60.86	62.27	64.99
职工持股会控股	64.15	57.95	67.20	75.07
其他类型	63.72	63.91	61.81	66.11

资料来源：南开大学公司治理数据库。

（二）地方国企控股上市公司信息披露要素分析

地方国企控股上市公司信息披露重要要素有十个方面。其中，现金流数据发生重大变动及原因披露平均值为0.644，说明地方国企控股上市公司在现金流数据发生重大变动及原因披露方面水平略低；公司在行业或市场的地位披露平均值为0.486，公司未来发展战略描述平均值为0.536，与日常相关关联交易的主要内容披露平均值为0.613，子公司取得和处置披露平均值为0.868，环保工作及其有效措施披露平均值为0.789，年报审计意见平均值为-0.004，内部控制有效性程度平均值为0.818，实际披露所处期间平均值为0.351，当年延迟披露处罚平均值为0.924，说明地方国企控股上市公司在行业或市场的地位披露、公司未来发展战略描述、与日常相关关联交易的主要内容披露、子公司取得和处置披露、环保工作及其有效措施披露、年报审计意见、内部控制有效性程度、实际披露所处期间、当年延迟披露处罚方面水平略高（见表5-32）。

表5-32 地方国企控股上市公司信息披露要素描述性统计表

治理要素	平均值	中位数	标准差	极差	最小值	最大值
现金流数据发生重大变动及原因披露	0.644	1.000	0.323	1.000	0.000	1.000
公司在行业或市场的地位披露	0.486	0.400	0.185	1.000	0.000	1.000
公司未来发展战略描述	0.536	0.500	0.172	1.000	0.000	0.100
与日常相关关联交易的主要内容披露	0.613	0.600	0.289	1.000	0.000	1.000
子公司取得和处置披露	0.868	1.000	0.204	1.000	0.000	1.000
环保工作及其有效措施披露	0.789	1.000	0.352	1.000	0.000	1.000
年报审计意见	-0.004	0.000	0.046	0.500	-0.500	0.000
内部控制有效性程度	0.818	0.750	0.240	1.000	0.000	1.000
实际披露所处期间	0.351	0.250	0.276	1.000	0.000	1.000
当年延迟披露处罚	0.924	1.000	0.266	1.000	0.000	1.000

资料来源：南开大学公司治理数据库。

第三节　国有控股上市公司治理比较分析

一、国有控股上市公司治理行业比较分析

（一）公司治理指数分行业比较分析

1. 国资委所属企业控股上市公司治理指数分行业比较

从样本行业分布情况来看，国资委所属企业控股上市公司分布在除卫生和社会工作以外的其他各行业中，其中制造业的样本数最多，为458家；行业分布最少的是教育，仅有1家。国资委所属企业控股上市公司治理指数存在较为明显的行业差异，各行业中公司治理指数平均值最高的是住宿和餐饮业，为65.29；金融业的公司治理指数平均值也较高，为65.20。这表明这两个行业的国资委所属企业控股上市公司治理状况较好。公司治理指数平均值最低的是教育，为58.12；综合，农、林、牧、渔业，房地产业的公司治理指数平均值也较低，均在63以下，分别为60.85、61.33和62.79，表明这些行业的国资委所属企业控股上市公司治理状况需要改善（见表5-33）。

表5-33　按行业分组的国资委所属企业控股上市公司治理指数描述性统计表

行业	样本数（家）	平均值	中位数	标准差	极差	最小值	最大值
农、林、牧、渔业	12	61.33	62.40	3.05	9.52	55.14	64.67
采矿业	47	63.35	63.03	3.36	16.34	54.31	70.65
制造业	458	63.61	63.61	3.15	17.72	53.73	71.45
电力、热力、燃气及水生产和供应业	71	63.55	63.96	3.14	15.53	54.86	70.39
建筑业	37	63.90	64.35	3.32	14.49	56.47	70.96
批发和零售业	67	63.29	63.05	2.96	13.49	56.58	70.07
交通运输、仓储和邮政业	60	63.66	63.58	3.01	15.26	57.06	72.32
住宿和餐饮业	6	65.29	66.96	3.95	10.38	57.98	68.36
信息传输、软件和信息技术服务业	29	64.07	63.59	3.36	17.73	53.98	71.71
金融业	27	65.20	64.81	2.56	9.00	61.58	70.58
房地产业	50	62.79	62.72	2.92	11.94	56.13	68.07
租赁和商务服务业	11	63.49	63.46	3.03	9.93	59.92	69.84
科学研究和技术服务业	13	64.32	63.83	2.90	7.95	60.50	68.45
水利、环境和公共设施管理业	9	63.02	63.25	1.46	3.84	61.06	64.90
教育	1	58.12	58.12	0.00	0.00	58.12	58.12
卫生和社会工作	—	—	—	—	—	—	—
文化、体育和娱乐业	6	63.10	62.91	2.03	5.16	61.01	66.17
综合	4	60.85	60.67	3.77	9.00	56.53	65.54
合计	908	63.56	63.58	3.13	18.59	53.73	72.32

资料来源：南开大学公司治理数据库。

2. 中央企业控股上市公司治理指数分行业比较

从样本行业分布情况来看，中央企业控股上市公司分布在除住宿和餐饮业，教育，卫生和社会工作，文化、体育和娱乐，综合以外的其他各行业中；其中制造业的样本数最多，为182家；行业分布最少的是租赁和商务服务业，仅为1家。中央企业控股上市公司治理指数存在较为明显的行业差异，各行业中公司治理指数平均值最高的是金融业，为65.21；信息传输、软件和信息技术服务业，采矿业，交通运输、仓储和邮政业公司治理指数平均值也较高，均在64及以上，分别为64.80、64.67和64.00，表明这些行业的中央企业控股上市公司治理状况较好。公司治理指数平均值最低的是租赁和商务服务业，为59.96；农、林、牧、渔业的公司治理指数平均值也较低，为61.64。这表明这两个行业的中央企业控股上市公司治理状况有待改善（见表5-34）。

表5-34　按行业分组的中央企业控股上市公司治理指数描述性统计表

行业	样本数（家）	平均值	中位数	标准差	极差	最小值	最大值
农、林、牧、渔业	2	61.64	61.64	1.34	1.89	60.70	62.59
采矿业	16	64.67	65.12	3.06	10.08	60.57	70.65
制造业	182	63.67	63.80	3.02	13.81	56.32	70.12
电力、热力、燃气及水生产和供应业	30	63.34	63.62	2.92	10.65	58.32	68.97
建筑业	17	63.15	62.87	2.78	10.23	57.16	67.38
批发和零售业	12	63.68	62.93	3.84	13.37	56.58	69.96
交通运输、仓储和邮政业	17	64.00	63.96	2.24	8.88	59.77	68.66
住宿和餐饮业	—	—	—	—	—	—	—
信息传输、软件和信息技术服务业	16	64.80	64.49	2.80	9.24	60.78	70.02
金融业	8	65.21	63.93	3.49	8.36	61.58	69.95
房地产业	9	62.71	63.21	2.86	8.55	58.12	66.67
租赁和商务服务业	1	59.96	59.96	0.00	0.00	59.96	59.96
科学研究和技术服务业	7	63.49	63.62	2.35	6.87	60.50	67.37
水利、环境和公共设施管理业	2	62.91	62.91	1.55	2.20	61.82	64.01
教育	—	—	—	—	—	—	—
卫生和社会工作	—	—	—	—	—	—	—
文化、体育和娱乐业	—	—	—	—	—	—	—
综合	—	—	—	—	—	—	—
合计	319	63.71	63.69	2.97	14.34	56.32	70.65

资料来源：南开大学公司治理数据库。

3. 地方国企控股上市公司治理指数分行业比较

从样本行业分布情况来看，除卫生和社会工作外各行业均有地方国企控股上市公司分布；制造业的样本数最多，为276家；行业分布最少的是教育行业，仅为1家。地方国企控股上市公司治理指数存在较为明显的行业差异，各行业中公司治理指数平均值最高的是住宿和餐饮业，科学研究和技术服务业，均为65.29；金融业和建筑业公司治理指数平均值也较高，均在64以上，分别为 65.20 和 64.54，表明这些行业的地方国企控股上市公司治理状况较好。公司治理指数平均值最低的是教育，为 58.12；综合，农、林、牧、渔业，采矿业，房地产业公司治理指数平均值也较低，均在 63 以下，分别为 60.85、61.27、62.67 和 62.81，表明这些行业的地方国企控股上市公司治理水平有提升空间（见表 5-35）。

表 5-35　按行业分组的地方国企控股上市公司治理指数描述性统计表

行业	样本数（家）	平均值	中位数	标准差	极差	最小值	最大值
农、林、牧、渔业	10	61.27	1.06	62.47	3.34	9.52	55.14
采矿业	31	62.67	0.60	62.99	3.34	14.96	54.31
制造业	276	63.57	0.19	63.34	3.24	17.72	53.73
电力、热力、燃气及水生产和供应业	41	63.70	0.52	64.16	3.32	15.53	54.86
建筑业	20	64.54	0.82	64.63	3.66	14.49	56.47
批发和零售业	55	63.20	0.37	63.05	2.77	12.85	57.22
交通运输、仓储和邮政业	43	63.52	0.50	63.54	3.28	15.26	57.06
住宿和餐饮业	6	65.29	1.61	66.96	3.95	10.38	57.98
信息传输、软件和信息技术服务业	13	63.17	1.07	63.20	3.87	17.73	53.98
金融业	19	65.20	0.50	64.87	2.18	8.91	61.68
房地产业	41	62.81	0.46	62.42	2.97	11.94	56.13
租赁和商务服务业	10	63.84	0.93	63.46	2.95	9.93	59.92
科学研究和技术服务业	6	65.29	1.38	66.64	3.38	7.90	60.55
水利、环境和公共设施管理业	7	63.05	0.59	63.25	1.57	3.84	61.06
教育	1	58.12	58.12	0.00	0.00	58.12	58.12
卫生和社会工作	—	—	—	—	—	—	—
文化、体育和娱乐业	6	63.10	0.83	62.91	2.03	5.16	61.01
综合	4	60.85	1.88	60.67	3.77	9.00	56.53
合计	589	63.48	0.13	63.42	3.21	18.59	53.73

资料来源：南开大学公司治理数据库。

（二）公司治理分指数分行业比较分析

1. 国资委所属企业控股上市公司治理分指数分行业比较

（1）国资委所属企业控股上市公司股东治理分行业比较。从行业分布状况可以看出，国资委所属企业控股上市公司各行业股东治理指数居前三位的分别是金融业、租赁和商务服务业、住宿和餐饮业，平均值分别为 71.16、70.24 和 68.16。股东治理指数居后三位的行业分别是教育，综合，农、林、牧、渔业，平均值分别为 52.55、59.43 和 62.34。股东治理指数平均值最高的金融业与最低的教育业之间的行业差距为 18.61，相比上年（9.49），差距在扩大。从不同行业指数内部的差异程度来看，农、林、牧、渔业国资委所属企业控股上市公司之间的股东治理指数差异最大，标准差为 12.39；而综合国资委所属企业控股上市公司之间的股东治理指数差异程度最小，标准差为 5.50（见表 5-36）。

表 5-36　国资委所属企业控股上市公司股东治理指数分行业比较分析

行业	样本数（家）	平均值	中位数	标准差	极差	最小值	最大值
农、林、牧、渔业	12	62.34	66.45	12.39	80.84	38.23	42.61
采矿业	47	64.29	63.95	7.24	81.01	49.14	31.87
制造业	458	63.26	63.66	8.79	85.26	36.16	49.10
电力、热力、燃气及水生产和供应业	71	64.06	65.89	9.74	78.74	37.61	41.13
建筑业	37	64.39	65.58	8.96	81.12	38.93	42.19
批发和零售业	67	64.91	66.35	7.16	77.07	48.30	28.78
交通运输、仓储和邮政业	60	64.32	65.21	9.12	80.00	37.74	42.25
住宿和餐饮业	6	68.16	67.08	8.15	79.64	55.07	24.57
信息传输、软件和信息技术服务业	29	66.20	68.93	7.38	77.40	50.45	26.95
金融业	27	71.16	72.53	7.22	82.67	53.53	29.15
房地产业	50	62.71	64.10	8.31	78.18	45.09	33.09
租赁和商务服务业	11	70.24	70.34	7.08	84.37	58.70	25.67
科学研究和技术服务业	13	65.97	68.68	7.58	75.55	46.74	28.81
水利、环境和公共设施管理业	9	66.63	66.37	7.82	78.75	54.57	24.17
教育	1	52.55	52.55	0.00	52.55	52.55	52.55
文化、体育和娱乐业	6	67.72	69.96	7.51	74.40	56.33	18.07
综合	4	59.43	58.26	5.50	66.51	54.70	11.81
合计	908	64.09	64.85	8.71	85.26	36.16	49.10

资料来源：南开大学公司治理数据库。

（2）国资委所属企业控股上市公司董事会治理分行业比较。数据显示，在国资委所属企业控股上市公司中，金融业的董事会治理水平最高，平均值为 65.90；制造业的上市公司数量最多，为 458 家，占比 50.44%，其董事会治理指数平均值为 64.63；交通运输、仓储和邮政业，文化、体育和娱乐业，教育的董事会治理指数的平均值较低，分别为 63.90、63.79 和 62.74。从标准差来看，农、林、牧、渔业，批发和零售业的公司间差距较小，其标准差分别为 1.57 和 1.53；科学研究和技术服务业，交通运输、仓储和邮政业的标准差较大，分别为 2.90 和 2.87（见表 5-37）。

表 5-37　国资委所属企业控股上市公司董事会治理指数分行业比较分析

行业	样本数（家）	平均值	中位数	标准差	极差	最小值	最大值
农、林、牧、渔业	12	64.77	64.55	1.57	4.62	62.17	66.79
采矿业	47	64.92	64.97	2.27	9.64	60.84	70.48
制造业	458	64.63	64.81	2.24	14.46	56.56	71.02
电力、热力、燃气及水生产和供应业	71	64.12	64.08	2.02	10.47	57.62	68.09
建筑业	37	64.65	64.54	2.26	11.94	56.80	68.74
批发和零售业	67	64.91	64.99	1.53	7.92	61.53	69.44
交通运输、仓储和邮政业	60	63.90	63.91	2.87	18.09	52.39	70.48

行业	样本数（家）	平均值	中位数	标准差	极差	最小值	最大值
住宿和餐饮业	6	65.21	65.25	1.65	4.10	63.38	67.48
信息传输、软件和信息技术服务业	29	64.16	64.38	2.26	12.09	57.18	69.27
金融业	27	65.90	66.42	2.59	11.56	58.67	70.22
房地产业	50	64.89	64.90	1.71	8.57	61.23	69.80
租赁和商务服务业	11	64.21	64.99	2.69	7.93	59.82	67.75
科学研究和技术服务业	13	64.71	63.81	2.90	10.98	61.04	72.02
水利、环境和公共设施管理业	9	64.57	64.35	1.88	5.59	62.54	68.13
教育	1	62.74	62.74	0.00	0.00	62.74	62.74
卫生和社会工作	—	—	—	—	—	—	—
文化、体育和娱乐业	6	63.79	63.00	1.72	4.28	62.51	66.79
综合	4	64.06	64.97	2.85	6.21	60.05	66.27
合计	908	64.61	64.75	2.23	19.63	52.39	72.02

资料来源：南开大学公司治理数据库。

（3）国资委所属企业控股上市公司监事会治理分行业比较。以中国证监会制定的行业分类标准为依据，本书对国资委所属企业控股上市公司行业间的监事会治理状况进行分析，以探究不同行业之间监事会治理的差异。数据显示，金融业、教育和建筑业的监事会治理的平均水平较高，平均值分别为67.21、66.11和65.10；制造业的上市公司数量最多，为458家，占比50.44%，其监事会治理指数平均值为62.90；水利、环境和公共设施管理业，信息传输、软件和信息技术服务业，农、林、牧、渔业的监事会治理的平均水平较低，平均值分别为61.96、61.91和60.44。从标准差来看，农、林、牧、渔业，综合的公司间差距较小，其标准差分别为5.56和4.60；采矿业，住宿和餐饮业的标准差较大，分别为7.15和6.82（见表5-38）。

表5-38　国资委所属企业控股上市公司监事会治理指数分行业比较分析

行业	样本数（家）	平均值	中位数	标准差	极差	最小值	最大值
农、林、牧、渔业	12	60.44	57.48	5.56	15.36	54.35	69.71
采矿业	47	64.93	65.64	7.15	34.77	42.91	77.68
制造业	458	62.90	61.73	6.21	26.52	50.10	76.61
电力、热力、燃气及水生产和供应业	71	64.57	65.61	5.84	19.77	54.11	73.88
建筑业	37	65.10	66.03	5.83	21.09	55.12	76.21
批发和零售业	67	62.94	60.99	5.67	21.20	53.24	74.44
交通运输、仓储和邮政业	60	63.95	66.41	5.92	22.15	52.68	74.83
住宿和餐饮业	6	64.22	67.99	6.82	15.18	53.94	69.12
信息传输、软件和信息技术服务业	29	61.91	60.12	5.57	19.62	52.64	72.26
金融业	27	67.21	70.01	5.85	19.47	55.02	74.49
房地产业	50	62.78	60.14	6.58	21.17	54.01	75.18
租赁和商务服务业	11	63.35	59.77	6.36	16.76	55.40	72.16

行业	样本数（家）	平均值	中位数	标准差	极差	最小值	最大值
科学研究和技术服务业	13	63.31	66.29	6.35	17.55	52.62	70.17
水利、环境和公共设施管理业	9	61.96	59.91	6.75	17.79	53.17	70.96
教育	1	66.11	66.11	0.00	0.00	66.11	66.11
文化、体育和娱乐业	6	62.53	62.45	5.67	15.16	54.46	69.62
综合	4	62.78	62.99	4.60	8.50	58.31	66.81
合计	908	63.36	63.63	6.19	34.77	42.91	77.68

资料来源：南开大学公司治理数据库。

（4）国资委所属企业控股上市公司经理层治理分行业比较。数据显示，国资委所属企业控股908家样本公司在经理层治理评价指数行业分布的平均值为59.78，信息传输、软件和信息技术服务业，租赁和商务服务业，建筑业，批发和零售业，房地产业，文化、体育和娱乐业，制造业的经理层治理水平高于样本公司的平均水平，指数均值分别为63.34、62.37、60.94、60.75、60.21、60.20和59.93。采矿业，水利、环境和公共设施管理业，教育的经理层平均治理水平居于样本公司平均治理指数的最后三位，这三个行业这一指数平均值分别为57.77、56.01和40.97。

在国资委所属企业控股上市公司样本中，经理层治理状况最佳的上市公司分别出现在金融业，交通运输、仓储和邮政业，信息传输、软件和信息技术服务业，这些行业样本公司的经理层治理指数最大值分别达到76.68、76.68和76.60。国资委所属企业控股上市公司经理层治理指数最高的前三个行业是信息传输、软件和信息技术服务业，租赁和商务服务业，建筑业。这与我国全部上市公司的行业特征相同（见表5-39）。

表5-39　国资委所属企业控股上市公司经理层治理指数分行业比较分析

行业	样本数（家）	平均值	中位数	标准差	极差	最小值	最大值
农、林、牧、渔业	12	58.17	60.48	11.44	34.35	38.34	72.68
采矿业	47	57.77	58.15	8.57	54.91	20.41	75.32
制造业	458	59.93	61.03	9.07	48.37	28.23	76.60
电力、热力、燃气及水生产和供应业	71	58.59	59.35	8.21	50.24	23.12	73.36
建筑业	37	60.94	63.75	9.56	34.43	40.81	75.24
批发和零售业	67	60.75	59.51	7.54	32.30	44.29	76.60
交通运输、仓储和邮政业	60	58.89	58.23	8.66	46.76	29.92	76.68
住宿和餐饮业	6	58.79	59.67	12.52	36.22	39.01	75.24
信息传输、软件和信息技术服务业	29	63.34	62.95	8.17	35.62	40.97	76.60
金融业	27	59.70	63.33	9.28	35.11	41.57	76.68
房地产业	50	60.21	60.56	8.51	40.62	34.69	75.32
租赁和商务服务业	11	62.37	65.54	6.81	19.51	51.22	70.73
科学研究和技术服务业	13	58.98	62.23	9.73	29.59	39.01	68.61
水利、环境和公共设施管理业	9	56.01	59.16	11.85	38.07	29.59	67.66

行业	样本数（家）	平均值	中位数	标准差	极差	最小值	最大值
教育	1	40.97	40.97	0.00	0.00	40.97	40.97
卫生和社会工作	—	—	—	—	—	—	—
文化、体育和娱乐业	6	60.20	60.51	5.85	13.09	52.88	65.97
综合	4	57.79	61.26	10.60	23.97	42.33	66.30
合计	908	59.78	60.87	8.89	56.27	20.41	76.68

资料来源：南开大学公司治理数据库。

（5）国资委所属企业控股上市公司信息披露分行业比较。数据显示，国资委所属企业控股上市公司分行业来看，住宿和餐饮业，科学研究和技术服务业，电力、热力、燃气及水生产和供应业为信息披露指数排名前三的行业，平均值分别为 72.96、69.66 和 67.62，均高于国资委所属企业控股上市公司平均值 66.47，除这三个行业外，全国还有 6 个行业高于平均值，分别是水利、环境和公共设施管理业，采矿业，制造业，交通运输、仓储和邮政业，建筑业和综合。排名后三位的行业为教育，农、林、牧、渔业，租赁和商务服务业，信息披露指数的平均值分别为 63.54、62.45 和 61.75，其中租赁和商务服务业信息披露指数最低（见表 5-40）。

表 5-40　国资委所属企业控股上市公司信息披露指数分行业比较分析

行业	样本数（家）	平均值	中位数	标准差	极差	最小值	最大值
农、林、牧、渔业	12	62.45	61.58	4.85	18.79	57.74	76.53
采矿业	47	67.03	66.77	6.24	27.81	51.52	79.33
制造业	458	66.83	67.01	6.00	36.96	47.34	84.30
电力、热力、燃气及水生产和供应业	71	67.62	68.47	5.07	22.54	55.77	78.31
建筑业	37	66.63	66.57	5.86	25.63	54.41	80.04
批发和零售业	67	64.87	66.25	5.46	22.57	52.58	75.15
交通运输、仓储和邮政业	60	66.71	67.34	6.37	28.58	52.55	81.13
住宿和餐饮业	6	72.96	71.42	4.68	12.20	69.02	81.21
信息传输、软件和信息技术服务业	29	65.52	66.33	6.36	25.48	50.84	76.32
金融业	27	65.33	64.05	6.68	24.35	54.37	78.71
房地产业	50	64.35	65.07	5.35	18.48	54.37	72.85
租赁和商务服务业	11	61.75	59.95	7.70	23.46	53.04	76.51
科学研究和技术服务业	13	69.66	69.09	3.75	13.40	64.17	77.57
水利、环境和公共设施管理业	9	67.09	66.67	4.39	15.88	58.33	74.21
教育	1	63.54	63.54	0.00	0.00	63.54	63.54
卫生和社会工作	—	—	—	—	—	—	—
文化、体育和娱乐业	6	65.64	66.31	5.13	14.32	56.69	71.01
综合	4	66.55	63.77	9.68	21.43	58.62	80.06
合计	908	66.47	66.75	5.99	36.96	47.34	84.30

资料来源：南开大学公司治理数据库。

2. 中央企业控股上市公司治理分指数分行业比较

（1）中央企业控股上市公司股东治理分行业比较。表5-41显示，中央企业控股上市股东治理指数存在较为明显的行业差异，股东治理指数平均值排名前三的行业从高到低依次为科学研究和技术服务业，金融业，水利、环境和公共设施管理业，这一指数平均值分别为68.01、67.15和66.66。股东治理指数排名后三的行业从低到高依次为农、林、牧、渔业，房地产业，建筑业，这一指数平均值分别为52.32、57.98和61.07（见表5-41）。

表5-41　按行业分组的中央企业控股上市公司股东治理指数描述性统计表

行业	样本数（家）	平均值	中位数	标准差	极差	最小值	最大值
农、林、牧、渔业	2	52.32	52.32	19.92	28.17	38.23	66.40
采矿业	16	66.18	65.16	9.01	27.20	53.81	81.01
制造业	182	61.86	61.46	8.47	39.89	40.54	80.42
电力、热力、燃气及水生产和供应业	30	61.60	63.03	11.12	39.82	37.61	77.43
建筑业	17	61.07	62.03	8.04	30.17	38.93	69.10
批发和零售业	12	63.33	65.95	7.26	26.71	48.30	75.00
交通运输、仓储和邮政业	17	62.87	62.47	8.75	33.41	44.31	77.72
住宿和餐饮业							
信息传输、软件和信息技术服务业	16	66.02	69.36	7.62	26.95	50.45	77.40
金融业	8	67.15	71.07	8.26	20.27	53.53	73.80
房地产业	9	57.98	59.09	6.69	21.51	46.61	68.12
租赁和商务服务业	1	65.44	65.44	0.00	0.00	65.44	65.44
科学研究和技术服务业	7	68.01	68.83	4.47	11.25	62.29	73.54
水利、环境和公共设施管理业	2	66.66	66.66	17.09	24.17	54.57	78.75
教育	—	—	—	—	—	—	—
卫生和社会工作	—	—	—	—	—	—	—
文化、体育和娱乐业	—	—	—	—	—	—	—
综合							
合计	319	62.47	62.78	8.78	43.40	37.61	81.01

资料来源：南开大学公司治理数据库。

（2）中央企业控股上市公司董事会治理分行业比较。数据显示，中央企业控股上市公司董事会治理指数存在较为明显的行业差异。各行业中董事会治理指数较高的是租赁和商务服务业建筑业，平均值为65.80和65.79；金融业、采矿业和制造业的董事会治理指数也较高，平均值均超过64.50；水利、环境和公共设施管理业的董事会治理指数最低，平均值为62.86；房地产业，批发和零售业，电力、热力、燃气及水生产和供应业的董事会治理水平较低，平均值分别为63.73、63.87与63.88（见表5-42）。

表 5-42　按行业分组的中央企业控股上市公司董事会治理指数描述性统计表

行业	样本数（家）	平均值	中位数	标准差	极差	最小值	最大值
农、林、牧、渔业	16	64.48	64.82	1.82	5.88	61.54	67.42
采矿业	182	64.66	64.74	2.15	13.36	56.85	70.21
制造业	30	64.63	64.79	1.99	7.99	59.68	67.67
电力、热力、燃气及水生产和供应业	17	63.88	63.96	2.45	9.85	56.80	66.65
建筑业	12	65.79	65.72	2.09	7.92	61.53	69.44
批发和零售业	17	63.87	63.85	3.91	18.09	52.39	70.48
交通运输、仓储和邮政业	16	64.48	64.82	1.82	5.88	61.54	67.42
住宿和餐饮业	—	—	—	—	—	—	—
信息传输、软件和信息技术服务业	16	63.89	64.54	2.33	8.96	57.18	66.14
金融业	8	64.75	65.50	2.03	5.95	60.71	66.67
房地产业	9	63.73	63.02	2.03	6.85	61.23	68.08
租赁和商务服务业	1	65.80	65.80	0.00	0.00	65.80	65.80
科学研究和技术服务业	7	64.20	63.45	2.13	6.43	62.31	68.74
水利、环境和公共设施管理业	2	62.86	62.86	0.45	0.64	62.54	63.18
教育	—	—	—	—	—	—	—
卫生和社会工作	—	—	—	—	—	—	—
文化、体育和娱乐业	—	—	—	—	—	—	—
综合	—	—	—	—	—	—	—
合计	319	64.53	64.71	2.26	18.09	52.39	70.48

资料来源：南开大学公司治理数据库。

（3）中央企业控股上市公司监事会治理分行业比较。数据显示，中央企业控股上市公司监事会治理指数存在较为明显的行业差异，各行业中公司监事会治理指数较高的是金融业，建筑业，电力、热力、燃气及水生产和供应业，分别为 69.67、64.57 和 64.12，表明这些行业的中央企业控股上市公司监事会治理状况较好。公司监事会治理指数较低的是租赁和商务服务业，农、林、牧、渔业，分别为 59.50 和 56.39，表明这两个行业的中央企业控股上市公司治理状况有待改善（见表 5-43）。

表 5-43　按行业分组的中央企业控股上市公司监事会治理指数描述性统计表

行业	样本数（家）	平均值	中位数	标准差	极差	最小值	最大值
农、林、牧、渔业	2	56.39	56.39	0.89	1.27	55.75	57.02
采矿业	16	63.06	61.10	8.84	34.77	42.91	77.68
制造业	182	63.37	63.17	6.00	25.54	51.07	76.61
电力、热力、燃气及水生产和供应业	30	64.12	65.84	5.95	19.28	54.60	73.88
建筑业	17	64.57	64.75	5.21	17.25	56.69	73.94
批发和零售业	12	61.95	60.45	4.58	12.48	54.71	67.19
交通运输、仓储和邮政业	17	62.69	60.95	6.16	20.17	54.66	74.83

行业	样本数（家）	平均值	中位数	标准差	极差	最小值	最大值
住宿和餐饮业	—	—	—	—	—	—	—
信息传输、软件和信息技术服务业	16	63.06	61.01	5.96	16.85	55.41	72.26
金融业	8	69.67	70.97	4.45	13.29	61.20	74.49
房地产业	9	61.29	57.12	7.18	17.33	55.58	72.91
租赁和商务服务业	1	59.50	59.50	0.00	0.00	59.50	59.50
科学研究和技术服务业	7	63.31	66.29	7.27	17.55	52.62	70.17
水利、环境和公共设施管理业	2	62.30	62.30	11.74	16.59	54.01	70.60
教育	—	—	—	—	—	—	—
卫生和社会工作	—	—	—	—	—	—	—
文化、体育和娱乐业	—	—	—	—	—	—	—
综合	—	—	—	—	—	—	—
合计	319	63.42	62.96	6.16	34.77	42.91	77.68

资料来源：南开大学公司治理数据库。

（4）中央企业控股上市公司经理层治理分行业比较。数据显示，中央企业控股上市公司经理层治理指数存在较为明显的行业差异，各行业中公司经理层治理指数较高的是农、林、牧、渔业，信息传输、软件和信息技术服务业，批发和零售业，均在64以上，分别为70.73、65.31和64.29，表明这些行业的中央企业控股上市公司经理层治理状况较好。公司经理层治理指数较低的是建筑业、科学研究和技术服务业、租赁和商务服务业，分别为59.60、55.49和51.22，表明这些行业的中央企业控股上市公司经理层治理状况有待改善（见表5-44）。

表5-44 按行业分组的中央企业控股上市公司经理层治理指数描述性统计表

行业	样本数（家）	平均值	中位数	标准差	极差	最小值	最大值
农、林、牧、渔业	2	70.73	70.73	2.77	3.91	68.77	72.68
采矿业	16	59.84	58.23	6.68	28.01	47.31	75.32
制造业	182	60.63	62.4	8.17	41.74	33.58	75.32
电力、热力、燃气及水生产和供应业	30	60.14	60.51	5.99	24.62	46.41	71.03
建筑业	17	59.60	64.39	10.97	33.15	40.81	73.96
批发和零售业	12	64.29	63.71	7.34	22.41	54.18	76.60
交通运输、仓储和邮政业	17	61.80	59.37	7.32	24.99	51.69	76.68
住宿和餐饮业	—	—	—	—	—	—	—
信息传输、软件和信息技术服务业	16	65.31	64.53	6.33	20.22	53.82	74.04
金融业	8	61.70	65.03	10.57	35.11	41.57	76.68
房地产业	9	62.90	67.09	10.8	34.26	38.26	72.52
租赁和商务服务业	1	51.22	51.22	0.00	0.00	51.22	51.22
科学研究和技术服务业	7	55.49	57.44	11.04	27.45	39.01	66.47
水利、环境和公共设施管理业	2	61.63	61.63	8.53	12.06	55.60	67.66
教育	—	—	—	—	—	—	—

续表

行业	样本数（家）	平均值	中位数	标准差	极差	最小值	最大值
卫生和社会工作	—	—	—	—	—	—	—
文化、体育和娱乐业	—	—	—	—	—	—	—
综合	—	—	—	—	—	—	—
合计	319	60.94	62.39	8.20	43.10	33.58	76.68

资料来源：南开大学公司治理数据库。

（5）中央企业控股上市公司信息披露分行业比较。中央企业控股上市公司信息披露指数存在较为明显的行业差异，各行业中信息披露指数平均值最高的是采矿业，为69.73；科学研究和技术服务业，交通运输、仓储和邮政业，制造业信息披露指数平均值也较高，均在67以上，分别为69.55、67.34和67.03，表明这些行业的中央企业控股上市信息披露状况较好。信息披露指数平均值最低的是租赁和商务服务业，为56.77；农、林、牧、渔业的信息披露指数平均值也较低，为60.88；这表明这两个行业的中央企业控股上市公司信息披露状况有待改善（见表5-45）。

表5-45　按行业分组的中央企业控股上市公司信息披露指数描述性统计表

行业	样本数（家）	平均值	中位数	标准差	极差	最小值	最大值
农、林、牧、渔业	2	60.88	60.88	4.44	6.28	57.74	64.02
采矿业	16	69.73	69.93	6.19	20.51	58.82	79.33
制造业	182	67.03	67.26	5.70	28.76	50.77	79.54
电力、热力、燃气及水生产和供应业	30	66.85	68.52	4.60	18.98	55.77	74.74
建筑业	17	66.58	66.23	5.50	23.66	56.37	80.04
批发和零售业	12	64.73	67.34	6.45	18.76	54.56	73.32
交通运输、仓储和邮政业	17	67.34	68.09	7.40	28.58	52.55	81.13
住宿和餐饮业	—	—	—	—	—	—	—
信息传输、软件和信息技术服务业	16	66.17	66.56	5.52	19.74	56.58	76.32
金融业	8	65.37	62.72	8.92	24.35	54.37	78.71
房地产业	9	66.47	66.42	4.12	13.28	59.58	72.85
租赁和商务服务业	1	56.77	56.77	0.00	0.00	56.77	56.77
科学研究和技术服务业	7	69.55	68.82	4.18	12.18	65.39	77.57
水利、环境和公共设施管理业	2	66.27	66.27	11.23	15.88	58.33	74.21
教育	—	—	—	—	—	—	—
卫生和社会工作	—	—	—	—	—	—	—
文化、体育和娱乐业	—	—	—	—	—	—	—
综合	—	—	—	—	—	—	—
合计	319	66.94	67.17	5.81	30.36	50.77	81.13

资料来源：南开大学公司治理数据库。

3. 地方国企控股上市公司治理分指数分行业比较

（1）地方国企控股上市公司股东治理分行业比较。地方国企控股上市公司股东治理指数存在较为明显的行业差异，股东治理指数平均值最高的行业是金融业，为72.85，租赁和商务服务业，住宿和餐饮业，文化、体育和娱乐业股东治理指数的平均值也较高，分别为70.73、68.16和67.72。股东治理指数平均值最低的是教育，为52.55；综合、采矿业、科学研究和技术服务业的股东治理指数的平均值也较低，分别为59.43、63.32和63.60（见表5-46）。

表5-46　按行业分组的地方国企控股上市公司股东治理指数描述性统计表

行业	样本数（家）	平均值	中位数	标准差	极差	最小值	最大值
农、林、牧、渔业	10	64.35	66.55	10.80	34.49	46.35	80.84
采矿业	31	63.32	63.95	6.07	25.17	49.14	74.31
制造业	276	64.18	65.07	8.89	49.10	36.16	85.26
电力、热力、燃气及水生产和供应业	41	65.87	66.46	8.28	29.12	49.62	78.74
建筑业	20	67.21	68.04	8.91	31.14	49.98	81.12
批发和零售业	55	65.26	66.35	7.16	28.70	48.38	77.07
交通运输、仓储和邮政业	43	64.89	66.39	9.31	42.25	37.74	80.00
住宿和餐饮业	6	68.16	67.08	8.15	24.57	55.07	79.64
信息传输、软件和信息技术服务业	13	66.42	66.40	7.37	23.24	52.27	75.51
金融业	19	72.85	74.36	6.21	24.56	58.11	82.67
房地产业	41	63.75	64.50	8.33	33.09	45.09	78.18
租赁和商务服务业	10	70.73	71.03	7.27	25.67	58.70	84.37
科学研究和技术服务业	6	63.60	64.77	10.06	28.81	46.74	75.55
水利、环境和公共设施管理业	7	66.63	66.37	5.73	16.73	59.26	76.00
教育	1	52.55	52.55	0.00	0.00	52.55	52.55
卫生和社会工作	—	—	—	—	—	—	—
文化、体育和娱乐业	6	67.72	69.96	7.51	18.07	56.33	74.40
综合	4	59.43	58.26	5.50	11.81	54.70	66.51
合计	589	64.97	65.89	8.55	49.10	36.16	85.26

资料来源：南开大学公司治理数据库。

（2）地方国企控股上市公司董事会治理分行业比较。地方国企控股上市公司董事会治理指数存在较为明显的行业差异。各行业中董事会治理指数最高的是金融业，平均值为66.39；科学研究和技术服务业，建筑业，住宿和餐饮业董事会治理指数也较高，平均值分别为65.31、65.31、65.21，表明这些行业的地方国企控股上市公司董事会治理状况较好。董事会治理指数最低的是教育，平均值为62.74；电力、热力、燃气及水生产和供应业，文化、体育和娱乐业，交通运输、仓储和邮政业的董事会治理指数较低，平均值均低于64.00（见表5-47）。

表 5-47　按行业分组的地方国企控股上市公司董事会治理指数描述性统计表

行业	样本数（家）	平均值	中位数	标准差	极差	最小值	最大值
农、林、牧、渔业	10	64.61	64.53	1.60	4.62	62.17	66.79
采矿业	31	65.15	65.18	2.46	9.64	60.84	70.48
制造业	276	64.62	64.83	2.30	14.46	56.56	71.02
电力、热力、燃气及水生产和供应业	41	63.75	63.58	1.99	10.47	57.62	68.09
建筑业	20	65.31	64.89	1.91	6.75	61.99	68.74
批发和零售业	55	64.72	64.97	1.33	4.86	62.18	67.04
交通运输、仓储和邮政业	43	63.92	63.92	2.40	13.69	54.75	68.44
住宿和餐饮业	6	65.21	65.25	1.65	4.10	63.38	67.48
信息传输、软件和信息技术服务业	13	64.50	63.77	2.21	7.74	61.53	69.27
金融业	19	66.39	66.95	2.69	11.56	58.67	70.22
房地产业	41	65.14	65.23	1.55	7.19	62.62	69.80
租赁和商务服务业	10	64.05	64.53	2.78	7.93	59.82	67.75
科学研究和技术服务业	6	65.31	65.02	3.74	10.98	61.04	72.02
水利、环境和公共设施管理业	7	65.06	64.56	1.85	5.00	63.13	68.13
教育	1	62.74	62.74	0.00	0.00	62.74	62.74
卫生和社会工作	—	—	—	—	—	—	—
文化、体育和娱乐业	6	63.79	63.00	1.72	4.28	62.51	66.79
综合	4	64.06	64.97	2.85	6.21	60.05	66.27
合计	589	64.65	64.79	2.21	17.26	54.75	72.02

资料来源：南开大学公司治理数据库。

（3）地方国企控股上市公司监事会治理分行业比较。地方国企控股上市公司监事会治理指数存在较为明显的行业差异，各行业中公司监事会治理指数较高的是金融业、教育、采矿业、建筑业，分别为 66.17、66.11、65.89 和 65.55，表明这些行业的地方国企控股上市公司监事会治理状况较好。公司监事会治理指数较低的是水利、环境和公共设施管理业，农、林、牧、渔业，信息传输、软件和信息技术服务业，分别为 61.86、61.25 和 60.51，表明这些行业的地方国企控股上市公司治理水平有待提高（见表 5-48）。

表 5-48　按行业分组的地方国企控股上市公司监事会治理指数描述性统计表

行业	样本数（家）	平均值	中位数	标准差	极差	最小值	最大值
农、林、牧、渔业	10	61.25	58.02	5.78	15.36	54.35	69.71
采矿业	31	65.89	66.75	6.04	22.34	53.52	75.86
制造业	276	62.59	61.30	6.34	25.79	50.10	75.88
电力、热力、燃气及水生产和供应业	41	64.90	65.50	5.81	18.77	54.11	72.88
建筑业	20	65.55	68.07	6.41	21.09	55.12	76.21
批发和零售业	55	63.15	61.53	5.89	21.20	53.24	74.44
交通运输、仓储和邮政业	43	64.44	66.98	5.82	19.57	52.68	72.25

续表

行业	样本数（家）	平均值	中位数	标准差	极差	最小值	最大值
住宿和餐饮业	6	64.22	67.99	6.82	15.18	53.94	69.12
信息传输、软件和信息技术服务业	13	60.51	59.17	4.90	16.49	52.64	69.13
金融业	19	66.17	65.85	6.15	18.10	55.02	73.12
房地产业	41	63.10	61.52	6.49	21.17	54.01	75.18
租赁和商务服务业	10	63.73	64.01	6.57	16.76	55.40	72.16
科学研究和技术服务业	6	63.30	63.71	5.77	13.81	56.04	69.85
水利、环境和公共设施管理业	7	61.86	59.91	6.14	17.79	53.17	70.96
教育	1	66.11	66.11	0.00	0.00	66.11	66.11
卫生和社会工作	—	—	—	—	—	—	—
文化、体育和娱乐业	6	62.53	62.45	5.67	15.16	54.46	69.62
综合	4	62.78	62.99	4.60	8.50	58.31	66.81
合计	589	63.34	64.02	6.22	26.12	50.10	76.21

资料来源：南开大学公司治理数据库。

（4）地方国企控股上市公司经理层治理分行业比较。数据显示，地方国企控股上市公司经理层治理指数存在较为明显的行业差异。各行业中公司经理层治理指数较高的是租赁和商务服务业，科学研究和技术服务业，建筑业，均在62以上，分别为63.49、63.05和62.07，表明这些行业的地方国企控股上市公司经理层治理状况较好。公司经理层治理指数较低的行业是农、林、牧、渔业，水利、环境和公共设施管理业，教育，分别为55.66、54.40和40.97，表明这些行业的地方国企控股上市公司经理层治理状况有待改善（见表5-49）。

表5-49 按行业分组的地方国企控股上市公司经理层治理指数描述性统计表

行业	样本数（家）	平均值	中位数	标准差	极差	最小值	最大值
农、林、牧、渔业	10	55.66	59.76	10.82	31.87	38.34	70.21
采矿业	31	56.69	58.07	9.31	46.06	20.41	66.47
制造业	276	59.47	60.71	9.60	48.37	28.23	76.60
电力、热力、燃气及水生产和供应业	41	57.46	58.32	9.42	50.24	23.12	73.36
建筑业	20	62.07	63.50	8.30	28.07	47.16	75.24
批发和零售业	55	59.97	59.20	7.43	30.95	44.29	75.24
交通运输、仓储和邮政业	43	57.74	56.96	8.95	44.13	29.92	74.04
住宿和餐饮业	6	58.79	59.67	12.52	36.22	39.01	75.24
信息传输、软件和信息技术服务业	13	60.91	61.6	9.70	35.62	40.97	76.60
金融业	19	58.86	62.23	8.86	24.13	43.53	67.66
房地产业	41	59.62	59.67	7.97	40.62	34.69	75.32
租赁和商务服务业	10	63.49	66.09	6.02	18.10	52.62	70.73
科学研究和技术服务业	6	63.05	66.10	6.63	17.02	51.59	68.61
水利、环境和公共设施管理业	7	54.40	59.16	12.70	35.52	29.59	65.11

行业	样本数（家）	平均值	中位数	标准差	极差	最小值	最大值
教育	1	40.97	40.97	—	0	40.97	40.97
卫生和社会工作	—	—	—	—	—	—	—
文化、体育和娱乐业	6	60.20	60.51	5.85	13.09	52.88	65.97
综合	4	57.79	61.26	10.60	23.97	42.33	66.30
合计	589	59.15	60.51	9.19	56.19	20.41	76.60

资料来源：南开大学公司治理数据库。

（5）地方国企控股上市公司信息披露分行业比较。地方国企控股上市公司信息披露指数存在较为明显的行业差异。各行业中信息披露指数平均值最高的是住宿和餐饮业，为72.96；科学研究和技术服务业，电力、热力、燃气及水生产和供应业，水利、环境和公共设施管理业信息披露指数平均值也较高，均在67以上，分别为69.78、68.18和67.32，表明这些行业的地方国企控股上市公司信息披露状况较好。信息披露指数平均值最低的是租赁和商务服务业，为62.24（见表5-50）。

表5-50　按行业分组的地方国企控股上市公司信息披露指数描述性统计表

行业	样本数（家）	平均值	中位数	标准差	极差	最小值	最大值
农、林、牧、渔业	10	62.77	61.58	5.09	18.35	58.18	76.53
采矿业	31	65.63	66.14	5.89	26.48	51.52	78.00
制造业	276	66.70	66.99	6.20	36.96	47.34	84.30
电力、热力、燃气及水生产和供应业	41	68.18	68.47	5.38	21.05	57.26	78.31
建筑业	20	66.66	66.71	6.30	21.18	54.41	75.59
批发和零售业	55	64.90	65.69	5.28	22.57	52.58	75.15
交通运输、仓储和邮政业	43	66.46	66.93	6.00	24.97	54.39	79.36
住宿和餐饮业	6	72.96	71.42	4.68	12.20	69.02	81.21
信息传输、软件和信息技术服务业	13	64.72	66.33	7.41	24.70	50.84	75.54
金融业	19	65.32	64.24	5.79	21.73	56.62	78.35
房地产业	41	63.89	64.72	5.52	18.30	54.37	72.67
租赁和商务服务业	10	62.24	62.60	7.92	23.46	53.04	76.51
科学研究和技术服务业	6	69.78	69.29	3.58	10.00	64.17	74.17
水利、环境和公共设施管理业	7	67.32	66.67	2.11	6.26	64.01	70.27
教育	1	63.54	63.54	0.00	0.00	63.54	63.54
卫生和社会工作	—	—	—	—	—	—	—
文化、体育和娱乐业	6	65.64	66.31	5.13	14.32	56.69	71.01
综合	4	66.55	63.77	9.68	21.43	58.62	80.06
合计	589	66.22	66.66	6.07	36.96	47.34	84.30

资料来源：南开大学公司治理数据库。

二、国有控股上市公司治理证券市场板块比较分析

(一)公司治理指数分证券市场板块比较分析

1. 国资委所属企业控股上市公司治理指数分证券市场板块比较

从样本证券市场板块分布情况来看,主板的国资委所属企业控股上市公司样本数最多,为743家;中小企业板样本数为122家;创业板样本数为41家;科创板样本数为2家。整体来看,国资委所属企业控股上市公司治理水平存在较为明显的证券市场板块差异。公司治理指数平均值最高的是中小企业板,为64.52,明显高于主板国资委所属企业控股上市公司治理指数平均值63.39。科创板和创业板公司治理指数平均值略低于中小企业板,分别为64.30和63.76(见表5-51)。

表5-51 按证券市场板块分组的国资委所属企业控股上市公司治理指数描述性统计表

证券市场板块	样本数(家)	平均值	中位数	标准差	极差	最小值	最大值
主板	743	63.39	63.32	3.10	18.59	53.73	72.32
中小企业板	122	64.52	64.33	3.01	15.25	56.46	71.71
创业板	41	63.76	64.61	3.60	14.52	55.07	69.59
科创板	2	64.30	64.30	0.96	1.36	63.62	64.98
合计	908	63.56	63.58	3.13	18.59	53.73	72.32

资料来源:南开大学公司治理数据库。

2. 中央企业控股上市公司治理指数分证券市场板块比较

从样本证券市场板块分布情况来看,主板的中央企业控股上市公司样本数最多,为260家;中小企业板、创业板和科创板样本数远低于主板,分别为42家、15家和2家。整体来看,中央企业控股上市公司治理水平存在较为明显的证券市场板块差异,公司治理指数平均值最高的是中小企业板,为65.15;公司治理指数平均值最低的是主板,为63.45;科创板公司治理指数平均值仅次于中小企业板,为64.30;创业板公司治理指数平均值为64.12,仅高于主板(见表5-52)。

表5-52 按证券市场板块分组的中央企业控股上市公司治理指数描述性统计表

证券市场板块	样本数(家)	平均值	中位数	标准差	极差	最小值	最大值
主板	260	63.45	63.42	2.95	14.34	56.32	70.65
中小企业板	42	65.15	64.95	2.45	9.20	60.92	70.12
创业板	15	64.12	65.07	3.79	12.13	57.46	69.59
科创板	2	64.30	64.30	0.96	1.36	63.62	64.98
合计	319	63.71	63.69	2.97	14.34	56.32	70.65

资料来源:南开大学公司治理数据库。

3. 地方国企控股上市公司治理指数分证券市场板块比较

从样本证券市场板块分布情况来看,地方国企控股上市公司在主板的样本分布数最多,为483家;创业板样本数最少,为26家;中小企业板样本数略高于创业板但远低于主板,为80

家。整体来看，地方国企控股上市公司治理水平存在较为明显的证券市场板块差异，公司治理指数平均值最高的是中小企业板，为 64.19；创业板公司治理指数平均值低于中小企业板，为 63.55；公司治理指数平均值最低的是主板，为 63.36（见表 5-53）。

表 5-53　按证券市场板块分组的地方国企控股上市公司治理指数描述性统计表

证券市场板块	样本数（家）	平均值	中位数	标准差	极差	最小值	最大值
主板	483	63.36	63.26	3.18	18.59	53.73	72.32
中小企业板	80	64.19	63.69	3.23	15.25	56.46	71.71
创业板	26	63.55	63.90	3.55	13.68	55.07	68.75
科创板	—	—	—	—	—	—	—
合计	589	63.48	63.42	3.21	18.59	53.73	72.32

资料来源：南开大学公司治理数据库。

（二）公司治理分指数分证券市场板块比较分析

1. 国资委所属企业控股上市公司治理分指数分证券市场板块比较

（1）国资委所属企业控股上市公司股东治理分证券市场板块比较。数据显示，国资委所属企业控股上市公司股东治理指数平均值最高的为科创板，平均值为 73.08；其次为中小企业板，平均值为 65.90；再次为创业板，平均值为 65.33；最后为主板，其股东治理指数的平均值最低，为 63.70（见表 5-54）。

表 5-54　国资委所属企业控股上市公司股东治理指数分证券市场板块比较分析

证券市场板块	样本数（家）	平均值	中位数	标准差	极差	最小值	最大值
主板	743	63.70	64.40	8.776	49.10	36.16	85.26
中小企业板	122	65.90	66.93	8.39	45.18	38.93	84.11
创业板	41	65.33	65.57	7.66	38.17	42.20	80.37
科创板	2	73.08	73.08	6.00	8.49	68.83	77.32
合计	908	64.09	64.85	8.71	49.10	36.16	85.26

资料来源：南开大学公司治理数据库。

（2）国资委所属企业控股上市公司董事会治理分证券市场板块比较。数据显示，主板的国资委所属企业控股上市公司数最多，董事会治理指数平均值为 64.58；中小企业板的国资委所属企业控股上市公司有 122 家，董事会治理指数平均值为 64.75；创业板的国资委所属企业控股上市公司董事会治理指数平均值为 64.68；科创板的国资委所属企业控股上市公司虽然只有 2 家，但是董事会治理水平较高，平均值为 66.54（见表 5-55）。

表 5-55　国资委所属企业控股上市公司董事会治理指数分证券市场板块比较分析

证券市场板块	样本数（家）	平均值	中位数	标准差	极差	最小值	最大值
主板	743	64.58	64.69	2.28	19.63	52.39	72.02
中小企业板	122	64.75	64.91	1.95	10.04	59.33	69.37

证券市场板块	样本数（家）	平均值	中位数	标准差	极差	最小值	最大值
创业板	41	64.68	64.42	2.03	9.01	60.08	69.09
科创板	2	66.54	66.54	2.53	3.57	64.75	68.33
合计	908	64.61	64.75	2.23	19.63	52.39	72.02

资料来源：南开大学公司治理数据库。

（3）国资委所属企业控股上市公司监事会治理分证券市场板块比较。数据显示，主板的国资委所属企业控股上市公司监事会治理指数平均值为63.68，主板的国资委所属企业上市公司的监事会治理水平最高；中小企业板的国资委所属企业控股上市公司监事会治理指数平均值为62.85；创业板的国资委所属企业控股上市公司监事会治理指数平均值为59.57；科创板的国资委所属企业控股上市公司监事会治理指数平均值为53.82（见表5-56）。

表5-56　国资委所属企业控股上市公司监事会治理指数分证券市场板块比较分析

证券市场板块	样本数（家）	平均值	中位数	标准差	极差	最小值	最大值
主板	743	63.68	64.64	6.22	33.70	42.91	76.61
中小企业板	122	62.85	61.38	5.82	24.45	53.23	77.68
创业板	41	59.57	57.46	5.34	17.52	53.76	71.28
科创板	2	53.82	53.82	1.71	2.41	52.62	55.03
合计	908	63.36	63.63	6.19	34.77	42.91	77.68

资料来源：南开大学公司治理数据库。

（4）国资委所属企业控股上市公司经理层治理分证券市场板块比较。数据显示，国资委所属企业控股上市公司中，中小企业板、创业板和科创板的经理层治理状况高于样本公司的平均水平59.78，指数平均值分别为61.33、62.98和62.08，主板的经理层治理指数平均值为59.34（见表5-57）。

表5-57　国资委所属企业控股上市公司经理层治理指数分证券市场板块比较分析

证券市场板块	样本数（家）	平均值	中位数	标准差	极差	最小值	最大值
主板	743	59.34	60.54	8.93	56.27	20.41	76.68
中小企业板	122	61.33	63.26	8.85	47.09	29.51	76.60
创业板	41	62.98	63.33	7.32	28.56	46.67	75.24
科创板	2	62.08	62.08	4.05	5.73	59.21	64.94
合计	908	59.78	60.87	8.89	56.27	20.41	76.68

资料来源：南开大学公司治理数据库。

（5）国资委所属企业控股上市公司信息披露分证券市场板块比较。数据显示，国资委所属企业控股上市公司信息披露指数平均值为66.47，中位数为66.75，标准差为5.99，最大值为84.30，最小值为47.34，极差为36.96。国资委所属企业控股上市公司中小企业板信息披露指数平均值为 66.73，整体表现强于主板的平均值 66.55、创业板的平均值 64.31、科创板的平均值 64.60（见表 5-58）。

表 5-58　国资委所属企业控股上市公司信息披露指数分证券市场板块比较分析

证券市场板块	样本数（家）	平均值	中位数	标准差	极差	最小值	最大值
主板	743	66.55	66.79	5.94	34.06	50.24	84.30
中小企业板	122	66.73	66.77	5.84	27.35	52.69	80.04
创业板	41	64.31	64.31	7.06	34.61	47.34	81.95
科创板	2	64.60	64.60	4.32	6.11	61.55	67.66
合计	908	66.47	66.75	5.99	36.96	47.34	84.30

资料来源：南开大学公司治理数据库。

2. 中央企业控股上市公司治理分指数分证券市场板块比较

（1）中央企业控股上市公司股东治理分证券市场板块比较。整体来看，中央企业控股上市公司治理水平存在较为明显的证券市场板块差异，股东治理指数平均值最高的是科创板，平均值为 73.08；其次为中小企业板，平均值为 65.00；再次为创业板，平均值为 63.16；股东治理指数最低的是主板，平均值为 61.94（见表 5-59）。

表 5-59　按证券市场板块分组的中央企业控股上市公司股东治理指数描述性统计表

证券市场板块	样本数（家）	平均值	中位数	标准差	极差	最小值	最大值
主板	260	61.94	62.16	8.81	43.40	37.61	81.01
中小企业板	42	65.00	64.23	8.44	39.62	38.93	78.55
创业板	15	63.16	64.89	8.06	30.71	42.20	72.91
科创板	2	73.08	73.08	6.00	8.49	68.83	77.32
合计	319	62.47	62.78	8.78	43.40	37.61	81.01

资料来源：南开大学公司治理数据库。

（2）中央企业控股上市公司董事会治理分证券市场板块比较。整体来看，中央企业控股上市公司董事会治理指数最高的是科创板，平均值为 66.54；主板、中小企业板、创业板的中央企业控股上市公司董事会治理指数平均值分别为 64.53、64.47 和 64.46（见表 5-60）。

表 5-60　按证券市场板块分组的中央企业控股上市公司董事会治理指数描述性统计表

证券市场板块	样本数（家）	平均值	中位数	标准差	极差	最小值	最大值
主板	260	64.53	64.72	2.30	18.09	52.39	70.48
中小企业板	42	64.47	64.79	2.21	10.04	59.33	69.37
创业板	15	64.46	64.42	1.60	5.83	62.49	68.32
科创板	2	66.54	66.54	2.53	3.57	64.75	68.33
合计	319	64.53	64.71	2.26	18.09	52.39	70.48

资料来源：南开大学公司治理数据库。

（3）中央企业控股上市公司监事会治理分证券市场板块比较。整体来看，中央企业控股上市公司监事会治理水平存在较为明显的证券市场板块差异，监事会治理指数最高的是中小企业板，为65.06，表明中小企业板的中央企业控股上市公司监事会治理状况最好；主板监事会治理指数为63.34；创业板监事会治理指数为61.42，有较大提升空间；科创板监事会治理指数最低，仅为53.82，需重点提升监事会治理水平（见表5-61）。

表5-61　按证券市场板块分组的中央企业控股上市公司监事会治理指数描述性统计表

证券市场板块	样本数（家）	平均值	中位数	标准差	极差	最小值	最大值
主板	260	63.34	62.26	6.14	33.70	42.91	76.61
中小企业板	42	65.06	66.15	5.77	23.25	54.43	77.68
创业板	15	61.42	60.01	6.44	16.85	54.43	71.28
科创板	2	53.82	53.82	1.71	2.41	52.62	55.03
合计	319	63.42	62.96	6.16	34.77	42.91	77.68

资料来源：南开大学公司治理数据库。

（4）中央企业控股上市公司经理层治理分证券市场板块比较。整体来看，中央企业控股上市公司经理层治理水平存在较为明显的证券市场板块差异，经理层治理指数最高的是创业板，为62.83，表明创业板的中央企业控股上市公司经理层治理状况最好；主板经理层治理指数为60.53，有较大提升空间；中小企业板经理层治理指数仅次于创业板，为62.73；科创板经理层治理指数平均值为62.08（见表5-62）。

表5-62　按证券市场板块分组的中央企业控股上市公司经理层治理指数描述性统计表

证券市场板块	样本数（家）	平均值	中位数	标准差	极差	最小值	最大值
主板	260	60.53	61.99	8.29	43.10	33.58	76.68
中小企业板	42	62.73	64.06	7.75	35.03	41.57	76.60
创业板	15	62.83	64.53	7.83	25.00	48.88	73.88
科创板	2	62.08	62.08	4.05	5.73	59.21	64.94
合计	319	60.94	62.39	8.20	43.10	33.58	76.68

资料来源：南开大学公司治理数据库。

（5）中央企业控股上市公司信息披露分证券市场板块比较。整体来看，中央企业控股上市公司信息披露水平存在较为明显的证券市场板块差异，信息披露指数平均值最高的是中小企业板，为67.78，表明中小企业板的中央企业控股上市公司信息披露状况最好；创业板和主板信息披露指数仅次于中小企业板，平均值分别为66.97和66.82（见表5-63）。

表5-63　按证券市场板块分组的中央企业控股上市公司信息披露指数描述性统计表

证券市场板块	样本数（家）	平均值	中位数	标准差	极差	最小值	最大值
主板	260	66.82	66.85	5.82	30.36	50.77	81.13
中小企业板	42	67.78	67.28	5.69	23.46	56.58	80.04

续表

证券市场板块	样本数（家）	平均值	中位数	标准差	极差	最小值	最大值
创业板	15	66.97	68.05	6.29	22.76	55.65	78.41
科创板	2	64.60	64.60	4.32	6.11	61.55	67.66
合计	319	66.94	67.17	5.81	30.36	50.77	81.13

资料来源：南开大学公司治理数据库。

3. 地方国企控股上市公司治理分指数分证券市场板块比较

（1）地方国企控股上市公司股东治理分证券市场板块比较。整体来看，地方国企控股上市公司股东治理水平证券市场板块之间差异相对较小。股东治理指数平均值最高的是创业板，平均值为66.59；股东治理指数平均值最低的是主板，为64.65；中小企业板股东治理指数的平均值为66.38（见表5-64）。

表5-64　按证券市场板块分组的地方国企控股上市公司股东治理指数描述性统计表

证券市场板块	样本数（家）	平均值	中位数	标准差	极差	最小值	最大值
主板	483	64.65	65.69	8.621	49.10	36.16	85.26
中小企业板	80	66.38	67.29	8.383	37.37	46.74	84.11
创业板	26	66.59	67.51	7.282	25.41	54.96	80.37
合计	589	64.97	65.89	8.55	49.10	36.16	85.26

资料来源：南开大学公司治理数据库。

（2）地方国企控股上市公司董事会治理分证券市场板块比较。整体来看，地方国企控股上市公司董事会治理水平不存在较为明显的证券市场板块差异。中小企业板的地方国企控股上市公司董事会治理指数水平最高，平均值为64.90；主板的地方国企控股上市公司董事会治理指数水平最低，平均值为64.60；创业板的地方国企控股上市公司董事会治理指数平均值为64.81（见表5-65）。

表5-65　按证券市场板块分组的地方国企控股上市公司董事会治理指数描述性统计表

证券市场板块	样本数（家）	平均值	中位数	标准差	极差	最小值	最大值
主板	483	64.60	64.66	2.27	17.26	54.75	72.02
中小企业板	80	64.90	64.95	1.80	9.05	59.65	68.70
创业板	26	64.81	64.53	2.27	9.01	60.08	69.09
合计	589	64.65	64.79	2.21	17.26	54.75	72.02

资料来源：南开大学公司治理数据库。

（3）地方国企控股上市公司监事会治理分证券市场板块比较。整体来看，地方国企控股上市公司监事会治理水平存在较为明显的证券市场板块差异，公司监事会治理指数最高的是主板，为63.87，表明主板的地方国企控股上市公司治理状况最好；创业板公司监事会治理指数为58.50，创业板的地方国企控股上市公司监事会治理状况存在较大的提升空间；中小企业板监事会治理指数为61.69（见表5-66）。

表5-66　按证券市场板块分组的地方国企控股上市公司监事会治理指数描述性统计表

证券市场板块	样本数（家）	平均值	中位数	标准差	极差	最小值	最大值
主板	483	63.87	65.08	6.26	26.12	50.10	76.21
中小企业板	80	61.69	59.73	5.53	18.36	53.23	71.59
创业板	26	58.50	57.18	4.38	16.09	53.76	69.85
合计	589	63.34	64.02	6.22	26.12	50.10	76.21

资料来源：南开大学公司治理数据库。

（4）地方国企控股上市公司经理层治理分证券市场板块比较。整体来看，地方国企控股上市公司经理层治理水平存在较为明显的证券市场板块差异，公司经理层治理指数最高的是创业板，为63.06，表明创业板的地方国企控股上市公司治理状况最好；主板公司经理层治理指数为58.70；中小企业板公司经理层治理指数为60.60（见表5-67）。

表5-67　按证券市场板块分组的地方国企控股上市公司经理层治理指数描述性统计表

证券市场板块	样本数（家）	平均值	中位数	标准差	极差	最小值	最大值
主板	483	58.70	59.67	9.20	56.19	20.41	76.60
中小企业板	80	60.60	63.14	9.33	47.09	29.51	76.60
创业板	26	63.06	63.22	7.16	28.56	46.67	75.24
科创板	—	—	—	—	—	—	—
合计	589	59.15	60.51	9.19	56.19	20.41	76.60

资料来源：南开大学公司治理数据库。

（5）地方国企控股上市公司信息披露分证券市场板块比较。整体来看，地方国企控股上市公司信息披露水平存在较为明显的证券市场板块差异，信息披露指数平均值最高的是主板，为66.41，表明主板的地方国企控股上市公司信息披露状况较好；中小企业板信息披露指数平均值仅次于主板，为66.18；创业板信息披露指数平均值最低，为62.78（见表5-68）。

表5-68　按证券市场板块分组的地方国企控股上市公司信息披露指数描述性统计表

证券市场板块	样本数（家）	平均值	中位数	标准差	极差	最小值	最大值
主板	483	66.41	66.77	6.00	34.06	50.24	84.30
中小企业板	80	66.18	66.24	5.88	27.02	52.69	79.71
创业板	26	62.78	62.35	7.14	34.61	47.34	81.95
合计	589	66.22	66.66	6.07	36.96	47.34	84.30

资料来源：南开大学公司治理数据库。

三、国有控股上市公司治理地区比较分析

（一）公司治理指数分地区比较分析

1. 国资委所属企业控股上市公司治理指数分地区比较

从样本地区分布情况来看，北京的国资委所属企业控股上市公司样本数最多，为113家；样

本数不低于 90 家的还有广东和上海，分别为 100 家和 94 家。样本数少于 10 家的地区有海南、内蒙古和宁夏，分别为 8 家、6 家和 5 家；样本数最少的地区是西藏和青海，均为 4 家。国资委所属企业控股上市公司治理指数存在较为明显的地区差异，公司治理指数平均值最高的是广东，为 64.83；公司治理指数平均值较高的还有安徽和四川，分别为 64.53 和 64.50；黑龙江、青海和辽宁公司治理指数平均值较低，均低于 62，分别为 61.88、61.63 和 60.96（见表 5-69）。

表 5-69　按地区分组的国资委所属企业控股上市公司治理指数描述性统计表

地区	样本数（家）	平均值	中位数	标准差	极差	最小值	最大值
北京	113	63.62	63.79	2.95	14.53	56.13	70.65
天津	28	63.12	62.72	3.39	12.50	58.69	71.20
河北	21	62.72	62.94	3.70	14.19	54.31	68.50
山西	20	62.33	63.02	3.28	14.31	53.73	68.04
内蒙古	6	62.75	63.05	1.46	3.59	60.61	64.20
辽宁	21	60.96	61.01	2.32	9.81	56.07	65.88
吉林	14	62.19	62.55	2.67	9.75	56.87	66.63
黑龙江	15	61.88	61.27	2.56	8.67	58.93	67.60
上海	94	63.61	63.24	3.18	15.10	57.22	72.32
江苏	54	63.53	64.05	3.40	16.60	53.98	70.58
浙江	38	63.79	64.05	3.41	14.51	56.46	70.96
安徽	38	64.53	64.26	2.33	8.94	59.88	68.82
福建	29	63.84	64.64	2.58	10.64	58.64	69.28
江西	17	63.83	64.26	2.76	9.95	58.49	68.44
山东	48	63.48	63.83	3.57	14.87	55.07	69.93
河南	17	63.34	63.71	3.32	11.92	56.89	68.81
湖北	29	63.57	64.35	3.77	15.27	54.86	70.12
湖南	30	63.22	62.94	3.03	12.50	57.98	70.48
广东	100	64.83	64.73	2.89	13.76	57.94	71.71
广西	15	62.72	62.25	2.73	9.52	56.92	66.44
海南	8	62.40	62.93	3.45	10.88	57.26	68.14
重庆	19	63.19	63.97	2.80	9.77	58.12	67.89
四川	34	64.50	64.65	2.96	12.34	58.09	70.43
贵州	13	63.69	63.01	3.10	10.54	58.21	68.75
云南	18	63.16	63.52	3.06	9.19	58.41	67.59
西藏	4	63.96	63.48	2.78	6.61	61.14	67.74
陕西	23	63.67	63.58	2.45	9.78	58.02	67.80
甘肃	13	63.55	62.72	3.10	9.54	59.70	69.24
青海	4	61.63	61.51	4.56	10.62	56.43	67.05
宁夏	5	64.22	63.57	3.96	10.55	58.41	68.97
新疆	20	62.80	63.61	3.33	13.95	55.14	69.09
合计	908	63.56	63.58	3.13	18.59	53.73	72.32

资料来源：南开大学公司治理数据库。

2. 中央企业控股上市公司治理指数分地区比较

从样本地区分布情况来看，北京的中央企业控股上市公司样本数最多，为73家；样本数超过10家的还有广东、上海、湖北、江苏和四川，分别为31家、27家、17家、17家和13家。山西、福建和甘肃分布较少，均为2家；除西藏和青海没有中央企业控股上市公司分布外，分布较少的还有广西，仅有1家。中央企业控股上市公司治理指数存在较为明显的地区差异，公司治理指数平均值最高的是福建，为66.58；广西和广东的公司治理指数平均值也较高，均在65以上，分别为66.12和65.44。辽宁公司治理指数平均值最低，为60.92；除此之外，内蒙古、湖南、陕西、江西、黑龙江和吉林的公司治理指数平均值均低于63，分别为62.75、62.69、62.23、62.07、61.88和61.26（见表5-70）。

表5-70 按地区分组的中央企业控股上市公司治理指数描述性统计表

地区	样本数（家）	平均值	中位数	标准差	极差	最小值	最大值
北京	73	63.75	63.83	3.06	13.50	57.16	70.65
天津	9	63.28	63.16	2.57	7.68	58.69	66.37
河北	8	63.39	62.89	3.15	8.90	59.60	68.50
山西	2	63.51	63.51	0.23	0.33	63.35	63.68
内蒙古	6	62.75	63.05	1.46	3.59	60.61	64.20
辽宁	9	60.92	60.92	2.42	7.47	57.24	64.71
吉林	5	61.26	61.90	2.20	5.71	57.54	63.24
黑龙江	8	61.88	61.00	2.58	8.05	59.13	67.18
上海	27	63.59	63.38	2.63	10.47	59.47	69.95
江苏	17	63.57	64.06	3.23	13.03	56.32	69.35
浙江	5	63.29	65.32	4.22	10.64	56.58	67.23
安徽	8	64.75	64.82	1.78	4.85	62.53	67.38
福建	2	66.58	66.58	1.10	1.55	65.80	67.35
江西	4	62.07	62.41	3.19	6.48	58.49	64.96
山东	9	63.43	62.41	4.68	12.48	57.46	69.93
河南	9	63.92	64.91	3.47	11.61	56.89	68.51
湖北	17	64.47	64.92	3.10	11.08	59.05	70.12
湖南	9	62.69	63.06	2.38	8.28	58.97	67.26
广东	31	65.44	65.13	2.53	8.35	61.67	70.02
广西	1	66.12	66.12	0.00	0.00	66.12	66.12
海南	3	64.87	63.38	2.84	5.06	63.08	68.14
重庆	8	63.33	63.99	3.63	9.77	58.12	67.89
四川	13	63.76	64.02	2.12	8.03	58.85	66.88
贵州	8	63.86	63.46	3.14	10.35	58.21	68.57
云南	7	63.87	63.98	2.30	6.27	61.32	67.59
西藏	—	—	—	—	—	—	—
陕西	7	62.23	63.01	2.43	6.73	58.02	64.75

地区	样本数（家）	平均值	中位数	标准差	极差	最小值	最大值
甘肃	2	64.63	64.63	6.53	9.23	60.01	69.24
青海	—	—	—	—	—	—	—
宁夏	5	64.22	63.57	3.96	10.55	58.41	68.97
新疆	7	64.61	63.93	2.37	7.04	62.05	69.09
合计	319	63.71	63.69	2.97	14.34	56.32	70.65

资料来源：南开大学公司治理数据库。

3. 地方国企控股上市公司治理指数分地区比较

从样本地区分布情况来看，广东的地方国企控股上市公司样本数最多，为 69 家；样本数超过 30 家的还有上海、北京、山东、江苏、浙江和安徽，分别为 67 家、40 家、39 家、37 家、33 家和 30 家；分布较少的地区有吉林、河南、黑龙江、海南、贵州、西藏和青海，均在 10 家以下，分别为 9 家、8 家、7 家、5 家、5 家、4 家和 4 家；内蒙古和宁夏没有地方国企控股上市公司分布。地方国企控股上市公司治理指数存在较为明显的地区差异，公司治理指数平均值最高的是四川，为 64.95；广东、安徽、江西和陕西公司治理指数平均值也较高，均在 64 以上，分别为 64.56、64.47、64.37、64.30。公司治理指数平均值最低的是海南，为 60.92；除此之外，辽宁的公司治理指数平均值也较低，为 60.98（见表 5-71）。

表 5-71　按地区分组的地方国企控股上市公司治理指数描述性统计表

地区	样本数（家）	平均值	中位数	标准差	极差	最小值	最大值
北京	40	63.39	63.71	2.76	11.97	56.13	68.10
天津	19	63.04	61.67	3.78	12.25	58.94	71.20
河北	13	62.31	64.07	4.07	11.92	54.31	66.23
山西	18	62.19	62.79	3.44	14.31	53.73	68.04
内蒙古	—	—	—	—	—	—	—
辽宁	12	60.98	61.01	2.35	9.81	56.07	65.88
吉林	9	62.70	63.15	2.89	9.75	56.87	66.63
黑龙江	7	61.88	61.27	2.75	8.67	58.93	67.60
上海	67	63.61	63.20	3.40	15.10	57.22	72.32
江苏	37	63.50	63.91	3.52	16.60	53.98	70.58
浙江	33	63.87	63.70	3.35	14.51	56.46	70.96
安徽	30	64.47	63.96	2.48	8.94	59.88	68.82
福建	27	63.64	63.68	2.55	10.64	58.64	69.28
江西	13	64.37	64.26	2.49	7.34	61.10	68.44
山东	39	63.49	63.90	3.34	14.24	55.07	69.31
河南	8	62.70	61.70	3.26	10.05	58.76	68.81
湖北	12	62.29	63.42	4.38	12.77	54.86	67.63
湖南	21	63.44	62.82	3.30	12.50	57.98	70.48

地区	样本数（家）	平均值	中位数	标准差	极差	最小值	最大值
广东	69	64.56	64.62	3.02	13.76	57.94	71.71
广西	14	62.48	62.22	2.66	9.52	56.92	66.44
海南	5	60.92	60.81	3.08	7.73	57.26	64.98
重庆	11	63.09	63.64	2.21	6.06	59.89	65.95
四川	21	64.95	65.05	3.34	12.34	58.09	70.43
贵州	5	63.43	63.01	3.38	8.39	60.36	68.75
云南	11	62.71	63.07	3.49	9.00	58.41	67.41
西藏	4	63.96	63.48	2.78	6.61	61.14	67.74
陕西	16	64.30	64.28	2.25	9.48	58.32	67.80
甘肃	11	63.36	62.72	2.64	8.22	59.70	67.92
青海	4	61.63	61.51	4.56	10.62	56.43	67.05
宁夏	—	—	—	—	—	—	—
新疆	13	61.82	63.19	3.43	12.38	55.14	67.53
合计	589	63.48	63.42	3.21	18.59	53.73	72.32

资料来源：南开大学公司治理数据库。

（二）公司治理分指数分地区比较分析

1. 国资委所属企业控股上市公司治理分指数分地区比较

（1）国资委所属企业控股上市公司股东治理分地区比较。数据显示，国资委所属企业控股上市公司股东治理指数平均值较高的3个地区分别是甘肃、四川和浙江，平均值分别为67.65、66.58和66.28；股东治理指数平均值较低的3个地区分别是宁夏、山西和吉林，平均值分别为56.42、57.65和59.05，股东治理指数平均值最高和最低的地区之间的差距高达11.23（见表5-72）。

表5-72 国资委所属企业控股上市公司股东治理指数分地区比较分析

地区	样本数（家）	平均值	中位数	标准差	极差	最小值	最大值
北京	113	64.07	64.13	8.03	42.77	38.23	81.01
天津	28	63.51	64.59	7.83	30.43	49.94	80.37
河北	21	60.79	58.92	9.94	44.55	37.02	81.57
山西	20	57.65	57.65	8.22	34.59	36.16	70.75
内蒙古	6	63.27	61.24	7.33	20.30	54.98	75.28
辽宁	21	60.89	61.26	8.71	33.00	43.41	76.42
吉林	14	59.05	56.83	11.76	36.82	40.54	77.35
黑龙江	15	66.16	67.80	7.65	23.71	53.46	77.18
上海	94	64.01	64.76	9.00	42.92	41.46	84.37
江苏	54	64.43	64.79	9.76	36.07	46.74	82.80
浙江	38	66.28	66.18	8.13	35.93	45.09	81.02
安徽	38	64.61	65.22	8.53	35.60	45.24	80.84

地区	样本数（家）	平均值	中位数	标准差	极差	最小值	最大值
福建	29	65.72	66.90	7.06	32.91	46.37	79.28
江西	17	63.43	61.65	9.18	31.79	47.96	79.75
山东	48	64.39	66.03	8.53	37.59	39.86	77.45
河南	17	63.85	63.82	8.90	38.06	40.49	78.55
湖北	29	62.06	62.20	9.68	36.06	47.24	83.30
湖南	30	64.57	65.05	9.26	37.11	48.15	85.26
广东	100	65.54	67.03	8.29	38.75	44.31	83.06
广西	15	65.65	65.26	8.63	33.65	49.03	82.67
海南	8	59.50	62.77	12.05	37.44	37.74	75.18
重庆	19	64.80	65.52	9.80	31.68	47.77	79.45
四川	34	66.58	68.74	8.13	33.58	45.89	79.47
贵州	13	65.17	65.46	6.66	23.06	51.30	74.35
云南	18	62.59	64.56	8.39	28.05	47.38	75.43
西藏	4	65.50	65.89	10.09	19.51	55.36	74.87
陕西	23	64.80	64.89	6.71	21.68	52.84	74.51
甘肃	13	67.65	68.64	6.91	20.36	57.78	78.14
青海	4	61.78	63.29	6.41	14.28	53.13	67.41
宁夏	5	56.42	55.56	14.27	39.88	37.61	77.49
新疆	20	62.96	62.82	8.44	32.69	46.35	79.05
合计	908	64.09	64.85	8.71	49.10	36.16	85.26

资料来源：南开大学公司治理数据库。

（2）国资委所属企业控股上市公司董事会治理分地区比较。国资委所属企业控股上市公司的董事会治理状况在各地区之间存在明显的差异。数据显示，青海、陕西、内蒙古的国资委所属企业控股上市公司董事会治理水平较高（各个地区的样本企业数量不同，实际的比较结论可能更为多样化，其他领域的比较存在同样的问题），位居地区前三名，其平均值分别为 65.21、65.19 和 65.02；甘肃、海南、宁夏的国资委所属企业控股上市公司董事会治理水平位于地区后三名，其平均值分别为 63.13、63.24 和 63.56。从董事会治理质量在公司间的差异程度来看，河南、青海和海南的国资委所属企业控股上市公司董事会治理质量的差异程度较大，其标准差分别为 3.11、3.03 和 2.96；内蒙古、陕西和山西的国资委所属企业控股上市公司董事会治理质量的差异程度较小，其标准差分别为 0.55、1.31 和 1.34（见表 5-73）。

表 5-73 国资委所属企业控股上市公司董事会治理指数分地区比较分析

地区	样本数（家）	平均值	中位数	标准差	极差	最小值	最大值
北京	113	64.56	64.67	2.17	13.00	56.80	69.80
天津	28	64.90	64.99	2.38	10.40	58.69	69.09
河北	21	64.92	64.95	2.04	8.69	59.96	68.65

地区	样本数（家）	平均值	中位数	标准差	极差	最小值	最大值
山西	20	64.29	64.23	1.34	4.68	62.09	66.77
内蒙古	6	65.02	65.11	0.55	1.63	64.07	65.69
辽宁	21	64.21	64.49	1.55	5.70	61.87	67.57
吉林	14	64.77	64.82	1.46	5.49	61.59	67.08
黑龙江	15	64.33	64.79	1.85	7.75	58.67	66.42
上海	94	64.91	65.07	2.35	17.26	54.75	72.02
江苏	54	64.15	64.42	2.46	13.22	57.00	70.22
浙江	38	64.61	65.00	2.10	11.93	57.62	69.54
安徽	38	65.01	65.29	1.81	7.20	61.09	68.29
福建	29	64.16	64.40	2.46	11.40	59.07	70.48
江西	17	64.00	64.13	2.41	11.00	56.85	67.85
山东	48	64.80	64.85	2.09	9.19	60.08	69.27
河南	17	64.89	64.77	3.11	10.30	60.71	71.02
湖北	29	64.81	64.83	2.62	12.79	57.21	70.00
湖南	30	64.59	64.33	1.55	5.90	62.23	68.13
广东	100	64.74	64.95	2.58	18.46	52.39	70.85
广西	15	63.91	63.80	2.88	12.58	56.56	69.14
海南	8	63.24	64.06	2.96	9.38	57.18	66.55
重庆	19	64.77	64.76	2.06	8.98	61.23	70.21
四川	34	64.98	64.81	2.00	8.09	60.81	68.90
贵州	13	64.89	64.65	2.62	8.60	60.08	68.68
云南	18	64.21	63.83	2.07	7.20	61.15	68.35
西藏	4	64.91	64.79	1.61	3.70	63.19	66.89
陕西	23	65.19	64.98	1.31	5.04	63.10	68.14
甘肃	13	63.13	62.55	2.16	6.49	60.35	66.84
青海	4	65.21	65.73	3.03	7.09	61.15	68.24
宁夏	5	63.56	64.41	1.72	4.07	60.72	64.79
新疆	20	64.39	64.62	2.37	10.57	57.20	67.77
合计	908	64.61	64.75	2.23	19.63	52.39	72.02

资料来源：南开大学公司治理数据库。

（3）国资委所属企业控股上市公司监事会治理分地区比较。国资委所属企业控股上市公司的监事会治理状况在各地区之间存在明显的差异。数据显示，山西、河南和云南的国资委所属企业控股上市公司监事会治理指数的平均值较高，分别为68.07、67.45和66.07；贵州、黑龙江和西藏的国资委所属企业控股上市公司的监事会治理指数平均值较低，分别为61.81、60.46和59.52。从监事会治理指数在公司间的差异程度来看，青海、内蒙古和重庆的国资委所属企业控股上市公司监事会治理指数的差异程度较大，其标准差分别为9.45、8.67和7.11；山西、西

藏和海南的国资委所属企业控股上市公司监事会治理指数的差异程度较小，其标准差分别为
4.99、4.86 和 4.77（见表 5-74）。

表 5-74　国资委所属企业控股上市公司监事会治理指数分地区比较分析

地区	样本数（家）	平均值	中位数	标准差	极差	最小值	最大值
北京	113	63.08	61.59	6.40	32.93	42.91	75.84
天津	28	62.07	60.91	5.87	17.45	54.71	72.16
河北	21	62.69	60.05	6.76	19.04	53.45	72.49
山西	20	68.07	69.07	4.99	18.35	56.35	74.70
内蒙古	6	65.90	65.93	8.67	21.47	56.21	77.68
辽宁	21	61.92	61.11	5.10	16.54	54.60	71.14
吉林	14	62.64	62.20	6.72	20.67	54.11	74.78
黑龙江	15	60.46	59.84	5.78	17.85	52.68	70.53
上海	94	63.65	64.53	5.80	20.94	53.24	74.18
江苏	54	62.48	60.82	5.89	22.72	52.09	74.81
浙江	38	62.64	60.92	6.02	20.85	51.94	72.79
安徽	38	62.50	60.87	6.51	20.00	52.08	72.08
福建	29	64.84	67.46	5.81	17.78	54.74	72.52
江西	17	62.41	63.38	5.51	18.63	54.25	72.88
山东	48	62.82	60.58	6.75	25.77	50.10	75.86
河南	17	67.45	67.66	5.34	18.59	57.29	75.88
湖北	29	64.64	66.99	6.49	22.18	54.43	76.61
湖南	30	64.24	64.91	6.07	21.75	52.74	74.49
广东	100	62.41	60.49	6.24	22.76	52.62	75.38
广西	15	63.21	64.22	5.29	14.66	55.75	70.41
海南	8	64.24	65.74	4.77	11.71	57.18	68.89
重庆	19	63.76	64.92	7.11	18.80	54.01	72.81
四川	34	64.33	65.55	6.31	21.75	54.46	76.21
贵州	13	61.81	59.31	5.54	16.93	53.90	70.83
云南	18	66.07	66.87	5.65	20.42	54.35	74.77
西藏	4	59.52	58.62	4.86	11.60	54.63	66.23
陕西	23	63.53	64.97	6.71	21.87	53.31	75.18
甘肃	13	63.25	65.16	6.43	20.93	51.07	72.00
青海	4	64.12	63.11	9.45	20.72	54.77	75.49
宁夏	5	62.90	65.03	5.07	11.49	57.43	68.92
新疆	20	65.28	67.40	5.64	17.91	54.39	72.30
合计	908	63.36	63.63	6.19	34.77	42.91	77.68

资料来源：南开大学公司治理数据库。

（4）国资委所属企业控股上市公司经理层治理分地区比较。数据显示，国资委所属企业控股上市公司经理层治理指数各地区之间存在一定差异，平均值最高的广东和最低的青海指数相差 12.50，经理层治理指数平均值排名前列的地区依次为广东、宁夏、安徽、浙江、江西、贵州、湖北、北京、江苏和上海，各地区经理层治理指数平均值分别为 64.14、63.68、62.34、61.42、60.91、60.57、60.27、60.24、59.96 和 59.95，这些地区的国资委所属企业控股上市公司经理层治理指数高于上市公司总体样本指数均值 59.78。经理层治理指数平均值较低的五个地区分别是海南、辽宁、新疆、内蒙古和青海，经理层治理指数平均值分别为 56.71、56.42、55.85、55.60 和 51.64（见表 5-75）。

表 5-75　国资委所属企业控股上市公司经理层治理指数分地区比较分析

地区	样本数（家）	平均值	中位数	标准差	极差	最小值	最大值
安徽	38	62.34	63.23	6.39	27.64	46.24	73.88
北京	113	60.24	61.84	8.33	38.15	38.52	76.68
福建	29	59.15	61.03	8.93	34.26	40.97	75.24
甘肃	13	58.73	59.76	6.71	21.55	48.67	70.21
广东	100	64.14	65.11	8.08	47.09	29.51	76.60
广西	15	57.57	60.87	11.56	45.73	28.31	74.04
贵州	13	60.57	62.47	6.21	25.27	47.42	72.68
海南	8	56.71	54.17	9.81	27.92	39.75	67.66
河北	21	57.19	56.96	11.96	54.91	20.41	75.32
河南	17	57.88	58.15	8.50	37.74	33.58	71.33
黑龙江	15	57.00	55.60	8.09	27.20	42.93	70.13
湖北	29	60.27	64.39	13.51	52.11	23.12	75.24
湖南	30	57.67	58.59	11.47	46.71	29.59	76.30
吉林	14	59.06	59.30	10.74	41.49	31.12	72.60
江苏	54	59.96	60.77	8.10	34.35	42.33	76.68
江西	17	60.91	62.39	7.14	26.01	46.67	72.68
辽宁	21	56.42	56.95	9.93	40.71	29.51	70.21
内蒙古	6	55.60	55.60	1.86	5.28	53.03	58.32
宁夏	5	63.68	63.75	4.43	10.78	56.96	67.74
青海	4	51.64	58.72	14.72	29.95	29.59	59.54
山东	48	57.87	59.16	8.76	40.24	34.69	74.94
山西	20	57.15	58.72	8.39	33.21	39.01	72.22
陕西	23	59.53	58.90	7.47	32.99	41.06	74.04
上海	94	59.95	60.95	7.69	35.52	39.72	75.24
四川	34	59.07	61.15	10.19	47.01	28.23	75.24
天津	28	58.03	58.83	10.10	41.90	34.69	76.60
西藏	4	58.54	60.95	9.00	20.19	46.03	66.22
新疆	20	55.85	54.87	7.88	25.77	44.28	70.05

地区	样本数（家）	平均值	中位数	标准差	极差	最小值	最大值
云南	18	59.66	60.08	7.88	32.48	42.84	75.32
浙江	38	61.42	62.52	7.83	31.71	43.53	75.24
重庆	19	59.35	62.17	6.75	29.22	38.44	67.66
合计	908	59.78	60.87	8.89	56.27	20.41	76.68

资料来源：南开大学公司治理数据库。

（5）国资委所属企业控股上市公司信息披露分地区比较。数据显示，在国资委所属企业控股上市公司中，信息披露指数排名前三的地区为宁夏、西藏和海南，平均值分别为71.09、68.13和68.10，均显著高于国资委所属企业控股上市公司信息披露指数平均值66.47，全国共有14个地区高于平均值，分别是宁夏、西藏、海南、四川、广东、河北、新疆、安徽、上海、江西、天津、江苏、山东和陕西。全国排名靠后的地区为内蒙古、河南、吉林、辽宁和青海，信息披露指数平均值分别为64.97、64.67、64.55、64.30和64.27，信息披露指数均不足65（见表5-76）。

表5-76 国资委所属企业控股上市公司信息披露指数分地区比较分析

地区	样本数（家）	平均值	中位数	标准差	极差	最小值	最大值
北京	113	65.90	66.12	6.04	31.13	47.34	78.47
天津	28	66.83	66.90	8.24	30.36	50.77	81.13
河北	21	67.39	69.28	5.11	20.74	57.67	78.41
山西	20	65.87	65.74	7.06	25.71	52.29	78.00
内蒙古	6	64.97	64.14	5.67	13.47	58.82	72.28
辽宁	21	64.30	64.80	6.16	20.63	55.98	76.61
吉林	14	64.55	66.25	4.33	16.62	55.56	72.18
黑龙江	15	65.03	65.53	6.38	20.96	54.37	75.33
上海	94	67.08	67.71	5.59	30.98	50.24	81.21
江苏	54	66.83	67.08	5.78	26.89	50.84	77.73
浙江	38	65.38	64.66	6.79	26.04	53.58	79.61
安徽	38	67.09	67.81	4.96	23.89	56.14	80.04
福建	29	65.80	65.62	5.89	23.44	55.73	79.16
江西	17	66.85	65.14	6.71	27.57	54.39	81.95
山东	48	66.71	68.55	5.39	21.75	54.41	76.16
河南	17	64.67	64.29	5.64	23.32	51.52	74.84
湖北	29	65.28	65.02	5.30	22.57	54.85	77.43
湖南	30	66.04	66.01	6.41	26.69	52.69	79.38
广东	100	67.62	68.20	6.02	27.01	53.04	80.06
广西	15	65.85	65.70	6.39	22.93	57.29	80.22
海南	8	68.10	68.94	6.23	17.95	56.39	74.34

地区	样本数（家）	平均值	中位数	标准差	极差	最小值	最大值
重庆	19	65.96	65.02	5.43	21.46	56.85	78.31
四川	34	67.83	68.45	5.62	25.36	55.37	80.73
贵州	13	66.00	65.00	6.43	19.35	55.16	74.52
云南	18	65.81	63.71	7.02	25.97	58.33	84.30
西藏	4	68.13	69.46	4.29	9.51	62.04	71.56
陕西	23	66.61	67.40	6.69	24.06	55.65	79.71
甘肃	13	65.86	67.09	5.20	15.66	57.82	73.48
青海	4	64.27	62.03	10.25	21.48	55.77	77.25
宁夏	5	71.09	71.02	5.38	14.70	64.84	79.54
新疆	20	67.33	66.87	5.40	20.79	58.18	78.97
合计	908	66.47	66.75	5.99	36.96	47.34	84.30

资料来源：南开大学公司治理数据库。

2. 中央企业控股上市公司治理分指数分地区比较

（1）中央企业控股上市公司股东治理分地区比较。中央企业控股上市公司股东治理指数存在较为明显的地区差异，股东治理指数平均值最高的是广西，为72.08；其他股东治理指数平均值较高的地区依次为福建、河南、重庆、甘肃、天津，分别为68.69、66.61、65.59、65.38和64.25。股东治理指数平均值最低的是吉林，为53.12；除此之外，宁夏、山西、辽宁和江苏的股东治理指数平均值也较低，分别为56.42、57.08、58.12和59.68。股东治理指数平均值省份之间的最大差距为18.96（见表5-77）。

表5-77　按地区分组的中央企业控股上市公司股东治理指数描述性统计表

地区	样本数（家）	平均值	中位数	标准差	极差	最小值	最大值
北京	73	63.27	64.13	8.08	42.77	38.23	81.01
天津	9	64.25	61.70	6.17	16.84	57.23	74.08
河北	8	63.39	62.76	7.06	17.66	55.25	72.91
山西	2	57.08	57.08	8.41	11.89	51.13	63.02
内蒙古	6	63.27	61.24	7.33	20.30	54.98	75.28
辽宁	9	58.12	56.89	10.03	33.00	43.41	76.42
吉林	5	53.12	51.00	11.15	28.89	40.54	69.42
黑龙江	8	61.96	62.45	7.32	16.14	53.46	69.60
上海	27	60.88	60.36	10.43	38.72	41.46	80.17
江苏	17	59.68	58.93	8.00	30.20	47.89	78.09
浙江	5	60.53	59.55	10.85	27.83	48.30	76.12
安徽	8	61.25	60.17	10.39	30.36	45.44	75.80
福建	2	68.69	68.69	1.18	1.672	67.86	69.53
江西	4	61.30	59.97	12.09	29.34	47.96	77.30

地区	样本数（家）	平均值	中位数	标准差	极差	最小值	最大值
山东	9	61.07	66.90	13.42	36.56	39.86	76.41
河南	9	66.61	68.90	7.24	22.93	55.62	78.55
湖北	17	62.94	62.42	8.68	33.18	47.24	80.42
湖南	9	61.85	64.15	6.88	17.59	52.54	70.13
广东	31	63.82	63.25	9.37	33.18	44.31	77.48
广西	1	72.08	72.08	0.00	0.00	72.08	72.08
海南	3	60.92	62.42	3.24	5.933	57.20	63.13
重庆	8	65.59	65.38	8.60	25.64	53.11	78.75
四川	13	63.97	65.22	8.58	28.71	45.89	74.60
贵州	8	64.16	64.92	8.24	23.06	51.30	74.35
云南	7	61.76	59.33	8.42	18.50	53.14	71.64
西藏	—	—	—	—	—	—	—
陕西	7	63.19	64.15	6.38	18.82	55.69	74.51
甘肃	2	65.38	65.38	4.61	6.523	62.12	68.64
青海	—	—	—	—	—	—	—
宁夏	5	56.42	55.56	14.27	39.88	37.61	77.49
新疆	7	63.64	62.86	8.25	28.04	51.01	79.05
合计	319	62.47	62.78	8.78	43.40	37.61	81.01

资料来源：南开大学公司治理数据库。

（2）中央企业控股上市公司董事会治理分地区比较。中央企业控股上市公司董事会治理指数存在较为明显的地区差异。中央企业控股上市公司董事会治理指数最高的地区是安徽，平均值为 65.57；甘肃、贵州、山东、四川等地区的中央企业控股上市公司董事会治理指数平均值也较高，表明这些地区的中央企业控股上市公司董事会治理状况较好。中央企业控股上市公司董事会治理指数较低的地区是海南和江西，平均值分别为 62.35 和 62.39（见表 5-78）。

表 5-78　按地区分组的中央企业控股上市公司董事会治理指数描述性统计表

地区	样本数（家）	平均值	中位数	标准差	极差	最小值	最大值
北京	73	64.35	64.62	2.18	11.59	56.80	68.39
天津	9	65.22	65.02	2.54	7.20	61.54	68.74
河北	8	64.30	63.88	1.69	4.25	62.67	66.91
山西	2	64.23	64.23	0.02	0.03	64.21	64.24
内蒙古	6	65.02	65.11	0.55	1.63	64.07	65.69
辽宁	9	65.08	64.74	1.32	4.04	63.53	67.57
吉林	5	63.89	63.96	1.53	3.83	61.59	65.42
黑龙江	8	64.70	64.88	1.23	3.49	62.93	66.42
上海	27	65.13	65.35	2.25	9.24	61.24	70.48

地区	样本数（家）	平均值	中位数	标准差	极差	最小值	最大值
江苏	17	63.97	63.84	2.14	7.96	58.73	66.69
浙江	5	63.75	65.13	2.46	5.43	60.69	66.12
安徽	8	65.57	66.21	1.81	5.82	61.85	67.67
福建	2	64.94	64.94	0.76	1.08	64.40	65.48
江西	4	62.39	63.65	3.78	8.54	56.85	65.39
山东	9	65.31	65.68	1.78	4.97	62.39	67.37
河南	9	64.72	64.77	2.98	8.66	60.71	69.37
湖北	17	64.26	64.42	2.74	11.35	57.21	68.57
湖南	9	64.25	64.28	1.33	4.46	62.73	67.19
广东	31	64.12	64.51	2.95	17.05	52.39	69.44
广西	1	63.33	63.33	—	0.00	63.33	63.33
海南	3	62.35	64.91	4.48	7.77	57.18	64.95
重庆	8	64.70	64.16	2.70	8.98	61.23	70.21
四川	13	65.29	64.87	2.20	8.09	60.81	68.90
贵州	8	65.35	64.95	2.75	8.60	60.08	68.68
云南	7	64.04	63.68	1.90	5.53	62.13	67.67
西藏	—	—	—	—	—	—	—
陕西	7	64.91	64.74	1.36	3.95	63.40	67.35
甘肃	2	65.39	65.39	1.45	2.05	64.37	66.42
青海	—	—	—	—	—	—	—
宁夏	5	63.56	64.41	1.72	4.07	60.72	64.79
新疆	7	65.27	65.55	1.83	4.54	62.74	67.28
合计	319	64.53	64.71	2.26	18.09	52.39	70.48

资料来源：南开大学公司治理数据库。

（3）中央企业控股上市公司监事会治理分地区比较。中央企业控股上市公司监事会治理指数存在较为明显的地区差异，云南、新疆、广西、河南、内蒙古、山西和四川的中央企业控股上市公司监事会治理指数平均值较高，均在65以上，分别为68.88、67.62、66.52、66.20、65.90、65.37和65.08；福建、重庆和天津的中央企业控股上市监事会治理指数平均值较低，均低于60，分别为57.43、59.65和59.01（见表5-79）。

表5-79　按地区分组的中央企业控股上市公司监事会治理指数描述性统计表

地区	样本数（家）	平均值	中位数	标准差	极差	最小值	最大值
北京	73	63.20	63.44	6.33	31.06	42.91	73.97
天津	9	59.01	58.10	4.18	13.61	54.71	68.32
河北	8	62.67	62.93	7.77	19.04	53.45	72.49
山西	2	65.37	65.37	5.89	8.33	61.20	69.53

续表

地区	样本数（家）	平均值	中位数	标准差	极差	最小值	最大值
内蒙古	6	65.90	65.93	8.67	21.47	56.21	77.68
辽宁	9	60.69	61.11	5.04	13.96	54.60	68.56
吉林	5	62.09	61.45	4.83	12.69	57.07	69.76
黑龙江	8	62.24	60.52	5.23	14.25	56.28	70.53
上海	27	64.22	64.03	5.63	18.63	55.55	74.18
江苏	17	61.78	60.86	5.46	17.72	52.09	69.81
浙江	5	62.92	60.28	5.03	10.38	57.99	68.37
安徽	8	62.40	60.87	6.36	17.42	54.11	71.53
福建	2	57.43	57.43	3.80	5.38	54.74	60.12
江西	4	60.73	62.05	4.04	8.78	55.02	63.80
山东	9	63.09	60.05	5.99	14.73	55.68	70.41
河南	9	66.20	65.65	4.56	14.43	57.29	71.72
湖北	17	64.45	66.81	7.41	22.18	54.43	76.61
湖南	9	64.42	64.78	6.90	21.75	52.74	74.49
广东	31	64.04	65.63	7.00	22.21	52.62	74.83
广西	1	66.52	66.52	—	0.00	66.52	66.52
海南	3	64.65	66.41	5.11	9.77	58.89	68.66
重庆	8	59.65	56.91	6.53	17.61	54.01	71.62
四川	13	65.08	65.61	6.06	17.31	57.32	74.63
贵州	8	63.24	62.78	5.55	13.22	57.61	70.83
云南	7	68.88	70.32	2.41	5.55	66.10	71.65
西藏	—	—	—	—	—	—	—
陕西	7	63.28	60.01	5.80	15.94	57.40	73.34
甘肃	2	60.38	60.38	13.17	18.62	51.07	69.69
青海	—	—	—	—	—	—	—
宁夏	5	62.90	65.03	5.07	11.49	57.43	68.92
新疆	7	67.62	69.23	5.16	15.01	57.29	72.30
合计	319	63.42	62.96	6.16	34.77	42.91	77.68

资料来源：南开大学公司治理数据库。

（4）中央企业控股上市公司经理层治理分地区比较。中央企业控股上市公司经理层治理指数存在较为明显的地区差异，福建、广东、安徽、云南、宁夏、江苏和湖北地区公司经理层治理指数较高，均在62以上，分别为67.25、66.29、65.48、64.87、63.68、63.45和62.56；经理层治理指数较低的地区是辽宁、河南、新疆、内蒙古和陕西，分别为56.03、55.92、55.64、55.60和55.47（见表5-80）。

表 5-80　按地区分组的中央企业控股上市公司经理层治理指数描述性统计表

地区	样本数（家）	平均值	中位数	标准差	极差	最小值	最大值
安徽	8	65.48	68.03	6.84	17.22	56.66	73.88
北京	73	60.85	62.82	8.08	37.66	39.01	76.68
福建	2	67.25	67.25	3.84	5.43	64.53	69.97
甘肃	2	61.79	61.79	2.08	2.93	60.32	63.26
广东	31	66.29	67.09	7.13	35.03	41.57	76.60
广西	1	61.03	61.03	0.00	0.00	61.03	61.03
贵州	8	60.60	60.71	2.98	6.13	57.46	63.59
海南	3	61.78	66.00	8.78	15.97	51.69	67.66
河北	8	60.76	59.96	10.38	28.65	46.67	75.32
河南	9	55.92	55.60	10.43	37.74	33.58	71.33
黑龙江	8	58.61	56.21	8.55	25.46	44.67	70.13
湖北	17	62.56	65.11	10.60	35.62	39.61	75.24
湖南	9	60.72	59.05	7.20	21.25	47.76	69.02
吉林	5	59.76	58.32	2.99	7.23	57.71	64.94
江苏	17	63.45	64.07	8.86	30.76	45.92	76.68
江西	4	57.07	54.73	5.01	10.32	54.24	64.56
辽宁	9	56.03	58.02	9.07	30.09	36.30	66.38
内蒙古	6	55.60	55.60	1.86	5.28	53.03	58.32
宁夏	5	63.68	63.75	4.43	10.78	56.96	67.74
山东	9	60.18	58.23	6.27	18.78	48.88	67.66
山西	2	57.72	57.72	10.57	14.94	50.25	65.19
陕西	7	55.47	56.86	7.37	22.69	41.06	63.75
上海	27	61.72	61.97	7.38	33.23	40.81	74.04
四川	13	58.94	61.52	9.07	31.53	37.41	68.94
天津	9	57.04	61.98	10.21	27.55	38.26	65.81
新疆	7	55.64	55.60	7.54	19.79	45.31	65.11
云南	7	64.87	62.47	5.53	17.17	58.15	75.32
浙江	5	57.73	54.18	12.06	30.35	43.53	73.88
重庆	8	59.45	58.89	4.75	11.66	54.23	65.89
合计	319	60.94	62.39	8.20	43.10	33.58	76.68

资料来源：南开大学公司治理数据库。

（5）中央企业控股上市公司信息披露分地区比较。中央企业控股上市公司信息披露指数存在较为明显的地区差异，信息披露指数平均值最高的地区是海南，为72.42；宁夏、福建和天津的信息披露指数平均值也较高，均在70以上，分别为71.09、70.34和70.12，表明这些地区的中央企业控股上市公司信息披露状况较好。云南信息披露指数平均值较低，为63.21；湖南信息披露指数也较低，平均值为64.24（见表5-81）。

表 5-81　按地区分组的中央企业控股上市公司信息披露指数描述性统计表

地区	样本数（家）	平均值	中位数	标准差	极差	最小值	最大值
北京	73	66.36	66.12	5.85	25.92	52.55	78.47
天津	9	70.12	70.83	9.89	30.36	50.77	81.13
河北	8	66.96	66.51	5.88	19.90	58.50	78.41
山西	2	66.90	66.90	8.98	12.70	60.55	73.25
内蒙古	6	64.97	64.14	5.67	13.47	58.82	72.28
辽宁	9	64.70	64.15	7.29	20.63	55.98	76.61
吉林	5	66.15	66.27	1.62	4.56	63.68	68.24
黑龙江	8	66.10	65.58	6.76	20.96	54.37	75.33
上海	27	67.44	68.27	4.75	17.37	56.99	74.36
江苏	17	68.04	69.42	4.80	14.50	59.60	74.10
浙江	5	67.74	70.80	8.34	21.70	54.56	76.26
安徽	8	69.01	67.84	5.33	17.59	62.45	80.04
福建	2	70.34	70.34	2.66	3.76	68.46	72.22
江西	4	65.62	65.24	6.78	13.93	59.04	72.97
山东	9	65.19	68.50	6.44	15.78	55.20	70.98
河南	9	66.75	67.63	5.02	14.22	60.63	74.84
湖北	17	65.70	64.40	5.87	21.05	56.37	77.43
湖南	9	64.24	65.67	4.46	12.94	57.58	70.52
广东	31	68.41	68.39	5.22	22.17	56.58	78.75
广西	1	69.59	69.59	0.00	0.00	69.59	69.59
海南	3	72.42	73.43	2.57	4.84	69.50	74.34
重庆	8	66.75	65.19	5.92	16.24	57.97	74.21
四川	13	66.86	67.17	5.19	18.45	57.15	75.61
贵州	8	65.83	66.30	7.30	19.35	55.16	74.52
云南	7	63.21	62.64	4.39	13.14	58.33	71.47
西藏	—	—	—	—	—	—	—
陕西	7	65.97	65.70	8.01	23.56	55.65	79.21
甘肃	2	67.80	67.80	8.03	11.35	62.13	73.48
青海	—	—	—	—	—	—	—
宁夏	5	71.09	71.02	5.38	14.70	64.84	79.54
新疆	7	69.99	70.02	4.74	13.56	65.16	78.71
合计	319	66.94	67.17	5.81	30.36	50.77	81.13

资料来源：南开大学公司治理数据库。

3. 地方国企控股上市公司治理分指数分地区比较

（1）地方国企控股上市公司股东治理分地区比较。地方国企控股上市公司股东治理指数存在较为明显的地区差异，股东治理指数最高的是黑龙江，为 70.96；四川、甘肃和浙江的股东治理指数的平均值也较高，均在 67 以上，分别为 68.19、68.07 和 67.15。股东治理指数平均值最低的是山西，为 57.72；除此之外，海南和河北的股东治理指数的平均值也较低，均低于 60，分别为 58.64 和 59.19。地方国企控股上市公司股东治理指数平均值省份之间的最大差距为 13.24（见表5-82）。

表 5-82　按地区分组的地方国企控股上市公司股东治理指数描述性统计表

地区	样本数（家）	平均值	中位数	标准差	极差	最小值	最大值
北京	40	65.51	64.69	7.85	34.53	43.60	78.13
天津	19	63.17	64.94	8.64	30.43	49.94	80.37
河北	13	59.19	58.92	11.33	44.55	37.02	81.57
山西	18	57.72	57.65	8.44	34.59	36.16	70.75
内蒙古	—	—	—	—	—	—	—
辽宁	12	62.97	64.42	7.33	24.78	49.62	74.40
吉林	9	62.34	61.55	11.32	31.80	45.55	77.35
黑龙江	7	70.96	69.34	4.86	11.56	65.62	77.18
上海	67	65.27	66.30	8.10	38.34	46.03	84.37
江苏	37	66.61	67.53	9.81	36.07	46.74	82.80
浙江	33	67.15	66.36	7.47	35.93	45.09	81.02
安徽	30	65.50	65.56	7.93	35.60	45.24	80.84
福建	27	65.50	66.69	7.27	32.91	46.37	79.28
江西	13	64.08	61.70	8.59	26.73	53.02	79.75
山东	39	65.15	65.88	6.99	28.31	49.14	77.45
河南	8	60.73	62.15	10.00	34.13	40.49	74.62
湖北	12	60.80	58.89	11.23	35.95	47.35	83.30
湖南	21	65.74	65.32	10.03	37.11	48.15	85.26
广东	69	66.31	67.05	7.71	38.27	44.79	83.06
广西	14	65.20	64.32	8.76	33.65	49.03	82.67
海南	5	58.64	66.55	15.69	37.44	37.74	75.18
重庆	11	64.23	65.52	10.96	31.68	47.77	79.45
四川	21	68.19	70.48	7.59	24.80	54.67	79.47
贵州	5	66.77	65.46	3.01	7.319	64.60	71.92
云南	11	63.11	66.10	8.74	28.05	47.38	75.43
西藏	4	65.50	65.89	10.09	19.51	55.36	74.87
陕西	16	65.50	68.70	6.93	21.52	52.84	74.36
甘肃	11	68.07	69.99	7.35	20.36	57.78	78.14
青海	4	61.78	63.29	6.41	14.28	53.13	67.41
宁夏	—	—	—	—	—	—	—
新疆	13	62.59	59.46	8.84	31.90	46.35	78.26
合计	589	64.97	65.89	8.55	49.10	36.16	85.26

资料来源：南开大学公司治理数据库。

第五章
国有控股上市公司治理情况

（2）地方国企控股上市公司董事会治理分地区比较。地方国企控股上市公司董事会治理指数存在较为明显的地区差异。湖北的地方国企控股上市公司董事会治理指数较高，平均值为65.58；陕西、河北、吉林、青海、河南、广东等地区的地方国企控股上市公司董事会治理指数平均值也都在65.00以上。甘肃和辽宁的地方国企控股上市公司董事会治理指数平均值较低，分别为62.72和63.55（见表5-83）。

表5-83　按地区分组的地方国企控股上市公司董事会治理指数描述性统计表

地区	样本数（家）	平均值	中位数	标准差	极差	最小值	最大值
北京	40	64.94	64.85	2.11	10.11	59.69	69.80
天津	19	64.75	64.96	2.35	10.40	58.69	69.09
河北	13	65.30	65.39	2.20	8.69	59.96	68.65
山西	18	64.30	64.30	1.42	4.68	62.09	66.77
内蒙古	—	—	—	—	—	—	—
辽宁	12	63.55	62.95	1.42	3.73	61.87	65.59
吉林	9	65.26	65.62	1.25	3.64	63.44	67.08
黑龙江	7	63.90	64.46	2.41	7.09	58.67	65.75
上海	67	64.82	64.94	2.40	17.26	54.75	72.02
江苏	37	64.23	64.51	2.61	13.22	57.00	70.22
浙江	33	64.74	64.88	2.05	11.93	57.62	69.54
安徽	30	64.86	64.66	1.81	7.20	61.09	68.29
福建	27	64.10	64.15	2.54	11.40	59.07	70.48
江西	13	64.49	64.52	1.75	6.88	60.97	67.85
山东	39	64.68	64.79	2.16	9.19	60.08	69.27
河南	8	65.09	64.55	3.44	10.18	60.84	71.02
湖北	12	65.58	65.27	2.36	8.03	61.98	70.00
湖南	21	64.74	64.41	1.65	5.90	62.23	68.13
广东	69	65.02	65.18	2.37	12.59	58.27	70.85
广西	14	63.95	64.17	2.98	12.58	56.56	69.14
海南	5	63.78	63.57	2.09	5.77	60.78	66.55
重庆	11	64.82	65.18	1.60	4.42	62.63	67.04
四川	21	64.78	64.75	1.89	6.59	61.50	68.09
贵州	5	64.16	63.70	2.51	6.04	61.54	67.58
云南	11	64.32	63.99	2.25	7.20	61.15	68.35
西藏	4	64.91	64.79	1.61	3.70	63.19	66.89
陕西	16	65.31	65.23	1.32	5.04	63.10	68.14
甘肃	11	62.72	62.24	2.05	6.49	60.35	66.84
青海	4	65.21	65.73	3.03	7.09	61.15	68.24
宁夏	—	—	—	—	—	—	—
新疆	13	63.92	64.54	2.56	10.57	57.20	67.77

地区	样本数（家）	平均值	中位数	标准差	极差	最小值	最大值
合计	589	64.65	64.79	2.21	17.26	54.75	72.02

资料来源：南开大学公司治理数据库。

（3）地方国企控股上市公司监事会治理分地区比较。地方国企控股上市公司监事会治理指数存在较为明显的地区差异。河南、山西、重庆和福建的地方国企控股上市公司监事会治理指数平均值较高，均高于65，分别为68.85、68.37、66.75和65.38。黑龙江和贵州的地方国企控股上市公司监事会治理指数平均值较低，均低于60，分别为58.42和59.52（见表5-84）。

表5-84　按地区分组的地方国企控股上市公司监事会治理指数描述性统计表

地区	样本数（家）	平均值	中位数	标准差	极差	最小值	最大值
北京	40	62.86	60.89	6.62	22.74	53.10	75.84
天津	19	63.52	66.56	6.08	17.35	54.81	72.16
河北	13	62.70	60.05	6.40	17.47	54.01	71.48
山西	18	68.37	69.07	4.99	18.35	56.35	74.70
内蒙古	—	—	—	—	—	—	—
辽宁	12	62.84	61.82	5.17	15.00	56.14	71.14
吉林	9	62.95	64.58	7.84	20.67	54.11	74.78
黑龙江	7	58.42	54.67	6.07	14.91	52.68	67.59
上海	67	63.43	64.70	5.89	19.39	53.24	72.63
江苏	37	62.81	60.78	6.13	22.17	52.64	74.81
浙江	33	62.60	61.57	6.23	20.85	51.94	72.79
安徽	30	62.52	62.06	6.66	20.00	52.08	72.08
福建	27	65.38	68.42	5.59	17.36	55.16	72.52
江西	13	62.92	64.92	5.93	18.63	54.25	72.88
山东	39	62.76	60.78	6.99	25.77	50.10	75.86
河南	8	68.85	70.28	6.09	18.51	57.37	75.88
湖北	12	64.91	67.62	5.20	13.41	56.84	70.25
湖南	21	64.16	64.91	5.86	20.33	53.23	73.56
广东	69	61.69	59.49	5.77	22.21	53.17	75.38
广西	14	62.97	63.91	5.41	14.66	55.75	70.41
海南	5	63.99	65.08	5.16	11.71	57.18	68.89
重庆	11	66.75	69.08	6.14	17.13	55.68	72.81
四川	21	63.87	65.50	6.57	21.75	54.46	76.21
贵州	5	59.52	57.70	5.26	12.17	53.90	66.07
云南	11	64.28	66.52	6.46	20.42	54.35	74.77
西藏	4	59.52	58.62	4.86	11.60	54.63	66.23
陕西	16	63.65	65.68	7.24	21.87	53.31	75.18

地区	样本数（家）	平均值	中位数	标准差	极差	最小值	最大值
甘肃	11	63.77	65.16	5.50	18.24	53.76	72.00
青海	4	64.12	63.11	9.45	20.72	54.77	75.49
宁夏	—	—	—	—	—	—	—
新疆	13	64.02	66.11	5.67	15.79	54.39	70.18
合计	589	63.34	64.02	6.22	26.12	50.10	76.21

资料来源：南开大学公司治理数据库。

（4）地方国企控股上市公司经理层治理分地区比较。地方国企控股上市公司经理层治理指数存在较为明显的地区差异，广东、江西、浙江、安徽、陕西、贵州和河南地区公司经理层治理指数较高，均在 60 以上，分别为 63.18、62.09、61.98、61.51、61.30、60.52 和 60.08；经理层治理指数较低的地区是新疆、黑龙江、河北、海南和青海，分别为 55.96、55.16、54.99、53.67 和 51.64（见表 5-85）。

表 5-85　按地区分组的地方国企控股上市公司经理层治理指数描述性统计表

地区	样本数（家）	平均值	中位数	标准差	极差	最小值	最大值
安徽	30	61.51	62.12	6.11	25.17	46.24	71.41
北京	40	59.13	59.92	8.77	36.71	38.52	75.24
福建	27	58.55	59.67	8.94	34.26	40.97	75.24
甘肃	11	58.17	58.07	7.17	21.55	48.67	70.21
广东	69	63.18	64.23	8.35	47.09	29.51	76.60
广西	14	57.32	60.36	11.95	45.73	28.31	74.04
贵州	5	60.52	62.47	10.01	25.27	47.42	72.68
海南	5	53.67	52.74	9.94	27.92	39.75	67.66
河北	13	54.99	56.96	12.72	49.81	20.41	70.21
河南	8	60.08	59.88	5.51	17.55	52.66	70.21
黑龙江	7	55.16	55.60	7.74	24.65	42.93	67.58
湖北	12	57.01	62.91	16.77	52.11	23.12	75.24
湖南	21	56.36	58.14	12.81	46.71	29.59	76.30
吉林	9	58.68	59.35	13.51	41.49	31.12	72.60
江苏	37	58.35	59.42	7.30	30.27	42.33	72.60
江西	13	62.09	63.37	7.43	26.01	46.67	72.68
辽宁	12	56.72	56.17	10.92	40.71	29.51	70.21
内蒙古	—	—	—	—	—	—	—
宁夏	—	—	—	—	—	—	—
青海	4	51.64	58.72	14.72	29.95	29.59	59.54
山东	39	57.33	59.51	9.22	40.24	34.69	74.94
山西	18	57.09	58.72	8.49	33.21	39.01	72.22

地区	样本数（家）	平均值	中位数	标准差	极差	最小值	最大值
陕西	16	61.30	60.99	7.00	22.52	51.52	74.04
上海	67	59.23	60.62	7.74	35.52	39.72	75.24
四川	21	59.16	60.77	11.04	47.01	28.23	75.24
天津	19	58.50	56.88	10.29	41.90	34.69	76.60
西藏	4	58.54	60.95	9.00	20.19	46.03	66.22
新疆	13	55.96	52.88	8.36	25.77	44.28	70.05
云南	11	56.35	55.34	7.50	26.82	42.84	69.67
浙江	33	61.98	62.82	7.09	30.11	45.13	75.24
重庆	11	59.28	62.39	8.14	29.22	38.44	67.66
合计	589	59.15	60.51	9.19	56.19	20.41	76.60

资料来源：南开大学公司治理数据库。

（5）地方国企控股上市公司信息披露分地区比较。地方国企控股上市公司信息披露指数存在较为明显的地区差异，信息披露指数平均值最高的是四川，为 68.42；西藏信息披露指数较高，平均值为 68.13，表明这些地区的地方国企控股上市公司信息披露状况较好。信息披露指数平均值最低的是河南，为 62.32；除此之外，黑龙江和吉林的信息披露指数平均值也较低，分别为 63.81 和 63.66（见表 5-86）。

表 5-86 按地区分组的地方国企控股上市公司信息披露指数描述性统计表

地区	样本数（家）	平均值	中位数	标准差	极差	最小值	最大值
北京	40	65.07	66.01	6.38	28.15	47.34	75.49
天津	19	65.27	65.00	7.11	23.56	54.05	77.61
河北	13	67.66	69.31	4.81	14.97	57.67	72.64
山西	18	65.75	65.74	7.13	25.71	52.29	78.00
内蒙古	—	—	—	—	—	—	—
辽宁	12	64.00	65.46	5.49	14.46	56.69	71.15
吉林	9	63.66	63.51	5.17	16.62	55.56	72.18
黑龙江	7	63.81	64.63	6.19	15.43	56.37	71.81
上海	67	66.93	67.30	5.92	30.98	50.24	81.21
江苏	37	66.27	66.58	6.16	26.89	50.84	77.73
浙江	33	65.02	64.21	6.61	26.04	53.58	79.61
安徽	30	66.57	67.81	4.81	19.83	56.14	75.98
福建	27	65.46	65.20	5.95	23.44	55.73	79.16
江西	13	67.23	65.14	6.92	27.57	54.39	81.95
山东	39	67.06	68.60	5.15	21.75	54.41	76.16
河南	8	62.32	63.97	5.66	17.76	51.52	69.28
湖北	12	64.69	65.74	4.57	18.57	54.85	73.43

续表

地区	样本数（家）	平均值	中位数	标准差	极差	最小值	最大值
湖南	21	66.81	66.98	7.04	26.69	52.69	79.38
广东	69	67.27	68.13	6.35	27.01	53.04	80.06
广西	14	65.58	64.64	6.54	22.93	57.29	80.22
海南	5	65.50	67.72	6.49	16.79	56.39	73.18
重庆	11	65.38	65.02	5.25	21.46	56.85	78.31
四川	21	68.42	69.43	5.90	25.36	55.37	80.73
贵州	5	66.27	65.00	5.55	13.73	59.13	72.85
云南	11	67.47	63.83	8.03	25.70	58.60	84.30
西藏	4	68.13	69.46	4.29	9.51	62.04	71.56
陕西	16	66.89	67.66	6.30	23.64	56.07	79.71
甘肃	11	65.50	67.09	5.01	15.36	57.82	73.18
青海	4	64.27	62.03	10.25	21.48	55.77	77.25
宁夏	—	—	—	—	—	—	—
新疆	13	65.91	65.44	5.35	20.79	58.18	78.97
合计	589	66.22	66.66	6.07	36.96	47.34	84.30

资料来源：南开大学公司治理数据库。

第四节　国有控股上市公司治理总结

公司治理既是衡量国有控股上市公司发展状况的重要方面，又能为其实现高质量发展提供有力保障。进一步完善国有企业公司治理对于深化国有企业改革，形成更加符合中国特色社会主义新时代要求的国有资产管理体制、现代企业制度和市场化经营机制具有重要的意义。本书通过统计分析我国国有企业控股上市公司治理指数及其五个治理维度的具体治理要素数据，对我国国有控股上市公司治理发展状况进行了详细的分析。

一、国有控股上市公司治理整体总结

第一，在国有控股上市公司样本中，中央部委所属企业控股上市公司治理水平略高于中央企业控股、地方国企控股、地方机构所属企业控股三类上市公司；国有控股上市公司的治理水平领先于民营控股上市公司、外资控股上市公司、集体控股上市公司和职工持股会控股上市公司。

第二，不同行业、证券市场板块和地区的国资委所属企业控股上市公司发展呈现出了不平衡的趋势。从行业来看，住宿和餐饮业的治理状况较好，而教育的治理指数平均值较低；从证券市场板块分布来看，中小企业板较好，而主板排在最后；从地区分布来看，广东国资委所属企业控股上市公司数量较多，其治理指数平均值在 31 个地区中领先，而辽宁和青海的治理指数平均值则在 31 个地区中排在后两名。

第三，就中央企业控股上市公司样本来说，治理指数平均值为 63.71（样本数 319 家），不同行业、证券市场板块和地区治理上存在显著差异。从行业来看，金融业，信息传输、软件和信息技术服务业，采矿业的治理指数平均值较高，而租赁和商务服务业，农、林、牧、渔业的治理指数平均值较低；从证券市场板块分布来看，中小企业板治理指数平均值领先于科创板和创业板，主板上市公司治理指数平均值最低；从地区分布来看，福建的治理指数平均值最高，而辽宁、吉林和黑龙江的治理指数平均值较低。

第四，就地方国企控股上市公司样本来说，治理指数平均值为 63.48（样本数 589 家），不同行业、证券市场板块和地区治理上存在显著差异。从行业来看，住宿和餐饮业，科学研究和技术服务业的治理指数平均值较高，而教育行业的公司治理指数平均值较低；从证券市场板块分布来看，中小企业板最高，创业板次之，主板治理指数平均值最低；从地区分布来看，四川的治理指数平均值最高，而海南和辽宁的治理指数平均值较低。

二、国有控股上市公司股东治理总结

第一，中央企业控股上市公司和地方国企控股上市公司股东治理指数的平均值分别为 62.47（样本数 319 家）和 64.97（样本数 589 家），前者比后者低 2.50。具体来看，中央企业控股上市公司独立性的平均值比地方国企控股上市公司低 5.48，关联交易指数的平均值比地方国企控股上市公司低 4.00，仅中小股东权益保护的平均值比地方国企控股上市公司高 0.48。

第二，不同控股类型上市公司股东治理指数的平均值从高到低依次排序为民营控股、外资控股、集体控股、地方国企控股、国有控股、中央企业控股、国资委所属企业控股、社会团体控股和职工持股会控股。国有控股上市公司股东治理指数仍低于其他类型上市公司。

第三，中央企业控股上市公司仅在董事兼任高管比例、累积投票实施、股权质押冻结等方面要好于地方国企控股上市公司，但在高管股东单位兼职、控制层级、整体上市、现金股利分配、差异化分红政策、关联交易（包括资产类关联交易和经营类关联交易）等方面要差于地方国企控股上市公司。

三、国有控股上市公司董事会治理总结

第一，国有控股上市公司董事会治理平均水平低于民营控股、外资控股、社会团体控股、职工持股会控股上市公司的平均水平。在国有控股上市公司中，地方国企控股上市公司的董事会治理平均水平高于全部国有控股上市公司的平均水平，中央企业控股上市公司的董事会治理平均水平低于全部国有控股上市公司的平均水平。

第二，中央企业控股上市公司董事会治理的优势在于董事会运作效率和独立董事制度，主要表现在董事会会议次数、董事长与总经理两职兼任状况、独立董事比例、独立董事津贴、独立董事外部兼职比例等方面；地方国企控股上市公司董事会治理的优势在于董事会权利义务与董事会组织结构，主要表现在董事长年龄、在股东单位兼职的董事比例、董事会专业委员会设置等方面。中央企业控股上市公司和地方国企控股上市公司董事会治理的短板都表现在董事薪酬水平方面，尽管地方国企控股上市公司董事薪酬指数平均值略高于中央企业控股上市公司的平均值，但是与民营控股、外资控股等类型上市公司的董事薪酬平均值相比，差距较大。

第三，分类比较而言，金融业的国资委所属企业控股上市公司董事会治理水平领先于其他行业；青海、陕西、内蒙古的国资委所属企业控股上市公司董事会治理的平均水平较高（注：比较的样本基数不同，其他地方也存在这个问题）；科创板的国资委所属企业控股上市公司只有

两家，但是董事会治理平均水平显著高于其他证券市场板块国资委所属企业控股上市公司的平均水平。

四、国有控股上市公司监事会治理总结

第一，国有控股上市公司的监事会治理水平领先于民营控股、集体控股、外资控股、社会团体控股等上市公司，且差距较大。具体而言，国资委所属企业控股上市公司监事会治理指数为63.36（样本数908家），其中，中央企业控股上市公司监事会治理指数为63.42（样本数319家），略高于地方国企控股上市公司监事会治理指数63.34（样本数589家）。

第二，国资委所属企业控股上市公司监事会治理在规模结构和胜任能力方面领先，中央企业控股上市公司（319家）的规模结构和胜任能力指数平均值分别为55.22和61.51，地方国资控股上市公司（589家）的规模结构和胜任能力指数平均值分别为56.17和60.17，远超民营控股上市公司（2208家）的平均值45.22和54.97；在运行方面，国资委所属企业控股上市公司与其他上市公司的差别不大。

第三，从行业、证券市场板块和区域来看，监事会治理水平差异较大。金融业、教育和建筑业的监事会治理指数的平均值较高，水利、环境和公共设施管理业，信息传输、软件和信息技术服务业，农、林、牧、渔业的监事会治理指数的平均值较低。主板上市公司监事会治理水平最高，随后是中小企业板、创业板，科创板最低。山西、河南和云南的国资委所属企业控股上市公司监事会治理的平均值较高，而贵州、黑龙江和西藏的国资委所属企业控股上市公司的监事会治理平均值相对较低。

五、国有控股上市公司经理层治理总结

第一，908家国资委所属企业控股上市公司经理层治理指数平均值为59.78，其中，中央企业控股上市公司经理层治理指数平均值为60.94，地方国企控股上市公司经理层治理指数平均值为59.15。

第二，在国资委所属企业控股上市公司中，中央企业控股上市公司的经理层治理指数高于地方国企控股上市公司平均水平。中央企业控股上市公司的经理层治理指数平均值为60.94，高于其他所有控股股东类型的上市公司，且高于全国上市公司样本58.85的平均水平。中央企业控股上市公司任免制度指数和执行保障指数均高于全国上市公司样本的平均水平，而激励约束指数47.02低于全国上市公司样本的平均水平53.24。

第三，从行业来看，国资委所属企业控股上市公司经理层治理指数较高的行业是信息传输、软件和信息技术服务业，租赁和商务服务业，建筑业，批发和零售业，房地产业，文化、体育和娱乐业，制造业。采矿业，水利、环境和公共设施管理业，教育的经理层平均治理水平处于样本公司治理指数平均值的最后三位。

第四，从地区来看，国资委所属企业控股上市公司经理层治理指数平均值最高的广东和最低的青海相差12.50，治理指数平均值排名前三位的地区为广东、宁夏和安徽。指数最低的三个地区分别是新疆、内蒙古和青海。

第五，从证券市场板块来看，创业板、中小企业板和科创板的经理层治理水平高于样本公司的平均水平。主板的经理层治理指数平均值低于样本公司治理指数平均值。

第六，从经理层治理要素两职设置来看，中央企业控股上市公司总经理与董事长两职设置指数平均值高于国资委所属企业控股上市公司平均水平，地方国企控股上市公司这一指数则低于国资委所属企业控股上市公司平均水平。从总经理与董事长兼职比例看，地方国企控股上市公司低于中央企业控股上市公司 0.86%，而从总经理与董事长、党委书记兼职比例看，中央企业控股上市公司高于地方国企控股上市公司 3.48%。

第七，从经理层执行保障机制看，地方国企控股上市公司总经理学历指数平均值为 81.90，比国资委所属企业控股这一指数平均值 83.08 低 1.18，比中央企业控股上市公司这一指数平均值 85.27 低 3.37，比全部上市公司样本平均水平 82.35 低 0.45；而中央国有控股上市公司高管在控股或参股单位任职比例为 30.59%，比国资委所属企业控股上市公司这一指数平均值 31.25 低 0.66，比地方国企控股上市公司这一指数平均值 31.61 低 1.02，低于全部上市公司样本平均水平 35.52。

第八，从经理层激励约束机制看，地方国企控股上市公司经理层薪酬水平指数平均值为 81.90，较全部上市公司样本平均水平 82.40 低 0.50；其中高管前三名平均薪酬低于国资委所属企业控股上市公司和全部上市公司样本平均水平。中央企业控股上市公司经理层股权激励指数为 47.49，较大程度低于全部上市公司样本平均水平 66.66；其中高管层持股平均值为 231.09 万股，中位数为 5600 股，比国资委所属企业控股平均值 542.05 万股低 123.40 万股，较大程度低于全部上市公司样本平均水平。地方国企控股上市公司高管层持股平均值高于国资委所属企业控股上市公司平均水平，低于全部上市公司样本平均水平。

六、国有控股上市公司信息披露总结

第一，国有控股上市公司的信息披露领先于外资控股、民营控股等上市公司，尤其是中央企业控股上市公司的平均值达到 66.94（样本数 319 家），略高于地方国企控股上市公司信息披露指数平均值 66.22（样本数 589 家）。

第二，具体而言，中央企业控股上市公司（319 家）真实性、相关性和及时性平均值分别为 66.97、64.59 和 70.38，均高于地方国企控股上市公司（589 家）真实性（66.55）、相关性（63.86）和及时性（68.92），可见地方国企控股上市公司要想在信息披露方面赶上中央企业控股上市公司，应在信息披露的真实性、相关性和及时性方面取得全面提升。

第三，相比于地方国企控股上市公司，中央企业控股上市公司在行业或市场的地位披露、年报审计意见、实际披露所处期间、当年延迟披露处罚方面水平略高。相比于中央企业控股上市公司，地方国企控股上市公司在现金流数据发生重大变动及原因披露、公司未来发展战略描述、与日常相关关联交易的主要内容披露、子公司取得和处置披露、环保工作及其有效措施披露、内部控制有效性程度方面水平略高。

第六章　国有控股上市公司市值管理情况

为更加充分了解国有资本现状，本章着重关注国有控股上市公司的市值管理，根据已有研究对市值管理的定义，分别按照价值创造、价值经营和价值实现三个维度展开定量描述，尽可能全面地考察市值管理状况。第一节主要考察中央企业控股上市公司的市值表现，及其市值管理状况。第二节主要关注地方国企控股上市公司的市值表现及市值管理。第三节主要分析比较国资委所属企业控股上市公司、中央企业控股上市公司和地方国企控股上市公司在不同行业、不同市场板块和不同地区的市值管理状况的差异，旨在进一步分析国有控股上市公司的市值管理状况，为今后做好国有控股上市公司市值管理工作提供有价值的参考依据。

第一节　中央企业控股上市公司市值与市值管理

一、中央企业控股上市公司市值的总体描述

2019年319家中央企业控股上市公司的总市值平均约为254.41亿元，流通股市值约为215.54亿元。总市值的中位数为108.16亿元，标准差为419.78亿元，最小值为14.55亿元，最大值为9440.06亿元。流通股市值的中位数为80.80亿元，标准差为395.37亿元，最小值为8.88亿元，最大值为9440.06亿元。中央企业控股上市公司的市值呈现右偏的分布特征，不同公司的市值差异较大，具体见表6-1。

表6-1　中央企业控股上市公司市值描述性统计　　　　　　　　　　　单位：亿元

统计指标	总市值	流通股市值
平均值	254.41	215.54
中位数	108.16	80.80
标准差	419.78	395.37
方差	176214.27	156318.86
偏度	3.42	3.82
峰度	15.46	18.49
最小值	14.55	8.88
最大值	9440.06	9440.06

续表

统计指标	总市值	流通股市值
极差	9425.51	9431.18
样本数	319	319

资料来源：根据国泰安数据库整理。

　　图6-1显示了中央企业控股上市公司的分布状况，可以看到，2019年中央企业控股上市公司中总市值约为90亿元的共有42家（占13.17%）。总市值超过1000亿元的公司仅有19家，分别为中国石油、中国石化、长江电力、海康威视、中国神华、中国建筑、保利地产、中国联通、中国中车、中国国旅、招商蛇口、中国广核、宝钢股份、中国中铁、中国重工、中国铁建、中油资本、中国交建和招商证券。整体来看，较高的总市值仅分布在少数大型中央企业控股上市公司当中，市值分布较不均衡。

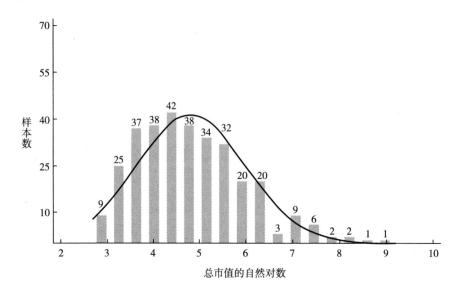

图6-1　中央企业控股上市公司市值分布图

资料来源：根据国泰安数据库整理。

二、中央企业控股上市公司市值管理

　　2005年随着我国股权分置改革的完成，我国资本市场进入全流通时代，上市公司市值管理的概念和重要性已逐渐为社会所广泛关注。国务院国资委高度重视上市公司市值管理，明确要求中央企业要继续加强市值管理，推动控股上市公司优化股权结构。通过优化股权结构，完善公司治理，强化激励机制，最终实现企业价值最大化。2006年4月，时任国务院国资委副主任黄淑在全国国资委系统业绩考核与综合工作座谈会上强调，要正确处理盈利与价值创造的关系，积极研究把上市公司市值纳入国有企业经营业绩考核中。2014年初，证监会呼吁上市公司重视市值管理，与此同时，国务院国资委印发了《关于以经济增加值为核心加强中央企业价值管理的指导意见》的通知，明确提出中央企业应提升以经济增加值为核心的价值管理水平。同年5月国务院发布的《关于进一步促进资本市场健康发展的若干意见》，明确指出鼓励上市公司建立市值管理制度，健全市场稳定机制。党的十九大报告也指出，深化国有企业改革，推动国有资

本做强做优做大。2015 年 9 月，国务院国资委会同证监会、财政部和银监会共同印发了《关于鼓励上市公司兼并重组、现金分红及回购股份的通知》，以鼓励国有控股上市公司依托资本市场加强资源整合，进一步提高上市公司质量，提升上市公司投资价值。为加强中央企业上市公司与投资者和市场的沟通，国务院国资委于 2016 年底专门下发了《关于推进中央企业信息公开的指导意见》，以提高中央企业上市公司的信息透明度。2018 年市值管理成为全社会广泛讨论和重点关注的焦点话题，时任国务院国资委主任肖亚庆在出席十三届全国人大一次会议记者会时指出，截至 2018 年 3 月中央企业控股境内上市公司 290 户，市值达到 11.1 万亿元，占境内 A 股市场总市值的 20.66%，并且中央企业 63.7% 的资产和 60.8% 的净资产都在上市公司里面，所以要加强上市公司的市值管理。中央企业上市公司要提高价值创造的能力，完善公司治理，提高上市公司信息透明度，国有企业和中央企业都要用好资本市场，盘活存量资产，提升上市公司的质量和公司的内在价值。因此，随着国有企业混合所有制改革的深入推进，为实现国有资本保值增值，国有控股上市公司作为我国经济发展的主体，应当努力做好市值管理工作，同时提高企业的内在价值和市场价值。

根据已有上市公司市值管理评价的研究，结合国资委控股上市公司的特殊性，本节拟从价值创造、价值经营和价值实现三个维度考察中央企业控股上市公司的市值管理状况。

（一）中央企业控股上市公司价值创造状况

由表 6-2 可知，2019 年中央企业控股上市公司的经济增加值的平均值约为 1.93 亿元，中位数为 -0.17 亿元，标准差为 20.95 亿元，最大值为 300.86 亿元，最小值为 -163.69 亿元。基本每股收益的平均值为 0.38 元。净资产收益率的平均值为 0.06。中央企业控股上市公司整体盈利水平超过全国平均水平。营业利润现金比率的平均值为 1.55，标准差为 7.17，最大值为 2740.97，最小值为 -153.21，极差为 2894.18，表明公司之间获取现金的能力有着显著差别。国有资本保值增值率平均值为 1.1298，中位数为 1.0574，标准差为 0.3051。而全国各上市公司平均值为 1.0654，中位数为 1.0551，标准差为 0.2951，表明中央企业控股上市公司略优于全国上市公司。创新投入比率的平均值为 0.0202，中位数为 0.0167，最大值为 0.1765，最小值为 0.0000。而全国上市公司平均值为 0.0257，中位数为 0.0215，最大值为 0.6275，表明中央企业控股上市公司的研发创新积极性较低，且低于全国上市公司平均水平。

表 6-2　中央企业控股上市公司价值创造描述性统计

项目		平均值	中位数	标准差	极差	最大值	最小值
经济增加值（亿元）	中央企业控股	1.93	-0.17	20.95	464.55	300.86	-163.69
	全国上市公司	0.21	0.13	11.37	1331.49	858.44	-473.05
基本每股收益（元）	中央企业控股	0.38	0.25	0.57	7.68	3.78	-3.90
	全国上市公司	0.37	0.28	0.78	49.26	32.80	-16.46
净资产收益率	中央企业控股	0.06	0.06	0.12	5.30	0.30	-5.00
	全国上市公司	0.04	0.07	0.21	176.03	1.14	-174.89
营业利润现金比率	中央企业控股	1.55	1.21	7.17	2894.18	2740.97	-153.21
	全国上市公司	1.36	0.94	3.78	4367.42	2740.97	-1626.45
国有资本保值增值	中央企业控股	1.1298	1.0574	0.3051	26.0894	14.7800	-11.3094
	全国上市公司	1.0654	1.0551	0.2951	247.3931	24.6403	-222.7528

项目		平均值	中位数	标准差	极差	最大值	最小值
创新投入比率	中央企业控股	0.0202	0.0167	0.0211	0.1765	0.1765	0.0000
	全国上市公司	0.0257	0.0215	0.0225	0.6275	0.6275	0.0000

资料来源：根据 Wind 数据库、国泰安数据库整理。

（二）中央企业控股上市公司价值经营状况

表 6-3 列示了 2019 年 319 家中央企业控股上市公司的价值经营。其中，是否分派股利的平均值为 0.41，中位数为 0.00，标准差为 0.49，表明有 41% 的公司在当年发放了现金股利，且公司间的差异不明显，但略低于全国上市公司平均水平。中央企业控股上市公司和全国上市公司当年并购重组次数的平均值分别为 1.17 和 3.07，标准差分别为 3.10 和 4.76，最大值分别为 44.00 和 53.00，表明中央企业控股上市公司并购重组表现低于全国平均水平。在当年再融资次数方面，中央企业控股上市公司的平均值和标准差分别为 0.13 和 0.38，而全国上市公司平均水平为 0.09，标准差为 0.32，表明中央企业控股上市公司的再融资活动略高于全国上市公司的平均水平。

表 6-3　中央企业控股上市公司价值经营描述性统计

项目		平均值	中位数	标准差	极差	最大值	最小值
是否分派股利	中央企业控股	0.41	0.00	0.49	1.00	1.00	0.00
	全国上市公司	0.48	0.00	0.50	1.00	1.00	0.00
当年并购重组次数	中央企业控股	1.17	0.00	3.10	44.00	44.00	0.00
	全国上市公司	3.07	1.00	4.76	53.00	53.00	0.00
当年再融资次数	中央企业控股	0.13	0.00	0.38	2.00	2.00	0.00
	全国上市公司	0.09	0.00	0.32	2.00	2.00	0.00

资料来源：根据 Wind 数据库、国泰安数据库整理。

（三）中央企业控股上市公司价值实现状况

2019 年中央企业控股上市公司的价值实现如表 6-4 所示。其中，托宾 Q、市盈率和市净率的平均值分别为 1.71、57.79 和 2.29，中位数分别为 1.27、31.03 和 1.56，表明上市公司有较高的市场表现。托宾 Q、市盈率和市净率的标准差分别为 1.12、97.87 和 1.94，极差分别为 11.26、1135.66 和 13.92，这表明公司之间在价值实现方面存在巨大的差异。而全国上市公司的托宾 Q、市盈率和市净率的平均值分别为 2.27、61.46 和 3.15，表明我国中央企业控股上市公司整体价值实现状况略低于全国上市公司的平均水平。

表 6-4　中央企业控股上市公司价值实现描述性统计

项目		平均值	中位数	标准差	极差	最大值	最小值
托宾 Q	中央企业控股	1.71	1.27	1.12	11.26	11.85	0.59
	全国上市公司	2.27	1.72	1.70	46.41	46.84	0.43

续表

项目		平均值	中位数	标准差	极差	最大值	最小值
市盈率	中央企业控股	57.79	31.03	97.87	1135.66	1139.05	3.39
	全国上市公司	61.46	32.36	91.62	5245.45	5246.48	1.03
市净率	中央企业控股	2.29	1.56	1.94	13.92	14.26	0.34
	全国上市公司	3.15	2.30	2.92	230.23	230.38	0.15

资料来源：根据 Wind 数据库、国泰安数据库整理。

第二节　地方国企控股上市公司市值与市值管理

一、地方国企控股上市公司市值的总体描述

2019 年我国地方国企控股上市公司样本量为 589 家，占国资委控股上市公司的比重为 64.87%。总市值平均值为 146.74 亿元，中位数为 60.19 亿元，标准差为 292.83 亿元，最大值为 14860.82 亿元，最小值为 12.40 亿元，极差为 14848.42 亿元。流通股市值的平均值为 131.49 亿元，中位数为 51.27 亿元，标准差为 274.17 亿元，最大值为 14860.82 亿元，最小值为 5.88 亿元，极差为 14854.94 亿元。以上数据表明，我国地方国企控股上市公司的市值在不同公司间差异较大。具体结果见表 6-5。

表 6-5　地方国企控股上市公司市值描述性统计　　　　单位：亿元

统计指标	总市值	流通股市值
平均值	146.74	131.49
中位数	60.19	51.27
标准差	292.83	274.17
方差	85749.61	75154.28
偏度	5.18	5.51
峰度	33.63	38.45
最小值	12.40	5.88
最大值	14860.82	14860.82
极差	14848.42	14854.94
样本数	589	589

资料来源：根据国泰安数据库整理。

如图 6-2 所示，2019 年地方国企控股上市公司中总市值约为 33.12 亿元的共有 84 家（占 14.26%）。总市值超过 1000 亿元的公司共有 14 家，从高到低依次为贵州茅台、五粮液、格力电器、上汽集团、海螺水泥、万华化学、洋河股份、京东方 A、上海机场、华泰证券、国泰君安、上港集团、泸州老窖和国信证券，样本市值的分布呈现较为右偏的形态。

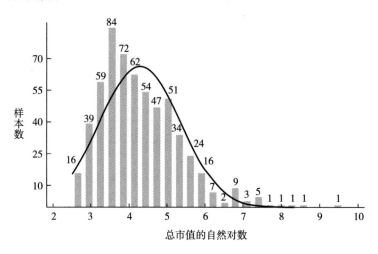

图 6-2　地方国企控股上市公司市值分布图

资料来源：根据国泰安数据库整理。

二、地方国企控股上市公司市值管理

本部分拟从价值创造、价值经营和价值实现三个维度考察地方国企控股上市公司的市值管理状况。

（一）地方国企控股上市公司价值创造状况

2019 年地方国企控股上市公司的价值创造状况如表 6-6 所示。盈利能力方面包括经济增加值、基本每股收益和净资产收益率。其平均值依次为 1.63、0.38 和 0.05，中位数分别为 -0.11、0.25 和 0.06，标准差分别为 14.61、0.65 和 0.14。而全国上市公司的平均值依次为 0.21、0.37 和 0.04，中位数分别为 0.13、0.28 和 0.07，标准差分别为 11.37、0.78 和 0.21，表明地方国企控股上市公司的盈利能力略高于全国上市公司的平均水平。创造现金的能力体现在营业利润现金比率上，地方国企控股上市公司的平均值为 2.02，全国上市公司的平均值为 1.36，表明地方国企控股上市公司在创造现金流方面略强于全国平均水平。地方国企控股上市公司国有资本保值增值率平均值为 1.0820，而全国上市公司的平均值为 1.0654，表明地方国企控股上市公司能够实现保值增值的目标，且略超过全国平均水平，但仍有待提高。创新投入比率方面，地方国企控股上市公司的平均值为 0.0124，而全国上市公司的平均值为 0.0257，表明地方国企控股上市公司研发投入强度低于全国上市公司平均水平。

表 6-6　地方国企控股上市公司价值创造描述性统计

项目		平均值	中位数	标准差	极差	最大值	最小值
经济增加值（亿元）	地方国企控股	1.63	-0.11	14.61	836.39	363.34	-473.05
	全国上市公司	0.21	0.13	11.37	1331.49	858.44	-473.05
基本每股收益（元）	地方国企控股	0.38	0.25	0.65	49.26	32.80	-16.46
	全国上市公司	0.37	0.28	0.78	49.26	32.80	-16.46
净资产收益率	地方国企控股	0.05	0.06	0.14	7.35	0.35	-7.00
	全国上市公司	0.04	0.07	0.21	176.03	1.14	-174.89

	项目	平均值	中位数	标准差	极差	最大值	最小值
营业利润现金比率	地方国企控股	2.02	1.12	8.28	264.69	155.59	-109.10
	全国上市公司	1.360	0.940	3.780	4367.42	2740.97	-1626.45
国有资本保值增值	地方国企控股	1.0820	1.0618	0.2510	47.4313	8.3986	-39.0327
	全国上市公司	1.0654	1.0551	0.2951	247.3931	24.6403	-222.7528
创新投入比率	地方国企控股	0.0124	0.0045	0.0178	0.1615	0.1615	0.0000
	全国上市公司	0.0257	0.0215	0.0225	0.6275	0.6275	0.0000

资料来源：根据国泰安数据库整理。

（二）地方国企控股上市公司价值经营状况

表6-7列示了2019年地方国企控股上市公司的价值经营。其中，是否分派股利的平均值为0.42，表明有42%的上市公司进行了年度现金股利分红，略低于全国上市公司平均水平。当年并购重组次数的平均值为1.67，中位数为1.00，标准差为3.06，最大值为21.00，最小值为0.00，平均水平远低于全国上市公司的表现。当年再融资次数的平均值为0.08，标准差为0.31，最大值为2.00，极差为2.00，基本与全国上市公司的表现持平，表明我国地方国企控股上市公司仍需进一步提高价值经营水平。

表6-7 地方国企控股上市公司价值经营描述性统计

	项目	平均值	中位数	标准差	极差	最大值	最小值
是否分派股利	地方国企控股	0.42	0.00	0.49	1.00	1.00	0.00
	全国上市公司	0.48	0.00	0.50	1.00	1.00	0.00
当年并购重组次数	地方国企控股	1.67	1.00	3.06	21.00	21.00	0.00
	全国上市公司	3.07	1.00	4.76	53.00	53.00	0.00
当年再融资次数	地方国企控股	0.08	0.00	0.31	2.00	2.00	0.00
	全国上市公司	0.09	0.00	0.32	2.00	2.00	0.00

资料来源：根据Wind数据库、国泰安数据库整理。

（三）地方国企控股上市公司价值实现状况

如表6-8所示，2019年地方国企控股上市公司的托宾Q、市盈率和市净率的平均值分别为1.57、56.82和2.08；中位数分别为1.20、22.73和1.44；标准差分别为1.09、109.80和1.86；最大值分别为9.22、5246.48和190.46；极差分别为8.49、5244.88和190.30，表明地方国企控股上市公司之间在价值实现方面差异较大。而全国上市公司的托宾Q、市盈率和市净率的平均值分别为2.27、61.46和3.15，说明从价值实现状况来看，我国地方国企控股上市公司低于全国上市公司的平均水平，因此地方国企控股上市公司应进一步提升投资者认可度，扩大公司的内在价值与市场价值。

表 6-8　地方国企控股上市公司价值实现描述性统计

项目		平均值	中位数	标准差	极差	最大值	最小值
托宾 Q	地方国企控股	1.57	1.20	1.09	8.49	9.22	0.73
	全国上市公司	2.27	1.72	1.70	46.41	46.84	0.43
市盈率	地方国企控股	56.82	22.73	109.80	5244.88	5246.48	1.60
	全国上市公司	61.46	32.36	91.62	5245.45	5246.48	1.03
市净率	地方国企控股	2.08	1.44	1.86	190.30	190.46	0.16
	全国上市公司	3.15	2.30	2.92	230.23	230.38	0.15

资料来源：根据 Wind 数据库、国泰安数据库整理。

第三节　国有控股上市公司市值管理比较分析

本节主要比较分析国资委所属企业控股上市公司市值管理情况在不同行业、市场板块以及地区间的差异。第一至第三部分分别讨论国资委所属企业控股上市公司、中央企业控股上市公司和地方国企控股上市公司的市值管理状况。首先，按照比较分析角度划分为行业比较分析、市场板块比较分析和地区比较分析。其次，基于市值管理内容细分为价值创造、价值经营和价值实现三个维度展开讨论。在此基础上，分别对国资委所属企业控股上市公司、中央企业控股上市公司和地方国企控股上市公司的样本进行深入分析。第四部分基于第一至第三部分的结果，进一步多角度地对比分析不同类型国资委所属企业控股上市公司间的市值管理差异。

一、国有控股上市公司市值管理行业比较分析

依据证监会制定的最新行业分类标准，对不同行业间的国有控股上市公司市值管理状况进行分析，以探求各行业之间市值管理的差异。

（一）价值创造

1. 国资委所属企业控股上市公司分行业比较

表 6-9 列示了国资委所属企业控股上市公司价值创造分行业的描述性统计。由该表可知，采矿业、建筑业和房地产业的经济增加值平均水平较高，分别为 7.39、6.56 和 3.74；而金融业，综合，农、林、牧、渔业，教育，信息传输、软件和信息技术服务业，住宿和餐饮业的经济增加值为负。房地产业，水利、环境和公共设施管理业以及住宿和餐饮业的基本每股收益较高；而农、林、牧、渔业，教育以及综合较低。净资产收益率处在较高水平的行业有科学研究和技术服务业，建筑业以及交通运输、仓储和邮政业；而农、林、牧、渔业，教育以及综合则处在较低水平。住宿和餐饮业，租赁和商务服务业以及电力、热力、燃气及水生产和供应业的营业利润现金比率较高；而文化、体育和娱乐业，农、林、牧、渔业以及房地产业较低。房地产业，电力、热力、燃气及水生产和供应业以及金融业在国有资本保值增值方面表现较好；而教育，住宿和餐饮业以及农、林、牧、渔业表现较差。创新投入比率方面，信息传输、软件和信息技术服务业，科学研究和技术服务业以及制造业位居前三名，最高达 4.35%；而教育，房地产业，交通运输、仓储和邮政业以及金融业在创新投入比率方面不超过 0.1%，表明行业创新积极性较低。

表 6-9　国资委所属企业控股上市公司价值创造分行业比较

行业	经济增加值 （亿元）	基本每股收益 （元）	净资产 收益率	营业利润 现金比率	国有资本 保值增值	创新投入 比率
农、林、牧、渔业	−1.18	0.06	0.01	−1.89	1.0354	0.0074
采矿业	7.39	0.41	0.06	0.62	1.0548	0.0075
制造业	1.77	0.37	0.05	2.12	1.0934	0.0227
电力、热力、燃气及水生产和供应业	1.77	0.32	0.07	3.36	1.1454	0.0017
建筑业	6.56	0.46	0.08	0.26	1.1244	0.0130
批发和零售业	1.34	0.41	0.03	1.42	1.0830	0.0049
交通运输、仓储和邮政业	1.74	0.40	0.08	2.11	1.0924	0.0009
住宿和餐饮业	−0.15	0.48	0.06	10.22	1.0326	0.0012
信息传输、软件和信息技术服务业	−0.65	0.32	0.04	2.52	1.0322	0.0435
金融业	−12.62	0.43	0.07	2.41	1.1437	0.0010
房地产业	3.74	0.48	0.06	−1.01	1.1821	0.0003
租赁和商务服务业	3.55	0.39	0.07	6.88	1.14	0.0066
科学研究和技术服务业	0.39	0.42	0.10	1.42	1.0685	0.0339
水利、环境和公共设施管理业	0.50	0.48	0.07	2.12	1.0908	0.0035
教育	−1.17	0.08	0.02	0.51	1.0174	0.0000
文化、体育和娱乐业	0.15	0.28	0.05	−3.83	1.0392	0.0032
综合	−1.38	0.12	0.03	0.11	1.0372	0.0066
合计	1.74	0.38	0.06	1.85	1.0987	0.0152

资料来源：根据 Wind 数据库、国泰安数据库整理。

2. 中央企业控股上市公司分行业比较

表 6-10 列示了我国中央企业控股上市公司分行业价值创造的平均水平。在盈利能力方面，租赁和商务服务业、房地产业、建筑业和采矿业的经济增加值较高；而金融业，交通运输、仓储和邮政业以及水利、环境和公共设施管理业的经济增加值较低。基本每股收益位居前三名的是租赁和商务服务业、房地产业与建筑业；而后三名分别为农、林、牧、渔业，水利、环境和公共设施管理业以及制造业。净资产收益率排名靠前的有租赁和商务服务业、房地产业、建筑业以及科学研究和技术服务业；而排后三位的是批发和零售业，农、林、牧、渔业以及水利、环境和公共设施管理业。营业利润现金比率的前三名是电力、热力、燃气及水生产和供应业，交通运输、仓储和邮政业以及水利、环境和公共设施管理业；而批发和零售业、租赁和商务服务业以及金融业排在后三名。房地产业，金融业，电力、热力、燃气及水生产和供应业在国有资本保值增值方面表现较好；而农、林、牧、渔业，科学研究和技术服务业以及采矿业表现较差。创新投入比率方面，信息传输、软件和信息技术服务业，科学研究和技术服务业以及制造业表现较好，最高达到 4.81%；而租赁和商务服务业，房地产业，金融业，交通运输、仓储和邮政业在创新投入方面表现较差，不足 0.1%。

表 6-10　中央企业控股上市公司价值创造分行业比较

行业	经济增加值（亿元）	基本每股收益（元）	净资产收益率	营业利润现金比率	国有资本保值增值	创新投入比率
农、林、牧、渔业	-0.62	0.04	0.02	0.46	1.0181	0.0100
采矿业	8.95	0.38	0.06	1.44	1.0657	0.0085
制造业	-0.30	0.32	0.05	1.46	1.1014	0.0260
电力、热力、燃气及水生产和供应业	3.37	0.32	0.08	3.40	1.2161	0.0021
建筑业	14.23	0.64	0.09	1.11	1.1645	0.0160
批发和零售业	0.70	0.49	-0.00	-2.87	1.1103	0.0135
交通运输、仓储和邮政业	-2.02	0.34	0.08	3.10	1.1063	0.0009
住宿和餐饮业	—	—	—	—	—	—
信息传输、软件和信息技术服务业	-0.26	0.38	0.08	1.92	1.0669	0.0481
金融业	-11.37	0.60	0.08	0.45	1.3108	0.0008
房地产业	29.70	1.06	0.12	1.36	1.5454	0.0002
租赁和商务服务业	42.45	2.37	0.26	0.41	1.2005	0.0000
科学研究和技术服务业	0.26	0.35	0.09	1.86	1.0438	0.0385
水利、环境和公共设施管理业	-1.39	0.12	0.02	2.08	1.1179	0.0064
教育	—	—	—	—	—	—
文化、体育和娱乐业	—	—	—	—	—	—
综合	—	—	—	—	—	—
合计	1.93	0.38	0.06	1.55	1.1298	0.0202

资料来源：根据 Wind 数据库、国泰安数据库整理。

3. 地方国企控股上市公司分行业比较

表 6-11 列示了地方国企控股上市公司价值创造分行业的平均水平。经济增加值的平均值较高的三个行业是采矿业，交通运输、仓储和邮政业以及制造业，平均值分别为 6.59、3.26 和 3.15；而平均值较低的三个行业分别是金融业、房地产业和综合，平均值分别为 -13.14、-1.96 和 -1.38。在基本每股收益方面，水利、环境和公共设施管理业，科学研究和技术服务业以及住宿和餐饮业位列前三名，分别为 0.58、0.50 和 0.48；而排后三名的是农、林、牧、渔业，教育和综合，分别为 0.07、0.08 和 0.12。净资产收益率方面，排名较靠前的是科学研究和技术服务业，水利、环境和公共设施管理业以及交通运输、仓储和邮政业；而信息传输、软件和信息技术服务业，农、林、牧、渔业以及教育表现较差。营业利润现金比率位居前三名的依次是住宿和餐饮业，租赁和商务服务业以及电力、热力、燃气及水生产和供应业，分别为 10.22、7.53 和 3.32；而排名后三位的分别是文化、体育和娱乐业，农、林、牧、渔业以及房地产业。国有资本保值增值方面，租赁和商务服务业、房地产业以及科学研究和技术服务业的表现较好，分别为 1.1305、1.1023 和 1.0932；而信息传输、软件和信息技术服务业，教育以及住宿和餐饮业则表现较差。创新投入比率平均值较高的三个行业是信息传输、软件和信息技术服务业，科学研究和技术服务业以及制造业，平均值分别为 0.0379、0.0286 和 0.0206；而教育、房地产业以及交通运输、仓储和邮政业创新投入比率平均值较低，平均值均不足 0.1。

表 6-11　地方国企控股上市公司价值创造分行业比较

行业	经济增加值（亿元）	基本每股收益（元）	净资产收益率	营业利润现金比率	国有资本保值增值	创新投入比率
农、林、牧、渔业	-1.29	0.07	0.01	-2.36	1.0389	0.0069
采矿业	6.59	0.43	0.07	0.20	1.0494	0.0070
制造业	3.15	0.40	0.05	2.55	1.0882	0.0206
电力、热力、燃气及水生产和供应业	0.58	0.31	0.06	3.32	1.0928	0.0014
建筑业	0.03	0.30	0.07	-0.46	1.0904	0.0104
批发和零售业	1.48	0.39	0.04	2.36	1.0770	0.0030
交通运输、仓储和邮政业	3.26	0.43	0.08	1.70	1.0868	0.0008
住宿和餐饮业	-0.15	0.48	0.06	10.22	1.0326	0.0012
信息传输、软件和信息技术服务业	-1.13	0.25	-0.01	3.27	0.9921	0.0379
金融业	-13.14	0.36	0.06	3.24	1.0733	0.0011
房地产业	-1.96	0.35	0.05	-1.53	1.1023	0.0004
租赁和商务服务业	-0.34	0.19	0.06	7.53	1.1305	0.0072
科学研究和技术服务业	0.55	0.50	0.11	0.92	1.0932	0.0286
水利、环境和公共设施管理业	1.03	0.58	0.08	2.13	1.0830	0.0027
教育	-1.17	0.08	0.02	0.51	1.0174	0.0000
文化、体育和娱乐业	0.15	0.28	0.05	-3.83	1.0392	0.0032
综合	-1.38	0.12	0.03	0.11	1.0372	0.0066
合计	1.63	0.38	0.05	2.02	1.0820	0.0124

资料来源：根据 Wind 数据库、国泰安数据库整理。

（二）价值经营

1. 国资委所属企业控股上市公司分行业比较

从表 6-12 国资委所属企业控股上市公司价值经营分行业描述性统计中可以看出，在股利分派方面，金融业、住宿和餐饮业以及采矿业的表现较好，当年发放股利的公司分别占到行业样本数量的 52%、50% 和 47%；而教育业，综合以及农、林、牧、渔业的表现较差，分别为 0.00%、25% 和 33%。在资本运作方面，租赁和商务服务业，文化、体育和娱乐业以及综合的当年并购重组次数位居前三名，平均值分别为 3.27、2.83 和 2.25；而采矿业，电力、热力、燃气及水生产和供应业以及交通运输、仓储和邮政业较低，平均值均小于 1。当年再融资次数方面，水利、环境和公共设施管理业，农、林、牧、渔业以及建筑业位居前三名，平均值分别为 0.22、0.17 和 0.14；而住宿和餐饮业、教育、综合以及文化、体育和娱乐业均处在较低水平，平均值均为 0。

表 6-12　国资委所属企业控股上市公司价值经营分行业比较

行业	是否分派股利	当年并购重组次数	当年再融资次数
农、林、牧、渔业	0.33	1.17	0.17
采矿业	0.47	0.55	0.09
制造业	0.42	1.79	0.10

续表

行业	是否分派股利	当年并购重组次数	当年再融资次数
电力、热力、燃气及水生产和供应业	0.42	0.76	0.11
建筑业	0.41	1.22	0.14
批发和零售业	0.42	1.52	0.09
交通运输、仓储和邮政业	0.37	0.83	0.12
住宿和餐饮业	0.50	1.83	0.00
信息传输、软件和信息技术服务业	0.38	2.03	0.03
金融业	0.52	1.41	0.11
房地产业	0.44	1.04	0.06
租赁和商务服务业	0.45	3.27	0.09
科学研究和技术服务业	0.46	1.15	0.08
水利、环境和公共设施管理业	0.33	1.00	0.22
教育	0.00	2.00	0.00
文化、体育和娱乐业	0.33	2.83	0.00
综合	0.25	2.25	0.00
合计	0.42	1.50	0.10

资料来源：根据 Wind 数据库、国泰安数据库整理。

2. 中央企业控股上市公司分行业比较

表6-13列示了中央企业控股上市公司价值经营分行业的平均水平。是否分派股利方面，科学研究和技术服务业，批发和零售业，采矿业以及水利、环境和公共设施管理业表现较好，分别为0.71、0.58、0.50和0.50；而金融业，信息传输、软件和信息技术服务业，建筑业，房地产业，交通运输、仓储和邮政业，租赁和商务服务业以及农、林、牧、渔业均低于行业平均水平。并购重组方面，信息传输、软件和信息技术服务业，水利、环境和公共设施管理业，农、林、牧、渔业以及制造业的并购重组交易次数高于行业平均水平；而租赁和商务服务业最低。再融资方面较为活跃的是水利、环境和公共设施管理业，建筑业以及交通运输、仓储和邮政业；而租赁和商务服务业、科学研究和技术服务业以及农、林、牧、渔业则没有开展再融资活动，表明这些行业的上市公司有待进一步提高资本运作的能力与积极性。

表6-13　中央企业控股上市公司价值经营分行业比较

行业	是否分派股利	当年并购重组次数	当年再融资次数
农、林、牧、渔业	0.00	1.50	0.00
采矿业	0.50	0.19	0.13
制造业	0.43	1.46	0.14
电力、热力、燃气及水生产和供应业	0.43	0.80	0.07
建筑业	0.35	1.06	0.24
批发和零售业	0.58	0.33	0.08
交通运输、仓储和邮政业	0.12	0.82	0.18

行业	是否分派股利	当年并购重组次数	当年再融资次数
住宿和餐饮业	—	—	—
信息传输、软件和信息技术服务业	0.38	1.56	0.06
金融业	0.38	0.38	0.13
房地产业	0.33	1.00	0.11
租赁和商务服务业	0.00	0.00	0.00
科学研究和技术服务业	0.71	0.14	0.00
水利、环境和公共设施管理业	0.50	1.50	0.50
教育	—	—	—
文化、体育和娱乐业	—	—	—
综合	—	—	—
合计	0.41	1.17	0.13

资料来源：根据 Wind 数据库、国泰安数据库整理。

3. 地方国企控股上市公司分行业比较

表6-14列示了地方国企控股上市公司价值经营分行业的平均水平。是否分派股利方面，平均值较高的行业是金融业、租赁和商务服务业以及住宿和餐饮业，均达到0.50及以上，说明其中过半数的上市公司进行了股利分红；而平均值较低的行业是教育、科学研究和技术服务业以及综合，平均值分别为0.00、0.17和0.25。当年并购重组次数方面，平均值较高的行业是租赁和商务服务业，文化、体育和娱乐业以及信息传输、软件和信息技术服务业，平均值分别为3.60、2.83和2.62；而平均值较低的行业是电力、热力、燃气及水生产和供应业，采矿业，交通运输、仓储和邮政业以及水利、环境和公共设施管理业，平均值均小于1。当年再融资次数方面，平均值较高的行业为农、林、牧、渔业，科学研究和技术服务业以及电力、热力、燃气及水生产和供应业，平均值分别为0.20、0.17和0.15；而平均值较低的行业是住宿和餐饮业，信息传输、软件和信息技术服务业，教育，综合以及文化、体育和娱乐业，平均值均为0.00。

表6-14　地方国企控股上市公司价值经营分行业比较

行业	是否分派股利	当年并购重组次数	当年再融资次数
农、林、牧、渔业	0.40	1.10	0.20
采矿业	0.45	0.74	0.06
制造业	0.42	2.00	0.08
电力、热力、燃气及水生产和供应业	0.41	0.73	0.15
建筑业	0.45	1.35	0.05
批发和零售业	0.38	1.78	0.09
交通运输、仓储和邮政业	0.47	0.84	0.09
住宿和餐饮业	0.50	1.83	0.00
信息传输、软件和信息技术服务业	0.38	2.62	0.00
金融业	0.58	1.84	0.11

续表

行业	是否分派股利	当年并购重组次数	当年再融资次数
房地产业	0.46	1.05	0.05
租赁和商务服务业	0.50	3.60	0.10
科学研究和技术服务业	0.17	2.33	0.17
水利、环境和公共设施管理业	0.29	0.86	0.14
教育	0.00	2.00	0.00
文化、体育和娱乐业	0.33	2.83	0.00
综合	0.25	2.25	0.00
合计	0.42	1.67	0.08

资料来源：根据 Wind 数据库、国泰安数据库整理。

（三）价值实现

1. 国资委所属企业控股上市公司分行业比较

表 6-15 列示了国资委所属企业控股上市公司价值实现分行业的平均水平。由表 6-15 可知，信息传输、软件和信息技术服务业，科学研究和技术服务业以及制造业在托宾 Q 方面位居前三名，平均值分别为 2.91、2.33 和 1.84；而位居后三名的分别是建筑业，房地产业以及电力、热力、燃气及水生产和供应业，分别为 1.06、1.10 和 1.18，说明市场投资者依然看好高新技术产业的发展前景。市盈率方面，位居前三名的是综合，住宿和餐饮业以及信息传输、软件和信息技术服务业，分别为 243.20、160.97 和 110.33；而位居后三名的是房地产业，交通运输、仓储和邮政业以及建筑业，分别为 22.21、23.81 和 29.39。市净率方面，信息传输、软件和信息技术服务业，科学研究和技术服务业以及农、林、牧、渔业领先于其他行业，分别为 4.29、3.12 和 2.79；而相比之下，建筑业，房地产业以及交通运输、仓储和邮政业则处于较低水平，分别为 1.19、1.26 和 1.36，表明高新技术产业受到多数投资者的青睐，价值实现更高。

表 6-15 国资委所属企业控股上市公司价值实现分行业比较

行业	托宾 Q	市盈率	市净率
农、林、牧、渔业	1.77	94.10	2.79
采矿业	1.26	76.84	1.53
制造业	1.84	59.78	2.51
电力、热力、燃气及水生产和供应业	1.18	36.66	1.42
建筑业	1.06	29.39	1.19
批发和零售业	1.38	65.42	1.91
交通运输、仓储和邮政业	1.23	23.81	1.36
住宿和餐饮业	1.40	160.97	1.72
信息传输、软件和信息技术服务业	2.91	110.33	4.29
金融业	1.24	64.78	1.83
房地产业	1.10	22.21	1.26
租赁和商务服务业	1.80	77.83	2.26
科学研究和技术服务业	2.33	38.25	3.12

行业	托宾 Q	市盈率	市净率
水利、环境和公共设施管理业	1.39	47.55	1.63
教育	1.26	85.15	1.45
文化、体育和娱乐业	1.47	87.73	1.68
综合	1.35	243.20	1.94
合计	1.62	57.17	2.15

资料来源：根据 Wind 数据库、国泰安数据库整理。

2. 中央企业控股上市公司分行业比较

中央企业控股上市公司价值实现分行业的平均值如表 6-16 所示。租赁和商务服务业，信息传输、软件和信息技术服务业以及科学研究和技术服务业的托宾 Q 值较高，分别为 5.93、3.04 和 2.61；而房地产业、建筑业和金融业的托宾 Q 值较低，分别为 1.04、1.05 和 1.05，表明市场投资者更看好新兴产业的发展潜力。市盈率方面，信息传输、软件和信息技术服务业，批发和零售业以及农、林、牧、渔业排名较靠前，分别为 118.70、106.27 和 81.95；而排在后三位的是金融业、房地产业和建筑业，分别为 16.18、16.56 和 20.36。市净率方面，租赁和商务服务业，信息传输、软件和信息技术服务业以及科学研究和技术服务业排在前三位，分别为 7.78、4.60 和 3.41；而排在后三位的是房地产业、金融业和建筑业，分别为 0.98、1.18 和 1.18。

表 6-16　中央企业控股上市公司价值实现分行业比较

行业	托宾 Q	市盈率	市净率
农、林、牧、渔业	1.66	81.95	1.93
采矿业	1.09	76.56	1.43
制造业	1.86	63.18	2.50
电力、热力、燃气及水生产和供应业	1.23	30.38	1.58
建筑业	1.05	20.36	1.18
批发和零售业	1.49	106.27	2.58
交通运输、仓储和邮政业	1.26	27.06	1.39
住宿和餐饮业	—	—	—
信息传输、软件和信息技术服务业	3.04	118.70	4.60
金融业	1.05	16.18	1.18
房地产业	1.04	16.56	0.98
租赁和商务服务业	5.93	32.07	7.78
科学研究和技术服务业	2.61	45.41	3.41
水利、环境和公共设施管理业	1.15	59.41	1.39
教育	—	—	—
文化、体育和娱乐业	—	—	—
综合	—	—	—
合计	1.71	57.79	2.29

资料来源：根据 Wind 数据库、国泰安数据库整理。

3. 地方国企控股上市公司分行业比较

表6-17统计了地方国企控股上市公司价值实现分行业的平均水平。具体来看，托宾Q值排前三位的行业分别是信息传输、软件和信息技术服务业，科学研究和技术服务业以及制造业，平均值分别为2.75、2.01和1.83；而排后三位的是建筑业，房地产业以及电力、热力、燃气及水生产和供应业，平均值分别为1.06、1.11和1.14。市盈率较高的三个行业是综合，住宿和餐饮业以及信息传输、软件和信息技术服务业，平均值分别为243.20、160.97和98.15；而市盈率较低的三个行业是交通运输、仓储和邮政业，房地产业以及科学研究和技术服务业，平均值分别为22.46、23.44和29.91。市净率方面表现较好的是信息传输、软件和信息技术服务业，农、林、牧、渔业以及科学研究和技术服务业，平均值分别为3.90、2.97和2.77；而市净率平均值较低的行业分别是建筑业，电力、热力、燃气及水生产和供应业以及房地产业，平均值分别为1.20、1.31和1.32。

表6-17 地方国企控股上市公司价值实现分行业比较

行业	托宾Q	市盈率	市净率
农、林、牧、渔业	1.80	97.14	2.97
采矿业	1.35	76.97	1.58
制造业	1.83	57.37	2.51
电力、热力、燃气及水生产和供应业	1.14	41.59	1.31
建筑业	1.06	37.48	1.20
批发和零售业	1.35	56.44	1.76
交通运输、仓储和邮政业	1.21	22.46	1.35
住宿和餐饮业	1.40	160.97	1.72
信息传输、软件和信息技术服务业	2.75	98.15	3.90
金融业	1.33	85.25	2.11
房地产业	1.11	23.44	1.32
租赁和商务服务业	1.38	82.41	1.71
科学研究和技术服务业	2.01	29.91	2.77
水利、环境和公共设施管理业	1.46	44.17	1.69
教育	1.26	85.15	1.45
文化、体育和娱乐业	1.47	87.73	1.68
综合	1.35	243.20	1.94
合计	1.57	56.82	2.08

资料来源：根据Wind数据库、国泰安数据库整理。

二、国有控股上市公司市值管理市场板块比较分析

本部分针对不同市场板块的国有控股上市公司市值管理情况进行分析，以探求各市场板块之间市值管理的差异。

（一）价值创造

1. 国资委所属企业控股上市公司分市场板块比较

如表6-18所示，科创板的国资委所属企业控股上市公司在经济增加值方面表现最好，其次

是中小企业板和主板，最后是创业板，平均值分别为 11.22、2.21、1.81 和-1.34。科创板在基本每股收益和净资产收益率方面均高于其他板块，中小企业板和主板紧随其后，最后是创业板。营业利润现金比率方面，创业板最高，主板和中小企业板次之，最后是科创板。中小企业板在国有资本保值增值方面表现最好，其次是主板，最后是创业板，分别为 1.1173、1.0975 和1.0647。在创新投入比率方面，科创板和创业板较为活跃，分别为 0.0385 和 0.0286，其次是中小企业板，为 0.0243，最后是主板，仅为 0.0128。

表 6-18　国资委所属企业控股上市公司价值创造分市场板块比较

市场板块	经济增加值（亿元）	基本每股收益（元）	净资产收益率	营业利润现金比率	国有资本保值增值	创新投入比率
主板	1.81	0.39	0.06	1.78	1.0975	0.0128
中小企业板	2.21	0.39	0.07	1.59	1.1173	0.0243
创业板	-1.34	0.08	0.00	3.97	1.0647	0.0286
科创板	11.22	0.54	0.14	1.13	—	0.0385
合计	1.74	0.38	0.06	1.85	1.0987	0.0152

资料来源：根据 Wind 数据库、国泰安数据库整理。

2. 中央企业控股上市公司分市场板块比较

表 6-19 列示了我国中央企业控股上市公司分市场板块价值创造的情况。其中，盈利能力方面，科创板上市公司经济增加值的平均水平为 11.22，远远高于中小企业板（5.04）、主板（1.45）和创业板（0.32）。基本每股收益方面，从高到低依次是科创板、中小企业板、主板和创业板。净资产收益率方面，从高到低依次为科创板、中小企业板、创业板和主板。上市公司创造现金流能力方面，营业利润现金比率最高的是创业板，其次是主板，而中小企业板与科创板并列第三。国有资本保值增值方面，中小企业板表现最好，其次是主板，最后是创业板。创新投入比率方面，科创板、创业板和中小企业板的上市公司表现较好，均在 3% 以上，而较差的是主板，仅为 0.0177。上述结果表明我国大多数中央企业控股上市公司有待提高盈利能力，提升国有资本保值增值水平，尤其主板上市公司应当加大研发投入的力度。

表 6-19　中央企业控股上市公司价值创造分市场板块比较

市场板块	经济增加值（亿元）	基本每股收益（元）	净资产收益率	营业利润现金比率	国有资本保值增值	创新投入比率
主板	1.45	0.36	0.06	1.44	1.1266	0.0177
中小企业板	5.04	0.50	0.09	1.13	1.1525	0.0305
创业板	0.32	0.34	0.08	4.64	1.1220	0.0328
科创板	11.22	0.54	0.14	1.13	—	0.0385
合计	1.93	0.38	0.06	1.55	1.1298	0.0202

资料来源：根据 Wind 数据库、国泰安数据库整理。

3. 地方国企控股上市公司分市场板块比较

地方国企控股上市公司价值创造分市场板块的平均值如表 6-20 所示。其中，主板的平均经济增加值显著高于其他市场板块，平均值为 2.00，中小企业板和创业板的平均值分别为 0.72 和 -2.30。主板在基本每股收益方面均要好于中小企业板和创业板。净资产收益率方面，主板和中小企业板并列第一。营业利润现金比率从高到低依次是创业板、主板和中小企业板，其中创业板在获取现金流方面近乎是中小企业板的两倍。中小企业板上市公司的国有资本保值增值水平最高，平均值为 1.0990，主板次之，平均值为 1.0818，最后是创业板，平均值为 1.0326。创新投入比率平均值较高的市场板块是创业板和中小企业板，平均值分别为 0.0262 和 0.0210，主板最低，仅为 0.0102。

表 6-20　地方国企控股上市公司价值创造分市场板块比较

市场板块	经济增加值（亿元）	基本每股收益（元）	净资产收益率	营业利润现金比率	国有资本保值增值	创新投入比率
主板	2.00	0.41	0.06	1.97	1.0818	0.0102
中小企业板	0.72	0.33	0.06	1.83	1.0990	0.0210
创业板	-2.30	-0.06	-0.04	3.59	1.0326	0.0262
科创板	—	—	—	—	—	—
合计	1.63	0.38	0.05	2.02	1.0820	0.0124

资料来源：根据 Wind 数据库、国泰安数据库整理。

（二）价值经营

1. 国资委所属企业控股上市公司分市场板块比较

由表 6-21 可知，国资委所属企业控股上市公司中科创板的上市公司都进行了现金股利分红，中小企业板分红的公司约占 52%，主板约有 41%，而创业板仅有 34%。从资本运作角度看，当年并购重组方面，相比于主板和中小企业板的上市公司，创业板上市公司表现出更高的并购重组偏好，年均 4.98 次并购重组交易，而中小企业板和主板分别为 2.01 次和 1.22 次。当年再融资方面，创业板约为 0.20 次，中小企业板和主板较少，仅为 0.16 次和 0.09 次。

表 6-21　国资委所属企业控股上市公司价值经营分市场板块比较

市场板块	是否分派股利	当年并购重组次数	当年再融资次数
主板	0.41	1.22	0.09
中小企业板	0.52	2.01	0.16
创业板	0.34	4.98	0.20
科创板	1.00	0.00	0.00
合计	0.42	1.50	0.10

资料来源：根据 Wind 数据库、国泰安数据库整理。

2. 中央企业控股上市公司分市场板块比较

表 6-22 列示了中央企业控股上市公司分市场板块价值经营的情况。在是否分派股利方面，平均值从高到低依次是科创板、中小企业板、主板和创业板，平均值分别为 1.00、0.55、0.40 和 0.27。当年并购重组次数从高到低依次是创业板、中小企业板、主板和科创板。当年再融资次数方面，创业板表现最好，平均达到 0.33 次，中小企业板和主板次之，分别约为 0.29 次和

0.09 次，最后是科创板，当年无再融资活动。

表 6-22　中央企业控股上市公司价值经营分市场板块比较

市场板块	是否分派股利	当年并购重组次数	当年再融资次数
主板	0.40	1.01	0.09
中小企业板	0.55	1.81	0.29
创业板	0.27	2.27	0.33
科创板	1.00	0.00	0.00
合计	0.41	1.17	0.13

资料来源：根据 Wind 数据库、国泰安数据库整理。

3. 地方国企控股上市公司分市场板块比较

从表 6-23 中价值经营的分指标来看，是否分派股利方面的均值从高到低依次是中小企业板、主板和创业板，分别为 0.51、0.41 和 0.38。当年并购重组次数平均值从高到低依次是创业板、中小企业板和主板，分别为 6.54 次、2.11 次和 1.34 次。当年再融资次数平均值从高到低依次是创业板、中小企业板和主板，分别为 0.12 次、0.09 次和 0.08 次。

表 6-23　地方国企控股上市公司价值经营分市场板块比较

市场板块	是否分派股利	当年并购重组次数	当年再融资次数
主板	0.41	1.34	0.08
中小企业板	0.51	2.11	0.09
创业板	0.38	6.54	0.12
科创板	—	—	—
合计	0.42	1.67	0.08

资料来源：根据 Wind 数据库、国泰安数据库整理。

（三）价值实现

1. 国资委所属企业控股上市公司分市场板块比较

从表 6-24 可以看出，国资委所属企业控股上市公司中创业板公司在托宾 Q、市盈率和市净率方面均表现出较高的水平，分别为 2.76、79.19 和 3.79，这一结果说明市场投资者对创业板的国资委所属企业控股上市公司给予了较高的市场认可度。除创业板外，托宾 Q 值从高到低依次为科创板、中小企业板和主板，市盈率从高到低依次为中小企业板、主板和科创板，市净率从高到低依次为科创板、中小企业板和主板。

表 6-24　国资委所属企业控股上市公司价值实现分市场板块比较

市场板块	托宾 Q	市盈率	市净率
主板	1.52	56.26	2.01
中小企业板	1.82	56.98	2.46
创业板	2.76	79.19	3.79

市场板块	托宾Q	市盈率	市净率
科创板	1.97	24.22	2.69
合计	1.62	57.17	2.15

资料来源：根据 Wind 数据库、国泰安数据库整理。

2. 中央企业控股上市公司分市场板块比较

表 6-25 列示了中央企业控股上市公司价值实现分市场板块的平均值。从表中可以看出，创业板中央企业控股上市公司在托宾Q、市盈率和市净率方面均高于其他市场板块，平均值分别为 3.24、62.28 和 4.25。这表明市场投资者对创业板的上市公司给予了更高的期望。除创业板外，托宾Q从高到低依次是中小企业板、科创板和主板，市盈率从高到低依次是主板、中小企业板和科创板，市净率从高到低依次是中小企业板、科创板和主板。

表 6-25　中央企业控股上市公司价值实现分市场板块比较

市场板块	托宾Q	市盈率	市净率
主板	1.58	58.70	2.09
中小企业板	1.99	52.60	2.79
创业板	3.24	62.28	4.25
科创板	1.97	24.22	2.69
合计	1.71	57.79	2.29

资料来源：根据 Wind 数据库、国泰安数据库整理。

3. 地方国企控股上市公司分市场板块比较

表 6-26 统计了地方国企控股上市公司价值实现分市场板块的平均水平。从表中可以看到，创业板地方国企控股上市公司的托宾Q、市盈率和市净率均领先其他市场板块，平均值分别为 2.49、90.75 和 3.53。此外，托宾Q方面，中小企业板和主板的平均值分别为 1.74 和 1.49。市盈率方面，中小企业板和主板的平均值分别为 59.41 和 54.89。市净率方面，中小企业板高于主板，分别为 2.29 和 1.97。

表 6-26　地方国企控股上市公司价值实现分市场板块比较

市场板块	托宾Q	市盈率	市净率
主板	1.49	54.89	1.97
中小企业板	1.74	59.41	2.29
创业板	2.49	90.75	3.53
科创板	—	—	—
合计	1.57	56.82	2.08

资料来源：根据 Wind 数据库、国泰安数据库整理。

三、国有控股上市公司市值管理地区比较分析

本部分进一步考察市值管理随地区差异而产生的变化，比较不同地区间的国有控股上市公

司市值管理的差异。

（一）价值创造

1. 国资委所属企业控股上市公司分地区比较

表6-27列示了各地区国资委所属企业控股上市公司价值创造各指标的平均值。盈利能力方面，贵州、四川和山东的经济增加值最高，平均值分别为8.35、4.68和4.57；而青海、辽宁和海南最低，分别为-12.16、-6.79和-6.28。基本每股收益位居前三名的依次是贵州、广东和吉林，平均值分别为0.63、0.59和0.58；而排名后三位的是青海、辽宁和海南，分别为-0.26、-0.05和0.12。净资产收益率排名第一的是重庆，平均值为0.10，其次是贵州、广东、吉林、内蒙古和安徽，平均值均为0.08；而表现较差的地区分别是辽宁和天津，平均净资产收益率为负值。营业利润现金比率方面表现最好的有陕西、黑龙江和湖南；而江西、海南和贵州则排在后三位，平均营业利润现金比率为负值。国有资本保值增值方面，青海、河南和内蒙古领跑其他各地区，分别为1.3453、1.2933和1.2819；而最低的是天津、海南和甘肃，分别为1.0048、1.0123和1.0313。创新投入比率方面，河南、江西和湖北位居前三名，平均值分别为0.0245、0.0237和0.0228；而西藏、宁夏、青海和新疆的创新投入比率较低，分别为0.0036、0.0057、0.0057和0.0060。

表6-27 国资委所属企业控股上市公司价值创造分地区比较

地区	经济增加值（亿元）	基本每股收益（元）	净资产收益率	营业利润现金比率	国有资本保值增值	创新投入比率
北京	3.00	0.37	0.05	1.19	1.0968	0.0168
天津	1.01	0.23	-0.03	1.03	1.0048	0.0145
河北	1.05	0.33	0.06	2.45	1.1520	0.0127
山西	0.80	0.37	0.05	4.15	1.0400	0.0100
内蒙古	3.41	0.53	0.08	2.51	1.2819	0.0097
辽宁	-6.79	-0.05	-0.04	0.62	1.1088	0.0083
吉林	1.10	0.58	0.08	0.10	1.0860	0.0149
黑龙江	-4.27	0.29	0.07	4.95	1.0796	0.0126
上海	1.14	0.42	0.07	1.81	1.0880	0.0109
江苏	1.26	0.41	0.05	0.98	1.1246	0.0135
浙江	3.21	0.26	0.04	1.29	1.0950	0.0140
安徽	3.26	0.50	0.08	2.17	1.0853	0.0172
福建	2.58	0.44	0.02	1.35	1.0547	0.0197
江西	0.54	0.29	0.05	-2.37	1.0634	0.0237
山东	4.57	0.50	0.07	2.17	1.0781	0.0202
河南	-0.59	0.30	0.05	1.05	1.2933	0.0245
湖北	0.60	0.41	0.07	2.74	1.0712	0.0228
湖南	-0.48	0.18	0.04	4.64	1.1090	0.0137
广东	4.30	0.59	0.08	2.22	1.1308	0.0190
广西	0.41	0.18	0.03	1.57	1.1563	0.0068

地区	经济增加值（亿元）	基本每股收益（元）	净资产收益率	营业利润现金比率	国有资本保值增值	创新投入比率
海南	-6.28	0.12	0.03	-0.19	1.0123	0.0090
重庆	-1.53	0.45	0.10	1.08	1.0523	0.0125
四川	4.68	0.46	0.06	1.80	1.0992	0.0158
贵州	8.35	0.63	0.08	-0.09	1.1311	0.0218
云南	-1.64	0.15	0.04	1.59	1.1531	0.0150
西藏	-0.01	0.22	0.06	1.19	1.1112	0.0036
陕西	2.61	0.23	0.05	5.90	1.0541	0.0176
甘肃	0.22	0.24	0.03	2.25	1.0313	0.0068
青海	-12.16	-0.26	0.04	0.53	1.3453	0.0057
宁夏	0.13	0.40	0.05	4.24	1.0436	0.0057
新疆	0.60	0.27	0.05	2.09	1.0710	0.0060
合计	1.74	0.38	0.06	1.85	1.0987	0.0152

资料来源：根据 Wind 数据库、国泰安数据库整理。

2. 中央企业控股上市公司分地区比较

表6-28列示了我国各地区中央企业控股上市公司价值创造的平均水平。经济增加值方面，浙江、广西和广东的表现最好，远高于全国平均水平，分别为18.88、10.57和9.48；而辽宁、黑龙江和重庆表现较不令人满意，分别为-12.78、-6.60和-4.65。基本每股收益表现较好的有广东、甘肃和内蒙古，分别为0.78、0.74和0.53；而辽宁、山西和海南表现较差。净资产收益率排名靠前的有广西和重庆，均高于10%；而排名靠后的是辽宁、浙江以及山西。营业利润现金比率最高的三个地区为陕西、黑龙江和湖南，分别为8.75、7.80和4.85；而较低的地区为江西、贵州和吉林。河南、河北和内蒙古的国有资本保值增值率较高，分别为1.3251、1.3124和1.2819；而重庆、天津和海南较低，依次为1.0107、1.0207和1.0252。创新投入比率方面，福建、浙江、河南和江西的平均水平较高，分别为0.0685、0.0445、0.0322和0.0309；而广西、宁夏和新疆表现较差，分别为0.0000、0.0057和0.0073。

表6-28　中央企业控股上市公司价值创造分地区比较

地区	经济增加值（亿元）	基本每股收益（元）	净资产收益率	营业利润现金比率	国有资本保值增值	创新投入比率
北京	6.10	0.41	0.06	1.06	1.1354	0.0202
天津	3.78	0.36	0.09	1.54	1.0207	0.0100
河北	-0.98	0.24	0.06	4.12	1.3124	0.0222
山西	-0.84	0.07	0.03	0.62	1.0317	0.0142
内蒙古	3.41	0.53	0.08	2.51	1.2819	0.0097
辽宁	-12.78	-0.13	-0.09	1.02	1.2759	0.0087
吉林	-1.13	0.18	0.06	-2.05	1.0577	0.0259

地区	经济增加值 （亿元）	基本每股收益 （元）	净资产 收益率	营业利润 现金比率	国有资本 保值增值	创新投入 比率
黑龙江	-6.60	0.34	0.07	7.80	1.0755	0.0177
上海	-3.07	0.31	0.06	1.94	1.1083	0.0183
江苏	1.36	0.43	0.05	0.77	1.0408	0.0240
浙江	18.88	0.16	-0.07	0.51	1.1688	0.0445
安徽	-0.87	0.30	0.07	1.74	1.0537	0.0212
福建	2.77	0.39	0.10	0.67	1.1465	0.0685
江西	-1.03	0.30	0.04	-13.09	1.0933	0.0309
山东	-2.48	0.14	0.05	1.27	1.0468	0.0124
河南	-1.04	0.32	0.06	1.90	1.3251	0.0322
湖北	0.93	0.40	0.06	1.88	1.0811	0.0294
湖南	-2.75	0.25	0.06	4.85	1.1122	0.0145
广东	9.48	0.78	0.10	1.17	1.2277	0.0209
广西	10.57	0.27	0.14	1.85	1.0317	0.0000
海南	-0.27	0.13	0.04	2.50	1.0252	0.0223
重庆	-4.65	0.37	0.12	0.75	1.0107	0.0190
四川	0.49	0.41	0.08	2.65	1.1319	0.0237
贵州	-0.16	0.46	0.07	-2.38	1.1536	0.0238
云南	2.16	0.26	0.07	0.46	1.1593	0.0117
西藏	—	—	—	—	—	—
陕西	-2.60	0.15	0.04	8.75	1.0517	0.0198
甘肃	3.48	0.74	0.08	2.92	1.0785	0.0114
青海	—	—	—	—	—	—
宁夏	0.13	0.40	0.05	4.24	1.0436	0.0057
新疆	5.12	0.49	0.08	-0.28	1.0821	0.0073
合计	1.93	0.38	0.06	1.55	1.1298	0.0202

资料来源：根据 Wind 数据库、国泰安数据库整理。

3. 地方国企控股上市公司分地区比较

表6-29列示了我国各地区地方国企控股上市公司价值创造各指标的平均值。从价值创造的分指标来看，经济增加值平均值较高的地区是贵州、四川和山东，平均值分别为21.96、7.28和6.20；而经济增加值平均值偏低的地区是青海、海南和云南，平均值分别为-12.16、-9.89和-4.07。基本每股收益排前三名的地区是贵州（0.89）、吉林（0.83）和山东（0.58）；而排名后三位的地区依次是青海（-0.26）、辽宁（0.00）和云南（0.07）。净资产收益率最高的地区是贵州（0.11）、吉林（0.09）和重庆（0.09）；而最低的地区是天津（-0.08）和辽宁（-0.01）。营业利润现金比率表现最好的是陕西（4.66）、湖南（4.55）和山西（4.54）；而表现最差的是海南（-1.80）、河南（0.09）和辽宁（0.33）。国有资本保值增值排前三名的分别是青海（1.3453）、河南（1.2700）和广西（1.1653）；而排后两位的是辽宁（0.9836）和天津

（0.9972），这两个地区均未实现资本保值的目标。创新投入比率表现最好的依次是山东（0.0220）、江西（0.0216）、贵州（0.0186）和广东（0.0181）；而表现最差的主要集中在中、西部地区（海南、西藏、山西、新疆和青海）。

表 6-29　地方国企控股上市公司价值创造分地区比较

地区	经济增加值（亿元）	基本每股收益（元）	净资产收益率	营业利润现金比率	国有资本保值增值	创新投入比率
北京	-2.65	0.28	0.03	1.42	1.0302	0.0104
天津	-0.31	0.16	-0.08	0.79	0.9972	0.0166
河北	2.31	0.39	0.07	1.42	1.0533	0.0069
山西	0.98	0.41	0.05	4.54	1.0444	0.0053
内蒙古	—	—	—	—	—	—
辽宁	-2.30	0.00	-0.01	0.33	0.9836	0.0081
吉林	2.49	0.83	0.09	1.45	1.1037	0.0080
黑龙江	-1.60	0.23	0.07	1.69	1.0844	0.0068
上海	2.84	0.47	0.08	1.76	1.0798	0.0080
江苏	1.22	0.40	0.05	1.07	1.1631	0.0087
浙江	0.84	0.27	0.06	1.40	1.0835	0.0094
安徽	4.36	0.55	0.08	2.28	1.0937	0.0162
福建	2.56	0.44	0.02	1.41	1.0479	0.0161
江西	1.03	0.29	0.08	0.93	1.0542	0.0216
山东	6.20	0.58	0.08	2.38	1.0853	0.0220
河南	-0.09	0.28	0.04	0.09	1.2700	0.0158
湖北	0.03	0.42	0.08	4.18	1.0543	0.0116
湖南	0.49	0.15	0.03	4.55	1.1076	0.0134
广东	1.98	0.50	0.08	2.70	1.0895	0.0181
广西	-0.31	0.18	0.02	1.55	1.1653	0.0073
海南	-9.89	0.11	0.03	-1.80	1.0046	0.0010
重庆	0.74	0.51	0.09	1.33	1.0826	0.0078
四川	7.28	0.48	0.05	1.27	1.0768	0.0108
贵州	21.96	0.89	0.11	3.57	1.0950	0.0186
云南	-4.07	0.07	0.01	2.31	1.1492	0.0171
西藏	-0.01	0.22	0.06	1.19	1.1112	0.0036
陕西	4.88	0.27	0.06	4.66	1.0552	0.0167
甘肃	-0.37	0.15	0.03	2.13	1.0277	0.0059
青海	-12.16	-0.26	0.04	0.53	1.3453	0.0057
宁夏	—	—	—	—	—	—
新疆	-1.83	0.16	0.03	3.36	1.0651	0.0053
合计	1.63	0.38	0.05	2.02	1.0820	0.0124

资料来源：根据 Wind 数据库、国泰安数据库整理。

（二）价值经营

1. 国资委所属企业控股上市公司分地区比较

表 6-30 列示了各地区国资委所属企业控股上市公司价值经营各指标的平均值。是否分派股利方面，重庆、广东和贵州表现较好，分别达到 0.63、0.63 和 0.54；而海南、西藏和青海表现较差，均为 0.25。湖北、辽宁和吉林在并购重组方面领先其他地区，分别为 3.24 次、2.67 次和2.57 次；而排名后三位的是贵州、青海和山西，分别为 0.23 次、0.25 次和 0.30 次。当年再融资次数方面，内蒙古、河南和湖北包揽前三名，分别为 0.33 次、0.29 次和 0.24 次；而青海、黑龙江、西藏、海南、宁夏和辽宁排名较靠后，均为 0 次。

表 6-30　国资委所属企业控股上市公司价值经营分地区比较

地区	是否分派股利	当年并购重组次数	当年再融资次数
北京	0.33	1.95	0.12
天津	0.39	0.71	0.11
河北	0.38	2.05	0.10
山西	0.40	0.30	0.05
内蒙古	0.33	1.00	0.33
辽宁	0.38	2.67	0.00
吉林	0.36	2.57	0.14
黑龙江	0.47	0.40	0.00
上海	0.33	1.28	0.09
江苏	0.44	1.98	0.09
浙江	0.50	1.63	0.13
安徽	0.50	1.32	0.16
福建	0.45	1.79	0.10
江西	0.47	1.00	0.12
山东	0.40	1.46	0.06
河南	0.41	0.35	0.29
湖北	0.28	3.24	0.24
湖南	0.43	1.27	0.03
广东	0.63	1.90	0.04
广西	0.53	0.80	0.13
海南	0.25	1.38	0.00
重庆	0.63	1.00	0.05
四川	0.32	0.88	0.12
贵州	0.54	0.23	0.15
云南	0.39	0.72	0.22
西藏	0.25	0.50	0.00
陕西	0.39	1.00	0.09
甘肃	0.46	1.54	0.08

地区	是否分派股利	当年并购重组次数	当年再融资次数
青海	0.25	0.25	0.00
宁夏	0.40	1.80	0.00
新疆	0.30	1.00	0.15
合计	0.42	1.50	0.10

资料来源：根据 Wind 数据库、国泰安数据库整理。

2. 中央企业控股上市公司分地区比较

表 6-31 列示了各地区中央企业控股上市公司价值经营各指标的平均值。由表 6-31 可以看出，广西和福建的上市公司在是否分派股利方面达到 100%，安徽和湖南分列第二和第三名，分别为 0.71 和 0.67；而山西的分红占比最低，为 0.00。当年并购重组次数方面，安徽、湖北和福建排名靠前，分别为 4.00 次、3.35 次和 3.00 次；而山西、贵州和天津最低，分别为 0.00 次、0.13 次和 0.22 次。当年再融资次数方面，福建表现最突出，平均值为 0.50 次，远远领先其他地区，内蒙古、河南和天津紧随其后，均为 0.33 次；而山西、黑龙江、甘肃、吉林、海南、辽宁、江苏、宁夏、浙江和广西排名最后，均为 0.00 次。

表 6-31　中央企业控股上市公司价值经营分地区比较

地区	是否分派股利	当年并购重组次数	当年再融资次数
北京	0.32	1.55	0.15
天津	0.33	0.22	0.33
河北	0.38	0.88	0.25
山西	0.00	0.00	0.00
内蒙古	0.33	1.00	0.33
辽宁	0.44	0.67	0.00
吉林	0.40	0.60	0.00
黑龙江	0.50	0.25	0.00
上海	0.44	0.89	0.11
江苏	0.47	0.94	0.00
浙江	0.60	1.00	0.00
安徽	0.71	4.00	0.29
福建	1.00	3.00	0.50
江西	0.25	0.25	0.25
山东	0.44	0.44	0.11
河南	0.56	0.44	0.33
湖北	0.17	3.35	0.06
湖南	0.67	0.33	0.11
广东	0.45	1.45	0.06
广西	1.00	2.00	0.00

续表

地区	是否分派股利	当年并购重组次数	当年再融资次数
海南	0.33	0.67	0.00
重庆	0.63	0.50	0.13
四川	0.38	0.77	0.15
贵州	0.63	0.13	0.25
云南	0.57	0.86	0.29
西藏	—	—	—
陕西	0.43	1.43	0.29
甘肃	0.50	0.50	0.00
青海	—	—	—
宁夏	0.40	1.00	0.00
新疆	0.43	0.57	0.14
合计	0.41	1.17	0.13

资料来源：根据 Wind 数据库、国泰安数据库整理。

3. 地方国企控股上市公司分地区比较

表6-32统计了各地区地方国企控股上市公司价值经营各指标的平均值。由表6-32可以看出，是否分派股利方面，平均值最高的地区依次是广东、湖北和重庆，平均值分别为0.71、0.69和0.64；而最低的地区是海南和新疆，平均值分别为0.20和0.23。当年并购重组次数最多的地区是辽宁、吉林和湖北，平均值分别为4.17次、3.67次和2.92次；而最低的地区是河南和青海，平均值都为0.25次。当年再融资次数排前三名的地区是湖北、湖南和河南，分别为0.38次、0.35次和0.25次；而青海、贵州、西藏、黑龙江、陕西、天津、重庆、海南、河北和辽宁的表现最不活跃，均为0.00次。

表6-32　地方国企控股上市公司价值经营分地区比较

地区	是否分派股利	当年并购重组次数	当年再融资次数
北京	0.35	2.68	0.05
天津	0.42	0.95	0.00
河北	0.38	2.77	0.00
山西	0.44	0.33	0.06
内蒙古	—	—	—
辽宁	0.33	4.17	0.00
吉林	0.33	3.67	0.22
黑龙江	0.43	0.57	0.00
上海	0.28	1.43	0.07
江苏	0.43	2.46	0.14
浙江	0.48	1.73	0.15
安徽	0.53	0.87	0.20

地区	是否分派股利	当年并购重组次数	当年再融资次数
福建	0.41	1.70	0.07
江西	0.54	1.23	0.08
山东	0.38	1.69	0.05
河南	0.25	0.25	0.25
湖北	0.69	2.92	0.38
湖南	0.60	2.45	0.35
广东	0.71	2.10	0.03
广西	0.50	0.71	0.14
海南	0.20	1.80	0.00
重庆	0.64	1.36	0.00
四川	0.29	0.95	0.10
贵州	0.40	0.40	0.00
云南	0.27	0.64	0.18
西藏	0.25	0.50	0.00
陕西	0.38	0.81	0.00
甘肃	0.45	1.73	0.09
青海	0.25	0.25	0.00
宁夏	—	—	—
新疆	0.23	1.23	0.15
合计	0.42	1.67	0.08

资料来源：根据 Wind 数据库、国泰安数据库整理。

（三）价值实现

1. 国资委所属企业控股上市公司分地区比较

表6-33列示了国资委所属企业控股上市公司价值实现分地区的平均值。托宾 Q 方面，海南、四川和青海占据前三名，分别为2.59、2.11 和1.98；排在后三位的是内蒙古、辽宁和河南，分别为1.12、1.25 和1.34。市盈率方面，海南、江西和广西名列前三位，分别为184.61、106.67 和104.71；而排名后三位的是青海、内蒙古和福建，分别为18.93、21.26 和21.77。市净率方面，海南、广西和天津名列前三位，分别为3.49、2.88 和2.61；而排在后三位的是内蒙古、青海和宁夏，分别为1.38、1.53 和1.60。

表6-33　国资委所属企业控股上市公司价值实现分地区比较

地区	托宾 Q	市盈率	市净率
北京	1.65	56.37	2.12
天津	1.90	64.38	2.61
河北	1.40	59.71	1.98
山西	1.56	56.06	2.08

地区	托宾Q	市盈率	市净率
内蒙古	1.12	21.26	1.38
辽宁	1.25	56.73	1.90
吉林	1.80	82.90	2.21
黑龙江	1.35	54.01	1.80
上海	1.52	60.98	2.01
江苏	1.55	43.19	2.09
浙江	1.60	47.15	2.40
安徽	1.49	33.46	1.94
福建	1.59	21.77	1.85
江西	1.75	106.67	2.46
山东	1.40	66.32	1.80
河南	1.34	82.63	1.80
湖北	1.84	57.04	2.59
湖南	1.52	101.05	2.06
广东	1.75	44.95	2.36
广西	1.78	104.71	2.88
海南	2.59	184.61	3.49
重庆	1.89	23.11	2.36
四川	2.11	50.15	2.60
贵州	1.82	45.11	2.24
云南	1.59	67.35	2.08
西藏	1.53	53.86	1.78
陕西	1.50	43.74	1.92
甘肃	1.39	51.94	1.85
青海	1.98	18.93	1.53
宁夏	1.38	71.26	1.60
新疆	1.47	69.56	2.04
合计	1.62	57.17	2.15

资料来源：根据 Wind 数据库、国泰安数据库整理。

2. 中央企业控股上市公司分地区比较

表6-34 列示了中央企业控股上市公司价值实现分地区的平均水平。托宾Q方面，海南、山西和浙江的排名最靠前，平均值分别为3.97、3.12和2.96；而内蒙古、辽宁和新疆的排名最后，平均值分别为1.12、1.13和1.16。市盈率方面，海南、天津和山西排前三名，平均值分别为296.17、118.11和109.76；而甘肃、广西和辽宁最低，平均值分别为7.45、16.07和21.24。市净率方面，浙江、海南和山西的平均值较高，分别为5.93、5.20和3.55；而甘肃、天津和新疆的平均值最低，分别为1.28、1.28和1.35。值得注意的是，要谨防市盈率和市净率估值过高导致价格严重偏离价值的问题，还需结合其他指标综合判断公司价值实现的情况。

表 6-34　中央企业控股上市公司价值实现分地区比较

地区	托宾 Q	市盈率	市净率
北京	1.75	48.30	2.30
天津	1.69	118.11	1.28
河北	1.51	80.50	2.23
山西	3.12	109.76	3.55
内蒙古	1.12	21.26	1.38
辽宁	1.13	21.24	1.96
吉林	1.55	106.73	2.00
黑龙江	1.50	70.61	2.00
上海	1.46	60.07	1.89
江苏	1.85	54.91	2.44
浙江	2.96	69.86	5.93
安徽	1.51	28.94	1.96
福建	2.66	26.40	2.53
江西	1.70	68.69	2.58
山东	1.67	97.00	2.12
河南	1.60	47.86	2.46
湖北	2.10	52.46	2.64
湖南	1.75	104.51	2.70
广东	1.64	36.50	2.31
广西	1.49	16.07	2.25
海南	3.97	296.17	5.20
重庆	2.05	26.05	2.67
四川	2.00	46.72	2.76
贵州	1.45	54.01	1.69
云南	1.40	83.54	1.78
西藏	—	—	—
陕西	1.78	50.40	2.38
甘肃	1.17	7.45	1.28
青海	—	—	—
宁夏	1.38	71.26	1.60
新疆	1.16	36.70	1.35
合计	1.71	57.79	2.29

资料来源：根据 Wind 数据库、国泰安数据库整理。

3. 地方国企控股上市公司分地区比较

表 6-35 统计了地方国企控股上市公司价值实现分地区的平均值。从价值实现的分指标来看，托宾 Q 的平均值排前三名的是贵州、四川和天津，平均值分别为 2.42、2.17 和 2.01；而排

名后三位的是河南、黑龙江和山东，平均值分别为 1.05、1.18 和 1.33。市盈率平均值排前三名的地区分别是河南、海南和江西，平均值分别为 127.33、117.67 和 117.03；而排名最后三位的地区是青海、重庆和福建，平均值分别为 18.93、21.04 和 21.38。市净率平均值最高的地区是天津、贵州和广西，平均值分别为 3.17、3.11 和 2.93；而市净率最低的地区是河南、青海和黑龙江，平均值分别为 1.05、1.53 和 1.56。

表 6-35　地方国企控股上市公司价值实现分地区比较

地区	托宾 Q	市盈率	市净率
北京	1.47	72.07	1.81
天津	2.01	37.52	3.17
河北	1.34	46.92	1.82
山西	1.38	48.39	1.92
内蒙古	—	—	—
辽宁	1.34	83.34	1.86
吉林	1.96	65.87	2.34
黑龙江	1.18	35.04	1.56
上海	1.54	61.35	2.07
江苏	1.41	37.33	1.93
浙江	1.39	44.22	1.87
安徽	1.49	34.75	1.94
福建	1.51	21.38	1.80
江西	1.77	117.03	2.42
山东	1.33	60.52	1.73
河南	1.05	127.33	1.05
湖北	1.41	64.37	2.49
湖南	1.42	99.32	1.78
广东	1.80	49.04	2.38
广西	1.80	112.10	2.93
海南	1.76	117.67	2.46
重庆	1.78	21.04	2.14
四川	2.17	52.50	2.50
贵州	2.42	30.86	3.11
云南	1.72	56.02	2.28
西藏	1.53	53.86	1.78

续表

地区	托宾 Q	市盈率	市净率
陕西	1.37	41.36	1.72
甘肃	1.43	56.39	1.95
青海	1.98	18.93	1.53
宁夏	—	—	—
新疆	1.64	92.57	2.41
合计	1.57	56.82	2.08

资料来源：根据 Wind 数据库、国泰安数据库整理。

四、国有控股上市公司市值管理综合比较分析

为进一步比较不同类型国有控股上市公司市值管理情况，本部分在前述研究结果的基础上，多角度地综合比较分析了国资委所属企业控股上市公司、中央企业控股上市公司以及地方国企控股上市公司分行业、分市场板块和分地区的市值管理情况。

（一）国资委所属企业控股上市公司市值管理分行业综合比较

1. 价值创造分行业比较

表6-36列示了不同类型国资委所属企业控股上市公司价值创造分行业的比较情况。从价值创造平均水平看，中央企业控股上市公司的经济增加值高于地方国企控股上市公司的经济增加值，基本每股收益方面两者则不存在明显差异，均为0.38，而净资产收益率方面前者高于后者，三项指标的综合比较结果表明我国国资委所属企业控股上市公司整体盈利水平偏低，而中央企业控股上市公司略好于地方国企控股上市公司。中央企业控股上市公司的营业利润现金比率低于地方国企控股上市公司，说明中央企业控股上市公司在现金流获取能力方面有待加强。国有资本保值增值方面，中央企业控股上市公司的表现好于地方国企控股上市公司，分别为1.1298和1.0820。在创新投入比率方面，中央企业控股上市公司的创新投入比率为2.02%，领先地方国企控股上市公司。

由表6-36可知，经济增加值方面，采矿业表现最好，且中央企业控股上市公司好于地方国企控股上市公司；而金融业表现最差，且地方国企控股上市公司较中央企业控股上市公司更差。基本每股收益方面，房地产业表现最好，其中中央企业控股上市公司高于地方国企控股上市公司，前者是后者的3倍之多。净资产收益率方面，科学研究和技术服务业表现最好，其中地方国企控股上市公司比中央企业控股上市公司表现更好。营业利润现金比率方面，住宿和餐饮业平均值最高，其次是租赁和商务服务业，并且地方国企控股上市公司遥遥领先中央企业控股上市公司。国有资本保值增值方面，房地产业的表现最好，并且该行业的中央企业控股上市公司强于地方国企控股上市公司；而表现较差的有教育、住宿和餐饮业以及农、林、牧、渔业，且地方国企控股上市公司的表现强于中央企业控股上市公司。研发创新方面，信息传输、软件和信息技术服务业，科学研究和技术服务业以及制造业的创新投入比率最高，并且中央企业控股上市公司的创新投入比率均超过地方国企控股上市公司；而教育，房地产业，交通运输、仓储和邮政业以及金融业的创新投入比率最低，但是平均来看，地方国企控股上市公司好于中央企业控股上市公司。

表 6-36 国资委所属企业控股上市公司价值创造分行业综合比较

行业	经济增加值（亿元）			基本每股收益（元）			净资产收益率			营业利润现金比率			国有资本保值增值			创新投入比率		
	国资委所属企业控股上市公司	中央企业控股	地方国企控股	国资委所属企业控股上市公司	中央企业控股	地方国企控股	国资委所属企业控股上市公司	中央企业控股	地方国企控股	国资委所属企业控股上市公司	中央企业控股	地方国企控股	国资委所属企业控股上市公司	中央企业控股	地方国企控股	国资委所属企业控股上市公司	中央企业控股	地方国企控股
农、林、牧、渔业	-1.18	-0.62	-1.29	0.06	0.04	0.07	0.01	0.02	-0.09	-1.89	0.46	-2.36	1.0354	1.0181	1.0389	0.0074	0.0100	0.0069
采矿业	7.39	8.95	6.59	0.41	0.38	0.43	0.06	0.06	0.06	0.62	1.44	0.20	1.0548	1.0657	1.0494	0.0075	0.0085	0.0070
制造业	1.77	-0.30	3.15	0.37	0.32	0.40	0.05	0.05	0.07	2.12	1.46	2.55	1.0934	1.1014	1.0882	0.0227	0.0260	0.0206
电力、热力、燃气及水生产和供应业	1.77	3.37	0.58	0.32	0.32	0.31	0.07	0.08	0.06	3.36	3.40	3.32	1.1454	1.2161	1.0928	0.0017	0.0021	0.0014
建筑业	6.56	14.23	0.03	0.46	0.64	0.30	0.08	0.09	0.09	0.26	1.11	-0.46	1.1244	1.1645	1.0904	0.0130	0.0160	0.0104
批发和零售业	1.34	0.70	1.48	0.41	0.49	0.39	0.03	-0.00	0.06	1.42	-2.87	2.36	1.083	1.1103	1.0770	0.0049	0.0135	0.0030
交通运输、仓储和邮政业	1.74	-2.02	3.26	0.40	0.34	0.43	0.08	0.08	0.05	2.11	3.10	1.70	1.0924	1.1063	1.0868	0.0009	0.0009	0.0008
住宿和餐饮业	-0.15	—	-0.15	0.48	—	0.48	0.06	—	0.02	10.22	—	10.22	1.0326	—	1.0326	0.0012	—	0.0012
信息传输、软件和信息技术服务业	-0.65	-0.26	-1.13	0.32	0.38	0.25	0.04	0.08	-0.01	2.52	1.92	3.27	1.0322	1.0669	0.9921	0.0435	0.0481	0.0379
金融业	-12.62	-11.37	-13.14	0.43	0.60	0.36	0.07	0.08	0.05	2.41	0.45	3.24	1.1437	1.3108	1.0733	0.0010	0.0008	0.0011

续表

行业	经济增加值（亿元）			基本每股收益（元）			净资产收益率			营业利润现金比率			国有资本保值增值			创新投入比率		
	国资委所属企业控股上市公司	中央企业控股	地方国企控股	国资委所属企业控股上市公司	中央企业控股	地方国企控股	国资委所属企业控股上市公司	中央企业控股	地方国企控股	国资委所属企业控股上市公司	中央企业控股	地方国企控股	国资委所属企业控股上市公司	中央企业控股	地方国企控股	国资委所属企业控股上市公司	中央企业控股	地方国企控股
房地产业	3.74	29.70	-1.96	0.48	1.06	0.35	0.06	0.12	0.08	-1.01	1.36	-1.53	1.1821	1.5454	1.1023	0.0003	0.0002	0.0004
租赁和商务服务业	3.55	42.45	-0.34	0.39	2.37	0.19	0.07	0.26	0.06	6.88	0.41	7.53	1.1400	1.2005	1.1305	0.0066	0.0000	0.0072
科学研究和技术服务业	0.39	0.26	0.55	0.42	0.35	0.50	0.10	0.09	0.11	1.42	1.86	0.92	1.0685	1.0438	1.0932	0.0339	0.0385	0.0286
水利、环境和公共设施管理业	0.50	-1.39	1.03	0.48	0.12	0.58	0.07	0.02	0.08	2.12	2.08	2.13	1.0908	1.1179	1.0830	0.0035	0.0064	0.0027
教育	-1.17	—	-1.17	0.08	—	0.08	0.02	—	—	0.51	—	0.51	1.0174	—	1.0174	0.0000	—	0.0000
文化、体育和娱乐业	0.15	—	0.15	0.28	—	0.28	0.05	—	-0.01	-3.83	—	-3.83	1.0392	—	1.0392	0.0032	—	0.0032
综合	-1.38	—	-1.38	0.12	—	0.12	0.03	—	0.05	0.11	—	0.11	1.0372	—	1.0372	0.0066	—	0.0066
合计	1.74	1.93	1.63	0.38	0.38	0.38	0.06	0.06	0.05	1.85	1.55	2.02	1.0987	1.1298	1.0820	0.0152	0.0202	0.0124

资料来源：Wind 数据库、国泰安数据库。

2. 价值经营分行业比较

表 6-37 列示了国资委所属企业控股上市公司价值经营分行业的比较情况。是否分派股利方面，中央企业控股上市公司在科学研究和技术服务业，批发和零售业，采矿业，水利、环境和公共设施管理业，电力、热力、燃气及水生产和供应业以及制造业的表现较好，且均大于同行业的地方国企控股上市公司；而地方国企控股上市公司在金融业等六个行业的表现好于同行业的中央企业控股上市公司。当年并购重组次数方面，中央企业控股上市公司在水利、环境和公共设施管理业，农、林、牧、渔业以及电力、热力、燃气及水生产和供应业表现较活跃，且均高于同行业的地方国企控股上市公司；而地方国企控股上市公司在租赁和商务服务业，信息传输、软件和信息技术服务业，科学研究和技术服务业以及制造业的表现较活跃，且均高于同行业的中央企业控股上市公司。当年再融资次数方面，中央企业控股上市公司在水利、环境和公共设施管理业，建筑业，交通运输、仓储和邮政业等八个行业表现较活跃，且均高于地方国企控股上市公司；而地方国企控股上市公司则在农、林、牧、渔业，科学研究和技术服务业以及电力、热力、燃气及水生产和供应业表现更为突出，且均高于同行业的中央企业控股上市公司。

表 6-37　国资委所属企业控股上市公司价值经营分行业综合比较

行业	是否分派股利			当年并购重组次数			当年再融资次数		
	国资委所属企业控股上市公司	中央企业控股	地方国企控股	国资委所属企业控股上市公司	中央企业控股	地方国企控股	国资委所属企业控股上市公司	中央企业控股	地方国企控股
农、林、牧、渔业	0.33	0.00	0.40	1.17	1.50	1.10	0.17	0.00	0.20
采矿业	0.47	0.50	0.45	0.55	0.19	0.74	0.09	0.13	0.06
制造业	0.42	0.43	0.42	1.79	1.46	2.00	0.10	0.14	0.08
电力、热力、燃气及水生产和供应业	0.42	0.43	0.41	0.76	0.80	0.73	0.11	0.07	0.15
建筑业	0.41	0.35	0.45	1.22	1.06	1.35	0.14	0.24	0.05
批发和零售业	0.42	0.58	0.38	1.52	0.33	1.78	0.09	0.08	0.09
交通运输、仓储和邮政业	0.37	0.12	0.47	0.83	0.82	0.84	0.12	0.18	0.09
住宿和餐饮业	0.50	—	0.50	1.83	—	1.83	0.00	—	0.00
信息传输、软件和信息技术服务业	0.38	0.38	0.38	2.03	1.56	2.62	0.03	0.06	0.00
金融业	0.52	0.38	0.58	1.41	0.38	1.84	0.11	0.13	0.11
房地产业	0.44	0.33	0.46	1.04	1.00	1.05	0.06	0.11	0.05
租赁和商务服务业	0.45	0.00	0.50	3.27	0.00	3.60	0.09	0.00	0.10
科学研究和技术服务业	0.46	0.71	0.17	1.15	0.14	2.33	0.08	0.00	0.17
水利、环境和公共设施管理业	0.33	0.50	0.29	1.00	1.50	0.86	0.22	0.50	0.14

续表

行业	是否分派股利			当年并购重组次数			当年再融资次数		
	国资委所属企业控股上市公司	中央企业控股	地方国企控股	国资委所属企业控股上市公司	中央企业控股	地方国企控股	国资委所属企业控股上市公司	中央企业控股	地方国企控股
教育	0.00	—	0.00	2.00	—	2.00	0.00	—	0.00
文化、体育和娱乐业	0.33	—	0.33	2.83	—	2.83	0.00	—	0.00
综合	0.25	—	0.25	2.25	—	2.25	0.00	—	0.00
合计	0.42	0.41	0.42	1.50	1.17	1.67	0.10	0.13	0.08

资料来源：Wind 数据库、国泰安数据库。

3. 价值实现分行业比较

表6-38列示了国资委所属企业控股上市公司价值实现分行业的比较情况。托宾Q方面，中央企业控股上市公司在租赁和商务服务业，信息传输、软件和信息技术服务业，科学研究和技术服务业以及制造业处在较高水平，且均高于同行业的地方国企控股上市公司；而地方国企控股上市公司在农、林、牧、渔业，水利、环境和公共设施管理业，采矿业，金融业，房地产业和建筑业的表现好于中央企业控股上市公司。从国资委所属企业控股上市公司的角度看，建筑业，房地产业以及电力、热力、燃气及水生产和供应业的排名最后，这些行业均有待进一步提高投资者对其的认可度。市盈率方面，中央企业控股上市公司在信息传输、软件和信息技术服务业，批发和零售业以及制造业的表现较好，且均超过同行业的地方国企控股上市公司；而地方国企控股上市公司在农、林、牧、渔业，金融业以及租赁和商务服务业的表现优于其他行业，且以上行业的平均值均高于同行业的中央企业控股上市公司。市净率方面，中央企业控股上市公司在租赁和商务服务业，信息传输、软件和信息技术服务业以及科学研究和技术服务业的表现好于其他行业，且这些行业的平均值均大于同行业的地方国企控股上市公司；而地方国企控股上市公司在农、林、牧、渔业，制造业和金融业的表现较好，且以上行业的平均水平均高于同行业的中央企业控股上市公司。

表6-38 国资委所属企业控股上市公司价值实现分行业综合比较

行业	托宾Q			市盈率			市净率		
	国资委所属企业控股上市公司	中央企业控股	地方国企控股	国资委所属企业控股上市公司	中央企业控股	地方国企控股	国资委所属企业控股上市公司	中央企业控股	地方国企控股
农、林、牧、渔业	1.77	1.66	1.80	94.10	81.95	97.14	2.79	1.93	2.97
采矿业	1.26	1.09	1.35	76.84	76.56	76.97	1.53	1.43	1.58
制造业	1.84	1.86	1.83	59.78	63.18	57.37	2.51	2.50	2.51
电力、热力、燃气及水生产和供应业	1.18	1.23	1.14	36.66	30.38	41.59	1.42	1.58	1.31
建筑业	1.06	1.05	1.06	29.39	20.36	37.48	1.19	1.18	1.20

续表

行业	托宾 Q			市盈率			市净率		
	国资委所属企业控股上市公司	中央企业控股	地方国企控股	国资委所属企业控股上市公司	中央企业控股	地方国企控股	国资委所属企业控股上市公司	中央企业控股	地方国企控股
批发和零售业	1.38	1.49	1.35	65.42	106.27	56.44	1.91	2.58	1.76
交通运输、仓储和邮政业	1.23	1.26	1.21	23.81	27.06	22.46	1.36	1.39	1.35
住宿和餐饮业	1.40	—	1.40	160.97	—	160.97	1.72	—	1.72
信息传输、软件和信息技术服务业	2.91	3.04	2.75	110.33	118.70	98.15	4.29	4.60	3.90
金融业	1.24	1.05	1.33	64.78	16.18	85.25	1.83	1.18	2.11
房地产业	1.10	1.04	1.11	22.21	16.56	23.44	1.26	0.98	1.32
租赁和商务服务业	1.80	5.93	1.38	77.83	32.07	82.41	2.26	7.78	1.71
科学研究和技术服务业	2.33	2.61	2.01	38.25	45.41	29.91	3.12	3.41	2.77
水利、环境和公共设施管理业	1.39	1.15	1.46	47.55	59.41	44.17	1.63	1.39	1.69
教育	1.26	—	1.26	85.15	—	85.15	1.45	—	1.45
文化、体育和娱乐业	1.47	—	1.47	87.73	—	87.73	1.68	—	1.68
综合	1.35	—	1.35	243.20	—	243.20	1.94	—	1.94
合计	1.62	1.71	1.57	57.17	57.79	56.82	2.15	2.29	2.08

资料来源：Wind 数据库、国泰安数据库。

（二）国资委所属企业控股上市公司市值管理分市场板块综合比较

1. 价值创造分市场板块比较

表6-39列示了国资委所属企业控股上市公司价值创造分市场板块的比较情况。科创板在经济增加值方面领先其他市场板块，其次是中小企业板，并且中小企业板的中央企业控股上市公司远远领先于地方国企控股上市公司。基本每股收益方面，科创板表现最好，其次是主板和中小企业板，且在主板中地方国企控股上市公司好于中央企业控股上市公司，然而在中小企业板中，中央企业控股上市公司的表现好于地方国企控股上市公司。净资产收益率方面，科创板表现最好，其次是中小企业板和主板，并且在中小企业板中，中央企业控股上市公司的表现好于地方国企控股上市公司。营业利润现金比率方面，创业板的国资委所属企业控股上市公司表现最好，且中央企业控股上市公司的表现好于地方国企控股上市公司；而在主板和中小企业板中，地方国企控股上市公司的表现则优于中央企业控股上市公司。国有资本保值增值方面，中小企业板表现最好，且中央企业控股上市公司好于地方国企控股上市公司，整体来看，中央企业控股上市公司的平均值均好于地方国企控股上市公司。创新投入比率方面，中央企业控股上市公司在主板、中小企业板和创业板的表现均好于地方国企控股上市公司。

表 6-39 国资委所属企业控股上市公司价值创造分市场板块综合比较

市场板块	经济增加值（亿元）			基本每股收益（元）			净资产收益率			营业利润现金比率			国有资本保值增值			创新投入比率		
	国资委所属企业控股上市公司	中央企业控股	地方国企控股	国资委所属企业控股上市公司	中央企业控股	地方国企控股	国资委所属企业控股上市公司	中央企业控股	地方国企控股	国资委所属企业控股上市公司	中央企业控股	地方国企控股	国资委所属企业控股上市公司	中央企业控股	地方国企控股	国资委所属企业控股上市公司	中央企业控股	地方国企控股
主板	1.81	1.45	2.00	0.39	0.36	0.41	0.06	0.06	0.06	1.78	1.44	1.97	1.0975	1.1266	1.0818	0.0128	0.0177	0.0102
中小企业板	2.21	5.04	0.72	0.39	0.50	0.33	0.07	0.09	0.06	1.59	1.13	1.83	1.1173	1.1525	1.0990	0.0243	0.0305	0.0210
创业板	-1.34	0.32	-2.30	0.08	0.34	-0.06	0.00	0.08	-0.04	3.97	4.64	3.59	1.0647	1.1220	1.0326	0.0286	0.0328	0.0262
科创板	11.22	11.22	—	0.54	0.54	—	0.14	0.14	—	1.13	1.13	—	—	—	—	0.0385	0.0385	—
合计	1.74	1.93	1.63	0.38	0.38	0.38	0.06	0.06	0.05	1.85	1.55	2.02	1.0987	1.1298	1.0820	0.0152	0.0202	0.0124

资料来源：Wind 数据库、国泰安数据库。

◆ 国有控股上市公司发展报告

· 284 ·

2. 价值经营分市场板块比较

表6-40列示了国资委所属企业控股上市公司价值经营分市场板块的比较情况。是否分派股利方面，中央企业控股上市公司在中小企业板的表现优于同市场板块的地方国企控股上市公司，而地方国企控股上市公司在主板和创业板的表现优于同市场板块的中央企业控股上市公司，整体来看，地方国企控股上市公司比中央企业控股上市公司表现出更强的分红意愿。当年并购重组方面，地方国企控股上市公司在主板、中小企业板和创业板的表现较中央企业控股上市公司更为活跃，整体来看，在资本运作方面地方国企控股上市公司比中央企业控股上市公司更加积极。当年再资融次数方面，中央企业控股上市公司在主板、中小企业板和创业板的表现均超过了同市场板块的地方国企控股上市公司，表明较地方国企控股上市公司而言，中央企业控股上市公司的再融资活动更为活跃。

表6-40　国资委所属企业控股上市公司价值经营分市场板块综合比较

市场板块	是否分派股利			当年并购重组次数			当年再融资次数		
	国资委所属企业控股上市公司	中央企业控股	地方国企控股	国资委所属企业控股上市公司	中央企业控股	地方国企控股	国资委所属企业控股上市公司	中央企业控股	地方国企控股
主板	0.41	0.40	0.41	1.22	1.01	1.34	0.09	0.09	0.08
中小企业板	0.52	0.55	0.51	2.01	1.81	2.11	0.16	0.29	0.09
创业板	0.34	0.27	0.38	4.98	2.27	6.54	0.20	0.33	0.12
科创板	1.00	1.00	—	0.00	0.00	—	0.00	0.00	—
合计	0.42	0.41	0.42	1.50	1.17	1.67	0.10	0.13	0.08

资料来源：Wind 数据库、国泰安数据库。

3. 价值实现分市场板块比较

表6-41列示了国资委所属企业控股上市公司价值实现分市场板块的比较情况。整体来看，中央企业控股和地方国企控股的创业板上市公司在托宾Q、市盈率和市净率方面的表现均领先其他市场板块。具体来看，主板、中小企业板和创业板的中央企业控股上市公司其托宾Q值高于同市场板块的地方国企控股上市公司。市盈率方面，中小企业板和创业板的地方国企控股上市公司的表现高于中央企业控股上市公司，但是主板的中央企业控股上市公司的表现则优于地方国企控股上市公司。市净率方面，主板、中小企业板和创业板的中央企业控股上市公司均大于地方国企控股上市公司。以上结果说明，相较于地方国企控股上市公司而言，市场投资者对中央企业控股上市公司给予了更高的评价和期待。

表6-41　国资委所属企业控股上市公司价值实现分市场板块综合比较

市场板块	托宾 Q			市盈率			市净率		
	国资委所属企业控股上市公司	中央企业控股	地方国企控股	国资委所属企业控股上市公司	中央企业控股	地方国企控股	国资委所属企业控股上市公司	中央企业控股	地方国企控股
主板	1.52	1.58	1.49	56.26	58.70	54.89	2.01	2.09	1.97
中小企业板	1.82	1.99	1.74	56.98	52.60	59.41	2.46	2.79	2.29

◇ 国有控股上市公司发展报告

市场板块	托宾 Q			市盈率			市净率		
	国资委所属企业控股上市公司	中央企业控股	地方国企控股	国资委所属企业控股上市公司	中央企业控股	地方国企控股	国资委所属企业控股上市公司	中央企业控股	地方国企控股
创业板	2.76	3.24	2.49	79.19	62.28	90.75	3.79	4.25	3.53
科创板	1.97	1.97	—	24.22	24.22	—	2.69	2.69	—
合计	1.62	1.71	1.57	57.17	57.79	56.82	2.15	2.29	2.08

资料来源：Wind 数据库、国泰安数据库。

（三）国资委所属企业控股上市公司市值管理分地区综合比较

1. 价值创造分地区比较

表6-42列示了国资委所属企业控股上市公司价值创造分地区的比较情况。盈利能力方面，不同地区的中央和地方国资委所属企业控股上市公司表现差异较大。比如，浙江、广西和广东的中央企业控股上市公司经济增加值较高，且大于地方国企控股上市公司，而辽宁、黑龙江和重庆等地区经济增加值为负，且小于地方国企控股上市公司；贵州、四川和山东等地区的地方国企控股上市公司经济增加值表现较好，且均超过了同地区的中央企业控股上市公司。基本每股收益方面，广东、甘肃、内蒙古和新疆的中央企业控股上市公司表现最好，且除内蒙古外均高于同地区的地方国企控股上市公司；而贵州、吉林和山东的地方国企控股上市公司平均值都大于同地区的中央企业控股上市公司。净资产收益率方面，广西、重庆和广东的中央企业控股上市公司表现较好，且均领先于同地区的地方国企控股上市公司；而贵州、重庆和吉林的地方国企控股上市公司表现排名前三位，且三个地区除了重庆之外平均值均高于中央企业控股上市公司。现金流获取能力方面，不同类型的上市公司存在地区差异。例如，陕西、黑龙江和湖南的中央企业控股上市公司在营业利润现金比率方面表现较好，且平均值均大于同地区的地方国企控股上市公司；而陕西、湖南、山西和湖北的地方国企控股上市公司表现更好，除前两个地区外，其他两个地区的平均值均大于同地区中央企业控股上市公司。国有资本保值增值方面，河南、河北、内蒙古和辽宁的中央企业控股上市公司表现更好，且除内蒙古外，其他三个地区均高于同地区的地方国企控股上市公司；而青海、河南、广西和江苏的地方国企控股上市公司表现较好，且除前两个地区外，其他两个地区的表现都优于同地区的中央企业控股上市公司。研发创新方面，福建、浙江和河南的中央企业控股上市公司创新投入比率最高，且均超过了同地区的地方国企控股上市公司；而山东、江西和贵州的地方国企控股上市公司的创新投入比率最高，但仅山东的创新投入比率高于中央企业控股上市公司。整体来看，中央企业控股上市公司的研发创新积极性较地方国企控股上市公司更高。

2. 价值经营分地区比较

表6-43列示了国资委所属企业控股上市公司价值经营分地区的比较情况。是否分派股利方面，广西、福建、安徽、贵州和浙江的中央企业控股上市公司表现较好，且均高于同地区的地方国企控股上市公司；而广东、湖北和重庆的地方国企控股上市公司表现较好，且平均值均大于同地区的中央企业控股上市公司。当年并购重组次数方面，中央企业控股上市公司和地方国企控股上市公司的表现差异较大。具体来看，安徽、湖北和福建的中央企业控股上市公司表现较

表6-42 国资委所属企业控股上市公司价值创造分地区综合比较

地区	经济增加值（亿元）			基本每股收益（元）			净资产收益率			营业利润现金比率			国有资本保值增值			创新投入比率		
	国资委所属企业控股上市公司	中央企业控股	地方国企控股	国资委所属企业控股上市公司	中央企业控股	地方国企控股	国资委所属企业控股上市公司	中央企业控股	地方国企控股	国资委所属企业控股上市公司	中央企业控股	地方国企控股	国资委所属企业控股上市公司	中央企业控股	地方国企控股	国资委所属企业控股上市公司	中央企业控股	地方国企控股
北京	3.00	6.10	-2.65	0.37	0.41	0.28	0.05	0.06	0.03	1.19	1.06	1.42	1.0968	1.1354	1.0302	0.0168	0.0202	0.0104
天津	1.01	3.78	-0.31	0.23	0.36	0.16	-0.03	0.09	-0.08	1.03	1.54	0.79	1.0048	1.0207	0.9972	0.0145	0.010	0.0166
河北	1.05	-0.98	2.31	0.33	0.24	0.39	0.06	0.06	0.07	2.45	4.12	1.42	1.1520	1.3124	1.0533	0.0127	0.0222	0.0069
山西	0.80	-0.84	0.98	0.37	0.07	0.41	0.05	0.03	0.05	4.15	0.62	4.54	1.040	1.0317	1.0444	0.0100	0.0142	0.0053
内蒙古	3.41	3.41	—	0.53	0.53	—	0.08	0.08	—	2.51	2.51	—	1.2819	1.2819	—	0.0097	0.0097	—
辽宁	-6.79	-12.78	-2.30	-0.05	-0.13	0.00	-0.04	-0.09	-0.01	0.62	1.02	0.33	1.1088	1.2759	0.9836	0.0083	0.0087	0.0081
吉林	1.10	-1.13	2.49	0.58	0.18	0.83	0.08	0.06	0.09	0.10	-2.05	1.45	1.0860	1.0577	1.037	0.0149	0.0259	0.0080
黑龙江	-4.27	-6.60	-1.60	0.29	0.34	0.23	0.07	0.07	0.07	4.95	7.80	1.69	1.0796	1.0755	1.0844	0.0126	0.0177	0.0068
上海	1.14	-3.07	2.84	0.42	0.31	0.47	0.07	0.06	0.08	1.81	1.94	1.76	1.088	1.1083	1.0798	0.0109	0.0183	0.0080
江苏	1.26	1.36	1.22	0.41	0.43	0.40	0.05	0.05	0.05	0.98	0.77	1.07	1.1246	1.0408	1.1631	0.0135	0.0240	0.0087
浙江	3.21	18.88	0.84	0.26	0.16	0.27	0.04	-0.07	0.06	1.29	0.51	1.40	1.0950	1.1688	1.0835	0.0140	0.0445	0.0094
安徽	3.26	-0.87	4.36	0.50	0.30	0.55	0.08	0.07	0.08	2.17	1.74	2.28	1.0853	1.0537	1.0937	0.0172	0.0212	0.0162
福建	2.58	2.77	2.56	0.44	0.39	0.44	0.02	0.10	0.02	1.35	0.67	1.41	1.0547	1.1465	1.0479	0.0197	0.0685	0.0161
江西	0.54	-1.03	1.03	0.29	0.30	0.29	0.05	0.04	0.05	-2.37	-13.09	0.93	1.0634	1.0933	1.0542	0.0237	0.0309	0.0216
山东	4.57	-2.48	6.20	0.50	0.14	0.58	0.07	0.05	0.08	2.17	1.27	2.38	1.0781	1.0468	1.0853	0.0202	0.0124	0.0220
河南	-0.59	-1.04	-0.09	0.30	0.32	0.28	0.05	0.06	0.04	1.05	1.90	0.09	1.2933	1.3251	1.2700	0.0245	0.0322	0.0158

续表

地区	经济增加值（亿元）			基本每股收益（元）			净资产收益率			营业利润现金比率			国有资本保值增值			创新投入比率		
	国资委所属企业控股上市公司	中央企业控股	地方国企控股	国资委所属企业控股上市公司	中央企业控股	地方国企控股	国资委所属企业控股上市公司	中央企业控股	地方国企控股	国资委所属企业控股上市公司	中央企业控股	地方国企控股	国资委所属企业控股上市公司	中央企业控股	地方国企控股	国资委所属企业控股上市公司	中央企业控股	地方国企控股
湖北	0.60	0.93	0.03	0.41	0.40	0.42	0.07	0.06	0.08	2.74	1.88	4.18	1.0712	1.0811	1.0543	0.0228	0.0294	0.0116
湖南	-0.48	-2.75	0.49	0.18	0.25	0.15	0.04	0.06	0.03	4.64	4.85	4.55	1.1090	1.1122	1.1076	0.0137	0.0145	0.0134
广东	4.30	9.48	1.98	0.59	0.78	0.50	0.08	0.10	0.08	2.22	1.17	2.70	1.1308	1.2277	1.0895	0.0190	0.0209	0.0181
广西	0.41	10.57	-0.31	0.18	0.27	0.18	0.03	0.14	0.02	1.57	1.85	1.55	1.1563	1.0317	1.1653	0.0068	0.0000	0.0073
海南	-6.28	-0.27	-9.89	0.12	0.13	0.11	0.03	0.04	0.03	-0.19	2.50	-1.80	1.0123	1.0252	1.0046	0.0090	0.0223	0.0010
重庆	-1.53	-4.65	0.74	0.45	0.37	0.51	0.10	0.12	0.09	1.08	0.75	1.33	1.0523	1.0107	1.0826	0.0125	0.0190	0.0078
四川	4.68	0.49	7.28	0.46	0.41	0.48	0.06	0.08	0.05	1.80	2.65	1.27	1.0992	1.1319	1.0768	0.0158	0.0237	0.0108
贵州	8.35	-0.16	21.96	0.63	0.46	0.89	0.08	0.07	0.11	-0.09	-2.38	3.57	1.1311	1.1536	1.0950	0.0218	0.0238	0.0186
云南	-1.64	2.16	-4.07	0.15	0.26	0.07	0.04	0.07	0.01	1.59	0.46	2.31	1.1531	1.1593	1.1492	0.0150	0.0117	0.0171
西藏	-0.01	—	-0.01	0.22	—	0.22	0.06	—	0.06	1.19	—	1.19	1.1112	—	1.1112	0.0036	—	0.0036
陕西	2.61	-2.60	4.88	0.23	0.15	0.27	0.05	0.04	0.06	5.90	8.75	4.66	1.0541	1.0517	1.0552	0.0176	0.0198	0.0167
甘肃	0.22	3.48	-0.37	0.24	0.74	0.15	0.03	0.08	0.03	2.25	2.92	2.13	1.0313	1.0785	1.0277	0.0068	0.0114	0.0059
青海	-12.16	—	-12.16	-0.26	—	-0.26	0.04	—	0.04	0.53	—	0.53	1.3453	—	1.3453	0.0057	—	0.0057
宁夏	0.13	0.13	—	0.40	0.40	—	0.05	0.05	—	4.24	4.24	—	1.0436	1.0436	—	0.0057	0.0057	—
新疆	0.60	5.12	-1.83	0.27	0.49	0.16	0.05	0.08	0.03	2.09	-0.28	3.36	1.0710	1.0821	1.0651	0.0060	0.0073	0.0053
合计	1.74	1.93	1.63	0.38	0.38	0.38	0.06	0.06	0.05	1.85	1.55	2.02	1.0987	1.1298	1.0820	0.0152	0.0202	0.0124

资料来源：Wind 数据库、国泰安数据库。

活跃，且并购重组次数均超过了同地区的地方国企控股上市公司；而辽宁、吉林、湖北和河北的地方国企控股上市公司表现更积极，且除湖北外，其他三个地区的并购重组次数的平均值均大于同地区的中央企业控股上市公司。当年再融资次数方面，福建、内蒙古、天津和河南的中央企业控股上市公司表现最积极，且除内蒙古外，其他三个地区的平均值均高于同地区的地方国企控股上市公司；而湖北、湖南、河南和吉林的地方国企控股上市公司表现最活跃，且除河南外，其他三个地区的平均次数均大于同地区的中央企业控股上市公司。

表 6-43　国资委所属企业控股上市公司价值经营分地区综合比较

地区	是否分派股利			当年并购重组次数			当年再融资次数		
	国资委所属企业控股上市公司	中央企业控股	地方国企控股	国资委所属企业控股上市公司	中央企业控股	地方国企控股	国资委所属企业控股上市公司	中央企业控股	地方国企控股
北京	0.33	0.32	0.35	1.95	1.55	2.68	0.12	0.15	0.05
天津	0.39	0.33	0.42	0.71	0.22	0.95	0.11	0.33	0.00
河北	0.38	0.38	0.38	2.05	0.88	2.77	0.10	0.25	0.00
山西	0.40	0.00	0.44	0.30	0.00	0.33	0.05	0.00	0.06
内蒙古	0.33	0.33	—	1.00	1.00	—	0.33	0.33	—
辽宁	0.38	0.44	0.33	2.67	0.67	4.17	0.00	0.00	0.00
吉林	0.36	0.40	0.33	2.57	0.60	3.67	0.14	0.00	0.22
黑龙江	0.47	0.50	0.43	0.40	0.25	0.57	0.00	0.00	0.00
上海	0.33	0.44	0.28	1.28	0.89	1.43	0.09	0.11	0.07
江苏	0.44	0.47	0.43	1.98	0.94	2.46	0.09	0.00	0.14
浙江	0.50	0.60	0.48	1.63	1.00	1.73	0.13	0.00	0.15
安徽	0.50	0.71	0.53	1.32	4.00	0.87	0.16	0.29	0.20
福建	0.45	1.00	0.41	1.79	3.00	1.70	0.10	0.50	0.07
江西	0.47	0.25	0.54	1.00	0.25	1.23	0.12	0.25	0.08
山东	0.40	0.44	0.38	1.46	0.44	1.69	0.06	0.11	0.05
河南	0.41	0.56	0.25	0.35	0.44	0.25	0.29	0.33	0.25
湖北	0.28	0.17	0.69	3.24	3.35	2.92	0.24	0.06	0.38
湖南	0.43	0.67	0.60	1.27	0.33	2.45	0.03	0.11	0.35
广东	0.63	0.45	0.71	1.90	1.45	2.10	0.04	0.06	0.03
广西	0.53	1.00	0.50	0.80	2.00	0.71	0.13	0.00	0.14
海南	0.25	0.33	0.20	1.38	0.67	1.80	0.00	0.00	0.00
重庆	0.63	0.63	0.64	1.00	0.50	1.36	0.05	0.13	0.00
四川	0.32	0.38	0.29	0.88	0.77	0.95	0.12	0.15	0.10
贵州	0.54	0.63	0.40	0.23	0.13	0.40	0.15	0.25	0.00
云南	0.39	0.57	0.27	0.72	0.86	0.64	0.22	0.29	0.18
西藏	0.25	—	0.25	0.50	—	0.50	0.00	—	0.00

续表

地区	是否分派股利			当年并购重组次数			当年再融资次数		
	国资委所属企业控股上市公司	中央企业控股	地方国企控股	国资委所属企业控股上市公司	中央企业控股	地方国企控股	国资委所属企业控股上市公司	中央企业控股	地方国企控股
陕西	0.39	0.43	0.38	1.00	1.43	0.81	0.09	0.29	0.00
甘肃	0.46	0.50	0.45	1.54	0.50	1.73	0.08	0.00	0.09
青海	0.25	—	0.25	0.25	—	0.25	0.00	—	0.00
宁夏	0.40	0.40	—	1.80	1.00	—	0.00	0.00	—
新疆	0.30	0.43	0.23	1.00	0.57	1.23	0.15	0.14	0.15
合计	0.42	0.41	0.42	1.50	1.17	1.67	0.10	0.13	0.08

资料来源：Wind 数据库、国泰安数据库。

3. 价值实现分地区比较

表6-44列示了国资委所属企业控股上市公司价值实现分地区的比较情况。不同类型的上市公司价值实现存在显著差异。托宾 Q 方面，海南、山西和浙江的中央企业控股上市公司表现最好，且均大于同地区的地方国企控股上市公司；而贵州、四川和天津的地方国企控股上市公司表现优于其他地区，且均大于同地区的中央企业控股上市公司。市盈率方面，海南、天津和山西的中央企业控股上市公司的排名最靠前，且均高于同地区的地方国企控股上市公司；而河南、海南、江西和广西的地方国企控股上市公司表现优于其他地区，且除海南外，其他三个地区的平均值均高于同地区的中央企业控股上市公司。市净率方面，浙江、海南和山西的中央企业控股上市公司表现最好，且均优于同地区的地方国企控股上市公司；而天津、贵州和广西的地方国企控股上市公司表现最好，且均优于同地区的中央企业控股上市公司。

表6-44 国资委所属企业控股上市公司价值实现分地区综合比较

地区	托宾 Q			市盈率			市净率		
	国资委所属企业控股上市公司	中央企业控股	地方国企控股	国资委所属企业控股上市公司	中央企业控股	地方国企控股	国资委所属企业控股上市公司	中央企业控股	地方国企控股
北京	1.65	1.75	1.47	56.37	48.30	72.07	2.12	2.30	1.81
天津	1.90	1.69	2.01	64.38	118.11	37.52	2.61	1.28	3.17
河北	1.40	1.51	1.34	59.71	80.50	46.92	1.98	2.23	1.82
山西	1.56	3.12	1.38	56.06	109.76	48.39	2.08	3.55	1.92
内蒙古	1.12	1.12	—	21.26	21.26	—	1.38	1.38	—
辽宁	1.25	1.13	1.34	56.73	21.24	83.34	1.90	1.96	1.86
吉林	1.80	1.55	1.96	82.90	106.73	65.87	2.21	2.00	2.34
黑龙江	1.35	1.50	1.18	54.01	70.61	35.04	1.80	2.00	1.56

地区	托宾 Q			市盈率			市净率		
	国资委所属企业控股上市公司	中央企业控股	地方国企控股	国资委所属企业控股上市公司	中央企业控股	地方国企控股	国资委所属企业控股上市公司	中央企业控股	地方国企控股
上海	1.52	1.46	1.54	60.98	60.07	61.35	2.01	1.89	2.07
江苏	1.55	1.85	1.41	43.19	54.91	37.33	2.09	2.44	1.93
浙江	1.60	2.96	1.39	47.15	69.86	44.22	2.40	5.93	1.87
安徽	1.49	1.51	1.49	33.46	28.94	34.75	1.94	1.96	1.94
福建	1.59	2.66	1.51	21.77	26.40	21.38	1.85	2.53	1.80
江西	1.75	1.70	1.77	106.67	68.69	117.03	2.46	2.58	2.42
山东	1.40	1.67	1.33	66.32	97.00	60.52	1.80	2.12	1.73
河南	1.34	1.60	1.05	82.63	47.86	127.33	1.80	2.46	1.05
湖北	1.84	2.10	1.41	57.04	52.46	64.37	2.59	2.64	2.49
湖南	1.52	1.75	1.42	101.05	104.51	99.32	2.06	2.70	1.78
广东	1.75	1.64	1.80	44.95	36.50	49.04	2.36	2.31	2.38
广西	1.78	1.49	1.80	104.71	16.07	112.10	2.88	2.25	2.93
海南	2.59	3.97	1.76	184.61	296.17	117.67	3.49	5.20	2.46
重庆	1.89	2.05	1.78	23.11	26.05	21.04	2.36	2.67	2.14
四川	2.11	2.00	2.17	50.15	46.72	52.50	2.60	2.76	2.50
贵州	1.82	1.45	2.42	45.11	54.01	30.86	2.24	1.69	3.11
云南	1.59	1.40	1.72	67.35	83.54	56.02	2.08	1.78	2.28
西藏	1.53	—	1.53	53.86	—	53.86	1.78	—	1.78
陕西	1.50	1.78	1.37	43.74	50.40	41.36	1.92	2.38	1.72
甘肃	1.39	1.17	1.43	51.94	7.45	56.39	1.85	1.28	1.95
青海	1.98	—	1.98	18.93	—	18.93	1.53	—	1.53
宁夏	1.38	1.38	—	71.26	71.26	—	1.60	1.60	—
新疆	1.47	1.16	1.64	69.56	36.70	92.57	2.04	1.35	2.41
合计	1.62	1.71	1.57	57.17	57.79	56.82	2.15	2.29	2.08

资料来源：Wind 数据库、国泰安数据库。

第四节　国有控股上市公司市值管理总结

党的十九大报告明确指出，要深化国有企业改革，推动国有资本做优做强做大。因此，随着国有企业混合所有制改革的深入，为实现国有资本保值增值，国有企业作为我国经济发展的主体，应当努力做好市值管理工作，提高企业的内在价值和市场价值。整体来看，国资委所属企业控股上市公司的市值处在合理区间，股价泡沫化风险较低，但整体市场预期偏低。因此，国有控股上市公司仍有待深入提升盈利能力和创新投入水平，积极开展多元化的资本运作活动，以提升价值创造和价值经营的能力，进而实现国有企业从"管资产"向"管资本"转型的目标。

一、国有控股上市公司市值管理总体状况总结

第一，价值实现方面，国资委所属企业控股上市公司的托宾 Q 为 1.62，即公司总市值是资产合计的 1.62 倍；市盈率和市净率分别为 57.17 和 2.15，即公司总市值分别是净利润和净资产的 57.17 倍和 2.15 倍；国资委所属企业控股上市公司的价值实现处在较合理的水平，但相较于全部上市公司，投资者对国资委所属企业控股上市公司的预期仍然偏低。此外，中央企业控股上市公司在托宾 Q、市盈率和市净率方面均高于地方国企控股上市公司。

第二，价值创造方面，我国国资委所属企业控股上市公司的盈利水平整体偏低，经济增加值为负值的公司占比约为 52.82%，基本每股收益为 0.38，净资产收益率为 0.06。其中，中央企业控股上市公司与地方国企控股上市公司在基本每股收益方面无显著差异，但中央企业控股上市公司在净资产收益率方面要好于地方国企控股上市公司。因此国资委所属企业控股上市公司需进一步加强盈利能力，提升经营绩效，进而提高上市公司质量。国资委所属企业控股上市公司营业利润现金比率为 1.85，表明上市公司创造现金流的能力较为可观，其中地方国企控股上市公司的表现遥遥领先于中央国企控股上市公司。国资委所属企业控股上市公司的国有资本保值增值率为 1.0987，基本实现了资本保值增值的目标，其中中央企业控股上市公司的表现要好于地方国企控股上市公司。从创新投入比率来看，国资委所属企业控股上市公司表现依然较差，平均仅有 0.0152，即每 1 元资产中只有 0.02 元用于研发创新活动。其中，中央企业控股上市公司的表现要强于地方国企控股上市公司，但也只有 0.0202。因此，我国国资委所属企业控股上市公司需加大研发创新的力度，实现公司高质量增长，从而提高公司的长期市场价值。

第三，价值经营方面，国资委所属企业控股上市公司中约占 42% 的上市公司进行了现金股利分红，低于全国上市公司的平均水平。其中，中央企业控股上市公司略低于地方国企控股上市公司。资本运作方面，当年并购重组次数平均值为 1.50，同样低于全国上市公司平均水平。其中，地方国企控股上市公司比中央企业控股上市公司的表现更为活跃。国资委所属企业控股上市公司的当年再融资次数非常低，平均值仅有 0.10。其中，中央企业控股上市公司的表现略高于地方国企控股上市公司。因此，我国国资委所属企业控股上市公司须进一步重视并利用好资本运作工具，尤其要提高上市公司资源整合的积极性与再融资能力，进而使资本市场有效发挥资源再分配的功能。

二、国有控股上市公司市值管理对比分析总结

第一，从行业比较分析来看，价值创造方面，采矿业、建筑业、房地产业以及租赁和商务服务业表现较好，而金融业，农、林、牧、渔业和综合表现较差。综合来看，中央企业控股上市公司在租赁和商务服务业，房地产业，建筑业，采矿业、电力、热力、燃气及水生产和供应业的表现优于地方国企控股上市公司；而地方国企控股上市公司在交通运输、仓储和邮政业以及制造业的表现则优于中央企业控股上市公司。价值经营方面，金融业、科学研究和技术服务业以及租赁和商务服务业表现更好，而教育，综合以及交通运输、仓储和邮政业在资本运作方面较不活跃。综合来看，中央企业控股上市公司在水利、环境和公共设施管理业，批发和零售

业以及建筑业的表现好于地方国企控股上市公司；而地方国企控股上市公司在金融业以及租赁和商务服务业的表现则优于中央企业控股上市公司。价值实现方面，信息传输、软件和信息技术服务业，科学研究和技术服务业以及制造业的表现较好，市场给予了较高预期，而建筑业和房地产业则处在较低水平。综合来看，中央企业控股上市公司在租赁和商务服务业以及信息传输、软件和信息技术服务业的表现超过了同行业的地方国企控股上市公司；而地方国企控股上市公司在农、林、牧、渔业，金融业，电力、热力、燃气及水生产和采矿业的表现则优于中央企业控股上市公司。

第二，从市场板块比较分析来看，价值创造方面，科创板在经济增加值、基本每股收益和净资产收益率的表现最好，远高于其他板块；中小企业板在国有资本保值增值方面表现最好；创业板在创造现金流能力和创新投入强度方面表现最好。综合来看，相比于地方国企控股上市公司，中央企业控股上市公司的中小企业板和创业板在盈利能力、国有资本保值增值和创新投入方面更强；而主板的地方国企控股上市公司在盈利能力方面优于中央企业控股上市公司。价值经营方面，中小企业板在分派股利上表现最好，创业板在并购重组和再融资方面好于其他市场板块。综合来看，在股利分派方面，中小企业板的中央企业控股上市公司在股利分派的表现好于地方国企控股上市公司，而主板和创业板的地方国企控股上市公司好于中央企业控股上市公司；并购重组方面，各个板块的地方国企控股上市公司的表现均优于中央企业控股上市公司；再融资方面，各个板块的中央企业控股上市公司均好于地方国企控股上市公司。价值实现方面，创业板的国资委所属企业控股上市公司在托宾Q、市盈率和市净率方面均远远高于其他市场板块，表明市场投资者对创业板上市公司给予了较高的期望。综合来看，各个板块的中央企业控股上市公司在托宾Q和市净率的表现均高于地方国企控股上市公司，而市盈率方面，中小企业板和创业板的地方国企控股上市公司高于中央企业控股上市公司，主板的中央企业控股上市公司则高于地方国企控股上市公司。

第三，从地区比较分析来看，价值创造方面，贵州、四川和山东的盈利能力更强，而辽宁、青海和海南的盈利能力最差。陕西、黑龙江和湖南在创造现金流方面较强，而江西和海南最差。青海、河南和内蒙古在国有资本保值增值方面领先其他地区，而天津、海南和甘肃排名靠后。创新投入比率方面，河南、江西和湖北三省最为活跃，而西藏、宁夏和青海最不活跃。综合来看，中央企业控股上市公司在浙江、广东、陕西和河南的表现优于地方国企控股上市公司；而地方国企控股上市公司在贵州、山西、广西、江西和山东的表现好于中央企业控股上市公司。价值经营方面，广东在分派股利方面表现最好，而海南排名最后。湖北在当年并购重组方面表现最好，而贵州排名最后。内蒙古在当年再融资方面表现最好，而青海、黑龙江、西藏、海南、宁夏和辽宁排名靠后。综合来看，中央企业控股上市公司在福建、安徽、云南、河南的表现较地方国企控股上市公司更为活跃；而地方国企控股上市公司在广东、辽宁和湖北的表现更为活跃。价值实现方面，海南、四川和青海在托宾Q值上的表现较好，而内蒙古、辽宁和河南表现较差；市盈率方面，海南、江西和广西的数值最高，而青海、内蒙古和福建的数值最低；市净率方面，海南、广西和天津数值最高，而内蒙古、青海和宁夏数值最低。综合来看，中央企业控股上市公司在海南、山西、浙江和福建的表现优于地方国企控股上市公司；而地方国企控股上市公司在贵州和四川的表现则优于中央企业控股上市公司。

第七章　国有控股上市公司经营机制市场化情况

国有控股上市公司经营机制市场化是指公司领导人原则上应实行市场化选聘、契约化管理，董事会成员要逐步扩大市场化选聘比例；在用人机制上实现竞争上岗；在分配上形成重实绩、重贡献的分配激励机制，对公司的专业技术骨干采取股票期权等分配办法和激励形式，鼓励资本、技术等生产要素参与收益分配。本书以1129家国有控股上市公司为分析对象，结合数据的可获得性，主要从领导人激励机制和国企分配机制两个角度分析国有控股上市公司的经营机制市场化状况。具体来说，主要包括领导人薪酬激励、领导人股权激励和高管—员工薪酬差距三个维度。领导人薪酬激励分别用高管前三名薪酬总额以及董事长和总经理2019年末薪酬总额表示；领导人股权激励分别用高管以及董事长和总经理2019年末是否持股（0，1）表示；高管—员工薪酬差距用管理层平均薪酬与员工平均薪酬的比值表示。

第一节　中央企业控股上市公司经营机制市场化状况

一、中央企业控股上市公司领导人薪酬激励状况

中央企业控股上市公司董事长和总经理两职兼任的比例较低，仅占6%，因而本部分分别从高管前三名薪酬总额以及董事长和总经理薪酬总额三个角度分析中央企业控股上市公司领导人薪酬激励状况。

（一）中央企业控股上市公司高管薪酬激励状况

中央企业控股上市公司高管薪酬激励的描述性统计如表7-1所示。由表7-1可知，中央企业控股上市公司高管前三名薪酬总额最大值是1924.45万元，最小值是69.07万元，平均值是351.45万元，标准差是279.50万元，表明不同上市公司高管前三名薪酬总额差异很大。对比国资委所属企业控股上市公司，中央企业控股上市公司高管前三名薪酬总额更高；对比全部上市公司状况，中央企业控股上市公司高管前三名薪酬总额更高。

表7-1　中央企业控股上市公司高管薪酬激励描述性统计表　　　　　　单位：万元

样本	平均值	中位数	标准差	极差	最大值	最小值
中央企业控股上市公司	351.45	263.32	279.50	1855.38	1924.45	69.07

样本	平均值	中位数	标准差	极差	最大值	最小值
国资委所属企业控股上市公司	314.87	234.17	268.54	2144.51	2167.07	22.56
全部上市公司	319.52	228.61	354.47	5919.62	5938.55	18.93

资料来源：根据 CSMAR 数据库整理。

（二）中央企业控股上市公司董事长薪酬激励状况

中央企业控股上市公司董事长薪酬激励的描述性统计如表 7-2 所示。由表 7-2 可知，中央企业控股上市公司董事长薪酬激励最大值是 708.98 万元，最小值是 7.16 万元，平均值是 116.03 万元，标准差是 105.96 万元，表明不同上市公司董事长薪酬激励水平差异很大。对比国资委所属企业控股上市公司和全部上市公司状况，中央企业控股上市公司董事长薪酬激励水平更高。

表 7-2　中央企业控股上市公司董事长薪酬激励描述性统计表　　　　单位：万元

样本	平均值	中位数	标准差	极差	最大值	最小值
中央企业控股上市公司	116.03	88.20	105.96	701.82	708.98	7.16
国资委所属企业控股上市公司	109.27	78.90	107.35	963.35	968.00	4.65
全部上市公司	110.80	76.42	141.47	2661.04	2661.28	0.24

资料来源：根据 CSMAR 数据库整理。

（三）中央企业控股上市公司总经理薪酬激励状况

中央企业控股上市公司总经理薪酬激励的描述性统计如表 7-3 所示。由表 7-3 可知，中央企业控股上市公司总经理薪酬激励最大值是 970.00 万元，最小值是 2.39 万元，平均值是 122.08 万元，标准差是 125.98 万元，表明不同上市公司总经理薪酬激励水平差异很大。对比国资委所属企业控股上市公司和全部上市公司状况，中央企业控股上市公司总经理薪酬激励水平更高。

表 7-3　中央企业控股上市公司总经理薪酬激励描述性统计表　　　　单位：万元

样本	平均值	中位数	标准差	极差	最大值	最小值
中央企业控股上市公司	122.08	88.23	125.98	967.61	970.00	2.39
国资委所属企业控股上市公司	108.52	77.93	110.91	969.10	970.00	0.90
全部上市公司	112.73	77.12	147.76	3868.69	3868.93	0.24

资料来源：根据 CSMAR 数据库整理。

二、中央企业控股上市公司领导人股权激励状况

随着我国上市公司股权激励的不断探索，股权激励日渐成为我国上市公司经营机制市场化的一项重要制度。本部分分别从高管、董事长和总经理是否持有本公司股份三个角度分析中央企业控股上市公司领导人股权激励状况。

（一）中央企业控股上市公司高管股权激励状况

中央企业控股上市公司高管股权激励的描述性统计如表7-4所示。由表7-4可知，中央企业控股上市公司高管股权激励的平均值为0.57，标准差为0.50，表明中央企业控股上市公司在是否对高管实施股权激励方面差异很大。高管持股的公司比例为57%，高管未持股的公司比例为43%。对比国资委所属企业控股上市公司状况，中央企业控股上市公司在高管股权激励方面的占比更高；对比全部上市公司状况，中央企业控股上市公司在高管股权激励方面的占比更低。

表7-4　中央企业控股上市公司高管股权激励描述性统计表

样本	平均值	中位数	标准差	极差	最大值	最小值
中央企业控股上市公司	0.57	1.00	0.50	1.00	1.00	0.00
国资委所属企业控股上市公司	0.56	1.00	0.50	1.00	1.00	0.00
全部上市公司	0.77	1.00	0.42	1.00	1.00	0.00

资料来源：根据CSMAR数据库整理。

（二）中央企业控股上市公司董事长股权激励状况

中央企业控股上市公司董事长股权激励的描述性统计如表7-5所示。由表7-5可知，中央企业控股上市公司董事长股权激励的平均值为0.17，标准差为0.38，表明中央企业控股上市公司在是否对董事长实施股权激励方面差异很大，董事长持股的公司比例为17%，董事长未持股的公司比例为83%。对比国资委所属企业控股上市公司和全部上市公司状况，中央企业控股上市公司在董事长股权激励方面的占比更低。

表7-5　中央企业控股上市公司董事长股权激励描述性统计表

样本	平均值	中位数	标准差	极差	最大值	最小值
中央企业控股上市公司	0.17	0.00	0.38	1.00	1.00	0.00
国资委所属企业控股上市公司	0.22	0.00	0.41	1.00	1.00	0.00
全部上市公司	0.59	1.00	0.49	1.00	1.00	0.00

资料来源：根据CSMAR数据库整理。

（三）中央企业控股上市公司总经理股权激励状况

中央企业控股上市公司总经理股权激励的描述性统计如表7-6所示。由表7-6可知，中央企业控股上市公司总经理股权激励的平均值为0.27，标准差为0.44，表明中央企业控股上市公司在是否对总经理实施股权激励方面差异很大。总经理持股的公司比例为27%，总经理未持股的公司比例为73%。对比国资委所属企业控股上市公司和全部上市公司状况，中央企业控股上市公司在总经理股权激励方面的占比更低。

表7-6　中央企业控股上市公司总经理股权激励描述性统计表

样本	平均值	中位数	标准差	极差	最大值	最小值
中央企业控股上市公司	0.27	0.00	0.44	1.00	1.00	0.00
国资委所属企业控股上市公司	0.28	0.00	0.45	1.00	1.00	0.00

样本	平均值	中位数	标准差	极差	最大值	最小值
全部上市公司	0.58	1.00	0.49	1.00	1.00	0.00

资料来源：根据 CSMAR 数据库整理。

三、中央企业控股上市公司分配机制状况

2018 年 5 月《国务院关于改革国有企业工资决定机制的意见》指出："国有企业应建立健全以岗位工资为主的基本工资制度，以岗位价值为依据，以业绩为导向，参照劳动力市场工资价位并结合企业经济效益，通过集体协商等形式合理确定不同岗位的工资水平，向关键岗位、生产一线岗位和紧缺急需的高层次、高技能人才倾斜，合理拉开工资分配差距，调整不合理过高收入。"薪酬差距是公司内部激励机制的一个重要组成部分，也是影响员工行为的重要因素之一。本部分主要从高管—员工薪酬差距这一角度来分析中央企业控股上市公司分配机制状况。

中央企业控股上市公司高管—员工薪酬差距的描述性统计如表 7-7 所示。由表 7-7 可知，中央企业控股上市公司高管—员工薪酬差距的平均值是 3.58，标准差是 2.77，表明中央企业控股上市公司高管和员工之间薪酬差距较大。对比国资委所属企业控股上市公司和全部上市公司状况，中央企业控股上市公司高管—员工薪酬差距更小。

表 7-7　中央企业控股上市公司高管—员工薪酬差距描述性统计表

样本	平均值	中位数	标准差	极差	最大值	最小值
中央企业控股上市公司	3.58	2.92	2.77	25.70	24.99	-0.70
国资委所属企业控股上市公司	3.65	2.89	3.25	50.84	50.13	-0.70
全部上市公司	3.78	2.95	3.25	50.84	50.13	-0.70

资料来源：根据 CSMAR 数据库整理。

第二节　地方国企控股上市公司经营机制市场化状况

一、地方国企控股上市公司领导人薪酬激励状况

地方国企控股上市公司董事长和总经理两职兼任的比例较低，占 9%，本部分分别从高管前三名薪酬总额以及董事长和总经理三个角度分析地方国企控股上市公司领导人薪酬激励状况。

（一）地方国企控股上市公司高管薪酬激励状况

地方国企控股上市公司高管薪酬激励的描述性统计如表 7-8 所示。由表 7-8 可知，地方国企控股上市公司高管前三名薪酬总额平均值是 289.23 万元，标准差是 252.76 万元，表明不同上市公司高管薪酬激励水平差异很大，最大值是 2167.07 万元，最小值是 22.56 万元。对比国资委所属企业控股上市公司和全部上市公司状况，地方国企控股上市公司高管前三名薪酬总额平均水平更低。

表7-8　地方国企控股上市公司高管薪酬激励描述性统计表　　　　　单位：万元

样本	平均值	中位数	标准差	极差	最大值	最小值
地方国企控股上市公司	289.23	213.48	252.76	2144.51	2167.07	22.56
国资委所属企业控股上市公司	314.87	234.17	268.54	2144.51	2167.07	22.56
全部上市公司	319.52	228.61	354.47	5919.62	5938.55	18.93

资料来源：根据 CSMAR 数据库整理。

（二）地方国企控股上市公司董事长薪酬激励状况

地方国企控股上市公司董事长薪酬激励的描述性统计如表7-9所示。由表7-9可知，地方国企控股上市公司董事长薪酬激励最大值是 865.00 万元，最小值是 4.65 万元，平均值是 102.49 万元，标准差是 99.71 万元，表明不同上市公司董事长薪酬激励水平差异很大。对比国资委所属企业控股上市公司和全部上市公司状况，地方国企控股上市公司董事长薪酬激励水平更低。

表7-9　地方国企控股上市公司董事长薪酬激励描述性统计表　　　　　单位：万元

样本	平均值	中位数	标准差	极差	最大值	最小值
地方国企控股上市公司	102.49	75.09	99.71	860.35	865.00	4.65
国资委所属企业控股上市公司	109.27	78.90	107.35	963.35	968.00	4.65
全部上市公司	110.80	76.42	141.47	2661.04	2661.28	0.24

资料来源：根据 CSMAR 数据库整理。

（三）地方国企控股上市公司总经理薪酬激励状况

地方国企控股上市公司总经理薪酬激励的描述性统计如表7-10所示。由表7-10可知，地方国企控股上市公司总经理薪酬激励平均值是 100.55 万元，标准差是 102.22 万元，表明不同上市公司总经理薪酬激励水平差异很大，最大值是 890.51 万元，最小值是 0.90 万元。对比国资委所属企业控股上市公司和全部上市公司状况，地方国企控股上市公司总经理薪酬激励水平更低。

表7-10　地方国企控股上市公司总经理薪酬激励描述性统计表　　　　　单位：万元

样本	平均值	中位数	标准差	极差	最大值	最小值
地方国企控股上市公司	100.55	71.22	102.22	889.61	890.51	0.90
国资委所属企业控股上市公司	108.52	77.93	110.91	969.10	970.00	0.90
全部上市公司	112.73	77.12	147.76	3868.69	3868.93	0.24

资料来源：根据 CSMAR 数据库整理。

二、地方国企控股上市公司领导人股权激励状况

本小节分别从高管、董事长和总经理是否持有本公司股份三个角度分析地方国企控股上市公司领导人股权激励状况。

（一）地方国企控股上市公司高管股权激励状况

地方国企控股上市公司高管股权激励的描述性统计如表7-11所示。由表7-11可知，地方

国企控股上市公司高管股权激励的平均值为 0.56，标准差为 0.50，表明地方国企控股上市公司在是否对高管实施股权激励方面差异很大，高管持股的公司比例为 56%，未持股的公司比例为 44%。从表 7-11 中还可以看出，国资委所属企业控股上市公司与地方国企控股上市公司实行高管股权激励的平均值基本持平，但是均低于全部上市公司。

表 7-11　地方国企控股上市公司高管股权激励描述性统计表

样本	平均值	中位数	标准差	极差	最大值	最小值
地方国企控股上市公司	0.56	1.00	0.50	1.00	1.00	0.00
国资委所属企业控股上市公司	0.56	1.00	0.50	1.00	1.00	0.00
全部上市公司	0.77	1.00	0.42	1.00	1.00	0.00

资料来源：根据 CSMAR 数据库整理。

（二）地方国企控股上市公司董事长股权激励状况

地方国企控股上市公司董事长股权激励的描述性统计如表 7-12 所示。由表 7-12 可知，地方国企控股上市公司董事长股权激励的平均值为 0.24，标准差为 0.43，表明地方国企控股上市公司在是否对董事长实施股权激励方面差异很大，董事长持股的公司比例为 24%，董事长未持股的公司比例为 76%。从表 7-12 中还可以看出，在实行董事长股权激励方面，全部上市公司占比最高，其次是地方国企控股上市公司，国资委所属企业控股上市公司占比最低。

表 7-12　地方国企控股上市公司董事长股权激励描述性统计表

样本	平均值	中位数	标准差	极差	最大值	最小值
地方国企控股上市公司	0.24	0.00	0.43	1.00	1.00	0.00
国资委所属企业控股上市公司	0.22	0.00	0.41	1.00	1.00	0.00
全部上市公司	0.59	1.00	0.49	1.00	1.00	0.00

资料来源：根据 CSMAR 数据库整理。

（三）地方国企控股上市公司总经理股权激励状况

地方国企控股上市公司总经理股权激励的描述性统计如表 7-13 所示。由表 7-13 可知，地方国企控股上市公司总经理股权激励的平均值为 0.29，标准差为 0.45，表明地方国企控股上市公司在是否对总经理实施股权激励方面差异很大，总经理持股的公司比例为 29%，未持股的公司比例为 71%。对比国资委所属企业控股上市公司状况，地方国企控股上市公司在总经理股权激励方面的占比更高；对比全部上市公司状况，地方国企控股上市公司在总经理股权激励方面的占比更低。

表 7-13　地方国企控股上市公司总经理股权激励描述性统计表

样本	平均值	中位数	标准差	极差	最大值	最小值
地方国企控股上市公司	0.29	0.00	0.45	1.00	1.00	0.00
国资委所属企业控股上市公司	0.28	0.00	0.45	1.00	1.00	0.00
全部上市公司	0.58	1.00	0.49	1.00	1.00	0.00

资料来源：根据 CSMAR 数据库整理。

三、地方国企控股上市公司分配机制状况

本部分主要从高管—员工薪酬差距这一角度来分析地方国企控股上市公司经营机制的市场化状况。

地方国企控股上市公司高管—员工薪酬差距的描述性统计如表 7-14 所示。由表 7-14 可知，全部上市公司高管和员工之间薪酬差距最大，其次是国资委所属企业控股上市公司，地方国企控股上市公司高管—员工薪酬差距最小。

表 7-14　地方国企控股上市公司高管—员工薪酬差距描述性统计表

样本	平均值	中位数	标准差	极差	最大值	最小值
地方国企控股上市公司	3.50	2.87	2.68	24.38	24.55	0.17
国资委所属企业控股上市公司	3.53	2.88	2.71	25.70	24.99	-0.70
全部上市公司	3.78	2.95	3.25	50.84	50.13	-0.70

资料来源：根据 CSMAR 数据库整理。

第三节　国有控股上市公司经营机制市场化比较分析

为了进一步发现不同行业、市场板块和地区的上市公司的差异，本节进行比较分析，按照前文的分析框架，从领导人薪酬激励、领导人股权激励以及分配机制三个方面，比较了国资委所属企业控股、中央企业控股和地方国企控股上市公司经营机制市场化在行业、市场板块和地区方面的差异。

一、国有控股上市公司经营机制市场化行业比较分析

(一) 领导人薪酬激励

1. 国资委所属企业控股上市公司行业比较分析

国资委所属企业控股上市公司领导人薪酬激励分行业比较分析如表 7-15 所示。在高管薪酬激励方面，租赁和商务服务业以及教育业高管薪酬激励平均水平排在第一位和第二位，分别为 622.46 万元和 568.06 万元；建筑业高管薪酬激励平均水平最低，为 186.24 万元。在董事长薪酬激励方面，教育业董事长薪酬激励平均水平最高，为 437.49 万元；建筑业董事长薪酬激励平均水平最低，为 48.85 万元。在总经理薪酬激励方面，教育业总经理薪酬激励平均水平排在第一位，为 323.03 万元；建筑业总经理薪酬激励平均水平最低，为 65.76 万元。

表 7-15　国资委所属企业控股上市公司领导人薪酬激励分行业比较分析　　单位：万元

行业	高管薪酬激励	董事长薪酬激励	总经理薪酬激励
农、林、牧、渔业	252.93	91.41	90.92
采矿业	296.43	99.23	97.96

行业	高管薪酬激励	董事长薪酬激励	总经理薪酬激励
制造业	289.91	108.70	104.25
电力、热力、燃气及水生产和供应业	330.49	109.87	124.23
建筑业	186.24	48.85	65.76
批发和零售业	276.91	97.49	89.22
交通运输、仓储和邮政业	354.88	125.36	116.93
住宿和餐饮业	238.79	—	79.82
信息传输、软件和信息技术服务业	305.52	84.65	98.96
金融业	414.75	101.62	120.97
房地产业	487.87	137.95	148.38
租赁和商务服务业	622.46	245.42	208.21
科学研究和技术服务业	442.57	182.08	148.86
水利、环境和公共设施管理业	237.24	79.24	84.88
文化、体育和娱乐业	237.40	104.42	90.19
综合	276.15	66.41	89.87
教育	568.06	437.49	323.03
合计	314.87	109.27	108.52

注：部分公司董事长不在上市公司领取薪酬，故部分董事长薪酬数据缺失，"—"表示该行业数据缺失，下同。

资料来源：根据 CSMAR 数据库整理。

2. 中央企业控股上市公司行业比较分析

中央企业控股上市公司领导人薪酬激励分行业比较分析如表 7-16 所示。在高管薪酬激励方面，租赁和商务服务业高管薪酬激励平均水平最高，为 1222.26 万元；建筑业高管薪酬激励平均水平最低，为 200.40 万元。在董事长薪酬激励方面，租赁和商务服务业董事长薪酬激励平均水平最高，为 576.72 万元；建筑业董事长薪酬激励平均水平最低，为 47.10 万元。在总经理薪酬激励方面，租赁和商务服务业总经理薪酬激励平均水平最高，为 486.55 万元；建筑业总经理薪酬激励平均水平最低，为 66.53 万元。

表 7-16   中央企业控股上市公司领导人薪酬激励分行业比较分析   单位：万元

行业	高管薪酬激励	董事长薪酬激励	总经理薪酬激励
农、林、牧、渔业	301.53	82.27	106.39
采矿业	313.52	92.31	94.56
制造业	315.58	108.67	114.19
电力、热力、燃气及水生产和供应业	362.27	100.26	150.07
建筑业	200.40	47.10	66.53
批发和零售业	358.35	111.63	116.45
交通运输、仓储和邮政业	451.42	91.24	120.74

续表

行业	高管薪酬激励	董事长薪酬激励	总经理薪酬激励
住宿和餐饮业	—	—	—
信息传输、软件和信息技术服务业	548.97	175.31	180.25
金融业	313.72	103.21	95.15
房地产业	531.84	325.64	205.14
租赁和商务服务业	1222.26	576.72	486.55
科学研究和技术服务业	784.03	380.51	237.03
水利、环境和公共设施管理业	247.95	91.01	92.57
文化、体育和娱乐业	—	—	—
综合	—	—	—
教育	—	—	—
合计	351.45	116.03	122.08

资料来源：根据 CSMAR 数据库整理。

3. 地方国企控股上市公司行业比较分析

地方国企控股上市公司领导人薪酬激励分行业比较分析如表 7-17 所示。在高管薪酬激励方面，金融业高管薪酬激励平均水平最高，为 480.99 万元；农、林、牧、渔业高管薪酬激励平均水平最低，为 154.88 万元。在董事长薪酬激励方面，租赁和商务服务业董事长薪酬激励平均水平最高，为 190.20 万元，其次是交通运输、仓储和邮政业，为 138.40 万元；农、林、牧、渔业董事长薪酬激励平均水平最低，为 49.58 万元。在总经理薪酬激励方面，房地产业总经理薪酬激励平均水平最高，为 154.25 万元；农、林、牧、渔业总经理薪酬激励平均水平最低，为 40.92 万元。

表 7-17　地方国企控股上市公司领导人薪酬激励分行业比较分析　　单位：万元

行业	高管薪酬激励	董事长薪酬激励	总经理薪酬激励
农、林、牧、渔业	154.88	49.58	40.92
采矿业	246.73	105.99	78.39
制造业	259.68	100.68	93.27
电力、热力、燃气及水生产和供应业	323.75	107.59	111.61
建筑业	181.91	52.06	68.80
批发和零售业	238.80	90.03	78.96
交通运输、仓储和邮政业	333.96	138.40	114.42
住宿和餐饮业	254.93	—	85.69
信息传输、软件和信息技术服务业	238.46	59.59	83.32
金融业	480.99	108.36	153.34
房地产业	468.33	119.62	154.25
租赁和商务服务业	462.59	190.20	151.99

行业	高管薪酬激励	董事长薪酬激励	总经理薪酬激励
科学研究和技术服务业	298.01	64.89	114.63
水利、环境和公共设施管理业	158.70	52.83	55.17
文化、体育和娱乐业	229.96	68.92	85.01
综合	353.40	73.51	125.51
教育	—	—	—
合计	289.23	102.49	100.55

资料来源：根据 CSMAR 数据库整理。

（二）领导人股权激励

1. 国资委所属企业控股上市公司行业比较分析

国资委所属企业控股上市公司领导人股权激励分行业比较分析如表 7-18 所示。在高管股权激励方面，租赁和商务服务业，电力、热力、燃气及水生产和供应业，采矿业这三个行业平均水平位居前三，分别为 1.00、0.94 和 0.85；住宿和餐饮业以及综合这两个行业高管持股平均水平最低，均为 0.00。在董事长股权激励方面，电力、热力、燃气及水生产和供应业，采矿业，租赁和商务服务业这三个行业平均水平位居前三，分别为 0.62、0.45 和 0.37；建筑业、住宿和餐饮业、综合、教育这四个行业董事长持股平均水平最低，均为 0.00。在总经理股权激励方面，采矿业，租赁和商务服务业，电力、热力、燃气及水生产和供应业这三个行业平均水平排在前三位，分别为 0.70，0.68 和 0.59；农、林、牧、渔业，建筑业，住宿和餐饮业，综合，教育这五个行业总经理持股平均水平最低，均为 0.00。

表 7-18　国资委所属企业控股上市公司领导人股权激励分行业比较分析

行业	高管股权激励	董事长股权激励	总经理股权激励
农、林、牧、渔业	0.71	0.12	0.00
采矿业	0.85	0.45	0.70
制造业	0.55	0.22	0.28
电力、热力、燃气及水生产和供应业	0.94	0.62	0.59
建筑业	0.29	0.00	0.00
批发和零售业	0.53	0.12	0.19
交通运输、仓储和邮政业	0.53	0.22	0.23
住宿和餐饮业	0.00	0.00	0.00
信息传输、软件和信息技术服务业	0.57	0.09	0.26
金融业	0.50	0.18	0.26
房地产业	0.38	0.08	0.10
租赁和商务服务业	1.00	0.37	0.68
科学研究和技术服务业	0.46	0.13	0.13
水利、环境和公共设施管理业	0.53	0.24	0.24
文化、体育和娱乐业	0.44	0.13	0.20

续表

行业	高管股权激励	董事长股权激励	总经理股权激励
综合	0.00	0.00	0.00
教育	0.50	0.00	0.00
合计	0.56	0.22	0.28

资料来源：根据 CSMAR 数据库整理。

2. 中央企业控股上市公司行业比较分析

中央企业控股上市公司领导人股权激励分行业比较分析如表 7-19 所示。在高管股权激励方面，租赁和商务服务业以及电力、热力、燃气及水生产和供应业平均水平居前两位，分别为 1.00 和 0.83。在董事长股权激励方面，租赁和商务服务业以及电力、热力、燃气及水生产和供应业平均水平排在前两位，分别为 0.50 和 0.48。在总经理股权激励方面，租赁和商务服务业、采矿业平均水平居前两位，分别为 1.00 和 0.55。

表 7-19　中央企业控股上市公司领导人股权激励分行业比较分析

行业	高管股权激励	董事长股权激励	总经理股权激励
农、林、牧、渔业	0.67	0.00	0.00
采矿业	0.80	0.27	0.55
制造业	0.56	0.16	0.25
电力、热力、燃气及水生产和供应业	0.83	0.48	0.43
建筑业	0.31	0.00	0.00
批发和零售业	0.59	0.11	0.21
交通运输、仓储和邮政业	0.67	0.31	0.31
住宿和餐饮业	—	—	—
信息传输、软件和信息技术服务业	0.50	0.08	0.25
金融业	0.56	0.10	0.30
房地产业	0.75	0.17	0.50
租赁和商务服务业	1.00	0.50	1.00
科学研究和技术服务业	0.00	0.00	0.00
水利、环境和公共设施管理业	0.33	0.33	0.33
文化、体育和娱乐业	—	—	—
综合	—	—	—
教育	—	—	—
合计	0.57	0.17	0.27

资料来源：根据 CSMAR 数据库整理。

3. 地方国企控股上市公司行业比较分析

地方国企控股上市公司领导人股权激励分行业比较分析如表 7-20 所示。在高管股权激励方面，租赁和商务服务业高管持股平均水平最高，为 1.00，其次是电力、热力、燃气及水生产和供应业，为 0.97；住宿和餐饮业、综合这两个行业高管持股平均水平为 0.00。在董事长股权激励方面，电力、热力、燃气及水生产和供应业平均水平最高，为0.64；建筑业、住宿和餐饮业以及综合这三个行业董事长持股水平为0.00。在总经理股权激励方面，采矿业总经理持股平均水平最高，为0.77，其次是电力、热力、燃气及水生产和供应业，为0.62；建筑业，住宿和餐饮业，综合以及农、业、牧、渔业这四个行业总经理持股平均水平为0.00。

表7-20　地方国企控股上市公司领导人股权激励分行业比较分析

行业	高管股权激励	董事长股权激励	总经理股权激励
农、林、牧、渔业	0.75	0.25	0.00
采矿业	0.95	0.59	0.77
制造业	0.52	0.23	0.27
电力、热力、燃气及水生产和供应业	0.97	0.64	0.62
建筑业	0.35	0.00	0.00
批发和零售业	0.53	0.13	0.18
交通运输、仓储和邮政业	0.48	0.21	0.21
住宿和餐饮业	0.00	0.00	0.00
信息传输、软件和信息技术服务业	0.58	0.09	0.35
金融业	0.57	0.24	0.29
房地产业	0.27	0.03	0.03
租赁和商务服务业	1.00	0.36	0.57
科学研究和技术服务业	0.67	0.29	0.14
水利、环境和公共设施管理业	0.60	0.20	0.40
文化、体育和娱乐业	0.67	0.10	0.20
综合	0.00	0.00	0.00
教育	—	—	—
合计	0.56	0.24	0.29

资料来源：根据CSMAR数据库整理。

（三）分配机制

1. 国资委所属企业控股上市公司行业比较分析

国资委所属企业控股上市公司分配机制分行业比较分析如表7-21所示。其中，农、林、牧、渔业高管—员工薪酬差距最大，为4.63，住宿和餐饮业、租赁和商务服务业高管—员工薪酬差距平均水平最低，均为2.56。

表7-21　国资委所属企业控股上市公司分配机制分行业比较分析

行业	高管—员工薪酬差距
农、林、牧、渔业	4.63
采矿业	2.79
制造业	3.88

续表

行业	高管—员工薪酬差距
电力、热力、燃气及水生产和供应业	3.16
建筑业	3.27
批发和零售业	4.33
交通运输、仓储和邮政业	3.32
住宿和餐饮业	2.56
信息传输、软件和信息技术服务业	3.51
金融业	3.19
房地产业	3.81
租赁和商务服务业	2.56
科学研究和技术服务业	2.78
水利、环境和公共设施管理业	3.72
文化、体育和娱乐业	3.49
综合	3.71
教育	2.63
合计	3.65

资料来源：根据 CSMAR 数据库整理。

2. 中央企业控股上市公司行业比较分析

中央企业控股上市公司分配机制分行业比较分析如表 7-22 所示。其中，批发和零售业高管—员工薪酬差距最大，为 4.15，租赁和商务服务业高管—员工薪酬差距最小，为 1.86。

表 7-22 中央企业控股上市公司分配机制分行业比较分析

行业	高管—员工薪酬差距
农、林、牧、渔业	4.00
采矿业	2.85
制造业	3.75
电力、热力、燃气及水生产和供应业	2.60
建筑业	3.33
批发和零售业	4.15
交通运输、仓储和邮政业	3.96
住宿和餐饮业	—
信息传输、软件和信息技术服务业	3.03
金融业	2.93
房地产业	2.94
租赁和商务服务业	1.86
科学研究和技术服务业	3.57
水利、环境和公共设施管理业	4.08

行业	高管—员工薪酬差距
文化、体育和娱乐业	—
综合	—
教育	—
合计	3.58

资料来源：根据 CSMAR 数据库整理。

3. 地方国企控股上市公司行业比较分析

地方国企控股上市公司分配机制分行业比较分析如表 7-23 所示。其中，批发和零售业高管—员工薪酬差距最大，为 4.22；科学研究和技术服务业高管—员工薪酬差距最小，为 2.12。

表 7-23　地方国企控股上市公司分配机制分行业比较分析

行业	高管—员工薪酬差距
农、林、牧、渔业	3.02
采矿业	2.72
制造业	3.75
电力、热力、燃气及水生产和供应业	3.39
建筑业	3.31
批发和零售业	4.22
交通运输、仓储和邮政业	3.23
住宿和餐饮业	2.46
信息传输、软件和信息技术服务业	3.24
金融业	3.35
房地产业	3.19
租赁和商务服务业	2.71
科学研究和技术服务业	2.12
水利、环境和公共设施管理业	3.39
文化、体育和娱乐业	2.92
综合	3.77
教育	—
合计	3.50

资料来源：根据 CSMAR 数据库整理。

二、国有控股上市公司经营机制市场化市场板块比较分析

（一）领导人薪酬激励

1. 国资委所属企业控股上市公司市场板块比较分析

国资委所属企业控股上市公司领导人薪酬激励分市场板块比较分析如表 7-24 所示。在高管

薪酬激励方面，科创板高管薪酬激励平均水平最高，为 348.18 万元；创业板高管薪酬激励平均水平最低，为 282.00 万元。在董事长薪酬激励方面，科创板董事长薪酬激励平均水平最高，为 119.90 万元；创业板董事长薪酬激励平均水平最低，为 95.60 万元。在总经理薪酬激励方面，各个市场板块间差异依然很大，中小企业板总经理薪酬激励平均水平最高，为 114.18 万元；科创板总经理薪酬激励平均水平最低，为 53.64 万元。

表 7-24　国资委所属企业控股上市公司领导人薪酬激励分市场板块比较分析　　单位：万元

市场板块	高管薪酬激励	董事长薪酬激励	总经理薪酬激励
主板	315.76	109.22	108.46
中小企业板	322.08	113.88	114.18
创业板	282.00	95.60	98.29
科创板	348.18	119.90	53.64
合计	314.87	109.27	108.52

资料来源：根据 CSMAR 数据库整理。

2. 中央企业控股上市公司市场板块比较分析

中央企业控股上市公司领导人薪酬激励分市场板块比较分析如表 7-25 所示。在高管薪酬激励方面，科创板高管薪酬激励平均水平最高，为 404.62 万元；创业板高管薪酬激励平均水平最低，为 296.58 万元。在董事长薪酬激励方面，中小企业板董事长薪酬激励平均水平最高，为 129.60 万元；创业板董事长薪酬激励平均水平最低，为 81.65 万元。在总经理薪酬激励方面，各个市场板块间差异依然很大，中小企业板总经理薪酬激励平均水平最高，为 127.71 万元；科创板总经理薪酬激励平均水平最低，为 39.98 万元。

表 7-25　中央企业控股上市公司领导人薪酬激励分市场板块比较分析　　单位：万元

市场板块	高管薪酬激励	董事长薪酬激励	总经理薪酬激励
主板	351.84	115.88	122.79
中小企业板	366.12	129.60	127.71
创业板	296.58	81.65	106.57
科创板	404.62	119.90	39.98
合计	351.45	116.03	122.08

资料来源：根据 CSMAR 数据库整理。

3. 地方国企控股上市公司市场板块比较分析

地方国企控股上市公司领导人薪酬激励分市场板块比较分析如表 7-26 所示。在高管薪酬激励方面，中小企业板高管薪酬激励平均水平最高，为 303.52 万元；创业板高管薪酬激励平均水平最低，为 232.60 万元。在董事长薪酬激励方面，中小企业板董事长薪酬激励平均水平最高，为 109.29 万元；创业板董事长薪酬激励平均水平最低，为 97.93 万元。在总经理薪酬激励方面，各个市场板块间差异依然很大，中小企业板总经理薪酬激励平均水平最高，为 114.10 万元；创业板总经理薪酬激励平均水平最低，为 72.62 万元。

表 7-26　地方国企控股上市公司领导人薪酬激励分市场板块比较分析　　　单位：万元

市场板块	高管薪酬激励	董事长薪酬激励	总经理薪酬激励
主板	289.92	101.28	99.95
中小企业板	303.52	109.29	114.10
创业板	232.60	97.93	72.62
科创板	—	—	—
合计	289.23	102.49	100.55

资料来源：根据 CSMAR 数据库整理。

（二）领导人股权激励

1. 国资委所属企业控股上市公司市场板块比较分析

国资委所属企业控股上市公司领导人股权激励分市场板块比较分析如表 7-27 所示。在高管股权激励方面，创业板高管股权激励平均水平最高，为 0.82；科创板高管股权激励平均水平最低，为 0.50。在董事长股权激励方面，创业板董事长股权激励平均水平最高，为 0.37；科创板董事长股权激励平均水平最低，为 0.00。在总经理股权激励方面，各个市场板块间差异依然很大，创业板总经理股权激励平均水平最高，为 0.52；主板总经理股权激励平均水平最低，为 0.24。

表 7-27　国资委所属企业控股上市公司领导人股权激励分市场板块比较分析

市场板块	高管股权激励	董事长股权激励	总经理股权激励
主板	0.51	0.19	0.24
中小企业板	0.72	0.32	0.44
创业板	0.82	0.37	0.52
科创板	0.50	0.00	0.50
合计	0.56	0.22	0.28

资料来源：根据 CSMAR 数据库整理。

2. 中央企业控股上市公司市场板块比较分析

中央企业控股上市公司领导人股权激励分市场板块比较分析如表 7-28 所示。在高管股权激励方面，创业板高管股权激励平均水平最高，为 0.80；科创板高管股权激励平均水平最低，为 0.00。在董事长股权激励方面，中小企业板董事长股权激励平均水平最高，为 0.31；科创板董事长股权激励平均水平最低，为 0.00。在总经理股权激励方面，中小企业板总经理股权激励平均水平最高，为 0.45；科创板总经理股权激励平均水平最低，为 0.00。

表 7-28　中央企业控股上市公司领导人股权激励分市场板块比较分析

市场板块	高管股权激励	董事长股权激励	总经理股权激励
主板	0.54	0.15	0.23
中小企业板	0.67	0.31	0.45
创业板	0.80	0.20	0.40

市场板块	高管股权激励	董事长股权激励	总经理股权激励
科创板	0.00	0.00	0.00
合计	0.57	0.17	0.27

资料来源：根据 CSMAR 数据库整理。

3. 地方国企控股上市公司市场板块比较分析

地方国企控股上市公司领导人股权激励分市场板块比较分析如表 7-29 所示。在高管股权激励方面，创业板高管股权激励平均水平最高，为 0.92；主板高管股权激励平均水平最低，为 0.51。在董事长股权激励方面，创业板董事长股权激励平均水平最高，为 0.54；主板董事长股权激励平均水平最低，为 0.22。在总经理股权激励方面，创业板总经理股权激励平均水平最高，为 0.65；主板总经理股权激励平均水平最低，为 0.25。

表 7-29　地方国企控股上市公司领导人股权激励分市场板块比较分析

市场板块	高管股权激励	董事长股权激励	总经理股权激励
主板	0.51	0.22	0.25
中小企业板	0.70	0.31	0.41
创业板	0.92	0.54	0.65
科创板	—	—	—
合计	0.56	0.24	0.29

资料来源：根据 CSMAR 数据库整理。

（三）分配机制

1. 国资委所属企业控股上市公司市场板块比较分析

国资委所属企业控股上市公司分配机制分市场板块比较分析如表 7-30 所示。在高管—员工薪酬差距方面，各个市场板块间差异很大，中小企业板高管—员工薪酬差距平均水平最高，为 3.88；科创板高管—员工薪酬差距平均水平最低，为 2.86。

表 7-30　国资委所属企业控股上市公司分配机制分市场板块比较分析

市场板块	高管—员工薪酬差距
主板	3.64
中小企业板	3.88
创业板	3.29
科创板	2.86
合计	3.65

资料来源：根据 CSMAR 数据库整理。

2. 中央企业控股上市公司市场板块比较分析

中央企业控股上市公司分配机制分市场板块比较分析如表 7-31 所示。在高管—员工薪酬差距方面，各个市场板块间差异依然很大，主板高管—员工薪酬差距平均水平最高，为3.69；科创板高管—员工薪酬差距平均水平最低，为1.81。

表7-31　中央企业控股上市公司分配机制分市场板块比较分析

市场板块	高管—员工薪酬差距
主板	3.69
中小企业板	3.02
创业板	3.45
科创板	1.81
合计	3.58

资料来源：根据CSMAR数据库整理。

3. 地方国企控股上市公司市场板块比较分析

地方国企控股上市公司分配机制分市场板块比较分析如表7-32所示。在高管—员工薪酬差距方面，中小企业板高管—员工薪酬差距平均水平最高，为3.62；创业板高管—员工薪酬差距平均水平最低，为2.76。

表7-32　地方国企控股上市公司分配机制分市场板块比较分析

市场板块	高管—员工薪酬差距
主板	3.52
中小企业板	3.62
创业板	2.76
科创板	—
合计	3.50

资料来源：根据CSMAR数据库整理。

三、国有控股上市公司经营机制市场化地区比较分析

（一）领导人薪酬激励

1. 国资委所属企业控股上市公司地区比较分析

国资委所属企业控股上市公司领导人薪酬激励分地区比较分析如表7-33所示。在高管薪酬激励方面，宁夏高管薪酬激励平均水平最高，为657.55万元；贵州高管薪酬激励平均水平最低，为220.93万元。在董事长薪酬激励方面，云南董事长薪酬激励平均水平最高，为206.65万元；甘肃董事长薪酬激励平均水平最低，为70.69万元。在总经理薪酬激励方面，各个地区间差异仍然很大，宁夏总经理薪酬激励平均水平最高，为224.56万元；贵州总经理薪酬激励平均水平最低，为60.58万元。

表 7-33　国资委所属企业控股上市公司领导人薪酬激励分地区比较分析　　单位：万元

地区	高管薪酬激励	董事长薪酬激励	总经理薪酬激励
北京	308.51	102.90	108.78
天津	391.09	112.31	139.65
河北	311.93	127.60	121.17
山西	242.65	92.17	90.47
内蒙古	293.59	74.99	102.75
辽宁	326.51	97.84	128.74
吉林	387.20	163.54	153.86
黑龙江	271.13	131.39	106.88
上海	290.31	99.75	100.66
江苏	358.42	113.47	129.78
浙江	312.43	99.13	101.38
安徽	270.56	109.93	81.99
福建	419.17	117.06	132.63
江西	271.62	122.66	106.38
山东	305.88	123.73	107.18
河南	308.45	148.28	119.50
湖北	243.79	91.83	84.80
湖南	284.90	93.23	92.99
广东	346.29	117.51	120.60
广西	275.26	78.79	95.53
海南	415.31	116.54	125.55
重庆	241.35	76.27	65.04
四川	255.74	79.22	85.00
贵州	220.93	87.94	60.58
云南	466.65	206.65	146.39
西藏	340.90	76.43	87.17
陕西	332.76	108.79	101.56
甘肃	265.17	70.69	70.64
青海	325.57	112.77	138.43
宁夏	657.55	131.49	224.56
新疆	271.37	94.46	86.71
合计	314.87	109.27	108.52

资料来源：根据 CSMAR 数据库整理。

2. 中央企业控股上市公司地区比较分析

中央企业控股上市公司领导人薪酬激励分地区比较分析如表 7-34 所示。在高管薪酬激励方面，海南高管薪酬激励平均水平最高，为 618.88 万元；甘肃高管薪酬激励平均水平最低，为 194.35 万元。在董事长薪酬激励方面，黑龙江董事长薪酬激励平均水平最高，为 233.70 万元；

青海董事长薪酬激励平均水平最低，为 27.38 万元。在总经理薪酬激励方面，各个地区间差异仍然很大，青海总经理薪酬激励平均水平最高，为 232.69 万元；甘肃总经理薪酬激励平均水平最低，为 62.90 万元。

表 7-34　中央企业控股上市公司领导人薪酬激励分地区比较分析　　　　单位：万元

地区	高管薪酬激励	董事长薪酬激励	总经理薪酬激励
北京	352.75	103.24	122.18
天津	420.96	122.14	172.84
河北	362.17	113.83	125.97
山西	266.79	114.14	94.85
内蒙古	239.04	—	89.79
辽宁	357.89	68.20	131.40
吉林	512.86	99.94	170.29
黑龙江	393.54	233.70	150.31
上海	335.15	142.44	130.97
江苏	355.16	133.85	125.69
浙江	262.89	72.62	75.62
安徽	254.32	95.48	96.71
福建	497.31	116.44	136.77
江西	461.49	152.39	182.79
山东	279.71	110.75	92.20
河南	259.47	84.54	86.45
湖北	270.40	117.44	91.06
湖南	316.10	84.10	106.75
广东	446.30	169.35	173.77
广西	576.04	—	228.25
海南	618.88	121.72	149.17
重庆	255.90	77.12	87.92
四川	328.66	73.82	109.56
贵州	224.20	102.51	68.80
云南	366.18	114.64	84.43
西藏	465.50	136.30	136.30
陕西	291.34	165.90	99.60
甘肃	194.35	72.58	62.90
青海	499.82	27.38	232.69
宁夏	388.04	—	108.82
新疆	295.97	121.03	86.74
合计	351.45	116.03	122.08

注：部分公司董事长不在上市公司领取薪酬，故部分董事长薪酬数据缺失，"—"表示该地区数据缺失。

资料来源：根据 CSMAR 数据库整理。

3. 地方国企控股上市公司地区比较分析

地方国企控股上市公司领导人薪酬激励分地区比较分析如表 7-35 所示。在高管薪酬激励方面，宁夏高管薪酬激励平均水平最高，为 792.30 万元；西藏高管薪酬激励平均水平最低，为 156.74 万元。在董事长薪酬激励方面，吉林董事长薪酬激励平均水平最高，为 224.94 万元；西藏董事长薪酬激励平均水平最低，为 16.55 万元。在总经理薪酬激励方面，各个地区间差异仍然很大，宁夏总经理薪酬激励平均水平最高，为 282.43 万元；西藏总经理薪酬激励平均水平最低，为 13.82 万元。

表 7-35　地方国企控股上市公司领导人薪酬激励分地区比较分析　　单位：万元

地区	高管薪酬激励	董事长薪酬激励	总经理薪酬激励
北京	273.73	92.66	94.57
天津	217.23	55.21	85.22
河北	290.42	134.53	122.94
山西	242.85	85.68	92.46
内蒙古	277.17	—	87.48
辽宁	401.43	138.03	161.44
吉林	396.47	224.94	175.34
黑龙江	226.22	98.15	85.84
上海	287.02	96.32	97.93
江苏	342.32	74.44	131.04
浙江	349.55	112.30	119.62
安徽	234.01	91.15	75.23
福建	296.10	89.48	98.41
江西	241.28	122.33	94.42
山东	304.60	132.68	104.31
河南	252.72	120.01	92.80
湖北	199.18	54.54	64.04
湖南	214.30	86.83	75.93
广东	294.27	108.64	99.34
广西	231.30	71.79	73.11
海南	247.78	158.47	118.04
重庆	239.02	82.58	58.23
四川	233.47	83.99	79.29
贵州	221.64	86.78	48.39
云南	631.51	206.86	270.90
西藏	156.74	16.55	13.82
陕西	391.16	116.79	105.02
甘肃	321.21	65.00	78.84
青海	267.49	155.46	107.01

地区	高管薪酬激励	董事长薪酬激励	总经理薪酬激励
宁夏	792.30	131.49	282.43
新疆	259.98	68.48	81.68
合计	289.23	102.49	100.55

资料来源：根据 CSMAR 数据库整理。

（二）领导人股权激励

1. 国资委所属企业控股上市公司地区比较分析

国资委所属企业控股上市公司领导人股权激励分地区比较分析如表 7-36 所示。在高管股权激励方面，内蒙古高管股权激励平均水平最高，为 0.86，宁夏高管股权激励平均水平最低，为 0.33。在董事长股权激励方面，内蒙古平均水平最高，为 0.50；云南董事长股权激励平均水平最低，为 0.11。在总经理股权激励方面，内蒙古总经理股权激励平均水平最高，为 0.63，甘肃总经理股权激励平均水平最低，为 0.07。

表 7-36　国资委所属企业控股上市公司领导人股权激励分地区比较分析

地区	高管股权激励	董事长股权激励	总经理股权激励
北京	0.59	0.22	0.30
天津	0.42	0.13	0.19
河北	0.57	0.48	0.40
山西	0.48	0.17	0.35
内蒙古	0.86	0.50	0.63
辽宁	0.57	0.28	0.32
吉林	0.83	0.32	0.53
黑龙江	0.47	0.29	0.41
上海	0.48	0.14	0.21
江苏	0.47	0.15	0.23
浙江	0.67	0.23	0.36
安徽	0.64	0.30	0.33
福建	0.63	0.19	0.22
江西	0.65	0.20	0.25
山东	0.44	0.23	0.25
河南	0.64	0.45	0.35
湖北	0.55	0.17	0.25
湖南	0.56	0.20	0.32
广东	0.48	0.12	0.19
广西	0.54	0.29	0.29
海南	0.50	0.22	0.22
重庆	0.67	0.41	0.32

地区	高管股权激励	董事长股权激励	总经理股权激励
四川	0.68	0.35	0.42
贵州	0.75	0.14	0.29
云南	0.50	0.11	0.21
西藏	0.50	0.25	0.50
陕西	0.62	0.19	0.32
甘肃	0.62	0.21	0.07
青海	0.75	0.25	0.50
宁夏	0.33	0.17	0.33
新疆	0.62	0.25	0.29
合计	0.56	0.22	0.28

资料来源：根据 CSMAR 数据库整理。

2. 中央企业控股上市公司地区比较分析

中央企业控股上市公司领导人股权激励分地区比较分析如表 7-37 所示。在高管股权激励方面，西藏、内蒙古、重庆、广西和青海高管股权激励平均水平最高，均为 1.00，宁夏为 0。在董事长股权激励方面，西藏股权激励平均水平最高，为 1.00，江西、广西、海南、贵州、云南、青海和宁夏平均水平为 0。总经理股权激励方面，西藏和内蒙古总经理股权激励平均水平最高，均为 1.00，甘肃、江西、海南、青海和宁夏平均水平为 0。

表 7-37 中央企业控股上市公司领导人股权激励分地区比较分析

地区	高管股权激励	董事长股权激励	总经理股权激励
北京	0.56	0.16	0.27
天津	0.54	0.14	0.21
河北	0.80	0.50	0.33
山西	0.60	0.40	0.60
内蒙古	1.00	0.50	1.00
辽宁	0.67	0.29	0.29
吉林	0.80	0.20	0.80
黑龙江	0.20	0.20	0.20
上海	0.45	0.10	0.33
江苏	0.55	0.19	0.22
浙江	0.63	0.11	0.06
安徽	0.60	0.18	0.18
福建	0.69	0.13	0.27
江西	0.67	0.00	0.00
山东	0.40	0.20	0.20
河南	0.50	0.33	0.33

地区	高管股权激励	董事长股权激励	总经理股权激励
湖北	0.67	0.08	0.42
湖南	0.38	0.08	0.23
广东	0.48	0.12	0.21
广西	1.00	0.00	0.50
海南	0.67	0.00	0.00
重庆	1.00	0.57	0.57
四川	0.71	0.36	0.50
贵州	0.75	0.00	0.20
云南	0.25	0.00	0.17
西藏	1.00	1.00	1.00
陕西	0.60	0.09	0.18
甘肃	0.75	0.20	0.00
青海	1.00	0.00	0.00
宁夏	0.00	0.00	0.00
新疆	0.75	0.20	0.40
合计	0.57	0.17	0.27

资料来源：根据 CSMAR 数据库整理。

3. 地方国企控股上市公司地区比较分析

地方国企控股上市公司领导人股权激励分地区比较分析如表 7-38 所示。在高管股权激励方面，内蒙古高管股权激励平均水平最高，为 1.00；西藏高管股权激励平均水平最低，为 0。在董事长股权激励方面，河南董事长股权激励平均水平最高，为 0.56；天津、贵州和西藏平均水平最低，为 0。在总经理股权激励方面，内蒙古和青海总经理股权激励平均水平最高，均为 0.67；西藏总经理股权激励平均水平最低，为 0。

表 7-38　地方国企控股上市公司领导人股权激励分地区比较分析

地区	高管股权激励	董事长股权激励	总经理股权激励
北京	0.59	0.28	0.32
天津	0.25	0.00	0.11
河北	0.43	0.50	0.36
山西	0.38	0.13	0.27
内蒙古	1.00	0.33	0.67
辽宁	0.71	0.50	0.40
吉林	0.89	0.40	0.50
黑龙江	0.57	0.29	0.57
上海	0.49	0.14	0.16
江苏	0.44	0.16	0.22

地区	高管股权激励	董事长股权激励	总经理股权激励
浙江	0.71	0.27	0.50
安徽	0.68	0.32	0.41
福建	0.57	0.27	0.20
江西	0.64	0.31	0.38
山东	0.45	0.25	0.28
河南	0.71	0.56	0.38
湖北	0.36	0.19	0.13
湖南	0.67	0.26	0.32
广东	0.46	0.12	0.18
广西	0.57	0.33	0.22
海南	0.50	0.50	0.50
重庆	0.60	0.30	0.20
四川	0.71	0.39	0.39
贵州	0.60	0.00	0.17
云南	0.80	0.33	0.33
西藏	0.00	0.00	0.00
陕西	0.75	0.25	0.50
甘肃	0.67	0.33	0.17
青海	0.67	0.33	0.67
宁夏	0.50	0.25	0.50
新疆	0.63	0.24	0.29
合计	0.56	0.24	0.29

资料来源：根据 CSMAR 数据库整理。

（三）分配机制

1. 国资委所属企业控股上市公司地区比较分析

国资委所属企业控股上市公司分配机制分地区比较分析如表 7-39 所示。其中，山西高管—员工薪酬差距平均水平最高，为 5.88，内蒙古高管—员工薪酬差距平均水平最低，为 2.91。

表 7-39　国资委所属企业控股上市公司分配机制分地区比较分析

地区	高管—员工薪酬差距	地区	高管—员工薪酬差距
北京	3.27	湖北	4.29
天津	4.93	湖南	3.44
河北	3.59	广东	3.55
山西	5.88	广西	4.28
内蒙古	2.91	海南	3.50
辽宁	3.87	重庆	3.14

续表

地区	高管—员工薪酬差距	地区	高管—员工薪酬差距
吉林	3.07	四川	3.19
黑龙江	3.34	贵州	4.01
上海	3.45	云南	3.94
江苏	3.83	西藏	4.29
浙江	3.84	陕西	3.75
安徽	3.82	甘肃	3.11
福建	4.58	青海	4.98
江西	3.33	宁夏	3.54
山东	3.09	新疆	3.39
河南	3.41	合计	3.65

资料来源：根据 CSMAR 数据库整理。

2. 中央企业控股上市公司地区比较分析

中央企业控股上市公司分配机制分地区比较分析如表7-40所示。其中，西藏高管—员工薪酬差距平均水平最高，为7.91；山东高管—员工薪酬差距平均水平最低，为2.13。

表7-40 中央企业控股上市公司分配机制分地区比较分析

地区	高管—员工薪酬差距	地区	高管—员工薪酬差距
北京	3.22	湖北	3.82
天津	3.34	湖南	3.88
河北	3.24	广东	3.51
山西	2.94	广西	3.02
内蒙古	2.91	海南	3.20
辽宁	3.29	重庆	2.38
吉林	2.63	四川	2.76
黑龙江	3.28	贵州	5.33
上海	3.06	云南	3.89
江苏	4.01	西藏	7.91
浙江	3.94	陕西	4.67
安徽	4.21	甘肃	2.90
福建	6.06	青海	4.33
江西	3.64	宁夏	3.35
山东	2.13	新疆	3.88
河南	2.74	合计	3.58

资料来源：根据 CSMAR 数据库整理。

3. 地方国企控股上市公司地区比较分析

地方国企控股上市公司分配机制分地区比较分析如表7-41所示。其中，天津高管—员工薪酬差距平均水平最高，为5.47，西藏平均水平最低，为2.25。

表 7-41 地方国企控股上市公司分配机制分地区比较分析

地区	高管—员工薪酬差距	地区	高管—员工薪酬差距
北京	3.02	湖北	3.99
天津	5.47	湖南	3.39
河北	3.36	广东	3.56
山西	4.31	广西	3.63
内蒙古	3.40	海南	3.70
辽宁	3.66	重庆	2.52
吉林	2.77	四川	3.55
黑龙江	2.84	贵州	3.46
上海	3.65	云南	2.66
江苏	3.72	西藏	2.25
浙江	3.63	陕西	3.17
安徽	3.27	甘肃	3.72
福建	3.58	青海	5.20
江西	2.98	宁夏	3.63
山东	3.75	新疆	3.29
河南	3.89	合计	3.50

资料来源：根据 CSMAR 数据库整理。

第四节 国有控股上市公司经营机制市场化总结

在当前国有企业改革推向纵深之际，建立健全市场化经营机制，已成为提高国有企业市场竞争力的当务之急。2018 年 8 月，国务院国企改革领导小组办公室印发《国企改革"双百行动"工作方案》，助力打造一批党的领导坚强有力、治理结构科学完善、经营机制灵活高效、创新能力和市场竞争力显著提升的国企改革尖兵，凝聚起全面深化国有企业改革的强大力量。根据"双百行动"的进展情况，国有企业在推进经理层成员任期制和契约化管理，市场化选聘职业经理人以及市场化用工机制等方面取得了显著成绩。进一步分析国有控股上市公司的经营机制市场化状况，发现地方国企控股上市公司在高管，特别是董事长和总经理的薪酬激励水平方面有待进一步提高；国资委所属企业控股上市公司在领导人股权激励方面均有一定的提升空间；国资委所属企业控股上市公司高管与员工的薪酬差距较小，可以在兼顾公平的基础上适度拉开差距。此外，国资委所属企业控股上市公司经营机制市场化水平在行业、板块以及地区层面均呈现出发展不平衡的现象。

一、国有控股上市公司经营机制市场化整体状况总结

（一）领导人薪酬激励

1. 高管薪酬激励

中央企业控股上市公司高管前三名薪酬总额平均值是 351.45 万元，高于国资委所属企业控

股上市公司和全部上市公司；地方国企控股上市公司高管前三名薪酬总额平均值是 289.23 万元，低于国资委所属企业控股上市公司和全部上市公司。

2. 董事长薪酬激励

中央企业控股上市公司董事长薪酬激励平均值是 116.03 万元，高于国资委所属企业控股上市公司和全部上市公司；地方国企控股上市公司董事长薪酬激励平均值是 102.49 万元，低于国资委所属企业控股上市公司和全部上市公司。

3. 总经理薪酬激励

中央企业控股上市公司总经理薪酬激励平均值是 122.08 万元，高于国资委所属企业控股上市公司和全部上市公司；地方国企控股上市公司总经理薪酬激励平均水平是 100.55 万元，低于国资委所属企业控股上市公司和全部上市公司。

（二）领导人股权激励

1. 高管股权激励

中央企业控股上市公司高管股权激励平均值为 0.57，高于国资委所属企业控股上市公司，但低于全部上市公司；地方国企控股上市公司高管股权激励的平均值为 0.56，与国资委所属企业控股上市公司平均值基本持平，但是均低于全部上市公司。

2. 董事长股权激励

中央企业控股上市公司董事长股权激励平均值为 0.17，低于国资委所属企业控股上市公司和全部上市公司；地方国企控股上市公司董事长股权激励平均值为 0.24，高于中央企业控股上市公司和国资委所属企业控股上市公司，但低于全部上市公司。

3. 总经理股权激励

中央企业控股上市公司总经理股权激励平均值为 0.27，低于国资委所属企业控股上市公司和全部上市公司；地方国企控股上市公司总经理股权激励平均值为 0.29，高于国资委所属企业控股上市公司，但低于全部上市公司。

（三）分配机制

中央企业控股上市公司高管—员工薪酬差距平均值为 3.58，低于国资委所属企业控股上市公司和全部上市公司；地方国企控股上市公司高管—员工薪酬差距平均值为 3.50，低于国资委所属企业控股上市公司和全部上市公司。

二、国有控股上市公司经营机制市场化对比分析总结

（一）行业对比分析

1. 领导人薪酬激励

国资委所属企业控股上市公司和中央企业控股上市公司租赁和商务服务业高管薪酬激励平均水平均排在第一位，分别为 622.46 万元和 1222.26 万元；地方国企控股上市公司金融业高管薪酬激励平均水平最高，为 480.99 万元。

国资委所属企业控股上市公司、中央企业控股上市公司以及地方国企控股上市公司在董事长薪酬激励方面各个行业间差异很大，国资委所属企业控股上市公司教育业董事长薪酬激励平均水平最高，为 437.49 万元；中央企业控股上市公司和地方国企控股上市公司租赁和商务服务业董事长薪酬激励平均水平最高，分别为 576.72 万元和 190.20 万元。

国资委所属企业控股上市公司教育业总经理薪酬激励平均水平排在第一位，为 323.03 万元；中央企业控股上市公司租赁和商务服务业总经理薪酬激励平均水平最高，为 486.55 万元；地方国企控股上市公司房地产业总经理薪酬激励平均水平最高，为154.25万元。

2. 领导人股权激励

在高管股权激励方面，国资委所属企业控股上市公司、中央企业控股上市公司以及地方国企控股上市公司高管持股平均水平排在第一位的均是租赁和商务服务业，且均为1.00。

在董事长股权激励方面，国资委所属企业控股上市公司和地方国企控股上市公司董事长持股平均水平排首位的均是电力、热力、燃气及水生产和供应业，分别为0.62和0.64；中央企业控股上市公司董事长持股平均水平排首位的是租赁和商务服务业，平均水平是0.50，电力、热力、燃气及水生产和供应业排在第二位，平均水平是0.48。

在总经理股权激励方面，国资委所属企业控股上市公司和地方国企控股上市公司总经理持股平均水平排在首位的均是采矿业，分别为0.70和0.77；中央企业控股上市公司总经理持股平均水平排首位的是租赁和商务服务业，平均水平是1.00，采矿业排第二位，平均水平是0.55。

3. 分配机制

在高管—员工薪酬差距方面，国资委所属企业控股上市公司农、林、牧、渔业差距最大，为4.63，中央企业控股上市公司和地方国企控股上市公司批发和零售业差距最大，分别为4.15和4.22；国资委所属企业控股上市公司住宿和餐饮业以及租赁和商务服务业高管—员工薪酬差距平均水平最低，均为2.56；中央企业控股上市公司租赁和商务服务业高管—员工薪酬差距最小，为1.86；地方国企控股上市公司科学研究和技术服务业高管—员工薪酬差距平均水平最低，为2.12。

（二）市场板块对比分析

1. 领导人薪酬激励

在高管薪酬激励方面，国资委所属企业控股上市公司和中央企业控股上市公司科创板平均水平最高，分别为348.18万元和404.62万元，地方国企控股上市公司中小企业板总经理薪酬激励平均水平最高，为303.52万元。国资委所属企业控股上市公司、中央企业控股上市公司以及地方国企控股上市公司高管薪酬激励均是创业板平均水平最低，分别为282.00万元、296.58万元和232.60万元。

在董事长薪酬激励方面，国资委所属企业控股上市公司、中央企业控股上市公司以及地方国企控股上市公司董事长薪酬激励各个市场板块间差异很大。国资委所属企业控股上市公司科创板董事长薪酬激励平均水平最高，为119.90万元；中央企业控股上市公司、地方国企控股上市公司均是中小企业板董事长薪酬激励平均水平最高，分别为129.60万元和109.29万元。国资委所属企业控股上市公司、中央企业控股上市公司以及地方国企控股上市公司创业板董事长薪酬激励平均水平最低，分别为95.60万元、81.65万元和97.93万元。

在总经理薪酬激励方面，国资委所属企业控股上市公司、中央企业控股上市公司以及地方国企控股上市公司总经理薪酬激励均是中小企业板平均水平最高，分别为114.18万元、127.71万元和114.10万元；国资委所属企业控股上市公司和中央企业控股上市公司科创板平均水平最低，分别为53.64万元和39.98万元，地方国企控股上市公司创业板总经理薪酬激励平均水平最低，为72.62万元。

2. 领导人股权激励

在高管股权激励方面，国资委所属企业控股上市公司、中央企业控股上市公司以及地方国企控股上市公司创业板高管股权激励水平最高，分别为0.82、0.80和0.92；国资委所属企业控股上市公司和中央企业控股上市公司科创板高管股权激励水平最低，分别为0.50和0.00，地方国企控股上市公司主板高管股权激励水平最低，为0.51。

在董事长股权激励方面，国资委所属企业控股上市公司和地方国企控股上市公司创业板平均水平最高，分别为0.37和0.54，中央企业控股上市公司中小企业板董事长股权激励平均水平最高，为0.31；国资委所属企业控股上市公司和中央企业控股上市公司科创板董事长股权激励平均水平最低，均为0.00，地方国企控股上市公司主板董事长股权激励平均水平最低，为0.22。

在总经理股权激励方面，国资委所属企业控股上市公司和地方国企控股上市公司创业板平均水平最高，分别为0.52和0.65，中央企业控股上市公司中小企业板总经理股权激励平均水平最高，为0.45；国资委所属企业控股上市公司和地方国企控股上市公司主板总经理股权激励平均水平最低，分别为0.24和0.25，中央企业控股上市公司科创板总经理股权激励平均水平最低，为0.00。

3. 分配机制

在高管—员工薪酬差距方面，国资委所属企业控股上市公司和地方国企控股上市公司中小企业板平均水平最高，分别为3.88和3.62，地方国企控股上市公司中小企业板平均水平最高，为3.62。国资委所属企业控股上市公司和中央企业控股上市公司科创板平均水平最低，分别为2.86和1.81，地方国企控股上市公司创业板平均水平最低，为2.76。

（三）地区对比分析

1. 领导人薪酬激励

在高管薪酬激励方面，国资委所属企业控股上市公司宁夏平均水平最高，为657.55万元；贵州平均水平最低，为220.93万元。中央企业控股上市公司海南平均水平最高，为618.88万元；甘肃平均水平最低，为194.35万元。地方国企控股上市公司宁夏平均水平最高，为792.30万元；西藏平均水平最低，为156.74万元。

在董事长薪酬激励方面，国资委所属企业控股上市公司云南平均水平最高，为206.65万元；甘肃平均水平最低，为70.69万元。中央企业控股上市公司黑龙江平均水平最高，为233.70万元；青海平均水平最低，为27.38万元。地方国企控股上市公司吉林平均水平最高，为224.94万元；西藏平均水平最低，为16.55万元。

在总经理薪酬激励方面，国资委所属企业控股上市公司宁夏平均水平最高，为224.56万元；贵州平均水平最低，为60.58万元。中央企业控股上市公司青海平均水平最高，为232.69万元；甘肃平均水平最低，为62.90万元。地方国企控股上市公司宁夏平均水平最高，为282.43万元；西藏平均水平最低，为13.82万元。

2. 领导人股权激励

在高管股权激励方面，国资委所属企业控股上市公司内蒙古平均水平最高，为0.86；宁夏平均水平最低，为0.33。中央企业控股上市公司西藏、内蒙古、重庆、广西和青海平均水平最高，均为1.00；宁夏为0；地方国企控股上市公司内蒙古平均水平最高，为1.00；西藏平均水平最低，为0。

在董事长股权激励方面，国资委所属企业控股上市公司内蒙古平均水平最高，为0.50；云南平均水平较低，为0.11。中央企业控股上市公司西藏平均水平最高，为1.00；江西、广西、海南、贵州、云南、青海和宁夏平均水平为0。地方国企控股上市公司河南平均水平最高，为0.56；天津、贵州和西藏平均水平最低，均为0。

在总经理股权激励方面，国资委所属企业控股上市公司内蒙古平均水平最高，为0.63；甘肃平均水平最低，为0.07。中央企业控股上市公司西藏和内蒙古平均水平最高，为1.00；甘肃、江西、海南、青海和宁夏等地区为0。地方国企控股上市公司内蒙古和青海平均水平最高，均为0.67；西藏平均水平最低，为0。

3. 分配机制

在高管—员工薪酬差距方面，国资委所属企业控股上市公司中，山西平均水平最高，内蒙古平均水平最低；中央企业控股上市公司中，西藏平均水平最高，山东平均水平最低；地方国企控股上市公司中，天津平均水平最高，西藏平均水平最低。

第八章　国有控股上市公司创新情况

创新是一个国家长期稳定发展的必要条件，是社会进步的根本动力。习近平同志在党的十九大报告中指出，创新是引领发展的第一动力，是建设现代化经济体系的战略支撑。基于此，本章从研发投入和创新产出两个角度对国资委控股上市公司创新状况进行分析。本章分为五节内容，首先从中央企业控股上市公司与地方国企控股上市公司的对比说明不同国企的创新情况，然后整体分析国企控股上市公司相对于全部上市公司创新水平的优势及劣势，最后分行业、分板块、分地区地对国有控股上市公司的创新情况进行统计分析。第一节和第二节分别对中央企业控股上市公司和地方国企控股上市公司的创新投入和专利产出状况进行了描述统计，并与国资委所属企业控股上市公司和全部上市公司的状况进行对比分析，以发现国有企业在创新方面的独特优劣势。第三节对国资委所属企业控股上市公司、中央企业控股上市公司和地方国企控股上市公司的创新投入和专利产出状况进行了分行业、分市场板块和分地区的比较，以期为不同行业、市场板块、地区的上市公司的研发创新提供方向。考虑到创新产出形式的多样性，第四节分析国有控股上市公司非专利创新产出状况，重点论述了国有企业在行业创新中发挥的领军作用。第五节对本章内容进行了总结。本章研发投入和创新产出数据来自 CSMAR 数据库。

第一节　中央企业控股上市公司创新状况

一、中央企业控股上市公司创新投入状况

资金和人才是企业创新的基础，据科技部国务院新闻办公室召开的新闻发布会报道，2019年我国全社会研发投入达 2.17 万亿元，占 GDP 比重为 2.19%，科技进步贡献率达到 59.5%。据世界知识产权组织（WIPO）于印度新德里公布的《2019 年全球创新指数》报告，我国创新指数位居世界第 14，较 2018 年上升了 3 个位次。我国上市公司的整体创新能力大幅提升，创新型国家建设取得新进展。创新的根本在人才，新型的研发机构的建设需要大量的创新型人才作为支撑。如何做到将人才既能"引进来"，又能"用得好"，还能"留得住"是各大企业亟待解决的重要问题。基于此，本书从上市公司研发投入金额和研发人员两个方面分析上市公司研发投入状况。

（一）中央企业控股上市公司研发投入金额状况

由表 8-1 可知，中央企业控股上市公司研发投入金额总量较大，但不同公司间存在巨大差异。2019 年，中央企业控股上市公司研发投入金额平均值为 81090 万元，中位数水平显著低于平

均值，表明绝大部分公司研发投入金额水平低于平均值。研发投入金额标准差为 268672 万元，极差为 2187178 万元，最大值为 2187178 万元，最小值为 0 元，表明上市公司之间存在巨大差异，部分企业研发投入金额可达 200 亿元以上，同时也存在企业研发投入金额为零的状况。对比国资委所属企业控股上市公司状况，中央企业控股上市公司研发投入金额更高，公司间差距更大。对比全部上市公司状况，中央企业和国资委所属企业控股上市公司的研发投入金额的平均值更大。

表 8-1　中央企业控股上市公司研发投入金额状况描述性统计表　　　　单位：万元

样本	平均值	中位数	标准差	极差	最小值	最大值
中央企业控股上市公司	81090	14038	268672	2187178	0	2187178
国资委所属企业控股上市公司	40897	5360	166362	2187178	0	2187178
全部上市公司	26785	6897	108079	2187178	0	2187178

资料来源：根据 CSMAR 数据库整理。

由表 8-2 可知，2019 年，中央企业控股上市公司研发投入金额占营业收入比例的平均值为 3.57%，中位数低于平均值，表明绝大部分公司研发投入金额占营业收入的比例低于平均值。研发投入金额标准差为 3.71%，表明公司间相对数差异不大，总体保持相对较低的状态。对比国资委所属企业控股上市公司状况，中央企业控股上市公司研发投入金额占比相对较高，但对比全部上市公司状况可以看出，中央企业和国资委所属企业控股上市公司研发投入占营收比例的平均值和中位数均较小，表明虽然国资委控股上市公司研发投入金额的绝对值较大，但占营业收入比重相对值较小，而绝对值水平较高主要是受公司规模和自身资源实力影响，进一步说明国资委控股上市公司的创新意识和投入力度还存在不足，研发投入比例有待进一步提高。

表 8-2　中央企业控股上市公司研发投入金额占营收比例状况描述性统计表　　　　单位：%

样本	平均值	中位数	标准差	极差	最小值	最大值
中央企业控股上市公司	3.57	3.13	3.71	25.03	0.00	25.03
国资委所属企业控股上市公司	2.80	1.43	4.41	83.23	0.00	83.23
全部上市公司	5.16	3.95	5.44	83.23	0.00	83.23

资料来源：根据 CSMAR 数据库整理。

（二）中央企业控股上市公司研发人员状况

由表 8-3 可知，从绝对数来看，中央企业控股上市公司研发人员数的标准差为 4313 人，极差为 39377 人，中位数为 359 人，表明大部分公司的研发人员只有几百人，少数公司的人数达到万人，公司间存在巨大差异。对比国资委所属企业控股上市公司状况，中央企业控股上市公司研发人员数量相对更多，但不同公司间差异也更大。对比全部上市公司状况可以看出，中央企业和国资委所属企业控股上市公司研发人员数的平均值较大，一方面表明国有控股上市公司对创新投入的力度和重视程度不同，另一方面与企业规模和拥有资源及所在行业等因素有关。

表 8-3　中央企业控股上市公司研发人员状况描述性统计表　　　　单位：人

样本	平均值	中位数	标准差	极差	最小值	最大值
中央企业控股上市公司	1483	359	4313	39377	0	39377
国资委所属企业控股上市公司	807	184	2796	39377	0	39377

样本	平均值	中位数	标准差	极差	最小值	最大值
全部上市公司	648	238	2043	39377	0	39377

资料来源：根据 CSMAR 数据库整理。

由表 8-4 可知，从相对数来看，中央企业控股上市公司研发人员占员工总人数比例的平均值为 13.75%，中位数为 10.90%，表明大部分公司的研发人员占比达 10%~15%，与此同时，也存在部分公司研发人员占比达 60% 以上，可见不同的公司对于研发创新人员的重视程度相差很大。相比国资委所属企业控股上市公司而言，中央企业控股上市公司研发人员相对更多。对比全部上市公司状况可以看出，虽然中央企业和国资委所属企业控股上市公司研发人员绝对值较大，但投入人员占员工总人数比例的平均值和中位数都低于全部上市公司，表明国资委控股上市公司创新意识和研发投入力度存在不足，研发人员投入比例可进一步提高。

表 8-4　中央企业控股上市公司研发人员占员工总人数比例状况描述性统计表　单位:%

样本	平均值	中位数	标准差	极差	最小值	最大值
中央企业控股上市公司	13.75	10.90	13.23	69.08	0.00	69.08
国资委所属企业控股上市公司	10.24	6.91	12.03	73.61	0.00	73.61
全部上市公司	16.56	13.16	14.44	94.49	0.00	94.49

资料来源：根据 CSMAR 数据库整理。

二、中央企业控股上市公司专利产出状况

目前，公司创新产出状况主要是通过专利的各项指标来衡量，专利申请量指专利机构受理技术发明申请专利的数量，是发明专利申请量、实用新型专利申请量和外观设计专利申请量之和，反映技术发展活动是否活跃，以及发明人是否有谋求专利保护的积极性。在申请人递交专利申请后，会经国家知识产权局进行严格的筛选和审查，进而对通过审核的申请人下发授权通知书，最终经过授权的技术才成为专利。专利是企业进行创新活动的产出品，同时专利也可以作为进行创新活动的工具。因此，专利的申请量和授权量对于企业的创新具有十分重要的作用。我国规定的三类专利中，发明专利是指对产品、方法或者其改进所提出的新的技术方案。实用型专利是对产品的形状、构造或者其结合所提出的适于实用的新的技术方案。外观专利是指对产品的形状、图案等做出的富有美感并适用于工业应用的新设计。其中，发明专利的授权难度和授权稳定性最高，具备新颖性、创造性和实用性，因此本章分析中以发明专利申请数和授权数作为样本进行进一步分析，深入了解上市公司的专利申请和授权的状况。

（一）中央企业控股上市公司专利的申请状况

由表 8-5 可以看出，中央企业控股上市公司的专利申请数的平均值为 148 项，但是中位数只有 67 项，说明大多数的公司专利申请数较低。但反观最大值，中央企业控股上市公司中申请专利数量最多的公司的专利申请数达到了 1110 项，远超平均值及中位数，说明这些公司之间对于专利的重视程度有很大差别，尽管有些公司也在进行研发创新，但他们并没有将创新成果转化为专利的意识。相比国资委所属企业控股上市公司而言，中央企业控股上市公司专利申请数的平均值和中位数都相对较高，与其研发资金和人员的投入成正比。对比全部上市公司状况，中央企业和国资委所属企业控股上市公司专利申请数的平均值和中位数较高。

表 8-5 中央企业控股上市公司专利申请状况描述性统计表 单位：项

样本	平均值	中位数	标准差	极差	最小值	最大值
中央企业控股上市公司	148	67	208	1108	2	1110
国资委所属企业控股上市公司	135	58	220	1454	1	1455
全部上市公司	134	39	548	9111	1	9112

资料来源：根据 CSMAR 数据库整理。

由表 8-6 可以看出，中央企业控股上市公司的发明专利申请数的平均值为 100 项，中位数为 38 项，极差为 556 项。相比国资委所属企业控股上市公司而言，中央企业控股上市公司发明专利申请数较多。对比全部上市公司状况，中央企业和国资委所属企业控股上市公司发明专利申请数的平均值和中位数较高。

表 8-6 中央企业控股上市公司发明专利申请状况描述性统计表 单位：项

样本	平均值	中位数	标准差	极差	最小值	最大值
中央企业控股上市公司	100	38	131	556	4	560
国资委所属企业控股上市公司	53	19	93	559	1	560
全部上市公司	39	13	116	1837	1	1838

资料来源：根据 CSMAR 数据库整理。

（二）中央企业控股上市公司专利的授权状况

由表 8-7 可以看出，中央企业控股上市公司的专利授权数的平均值为 347 项，但中位数只有 67 项，标准差为 796 项，极差为 4445 项，表明公司之间在所获得的专利授权数上存在较大的差异。对比国资委所属企业控股上市公司状况，中央企业控股上市公司专利授权数的平均值、中位数都相对较高，这说明了中央企业控股上市公司的创新成果转化能力较强。对比全部上市公司状况，中央企业和国资委所属企业控股上市公司专利授权数的平均值和中位数较高。

表 8-7 中央企业控股上市公司专利授权状况描述性统计表 单位：项

样本	平均值	中位数	标准差	极差	最小值	最大值
中央企业控股上市公司	347	67	796	4445	1	4446
国资委所属企业控股上市公司	192	41	547	4445	1	4446
全部上市公司	98	26	335	4445	1	4446

资料来源：根据 CSMAR 数据库整理。

由表 8-8 可以看出，中央企业控股上市公司的发明专利授权数的平均值为 66 项，中位数为 15 项，最大值为 414 项，表明大多数公司发明专利授权数少，不同公司间存在较大的差异。对比国资委所属企业控股上市公司和全部上市公司，中央企业控股上市公司专利授权数的平均值和中位数较高。

表8-8　中央企业控股上市公司发明专利授权状况描述性统计表　　　单位：项

样本	平均值	中位数	标准差	极差	最小值	最大值
中央企业控股上市公司	66	15	100	413	1	414
国资委所属企业控股上市公司	35	6	72	413	1	414
全部上市公司	22	5	61	737	1	738

资料来源：根据 CSMAR 数据库整理。

第二节　地方国企控股上市公司创新状况

一、地方国企控股上市公司创新投入状况

（一）地方国企控股上市公司研发投入金额状况

由表8-9可知，地方国企控股上市公司的研发投入金额的平均值为28179万元，这一数值远高于中位数3966万元，表明在地方国企控股上市公司中，大部分公司的研发投入金额较低，大量的研发投入集中在少数公司。标准差达98494万元，极差为1476800万元，表明不同公司间存在巨大的差异。相比国资委所属企业控股上市公司而言，地方国企控股上市公司研发投入金额较少，且标准差相对更小，表明地方国企控股上市公司在研发投入金额方面各公司之间差异较小，但整体水平也更低。对比全部上市公司状况，地方国企和国资委所属企业控股上市公司的研发投入金额的平均值较高。

表8-9　地方国企控股上市公司研发投入金额状况描述性统计表　　　单位：万元

样本	平均值	中位数	标准差	极差	最小值	最大值
地方国企控股上市公司	28179	3966	98494	1476800	0	1476800
国资委所属企业控股上市公司	40897	5360	166362	2187178	0	2187178
全部上市公司	26785	6897	108079	2187178	0	2187178

资料来源：根据 CSMAR 数据库整理。

由表8-10可以看出地方国企控股上市公司研发投入金额的相对数水平。其中，地方国企控股上市公司的研发投入金额占营业收入比例的平均值为2.37%，中位数为0.90%，总体而言，研发投入水平较低。与投入的绝对数相比，不同公司间相对数水平差异小，多数公司维持在1%~2%的范围，但存在由于个别公司投入水平较高，导致整体平均值得到一定程度提升的现象。相比国资委所属企业控股上市公司，地方国企控股上市公司研发投入金额占营收比例的平均值、中位数都更小，但标准差相对较大，表明地方国企控股上市公司在研发投入金额这一方面各公司之间差异较大，但整体水平也更低。对比全部上市公司状况，地方国企和国资委所属企业控股上市公司研发投入占营收比例的平均值和中位数均较小，表明虽然国资委控股上市公司研发投入金额的绝对值较大，但相对值较小，绝对值水平较高会受公司规模和自身资源实力影响，相对值更能体现创新意识和投入力度，地方国企控股上市公司研发投入比例有待提高。

表 8-10　地方国企控股上市公司研发投入金额占营收比例状况描述性统计表　　单位:%

样本	平均值	中位数	标准差	极差	最小值	最大值
地方国企控股上市公司	2.37	0.90	4.85	83.23	0.00	83.23
国资委所属企业控股上市公司	2.80	1.43	4.41	83.23	0.00	83.23
全部上市公司	5.16	3.95	5.44	83.23	0.00	83.23

资料来源：根据 CSMAR 数据库整理。

（二）地方国企控股上市公司研发人员状况

由表 8-11 可知，地方国企控股上市公司的研发人员数平均值为 578 人，中位数为 148 人，极差为 27061 人，总体来说绝对量相对较少，且不同公司之间存在巨大差异，这与公司规模和所处行业存在一定的关联。与国资委所属企业控股上市公司相比，地方国企控股上市公司研发人员明显较少，表明其研发投入的力度还有待提升。

表 8-11　地方国企控股上市公司研发人员状况描述性统计表　　单位：人

样本	平均值	中位数	标准差	极差	最小值	最大值
地方国企控股上市公司	578	148	1754	27061	0	27061
国资委所属企业控股上市公司	807	184	2796	39377	0	39377
全部上市公司	648	238	2043	39377	0	39377

资料来源：根据 CSMAR 数据库整理。

由表 8-12 可以看出地方国企控股上市公司研发人员占员工总人数的相对值。地方国企控股上市公司的研发人员占员工总人数比例的平均值为 8.45%，中位数为 5.20%，标准差为 10.42%，总体来说投入占比较少，但与绝对量投入相比，不同公司间相对量投入的差异不大。个别公司员工人数 70% 以上均为研发人员，这可能与公司所处行业存在一定关联。与国资委所属企业控股上市公司相比，地方国企控股上市公司研发人员明显较少，表明其研发投入的力度和积极性不高。对比全部上市公司状况可以看出，虽然地方国企和国资委所属企业控股上市公司研发人员绝对值较大，但研发人员占员工总人数比例的平均值和中位数都低于全部上市公司，表明国资委控股上市公司研发人员投入占比存在不足，研发人员投入比例可进一步提高。

表 8-12　地方国企控股上市公司研发人员占员工总人数比例状况描述性统计表　　单位:%

样本	平均值	中位数	标准差	极差	最小值	最大值
地方国企控股上市公司	8.45	5.20	10.42	73.61	0.00	73.61
国资委所属企业控股上市公司	10.24	6.91	12.03	73.61	0.00	73.61
全部上市公司	16.56	13.16	14.44	94.49	0.00	94.49

资料来源：根据 CSMAR 数据库整理。

二、地方国企控股上市公司专利产出状况

（一）地方国企控股上市公司专利的申请状况

由表 8-13 可知，地方国企控股上市公司的专利申请数平均值为 130 项，中位数为 56 项，均

低于国资委所属企业控股上市公司，同时地方国企控股上市公司专利申请数标准差较大，表明地方国企控股上市公司专利申请水平普遍较低，但存在个别专利申请数大的公司提升了整体平均值。

表 8-13　地方国企控股上市公司专利申请状况描述性统计表　　　　单位：项

样本	平均值	中位数	标准差	极差	最小值	最大值
地方国企控股上市公司	130	56	251	1454	1	1455
国资委所属企业控股上市公司	135	58	220	1454	1	1455
全部上市公司	134	39	548	9111	1	9112

资料来源：根据 CSMAR 数据库整理。

由表 8-14 可知，地方国企控股上市公司的发明专利申请数的平均值为 29 项，中位数为 11 项，均低于国资委所属企业控股上市公司，同时地方国企控股上市公司专利申请数标准差较小，表明地方国企控股上市公司发明专利申请水平差异不大。

表 8-14　地方国企控股上市公司发明专利申请状况描述性统计表　　　　单位：项

样本	平均值	中位数	标准差	极差	最小值	最大值
地方国企控股上市公司	29	11	49	231	1	232
国资委所属企业控股上市公司	53	19	93	559	1	560
全部上市公司	39	13	116	1837	1	1838

资料来源：根据 CSMAR 数据库整理。

（二）地方国企控股上市公司专利的授权状况

由表 8-15 可知，地方国企控股上市公司的专利授权数的平均值为 79 项，中位数为 30 项，极差为 797 项，表明地方国企控股上市公司专利授权水平低，不同公司间存在较大差异。与国资委所属企业控股上市公司相比，地方国企控股上市公司的专利授权数的平均值、中位数都相对较低。

表 8-15　地方国企控股上市公司专利授权状况描述性统计表　　　　单位：项

样本	平均值	中位数	标准差	极差	最小值	最大值
地方国企控股上市公司	79	30	133	797	2	799
国资委所属企业控股上市公司	192	41	547	4445	1	4446
全部上市公司	98	26	335	4445	1	4446

资料来源：根据 CSMAR 数据库整理。

由表 8-16 可知，地方国企控股上市公司的发明专利授权数平均值为 17 项，中位数为 5 项，极差为 174 项，表明地方国企控股上市公司专利授权水平低，不同公司间差异不大。与国资委所属企业控股上市公司相比，地方国企控股上市公司的发明专利授权数的平均值、中位数都相对较低。

表8-16　地方国企控股上市公司发明专利授权状况描述性统计表　　　单位：项

样本	平均值	中位数	标准差	极差	最小值	最大值
地方国企控股上市公司	17	5	35	174	1	175
国资委所属企业控股上市公司	35	6	72	413	1	414
全部上市公司	22	5	61	737	1	738

资料来源：根据 CSMAR 数据库整理。

第三节　国有控股上市公司创新状况比较分析

企业创新行为会受到多重因素的影响。相比于传统行业，高新技术行业更新换代快，创新投入的驱动力强，更愿意将资源配置在企业创新研发活动中。不同地区的市场法律环境等因素存在异质性，是影响企业研发创新行为的重要因素。基于此，本节从行业、地区、市场板块三个维度对国资委控股上市公司进行分类，对其创新投入和专利产出状况进行对比分析。

一、国有控股上市公司创新状况行业比较分析

（一）不同行业国有控股上市公司创新投入状况

1. 国资委所属企业控股上市公司分行业创新投入比较分析

由表8-17可知，传统行业如农、林、牧、渔业，电力、热力、燃气及水生产和供应业，交通运输、仓储和邮政业，住宿和餐饮业，水利、环境和公共设施管理业等行业的研发投入金额都不高，标准差也都较小，说明这些传统行业的公司普遍对研发创新的关注不多，更多的是依靠传统的方式经营。相比而言，信息传输、软件和信息技术服务业，制造业等高新技术产业的研发投入金额的平均值明显高于传统行业。同时，观察其标准差可以发现，在这些行业中，公司之间的差异很明显，同一行业不同企业间的创新投入力度存在很大差异。此外，建筑业、采矿业研发投入金额大，与所在行业需要的投资量巨大存在一定关联。

表8-17　不同行业国资委所属企业控股上市公司研发投入金额状况　　　单位：万元

行业	平均值	中位数	标准差	极差	最小值	最大值
农、林、牧、渔业	4106	1012	9762	41155	0	41155
采矿业	108845	22841	373301	2141000	0	2141000
制造业	49357	13543	134987	1476800	0	1476800
电力、热力、燃气及水生产和供应业	8418	441	25006	175610	0	175610
建筑业	263260	23657	537766	2187178	0	2187178
批发和零售业	7041	0	20542	150877	0	150877
交通运输、仓储和邮政业	3988	208	10246	62900	0	62900
住宿和餐饮业	1204	108	1526	3636	0	3636
信息传输、软件和信息技术服务业	28352	12330	49192	251021	0	251021

续表

行业	平均值	中位数	标准差	极差	最小值	最大值
金融业	3303	0	11438	69619	0	69619
房地产业	1206	0	3325	22230	0	22230
租赁和商务服务业	3032	1209	6399	27268	0	27268
科学研究和技术服务业	13174	8289	11040	34089	1503	35591
水利、环境和公共设施管理业	2890	0	4531	13145	0	13145
文化、体育和娱乐业	5060	1917	8538	39041	0	39041
综合	3394	1502	4309	14867	0	14867
合计	40897	5360	166362	2187178	0	2187178

资料来源：根据 CSMAR 数据库整理。

由表 8-18 可知不同行业国资委所属企业控股上市公司研发投入金额占营收比例的状况。其中，传统行业如农、林、牧、渔业，电力、热力、燃气及水生产和供应业，交通运输、仓储和邮政业，住宿和餐饮业，水利、环境和公共设施管理业等的研发投入占营业收入的比例都很低，标准差也都较小，这与行业特点有关，这些行业不是技术创新的主要领域。相比而言，信息传输、软件和信息技术服务业，文化、体育和娱乐业等高新技术产业的研发投入金额占营收比例的平均值明显高于传统行业，同时观察其标准差和极差可以发现，在这些行业中，公司之间的差异较大。

表 8-18　不同行业国资委所属企业控股上市公司研发投入金额占营收比例状况　单位:%

行业	平均值	中位数	标准差	极差	最小值	最大值
农、林、牧、渔业	1.53	0.37	3.18	13.15	0.00	13.15
采矿业	1.46	0.88	1.54	6.37	0.00	6.37
制造业	4.30	3.47	5.08	83.23	0.00	83.23
电力、热力、燃气及水生产和供应业	0.45	0.09	0.82	4.92	0.00	4.92
建筑业	2.07	1.97	1.49	5.69	0.00	5.69
批发和零售业	0.64	0.00	1.75	11.23	0.00	11.23
交通运输、仓储和邮政业	0.19	0.00	0.44	2.64	0.00	2.64
住宿和餐饮业	0.09	0.05	0.11	0.25	0.00	0.25
信息传输、软件和信息技术服务业	7.47	4.63	6.87	25.03	0.00	25.03
金融业	0.56	0.00	1.50	6.63	0.00	6.63
房地产业	0.35	0.00	1.36	8.09	0.00	8.09
租赁和商务服务业	0.54	0.27	0.82	2.80	0.00	2.80
科学研究和技术服务业	6.09	4.28	3.11	10.02	1.55	11.57
水利、环境和公共设施管理业	0.66	0.00	1.03	3.89	0.00	3.89
文化、体育和娱乐业	1.30	0.35	2.00	8.95	0.00	8.95
综合	2.15	1.75	1.94	5.49	0.00	5.49
合计	2.80	1.43	4.42	83.23	0.00	83.23

资料来源：根据 CSMAR 数据库整理。

由表8-19可知，在研发人员投入状况上，信息传输、软件和通信技术服务业，制造业等高新技术行业的研发人员平均水平显著高于其他行业。而农、林、牧、渔业，住宿和餐饮业等传统行业或服务行业技术更新速度慢，对研发创新需求不大，研发人员投入相对较少。同时可以看出，研发人员平均水平较高的行业极差和标准差也相对较大，即在创新相对较多的行业中，不同公司间研发人员投入存在较大的差距。而传统行业中的企业研发投入普遍较少，公司间差距也相对较小。

表8-19　不同行业国资委所属企业控股上市公司研发人员状况　　　　　单位：人

行业	平均值	中位数	标准差	极差	最小值	最大值
农、林、牧、渔业	89.53	47.00	131.62	510.00	0.00	510.00
采矿业	1883.81	577.00	5698.02	39377.00	0.00	39377.00
制造业	1049.37	388.00	2806.24	34842.00	0.00	34842.00
电力、热力、燃气及水生产和供应业	291.83	20.00	1077.05	8493.00	0.00	8493.00
建筑业	3386.81	534.00	7399.59	31306.00	0.00	31306.00
批发和零售业	124.60	0.00	269.89	1412.00	0.00	1412.00
交通运输、仓储和邮政业	196.95	0.00	1050.65	9007.00	0.00	9007.00
住宿和餐饮业	61.71	12.00	93.86	256.00	0.00	256.00
信息传输、软件和信息技术服务业	1101.46	612.50	1610.35	9155.00	0.00	9155.00
金融业	41.34	0.00	138.41	872.00	0.00	872.00
房地产业	35.38	0.00	85.14	441.00	0.00	441.00
租赁和商务服务业	100.89	49.00	207.19	896.00	0.00	896.00
科学研究和技术服务业	316.20	278.00	223.46	843.00	42.00	885.00
水利、环境和公共设施管理业	127.35	0.00	203.25	688.00	0.00	688.00
文化、体育和娱乐业	156.90	53.50	261.99	1235.00	0.00	1235.00
综合	168.73	71.00	203.38	646.00	0.00	646.00
合计	807.85	184.00	2796.91	39377.00	0.00	39377.00

资料来源：根据CSMAR数据库整理。

由表8-20可知，在研发人员占比情况上，平均值排在前三位的行业是信息传输、软件和信息技术服务业，科学研究和技术服务业以及制造业，尤其是信息传输、软件和信息技术服务业，其研发人员占比的平均值达到了30.62%，远高于其他行业。同时，信息传输、软件和通信技术服务业的标准差和极差也相对较高，表明行业内不同公司之间差异较大。而农、林、牧、渔业，交通运输、仓储和邮政业，电力、热力、燃气及水生产和供应业的研发人员占比相对较低。

表8-20　不同行业国资委所属企业控股上市公司研发人员占员工总人数比例状况　　单位：%

行业	平均值	中位数	标准差	极差	最小值	最大值
农、林、牧、渔业	4.36	0.85	6.18	19.55	0.00	19.55
采矿业	7.05	5.13	7.32	36.63	0.00	36.63
制造业	14.06	12.37	10.72	66.00	0.00	66.00

行业	平均值	中位数	标准差	极差	最小值	最大值
电力、热力、燃气及水生产和供应业	4.05	0.59	6.97	41.95	0.00	41.95
建筑业	13.43	12.96	10.01	45.80	0.00	45.80
批发和零售业	3.38	0.00	7.31	31.92	0.00	31.92
交通运输、仓储和邮政业	1.21	0.00	2.51	13.87	0.00	13.87
住宿和餐饮业	0.67	0.63	0.72	1.64	0.00	1.64
信息传输、软件和信息技术服务业	30.62	28.09	20.32	73.61	0.00	73.61
金融业	1.16	0.00	3.98	25.63	0.00	25.63
房地产业	2.84	0.00	11.53	63.73	0.00	63.73
租赁和商务服务业	5.84	1.08	10.35	35.97	0.00	35.97
科学研究和技术服务业	16.91	16.51	8.14	28.57	4.87	33.44
水利、环境和公共设施管理业	4.27	0.00	7.07	19.15	0.00	19.15
文化、体育和娱乐业	5.08	1.94	6.29	22.60	0.00	22.60
综合	12.26	8.14	10.45	32.26	0.00	32.26
合计	10.24	6.91	12.03	73.61	0.00	73.61

资料来源：根据 CSMAR 数据库整理。

2. 中央企业控股上市公司分行业创新投入比较分析

由表 8-21 可知，在中央企业控股上市公司中，农、林、牧、渔业，电力、热力、燃气及水生产和供应业，交通运输、仓储和邮政业，住宿和餐饮业，水利、环境和公共设施管理业等传统的研发投入金额都不多，标准差也都较小，这些行业对技术依赖较低，且应用技术的更新速度相对较慢。而建筑业属于资源依赖型行业，研发投入金额平均值远远高于其他行业，而且标准差也很大，不同公司间差异明显。采矿业和制造业由于其自身技术特点，研发投入平均值较高，且标准差较大，不同公司之间存在较大差异。相比而言，信息传输、软件和信息技术服务业等高新技术产业的研发投入金额的平均值明显高于传统行业，并且不同公司间研发创新资金投入差异大。

表 8-21　不同行业中央企业控股上市公司研发投入金额状况　　　　单位：万元

行业	平均值	中位数	标准差	极差	最小值	最大值
农、林、牧、渔业	3064	3064	4297	6077	25	6102
采矿业	281223	83945	622557	2141000	0	2141000
制造业	52264	20130	127274	1226463	0	1226463
电力、热力、燃气及水生产和供应业	17030	781	38699	175610	0	175610
建筑业	579677	86101	734067	2181661	5517	2187178
批发和零售业	14754	5213	21473	65931	0	65931
交通运输、仓储和邮政业	13042	2356	18538	62900	0	62900
住宿和餐饮业	—	—	—	—	—	—
信息传输、软件和信息技术服务业	57620	31013	75686	247769	3252	251021

行业	平均值	中位数	标准差	极差	最小值	最大值
金融业	2935	233	6964	20072	0	20072
房地产业	3562	47	7250	22230	0	22230
租赁和商务服务业	—	—	—	—	—	—
科学研究和技术服务业	14064	9383	8873	23489	4581	28070
水利、环境和公共设施管理业	5020	5020	1916	2710	3666	6375
文化、体育和娱乐业	—	—	—	—	—	—
综合	—	—	—	—	—	—
合计	81090	14038	268672	2187178	0	2187178

资料来源：根据 CSMAR 数据库整理。

由表8-22可知，在中央企业控股上市公司中，农、林、牧、渔业，电力、热力、燃气及水生产和供应业，交通运输、仓储和邮政业，住宿和餐饮业，水利、环境和公共设施管理业等传统行业的研发投入金额占营业收入的比例都很低，标准差也都较小。相比而言，信息传输、软件和信息技术服务业的研发投入金额占营收比例的平均值远高于其他行业，同时其标准差、极差也远超其他行业，表明在这一行业中，公司之间的差异显著，不同公司间研发创新资金投入占比差异大。科学研究和技术服务业以及制造业的研发投入金额占营收比例的平均值也处于较高水平。

表8-22　不同行业中央企业控股上市公司研发投入金额占营收比例状况　　单位:%

行业	平均值	中位数	标准差	极差	最小值	最大值
农、林、牧、渔业	0.60	0.60	0.84	1.19	0.00	1.19
采矿业	1.33	0.88	1.57	5.94	0.00	5.94
制造业	4.55	4.16	3.04	16.56	0.00	16.56
电力、热力、燃气及水生产和供应业	0.53	0.08	1.06	4.92	0.00	4.92
建筑业	2.54	2.61	1.19	5.28	0.41	5.69
批发和零售业	1.84	0.70	3.27	11.23	0.00	11.23
交通运输、仓储和邮政业	0.34	0.13	0.67	2.64	0.00	2.64
住宿和餐饮业	—	—	—	—	—	—
信息传输、软件和信息技术服务业	9.38	5.90	7.76	24.17	0.86	25.03
金融业	1.37	0.00	2.60	6.63	0.00	6.63
房地产业	0.09	0.00	0.14	0.33	0.00	0.33
租赁和商务服务业	—	—	—	—	—	—
科学研究和技术服务业	5.61	4.13	2.16	4.89	3.49	8.38
水利、环境和公共设施管理业	1.42	1.42	0.21	0.30	1.27	1.57
文化、体育和娱乐业	—	—	—	—	—	—
综合	—	—	—	—	—	—
合计	3.57	3.13	3.71	25.03	0.00	25.03

资料来源：根据 CSMAR 数据库整理。

从表8-23可以看出，在中央企业控股上市公司中，建筑业、采矿业由于属于资源依赖型行业，对资源的需求大，因此研发人员投入的平均值和中位数都相对较大。信息传输、软件和通信技术服务业，制造业等高新技术行业由于其本身就需要创新基础，研发人员水平显著高于传统行业。而农、林、牧、渔业，住宿和餐饮业等传统行业或服务行业更多依赖传统商业模式或服务质量，对研发创新需求不大，研究人员投入相对较少。同时可以看出，研发人员投入水平较高的行业其极差和标准差也相对较大，由此可见，在这些行业中不同公司间研发人员投入存在较大的差距。而传统行业中的企业研发人员投入普遍较少，公司间差距也相对较小。

表8-23　不同行业中央企业控股上市公司研发人员状况　　　　单位：人

行业	平均值	中位数	标准差	极差	最小值	最大值
农、林、牧、渔业	35.50	35.50	50.20	71.00	0.00	71.00
采矿业	3825.38	1512.50	9581.48	39377.00	0.00	39377.00
制造业	1256.56	463.50	3132.69	34842.00	0.00	34842.00
电力、热力、燃气及水生产和供应业	583.13	20.50	1725.08	8493.00	0.00	8493.00
建筑业	6959.76	1867.00	10646.63	31306.00	0.00	31306.00
批发和零售业	211.42	98.50	256.56	734.00	0.00	734.00
交通运输、仓储和邮政业	684.41	51.00	2157.67	9007.00	0.00	9007.00
住宿和餐饮业	—	—	—	—	—	—
信息传输、软件和信息技术服务业	1781.25	952.00	2215.60	8935.00	220.00	9155.00
金融业	129.25	0.00	304.78	872.00	0.00	872.00
房地产业	55.33	0.00	90.29	249.00	0.00	249.00
租赁和商务服务业	—	—	—	—	—	—
科学研究和技术服务业	367.29	355.00	257.09	810.00	75.00	885.00
水利、环境和公共设施管理业	274.50	274.50	215.67	305.00	122.00	427.00
文化、体育和娱乐业	—	—	—	—	—	—
综合	—	—	—	—	—	—
合计	1483.08	359.00	4313.68	39377.00	0.00	39377.00

资料来源：根据CSMAR数据库整理。

由表8-24可知，在中央企业控股上市公司中，信息传输、软件和信息技术服务业，科学研究和技术服务业以及制造业这三类新兴高科技产业的平均值较高，尤其是信息传输、软件和信息技术服务业，其研发人员占比的平均值远高于其他行业。同时，这些行业的标准差和极差也相对较高，表明这些行业内不同公司之间差异较大。而农、林、牧、渔业，交通运输、仓储和邮政业，电力、热力、燃气及水生产和供应业等传统行业研发人员占比相对较低。值得关注的是，尽管采矿业在研发金额的投入较多，但是其研发人员占比却与传统行业接近。

表8-24　不同行业中央企业控股上市公司研发人员占员工总人数比例状况　　单位:%

行业	平均值	中位数	标准差	极差	最小值	最大值
农、林、牧、渔业	3.23	3.23	4.57	6.47	0.00	6.47
采矿业	6.23	5.40	5.62	18.00	0.00	18.00

续表

行业	平均值	中位数	标准差	极差	最小值	最大值
制造业	16.31	14.12	11.32	65.24	0.00	65.24
电力、热力、燃气及水生产和供应业	4.89	0.79	9.47	41.95	0.00	41.95
建筑业	14.84	13.01	11.66	45.80	0.00	45.80
批发和零售业	8.27	2.18	11.77	31.92	0.00	31.92
交通运输、仓储和邮政业	2.25	1.05	3.76	13.87	0.00	13.87
住宿和餐饮业	—	—	—	—	—	—
信息传输、软件和信息技术服务业	37.72	40.46	18.81	65.33	3.75	69.08
金融业	2.02	0.00	3.94	10.79	0.00	10.79
房地产业	0.52	0.00	1.22	3.74	0.00	3.74
租赁和商务服务业	—	—	—	—	—	—
科学研究和技术服务业	18.43	15.30	8.16	23.08	10.36	33.44
水利、环境和公共设施管理业	11.06	11.06	11.44	16.18	2.97	19.15
文化、体育和娱乐业	—	—	—	—	—	—
综合	—	—	—	—	—	—
合计	13.75	10.90	13.23	69.08	0.00	69.08

资料来源：根据 CSMAR 数据库整理。

3. 地方国企控股上市公司分行业创新投入比较分析

由表 8-25 可知，地方国企控股上市公司与中央企业控股上市公司的研发投入类似，农、林、牧、渔业，电力、热力、燃气及水生产和供应业，交通运输、仓储和邮政业，住宿和餐饮业，水利、环境和公共设施管理业等传统行业的研发投入金额都不高，标准差也都较小。而建筑业、制造业和采矿业由于其自身技术特点，研发投入金额的平均值较高，且标准差较大，不同公司之间存在较大差异。相比而言，信息传输、软件和信息技术服务业等高新技术产业的研发投入金额的平均值明显高于传统行业，且公司之间的差异显著。

表 8-25　不同行业地方国企控股上市公司研发投入金额状况　　　　　单位：万元

行业	平均值	中位数	标准差	极差	最小值	最大值
农、林、牧、渔业	1628	890	1785	5689	0	5689
采矿业	22174	17489	27455	124406	0	124406
制造业	49336	12489	134612	1476800	0	1476800
电力、热力、燃气及水生产和供应业	3943	489	8611	44966	0	44966
建筑业	59449	23540	138185	621972	0	621972
批发和零售业	5838	0	21555	150877	0	150877
交通运输、仓储和邮政业	1483	0	2778	11675	0	11675
住宿和餐饮业	1404	1043	1567	3636	0	3636
信息传输、软件和信息技术服务业	16326	21676	13610	33157	247	33403
金融业	4902	0	16104	69619	0	69619

续表

行业	平均值	中位数	标准差	极差	最小值	最大值
房地产业	769	0	2010	8352	0	8352
租赁和商务服务业	4926	1805	8534	27268	0	27268
科学研究和技术服务业	16019	12533	13480	32283	3308	35591
水利、环境和公共设施管理业	3551	0	5078	13145	0	13145
文化、体育和娱乐业	2025	1647	2170	5460	0	5460
综合	3523	3720	1521	3650	1502	5152
合计	28179	3966	98494	1476800	0	1476800

资料来源：根据 CSMAR 数据库整理。

由表 8-26 可知，在地方国企控股上市公司中，农、林、牧、渔业，电力、热力、燃气及水生产和供应业，交通运输、仓储和邮政业，住宿和餐饮业，水利、环境和公共设施管理业等传统行业的研发投入占营业收入的比重都很低，标准差也都较小，表明上述行业的公司普遍对研发创新的需求较少，更多的是依靠传统的方式经营。采矿业的研发投入占营收比例的平均值也不高。相比而言，信息传输、软件和信息技术服务业的研发投入金额占营收比例的平均值远高于其他行业，同时其标准差、极差也远超其他行业，表明在该行业中不同公司间研发创新资金投入差异显著。

表 8-26　不同行业地方国企控股上市公司研发投入金额占营收比例状况　　单位：%

行业	平均值	中位数	标准差	极差	最小值	最大值
农、林、牧、渔业	1.03	0.33	1.30	3.92	0.00	3.92
采矿业	1.37	0.86	1.29	4.29	0.00	4.29
制造业	3.88	3.01	6.24	83.23	0.00	83.23
电力、热力、燃气及水生产和供应业	0.39	0.08	0.61	2.25	0.00	2.25
建筑业	1.91	1.38	1.58	4.98	0.00	4.98
批发和零售业	0.40	0.00	1.25	6.42	0.00	6.42
交通运输、仓储和邮政业	0.17	0.00	0.36	1.57	0.00	1.57
住宿和餐饮业	0.10	0.06	0.11	0.25	0.00	0.25
信息传输、软件和信息技术服务业	7.44	5.12	7.60	23.26	0.70	23.96
金融业	0.65	0.00	1.53	4.94	0.00	4.94
房地产业	0.28	0.00	1.10	6.12	0.00	6.12
租赁和商务服务业	0.82	0.37	1.05	2.80	0.00	2.80
科学研究和技术服务业	5.61	4.08	3.83	9.87	1.55	11.42
水利、环境和公共设施管理业	0.91	0.00	1.44	3.89	0.00	3.89
文化、体育和娱乐业	2.00	0.29	3.53	8.95	0.00	8.95
综合	2.05	1.88	1.04	2.48	0.99	3.47
合计	2.37	0.90	4.85	83.23	0.00	83.23

资料来源：根据 CSMAR 数据库整理。

由表 8-27 可知，地方国企控股上市公司与中央企业控股上市公司的状况相似。建筑业、制造业和采矿业由于属于资源依赖型行业，对资源的需求大，因此研发人员数的平均值和中位数都相对较大。信息传输、软件和通信技术服务业以及制造业等高新技术行业主要依靠人才竞争，研发人员投入水平显著高于传统行业。而农、林、牧、渔业，住宿和餐饮业等传统行业或服务行业对技术更新依赖较少，研发创新需求不大，研发人员投入相对较少。同时可以看出，研发人员水平较高的行业其极差和标准差也相对较大，即在这些行业中不同公司间研发人员投入存在较大的差距。而传统行业中的企业研发人员投入普遍较少，公司间差距也相对较小。

表 8-27　不同行业地方国企控股上市公司研发人员状况　　　　单位：人

行业	平均值	中位数	标准差	极差	最小值	最大值
农、林、牧、渔业	58.10	39.50	58.25	151.00	0.00	151.00
采矿业	916.13	375.00	1395.41	6643.00	0.00	6643.00
制造业	921.26	368.00	2381.76	27061.00	0.00	27061.00
电力、热力、燃气及水生产和供应业	136.73	14.00	243.15	1030.00	0.00	1030.00
建筑业	1175.70	642.50	1805.04	8262.00	0.00	8262.00
批发和零售业	102.71	0.00	270.76	1412.00	0.00	1412.00
交通运输、仓储和邮政业	66.81	0.00	138.36	515.00	0.00	515.00
住宿和餐饮业	72.00	40.00	98.40	256.00	0.00	256.00
信息传输、软件和信息技术服务业	904.38	548.00	1201.33	4329.00	26.00	4355.00
金融业	34.37	0.00	91.82	390.00	0.00	390.00
房地产业	24.54	0.00	78.46	441.00	0.00	441.00
租赁和商务服务业	160.40	55.00	276.31	896.00	0.00	896.00
科学研究和技术服务业	339.67	283.50	176.34	441.00	169.00	610.00
水利、环境和公共设施管理业	119.00	0.00	163.80	416.00	0.00	416.00
文化、体育和娱乐业	78.17	53.50	83.86	197.00	0.00	197.00
综合	211.25	217.00	127.53	269.00	71.00	340.00
合计	578.14	148.00	1754.93	27061.00	0.00	27061.00

资料来源：根据 CSMAR 数据库整理。

由表 8-28 可知，在地方国企控股上市公司中，信息传输、软件和信息技术服务业的研发人员占比的平均值远高于其他行业，同时其标准差和极差也相对较高，表明该行业内不同公司之间差异较大。建筑业以及科学研究和技术服务业的研发人员占比的平均值也相对较高。而农、林、牧、渔业，交通运输、仓储和邮政业，电力、热力、燃气及水生产和供应业研发人员占比相对较低。

表 8-28　不同行业地方国企控股上市公司研发人员占员工总人数比例状况　　单位：%

行业	平均值	中位数	标准差	极差	最小值	最大值
农、林、牧、渔业	4.76	1.20	6.53	19.55	0.00	19.55
采矿业	7.01	4.95	7.79	36.63	0.00	36.63

行业	平均值	中位数	标准差	极差	最小值	最大值
制造业	11.98	11.06	9.12	47.68	0.00	47.68
电力、热力、燃气及水生产和供应业	3.42	0.38	4.91	19.38	0.00	19.38
建筑业	13.91	13.28	8.67	34.28	0.00	34.28
批发和零售业	1.91	0.00	4.73	31.85	0.00	31.85
交通运输、仓储和邮政业	1.15	0.00	2.15	8.50	0.00	8.50
住宿和餐饮业	0.79	0.75	0.72	1.64	0.00	1.64
信息传输、软件和信息技术服务业	35.52	37.57	21.51	71.38	2.23	73.61
金融业	1.92	0.00	5.88	25.63	0.00	25.63
房地产业	2.18	0.00	10.18	63.73	0.00	63.73
租赁和商务服务业	6.94	1.91	11.53	35.97	0.00	35.97
科学研究和技术服务业	13.12	11.59	8.16	17.89	4.87	22.76
水利、环境和公共设施管理业	4.34	0.00	6.61	16.00	0.00	16.00
文化、体育和娱乐业	5.15	1.39	7.70	19.35	0.00	19.35
综合	7.81	7.84	3.16	7.71	3.93	11.64
合计	8.45	5.20	10.42	73.61	0.00	73.61

资料来源：根据 CSMAR 数据库整理。

（二）不同行业国有控股上市公司专利产出状况

1. 国资委所属企业控股上市公司分行业专利产出比较分析

由表 8-29 可知，在专利申请数量上，农、林、牧、渔业的平均值和中位数都为 21，创新产出水平低。相比而言，电力、热力、燃气及水生产和供应业，采矿业以及制造业在专利申请方面遥遥领先。反观信息传输、软件和信息技术服务业，科学研究和技术服务业等在创新资金和人员投入较多的行业专利申请数反而较少。这主要是因为专利的申请与使用在不同行业之间具有很大的差异性，采矿业和制造业需要专利来打造并维护自身的竞争优势，而新兴的信息科技类行业更注重人力资本、经营模式及经营理念，这些都很难形成可以进行申请的专利。因此，高新技术行业应进一步提高技术保护意识，运用专利技术形成自身技术壁垒。

表 8-29　不同行业国资委所属企业控股上市公司专利申请状况　　　　单位：项

行业	平均值	中位数	标准差	极差	最小值	最大值
农、林、牧、渔业	21.00	21.00	0.00	0.00	21.00	21.00
采矿业	236.00	99.00	277.74	677.00	34.00	711.00
制造业	135.05	61.00	214.38	1454.00	1.00	1455.00
电力、热力、燃气及水生产和供应业	306.00	54.00	536.60	1104.00	6.00	1110.00
建筑业	180.67	197.00	141.21	281.00	32.00	313.00
批发和零售业	37.00	37.00	0.00	0.00	37.00	37.00
交通运输、仓储和邮政业	86.50	86.50	43.13	61.00	56.00	117.00
住宿和餐饮业	—	—	—	—	—	—

行业	平均值	中位数	标准差	极差	最小值	最大值
信息传输、软件和信息技术服务业	46.40	37.00	45.69	119.00	4.00	123.00
金融业	—	—	—	—	—	—
房地产业	36.00	36.00	0.00	0.00	36.00	36.00
租赁和商务服务业	—	—	—	—	—	—
科学研究和技术服务业	32.00	36.00	14.42	28.00	16.00	44.00
水利、环境和公共设施管理业	2.00	2.00	0.00	0.00	2.00	2.00
文化、体育和娱乐业	—	—	—	—	—	—
综合	—	—	—	—	—	—
合计	135.31	58.00	220.71	1454.00	1.00	1455.00

资料来源：根据 CSMAR 数据库整理。

由表 8-30 可知，在专利授权数量方面，建筑业，电力、热力、燃气及水生产和供应业以及采矿业的平均值较高，而在创新资金和人员投入较多的信息传输、软件和信息技术服务业以及科学研究和技术服务业依旧不多。

表 8-30　不同行业国资委所属企业控股上市公司专利授权状况　　　　单位：项

行业	平均值	中位数	标准差	极差	最小值	最大值
农、林、牧、渔业	8.00	8.00	0.00	0.00	8.00	8.00
采矿业	204.14	134.00	186.18	532.00	24.00	556.00
制造业	97.20	33.00	177.31	1338.00	1.00	1339.00
电力、热力、燃气及水生产和供应业	269.67	44.00	410.95	723.00	21.00	744.00
建筑业	1000.33	176.00	1421.31	4432.00	14.00	4446.00
批发和零售业	—	—	—	—	—	—
交通运输、仓储和邮政业	75.50	75.50	24.75	35.00	58.00	93.00
住宿和餐饮业	—	—	—	—	—	—
信息传输、软件和信息技术服务业	48.25	39.50	43.01	92.00	11.00	103.00
金融业	54.00	54.00	0.00	0.00	54.00	54.00
房地产业	31.00	31.00	0.00	0.00	31.00	31.00
租赁和商务服务业	—	—	—	—	—	—
科学研究和技术服务业	36.50	15.50	44.46	91.00	12.00	103.00
水利、环境和公共设施管理业	12.33	9.00	6.66	12.00	8.00	20.00
文化、体育和娱乐业	—	—	—	—	—	—
综合	—	—	—	—	—	—
合计	192.91	41.00	547.81	4445.00	1.00	4446.00

资料来源：根据 CSMAR 数据库整理。

2. 中央企业控股上市公司分行业专利产出比较分析

由表 8-31 可知，在中央企业控股上市公司中，电力、热力、燃气及水生产和供应业，采矿业以及建筑业在专利申请方面遥遥领先，反观在创新投入方面较多的信息传输、软件和信息技术服务业以及科学研究和技术服务业等在创新资金和人员投入较多的行业专利申请数反而较少。这主要是因为专利的申请与使用在不同行业之间具有很大的差异性，采矿业和制造业迫切需要专利来打造并维护自身的竞争优势，而新兴的信息科技类行业更注重人力资本、经营模式及经营理念，这些都很难形成可以进行申请的专利。

表 8-31　不同行业中央企业控股上市公司专利申请状况　　　　单位：项

行业	平均值	中位数	标准差	极差	最小值	最大值
农、林、牧、渔业	—	—	—	—	—	—
采矿业	286.50	175.50	293.00	627.00	84.00	711.00
制造业	134.31	67.50	163.73	744.00	7.00	751.00
电力、热力、燃气及水生产和供应业	385.33	40.00	627.81	1104.00	6.00	1110.00
建筑业	180.67	197.00	141.21	281.00	32.00	313.00
批发和零售业	37.00	37.00	0.00	0.00	37.00	37.00
交通运输、仓储和邮政业	—	—	—	—	—	—
住宿和餐饮业	—	—	—	—	—	—
信息传输、软件和信息技术服务业	57.67	46.00	60.35	119.00	4.00	123.00
金融业	—	—	—	—	—	—
房地产业	—	—	—	—	—	—
租赁和商务服务业	—	—	—	—	—	—
科学研究和技术服务业	40.00	40.00	5.66	8.00	36.00	44.00
水利、环境和公共设施管理业	2.00	2.00	0.00	0.00	2.00	2.00
文化、体育和娱乐业	—	—	—	—	—	—
综合	—	—	—	—	—	—
合计	148.76	67.00	208.86	1108.00	2.00	1110.00

资料来源：根据 CSMAR 数据库整理。

由表 8-32 可知，在中央企业控股上市公司中，建筑业，电力、热力、燃气及水生产和供应业以及采矿业的专利授权数量的平均值较高，而在创新资金和人员投入较多的信息传输、软件和信息技术服务业以及科学研究和技术服务业依旧不多。在存在专利授权的行业中，专利授权数的标准差大多较大，说明行业内各公司在专利授权方面相差较大，各公司创新的质量参差不齐。

表 8-32　不同行业中央企业控股上市公司专利授权状况　　　　单位：项

行业	平均值	中位数	标准差	极差	最小值	最大值
农、林、牧、渔业						

续表

行业	平均值	中位数	标准差	极差	最小值	最大值
采矿业	254.20	177.00	198.80	466.00	90.00	556.00
制造业	124.29	34.50	234.17	1338.00	1.00	1339.00
电力、热力、燃气及水生产和供应业	394.00	394.00	494.97	700.00	44.00	744.00
建筑业	1343.36	419.00	1530.51	4432.00	14.00	4446.00
批发和零售业	—	—	—	—	—	—
交通运输、仓储和邮政业	—	—	—	—	—	—
住宿和餐饮业	—	—	—	—	—	—
信息传输、软件和信息技术服务业	60.67	62.00	43.02	86.00	17.00	103.00
金融业	—	—	—	—	—	—
房地产业	—	—	—	—	—	—
租赁和商务服务业	—	—	—	—	—	—
科学研究和技术服务业	44.67	19.00	50.64	91.00	12.00	103.00
水利、环境和公共设施管理业	20.00	20.00	0.00	0.00	20.00	20.00
文化、体育和娱乐业	—	—	—	—	—	—
综合	102.00	102.00	0.00	0.00	102.00	102.00
合计	347.53	67.00	796.61	4445.00	1.00	4446.00

资料来源：根据 CSMAR 数据库整理。

3. 地方国企控股上市公司分行业专利产出比较分析

由表 8-33 可知，在地方国企控股上市公司中，制造业在专利申请方面遥遥领先，而在中央企业控股上市公司专利申请较多的采矿业中，地方国企控股上市公司表现较差。在创新资金和人员投入较多的信息传输、软件和信息技术服务业以及科学研究和技术服务业等行业专利申请数反而较少。与中央企业控股上市公司类似的是，地方国企控股上市公司的许多行业的专利申请意识也较为薄弱。

表 8-33　不同行业地方国企控股上市公司专利申请状况 单位：项

行业	平均值	中位数	标准差	极差	最小值	最大值
农、林、牧、渔业	—	—	—	—	—	—
采矿业	34.00	34.00	0.00	0.00	34.00	34.00
制造业	142.84	57.50	268.89	1454.00	1.00	1455.00
电力、热力、燃气及水生产和供应业	68.00	68.00	0.00	0.00	68.00	68.00
建筑业	—	—	—	—	—	—
批发和零售业	—	—	—	—	—	—
交通运输、仓储和邮政业	86.50	86.50	43.13	61.00	56.00	117.00
住宿和餐饮业	—	—	—	—	—	—
信息传输、软件和信息技术服务业	29.50	29.50	10.61	15.00	22.00	37.00
金融业	—	—	—	—	—	—

续表

行业	平均值	中位数	标准差	极差	最小值	最大值
房地产业	—	—	—	—	—	—
租赁和商务服务业	—	—	—	—	—	—
科学研究和技术服务业	16.00	16.00	0.00	0.00	16.00	16.00
水利、环境和公共设施管理业	—	—	—	—	—	—
文化、体育和娱乐业	—	—	—	—	—	—
综合	—	—	—	—	—	—
合计	130.09	56.00	251.72	1454.00	1.00	1455.00

资料来源：根据 CSMAR 数据库整理。

由表 8-34 可知，与中央企业控股上市公司不同，地方国企控股上市公司中制造业的专利授权数量的平均值较低，而其他存在专利授权的行业基本相差不大。在平均值和标准差方面，地方国企控股上市公司也明显较小。这表明地方国企控股上市公司专利授权数量较少，且各行业不同公司之间差距也较小。

表 8-34　不同行业地方国企控股上市公司专利授权状况　　　　　单位：项

行业	平均值	中位数	标准差	极差	最小值	最大值
农、林、牧、渔业	—	—	—	—	—	—
采矿业	79.00	79.00	77.78	110.00	24.00	134.00
制造业	86.92	30.00	145.97	797.00	2.00	799.00
电力、热力、燃气及水生产和供应业	21.00	21.00	0.00	0.00	21.00	21.00
建筑业	57.00	59.50	33.54	73.00	18.00	91.00
批发和零售业	—	—	—	—	—	—
交通运输、仓储和邮政业	75.50	75.50	24.75	35.00	58.00	93.00
住宿和餐饮业	—	—	—	—	—	—
信息传输、软件和信息技术服务业	11.00	11.00	0.00	0.00	11.00	11.00
金融业	—	—	—	—	—	—
房地产业	—	—	—	—	—	—
租赁和商务服务业	—	—	—	—	—	—
科学研究和技术服务业	12.00	12.00	0.00	0.00	12.00	12.00
水利、环境和公共设施管理业	8.00	8.00	0.00	0.00	8.00	8.00
文化、体育和娱乐业	—	—	—	—	—	—
综合	—	—	—	—	—	—
合计	79.93	30.00	133.50	797.00	2.00	799.00

资料来源：根据 CSMAR 数据库整理。

二、国有控股上市公司创新状况市场板块比较分析

（一）不同市场板块国有控股上市公司创新投入状况

1. 国资委所属企业控股上市公司分市场板块创新投入比较分析

由表 8-35 可知，在国资委所属企业控股上市公司中，主板上市公司研发投入金额平均值最大，达 45924 万元，这一方面与主板上市公司自身规模相关，另一方面也说明主板上市公司对研发创新非常重视，愿意投入更多资源。中小企业板紧随其后，平均值达 23468 万元，且中位数在各板块中最高，表明研发创新对中小企业板上市公司而言更为重要，投入资源更多。创业板上市公司，从绝对数值方面看，研发投入金额相对较少。

表 8-35　不同市场板块国资委所属企业控股上市公司研发投入金额状况　　单位：万元

市场板块	平均值	中位数	标准差	极差	最小值	最大值
主板	45924	4803	183974	2187178	0	2187178
中小企业板	23468	9602	50887	548381	0	548381
创业板	10330	6178	10149	45766	0	45766
合计	40897	5360	166362	2187178	0	2187178

资料来源：根据 CSMAR 数据库整理。

由表 8-36 可知，从相对值角度来看，创业板上市公司研发投入金额占营收比例最大，平均值为 8.07%，中位数为 4.90%，表明创业板上市公司对研发创新非常重视，愿意投入更多资源。中小企业板上市公司紧随其后，平均值达 4.59%，中位数为 3.43%。主板上市公司研发投入绝对值虽然较大，但相对值方面，研发投入金额占营业收入比例较小，平均值仅为 2.12%，中位数仅为 0.90%，且标准差和极差较小。板块之间较大差异的背后其实和板块内部公司类别相关，创业板主要服务于科创类企业，这使得其研发投入占比较高。

表 8-36　不同市场板块国资委所属企业控股上市公司研发投入金额占营收比例状况　　单位:%

市场板块	平均值	中位数	标准差	极差	最小值	最大值
主板	2.12	0.90	2.99	25.03	0.00	25.03
中小企业板	4.59	3.43	4.92	28.03	0.00	28.03
创业板	8.07	4.90	11.04	83.23	0.00	83.23
合计	2.80	1.43	4.41	83.23	0.00	83.23

资料来源：根据 CSMAR 数据库整理。

由表 8-37 可以看出，研发人员方面与投入金额存在相似趋势，主板上市公司具有规模和资源实力优势，研发人员绝对值较大，平均值达 856 人。中小企业板紧随其后，平均值为 677 人，但从中位数来看，中小企业板上市公司相对较高。创业板上市公司绝对值投入量相对较少。与主板上市公司相比，中小企业板和创业板上市公司标准差和极差相对较小，可见主板上市公司间差异大，发展不均衡现象严重。

表 8-37　不同市场板块国资委所属企业控股上市公司研发人员状况　　　　单位：人

市场板块	平均值	中位数	标准差	极差	最小值	最大值
主板	856.26	158.00	3032.80	39377.00	0.00	39377.00
中小企业板	676.75	285.00	1689.35	19065.00	0.00	19065.00
创业板	393.65	209.00	539.90	3009.00	0.00	3009.00
合计	807.85	184.00	2796.91	39377.00	0.00	39377.00

资料来源：根据 CSMAR 数据库整理。

由表 8-38 可以看出，研发人员占比方面与研发投入金额占比存在相似趋势，创业板、中小企业板投入占比高。创业板上市公司研发人员占员工总人数比例的平均值达 22.30%，中位数为 19.28%，中小企业板上市公司平均值为 14.99%，中位数为 13.28%。相比较而言，主板上市公司研发人员投入占比较低，平均值为 8.57%，研发投入不足。三个板块内上市公司间均存在较大差异，主板上市公司中存在研发人员占比超 70% 的公司，同时也存在投入人员为 0 的公司，可见不同公司对创新投入的意识和意愿存在较大差异，发展不均衡现象严重。

表 8-38　不同市场板块国资委所属企业控股上市公司研发人员占员工总人数比例状况　　　　单位：%

市场板块	平均值	中位数	标准差	极差	最小值	最大值
主板	8.57	5.02	10.95	73.61	0.00	73.61
中小企业板	14.99	13.28	13.12	60.05	0.00	60.05
创业板	22.30	19.28	14.29	69.08	0.00	69.08
合计	10.24	6.91	12.03	73.61	0.00	73.61

资料来源：根据 CSMAR 数据库整理。

2. 中央企业控股上市公司分市场板块创新投入比较分析

由表 8-39 可知，在中央企业控股上市公司中，主板上市公司的研发投入平均值、标准差、极差都较大，这主要是由于规模大小差距明显造成的。中小企业板平均值也较高，且中位数的情况与主板接近，这说明中小企业板上市公司普遍都关注公司的创新。从绝对数值方面看，创业板上市公司研发投入金额相对较少。

表 8-39　不同市场板块中央企业控股上市公司研发投入金额状况　　　　单位：万元

市场板块	平均值	中位数	标准差	极差	最小值	最大值
主板	91969	15573	294387	2187178	0	2187178
中小企业板	38709	14977	87747	548381	0	548381
创业板	9896	6925	8700	33100	2709	35809
合计	81090	14038	268672	2187178	0	2187178

资料来源：根据 CSMAR 数据库整理。

由表 8-40 可知，在中央企业控股上市公司中，创业板上市公司研发投入金额占营收比重最大，平均值为 7.52%，中位数也最高，达 5.79%，表明创业板上市公司对研发创新非常重视，愿意投入更多资源。而创业板上市公司研发投入金额占营收比例的标准差和极差很小，说明其整体研发投入水平较高，对研发创新比较重视。中小企业板上市公司紧随其后，平均值达5.30%，中位数为4.70%。相比较来说，主板上市公司研发投入金额占营业收入比重很小，平均值仅为3.05%，中位数仅为2.35%，且标准差最小，这在一定程度上是由于主板国资委控股上市公司营收规模普遍偏大导致的。

表8-40 不同市场板块中央企业控股上市公司研发投入金额占营收比例状况 单位:%

市场板块	平均值	中位数	标准差	极差	最小值	最大值
主板	3.05	2.35	3.37	25.03	0.00	25.03
中小企业板	5.30	4.70	4.36	22.53	0.00	22.53
创业板	7.52	5.79	3.92	14.38	2.94	17.32
合计	3.57	3.13	3.71	25.03	0.00	25.03

资料来源：根据CSMAR数据库整理。

由表8-41可以看出，研发人员方面与投入金额存在相似的情况，主板上市公司具有规模和资源实力优势，研发人员绝对值较大，平均值达1577人。中小企业板紧随其后，平均值为1260人。但从中位数来看，中小企业板上市公司相对较高。创业板上市公司绝对值投入量相对较少。与主板上市公司相比，中小企业板和创业板上市公司标准差和极差相对较小，且创业板最小，可见主板上市公司间差异大，发展不均衡现象严重。

表8-41 不同市场板块中央企业控股上市公司研发人员状况 单位：人

市场板块	平均值	中位数	标准差	极差	最小值	最大值
主板	1577.13	376.00	4613.30	39377.00	0.00	39377.00
中小企业板	1259.83	423.50	2999.93	19065.00	0.00	19065.00
创业板	369.87	166.00	555.12	2219.00	73.00	2292.00
合计	1483.08	359.00	4313.68	39377.00	0.00	39377.00

资料来源：根据CSMAR数据库整理。

由表8-42可以看出，研发人员占比方面与研发投入金额占比存在相似趋势，创业板、中小企业板投入占比高，中小企业板上市公司研发人员占员工总人数比例的平均值达19.42%，中位数为17.22%，创业板上市公司平均值为24.94%，中位数为25.80%。相比较而言，主板上市公司总体研发人员投入较少，平均值为12.15%，研发投入不足。三个板块内公司间均存在较大差异，其中主板上市公司中存在研发人员占比超67%的公司，同时也存在投入人员为0的公司，差距最大，中小企业板上市公司差距最小，可见不同企业对创新投入的意识和意愿存在较大差异，发展不均衡现象严重。

表8-42 不同市场板块中央企业控股上市公司研发人员占员工总人数比例状况 单位:%

市场板块	平均值	中位数	标准差	极差	最小值	最大值
主板	12.15	9.82	12.32	67.33	0.00	67.33

续表

市场板块	平均值	中位数	标准差	极差	最小值	最大值
中小企业板	19.42	17.22	15.14	52.34	0.00	52.34
创业板	24.94	25.80	14.76	58.78	10.30	69.08
合计	13.75	10.90	13.23	69.08	0.00	69.08

资料来源：根据 CSMAR 数据库整理。

3. 地方国企控股上市公司分市场板块创新投入比较分析

由表 8-43 可知，在地方国企控股上市公司中，主板上市公司的研发投入平均值、标准差、极差都较大，这主要是由于规模大小差距明显造成的。中小企业板平均值也较高，且中位数最高，这说明中小企业板上市公司大部分都关注公司的创新研发。与其他市场板块相比，创业板上市公司研发投入金额相对较少。

表 8-43　不同市场板块地方国企控股上市公司研发投入金额状况　　单位：万元

市场板块	平均值	中位数	标准差	极差	最小值	最大值
主板	30276	3062	107988	1476800	0	1476800
中小企业板	21032	9396	29204	123555	0	123555
创业板	11224	7205	9803	28681	741	29422
合计	28179	3966	98494	1476800	0	1476800

资料来源：根据 CSMAR 数据库整理。

由表 8-44 可知，从研发投入金额占营收比例的角度来看，情况与投入金额绝对值基本相悖。创业板上市公司研发投入金额占营收比例最大，平均值为 9.63%，中位数也最高，达 4.79%，表明创业板上市公司对研发创新非常重视，愿意投入更多比例的资源。但创业板上市公司研发投入金额占营收比例的标准差和极差最大，说明其整体研发投入水平分布不均。中小企业板上市公司紧随其后，平均值达 4.23%，中位数为 2.95%。相比较来说，主板上市公司研发投入金额占营收比例很小，平均值仅为 1.67%，中位数仅为 0.54%，且标准差最小，表明整体而言主板地方国企控股上市公司研发投入金额占比都处于较低水平，存在研发投入不足的问题。

表 8-44　不同市场板块地方国企控股上市公司研发投入金额占营收比例状况　　单位：%

市场板块	平均值	中位数	标准差	极差	最小值	最大值
主板	1.67	0.54	2.56	22.95	0.00	22.95
中小企业板	4.23	2.95	5.29	28.03	0.00	28.03
创业板	9.63	4.79	16.22	82.07	1.16	83.23
合计	2.37	0.90	4.85	83.23	0.00	83.23

资料来源：根据 CSMAR 数据库整理。

由表 8-45 可以看出，研发人员方面与投入金额存在相似情况，主板上市公司具有规模和资源实力优势，研发人员绝对值较大，平均值达 600 人。中小企业板紧随其后，平均值为 522 人。

但从中位数来看，中小企业板公司相对较高。创业板上市公司绝对值投入相对较少。与主板上市公司相比，其他市场板块公司标准差和极差相对较小，可见主板上市公司间差异大，发展不均衡现象严重。同时也可以看出，其他市场板块公司投入人员状况稳定在较低水平，并没有太大波动。

表 8-45 不同市场板块地方国企控股上市公司研发人员状况 单位：人

市场板块	平均值	中位数	标准差	极差	最小值	最大值
主板	600.04	127.00	1907.86	27061.00	0.00	27061.00
中小企业板	522.11	281.50	807.78	4101.00	0.00	4101.00
创业板	343.85	244.50	348.03	1630.00	23.00	1653.00
合计	578.14	148.00	1754.93	27061.00	0.00	27061.00

资料来源：根据 CSMAR 数据库整理。

由表 8-46 可以看出，研发人员占比方面与研发投入金额占比存在相近趋势，创业板、中小企业板投入占比大，创业板上市公司研发人员占员工总人数比例的平均值达 20.58%，中位数为 18.89%，中小企业板上市公司平均值为 13.28%，中位数为 11.66%。相比较而言，主板上市公司总体研发人员投入较少，平均值和中位数分别为 7.00% 和 3.73%，研发投入不足。主板上市公司内部存在较大差异，存在研发人员占比超 70% 的公司，同时也存在投入人员为 0 的公司，可见不同公司对创新投入的意识和意愿存在较大差异，发展不均衡现象严重。

表 8-46 不同市场板块地方国企控股上市公司研发人员占员工总人数比例状况 单位：%

市场板块	平均值	中位数	标准差	极差	最小值	最大值
主板	7.00	3.73	9.42	73.61	0.00	73.61
中小企业板	13.28	11.66	12.05	60.05	0.00	60.05
创业板	20.58	18.89	10.96	45.17	7.18	52.35
合计	8.45	5.20	10.42	73.61	0	73.61

资料来源：根据 CSMAR 数据库整理。

（二）不同市场板块国有控股上市公司专利产出状况

1. 国资委所属企业控股上市公司分市场板块专利产出比较分析

由表 8-47 公司专利申请数可以看出，中小企业板上市公司专利申请数最多，显著多于其他市场板块。与主板相比较而言，受公司规模影响，创业板专利申请绝对量和差异相对较小。

表 8-47 不同市场板块国资委所属企业控股上市公司专利申请状况 单位：项

市场板块	平均值	中位数	标准差	极差	最小值	最大值
主板	142.94	58.00	232.86	1454.00	1.00	1455.00
中小企业板	155.35	68.00	231.17	1107.00	3.00	1110.00
创业板	50.25	46.50	35.02	123.00	5.00	128.00
合计	135.31	58.00	220.71	1454.00	1.00	1455.00

资料来源：根据 CSMAR 数据库整理。

由表8-48公司专利授权数可以看出，主板上市公司专利授权数最多，中小企业板居中，创业板最少，这主要与公司规模相关。与专利申请数状况相同，各市场板块内各公司之间存在较大差异。

表8-48　不同市场板块国资委所属企业控股上市公司专利授权状况　　　　单位：项

市场板块	平均值	中位数	标准差	极差	最小值	最大值
主板	227.73	50.00	629.81	4445.00	1.00	4446.00
中小企业板	150.43	51.00	304.53	1335.00	4.00	1339.00
创业板	32.76	33.00	24.66	94.00	4.00	98.00
合计	192.91	41.00	547.81	4445.00	1.00	4446.00

资料来源：根据CSMAR数据库整理。

2. 中央企业控股上市公司分市场板块专利产出比较分析

由表8-49公司专利申请数可以看出，中小企业板上市公司专利申请数最多，显著多于其他市场板块。同时，中小企业板上市公司之间存在巨大差异。相比而言，主板、创业板专利申请绝对量和差异相对较小。

表8-49　不同市场板块中央企业控股上市公司专利申请状况　　　　单位：项

市场板块	平均值	中位数	标准差	极差	最小值	最大值
主板	157.37	76.50	195.33	749.00	2.00	751.00
中小企业板	169.57	66.50	283.94	1106.00	4.00	1110.00
创业板	60.43	48.00	33.96	98.00	30.00	128.00
合计	148.76	67.00	208.86	1108.00	2.00	1110.00

资料来源：根据CSMAR数据库整理。

由表8-50公司专利授权数可以看出，主板上市公司专利授权数最多，中小企业板居中，创业板最少，这主要与公司规模相关。与专利申请数状况相同，各板块内各公司之间存在较大差异。

表8-50　不同市场板块中央企业控股上市公司专利授权状况　　　　单位：项

市场板块	平均值	中位数	标准差	极差	最小值	最大值
主板	433.72	93.00	929.04	4445.00	1.00	4446.00
中小企业板	247.80	38.50	443.27	1328.00	11.00	1339.00
创业板	33.00	33.00	12.90	45.00	17.00	62.00
合计	347.53	67.00	796.61	4445.00	1.00	4446.00

资料来源：根据CSMAR数据库整理。

3. 地方国企控股上市公司分市场板块专利产出比较分析

由表8-51公司专利申请数可以看出，主板上市公司专利申请数最多，显著多于其他市场板块，这主要是因为主板上市公司的规模体量大。同时，主板上市公司之间存在巨大差异。相比较而言，受公司规模影响，中小企业板、创业板专利申请绝对量和差异相对较小。

表 8-51　不同市场板块地方国企控股上市公司专利申请状况　　单位：项

市场板块	平均值	中位数	标准差	极差	最小值	最大值
主板	141.15	57.50	277.60	1454.00	1.00	1455.00
中小企业板	122.29	43.00	138.74	353.00	3.00	356.00
创业板	33.25	18.50	39.50	86.00	5.00	91.00
合计	130.09	56.00	251.72	1454.00	1.00	1455.00

资料来源：根据 CSMAR 数据库整理。

由表 8-52 公司专利授权数可以看出，主板上市公司专利授权数最多，中小企业板居中，创业板最少，这主要与公司规模相关。与专利申请数状况相同，各市场板块内各公司之间存在较大差异。

表 8-52　不同市场板块地方国企控股上市公司专利授权状况　　单位：项

市场板块	平均值	中位数	标准差	极差	最小值	最大值
主板	85.42	29.50	145.09	797.00	2.00	799.00
中小企业板	73.30	40.50	100.79	338.00	4.00	342.00
创业板	38.40	13.00	42.55	94.00	4.00	98.00
合计	79.93	30.00	133.50	797.00	2.00	799.00

资料来源：根据 CSMAR 数据库整理。

三、国有控股上市公司创新状况地区比较分析

（一）不同地区国有控股上市公司创新投入状况

1. 国资委所属企业控股上市公司分地区创新投入比较分析

从地区维度看，各地区创新投入资金占比总体偏低，差异不大。绝大部分地区上市公司研发投入金额为亿级（见表 8-53），仅北京市达到 10 亿元以上（北京市央企较多），而其他地区相对研发投入水平低，投入力度不足。聚焦于各省份，北京、上海、江西、湖北、山东列前五位，研发投入金额占比较高，创新意识相对较强，但部分地区水平依旧较低，特别是宁夏、海南、西藏与其他地区相比存在一定的差距。

表 8-53　不同地区国资委所属企业控股上市公司研发投入金额状况　　单位：万元

地区	样本量	平均值	中位数	标准差	极差	最小值	最大值
北京	148	131934	9219	383304	2187178	0	2187178
天津	32	21540	6877	34025	116853	0	116853
河北	25	32808	7188	68014	328689	0	328689
山西	23	21382	3873	48800	229627	0	229627
内蒙古	8	27876	6880	52247	152958	708	153666

续表

地区	样本量	平均值	中位数	标准差	极差	最小值	最大值
辽宁	25	22730	2409	41965	155800	0	155800
吉林	19	13230	4419	25027	107383	0	107383
黑龙江	17	10396	1431	16738	47686	0	47686
上海	105	52374	3318	186840	1476800	0	1476800
江苏	71	16558	4000	40276	245634	0	245634
浙江	56	21583	3298	73641	548381	0	548381
安徽	43	23356	8746	38946	160407	0	160407
福建	36	20506	4407	33215	123555	0	123555
江西	20	43366	5846	89877	359668	0	359668
山东	61	37679	13471	99944	734701	0	734701
河南	31	22570	11352	35607	178470	0	178470
湖北	36	41188	9681	78202	291224	0	291224
湖南	41	16936	3390	52663	334752	0	334752
广东	124	37439	6499	132961	1254790	0	1254790
广西	17	13419	202	36366	139894	0	139894
海南	10	4718	1987	9327	30749	0	30749
重庆	22	24232	1366	94831	447844	0	447844
四川	43	19814	3757	43513	214319	0	214319
贵州	14	14676	12138	10054	37798	0	37798
云南	19	20550	3397	29810	100306	0	100306
西藏	4	4069	13	8121	16250	0	16250
陕西	31	15571	9297	20046	75323	0	75323
甘肃	14	4810	1711	10294	39699	0	39699
青海	4	10882	8393	11078	25472	634	26106
宁夏	6	1041	557	1445	3846	0	3846
新疆	24	10113	2162	21105	87545	0	87545
合计	1129	40897	5360	166362	2187178	0	2187178

资料来源：根据 CSMAR 数据库整理。

由表 8-54 可以看出，各地区创新投入资金占比总体偏低，研发投入金额占营业收入比例在 1%~4%居多，整体差异不大，投入力度不足。其中，湖北、天津、北京、贵州、广东排前五位，研发投入资金占比的平均水平较高，但部分地区，特别是广西、西藏、新疆平均水平依旧较低，与其他地区相比存在一定的差距。

表 8-54　不同地区国资委所属企业控股上市公司研发投入金额占营收比例状况　　　　单位:%

地区	样本量	平均值	中位数	标准差	极差	最小值	最大值
北京	148	3.78	1.94	7.89	83.23	0.00	83.23

地区	样本量	平均值	中位数	标准差	极差	最小值	最大值
天津	32	3.79	2.32	4.89	22.11	0.00	22.11
河北	25	2.70	1.78	3.91	16.78	0.00	16.78
山西	23	1.29	0.58	1.97	6.93	0.00	6.93
内蒙古	8	1.68	0.54	2.08	6.01	0.06	6.07
辽宁	25	2.30	0.77	3.93	16.67	0.00	16.67
吉林	19	2.68	1.55	3.03	10.34	0.00	10.34
黑龙江	17	1.76	0.46	2.05	6.55	0.00	6.55
上海	105	1.77	0.37	2.38	11.66	0.00	11.66
江苏	71	2.18	1.27	2.30	9.73	0.00	9.73
浙江	56	2.97	1.30	3.76	18.12	0.00	18.12
安徽	43	2.29	2.37	2.03	6.06	0.00	6.06
福建	36	3.05	1.56	4.57	17.32	0.00	17.32
江西	20	2.76	2.36	2.85	11.68	0.00	11.68
山东	61	3.26	2.30	4.00	22.95	0.00	22.95
河南	31	3.16	2.52	3.10	10.63	0.00	10.63
湖北	36	3.90	3.16	3.59	11.53	0.00	11.53
湖南	41	2.87	1.67	3.69	16.12	0.00	16.12
广东	124	3.57	1.85	5.08	32.64	0.00	32.64
广西	17	0.86	0.14	1.25	3.51	0.00	3.51
海南	10	3.07	0.13	7.81	25.03	0.00	25.03
重庆	22	1.82	0.10	3.06	12.03	0.00	12.03
四川	43	3.16	2.18	3.55	12.09	0.00	12.09
贵州	14	3.66	3.28	2.91	10.70	0.00	10.70
云南	19	1.75	0.47	2.70	9.79	0.00	9.79
西藏	4	0.74	0.04	1.43	2.89	0.00	2.89
陕西	31	3.28	2.56	3.40	14.35	0.00	14.35
甘肃	14	1.70	1.21	1.95	7.14	0.00	7.14
青海	4	1.46	0.75	1.57	3.26	0.54	3.80
宁夏	6	1.31	0.16	2.52	6.40	0.00	6.40
新疆	24	0.90	0.48	1.20	4.29	0.00	4.29
合计	1129	2.80	1.43	4.41	83.23	0.00	83.23

资料来源：根据 CSMAR 数据库整理。

由表 8-55 可以看出，各地区研发人员状况差距较大。北京、广东、青海、湖北、江西国资委控股上市公司研发人员较多，处于全国领先水平，表明这些地区创新意识较强，随着人力资本对企业重要性逐渐提升，对创新人才的投入成为企业发展的关键要素之一。同时结合中位数水平和标准差、极差可以看出，平均值水平较高的公司，其中位数水平不一定显著较高，且大部分标准差和极差都很大，表明地区内公司间研发人员投入水平差异大，大多数公司的实际投入水平相对较低，但存在绝对值高的企业，提升了整体平均值。

表8-55 不同地区国资委所属企业控股上市公司研发人员状况 单位：人

地区	样本量	平均值	中位数	标准差	极差	最小值	最大值
北京	148	2130.33	211.00	6130.15	39377.00	0.00	39377.00
天津	32	412.75	294.50	474.82	1706.00	0.00	1706.00
河北	25	644.08	182.00	910.62	3864.00	0.00	3864.00
山西	23	571.22	219.00	834.37	3050.00	0.00	3050.00
内蒙古	8	591.25	177.00	769.13	1860.00	2.00	1862.00
辽宁	25	406.36	97.00	707.19	3009.00	0.00	3009.00
吉林	19	347.89	265.00	329.64	969.00	0.00	969.00
黑龙江	17	371.94	200.00	627.13	2544.00	0.00	2544.00
上海	105	757.02	89.00	2894.39	27061.00	0.00	27061.00
江苏	71	355.11	127.00	557.48	2596.00	0.00	2596.00
浙江	56	616.64	115.50	2537.53	19065.00	0.00	19065.00
安徽	43	737.93	289.00	1284.41	6643.00	0.00	6643.00
福建	36	578.78	124.50	1025.54	4101.00	0.00	4101.00
江西	20	852.85	341.00	1538.79	5383.00	0.00	5383.00
山东	61	692.97	324.00	1140.38	7504.00	0.00	7504.00
河南	31	661.19	320.00	947.80	3653.00	0.00	3653.00
湖北	36	852.92	291.50	1472.59	6559.00	0.00	6559.00
湖南	41	438.05	135.00	820.53	3694.00	0.00	3694.00
广东	124	964.38	242.00	3043.87	28301.00	0.00	28301.00
广西	17	165.53	3.00	289.63	1102.00	0.00	1102.00
海南	10	245.20	74.00	381.90	1092.00	0.00	1092.00
重庆	22	593.77	48.50	1670.53	7829.00	0.00	7829.00
四川	43	473.44	197.00	830.72	4093.00	0.00	4093.00
贵州	14	526.00	492.00	279.05	1064.00	0.00	1064.00
云南	19	639.26	243.00	1059.87	4355.00	0.00	4355.00
西藏	4	101.25	24.50	171.40	356.00	0.00	356.00
陕西	31	386.90	175.00	486.17	1935.00	0.00	1935.00
甘肃	14	186.14	51.50	274.95	1003.00	0.00	1003.00
青海	4	959.00	604.50	1176.81	2583.00	22.00	2605.00
宁夏	6	72.83	25.00	99.69	255.00	0.00	255.00
新疆	24	381.83	97.50	908.16	4482.00	0.00	4482.00
合计	1129	807.85	184.00	2796.91	39377.00	0.00	39377.00

资料来源：根据CSMAR数据库整理。

由表8-56可以看出，各地区研发人员投入占比总体差距不大。大部分地区上市公司研发人员投入占比平均值在10%~15%。可以看出虽然绝对值方面存在较大差别，但研发人员投入的相对值水平比较接近。这说明创新意识在全国各地广泛普及，不仅局限于经济发展较好的地区，各地区上市公司均在积极投入人力成本开展研发创新活动。

表 8-56　不同地区国资委所属企业控股上市公司研发人员占员工总人数比例状况　单位:%

地区	样本量	平均值	中位数	标准差	极差	最小值	最大值
北京	148	12.60	7.04	14.62	65.00	0.00	65.00
天津	32	13.07	7.78	15.84	63.73	0.00	63.73
河北	25	9.40	5.08	12.51	51.69	0.00	51.69
山西	23	5.57	4.44	5.72	17.91	0.00	17.91
内蒙古	8	7.53	4.23	8.74	23.52	0.03	23.55
辽宁	25	7.70	5.36	13.25	66.00	0.00	66.00
吉林	19	11.36	10.82	12.32	50.60	0.00	50.60
黑龙江	17	7.54	7.20	7.79	21.53	0.00	21.53
上海	105	8.67	2.89	12.81	55.31	0.00	55.31
江苏	71	9.59	7.10	9.67	40.43	0.00	40.43
浙江	56	10.76	8.75	12.60	63.43	0.00	63.43
安徽	43	10.49	9.96	12.11	65.24	0.00	65.24
福建	36	10.48	4.56	15.51	69.08	0.00	69.08
江西	20	10.27	8.01	7.97	30.35	0.00	30.35
山东	61	11.43	10.33	9.76	40.18	0.00	40.18
河南	31	9.73	6.29	10.90	40.55	0.00	40.55
湖北	36	12.51	10.63	12.52	43.23	0.00	43.23
湖南	41	10.00	7.49	10.48	52.00	0.00	52.00
广东	124	10.55	8.53	11.13	60.05	0.00	60.05
广西	17	3.59	0.33	5.01	14.23	0.00	14.23
海南	10	9.77	1.01	20.78	67.33	0.00	67.33
重庆	22	7.85	0.97	9.38	24.35	0.00	24.35
四川	43	12.71	10.21	12.17	41.95	0.00	41.95
贵州	14	12.39	12.07	8.74	28.66	0.00	28.66
云南	19	10.58	5.83	17.00	73.61	0.00	73.61
西藏	4	5.99	2.35	9.13	19.28	0.00	19.28
陕西	31	9.94	7.20	9.28	32.26	0.00	32.26
甘肃	14	6.35	5.74	6.37	22.80	0.00	22.80
青海	4	17.01	11.93	15.59	33.74	5.22	38.96
宁夏	6	6.26	2.20	8.70	22.02	0.00	22.02
新疆	24	6.39	4.48	6.33	19.55	0.00	19.55
合计	1129	10.24	6.91	12.03	73.61	0.00	73.61

资料来源：根据 CSMAR 数据库整理。

2. 中央企业控股上市公司分地区创新投入比较分析

由表 8-57 可以看出，各地区中央企业控股上市公司创新投入金额总体差异不大。其中，北京市遥遥领先，浙江、上海研发投入金额较多，创新意识在全国各地区广泛普及，不仅局限于经济发展较好的地区，各地区上市公司均在积极开展研发创新活动，但部分地区水平依旧较低，特别是宁夏、甘肃、广西与其他地区相比存在一定的差距。

表 8-57　不同地区中央企业控股上市公司研发投入金额状况　　　单位：万元

地区	样本量	平均值	中位数	标准差	极差	最小值	最大值
北京	73	234063	29959	514984	2187178	0	2187178
天津	9	36102	21630	40541	107270	47	107316
河北	8	34351	12681	42026	110050	445	110495
山西	2	5348	5348	5962	8432	1132	9564
内蒙古	6	10337	6380	14264	38035	708	38744
辽宁	9	34362	10156	53546	155800	0	155800
吉林	5	25277	5301	45904	103619	3764	107383
黑龙江	8	18932	7653	21456	46907	779	47686
上海	27	59991	16000	168227	886400	0	886400
江苏	17	37285	28623	51241	221214	0	221214
浙江	5	131780	28381	233157	530299	18083	548381
安徽	8	19940	12493	27139	84647	0	84647
福建	2	46055	46055	14491	20493	35809	56302
江西	4	52089	5384	94416	189829	3879	193708
山东	9	11357	5531	12210	28091	0	28091
河南	9	31556	22740	27227	89792	2166	91959
湖北	17	57478	12921	91790	291224	0	291224
湖南	9	14689	3390	22184	66391	466	66858
广东	31	34527	15702	48141	185691	0	185691
广西	1	0	0	0	0	0	0
海南	3	11333	3252	16892	30749	0	30749
重庆	8	59395	5285	157001	447844	0	447844
四川	13	28769	9602	50692	188839	0	188839
贵州	8	15183	10477	12649	37798	0	37798
云南	7	32342	3666	42201	100299	7	100306
西藏	0	—	—	—	—	—	—
陕西	7	26074	13298	30371	71755	3568	75323
甘肃	2	3851	3851	5447	7703	0	7703
青海	0	—	—	—	—	—	—
宁夏	5	1249	928	1512	3668	178	3846
新疆	7	22253	7256	32501	87545	0	87545
合计	319	81090	14038	268672	2187178	0	2187178

资料来源：根据 CSMAR 数据库整理。

由表 8-58 可知，各地区中央企业控股上市公司创新投入资金占比总体偏低，研发投入金额占营业收入比例在1%~5%居多，整体差异不大，投入力度不足。其中，福建、海南占比较高，创新意识在全国各地区广泛普及，不仅局限于经济发展较好的地区，大部分地区均在积极开展研发创新活动，但云南、内蒙古、宁夏、新疆、广西水平依旧较低，与其他地区相比存在一定的差距。

表 8-58　不同地区中央企业控股上市公司研发投入金额占营收比例状况　　单位:%

地区	样本量	平均值	中位数	标准差	极差	最小值	最大值
北京	73	3.58	3.18	3.54	20.46	0.00	20.46
天津	9	1.99	1.26	2.14	5.94	0.00	5.94
河北	8	4.08	3.91	3.59	12.03	0.05	12.08
山西	2	3.67	3.67	4.21	5.96	0.69	6.65
内蒙古	6	1.77	0.54	2.37	6.01	0.06	6.07
辽宁	9	2.00	0.77	3.27	10.13	0.00	10.13
吉林	5	2.65	2.90	2.25	5.21	0.41	5.62
黑龙江	8	2.66	3.15	2.32	6.55	0.00	6.55
上海	27	3.02	3.29	2.99	11.66	0.00	11.66
江苏	17	3.94	4.54	2.25	7.09	0.00	7.09
浙江	5	7.22	6.74	3.30	8.53	2.70	11.23
安徽	8	3.18	4.16	2.30	5.60	0.00	5.60
福建	2	15.63	15.63	2.39	3.38	13.94	17.32
江西	4	3.38	2.86	2.36	5.47	1.17	6.64
山东	9	3.37	0.92	4.29	10.77	0.00	10.77
河南	9	6.29	6.22	2.63	7.91	2.72	10.63
湖北	17	5.29	4.65	3.87	11.53	0.00	11.53
湖南	9	2.53	0.64	2.69	6.16	0.07	6.23
广东	31	3.17	1.57	4.53	22.53	0.00	22.53
广西	1	0.00	0.00	0.00	0.00	0.00	0.00
海南	3	9.61	3.80	13.49	25.03	0.00	25.03
重庆	8	3.11	1.47	4.22	12.03	0.00	12.03
四川	13	4.44	3.90	3.56	11.73	0.00	11.73
贵州	8	4.26	3.75	3.62	10.70	0.00	10.70
云南	7	1.83	1.30	1.65	4.13	0.00	4.13
西藏	0	—	—	—	—	—	—
陕西	7	3.38	3.82	1.85	4.96	0.39	5.35
甘肃	2	3.57	3.57	5.05	7.14	0.00	7.14
青海	0	—	—	—	—	—	—
宁夏	5	1.58	0.19	2.73	6.31	0.09	6.40
新疆	7	1.28	0.76	1.49	4.29	0.00	4.29
合计	319	3.57	3.13	3.71	25.03	0.00	25.03

资料来源：根据 CSMAR 数据库整理。

由表 8-59 可以看出,各地区中央企业控股上市公司研发人员状况差距较大。北京、浙江的中央企业控股上市公司研发人员较多,处于全国领先水平,表明这些地区创新意识强,重视人才的引进及培养。整体而言,各地区在研发人员方面的极差与标准差都较大,地区内公司间研发人员差异大,大多数公司的实际投入水平相对较低,但存在绝对值高的企业,提升了整体平均值。

表 8-59　不同地区中央企业控股上市公司研发人员状况　　　　　　单位:人

地区	样本量	平均值	中位数	标准差	极差	最小值	最大值
北京	73	3616.86	599.00	8132.70	39377.00	0.00	39377.00
天津	9	605.22	501.00	573.13	1639.00	0.00	1639.00
河北	8	860.25	319.50	1294.72	3852.00	12.00	3864.00
山西	2	87.00	87.00	66.47	94.00	40.00	134.00
内蒙古	6	374.00	158.00	669.61	1729.00	2.00	1731.00
辽宁	9	431.56	359.00	511.29	1630.00	0.00	1630.00
吉林	5	441.00	366.00	345.65	760.00	88.00	848.00
黑龙江	8	600.00	273.00	852.03	2544.00	0.00	2544.00
上海	27	658.93	311.00	905.59	4343.00	0.00	4343.00
江苏	17	795.82	632.00	704.30	2341.00	0.00	2341.00
浙江	5	4329.80	600.00	8243.52	18715.00	350.00	19065.00
安徽	8	582.88	357.00	603.86	1738.00	0.00	1738.00
福建	2	1620.00	1620.00	950.35	1344.00	948.00	2292.00
江西	4	900.50	301.00	1238.98	2516.00	242.00	2758.00
山东	9	515.56	166.00	869.26	2708.00	0.00	2708.00
河南	9	1102.00	566.00	1148.48	3500.00	153.00	3653.00
湖北	17	1148.82	298.00	1952.62	6559.00	0.00	6559.00
湖南	9	440.22	207.00	555.60	1510.00	9.00	1519.00
广东	31	1224.35	293.00	2119.00	9007.00	0.00	9007.00
广西	1	0.00	0.00	0.00	0.00	0.00	0.00
海南	3	623.67	779.00	562.33	1092.00	0.00	1092.00
重庆	8	1160.88	238.00	2703.76	7829.00	0.00	7829.00
四川	13	758.77	287.00	1194.23	4093.00	0.00	4093.00
贵州	8	481.50	442.00	334.52	1064.00	0.00	1064.00
云南	7	666.86	243.00	723.93	1629.00	0.00	1629.00
西藏	0	—	—	—	—	—	—
陕西	7	820.43	629.00	694.25	1777.00	158.00	1935.00
甘肃	2	148.00	148.00	209.30	296.00	0.00	296.00
青海	0	—	—	—	—	—	—
宁夏	5	87.40	29.00	104.07	246.00	9.00	255.00
新疆	7	991.57	398.00	1569.03	4482.00	0.00	4482.00
合计	319	1483.08	359.00	4313.68	39377.00	0.00	39377.00

资料来源:根据 CSMAR 数据库整理。

由表 8-60 可以看出，各地区中央企业控股上市公司研发人员投入占比总体差距不大。部分地区的比例可以达到 20% 以上，说明其对于研发投入的人力资本比较重视。可以看出虽然绝对值方面存在较大差别，但研发人员投入的相对值水平比较接近，创新意识在全国各地区广泛普及，不仅局限于经济发展较好的地区，其他地区上市公司均在积极投入人力资本开展研发创新活动。

表 8-60　不同地区中央企业控股上市公司研发人员占员工总人数比例状况　　　单位:%

地区	样本量	平均值	中位数	标准差	极差	最小值	最大值
北京	73	15.03	10.79	13.86	55.27	0.00	55.27
天津	9	8.72	5.89	8.50	23.89	0.00	23.89
河北	8	11.51	11.38	8.05	25.37	0.43	25.80
山西	2	8.95	8.95	1.20	1.70	8.10	9.80
内蒙古	6	7.88	2.31	10.31	23.52	0.03	23.55
辽宁	9	4.83	2.94	5.00	13.04	0.00	13.04
吉林	5	19.69	12.31	18.00	45.29	5.31	50.60
黑龙江	8	10.30	11.26	7.45	21.53	0.00	21.53
上海	27	14.19	9.91	15.46	53.07	0.00	53.07
江苏	17	17.22	16.71	9.30	40.43	0.00	40.43
浙江	5	22.11	22.17	15.64	39.59	7.60	47.19
安徽	8	20.61	12.37	21.94	65.24	0.00	65.24
福建	2	54.39	54.39	20.77	29.38	39.70	69.08
江西	4	14.48	15.68	4.81	10.73	7.92	18.65
山东	9	9.24	8.72	10.21	29.02	0.00	29.02
河南	9	18.92	14.70	11.97	35.59	4.96	40.55
湖北	17	16.19	14.35	13.82	43.23	0.00	43.23
湖南	9	9.44	8.30	7.26	18.76	0.37	19.13
广东	31	10.11	7.75	10.67	36.46	0.00	36.46
广西	1	0.00	0.00	0.00	0.00	0.00	0.00
海南	3	27.27	14.48	35.44	67.33	0.00	67.33
重庆	8	12.98	17.95	10.97	24.35	0.00	24.35
四川	13	18.64	10.30	16.28	41.95	0.00	41.95
贵州	8	13.47	12.71	9.17	28.66	0.00	28.66
云南	7	7.42	11.13	5.96	13.37	0.00	13.37
西藏	—	—	—	—	—	—	—
陕西	7	10.23	7.20	5.72	15.82	4.17	19.99
甘肃	2	11.40	11.40	16.12	22.80	0.00	22.80
青海	—	—	—	—	—	—	—
宁夏	5	7.51	3.07	9.10	21.72	0.30	22.02
新疆	7	9.18	8.82	6.19	17.14	0.00	17.14
合计	319	13.75	10.90	13.23	69.08	0.00	69.08

资料来源：根据 CSMAR 数据库整理。

3. 地方国企控股上市公司分地区创新投入比较分析

由表8-61可以看出，各地区地方国企控股上市公司创新投入金额总体差异不大，各地区之间的差异远小于中央企业控股上市公司各地区之间的差异的差距。其中，上海、北京、山东、江西研发投入金额较多，创新意识在全国各地区广泛普及，但部分地区水平依旧较低，特别是海南、黑龙江与其他地区相比存在一定的差距。

表8-61 不同地区地方国企控股上市公司研发投入金额状况 单位：万元

地区	样本量	平均值	中位数	标准差	极差	最小值	最大值
北京	40	45890	2166	146212	874816	0	874816
天津	19	13973	2642	27510	116853	0	116853
河北	13	33738	5147	89306	328689	0	328689
山西	18	25880	4473	54532	229627	0	229627
内蒙古	—	—	—	—	—	—	—
辽宁	12	17656	1695	37875	128708	0	128708
吉林	9	11436	2477	14345	40649	0	40649
黑龙江	7	3406	1315	4941	13543	0	13543
上海	67	56702	738	208453	1476800	0	1476800
江苏	37	13315	3031	40978	245634	0	245634
浙江	33	10494	3287	13957	49795	0	49795
安徽	30	25996	6307	44302	160407	0	160407
福建	27	22675	2100	36743	123555	0	123555
江西	13	45739	6116	101786	359668	0	359668
山东	39	54710	23011	122063	734701	0	734701
河南	8	40938	19958	57894	178212	258	178470
湖北	12	11655	5232	16290	48413	0	48413
湖南	21	21813	5633	72029	334752	0	334752
广东	69	31354	6752	93661	601121	0	601121
广西	14	15755	352	39893	139894	0	139894
海南	5	1606	746	1583	3392	0	3392
重庆	11	4987	582	8482	25293	0	25293
四川	21	19738	3189	47704	214319	0	214319
贵州	5	14325	15076	6819	17251	4803	22053
云南	11	14914	907	18879	47810	0	47810
西藏	4	4069	13	8121	16250	0	16250
陕西	16	17325	12678	16773	62974	0	62974
甘肃	11	5286	1932	11544	39699	0	39699
青海	4	10882	8393	11078	25472	634	26106
宁夏	—	—	—	—	—	—	—
新疆	13	5966	1493	13981	51260	0	51260
合计	589	28179	3966	98494	1476800	0	1476800

资料来源：根据CSMAR数据库整理。

由表 8-62 可知，各地区地方国企控股上市公司创新投入资金占比总体偏低。与中央企业控股上市公司不同，地方国企控股上市公司创新投入资金占比各地区间差异很小，没有过高的省份。

表 8-62 不同地区地方国企控股上市公司研发投入金额占营收比例状况 单位:%

地区	样本量	平均值	中位数	标准差	极差	最小值	最大值
北京	40	4.54	0.25	13.69	83.23	0.00	83.23
天津	19	4.26	3.28	5.43	22.11	0.00	22.11
河北	13	1.19	0.40	1.30	3.37	0.00	3.37
山西	18	1.20	0.56	1.76	6.93	0.00	6.93
内蒙古	—	—	—	—	—	—	—
辽宁	12	1.88	0.95	2.34	7.14	0.00	7.14
吉林	9	1.26	1.01	1.78	5.51	0.00	5.51
黑龙江	7	1.18	0.12	1.64	3.81	0.00	3.81
上海	67	1.33	0.11	1.98	6.93	0.00	6.93
江苏	37	1.81	0.70	2.19	9.73	0.00	9.73
浙江	33	1.60	0.59	2.00	7.30	0.00	7.30
安徽	30	2.01	1.99	1.88	6.06	0.00	6.06
福建	27	2.03	0.40	3.18	13.33	0.00	13.33
江西	13	2.63	1.50	3.32	11.68	0.00	11.68
山东	39	3.44	2.50	4.42	22.95	0.00	22.95
河南	8	2.26	1.67	2.19	6.87	0.07	6.94
湖北	12	2.02	1.56	2.24	7.35	0.00	7.35
湖南	21	2.44	1.07	3.65	16.12	0.00	16.12
广东	69	3.80	2.03	5.68	32.64	0.00	32.64
广西	14	0.80	0.21	1.15	3.51	0.00	3.51
海南	5	0.11	0.10	0.09	0.23	0.00	0.23
重庆	11	1.27	0.09	2.18	6.37	0.00	6.37
四川	21	2.35	0.79	3.31	11.28	0.00	11.28
贵州	5	2.71	2.94	1.67	4.63	0.26	4.89
云南	11	1.86	0.23	3.34	9.79	0.00	9.79
西藏	4	0.74	0.04	1.43	2.89	0.00	2.89
陕西	16	3.97	3.00	3.89	14.35	0.00	14.35
甘肃	11	1.37	0.89	1.25	3.28	0.00	3.28
青海	4	1.46	0.75	1.57	3.26	0.54	3.80
宁夏	—	—	—	—	—	—	—
新疆	13	0.88	0.62	1.17	3.92	0.00	3.92
合计	589	2.37	0.90	4.85	83.23	0.00	83.23

资料来源：根据 CSMAR 数据库整理。

由表 8-63 可以看出，各地区地方国企控股上市公司研发人员差距较大。青海、江西、山东的中央企业控股上市公司研发人员较多，处于全国领先水平，表明其创新意识强，重视人才的引进及培养。

表 8-63 不同地区地方国企控股上市公司研发人员状况 单位：人

地区	样本量	平均值	中位数	标准差	极差	最小值	最大值
北京	40	832.58	88.50	3115.41	19617.00	0.00	19617.00
天津	19	307.05	212.00	313.79	863.00	0.00	863.00
河北	13	504.69	169.00	705.27	2111.00	0.00	2111.00
山西	18	673.00	309.00	905.07	3050.00	0.00	3050.00
内蒙古	—	—	—	—	—	—	—
辽宁	12	265.92	72.50	472.44	1632.00	0.00	1632.00
吉林	9	296.11	211.00	355.10	969.00	0.00	969.00
黑龙江	7	177.86	112.00	252.97	709.00	0.00	709.00
上海	67	881.66	34.00	3573.93	27061.00	0.00	27061.00
江苏	37	265.97	111.00	493.95	2596.00	0.00	2596.00
浙江	33	219.45	105.00	278.17	979.00	0.00	979.00
安徽	30	856.17	175.00	1494.70	6643.00	0.00	6643.00
福建	27	620.89	128.00	1111.69	4101.00	0.00	4101.00
江西	13	958.69	346.00	1809.77	5383.00	0.00	5383.00
山东	39	915.00	515.00	1314.36	7504.00	0.00	7504.00
河南	8	859.00	426.00	1081.89	3028.00	0.00	3028.00
湖北	12	272.25	189.00	328.03	1121.00	0.00	1121.00
湖南	21	547.48	131.00	1076.96	3694.00	0.00	3694.00
广东	69	692.87	276.00	1862.22	14251.00	0.00	14251.00
广西	14	160.93	41.00	294.91	1102.00	0.00	1102.00
海南	5	59.80	49.00	65.43	151.00	0.00	151.00
重庆	11	332.91	32.00	563.48	1720.00	0.00	1720.00
四川	21	417.00	197.00	693.87	2719.00	0.00	2719.00
贵州	5	586.20	495.00	219.06	553.00	375.00	928.00
云南	11	679.82	276.00	1290.09	4355.00	0.00	4355.00
西藏	4	101.25	24.50	171.40	356.00	0.00	356.00
陕西	16	357.00	179.00	364.54	1095.00	0.00	1095.00
甘肃	11	207.18	56.00	301.18	1003.00	0.00	1003.00
青海	4	959.00	604.50	1176.81	2583.00	22.00	2605.00
宁夏	—	—	—	—	—	—	—
新疆	13	139.00	64.00	185.35	587.00	0.00	587.00
合计	589	578.14	148.00	1754.93	27061.00	0.00	27061.00

资料来源：根据 CSMAR 数据库整理。

由表 8-64 可以看出，各地区地方国企控股上市公司研发人员投入占比总体差距也不大。但整体来说相对于中央企业控股上市公司较低，大部分省份的平均值在 5%～10%。可以看出虽然绝对值方面存在较大差别，但研发人员投入的相对值水平比较接近，各地区发展比较平衡。

表 8-64　不同地区地方国企控股上市公司研发人员占员工总人数比例状况　　单位:%

地区	样本量	平均值	中位数	标准差	极差	最小值	最大值
北京	40	9.99	1.70	14.03	41.57	0.00	41.57
天津	19	13.18	8.61	15.90	63.73	0.00	63.73
河北	13	6.27	3.37	10.00	37.57	0.00	37.57
山西	18	5.21	4.06	5.51	17.91	0.00	17.91
内蒙古	—	—	—	—	—	—	—
辽宁	12	5.38	5.64	4.73	12.41	0.00	12.41
吉林	9	4.64	1.18	5.66	13.00	0.00	13.00
黑龙江	7	6.42	1.57	8.26	21.05	0.00	21.05
上海	67	6.83	0.76	11.65	55.31	0.00	55.31
江苏	37	7.69	2.66	8.83	27.66	0.00	27.66
浙江	33	7.43	5.15	7.85	27.43	0.00	27.43
安徽	30	8.32	10.82	7.36	23.07	0.00	23.07
福建	27	8.50	3.08	11.70	47.68	0.00	47.68
江西	13	9.88	7.30	9.07	30.35	0.00	30.35
山东	39	12.72	11.50	10.54	40.18	0.00	40.18
河南	8	5.17	5.01	4.60	11.69	0.00	11.69
湖北	12	6.47	7.58	5.33	14.17	0.00	14.17
湖南	21	7.84	6.28	8.14	25.03	0.00	25.03
广东	69	10.65	7.45	11.57	60.05	0.00	60.05
广西	14	3.51	0.61	4.83	14.23	0.00	14.23
海南	5	1.74	0.84	2.81	6.69	0.00	6.69
重庆	11	5.03	0.81	7.44	19.66	0.00	19.66
四川	21	8.84	7.12	7.59	22.18	0.00	22.18
贵州	5	11.33	12.67	9.72	22.71	1.72	24.43
云南	11	13.56	5.83	21.71	73.61	0.00	73.61
西藏	4	5.99	2.35	9.13	19.28	0.00	19.28
陕西	16	10.32	9.46	9.07	29.00	0.00	29.00
甘肃	11	5.41	4.87	4.54	13.30	0.00	13.30
青海	4	17.01	11.93	15.59	33.74	5.22	38.96
宁夏	—	—	—	—	—	—	—
新疆	13	5.50	3.11	6.40	19.55	0.00	19.55
合计	589	8.45	5.20	10.42	73.61	0.00	73.61

资料来源：根据 CSMAR 数据库整理。

（二）不同地区国有控股上市公司专利产出状况

1. 国资委所属企业控股上市公司分地区专利产出比较分析

由表 8-65 可以看出，各地区专利申请数差距较大，北京、上海、河北、辽宁、江苏、山东、河南、广东、广西、四川、贵州、陕西表现尤为突出，专利申请平均值均超过 100。相对而言，东部沿海地区创新产出状况较好，专利申请平均数相对较高，对知识产权的保护意识较强。结合中位数和标准差可以看出，各地区内不同公司间专利申请数差异大，且大部分公司专利申请数量少，表明公司间研发创新能力差异大，创新能力集中于部分公司，但绝对值的差异可能与公司规模相关。

表 8-65　不同地区国资委所属企业控股上市公司专利申请状况　　单位：项

地区	样本量	平均值	中位数	标准差	极差	最小值	最大值
北京	12	170.92	57.00	217.19	704.00	7.00	711.00
天津	5	35.00	36.00	19.38	51.00	5.00	56.00
河北	4	290.25	84.50	468.19	980.00	6.00	986.00
山西	3	10.33	10.00	3.51	7.00	7.00	14.00
内蒙古	—	—	—	—	—	—	—
辽宁	2	362.50	362.50	306.18	433.00	146.00	579.00
吉林	0	—	—	—	—	—	—
黑龙江	1	23.00	23.00	0.00	0.00	23.00	23.00
上海	7	138.86	40.00	270.77	747.00	4.00	751.00
江苏	10	109.20	117.50	82.27	220.00	9.00	229.00
浙江	4	53.50	46.50	48.40	115.00	3.00	118.00
安徽	3	49.33	51.00	16.56	33.00	32.00	65.00
福建	4	88.00	38.50	125.31	273.00	1.00	274.00
江西	2	69.50	69.50	61.52	87.00	26.00	113.00
山东	10	157.00	113.50	170.22	534.00	19.00	553.00
河南	3	138.00	61.00	150.12	269.00	42.00	311.00
湖北	4	93.00	52.00	97.28	206.00	31.00	237.00
湖南	5	79.80	30.00	88.34	205.00	21.00	226.00
广东	18	219.11	80.00	396.93	1450.00	5.00	1455.00
广西	1	135.00	135.00	0.00	0.00	135.00	135.00
海南	1	86.00	86.00	0.00	0.00	86.00	86.00
重庆	1	2.00	2.00	0.00	0.00	2.00	2.00
四川	3	118.33	37.00	160.30	288.00	15.00	303.00
贵州	3	177.00	226.00	94.56	169.00	68.00	237.00
云南	4	72.00	78.50	35.00	73.00	29.00	102.00
西藏	—	—	—	—	—	—	—
陕西	7	126.29	55.00	192.64	532.00	28.00	560.00
甘肃	1	16.00	16.00	0.00	0.00	16.00	16.00

续表

地区	样本量	平均值	中位数	标准差	极差	最小值	最大值
青海	—	—	—	—	—	—	—
宁夏	—	—	—	—	—	—	—
新疆	2	79.50	79.50	108.19	153.00	3.00	156.00
合计	120	135.31	58.00	220.71	1454.00	1.00	1455.00

资料来源：根据 CSMAR 数据库整理。

由表 8-66 可以看出，与公司专利申请数情况相比，北京市专利授权数表现尤为突出，河北省、辽宁省、浙江省、湖北省、广东省以及新疆专利授权数量较多，但部分地区专利授权数较少，与其他地区存在较大差距。由此看出研发投入的成果转化率很低，研发投入的资本和人力未能有效转化为可应用的专利产出。在注重研发投入的同时更应注重创新成果的转化，进一步保质保量地提高公司创新能力。

表 8-66　不同地区国资委所属企业控股上市公司专利授权状况　单位：项

地区	样本量	平均值	中位数	标准差	极差	最小值	最大值
北京	25	677.88	176.00	1165.14	4439.00	7.00	4446.00
天津	5	47.80	58.00	37.29	94.00	3.00	97.00
河北	3	201.67	69.00	287.92	528.00	4.00	532.00
山西	3	9.33	10.00	5.03	10.00	4.00	14.00
内蒙古	—	—	—	—	—	—	—
辽宁	3	195.33	93.00	214.65	391.00	51.00	442.00
吉林	0	—	—	—	—	—	—
黑龙江	1	2.00	2.00	0.00	0.00	2.00	2.00
上海	8	29.13	22.00	29.04	87.00	4.00	91.00
江苏	8	68.38	73.50	55.02	165.00	10.00	175.00
浙江	5	304.00	45.00	578.93	1312.00	27.00	1339.00
安徽	10	81.90	29.00	82.06	214.00	14.00	228.00
福建	3	34.67	30.00	25.32	50.00	12.00	62.00
江西	4	73.50	63.00	60.03	142.00	13.00	155.00
山东	9	96.22	44.00	104.56	320.00	22.00	342.00
河南	2	11.00	11.00	4.24	6.00	8.00	14.00
湖北	6	147.33	95.00	161.18	405.00	14.00	419.00
湖南	5	16.00	8.00	21.00	52.00	1.00	53.00
广东	20	125.65	47.00	225.16	790.00	9.00	799.00
广西	1	59.00	59.00	0.00	0.00	59.00	59.00
海南	1	78.00	78.00	0.00	0.00	78.00	78.00
重庆	1	20.00	20.00	0.00	0.00	20.00	20.00
四川	5	83.00	33.00	87.59	169.00	11.00	180.00

续表

地区	样本量	平均值	中位数	标准差	极差	最小值	最大值
贵州	1	181.00	181.00	0.00	0.00	181.00	181.00
云南	4	42.50	32.00	33.05	74.00	16.00	90.00
西藏	—	—	—	—	—	—	—
陕西	9	59.22	24.00	112.44	355.00	3.00	358.00
甘肃	2	41.50	41.50	53.03	75.00	4.00	79.00
青海	—	—	—	—	—	—	—
宁夏	—	—	—	—	—	—	—
新疆	1	144.00	144.00	0.00	0.00	144.00	144.00
合计	145	192.91	41.00	547.81	4445.00	1.00	4446.00

资料来源：根据 CSMAR 数据库整理。

2. 中央企业控股上市公司分地区专利产出比较分析

由表 8-67 可以看出，在中央企业控股上市公司中，各地区专利申请数差距较大，部分省份专利申请平均值达到几百项，而有些省份只有十几项。另外，由于并不是所有公司都有专利申请意识，有的地区只有几家甚至没有公司申请专利，因此平均值并不能完全反映其真实的水平。按不同地域来看，东部沿海地区创新产出状况较好，专利申请平均数相对较高，对知识产权的保护意识较强。结合中位数和标准差可以看出，各地区内不同公司间专利申请数差异大，且大部分公司专利申请数量低，表明公司间研发创新能力差异大，创新能力集中于部分公司，而绝对值的差异可能与公司规模相关。

表 8-67　不同地区中央企业控股上市公司专利申请状况 单位：项

地区	样本量	平均值	中位数	标准差	极差	最小值	最大值
北京	10	155.50	45.50	221.06	704.00	7.00	711.00
天津	1	36.00	36.00	0.00	0.00	36.00	36.00
河北	2	13.50	13.50	10.61	15.00	6.00	21.00
山西	1	14.00	14.00	0.00	0.00	14.00	14.00
内蒙古	—	—	—	—	—	—	—
辽宁	1	579.00	579.00	0.00	0.00	579.00	579.00
吉林	—	—	—	—	—	—	—
黑龙江	1	23.00	23.00	0.00	0.00	23.00	23.00
上海	6	155.83	49.00	292.50	747.00	4.00	751.00
江苏	6	144.67	137.00	61.85	172.00	57.00	229.00
浙江	1	118.00	118.00	0.00	0.00	118.00	118.00
安徽	2	48.50	48.50	23.33	33.00	32.00	65.00
福建	—	—	—	—	—	—	—
江西	—	—	—	—	—	—	—
山东	1	128.00	128.00	0.00	0.00	128.00	128.00

续表

地区	样本量	平均值	中位数	标准差	极差	最小值	最大值
河南	2	176.50	176.50	190.21	269.00	42.00	311.00
湖北	2	49.00	49.00	25.46	36.00	31.00	67.00
湖南	3	92.33	30.00	115.85	205.00	21.00	226.00
广东	6	277.67	96.00	416.19	1073.00	37.00	1110.00
广西	—	—	—	—	—	—	—
海南	1	86.00	86.00	0.00	0.00	86.00	86.00
重庆	1	2.00	2.00	0.00	0.00	2.00	2.00
四川	2	159.00	159.00	203.65	288.00	15.00	303.00
贵州	3	177.00	226.00	94.56	169.00	68.00	237.00
云南	2	100.50	100.50	2.12	3.00	99.00	102.00
西藏	—	—	—	—	—	—	—
陕西	4	177.25	60.50	255.83	532.00	28.00	560.00
甘肃	—	—	—	—	—	—	—
青海	—	—	—	—	—	—	—
宁夏	—	—	—	—	—	—	—
新疆	1	156.00	156.00	0.00	0.00	156.00	156.00
合计	59	148.76	67.00	208.86	1108.00	2.00	1110.00

资料来源：根据 CSMAR 数据库整理。

由表 8-68 可以看出，在中央企业控股上市公司中，各地区之间的专利授权数差距较大。浙江省、北京市以及辽宁省的专利授权数较多，领先于其他地区，部分地区专利数较少或为 0。部分地区的转化能力较强，而部分地区专利的质量仍有待提高。

表 8-68　不同地区中央企业控股上市公司专利授权状况　单位：项

地区	样本量	平均值	中位数	标准差	极差	最小值	最大值
北京	19	844.21	177	1296.37	4439	7	4446
天津	2	58	58	55.15	78	19	97
河北	1	4	4	0.00	0	4	4
山西	1	14	14	0.00	0	14	14
内蒙古	—	—	—	—	—	—	—
辽宁	1	442	442	0.00	0	442	442
吉林	—	—	—	—	—	—	—
黑龙江	—	—	—	—	—	—	—
上海	3	35.67	37	9.07	18	26	44
江苏	5	86	80	57.90	160	15	175
浙江	1	1339	1339	0.00	0	1339	1339
安徽	4	73.25	25.5	103.31	214	14	228

地区	样本量	平均值	中位数	标准差	极差	最小值	最大值
福建	1	62	62	0.00	0	62	62
江西	—	—	—	—	—	—	—
山东	1	33	33	0.00	0	33	33
河南	—	—	—	—	—	—	—
湖北	4	179	139.5	189.79	401	18	419
湖南	1	1	1	0.00	0	1	1
广东	6	180	77	278.60	718	26	744
广西	—	—	—	—	—	—	—
海南	1	78	78	0.00	0	78	78
重庆	1	20	20	0.00	0	20	20
四川	3	73.67	33	90.16	166	11	177
贵州	1	181	181	0.00	0	181	181
云南	2	64.5	64.5	36.06	51	39	90
西藏	—	—	—	—	—	—	—
陕西	4	111.25	32.5	164.57	336	22	358
甘肃	—	—	—	—	—	—	—
青海	—	—	—	—	—	—	—
宁夏	—	—	—	—	—	—	—
新疆	1	144	144	0.00	0	144	144
合计	63	347.53	67.00	796.61	4445.00	1.00	4446.00

资料来源：根据 CSMAR 数据库整理。

3. 地方国企控股上市公司分地区专利产出比较分析

由表 8-69 可以看出，在地方国企控股上市公司中，相比全部国企控股上市公司和中央控股上市公司不同地区专利申请数的差异，各地区专利申请数差距不大。按不同地域来看，辽宁、河北、广东等地区创新产出状况较好，专利申请平均数相对较大，对知识产权的保护意识较强。

表 8-69 不同地区地方国企控股上市公司专利申请状况 单位：项

地区	样本量	平均值	中位数	标准差	极差	最小值	最大值
北京	12	170.92	57.00	217.19	704.00	7.00	711.00
天津	5	35.00	36.00	19.38	51.00	5.00	56.00
河北	4	290.25	84.50	468.19	980.00	6.00	986.00
山西	3	10.33	10.00	3.51	7.00	7.00	14.00
内蒙古	—	—	—	—	—	—	—
辽宁	2	362.50	362.50	306.18	433.00	146.00	579.00
吉林	—	—	—	—	—	—	—
黑龙江	1	23.00	23.00	0.00	0.00	23.00	23.00

地区	样本量	平均值	中位数	标准差	极差	最小值	最大值
上海	7	138.86	40.00	270.77	747.00	4.00	751.00
江苏	10	109.20	117.50	82.27	220.00	9.00	229.00
浙江	4	53.50	46.50	48.40	115.00	3.00	118.00
安徽	3	49.33	51.00	16.56	33.00	32.00	65.00
福建	4	88.00	38.50	125.31	273.00	1.00	274.00
江西	2	69.50	69.50	61.52	87.00	26.00	113.00
山东	10	157.00	113.50	170.22	534.00	19.00	553.00
河南	3	138.00	61.00	150.12	269.00	42.00	311.00
湖北	4	93.00	52.00	97.28	206.00	31.00	237.00
湖南	5	79.80	30.00	88.34	205.00	21.00	226.00
广东	18	219.11	80.00	396.93	1450.00	5.00	1455.00
广西	1	135.00	135.00	0.00	0.00	135.00	135.00
海南	1	86.00	86.00	0.00	0.00	86.00	86.00
重庆	1	2.00	2.00	0.00	0.00	2.00	2.00
四川	3	118.33	37.00	160.30	288.00	15.00	303.00
贵州	3	177.00	226.00	94.56	169.00	68.00	237.00
云南	4	72.00	78.50	35.00	73.00	29.00	102.00
西藏	—	—	—	—	—	—	—
陕西	7	126.29	55.00	192.64	532.00	28.00	560.00
甘肃	1	16.00	16.00	0.00	0.00	16.00	16.00
青海	—	—	—	—	—	—	—
宁夏	—	—	—	0.00	—	—	—
新疆	2	79.50	79.50	108.19	153.00	3.00	156.00
合计	120	135.31	58.00	220.71	1454.00	1.00	1455.00

资料来源：根据 CSMAR 数据库整理。

　　由表 8-70 可以看出，在地方国企控股上市公司中，各省专利授权数量差异较大。整体来说，地方国企控股上市公司的创新成果转化能力较强，各地区普遍通过授权的专利较多。

表 8-70　不同地区地方国企控股上市公司专利授权状况　　　　　单位：项

地区	样本量	平均值	中位数	标准差	极差	最小值	最大值
北京	25	677.88	176.00	1165.14	4439.00	7.00	4446.00
天津	5	47.80	58.00	37.29	94.00	3.00	97.00
河北	3	201.67	69.00	287.92	528.00	4.00	532.00
山西	3	9.33	10.00	5.03	10.00	4.00	14.00
内蒙古	—	—	—	—	—	—	—
辽宁	3	195.33	93.00	214.65	391.00	51.00	442.00
吉林	—	—	—	—	—	—	—

地区	样本量	平均值	中位数	标准差	极差	最小值	最大值
黑龙江	1	2.00	2.00	0.00	0.00	2.00	2.00
上海	8	29.13	22.00	29.04	87.00	4.00	91.00
江苏	8	68.38	73.50	55.02	165.00	10.00	175.00
浙江	5	304.00	45.00	578.93	1312.00	27.00	1339.00
安徽	10	81.90	29.00	82.06	214.00	14.00	228.00
福建	3	34.67	30.00	25.32	50.00	12.00	62.00
江西	4	73.50	63.00	60.03	142.00	13.00	155.00
山东	9	96.22	44.00	104.56	320.00	22.00	342.00
河南	2	11.00	11.00	4.24	6.00	8.00	14.00
湖北	6	147.33	95.00	161.18	405.00	14.00	419.00
湖南	5	16.00	8.00	21.00	52.00	1.00	53.00
广东	20	125.65	47.00	225.16	790.00	9.00	799.00
广西	1	59.00	59.00	0.00	0.00	59.00	59.00
海南	1	78.00	78.00	0.00	0.00	78.00	78.00
重庆	1	20.00	20.00	0.00	0.00	20.00	20.00
四川	5	83.00	33.00	87.59	169.00	11.00	180.00
贵州	1	181.00	181.00	0.00	0.00	181.00	181.00
云南	4	42.50	32.00	33.05	74.00	16.00	90.00
西藏	—	—	—	—	—	—	—
陕西	9	59.22	24.00	112.44	355.00	3.00	358.00
甘肃	2	41.50	41.50	53.03	75.00	4.00	79.00
青海	—	—	—	—	—	—	—
宁夏	—	—	—	—	—	—	—
新疆	1	144.00	144.00	0.00	0.00	144.00	144.00
合计	145	192.91	41.00	547.81	4445.00	1.00	4446.00

资料来源：根据 CSMAR 数据库整理。

第四节　国有控股上市公司非专利创新产出状况

创新产出一方面反映于专利的产出，专利的申请数和授权数反映出企业自身的创新数量，其中发明型专利反映出企业创新的质量。另一方面，非专利创新的产出也是不可忽视的一部分，尤其是在国有企业中，许多公司进行的科技创新最终并未转化成专利，而是转化为服务于整个行业甚至整个社会的技术。在这种情况下，单单用专利的产出状况来衡量国有企业的创新成果必将低估其创新产出水平。同时相较于民营企业来说，创新恰恰是国有企业特有的且占有很大比重的创新产出。例如，中能化信息与发展战略研究中心推动转型升级，投身"透明地球""美丽地球""数字地球"建设，在保持经济增长的同时构建了绿色勘查和生态文明体系建设，为同行业生态文明建设提供了指引和平台的支持；深圳恒合互联与中国移动 CA 中心联合研发的电子资料交换平台 001PT.COM，开创了资料电子化及网络交换和认证的先河，贯穿了药品的生产、流通、销售等全部供应链，有效地防止了资料被篡改，达到了医药可追溯的目的，一方面为人民的身体健康保驾护航，另一方面为医药企业和政府监管提高了效率，降低了成本。由此可见，国企承担了整个行业创新的重要责任，尤其是各大专业化平台的建设工作。因此，要全面反映国有企业的真实的创新产出状况，还需从不同角度切入，全方位系统分析。

一、国有控股上市公司国家科学进步奖授予状况

在衡量创新水平的奖项中，国家科学技术进步奖是一项涉及国民经济的各个行业且覆盖面广泛的科学技术奖。国家科学技术进步奖授予在应用推广先进科学技术成果、完成重大科学技术工作计划等方面，取得了突出的技术创新、经济效益和社会效益等成效，同时显著推动了行业科技进步的企业。"十二五"期间，中央企业获得 11 项科技进步特等奖，占整个国家科技进步奖的 85%，其中一等奖 49 项，占 45%，技术发明一等奖 4 项，占 1/3。国有企业在此奖项上的表现充分反映了其在专利外创新产出方面的成果。相比于其他企业，国有企业的创新活动更注重于国家整体的经济效益和社会效益，这是专利水平所无法衡量的。另外，还有一项名为工业大奖的奖项，旨在表彰坚持科学发展观、走中国特色新型工业化道路，代表我国工业化的方向、道路和精神，代表工业发展最高水平，对增强综合国力、推动国民经济发展做出重大贡献的工业企业和项目，以树立一批优秀标杆企业和项目，并带动形成一大批具有核心竞争力的企业。2018 年 12 月，第五届中国工业大奖在北京揭晓，在获奖的 12 家企业、11 个项目中，有 8 家国有企业和 9 个国有企业研发项目，这充分反映了国有企业的行业领跑作用。这种突破性的创新会为整个行业带来翻天覆地的变化，然而专利数量是无法反映出其中的价值的。

二、国有控股上市公司创新平台建设状况

在自主进行创新的同时，国有企业也在积极建设创新平台以服务于各行各业。例如，中钢集团所属中钢矿院目前已建成金属矿产资源高效循环利用国家工程研究中心、国家金属矿山固体废物处理与处置工程技术研究中心、国家非煤固体矿山安全工程技术研究中心、金属矿山安全与健康国家重点实验室等七大国家级创新平台，并且这些创新平台大多面向污染防治和安全问题，充分展现了国有企业对创新独特的贡献。另外，一些国有企业也在积极搭建双创平台，汇聚各方智慧，激发创新活力。例如，中国电信成立 5G 双创能力开放中心，为全行业合作伙伴提供 5G 垂直应用研发联合实验室、创新基地、创研中心等服务平台。

这些创新平台可能不会对国有企业的绩效产生显著的影响，但正是因为国有企业率先进行了这种创新，才有了整个行业、整个社会的稳定进步。因此，国有企业的创新产出远远超出了专利所能衡量的水平，各行各业的国有企业都在用这种惠及全体的创新行为推动着行业和国家的进步。

第五节　国有控股上市公司创新状况总结

党的十九大报告指出，深化国有企业改革，培育具有全球竞争力的世界一流企业，这要求

不断构筑企业核心专长的创新能力。目前国有控股上市公司愈加重视研发创新，从绝对值来看，国资委控股上市公司在创新投入和专利产出方面相比全部上市公司均处于领跑地位，但就相对值来看，投入相对不足，还有进一步提升的空间。

一、国有控股上市公司创新整体状况总结

第一，在创新投入方面，中央企业控股上市公司无论是研发投入金额还是研发人员数量都高于地方国企控股上市公司，同时中央企业控股上市公司研发创新的投入状况要好于地方国企控股上市公司，处于领跑地位。但是创新投入在不同的企业之间分布不均匀，大部分的企业研发投入金额和研发人员数量较少，不同上市公司之间存在很大的差距。对于全部上市公司，国资委控股上市公司各项投入的绝对值都较大，但研发投入金额和人员的相对值较小，表明投入力度还存在不足，还有进一步提高研发投入比例的空间。

第二，在公司创新专利产出方面，中央企业控股上市公司专利申请数和发明专利申请数均高于地方国企控股上市公司水平，可见地方国企控股上市公司专利申请数量和积极性更低。同时，中央企业控股上市公司专利申请数、发明专利申请数、专利授权数和发明专利授权数均高于国资委所属企业控股上市公司水平。对比全部上市公司，国资委所属企业控股上市公司、中央国资委控股上市公司的专利申请和授权数水平均显著较高，处于领跑地位，而地方国企控股上市公司的专利申请和授权数水平则相对较低。

二、国有控股上市公司创新对比分析总结

第一，从行业比较分析来看，在创新投入方面；信息传输、软件和信息技术服务业，科学研究和技术服务业和制造业具有明显优势，而在创新产出的指标方面，采矿业，制造业以及电力、热力、燃气及水生产和供应业的数值较高，信息传输、软件和信息技术服务业不高，这反映出部分行业投入产出效率急需提高。此外，采矿业与建筑业的创新指标在中央企业控股上市公司和地方国企控股上市公司中都较高。

第二，从市场板块比较分析来看，在研发投入方面，主板上市公司由于企业规模较大，研发投入占比相对较低，但研发投入绝对值较大。中小企业板上市公司创新驱动力较为强烈，创新投入的绝对值都较大，但相对值较小。在研发产出方面，主板和中小企业板上市公司的研发产出较高。

第三，从地区比较分析来看，在研发投入方面，创新意识在全国范围内普及度较高，地区间研发投入差距不大，但投入力度总体偏小，特别是资金投入仍有待增加。在创新产出方面，不同地区存在较大差异，例如北京、辽宁、河北等地区在创新产出方面表现较好，而部分地区如重庆、山西、黑龙江等专利产出水平较低。

第九章　国有控股上市公司履行社会责任情况

　　企业履行社会责任，是要自觉遵守法律法规、社会规范和商业道德，在追求经济效益的同时，对股东、职工、消费者、供应商、社区、自然环境等利益相关方面负责，实现企业和社会、环境的全面协调可持续发展。2008年1月国务院国资委发布的《关于中央企业履行社会责任的指导意见》明确指出，要推动中央企业积极履行社会责任，并通过中央企业的引领带动作用，促进国企乃至整个市场营造自觉履行社会责任的氛围。随着国内外学术研究的深入和企业实践的发展，对社会责任的要求正在扩展为对环境、社会和治理（即ESG）的要求，并向绿色治理的方向发展。

　　为了反映国有控股上市公司履行社会责任的情况，本章借鉴监管部门及证券交易所发布的指引文件，同时考虑数据可得性，将社会责任按照不同利益相关者主体划分为股东和投资者权益保护、职工权益保护、公共关系以及社会公益和环境保护四个维度并分别进行衡量。

　　股东和投资者权益保护维度包含三个指标，即累积投票指标、网站建设和更新指标以及投资者关系管理指标。其中，累积投票指标反映上市公司导入累积投票制度的情况（导入为1，未导入为0）；网站建设和更新指标反映上市公司网站建设和更新的情况（未建立或不能使用为0，建立但更新不及时为1，建立且及时更新为2）；投资者关系管理指标反映上市公司投资者关系管理的情况（无相关信息为0，仅提到为1，设立专门制度为2，设立专门部门和人员为3）。其中，网站建设和更新指标及投资者关系管理指标为手工打分指标，分数越高表明情况越好。

　　职工权益保护维度包含两个指标，即员工人数指标和员工持股指标。其中，员工人数指标反映上市公司雇用的职工总人数情况，统计单位为万人；员工持股指标反映上市公司是否存在员工持股的情况，存在为1，不存在为0。其中，员工人数的数据来源于Wind数据库，员工持股数据则是通过手工整理获取。

　　公共关系维度包含三个指标，即所得税指标、违规处罚指标和诉讼或仲裁事项指标。其中，所得税指标反映上市公司缴纳企业所得税数额的情况，统计单位为亿元，数据来源于Wind数据库；违规处罚指标反映上市公司违规和被处罚的情况，该指标为手工打分指标，分数越高代表情况越好（受到公开处罚为0，受到公开谴责为1，受到公开批评为2，没有受到任何处罚为3）；诉讼或仲裁事项指标反映上市公司涉及诉讼或仲裁事项的情况（同时存在一般诉讼和重大诉讼、仲裁事项为0，存在重大诉讼、仲裁事项为1，存在一般诉讼、仲裁事项为2，无诉讼、仲裁事项为3），该指标为手工打分指标，分数越高表明情况越好。

　　社会公益和环境保护维度包含三个指标，即公益捐赠指标、环保措施指标和社会责任报告指标。其中，公益捐赠指标反映上市公司公益捐赠数额的情况，该指标为手工整理的原始指标，统计单位为万元；环保措施指标反映上市公司采取环境保护措施的情况（未提及环保信息或仅提及环保信息、无具体环境保护措施和支出的为0，有具体的环保措施和支出的为1，有专门的环保人员的为2，设立专门的环保部门的为3），该指标为手工打分指标，分数越高表明情况越好；社会责任报告指标反映上市公司是否发布社会责任报告的情况，发布为1，未发布为0。

本章分为四节内容，第一节和第二节分别对中央企业控股上市公司和地方国企控股上市公司履行社会责任情况进行了描述性统计；第三节在前两节描述的基础上对国资委所属企业控股上市公司、中央企业控股上市公司、地方国企控股上市公司履行社会责任情况进行了分行业、分地区和分市场板块的比较，以期为不同行业、地区、市场板块上市公司履行社会责任提供方向；第四节是对国有控股上市公司社会责任发展的总结。

第一节　中央企业控股上市公司履行社会责任情况

一、中央企业控股上市公司股东和投资者权益保护情况

从股东和投资者权益保护来看，中央企业控股上市公司的累积投票平均值为0.31，而全部上市公司的平均值为0.27，说明有31%的中央企业控股上市公司实施了累积投票制度，高于全部上市公司中实施累积投票的比例（27%）。网站建设和更新方面，中央企业控股上市公司的平均值为1.84，高于全部上市公司的平均水平（1.79），但其网站更新及时性仍需加强。投资者关系管理方面，中央企业控股上市公司的平均值为1.18，低于全部上市公司投资者关系管理的平均水平（1.36），说明中央企业控股上市公司仍需在投资者关系管理制度的设立以及建立专门的投资者关系管理负责组织方面进一步提升。见表9-1。

表9-1　中央企业控股上市公司股东和投资者权益保护情况

项目	样本	平均值	中位数	标准差	极差	最小值	最大值
累积投票	中央企业控股上市公司	0.31	0.00	0.46	1.00	0.00	1.00
	全部上市公司	0.27	0.00	0.44	1.00	0.00	1.00
网站建设和更新	中央企业控股上市公司	1.84	2.00	0.53	2.00	0.00	2.00
	全部上市公司	1.79	2.00	0.58	2.00	0.00	2.00
投资者关系管理	中央企业控股上市公司	1.18	1.00	1.00	3.00	0.00	3.00
	全部上市公司	1.36	1.00	1.11	3.00	0.00	3.00

资料来源：南开大学公司治理数据库。

二、中央企业控股上市公司职工权益保护情况

中央企业控股上市公司员工人数的平均值为1.74万人，远高于全部上市公司的员工人数平均值（0.65万人），说明中央企业控股上市公司的员工规模相对较大。中央企业控股上市公司员工持股的平均值为0.05，低于全部上市公司员工持股的平均值（0.12）。说明中央企业控股上市公司实施员工持股计划的公司比例仍然较低，仅为5%，而未实施员工持股计划的公司比例达95%，通过实施员工持股计划来完善公司治理仍然有很大的提升空间。详细情况见表9-2。

表9-2　中央企业控股上市公司职工权益保护情况

项目	样本	平均值	中位数	标准差	极差	最小值	最大值
员工人数（万人）	中央企业控股上市公司	1.74	0.46	4.96	46.06	0.02	46.07
	全部上市公司	0.65	0.19	2.38	46.40	0.00	46.40
员工持股①	中央企业控股上市公司	0.05	0.00	0.22	1.00	0.00	1.00
	全部上市公司	0.12	0.00	0.32	1.00	0.00	1.00

注：①指实施员工持股的公司所占的百分比，下文表中含义相同。

资料来源：南开大学公司治理数据库。

三、中央企业控股上市公司公共关系情况

中央企业控股上市公司的所得税平均值为7.01亿元，远高于全部上市公司所得税的平均水平（2.75亿元），说明中央企业控股上市公司在税收方面的贡献较大。中央企业控股上市公司在违规处罚方面的平均值为1.73，低于全部上市公司平均水平（1.84），说明中央企业控股上市公司需提高其合规性水平。在诉讼或仲裁事项方面，中央企业控股上市公司的平均值为2.00，略低于全部上市公司的平均水平（2.09），表明中央企业控股上市公司相关方关系处理能力仍需提升。见表9-3。

表9-3　中央企业控股上市公司公共关系情况

项目	样本	平均值	中位数	标准差	极差	最小值	最大值
所得税（亿元）	中央企业控股上市公司	7.01	0.71	28.22	363.10	-1.04	362.00
	全部上市公司	2.75	0.27	23.18	804.10	-19.80	784.30
违规处罚①	中央企业控股上市公司	1.73	3.00	1.47	3.00	0.00	3.00
	全部上市公司	1.84	3.00	1.44	3.00	0.00	3.00
诉讼或仲裁事项②	中央企业控股上市公司	2.00	2.00	1.13	3.00	0.00	3.00
	全部上市公司	2.09	3.00	1.10	3.00	0.00	3.00

注：①②指公司在该项指标得分的平均值，下文表中含义相同。

资料来源：南开大学公司治理数据库。

四、中央企业控股上市公司社会公益与环境保护情况

中央企业控股上市公司的公益捐赠平均值为773.50万元，高于全部上市公司公益捐赠的平均值（455.60万元），说明中央企业控股上市公司进行了较多的公益捐赠。中央企业控股上市公司公益捐赠的标准差为4127.00万元，表明不同公司之间在公益捐赠方面存在较大差异。从环保措施方面的表现来看，中央企业控股上市公司的平均值为1.85，优于全部上市公司的平均水平（1.57），表明中央企业控股上市公司在环保方面的重视程度较高。在社会责任报告披露方面，54%的中央企业控股上市公司均披露了社会责任报告，而全部上市公司中披露社会责任报告的比例仅为26%，说明中央企业控股上市公司在社会责任报告披露方面总体表现较好。详细情况见表9-4。

表 9-4　中央企业控股上市公司社会公益与环境保护情况

项目	样本	平均值	中位数	标准差	极差	最小值	最大值
公益捐赠 （万元）	中央企业控股上市公司	773.50	21.63	4127.00	61672.00	0.00	61672.00
	全部上市公司	455.60	17.60	6113.00	340000.00	0.00	340000.00
环保措施①	中央企业控股上市公司	1.85	2.00	0.73	3.00	0.00	3.00
	全部上市公司	1.57	2.00	0.86	3.00	0.00	3.00
社会责任报告披露②	中央企业控股上市公司	0.54	1.00	0.50	1.00	0.00	1.00
	全部上市公司	0.26	0.00	0.44	1.00	0.00	1.00

注：①指公司在该项指标得分的平均值，下文表中含义相同。
　　②指发布社会责任报告的公司所占比例，下文表中含义相同。
资料来源：南开大学公司治理数据库。

第二节　地方国企控股上市公司履行社会责任情况

一、地方国企控股上市公司股东和投资者权益保护情况

地方国企控股上市公司的累积投票平均值为 0.34，而全部上市公司的平均值为 0.27，说明有 34% 的地方国企控股上市公司实施了累积投票制度，高于全部上市公司实施累积投票的比例（27%）。网站建设和更新方面的平均值为 1.75，中位数为 2.00，说明绝大多数地方国企控股上市公司建立了公司网站，且有一半公司能做到网站及时更新，但仍略低于中央企业控股上市公司（1.84）和全部上市公司的平均水平（1.79）。在投资者关系管理方面，地方国企控股上市公司的平均值中坚力虽为 1.18，但仍低于全部上市公司的平均水平（1.36），说明地方国企控股上市公司仍需在投资者关系管理方面进一步提升。见表 9-5。

表 9-5　地方国企控股上市公司股东和投资者权益保护情况

项目	样本	平均值	中位数	标准差	极差	最小值	最大值
累积投票	地方国企控股上市公司	0.34	0.00	0.48	1.00	0.00	1.00
	全部上市公司	0.27	0.00	0.44	1.00	0.00	1.00
网站建设和更新	地方国企控股上市公司	1.75	2.00	0.66	2.00	0.00	2.00
	全部上市公司	1.79	2.00	0.58	2.00	0.00	2.00
投资者关系管理	地方国企控股上市公司	1.18	1.00	1.03	3.00	0.00	3.00
	全部上市公司	1.36	1.00	1.11	3.00	0.00	3.00

资料来源：南开大学公司治理数据库。

二、地方国企控股上市公司职工权益保护情况

地方国企控股上市公司员工人数的平均值为 0.73 万人，高于全部上市公司的员工人数平均

值（0.65万人），但仍与中央企业控股上市公司的员工人数平均水平（1.74万人）有较大差距。地方国企控股上市公司员工持股的平均值为0.08，表明地方国企控股上市公司实施员工持股计划的公司比例为8%，高于中央企业控股上市公司的员工持股比例（5%），但仍低于全部上市公司的员工持股比例（12%），详细情况见表9-6。

表9-6　地方国企控股上市公司职工权益保护情况

项目	样本	平均值	中位数	标准差	极差	最小值	最大值
员工人数（万人）	地方国企控股上市公司	0.73	0.34	1.38	21.63	0.00	21.64
	全部上市公司	0.65	0.19	2.38	46.40	0.00	46.40
员工持股	地方国企控股上市公司	0.08	0.00	0.28	1.00	0.00	1.00
	全部上市公司	0.12	0.00	0.32	1.00	0.00	1.00

资料来源：南开大学公司治理数据库。

三、地方国企控股上市公司公共关系情况

地方国企控股上市公司的所得税平均值为2.79亿元，高于全部上市公司所得税的平均水平（2.75亿元），但仍远低于中央企业控股上市公司的所得税平均水平（7.01亿元）。地方国企控股上市公司在违规处罚方面的平均值为1.45，低于中央企业控股上市公司平均水平（1.73）和全部上市公司平均水平（1.84），说明地方国企控股上市公司在合规性方面表现相对较差。诉讼或仲裁事项方面，地方国企控股上市公司的平均值为1.99，略低于中央企业控股上市公司的平均水平（2.00），表明地方国企控股上市公司所发起或面临的诉讼或仲裁事项仍然较多。见表9-7。

表9-7　地方国企控股上市公司公共关系情况

项目	样本	平均值	中位数	标准差	极差	最小值	最大值
所得税（亿元）	地方国企控股上市公司	2.79	0.60	9.25	167.90	-19.80	148.10
	全部上市公司	2.75	0.27	23.18	804.10	-19.80	784.30
违规处罚	地方国企控股上市公司	1.45	0.00	1.49	3.00	0.00	3.00
	全部上市公司	1.84	3.00	1.44	3.00	0.00	3.00
诉讼或仲裁事项	地方国企控股上市公司	1.99	2.00	1.12	3.00	0.00	3.00
	全部上市公司	2.09	3.00	1.10	3.00	0.00	3.00

资料来源：南开大学公司治理数据库。

四、地方国企控股上市公司社会公益与环境保护情况

地方国企控股上市公司的公益捐赠平均值为308.50万元，低于全部上市公司公益捐赠的平均水平（455.60万元）和中央企业控股上市公司公益捐赠的平均水平（773.50），说明地方国企控股上市公司在公益捐赠方面仍有待提高。从环保措施方面的表现来看，地方国企控股上市公司的平均值为1.73，高于全部上市公司的平均水平（1.57），但仍低于中央企业控股上市公司的平均水平（1.85），表明地方国企控股上市公司在环保方面还有较大的提升空间。在社会责任

报告披露方面，41%的地方国企控股上市公司披露了社会责任报告，高于全部上市公司中披露社会责任报告的比例（26%），但仍低于中央企业控股上市公司的社会责任报告披露比例（54%），说明地方国企控股上市公司在社会责任报告披露方面仍有待提升。见表9-8。

表9-8　地方国企控股上市公司社会公益与环境保护情况

项目	样本	平均值	中位数	标准差	极差	最小值	最大值
公益捐赠（万元）	地方国企控股上市公司	308.50	20.17	1623.00	26716.00	0.00	26716.00
	全部上市公司	455.60	17.60	6113.00	340000.00	0.00	340000.00
环保措施	地方国企控股上市公司	1.73	2.00	0.79	4.00	0.00	4.00
	全部上市公司	1.57	2.00	0.86	3.00	0.00	3.00
社会责任报告披露	地方国企控股上市公司	0.41	0.00	0.49	1.00	0.00	1.00
	全部上市公司	0.26	0.00	0.44	1.00	0.00	1.00

资料来源：南开大学公司治理数据库。

第三节　国有控股上市公司履行社会责任比较分析

一、国有控股上市公司履行社会责任行业比较分析

（一）股东和投资者权益保护

1. 国资委所属企业控股上市公司分行业比较分析

从各行业上市公司股东和投资者权益保护情况来看，国资委所属企业控股上市公司中累积投票应用较好的三个行业分别为文化、体育和娱乐业，租赁和商务服务业以及房地产业，累积投票的平均值分别为0.67、0.55和0.42；而教育行业上市公司尚未实施累积投票。网站建设和更新方面，上市公司表现居前三位的行业分别是科学研究和技术服务业、综合以及教育，平均值均为2.00；而表现较差的三个行业分别为水利、环境和公共设施管理业（1.33），农、林、牧、渔业（1.50）以及采矿业（1.53）。投资者关系管理方面，住宿和餐饮业，交通运输、仓储和邮政业以及农、林、牧、渔业上市公司的表现较好，平均值分别为1.83、1.55和1.50；而教育，综合以及文化、体育和娱乐业上市公司的表现较差，平均值分别为0.00、0.25和0.67。国资委所属企业控股上市公司股东和投资者权益保护分行业比较情况见表9-9。

表9-9　国资委所属企业控股上市公司股东和投资者权益保护分行业比较分析

行业	累积投票	网站建设和更新	投资者关系管理
农、林、牧、渔业	0.25	1.50	1.50
采矿业	0.26	1.53	1.23
制造业	0.33	1.80	1.18
电力、热力、燃气及水生产和供应业	0.34	1.77	1.13

续表

行业	累积投票	网站建设和更新	投资者关系管理
建筑业	0.30	1.89	1.32
批发和零售业	0.28	1.84	0.97
交通运输、仓储和邮政业	0.38	1.75	1.55
住宿和餐饮业	0.17	1.67	1.83
信息传输、软件和信息技术服务业	0.34	1.90	1.17
金融业	0.33	1.93	1.26
房地产业	0.42	1.68	0.96
租赁和商务服务业	0.55	1.55	1.27
科学研究和技术服务业	0.31	2.00	1.23
水利、环境和公共设施管理业	0.22	1.33	0.89
教育	0.00	2.00	0.00
文化、体育和娱乐业	0.67	1.67	0.67
综合	0.25	2.00	0.25
合计	0.33	1.78	1.18

资料来源：南开大学公司治理数据库。

2. 中央企业控股上市公司分行业比较分析

中央企业控股上市公司的累积投票制度应用较好的四个行业分别为租赁和商务服务业，农、林、牧、渔业，金融业以及水利、环境和公共设施管理业，平均值分别为 1.00、0.50、0.50 和 0.50；而房地产业、制造业以及建筑业上市公司在累积投票制度应用方面的表现较差。中央企业控股上市公司在网站建设和更新方面表现较好的五个行业分别是租赁和商务服务业，金融业，科学研究和技术服务业，信息传输、软件和信息技术服务业以及建筑业，平均值均为 2.00，说明这五个行业的中央企业控股上市公司均建立了公司网站并能够及时进行更新；而农、林、牧、渔业以及水利、环境和公共设施管理业在网站建设和更新方面的表现较差，虽然建立了网站但未能及时更新。在投资者关系管理方面，中央企业控股上市公司中实施最好的行业是农、林、牧、渔业，平均值为 2.50；表现较差的行业为水利、环境和公共设施管理业，未披露任何投资者管理相关的信息。中央企业控股上市公司股东和投资者权益保护分行业比较分析情况见表 9-10。

表 9-10 中央企业控股上市公司股东和投资者权益保护分行业比较分析

行业	累积投票	网站建设和更新	投资者关系管理
农、林、牧、渔业	0.50	1.00	2.50
采矿业	0.31	1.75	1.38
制造业	0.26	1.84	1.19
电力、热力、燃气及水生产和供应业	0.40	1.73	1.07
建筑业	0.29	2.00	1.41
批发和零售业	0.33	1.83	0.58

行业	累积投票	网站建设和更新	投资者关系管理
交通运输、仓储和邮政业	0.35	1.94	1.35
住宿和餐饮业	—	—	—
信息传输、软件和信息技术服务业	0.38	2.00	1.13
金融业	0.50	2.00	1.13
房地产业	0.22	1.67	1.22
租赁和商务服务业	1.00	2.00	1.00
科学研究和技术服务业	0.43	2.00	1.00
水利、环境和公共设施管理业	0.50	1.00	0.00
教育	—	—	—
文化、体育和娱乐业	—	—	—
综合	—	—	—
合计	0.31	1.84	1.18

资料来源：南开大学公司治理数据库。

3. 地方国企控股上市公司分行业比较分析

在累积投票方面，地方国企控股上市公司中表现较好的三个行业分别为文化、体育和娱乐业，租赁和商务服务业以及房地产业，平均值分别为 0.67、0.50 和 0.46；表现较差的三个行业分别是教育，水利、环境和公共设施管理业以及科学研究和技术服务业，平均值分别为 0.00、0.14 和 0.17。地方国企控股上市公司在网站建设和更新方面表现较好的行业分别为综合、科学研究和技术服务业以及教育行业，平均值均为 2.00；表现较差的三个行业分别为采矿业，水利、环境和公共设施管理业以及租赁和商务服务业，平均值分别为 1.42、1.43 和 1.50。在投资者关系管理方面，地方国企控股上市公司表现较好的三个行业分别为住宿和餐饮业，交通运输、仓储和邮政业以及科学研究和技术服务业，平均值分别为 1.83、1.63 和 1.50，表现较差的三个行业分别为教育，综合以及文化、体育和娱乐业，平均值分别为 0.00、0.25 和 0.67。地方国企控股上市公司股东和投资者权益保护分行业比较分析详细情况见表 9-11。

表 9-11 地方国企控股上市公司股东和投资者权益保护分行业比较分析

行业	累积投票	网站建设和更新	投资者关系管理
农、林、牧、渔业	0.20	1.60	1.30
采矿业	0.23	1.42	1.16
制造业	0.37	1.78	1.17
电力、热力、燃气及水生产和供应业	0.29	1.80	1.17
建筑业	0.30	1.80	1.25
批发和零售业	0.27	1.84	1.05
交通运输、仓储和邮政业	0.40	1.67	1.63
住宿和餐饮业	0.17	1.67	1.83
信息传输、软件和信息技术服务业	0.31	1.77	1.23

行业	累积投票	网站建设和更新	投资者关系管理
金融业	0.26	1.89	1.32
房地产业	0.46	1.68	0.90
租赁和商务服务业	0.50	1.50	1.30
科学研究和技术服务业	0.17	2.00	1.50
水利、环境和公共设施管理业	0.14	1.43	1.14
教育	0.00	2.00	0.00
文化、体育和娱乐业	0.67	1.67	0.67
综合	0.25	2.00	0.25
合计	0.34	1.75	1.18

资料来源：南开大学公司治理数据库。

(二) 职工权益保护

1. 国资委所属企业控股上市公司分行业比较分析

国资委所属企业控股上市公司中，员工人数平均值较高的三个行业分别为建筑业、采矿业以及住宿和餐饮业，平均值分别为4.28万人、3.86万人和1.27万人，员工人数平均值较低的三个行业分别为教育，水利、环境和公共设施管理业以及文化、体育和娱乐业，平均值分别为0.07万人、0.26万人和0.27万人。员工持股计划实施较多的两个行业分别是租赁和商务服务业以及住宿和餐饮业，平均值分别为0.18和0.17，而电力、热力、燃气及水生产和供应业，综合，农、林、牧、渔业，科学研究和技术服务业，文化、体育和娱乐业以及教育行业均未实施员工持股计划。国资委所属企业控股上市公司职工权益保护分行业比较分析情况如表9-12所示。

表9-12　国资委所属企业控股上市公司职工权益保护分行业比较分析

行业分类	员工人数（万人）	员工持股
农、林、牧、渔业	0.28	0.00
采矿业	3.86	0.06
制造业	0.87	0.09
电力、热力、燃气及水生产和供应业	0.59	0.00
建筑业	4.28	0.11
批发和零售业	0.65	0.07
交通运输、仓储和邮政业	1.09	0.07
住宿和餐饮业	1.27	0.17
信息传输、软件和信息技术服务业	1.17	0.03
金融业	0.43	0.11
房地产业	0.54	0.04
租赁和商务服务业	0.45	0.18
科学研究和技术服务业	0.28	0.00

续表

行业分类	员工人数（万人）	员工持股
水利、环境和公共设施管理业	0.26	0.11
教育	0.07	0.00
文化、体育和娱乐业	0.27	0.00
综合	0.30	0.00
合计	1.08	0.07

资料来源：南开大学公司治理数据库。

2. 中央企业控股上市公司分行业比较分析

从表9-13可以看出，住宿和餐饮业无中央企业控股上市公司。从职工权益保护情况来看，中央企业控股上市公司中员工人数平均值居前三位的行业分别为建筑业，采矿业以及交通运输、仓储和邮政业，平均值分别为8.37万人、7.65万人和2.37万人，员工人数平均值居后三位的行业分别为农、林、牧、渔业，科学研究和技术服务业以及水利、环境和公共设施管理业，平均值分别为0.12万人、0.22万人和0.24万人。中央企业控股上市公司中员工持股计划实施最多的行业为金融业，平均值为0.25，而建筑业，信息传输、软件和信息技术服务业，租赁和商务服务业，电力、热力、燃气及水生产和供应业，水利、环境和公共设施管理业，科学研究和技术服务业以及农、林、牧、渔业的中央企业控股上市公司均未实施员工持股计划。中央企业控股上市公司职工权益保护分行业比较分析见表9-13。

表9-13　中央企业控股上市公司职工权益保护分行业比较分析

行业分类	员工人数（万人）	员工持股
农、林、牧、渔业	0.12	0.00
采矿业	7.65	0.06
制造业	0.87	0.04
电力、热力、燃气及水生产和供应业	0.89	0.00
建筑业	8.37	0.00
批发和零售业	0.80	0.17
交通运输、仓储和邮政业	2.37	0.06
住宿和餐饮业	—	—
信息传输、软件和信息技术服务业	1.85	0.00
金融业	0.51	0.25
房地产业	2.08	0.22
租赁和商务服务业	1.08	0.00
科学研究和技术服务业	0.22	0.00
水利、环境和公共设施管理业	0.24	0.00
教育	—	—
文化、体育和娱乐业	—	—
综合	—	—

行业分类	员工人数（万人）	员工持股
合计	1.74	0.05

资料来源：南开大学公司治理数据库。

3. 地方国企控股上市公司分行业比较分析

地方国企控股上市公司中，员工人数平均值居前三位的行业分别为采矿业、住宿和餐饮业以及制造业，平均值分别为1.90万人、1.27万人和0.87万人，员工人数平均值居后三位的行业分别为教育，房地产业以及文化、体育和娱乐业，平均值分别为0.07万人、0.20万人和0.27万人。员工持股计划实施较好的三个行业分别是建筑业、租赁和商务服务业以及住宿和餐饮业，平均值分别为0.20、0.20和0.17，而电力、热力、燃气及水生产和供应业，科学研究和技术服务业，农、林、牧、渔业，综合，文化、体育和娱乐业，房地产业以及教育行业的地方国企控股上市公司均未引入员工持股计划。地方国企控股上市公司职工权益保护分行业比较分析详细情况见表9-14。

表9-14　地方国企控股上市公司职工权益保护分行业比较分析

行业分类	员工人数（万人）	员工持股
农、林、牧、渔业	0.31	0.00
采矿业	1.90	0.06
制造业	0.87	0.11
电力、热力、燃气及水生产和供应业	0.37	0.00
建筑业	0.81	0.20
批发和零售业	0.61	0.05
交通运输、仓储和邮政业	0.59	0.07
住宿和餐饮业	1.27	0.17
信息传输、软件和信息技术服务业	0.32	0.08
金融业	0.39	0.05
房地产业	0.20	0.00
租赁和商务服务业	0.39	0.20
科学研究和技术服务业	0.37	0.00
水利、环境和公共设施管理业	0.27	0.14
教育	0.07	0.00
文化、体育和娱乐业	0.27	0.00
综合	0.30	0.00
合计	0.73	0.08

资料来源：南开大学公司治理数据库。

（三）公共关系

1. 国资委所属企业控股上市公司分行业比较分析

国资委所属企业控股上市公司中，所得税平均值居前三位的行业分别为采矿业、建筑业和房地产业，平均值分别为 19.79 亿元、13.25 亿元和 9.09 亿元；所得税平均值居后三位的行业分别为农、林、牧、渔业，综合以及文化、体育和娱乐业，平均值分别为 0.12 元、0.17 亿元和 0.27 亿元。教育行业以及信息传输、软件和信息技术服务业上市公司所面临的违规处罚较少，而住宿和餐饮业、采矿业和综合类上市公司则面临较多的违规处罚，需要进一步提升其行业合规性。在诉讼或仲裁事项方面，教育行业的国资委所属企业控股上市公司表现最佳，平均值为 3.00，综合类上市公司则表现较差，平均值仅为 0.50。国资委所属企业控股上市公司公共关系分行业比较分析的详细情况见表 9-15。

表 9-15　国资委所属企业控股上市公司公共关系分行业比较分析

行业分类	所得税（亿元）	违规处罚	诉讼或仲裁事项
农、林、牧、渔业	0.12	1.58	1.42
采矿业	19.79	0.70	1.91
制造业	2.23	1.73	2.11
电力、热力、燃气及水生产和供应业	4.11	1.31	2.11
建筑业	13.25	1.16	1.43
批发和零售业	2.26	1.34	1.73
交通运输、仓储和邮政业	3.95	1.60	2.03
住宿和餐饮业	1.69	0.00	1.83
信息传输、软件和信息技术服务业	1.59	2.17	2.07
金融业	7.41	1.33	1.56
房地产业	9.09	1.66	1.96
租赁和商务服务业	2.85	1.00	1.55
科学研究和技术服务业	0.29	1.38	2.15
水利、环境和公共设施管理业	0.81	1.67	2.44
教育	0.36	3.00	3.00
文化、体育和娱乐业	0.27	1.00	2.00
综合	0.17	0.75	0.50
合计	4.27	1.55	1.99

资料来源：南开大学公司治理数据库。

2. 中央企业控股上市公司分行业比较分析

中央企业控股上市公司中，所得税平均值居前三位的行业分别为采矿业、房地产业以及建筑业，平均值分别为 48.66 亿元、32.87 亿元和 25.91 亿元，所得税平均值居后三位的行业分别是农、林、牧、渔业，科学研究和技术服务业以及水利、环境和公共设施管理业，平均值分别为 0.04 亿元、0.22 亿元和 0.72 亿元。在违规处罚方面表现较好的三个行业分别为水利、环境和公共设施管理业，农、林、牧、渔业以及信息传输、软件和信息技术服务业，平均值分别为 3.00、3.00 和 2.44，租赁和商务服务业上市公司则受到了较多的违规处罚。在诉讼或仲裁事项方面，中央企业控股上市公司表现最好的三个行业分别为交通运输、仓储和邮政业，房地产业以及电力、热力、燃气及水生产和供应业，平均值分别为 2.18、2.11 和 2.10，农、林、牧、渔业上市公司则发起或面临较多的诉讼或仲裁事项。中央企业控股上市公司公共关系分行业比较分析见表9-16。

表9-16　中央企业控股上市公司公共关系分行业比较分析

行业分类	所得税（亿元）	违规处罚	诉讼或仲裁事项
农、林、牧、渔业	0.04	3.00	0.00
采矿业	48.66	0.88	2.06
制造业	1.21	1.91	2.06
电力、热力、燃气及水生产和供应业	7.35	1.30	2.10
建筑业	25.91	1.29	1.59
批发和零售业	1.68	1.75	1.83
交通运输、仓储和邮政业	6.04	1.41	2.18
住宿和餐饮业	—	—	—
信息传输、软件和信息技术服务业	2.46	2.44	2.06
金融业	12.30	1.88	1.38
房地产业	32.87	1.44	2.11
租赁和商务服务业	17.46	0.00	2.00
科学研究和技术服务业	0.22	0.86	1.86
水利、环境和公共设施管理业	0.72	3.00	1.00
教育	—	—	—
文化、体育和娱乐业	—	—	—
综合	—	—	—
合计	7.01	1.73	2.00

资料来源：南开大学公司治理数据库。

3. 地方国企控股上市公司分行业比较分析

地方国企控股上市公司中，所得税平均值居前三位的行业分别为金融业、采矿业和房地产业，平均值分别为5.35亿元、4.89亿元和3.87亿元；所得税平均值居后三位的行业分别为农、林、牧、渔业，综合以及文化、体育和娱乐业，平均值分别为0.13亿元、0.17亿元和0.27亿元。面临较少违规处罚的前三个行业分别为教育，科学研究和技术服务业以及信息传输、软件和信息技术服务业，而住宿和餐饮业上市公司则面临较多的违规处罚，需继续提升行业合规性。在诉讼或仲裁事项方面，表现较好的三个行业分别为教育，水利、环境和公共设施管理业以及科学研究和技术服务业，平均值分别为3.00、2.86和2.50，表现较差的三个行业分别为综合、建筑业以及租赁和商务服务业，平均值分别为0.50、1.30和1.50。地方国企控股上市公司公共关系分行业比较分析情况见表9-17。

表9-17　地方国企控股上市公司公共关系分行业比较分析

行业分类	所得税（亿元）	违规处罚	诉讼或仲裁事项
农、林、牧、渔业	0.13	1.30	1.70
采矿业	4.89	0.61	1.84

续表

行业分类	所得税（亿元）	违规处罚	诉讼或仲裁事项
制造业	2.90	1.62	2.14
电力、热力、燃气及水生产和供应业	1.73	1.32	2.12
建筑业	2.50	1.05	1.30
批发和零售业	2.38	1.25	1.71
交通运输、仓储和邮政业	3.12	1.67	1.98
住宿和餐饮业	1.69	0.00	1.83
信息传输、软件和信息技术服务业	0.52	1.85	2.08
金融业	5.35	1.11	1.63
房地产业	3.87	1.71	1.93
租赁和商务服务业	1.39	1.10	1.50
科学研究和技术服务业	0.38	2.00	2.50
水利、环境和公共设施管理业	0.83	1.29	2.86
教育	0.36	3.00	3.00
文化、体育和娱乐业	0.27	1.00	2.00
综合	0.17	0.75	0.50
合计	2.79	1.45	1.99

资料来源：南开大学公司治理数据库。

（四）社会公益与环境保护

1. 国资委所属企业控股上市公司分行业比较分析

国资委所属企业控股上市公司中，公益捐赠平均值较高的三个行业分别为采矿业，电力、热力、燃气及水生产和供应业以及建筑业，平均值分别为1781.00万元、1379.00万元和722.70万元；公益捐赠平均值较低的三个行业分别为教育，综合以及农、林、牧、渔业，平均值分别为0元、14.39万元和21.85万元。在环保措施方面，国资委所属企业控股上市公司表现较好的三个行业分别是综合、建筑业和采矿业，表现较差的三个行业分别为教育，租赁和商务服务业以及信息传输、软件和信息技术服务业。在社会责任报告披露方面，平均值居前三位的行业分别是文化、体育和娱乐业，金融业以及采矿业，披露比例分别为83%、81%和60%；综合和教育行业尚未有任何国资委所属企业控股上市公司披露社会责任报告。国资委所属企业控股上市公司社会公益与环境保护分行业比较分析情况见表9-18。

表9-18 国资委所属企业控股上市公司社会公益与环境保护分行业比较分析

行业分类	公益捐赠（万元）	环保措施	社会责任报告
农、林、牧、渔业	21.85	1.92	0.08
采矿业	1781.00	1.94	0.60
制造业	284.40	1.91	0.43
电力、热力、燃气及水生产和供应业	1379.00	1.92	0.52
建筑业	722.70	2.05	0.54

行业分类	公益捐赠（万元）	环保措施	社会责任报告
批发和零售业	231.30	1.39	0.39
交通运输、仓储和邮政业	440.20	1.87	0.57
住宿和餐饮业	27.02	1.50	0.33
信息传输、软件和信息技术服务业	33.58	1.11	0.28
金融业	599.10	1.52	0.81
房地产业	466.70	1.18	0.50
租赁和商务服务业	137.20	0.64	0.27
科学研究和技术服务业	59.61	1.69	0.23
水利、环境和公共设施管理业	60.68	1.33	0.22
教育	0.00	0.00	0.00
文化、体育和娱乐业	689.20	1.50	0.83
综合	14.39	2.25	0.00
合计	472.00	1.77	0.46

资料来源：南开大学公司治理数据库。

2. 中央企业控股上市公司分行业比较分析

中央企业控股上市公司中，公益捐赠平均值居前三位的行业分别为采矿业，电力、热力、燃气及水生产和供应业以及房地产业，公益捐赠居后三位的行业分别为水利、环境和公共设施管理业，农、林、牧、渔业以及信息传输、软件和信息技术服务业。在环保措施方面，中央企业控股上市公司表现较好的三个行业分别为采矿业，建筑业以及电力、热力、燃气及水生产和供应业，平均值分别为2.19、2.18和2.03，表现较差的三个行业分别为房地产业，水利、环境和公共设施管理业以及租赁和商务服务业，平均值分别为0.67、1.00和1.00。在社会责任报告披露方面，中央企业控股上市公司披露水平较高的三个行业分别为金融业，建筑业以及交通运输、仓储和邮政业，平均值分别为0.88、0.76和0.76；水利、环境和公共设施管理业，租赁和商务服务业以及农、林、牧、渔业中央企业控股上市公司在评价年度未披露社会责任报告。中央企业控股上市公司社会公益与环境保护分行业比较分析情况见表9-19。

表9-19 中央企业控股上市公司社会公益与环境保护分行业比较分析

行业分类	公益捐赠（万元）	环保措施	社会责任报告
农、林、牧、渔业	12.64	1.50	0.00
采矿业	3595.00	2.19	0.75
制造业	168.50	1.89	0.50
电力、热力、燃气及水生产和供应业	3031.00	2.03	0.60
建筑业	1388.00	2.18	0.76
批发和零售业	279.10	1.58	0.58
交通运输、仓储和邮政业	972.80	2.00	0.76
住宿和餐饮业	—	—	—

行业分类	公益捐赠（万元）	环保措施	社会责任报告
信息传输、软件和信息技术服务业	43.18	1.38	0.38
金融业	497.70	1.63	0.88
房地产业	1968.00	0.67	0.44
租赁和商务服务业	1259.00	1.00	0.00
科学研究和技术服务业	64.21	1.71	0.29
水利、环境和公共设施管理业	1.58	1.00	0.00
教育	—	—	—
文化、体育和娱乐业	—	—	—
综合	—	—	—
合计	773.50	1.85	0.54

资料来源：南开大学公司治理数据库。

3. 地方国企控股上市公司分行业比较分析

地方国企控股上市公司中，公益捐赠平均值居前三位的行业分别为采矿业，文化、体育和娱乐业以及金融业，平均值分别为843.80万元、689.20万元和641.80万元；公益捐赠水平居后三位的行业分别为教育，综合以及信息传输、软件和信息技术服务业，平均值分别为0元、14.39万元和21.77万元。在环保措施方面，地方国企控股上市公司中表现较好的三个行业分别为综合，农、林、牧、渔业，以及建筑业，平均值分别为2.25、2.00和1.95；表现较差的三个行业分别为教育，租赁和商务服务业以及信息传输、软件和信息技术服务业，平均值分别为0、0.60和0.75。在社会责任报告披露方面，文化、体育和娱乐业以及金融业上市公司的披露比例较高，平均值分别为0.83和0.79，而教育和综合行业的地方国企控股上市公司则未披露社会责任报告。地方国企控股上市公司社会公益与环境保护分行业比较分析情况见表9-20。

表9-20　地方国企控股上市公司社会公益与环境保护分行业比较分析

行业分类	公益捐赠（万元）	环保措施	社会责任报告
农、林、牧、渔业	23.70	2.00	0.10
采矿业	843.80	1.81	0.52
制造业	361.10	1.92	0.39
电力、热力、燃气及水生产和供应业	169.40	1.83	0.46
建筑业	157.00	1.95	0.35
批发和零售业	220.90	1.35	0.35
交通运输、仓储和邮政业	229.60	1.81	0.49
住宿和餐饮业	27.02	1.50	0.33
信息传输、软件和信息技术服务业	21.77	0.75	0.15
金融业	641.80	1.47	0.79
房地产业	137.20	1.29	0.51
租赁和商务服务业	25.00	0.60	0.30

行业分类	公益捐赠（万元）	环保措施	社会责任报告
科学研究和技术服务业	54.24	1.67	0.17
水利、环境和公共设施管理业	77.57	1.43	0.29
教育	0.00	0.00	0.00
文化、体育和娱乐业	689.20	1.50	0.83
综合	14.39	2.25	0.00
合计	308.50	1.73	0.41

资料来源：南开大学公司治理数据库。

二、国有控股上市公司履行社会责任市场板块比较分析

（一）股东和投资者权益保护

1. 国资委所属企业控股上市公司分市场板块比较分析

从各市场板块上市公司股东和投资者权益保护方面来看，国资委所属企业控股上市公司中累积投票平均值从高到低依次为创业板、中小企业板、主板和科创板；在网站建设和更新方面，平均值最高的是科创板上市公司，平均值最低的是主板上市公司；在投资者关系管理方面，平均值由高到低依次是创业板、中小企业板、主板和科创板。见表9-21。

表9-21　国资委所属企业控股上市公司股东和投资者权益保护分市场板块分析

市场板块	累积投票	网站建设和更新	投资者关系管理
主板	0.32	1.77	1.11
中小企业板	0.37	1.81	1.39
创业板	0.41	1.88	1.95
科创板	0.00	2.00	0.50
合计	0.33	1.78	1.18

资料来源：南开大学公司治理数据库。

2. 中央企业控股上市公司分市场板块比较分析

从各市场板块股东和投资者权益保护方面来看，中央企业控股上市公司中累积投票水平最高的是中小企业板，累积投票表现较差的是科创板，尚未有科创板上市公司实施累积投票。网站建设和更新方面，表现最好的是科创板上市公司，而表现较差的是中小企业板上市公司。投资者关系管理方面，平均值从高到低依次是创业板上市公司、中小企业板上市公司、主板上市公司和科创板上市公司。科创板在累积投票和投资者关系管理方面的表现较差的原因主要是由于目前科创板的中央企业控股上市公司数量较少。见表9-22。

表9-22　中央企业控股上市公司股东和投资者权益保护分市场板块分析

市场板块	累积投票	网站建设和更新	投资者关系管理
主板	0.30	1.84	1.13
中小企业板	0.38	1.79	1.24

市场板块	累积投票	网站建设和更新	投资者关系管理
创业板	0.33	1.87	1.80
科创板	0.00	2.00	0.50
合计	0.31	1.84	1.18

资料来源：南开大学公司治理数据库。

3. 地方国企控股上市公司分市场板块比较分析

从股东和投资者权益保护方面来看，地方国企控股上市公司中累积投票的平均值从高到低依次为创业板、中小企业板、科创板和主板；在网站建设和更新方面，地方国企控股上市公司中表现最好的是创业板，表现较差的是主板；地方国企控股上市公司投资者关系管理由高到低依次是创业板、中小企业板、科创板和主板。地方国企控股上市公司股东和投资者权益保护分市场板块分析见表9-23。

表9-23　地方国企控股上市公司股东和投资者权益保护分市场板块分析

市场板块	累积投票	网站建设和更新	投资者关系管理
主板	0.33	1.72	1.09
中小企业板	0.36	1.83	1.46
创业板	0.46	1.88	2.04
科创板	0.34	1.75	1.18
合计	0.33	1.76	1.21

资料来源：南开大学公司治理数据库。

（二）职工权益保护

1. 国资委所属企业控股上市公司分市场板块比较分析

从国资委所属企业控股上市公司职工权益保护方面来看，主板上市公司的员工人数平均值最高，为1.23万人，创业板上市公司的员工人数平均值最低，为0.20万人。员工持股计划比例最高的是科创板上市公司，平均值为0.50，其后依次是中小企业板、创业板和主板。见表9-24。

表9-24　国资委所属企业控股上市公司职工权益保护分市场板块比较分析

板块分类	员工人数（万人）	员工持股
主板	1.23	0.06
中小企业板	0.49	0.13
创业板	0.20	0.07
科创板	1.13	0.50
合计	1.08	0.07

资料来源：南开大学公司治理数据库。

2. 中央企业控股上市公司分市场板块比较分析

从中央企业控股上市公司职工权益保护方面来看，主板上市公司的员工人数平均值最高，平均值为 2.02 万人，其后依次为科创板、中小企业板和创业板。员工持股平均值最高的为科创板，平均值为 0.50；创业板的中央企业控股上市公司尚未实施任何员工持股计划。中央企业控股上市公司职工权益保护分市场板块比较分析情况见表 9-25。

表 9-25　中央企业控股上市公司职工权益保护分市场板块比较分析

板块分类	员工人数（万人）	员工持股
主板	2.02	0.05
中小企业板	0.61	0.07
创业板	0.13	0.00
科创板	1.13	0.50
合计	1.74	0.05

资料来源：南开大学公司治理数据库。

3. 地方国企控股上市公司分市场板块比较分析

从地方国企控股上市公司职工权益保护方面来看，主板上市公司的员工人数平均值最高，为 0.81 万人，其后依次是中小企业板和创业板。地方国企控股上市公司员工持股方面的平均值由高到低依次是中小企业板（0.16）、创业板（0.12）和主板（0.07）。地方国企控股上市公司职工权益保护分市场板块比较分析情况见表 9-26。

表 9-26　地方国企控股上市公司职工权益保护分市场板块比较分析

板块分类	员工人数（万人）	员工持股
主板	0.81	0.07
中小企业板	0.43	0.16
创业板	0.23	0.12
科创板	—	—
合计	0.73	0.08

资料来源：南开大学公司治理数据库。

（三）公共关系

1. 国资委所属企业控股上市公司分市场板块比较分析

从国资委所属企业控股上市公司公共关系分市场板块比较分析来看，企业所得税平均值最高的是主板上市公司，所得税平均值为 4.97 亿元；最低的是创业板上市公司，平均值为 0.24 亿元。科创板上市公司所面临的违规处罚较少，而主板上市公司则面临较多的违规处罚。在诉讼或仲裁事项方面，创业板上市公司的表现最好，平均值为 2.12，而主板上市公司的表现则相对较差，平均值为 1.97，表明主板上市公司面临较多的诉讼或仲裁事项。总体来看，主板上市公司需要进一步提升其合规性。中央企业控股上市公司公共关系分市场板块比较分析情况见表 9-27。

表9-27　国资委所属企业控股上市公司公共关系分市场板块比较分析

板块分类	所得税（亿元）	违规处罚	诉讼或仲裁事项
主板	4.97	1.44	1.97
中小企业板	1.38	2.07	2.09
创业板	0.24	1.85	2.12
科创板	4.36	3.00	2.00
合计	4.27	1.55	1.99

资料来源：南开大学公司治理数据库。

2. 中央企业控股上市公司分市场板块比较分析

从中央企业控股上市公司公共关系分市场板块比较分析来看，主板上市公司的所得税平均值最高，为8.31亿元；而创业板上市公司的所得税平均值最低，仅为0.24亿元。在违规处罚方面表现从好到差依次为科创板、中小企业板、创业板和主板。在诉讼或仲裁事项方面，表现最好的是创业板上市公司，其后依次为中小企业板、科创板和主板上市公司。中央企业控股上市公司公共关系分市场板块比较分析情况见表9-28。

表9-28　中央企业控股上市公司公共关系分市场板块比较分析

板块分类	所得税（亿元）	违规处罚	诉讼或仲裁事项
主板	8.31	1.59	1.95
中小企业板	1.52	2.40	2.14
创业板	0.24	2.07	2.33
科创板	4.36	3.00	2.00
合计	7.01	1.73	2.00

资料来源：南开大学公司治理数据库。

3. 地方国企控股上市公司分市场板块比较分析

从地方国企控股上市公司公共关系分市场板块比较分析来看，所得税平均值由高到低依次为主板、中小企业板和创业板。中小企业板的地方国企控股上市公司在合规性方面表现较好，面临较少的违规处罚，而主板上市公司则面临较多的违规处罚，需要继续提高其合规性。在诉讼或仲裁事项方面，中小企业板上市公司的表现最优，而主板上市公司的表现则相对较差。地方国企控股上市公司公共关系分市场板块比较分析情况见表9-29。

表9-29　地方国企控股上市公司公共关系分市场板块比较分析

板块分类	所得税（亿元）	违规处罚	诉讼或仲裁事项
主板	3.17	1.36	1.98
中小企业板	1.31	1.89	2.06
创业板	0.23	1.73	2.00
科创板	—	—	—
合计	2.79	1.45	1.99

资料来源：南开大学公司治理数据库。

（四）社会公益与环境保护

1. 国资委所属企业控股上市公司分市场板块比较分析

从国资委所属企业控股上市公司社会公益与环境保护分市场板块比较分析来看，主板上市公司的公益捐赠平均值最高，为 558.30 万元；科创板上市公司的公益捐赠平均值最低，为 38.45 万元。在环保措施方面，主板上市公司的表现较好，而创业板则表现较差。在社会责任报告披露方面，主板上市公司的披露比例最高，平均值为 51%；而创业板上市公司的社会责任报告披露比例最低，仅为 7%。国资委所属企业控股上市公司社会公益与环境保护分市场板块比较分析情况见表 9-30。

表 9-30　国资委所属企业控股上市公司社会公益与环境保护分市场板块比较分析

板块分类	公益捐赠（万元）	环保措施	社会责任报告
主板	558.30	1.80	0.51
中小企业板	89.72	1.76	0.25
创业板	69.18	1.29	0.07
科创板	38.45	1.50	0.50
合计	472.00	1.77	0.46

资料来源：南开大学公司治理数据库。

2. 中央企业控股上市公司分市场板块比较分析

从中央企业控股上市公司社会公益与环境保护分市场板块比较分析来看，主板上市公司的公益捐赠平均值最高，平均捐赠水平为 931.90 万元，高于国资委所属企业控股的主板上市公司的公益捐赠水平（558.30 万元），创业板上市公司的公益捐赠平均值最低，为 11.24 万元。在环保措施方面，表现最好的是主板上市公司，而创业板上市公司则表现较差。社会责任报告披露水平由高到低依次为主板（0.60）、科创板（0.50）、中小企业板（0.36）和创业板（0.07），主板的中央企业控股上市公司社会责任报告的披露比例高于国资委所属企业控股上市公司的披露水平（0.51）。见表 9-31。

表 9-31　中央企业控股上市公司社会公益与环境保护分市场板块比较分析

板块分类	公益捐赠（万元）	环保措施	社会责任报告
主板	931.90	1.89	0.60
中小企业板	99.68	1.79	0.36
创业板	11.24	1.27	0.07
科创板	38.45	1.50	0.50
合计	773.50	1.85	0.54

资料来源：南开大学公司治理数据库。

3. 地方国企控股上市公司分市场板块比较分析

从地方国企控股上市公司社会公益与环境保护分市场板块比较分析来看，公益捐赠的平均值由高到低依次为主板（356.70 万元）、创业板（102.60 万元）和中小企业板（84.49 万元），地方国企控股的主板上市公司在公益捐赠方面低于中央企业控股上市公司和国资委所属企业控股上市公司。中小企业板上市公司在环保措施方面表现较好，而创业板上市公司则表现相对较差。在社会责任报告披露方面，主板上市公司的披露比例较高，占比为46%；创业板上市公司社会责任报告披露的比例较低，占比仅为8%。见表9-32。

表9-32　地方国企控股上市公司社会公益与环境保护分市场板块比较分析

板块分类	公益捐赠（万元）	环保措施	社会责任报告
主板	356.70	1.74	0.46
中小企业板	84.49	1.75	0.20
创业板	102.60	1.31	0.08
科创板	—	—	—
合计	308.50	1.73	0.41

资料来源：南开大学公司治理数据库。

三、国有控股上市公司履行社会责任地区比较分析

（一）股东和投资者权益保护

1. 国资委所属企业控股上市公司分地区比较分析

从国资委所属企业控股上市公司股东和投资者权益保护分地区比较分析来看，累积投票平均值居前三位的地区分别为贵州、青海和黑龙江，而海南和西藏地区的上市公司尚未实施累积投票。在网站建设和更新方面，上市公司表现较好的三个地区分别是河南、安徽和陕西，而表现较弱的三个地区分别为内蒙古、吉林和云南。在投资者关系管理方面表现较好的三个地区分别为宁夏、西藏和内蒙古地区，而青海、辽宁和黑龙江地区的上市公司在投资者关系管理方面则表现较弱。见表9-33。

表9-33　国资委所属企业控股上市公司股东和投资者权益保护分地区比较分析

地区	累积投票	网站建设和更新	投资者关系管理
北京	0.34	1.83	1.27
天津	0.11	1.61	1.21
河北	0.24	1.86	1.14
山西	0.40	1.75	1.15
内蒙古	0.33	1.33	1.50
辽宁	0.43	1.48	0.76
吉林	0.43	1.43	1.07
黑龙江	0.47	1.60	0.80
上海	0.46	1.78	0.98
江苏	0.30	1.83	1.22
浙江	0.45	1.87	1.03
安徽	0.34	1.95	1.37

地区	累积投票	网站建设和更新	投资者关系管理
福建	0.34	1.79	1.45
江西	0.35	1.76	1.41
山东	0.46	1.83	1.17
河南	0.29	2.00	0.82
湖北	0.21	1.83	1.28
湖南	0.27	1.80	1.03
广东	0.27	1.86	1.28
广西	0.20	1.80	1.47
海南	0.00	1.75	1.25
重庆	0.05	1.58	0.95
四川	0.38	1.76	1.35
贵州	0.54	1.85	1.00
云南	0.44	1.44	1.00
西藏	0.00	1.50	1.75
陕西	0.35	1.91	1.22
甘肃	0.08	1.69	1.15
青海	0.50	1.50	0.50
宁夏	0.20	1.60	1.80
新疆	0.25	1.50	1.30
合计	0.33	1.78	1.18

资料来源：南开大学公司治理数据库。

2. 中央企业控股上市公司分地区比较分析

从中央企业控股上市公司股东和投资者权益保护分地区比较分析来看，累积投票平均值居前两位的地区分别为山东（0.56）和上海（0.52），而广西、海南、重庆和甘肃地区的中央企业控股上市公司尚未实施累积投票制度。在网站建设和更新方面，山西、福建、新疆、贵州、湖南、江苏、陕西、安徽等13个地区的中央企业控股上市公司的表现较好，而上市公司表现较弱的地区为云南、重庆和内蒙古。山西和广西地区的中央企业控股上市公司在投资者关系管理方面表现较优，而海南、黑龙江和云南的中央企业控股上市公司在投资者关系管理方面则表现欠佳，有待进一步提升。见表9-34。

表9-34 中央企业控股上市公司股东和投资者权益保护分地区比较分析

地区	累积投票	网站建设和更新	投资者关系管理
北京	0.33	1.92	1.33
天津	0.11	1.67	1.44
河北	0.13	2.00	0.88
山西	0.50	2.00	2.00

续表

地区	累积投票	网站建设和更新	投资者关系管理
内蒙古	0.33	1.33	1.50
辽宁	0.33	1.67	1.00
吉林	0.40	1.60	1.40
黑龙江	0.38	1.50	0.38
上海	0.52	1.89	0.93
江苏	0.29	2.00	1.12
浙江	0.40	1.80	1.20
安徽	0.25	2.00	1.25
福建	0.50	2.00	1.50
江西	0.50	1.50	1.00
山东	0.56	1.56	1.44
河南	0.22	2.00	0.67
湖北	0.18	1.94	1.59
湖南	0.33	2.00	0.89
广东	0.23	1.97	1.00
广西	0.00	2.00	2.00
海南	0.00	2.00	0.33
重庆	0.00	1.25	1.25
四川	0.23	1.69	1.31
贵州	0.38	2.00	1.13
云南	0.43	1.14	0.43
西藏	—	—	—
陕西	0.29	2.00	1.14
甘肃	0.00	2.00	1.50
青海	—	—	—
宁夏	0.20	1.60	1.80
新疆	0.43	2.00	1.71
合计	0.31	1.84	1.18

资料来源：南开大学公司治理数据库。

3. 地方国企控股上市公司分地区比较分析

从地方国企控股上市公司股东和投资者权益保护分地区比较分析来看，上市公司累积投票平均值最高的地区为贵州（0.80），而西藏和海南地区的上市公司均未实施累积投票。在网站建设和更新方面，河南地区的上市公司表现最好，而上市公司表现较弱的三个地区分别为新疆（1.23）、吉林（1.33）和辽宁（1.33），表明这些地区需要加强网站及时更新。海南上市公司在投资者关系管理方面表现最优，而青海的上市公司在投资者关系管理方面的表现则有待提升。见表9-35。

表 9-35 地方国企控股上市公司股东和投资者权益保护分地区比较分析

地区	累积投票	网站建设和更新	投资者关系管理
北京	0.35	1.68	1.18
天津	0.11	1.58	1.11
河北	0.31	1.77	1.31
山西	0.39	1.72	1.06
内蒙古	—	—	—
辽宁	0.50	1.33	0.58
吉林	0.44	1.33	0.89
黑龙江	0.57	1.71	1.29
上海	0.43	1.73	1.00
江苏	0.30	1.76	1.27
浙江	0.45	1.88	1.00
安徽	0.37	1.93	1.40
福建	0.33	1.78	1.44
江西	0.31	1.85	1.54
山东	0.44	1.90	1.10
河南	0.38	2.00	1.00
湖北	0.25	1.67	0.83
湖南	0.24	1.71	1.10
广东	0.29	1.81	1.41
广西	0.21	1.79	1.43
海南	0.00	1.60	1.80
重庆	0.09	1.82	0.73
四川	0.48	1.81	1.38
贵州	0.80	1.60	0.80
云南	0.45	1.64	1.36
西藏	0.00	1.50	1.75
陕西	0.38	1.88	1.25
甘肃	0.09	1.64	1.09
青海	0.50	1.50	0.50
宁夏	—	—	—
新疆	0.15	1.23	1.08
合计	0.34	1.75	1.18

资料来源：南开大学公司治理数据库。

（二）职工权益保护

1. 国资委所属企业控股上市公司分地区比较分析

从国资委所属企业控股上市公司职工权益分地区比较分析来看，员工人数平均值最高的地区为北京，平均值为 3.31 万人；其次是河南，平均值为 1.46 万人。员工人数平均值最低的地区为西藏，仅为 0.10 万人。在员工持股方面，青海上市公司员工持股计划实施比例居第一位，而西藏、宁夏等 13 个地区的国资委所属企业控股上市公司均未实施员工持股计划。见表 9-36。

表 9-36　国资委所属企业控股上市公司职工权益保护分地区比较分析

地区	员工人数（万人）	员工持股
北京	3.31	0.04
天津	0.43	0.07
河北	1.00	0.00
山西	1.09	0.00
内蒙古	0.63	0.00
辽宁	0.82	0.00
吉林	0.59	0.00
黑龙江	0.51	0.13
上海	1.04	0.03
江苏	0.44	0.09
浙江	0.48	0.11
安徽	0.90	0.13
福建	0.62	0.14
江西	0.72	0.00
山东	0.93	0.10
河南	1.46	0.12
湖北	0.74	0.07
湖南	0.46	0.07
广东	1.08	0.18
广西	0.35	0.07
海南	0.87	0.00
重庆	0.65	0.00
四川	0.54	0.03
贵州	0.74	0.00
云南	0.52	0.17
西藏	0.10	0.00
陕西	0.72	0.04
甘肃	0.48	0.00
青海	0.65	0.25
宁夏	0.16	0.00
新疆	0.62	0.00
合计	1.08	0.07

资料来源：南开大学公司治理数据库。

2. 中央企业控股上市公司分地区比较分析

从中央企业控股上市公司职工权益分地区比较分析来看，员工人数平均值最高的地区为北京，平均值为 4.70 万人，上市公司员工人数平均值最低的地区为山西，平均值为 0.09 万人。在员工持股方面，浙江、广东、云南、黑龙江、江苏等 10 个地区的中央企业控股上市公司已经实施员工持股计划，除了这些地区以外，其余地区的中央企业控股上市公司尚未实施员工持股计划。见表 9-37。

表 9-37　中央企业控股上市公司职工权益保护分地区比较分析

地区分类	员工人数（万人）	员工持股
北京	4.70	0.03
天津	0.84	0.11
河北	0.73	0.00
山西	0.09	0.00
内蒙古	0.63	0.00
辽宁	1.21	0.00
吉林	0.28	0.00
黑龙江	0.58	0.13
上海	1.15	0.00
江苏	0.58	0.12
浙江	1.22	0.20
安徽	0.79	0.00
福建	0.28	0.00
江西	0.61	0.00
山东	0.72	0.00
河南	0.53	0.11
湖北	0.83	0.00
湖南	0.36	0.11
广东	1.80	0.19
广西	0.36	0.00
海南	0.33	0.00
重庆	0.58	0.00
四川	0.37	0.00
贵州	0.43	0.00
云南	0.64	0.14
西藏	—	—
陕西	1.23	0.00
甘肃	0.30	0.00
青海	—	—
宁夏	0.16	0.00

续表

地区分类	员工人数（万人）	员工持股
新疆	1.10	0.00
合计	1.74	0.05

资料来源：南开大学公司治理数据库。

3. 地方国企控股上市公司分地区比较分析

从地方国企控股上市公司职工权益分地区比较分析来看，员工人数平均值居前三位的地区分别为河南、贵州和山西，平均值分别为2.51万人、1.23万人和1.20万人；员工人数平均值较低的三个地区分别为西藏、天津和广西，平均值分别为0.10万人、0.24万人和0.35万人。在员工持股方面，青海上市公司员工持股计划实施比例最高，员工持股比例为25%；而西藏、新疆、甘肃等11个地区的地方国企控股上市公司均未实施员工持股计划。与中央企业控股上市公司相比，地方国企控股上市公司在员工持股方面表现较好，未实施员工持股计划的地区较少。见表9-38。

表9-38 地方国企控股上市公司职工权益保护分地区比较分析

地区	员工人数（万人）	员工持股
北京	0.77	0.05
天津	0.24	0.05
河北	1.17	0.00
山西	1.20	0.00
内蒙古	—	—
辽宁	0.54	0.00
吉林	0.77	0.00
黑龙江	0.44	0.14
上海	1.00	0.04
江苏	0.38	0.08
浙江	0.36	0.09
安徽	0.93	0.17
福建	0.64	0.15
江西	0.76	0.00
山东	0.98	0.13
河南	2.51	0.13
湖北	0.61	0.17
湖南	0.50	0.05
广东	0.76	0.17
广西	0.35	0.07
海南	1.20	0.00
重庆	0.71	0.00

地区	员工人数（万人）	员工持股
四川	0.64	0.05
贵州	1.23	0.00
云南	0.44	0.18
西藏	0.10	0.00
陕西	0.49	0.06
甘肃	0.51	0.00
青海	0.65	0.25
宁夏	—	—
新疆	0.36	0.00
合计	0.73	0.08

资料来源：南开大学公司治理数据库。

（三）公共关系

1. 国资委所属企业控股上市公司分地区比较分析

从国资委所属企业控股上市公司公共关系分地区比较分析来看，北京和贵州国资委所属企业控股上市公司的所得税平均值居前两位，平均值分别为13.94亿元和11.92亿元；所得税平均值居后三位的地区分别为青海、宁夏和甘肃，平均值分别为-4.48亿元、0.41亿元和0.41亿元。青海上市公司在违规处罚方面的表现较好，平均值为2.50；而山西和辽宁的上市公司则面临较多的违规处罚，在违规处罚方面的表现较差。在诉讼或仲裁事项方面，上市公司表现最好的地区是西藏，表现较差的地区则为广西。见表9-39。

表9-39　国资委所属企业控股上市公司公共关系分地区比较分析

地区	所得税（亿元）	违规处罚	诉讼或仲裁事项
北京	13.94	1.39	2.09
天津	2.28	1.61	2.07
河北	2.74	1.86	2.05
山西	2.94	0.80	2.10
内蒙古	2.01	1.50	1.83
辽宁	1.89	0.86	1.76
吉林	1.08	1.71	2.36
黑龙江	1.66	1.40	1.40
上海	3.59	1.21	2.07
江苏	2.25	1.48	2.13
浙江	2.13	1.45	1.95
安徽	4.38	1.76	2.24
福建	3.42	1.52	1.59
江西	1.51	1.94	2.24

地区	所得税（亿元）	违规处罚	诉讼或仲裁事项
山东	3.12	1.81	2.29
河南	1.31	1.41	1.71
湖北	1.80	2.07	2.00
湖南	1.36	1.77	1.93
广东	5.21	1.69	2.05
广西	1.18	1.07	1.33
海南	0.78	1.63	2.00
重庆	1.36	1.68	1.63
四川	2.89	1.82	1.85
贵州	11.92	2.46	2.00
云南	1.06	1.33	1.56
西藏	0.44	2.25	2.75
陕西	1.95	1.43	1.83
甘肃	0.41	2.08	2.15
青海	-4.48	2.50	2.00
宁夏	0.41	2.40	1.80
新疆	2.87	1.05	1.70
合计	4.27	1.55	1.99

资料来源：南开大学公司治理数据库。

2. 中央企业控股上市公司分地区比较分析

从中央企业控股上市公司公共关系分地区比较分析来看，所得税平均值前三位的地区分别为北京、广东和新疆，平均值分别为 19.74 亿元、12.02 亿元和 7.02 亿元；平均值居后三位的地区分别为山西、江西和四川，平均值分别为 0.12 亿元、0.17 亿元和 0.39 亿元。甘肃、福建和海南上市公司面临较少的违规处罚，而广西的上市公司在违规处罚方面最为严重，亟须提升其上市公司的合规性。在诉讼或仲裁事项方面，福建、海南、山西以及广西上市公司表现最好，平均值均为 3.00；表现较差的地区为陕西、湖南和黑龙江，平均值分别为 1.43、1.44 和 1.50。见表 9-40。

表 9-40 中央企业控股上市公司公共关系分地区比较分析

地区	所得税（亿元）	违规处罚	诉讼或仲裁事项
北京	19.74	1.49	2.04
天津	4.96	1.00	1.67
河北	1.64	1.88	2.13
山西	0.12	1.50	3.00
内蒙古	2.01	1.50	1.83

地区	所得税（亿元）	违规处罚	诉讼或仲裁事项
辽宁	3.82	1.00	1.78
吉林	0.50	1.20	1.60
黑龙江	2.45	1.50	1.50
上海	2.53	1.22	2.00
江苏	1.24	1.59	2.12
浙江	3.57	2.40	2.20
安徽	2.02	1.50	1.75
福建	0.44	3.00	3.00
江西	0.17	2.25	2.75
山东	1.56	2.33	2.22
河南	0.57	2.33	1.78
湖北	2.24	2.12	2.29
湖南	1.96	1.67	1.44
广东	12.02	2.06	2.26
广西	4.98	0.00	3.00
海南	0.42	3.00	3.00
重庆	1.70	2.63	1.75
四川	0.39	1.54	1.85
贵州	0.54	2.50	1.88
云南	1.49	1.71	2.00
西藏	—	—	—
陕西	0.70	1.71	1.43
甘肃	1.09	3.00	1.50
青海	—	—	—
宁夏	0.41	2.40	1.80
新疆	7.02	1.71	1.71
合计	7.01	1.73	2.00

资料来源：南开大学公司治理数据库。

3. 地方国企控股上市公司分地区比较分析

从地方国企控股上市公司公共关系分地区比较分析来看，上市公司所得税平均值最高的地区是贵州，所得税平均值为30.12亿元；所得税平均值最低的地区为青海，平均值为-4.48亿元。青海上市公司面临的违规处罚较少，说明该地区地方国企控股上市公司的合规性较好；河南、新疆和山西地区上市公司在违规处罚方面的表现较差，说明这些地区地方国企控股上市公司的合规性有待进一步提升。在诉讼或仲裁事项方面，上市公司表现最好的地区是吉林，平均值为2.78；表现较差的地区为广西，平均值为1.21。见表9-41。

表 9-41　地方国企控股上市公司公共关系分地区比较分析

地区	所得税（亿元）	违规处罚	诉讼或仲裁事项
北京	3.35	1.20	2.17
天津	1.01	1.89	2.26
河北	3.42	1.85	2.00
山西	3.26	0.72	2.00
内蒙古	—	—	—
辽宁	0.44	0.75	1.75
吉林	1.41	2.00	2.78
黑龙江	0.76	1.29	1.29
上海	4.02	1.21	2.10
江苏	2.71	1.43	2.14
浙江	1.92	1.30	1.91
安徽	5.01	1.83	2.37
福建	3.65	1.41	1.48
江西	1.92	1.85	2.08
山东	3.48	1.69	2.31
河南	2.14	0.38	1.63
湖北	1.18	2.00	1.58
湖南	1.10	1.81	2.14
广东	2.15	1.52	1.96
广西	0.91	1.14	1.21
海南	0.99	0.80	1.40
重庆	1.11	1.00	1.55
四川	4.44	2.00	1.86
贵州	30.12	2.40	2.20
云南	0.78	1.09	1.27
西藏	0.44	2.25	2.75
陕西	2.49	1.31	2.00
甘肃	0.29	1.91	2.27
青海	-4.48	2.50	2.00
宁夏	—	—	—
新疆	0.64	0.69	1.69
合计	2.79	1.45	1.99

资料来源：南开大学公司治理数据库。

（四）社会公益与环境保护

1. 国资委所属企业控股上市公司分地区比较分析

从国资委所属企业控股上市公司社会公益与环境保护分地区比较分析来看，公益捐赠平均值居前三位的地区分别为云南、贵州和福建，平均值分别为 3714.00 万元、2102.00 万元和 1044.00 万元；公益捐赠平均值居后三位的地区分别为西藏、河南和甘肃，平均值分别为 60.59 万元、66.97 万元和 71.61 万元。在环保措施方面，宁夏和内蒙古地区上市公司表现较好，平均值分为 2.20 和 2.17；而西藏、重庆和吉林等地区上市公司的表现较差。在社会责任报告披露方面，福建、河南和青海的上市公司披露水平较高，披露比例分别为 76%、76% 和 75%；而西藏的国资委所属企业控股上市公司尚未披露社会责任报告。见表 9-42。

表 9-42　国资委所属企业控股上市公司社会公益与环境保护分地区比较分析

地区	公益捐赠（万元）	环保措施	社会责任报告
北京	983.00	1.82	0.67
天津	357.50	1.79	0.54
河北	246.00	1.60	0.43
山西	119.30	1.85	0.35
内蒙古	110.80	2.17	0.33
辽宁	655.40	1.81	0.48
吉林	314.00	1.50	0.21
黑龙江	93.79	1.80	0.27
上海	388.60	1.78	0.56
江苏	170.00	1.61	0.43
浙江	174.60	1.66	0.37
安徽	123.80	1.92	0.37
福建	1044.00	2.00	0.76
江西	84.10	1.94	0.35
山东	142.60	1.94	0.40
河南	66.97	2.00	0.76
湖北	110.70	1.76	0.31
湖南	110.10	1.63	0.23
广东	332.60	1.59	0.43
广西	286.60	1.73	0.33
海南	88.25	1.88	0.25
重庆	215.40	1.42	0.37
四川	869.40	1.85	0.41
贵州	2102.00	1.85	0.38
云南	3714.00	1.72	0.61
西藏	60.59	1.25	0.00
陕西	147.40	1.65	0.39
甘肃	71.61	2.00	0.15
青海	256.40	2.00	0.75
宁夏	108.10	2.20	0.60

续表

地区	公益捐赠（万元）	环保措施	社会责任报告
新疆	191.40	1.95	0.25
合计	472.00	1.77	0.46

资料来源：南开大学公司治理数据库。

2. 中央企业控股上市公司分地区比较分析

从中央企业控股上市公司社会公益与环境保护分地区比较分析来看，公益捐赠平均值居前三位的地区分别云南、广西和北京，平均值分别为8946.00万元、4000.00万元和1402.00万元；公益捐赠平均值居后三位的地区分别为山东、吉林和河北，平均值分别为5.09万元、28.83万元和31.15万元。在环保措施方面，江西和宁夏地区上市公司的平均值居前两位，说明这两个地区的中央企业控股上市公司在环保实践方面表现较好；而重庆、云南等地区上市公司的表现较差。在社会责任报告披露方面，天津和河南上市公司的披露水平最高，平均值均为0.89，而海南、甘肃和广西地区则尚未有任何上市公司披露社会责任报告。见表9-43。

表9-43　中央企业控股上市公司社会公益与环境保护分地区比较分析

地区	公益捐赠（万元）	环保措施	社会责任报告
北京	1402.00	1.92	0.71
天津	846.50	2.11	0.89
河北	31.15	1.63	0.38
山西	252.50	2.00	0.50
内蒙古	110.80	2.17	0.33
辽宁	1401.00	2.00	0.67
吉林	28.83	1.60	0.20
黑龙江	72.28	1.88	0.25
上海	376.80	1.93	0.59
江苏	148.20	1.71	0.47
浙江	135.00	1.80	0.40
安徽	90.86	2.13	0.38
福建	172.50	1.50	0.50
江西	93.43	2.25	0.75
山东	5.09	2.00	0.33
河南	58.03	1.78	0.89
湖北	155.30	1.65	0.41
湖南	143.50	1.89	0.33
广东	793.40	1.84	0.68
广西	4000.00	2.00	0.00
海南	213.70	1.67	0.00
重庆	413.70	1.38	0.38

地区	公益捐赠（万元）	环保措施	社会责任报告
四川	245.80	1.77	0.31
贵州	65.08	1.75	0.38
云南	8946.00	1.43	0.71
西藏	—	—	—
陕西	59.01	1.71	0.43
甘肃	312.20	2.00	0.00
青海	—	—	—
宁夏	108.10	2.20	0.60
新疆	317.10	1.71	0.29
合计	773.50	1.85	0.54

资料来源：南开大学公司治理数据库。

3. 地方国企控股上市公司分地区比较分析

从地方国企控股上市公司社会公益与环境保护分地区比较分析来看，公益捐赠平均值居前三位的地区分别为贵州、四川和福建，平均值分别为 5362.00 万元、1255.00 万元和 1109.00 万元；而公益捐赠方面表现较差的地区分别为海南、广西和甘肃，平均值分别为 13.00 万元、21.36 万元和 23.49 万元。在环保措施方面，河南、新疆和福建上市公司表现较好，平均值分别为 2.25、2.08 和 2.04；而西藏、吉林和重庆上市公司的表现较差，平均值分别为 1.25、1.44 和 1.45。在社会责任报告披露方面，福建和青海的上市公司披露水平较高，披露比例分别为 78% 和 75%；而西藏尚未有任何地方国企控股上市公司披露社会责任报告。见表 9-44。

表 9-44　地方国企控股上市公司社会公益与环境保护分地区比较分析

地区	公益捐赠（万元）	环保措施	社会责任报告
北京	217.50	1.65	0.60
天津	125.90	1.63	0.37
河北	378.30	1.58	0.46
山西	104.50	1.83	0.33
内蒙古	—	—	—
辽宁	96.54	1.67	0.33
吉林	472.40	1.44	0.22
黑龙江	118.40	1.71	0.29
上海	393.30	1.72	0.55
江苏	180.10	1.57	0.41
浙江	180.60	1.64	0.36
安徽	132.60	1.87	0.37
福建	1109.00	2.04	0.78
江西	81.23	1.85	0.23

地区	公益捐赠（万元）	环保措施	社会责任报告
山东	174.30	1.92	0.41
河南	77.03	2.25	0.63
湖北	47.57	1.92	0.17
湖南	95.72	1.52	0.19
广东	125.60	1.48	0.32
广西	21.36	1.71	0.36
海南	13.00	2.00	0.40
重庆	71.12	1.45	0.36
四川	1255.00	1.90	0.48
贵州	5362.00	2.00	0.40
云南	384.90	1.91	0.55
西藏	60.59	1.25	0.00
陕西	186.00	1.63	0.38
甘肃	23.49	2.00	0.18
青海	256.40	2.00	0.75
宁夏	—	—	—
新疆	123.70	2.08	0.23
合计	308.50	1.73	0.41

资料来源：南开大学公司治理数据库。

第四节　国有控股上市公司社会责任状况总结

一、国有控股上市公司社会责任履行整体状况总结

第一，在股东和投资者权益保护方面，国资委所属企业控股上市公司在投资者关系管理方面的表现低于全部上市公司平均水平，但在累积投票和网站建设和更新方面有所改善。从中央企业控股与地方国企控股上市公司的比较来看，中央企业控股上市公司在网站建设和更新方面优于地方国企控股上市公司，但在累积投票制度的引入方面相对落后于地方国企控股上市公司，仍需进一步完善。

第二，在职工权益保护方面，国资委所属企业控股上市公司的平均员工人数高于全部上市公司，说明其员工规模较大，但在员工持股方面的表现仍需完善。从中央企业控股与地方国企控股上市公司的比较来看，中央企业控股上市公司的员工人数远高于地方国企控股上市公司，表明中央企业控股上市公司的员工规模较大。员工持股方面，国资委所属企业控股上市公司总体比例偏低，中央企业控股上市公司与地方国企控股上市公司都需要继续完善员工持股计划。

第三，在公共关系方面，国资委所属企业控股上市公司所缴纳的所得税的平均水平高于全

部上市公司平均水平，而在违规处罚方面的表现不如全部上市公司，表明国资委所属企业控股上市公司有较大的税收贡献，但在合规性方面表现欠佳。在诉讼或仲裁事项方面，国资委所属企业控股上市公司的表现也不如全部上市公司的平均水平，其应对诉讼或仲裁的能力有待提高。从中央企业控股与地方国企控股上市公司的比较来看，中央企业控股上市公司所得税平均值大幅高于地方国企控股上市公司，说明中央企业控股上市公司税收贡献大于地方国企控股上市公司。在违规处罚方面，地方国企控股上市公司的表现不如中央企业控股上市公司，说明地方国企控股上市公司在合规性方面仍需提升。

第四，在社会公益与环境保护方面，国资委所属企业控股上市公司在环境保护和社会责任报告披露方面的表现优于全部上市公司的平均水平。从中央企业控股与地方国企控股上市公司的比较来看，中央企业控股上市公司在公益捐赠、环保措施实施以及社会责任报告披露方面均优于地方国企控股上市公司的平均水平，说明地方国企控股上市公司在社会公益与环境保护方面的表现相对不佳，须进一步提高其社会责任水平和社会责任报告的披露比例。

二、国有控股上市公司社会责任履行对比分析总结

第一，从行业比较分析来看，文化、体育和娱乐业在累积投票的应用方面表现较佳，但在投资者关系管理方面则相对较差。建筑业和采矿业国资委所属企业控股上市公司在员工人数、所得税贡献、公益捐赠以及环保措施方面均居行业前列，但采矿业上市公司面临较多的违规处罚，在网站建设和更新上也有待提升。教育类上市公司在网站建设和更新、合规性、诉讼或仲裁事项方面表现较好，但在累积投票制度应用、投资者关系管理、员工持股、公益捐赠、环保措施实施以及社会责任报告披露方面仍有较大的提升空间。总体来看，仍有多个行业的国资委所属企业控股上市公司未实施累积投票制度和员工持股计划，这是当前发展的两个短板。

第二，从市场板块比较分析来看，国资委所属企业控股上市公司中，创业板上市公司在累积投票、投资者关系管理以及诉讼或仲裁事项方面的表现优于其他市场板块，但在员工人数、所得税水平、环保措施实施、社会责任报告披露等方面表现欠佳。主板上市公司在员工人数、所得税水平、公益捐赠、环保措施实施以及社会责任报告披露方面均居于市场板块的首位，但在网站建设和更新、员工持股、诉讼或仲裁事项方面的表现低于其他市场板块上市公司的平均水平，而且受到了较多的违规处罚。科创板上市公司在网站建设和更新、员工持股方面表现较好，且面临较少的违规处罚。中小企业板上市公司在总体社会责任履行方面均需要进一步完善。

第三，从地区比较分析来看，仍有较多地区的国资委所属企业控股上市公司尚未引入累积投票制度和员工持股计划。从国资委所属企业控股上市公司职工权益保护分地区比较分析来看，北京上市公司在员工人数和所得税贡献上均居于首位。西藏上市公司在投资者关系管理、诉讼或仲裁事项等方面表现较好，但在累积投票、员工持股、公益捐赠、环保措施实施和社会责任报告披露方面的表现有待提升。青海的国资委所属企业控股上市公司在累积投票制度应用、员工持股计划实施、合规性以及社会责任报告披露方面的表现较好，但在投资者关系管理和所得税贡献方面的表现则相对欠佳。

第十章　国有控股上市公司治理与绩效相关性分析

本章主要关注国有控股上市公司治理与绩效的相关性，基于南开大学中国公司治理研究院发布的中国上市公司治理指数，对公司治理指数及其分指数与公司绩效的相关性进行了分析，给出了国资委所属企业控股上市公司、中央企业控股上市公司、地方国企控股上市公司三类样本的双尾相关系数检验结果。本章绩效指标数据来源方面，经济增加值指标来自 CSMAR 数据库，其他所有指标均来自 Wind 数据库。

第一节　国资委所属企业控股上市公司治理与绩效相关性分析

一、国资委所属企业控股上市公司治理指数与绩效相关性分析

（一）国资委所属企业控股上市公司治理指数与盈利能力

1. 公司治理指数与 2019 年年报的盈利能力指标

本章接下来将基于中国上市公司治理指数（CCGI^{NK}，也被称为南开治理指数）来对该指数与反映公司绩效状况的指标的相关性进行检验，并给出 Pearson、Spearman 和 Kendall 三个相关系数。考虑到本章分析的公司治理指数和绩效指标多符合正态分布，因此以 Pearson 相关系数为主来进行分析；为了增加结论的稳健性，同时也给出了 Spearman 和 Kendall 两个相关系数。此外，置信水平方面，本章考虑了最低标准、常用标准和较高标准，分别为 0.1、0.05 和 0.01。

根据表 10-1，公司治理指数在 0.01 的置信水平上与 2019 年年报的各项盈利能力指标总体上显著正相关。

其中公司治理指数与净资产收益率（平均）的 Pearson、Kendall 和 Spearman 相关系数分别为 0.1504、0.1667 和 0.2436。公司治理指数与净资产收益率（加权）的 Pearson、Kendall 和 Spearman 相关系数分别为 0.2095、0.1701 和 0.2490。公司治理指数与净资产收益率（摊薄）的 Pearson、Kendall 和 Spearman 相关系数分别为 0.1084、0.1716 和 0.2505。

公司治理指数与总资产报酬率的 Pearson、Kendall 和 Spearman 相关系数分别为 0.2516、0.1825 和 0.2686。公司治理指数与总资产净利率的 Pearson、Kendall 和 Spearman 相关系数分别为 0.2664、0.2038 和 0.2994。而公司治理指数与投入资本回报率的 Pearson、Kendall 和 Spearman 相关系数分别为 0.2308、0.1841 和 0.2710。

综上，我们可以看出公司治理越好的公司其盈利能力越强。

表 10-1　国资委所属企业控股上市公司治理指数与 2019 年年报盈利能力指标相关系数

指标	Pearson		Kendall		Spearman	
	相关系数	显著水平	相关系数	显著水平	相关系数	显著水平
净资产收益率（平均）	0.1504	0.0000	0.1667	0.0000	0.2436	0.0000
净资产收益率（加权）	0.2095	0.0000	0.1701	0.0000	0.2490	0.0000
净资产收益率（摊薄）	0.1084	0.0011	0.1716	0.0000	0.2505	0.0000
总资产报酬率	0.2516	0.0000	0.1825	0.0000	0.2686	0.0000
总资产净利率	0.2664	0.0000	0.2038	0.0000	0.2994	0.0000
投入资本回报率	0.2308	0.0000	0.1841	0.0000	0.2710	0.0000

资料来源：作者整理。

2. 公司治理指数与 2020 年一季报的盈利能力指标

根据表 10-2，公司治理指数在 0.05 的置信水平上与 2020 年一季报除投入资本回报率之外的各项盈利能力指标均显著正相关；公司治理指数与投入资本回报率的 Pearson 相关系数在 0.1 的置信水平上无显著相关性，但公司治理指数与投入资本回报率的 Kendall 和 Spearman 相关系数在 0.01 的置信水平上显著为正。

其中公司治理指数与净资产收益率（平均）的 Pearson、Kendall 和 Spearman 相关系数分别为 0.1303、0.1262 和 0.1858。公司治理指数与净资产收益率（加权）的 Pearson、Kendall 和 Spearman 相关系数分别为 0.1331、0.1292 和 0.1903。公司治理指数与净资产收益率（摊薄）的 Pearson、Kendall 和 Spearman 相关系数分别为 0.0808、0.1263 和 0.1861。

公司治理指数与总资产报酬率的 Pearson、Kendall 和 Spearman 相关系数分别为 0.1346、0.1001 和 0.1479。公司治理指数与总资产净利率的 Pearson、Kendall 和 Spearman 相关系数分别为 0.1650、0.1257 和 0.1864。公司治理指数与投入资本回报率的 Peanson、Kendall 和 Spearman 相关系数分别为 0.0407、0.0935 和 0.1385。

综上，公司治理越好的公司其盈利能力越强，而且公司治理在提升盈利能力方面具有一定的滞后效应。

表 10-2　国资委所属企业控股上市公司治理指数与 2020 年一季报盈利能力指标相关系数

指标	Pearson		Kendall		Spearman	
	相关系数	显著水平	相关系数	显著水平	相关系数	显著水平
净资产收益率（平均）	0.1303	0.0001	0.1262	0.0000	0.1858	0.0000
净资产收益率（加权）	0.1331	0.0001	0.1292	0.0000	0.1903	0.0000
净资产收益率（摊薄）	0.0808	0.0153	0.1263	0.0000	0.1861	0.0000
总资产报酬率	0.1346	0.0001	0.1001	0.0000	0.1479	0.0000
总资产净利率	0.1650	0.0000	0.1257	0.0000	0.1864	0.0000
投入资本回报率	0.0407	0.2249	0.0935	0.0000	0.1385	0.0000

资料来源：作者整理。

（二）国资委所属企业控股上市公司治理指数与代理成本

1. 公司治理指数与 2019 年年报的代理成本指标

根据表 10-3，公司治理指数与 2019 年年报的销售费用占营业收入比例、管理费用占营业收入比例的 Pearson 相关系数仅在 0.05 的置信水平上显著，而与财务费用占营业收入比例在 0.01 的置信水平上显著负相关。其中公司治理指数与销售费用占营业收入比例、管理费用占营业收入比例的 Pearson 相关系数分别为 0.0716 和 -0.0774，而与财务费用占营业收入比例的 Pearson、Kendall 和 Spearman 相关系数分别为 -0.1931、-0.1184 和 -0.1760。这说明公司治理越好的公司其财务费用越低，进而公司的代理成本越低。

表 10-3　国资委所属企业控股上市公司治理指数与 2019 年年报代理成本指标相关系数

指标	Pearson		Kendall		Spearman	
	相关系数	显著水平	相关系数	显著水平	相关系数	显著水平
销售费用占营业收入比例	0.0716	0.0359	0.0114	0.6167	0.0170	0.6176
管理费用占营业收入比例	-0.0774	0.0197	0.0029	0.8977	0.0034	0.9186
财务费用占营业收入比例	-0.1931	0.0000	-0.1184	0.0000	-0.1760	0.0000

资料来源：作者整理。

2. 公司治理指数与 2020 年一季报的代理成本指标

根据表 10-4，公司治理指数与 2020 年一季报的管理费用占营业收入比例的 Pearson 相关系数在 0.05 的置信水平上显著，而与财务费用占营业收入比例在 0.01 的置信水平上显著负相关。其中公司治理指数与管理费用占营业收入比例的 Pearson 相关系数为 -0.0827，而与财务费用占营业收入比例的 Pearson、Kendall 和 Spearman 相关系数分别为 -0.1398、-0.1052 和 -0.1561。这说明公司治理越好的公司财务费用越低，而且存在滞后效应。

表 10-4　国资委所属企业控股上市公司治理指数与 2020 年一季报代理成本指标相关系数

指标	Pearson		Kendall		Spearman	
	相关系数	显著水平	相关系数	显著水平	相关系数	显著水平
销售费用占营业收入比例	0.0023	0.9469	-0.0001	0.9952	-0.0001	0.9982
管理费用占营业收入比例	-0.0827	0.0128	-0.0154	0.4872	-0.0227	0.4949
财务费用占营业收入比例	-0.1398	0.0000	-0.1052	0.0000	-0.1561	0.0000

资料来源：作者整理。

（三）国资委所属企业控股上市公司治理指数与成长性

根据表 10-5，公司治理指数与营业收入同比增长率的 Kendall 和 Spearman 相关系数在 0.05 的置信水平上显著正相关，分别为 0.0836 和 0.1217，这说明公司治理越好的公司营业收入增长越快。公司治理指数与总资产同比增长率在 0.01 的置信水平上显著正相关，其 Pearson、Kendall 和 Spearman 相关系数分别为 0.1039、0.1367 和 0.2027，这说明公司治理越好的公司总资产增长越快。而公司治理指数与净利润同比增长率、研发费用增长率不存在显著的相关性。

表 10-5　国资委所属企业控股上市公司治理指数与 2019 年年报成长性指标相关系数

指标	Pearson		Kendall		Spearman	
	相关系数	显著水平	相关系数	显著水平	相关系数	显著水平
营业收入同比增长率	0.0331	0.3190	0.0836	0.0002	0.1217	0.0002
净利润同比增长率	0.0470	0.1574	0.0310	0.1675	0.0429	0.1962
总资产同比增长率	0.1039	0.0017	0.1367	0.0000	0.2027	0.0000
研发费用同比增长率	−0.0255	0.4963	0.0212	0.3964	0.0312	0.4053

资料来源：作者整理。

（四）国资委所属企业控股上市公司治理指数与分红

根据表 10-6，公司治理指数与 2019 年年报、2020 年一季报的上市以来分红率的 Kendall 和 Spearman 相关系数均在 0.05 的置信水平上显著为正，其中两个报告期的 Kendall 相关系数分别为 0.0587 和 0.0636，而 Spearman 相关系数分别为 0.0875 和 0.0948。这说明公司治理越好的公司分红比例越高。

表 10-6　国资委所属企业控股上市公司治理指数与分红率相关系数

指标	Pearson		Kendall		Spearman	
	相关系数	显著水平	相关系数	显著水平	相关系数	显著水平
上市以来分红率（2019 年年报）	−0.0663	0.0610	0.0587	0.0131	0.0875	0.0134
上市以来分红率（2020 年一季报）	0.0472	0.1837	0.0636	0.0073	0.0948	0.0074

资料来源：作者整理。

（五）国资委所属企业控股上市公司治理指数与价值

根据表 10-7，公司治理指数与含货币资金和剔除货币资金的企业价值均在 0.01 的置信水平上显著正相关，公司治理指数与含货币资金和剔除货币资金的企业价值的 Pearson 相关系数分别为 0.1688 和 0.1630，Kendall 相关系数分别为 0.1279 和 0.1293，而 Spearman 相关系数分别为 0.1888 和 0.1915。这说明公司治理越好的公司其企业价值越高。

公司治理指数与总市值 1 和总市值 2 在 0.01 的置信水平上显著正相关，其中与总市值 1 的 Pearson、Kendall 和 Spearman 相关系数分别为 0.1619、0.1836 和 0.2698，与总市值 2 的 Pearson、Kendall 和 Spearman 相关系数分别为 0.1637、0.1827 和 0.2688。这说明公司治理越好的公司其总市值越高。

除与市盈率（TTM）的 Pearson 相关系数之外，公司治理指数与市盈率（TTM）和扣非后的市盈率（TTM）均在 0.1 的置信水平上显著正相关。其中，公司治理指数与扣非后的市盈率（TTM）的 Pearson 相关系数为 0.0644，与市盈率（TTM）和扣非后的市盈率（TTM）的 Kendall 相关系数分别为 0.0606 和 0.1171，而 Spearman 相关系数分别为 0.0933 和 0.1798。这说明公司治理越好的公司市场给予的估值水平越高。

表 10-7　国资委所属企业控股上市公司治理指数与估值和市值指标相关系数

指标	Pearson		Kendall		Spearman	
	相关系数	显著水平	相关系数	显著水平	相关系数	显著水平
企业价值（含货币资金）	0.1688	0.0000	0.1279	0.0000	0.1888	0.0000
企业价值（剔除货币资金）	0.1630	0.0000	0.1293	0.0000	0.1915	0.0000
总市值 1	0.1619	0.0000	0.1836	0.0000	0.2698	0.0000
总市值 2	0.1637	0.0000	0.1827	0.0000	0.2688	0.0000
市盈率（TTM）	0.0180	0.5922	0.0606	0.0067	0.0933	0.0053
扣非后的市盈率（TTM）	0.0644	0.0556	0.1171	0.0000	0.1798	0.0000

资料来源：作者整理。

根据表 10-8，公司治理指数与 2019 年年报的 EVA1 和 EVA2 在 0.01 的置信水平上显著正相关。其中公司治理指数与 EVA1 的 Pearson、Kendall 和 Spearman 相关系数分别为 0.1498、0.1565 和 0.2298；而与 EVA2 的 Pearson、Kendall 和 Spearman 相关系数分别为 0.1554、0.1550 和 0.2288。这说明公司治理越好的公司其创造的价值越多。

表 10-8　国资委所属企业控股上市公司治理指数与价值创造指标相关系数

指标	Pearson		Kendall		Spearman	
	相关系数	显著水平	相关系数	显著水平	相关系数	显著水平
EVA1	0.1498	0.0000	0.1565	0.0000	0.2298	0.0000
EVA2	0.1554	0.0000	0.1550	0.0000	0.2288	0.0000

资料来源：作者整理。

二、国资委所属企业控股上市公司治理分指数与绩效相关性分析

（一）国资委所属企业控股上市公司治理分指数与盈利能力

1. 公司治理分指数与 2019 年年报的盈利能力指标

根据表 10-9，股东治理指数与 2019 年年报的所有盈利能力指标均在 0.05 的置信水平上显著正相关，Pearson 相关系数分别为 0.1067、0.1269、0.0698、0.1298、0.1410 和 0.1147。考虑本书篇幅限制的原因，分指数相关性分析只给出了 Pearson 相关系数及其显著性水平。

董事会治理指数与表 10-9 中所列示的所有盈利能力指标之间均不存在显著的相关性。

监事会治理指数与表 10-9 中所列示的所有盈利能力指标之间均不存在显著的相关性。

经理层治理指数与总资产报酬率、总资产净利率和投入资本回报率在 0.05 的置信水平上显著正相关，Pearson 相关系数分别为 0.0815、0.0891 和 0.0703。

信息披露指数与表 10-9 中各个盈利能力指标均在 0.01 的置信水平上呈现显著的正相关关系，Pearson 相关系数分别为 0.1408、0.2305、0.1106、0.2625、0.2811 和 0.2527。

表 10-9　国资委所属企业控股上市公司治理分指数与 2019 年年报盈利能力指标相关系数

指数	相关系数与显著水平	净资产收益率（平均）	净资产收益率（加权）	净资产收益率（摊薄）	总资产报酬率	总资产净利率	投入资本回报率
股东治理指数	相关系数	0.1067	0.1269	0.0698	0.1298	0.1410	0.1147
	显著水平	0.0013	0.0001	0.0361	0.0001	0.0000	0.0006
董事会治理指数	相关系数	0.0465	0.0285	0.0490	0.0343	0.0247	0.0186
	显著水平	0.1624	0.3934	0.1409	0.3065	0.4569	0.5796
监事会治理指数	相关系数	0.0296	0.0068	0.0112	0.0026	−0.0160	−0.0178
	显著水平	0.3742	0.8393	0.7366	0.9387	0.6311	0.5955
经理层治理指数	相关系数	0.0022	0.0419	0.0178	0.0815	0.0891	0.0703
	显著水平	0.9471	0.2087	0.5932	0.0150	0.0072	0.0359
信息披露指数	相关系数	0.1408	0.2305	0.1106	0.2625	0.2811	0.2527
	显著水平	0.0000	0.0000	0.0009	0.0000	0.0000	0.0000

资料来源：作者整理。

2. 公司治理分指数与 2020 年一季报的盈利能力指标

根据表 10-10，股东治理指数与 2020 年一季报的净资产收益率（平均）、净资产收益率（加权）、净资产收益率（摊薄）、总资产报酬率和总资产净利率均在 0.05 的置信水平上显著正相关，Pearson 相关系数分别为 0.1032、0.1061、0.0732、0.0716 和 0.0932。

董事会治理指数与总资产报酬率在 0.05 的置信水平上显著正相关，与总资产净利率在 0.01 的置信水平上显著正相关，Pearson 相关系数分别为 0.0834 和 0.0859。

监事会治理指数与表 10-10 中所列示的所有盈利能力指标之间均不存在显著的相关性。

经理层治理指数与表 10-10 中所列示的所有盈利能力指标之间均不存在显著的相关性。

信息披露指数与净资产收益率（摊薄）在 0.1 的置信水平上显著正相关，Pearson 相关系数为 0.0577；与净资产收益率（平均）、净资产收益率（加权）、总资产报酬率和总资产净利率均在 0.01 的置信水平上呈现显著的正相关关系，Pearson 相关系数分别为 0.0920、0.0930、0.1081 和 0.1444。

表 10-10　国资委所属企业控股上市公司治理分指数与 2020 年一季报盈利能力指标相关系数

指数	相关系数与显著水平	净资产收益率（平均）	净资产收益率（加权）	净资产收益率（摊薄）	总资产报酬率	总资产净利率	投入资本回报率
股东治理指数	相关系数	0.1032	0.1061	0.0732	0.0716	0.0932	0.0530
	显著水平	0.0019	0.0014	0.0280	0.0327	0.0050	0.1139
董事会治理指数	相关系数	0.0137	0.0170	−0.0015	0.0834	0.0859	0.0102
	显著水平	0.6814	0.6099	0.9641	0.0127	0.0096	0.7609
监事会治理指数	相关系数	0.0044	0.0119	0.0070	0.0165	−0.0019	−0.0274
	显著水平	0.8951	0.7222	0.8336	0.6224	0.9542	0.4134
经理层治理指数	相关系数	0.0231	0.0199	0.0037	0.0269	0.0358	0.0289
	显著水平	0.4879	0.5504	0.9120	0.4224	0.2812	0.3890

指数	相关系数与 显著水平	净资产收益率 （平均）	净资产收益率 （加权）	净资产收益率 （摊薄）	总资产报酬率	总资产净利率	投入资本 回报率
信息 披露指数	相关系数	0.0920	0.0930	0.0577	0.1081	0.1444	0.0252
	显著水平	0.0057	0.0053	0.0832	0.0012	0.0000	0.4518

资料来源：作者整理。

（二）国资委所属企业控股上市公司治理分指数与代理成本

1. 公司治理分指数与 2019 年年报的代理成本指标

根据表 10-11，股东治理指数与 2019 年年报的销售费用占营业收入比例在 0.01 的置信水平上显著正相关，Pearson 相关系数为 0.1216；与财务费用占营业收入比例在 0.01 的置信水平上显著负相关，Pearson 相关系数为 -0.1559。

董事会治理指数与 2019 年年报销售费用占营业收入比例在 0.1 的置信水平上显著正相关，Pearson 相关系数为 0.0626。

监事会治理指数在 0.01 的置信水平上与 2019 年年报的销售费用占营业收入比例显著负相关，Pearson 相关系数为 -0.1030。

经理层治理指数与 2019 年年报的代理成本指标之间均不存在显著的相关性。

信息披露指数与 2019 年年报的管理费用占营业收入比例、财务费用占营业收入比例在 0.01 的置信水平上显著负相关，Pearson 相关系数分别为 -0.1256 和 -0.1826。

表 10-11　国资委所属企业控股上市公司治理分指数与 2019 年年报代理成本指标相关系数

指数	相关系数与 显著水平	销售费用占营业 收入比例	管理费用占 营业收入比例	财务费用占 营业收入比例
股东治理指数	相关系数	0.1216	-0.0103	-0.1559
	显著水平	0.0004	0.7559	0.0000
董事会治理指数	相关系数	0.0626	0.0139	-0.0102
	显著水平	0.0667	0.6764	0.7603
监事会治理指数	相关系数	-0.1030	-0.0156	0.0522
	显著水平	0.0025	0.6388	0.1199
经理层治理指数	相关系数	0.0508	0.0168	-0.0519
	显著水平	0.1370	0.6133	0.1219
信息披露指数	相关系数	0.0028	-0.1256	-0.1826
	显著水平	0.9339	0.0001	0.0000

资料来源：作者整理。

2. 公司治理分指数与 2020 年一季报的代理成本指标

根据表 10-12，股东治理指数在 0.01 的置信水平上与 2020 年一季报的财务费用占营业收入比例显著负相关，Pearson 相关系数为 -0.1220。

董事会治理指数与 2020 年一季报的代理成本指标之间均不存在显著的相关性。

监事会治理指数在 0.01 的置信水平上与 2020 年一季报的销售费用占营业收入比例显著负相

关，在 0.1 的置信水平上与财务费用占营业收入比例显著正相关，Pearson 相关系数分别为 -0.0891 和 0.0592。

经理层治理指数与 2020 年一季报的代理成本指标之间均不存在显著的相关性。

信息披露指数在 0.01 的置信水平上与 2020 年一季报的管理费用占营业收入比例和财务费用占营业收入比例显著负相关，Pearson 相关系数分别为 -0.1024 和 -0.1377。

表 10-12　国资委所属企业控股上市公司治理分指数与 2020 年一季报代理成本指标相关系数

指数	相关系数与显著水平	销售费用占营业收入比例	管理费用占营业收入比例	财务费用占营业收入比例
股东治理指数	相关系数	0.0523	-0.0398	-0.1220
	显著水平	0.1280	0.2310	0.0003
董事会治理指数	相关系数	0.0142	-0.0149	-0.0264
	显著水平	0.6787	0.6533	0.4309
监事会治理指数	相关系数	-0.0891	0.0037	0.0592
	显著水平	0.0094	0.9105	0.0776
经理层治理指数	相关系数	0.0109	-0.0150	-0.0525
	显著水平	0.7513	0.6513	0.1173
信息披露指数	相关系数	-0.0340	-0.1024	-0.1377
	显著水平	0.3229	0.0020	0.0000

资料来源：作者整理。

（三）国资委所属企业控股上市公司治理分指数与成长性

根据表 10-13，股东治理指数与营业收入同比增长率在 0.05 的置信水平上显著正相关；而与总资产同比增长率在 0.01 的置信水平上显著正相关。股东治理指数与以上指标的 Pearson 相关系数分别为 0.0711 和 0.1009。

经理层治理指数与营业收入同比增长率在 0.01 的置信水平上显著负相关，Pearson 相关系数为 -0.1045。

信息披露指数与净利润同比增长率在 0.01 的置信水平上显著正相关，与总资产同比增长率在 0.1 的置信水平上显著正相关。信息披露指数与以上指标的 Pearson 相关系数分别为 0.1001 和 0.0620。

表 10-13　国资委所属企业控股上市公司治理分指数与 2019 年年报成长性指标相关系数

指数	相关系数与显著水平	营业收入同比增长率	净利润同比增长率	总资产同比增长率	研发费用同比增长
股东治理指数	相关系数	0.0711	0.0356	0.1009	0.0183
	显著水平	0.0322	0.2841	0.0023	0.6259
董事会治理指数	相关系数	0.0464	-0.0440	0.0254	-0.0087
	显著水平	0.1627	0.1855	0.4451	0.8168

续表

指数	相关系数与显著水平	营业收入同比增长率	净利润同比增长率	总资产同比增长率	研发费用同比增长
监事会治理指数	相关系数	0.0389	0.0055	−0.0327	−0.0259
	显著水平	0.2412	0.8692	0.3246	0.4900
经理层治理指数	相关系数	−0.1045	−0.0212	0.0404	−0.0185
	显著水平	0.0016	0.5238	0.2240	0.6217
信息披露指数	相关系数	0.0292	0.1001	0.0620	−0.0435
	显著水平	0.3793	0.0025	0.0618	0.2459

资料来源：作者整理。

（四）国资委所属企业控股上市公司治理分指数与分红

根据表 10-14，各公司治理分指数与上市以来分红率在 0.05 的置信水平上均不显著。

表 10-14　国资委所属企业控股上市公司治理分指数与分红率指标相关系数

指数	相关系数与显著水平	上市以来分红率（2019 年年报）	上市以来分红率（2020 年一季报）
股东治理指数	相关系数	−0.0270	−0.0444
	显著水平	0.4452	0.2104
董事会治理指数	相关系数	0.0115	0.0299
	显著水平	0.7449	0.3998
监事会治理指数	相关系数	0.0029	0.0422
	显著水平	0.9343	0.2339
经理层治理指数	相关系数	−0.0129	0.0593
	显著水平	0.7160	0.0943
信息披露指数	相关系数	−0.0579	0.0201
	显著水平	0.1020	0.5714

资料来源：作者整理。

（五）国资委所属企业控股上市公司治理分指数与价值

根据表 10-15，股东治理指数与含货币资金和剔除货币资金的企业价值在 0.1 的置信水平上显著正相关，Pearson 相关系数分别为 0.0596 和 0.0579，与总市值 1 和总市值 2 在 0.05 的置信水平上显著正相关，Pearson 相关系数分别为 0.0811 和 0.0823。

董事会治理指数与含货币资金和剔除货币资金的企业价值的 Pearson 相关系数分别为 0.0562 和 0.0617，与总市值 1 和总市值 2 的 Pearson 相关系数分别为 0.0630 和 0.0642。这说明董事会治理越好的公司企业价值越高，市值越高。

监事会治理指数与含货币资金和剔除货币资金的企业价值在 0.01 的置信水平上显著正相关，Pearson 相关系数分别为 0.1031 和 0.0956；同时，在 0.05 的置信水平上与总市值 1 和总市值 2 显著正相关，Pearson 相关系数分别为 0.0655 和 0.0674。

经理层治理指数与各估值与市值指标的相关系数在 0.05 的置信水平上均不显著。

信息披露指数与企业价值（含货币资金）、企业价值（剔除货币资金）、总市值 1 和总市值 2 在 0.01 的置信水平上显著正相关，相关系数分别为 0.0990、0.1013、0.0865 和 0.0879。

表 10-15　国资委所属企业控股上市公司治理分指数与估值和市值指标相关系数

指数	相关系数与显著水平	企业价值（含货币资金）	企业价值（剔除货币资金）	总市值 1	总市值 2	市盈率（TTM）	扣非后的市盈率（TTM）
股东治理指数	相关系数	0.0596	0.0579	0.0811	0.0823	0.0359	0.0286
	显著水平	0.0752	0.0840	0.0145	0.0131	0.2848	0.3952
董事会治理指数	相关系数	0.0562	0.0617	0.0630	0.0642	−0.0394	0.0294
	显著水平	0.0939	0.0656	0.0577	0.0531	0.2399	0.3829
监事会治理指数	相关系数	0.1031	0.0956	0.0655	0.0674	−0.0810	−0.0482
	显著水平	0.0021	0.0043	0.0485	0.0424	0.0156	0.1521
经理层治理指数	相关系数	0.0332	0.0268	0.0248	0.0241	0.0103	0.0457
	显著水平	0.3223	0.4238	0.4553	0.4676	0.7596	0.1752
信息披露指数	相关系数	0.0990	0.1013	0.0865	0.0879	0.0320	0.0385
	显著水平	0.0031	0.0025	0.0091	0.0081	0.3398	0.2529

资料来源：作者整理。

而根据表 10-16，股东治理指数与 EVA1 和 EVA2 的所有相关系数均在 0.05 的置信水平上显著为正，与 EVA1 的 Pearson、Kendall 和 Spearman 相关系数分别为 0.0693、0.0914 和 0.1371，而与 EVA2 的 Pearson、Kendall 和 Spearman 相关系数分别为 0.0758、0.0550 和 0.0835。

董事会治理指数与 EVA2 的 Kendall 和 Spearman 相关系数在 0.1 的置信水平上显著正相关，相关系数分别为 0.0400 和 0.0594。

监事会治理指数与 EVA2 在 0.05 的置信水平上显著正相关，Pearson、Kendall 和 Spearman 相关系数分别为 0.0692、0.0952 和 0.1399。

除 EVA2 的 Pearson 相关系数外，经理层治理指数在 0.01 的置信水平上与 EVA1 和 EVA2 显著正相关。其中经理层治理指数与 EVA1 的 Pearson、Kendall 和 Spearman 相关系数分别为 0.1057、0.0648 和 0.0955；而与 EVA2 的 Kendall 和 Spearman 相关系数分别为 0.0720 和 0.1070。

信息披露指数在 0.01 的置信水平上与 EVA1 和 EVA2 的所有相关系数均显著正相关。其中信息披露指数与 EVA1 的 Pearson、Kendall 和 Spearman 相关系数分别为 0.1179、0.1386 和 0.2053；而与 EVA2 的 Pearson、Kendall 和 Spearman 相关系数分别为 0.0902、0.1178 和 0.1756。这说明及时准确的信息披露有助于 EVA 的提高。

表 10-16　国资委所属企业控股上市公司治理分指数与价值创造指标相关系数

指数	相关系数与显著水平	EVA1 （2019 年）			EVA2 （2019 年）		
		Pearson	Kendall	Spearman	Pearson	Kendall	Spearman
股东治理指数	相关系数	0.0693	0.0914	0.1371	0.0758	0.0550	0.0835
	显著水平	0.0374	0.0000	0.0000	0.0227	0.0133	0.0120

续表

指数	相关系数与显著水平	EVA1（2019 年）			EVA2（2019 年）		
		Pearson	Kendall	Spearman	Pearson	Kendall	Spearman
董事会治理指数	相关系数	0.0030	0.0228	0.0336	0.0319	0.0400	0.0594
	显著水平	0.9285	0.3044	0.3135	0.3375	0.0719	0.0744
监事会治理指数	相关系数	−0.0651	0.0009	0.0000	0.0692	0.0952	0.1399
	显著水平	0.0505	0.9665	0.9990	0.0376	0.0000	0.0000
经理层治理指数	相关系数	0.1057	0.0648	0.0955	0.0333	0.0720	0.1070
	显著水平	0.0015	0.0036	0.0041	0.3170	0.0012	0.0013
信息披露指数	相关系数	0.1179	0.1386	0.2053	0.0902	0.1178	0.1756
	显著水平	0.0004	0.0000	0.0000	0.0067	0.0000	0.0000

资料来源：作者整理。

第二节　中央企业控股上市公司治理与绩效相关性分析

一、中央企业控股上市公司治理指数与绩效相关性分析

（一）中央企业控股上市公司治理指数与盈利能力

1. 公司治理指数与 2019 年年报的盈利能力指标

根据表 10-17，中央企业控股上市公司治理指数在 0.1 的置信水平上与 2019 年年报的各项盈利能力指标均显著正相关。

其中，公司治理指数与净资产收益率（平均）的 Pearson、Kendall 和 Spearman 相关系数分别为 0.1380、0.1574 和 0.2309。公司治理指数与净资产收益率（加权）的 Pearson、Kendall 和 Spearman 相关系数分别为 0.1938、0.1667 和 0.2453。公司治理指数与净资产收益率（摊薄）的 Pearson、Kendall 和 Spearman 相关系数分别为 0.1080、0.1653 和 0.2418。

公司治理指数与总资产报酬率的 Pearson、Kendall 和 Spearman 相关系数分别为 0.2515、0.1866 和 0.2745。公司治理指数与总资产净利率的 Pearson、Kendall 和 Spearman 相关系数分别为 0.2674、0.2094 和 0.3049。而公司治理指数与投入资本回报率的 Pearson、Kendall 和 Spearman 相关系数分别为 0.1822、0.1719 和 0.2523。

综上，我们可以看出公司治理越好的公司其盈利能力越强。

表 10-17　中央企业控股上市公司治理指数与 2019 年年报盈利能力指标相关系数

指标	Pearson		Kendall		Spearman	
	相关系数	显著水平	相关系数	显著水平	相关系数	显著水平
净资产收益率（平均）	0.1380	0.0139	0.1574	0.0000	0.2309	0.0000
净资产收益率（加权）	0.1938	0.0005	0.1667	0.0000	0.2453	0.0000

指标	Pearson		Kendall		Spearman	
	相关系数	显著水平	相关系数	显著水平	相关系数	显著水平
净资产收益率（摊薄）	0.1080	0.0547	0.1653	0.0000	0.2418	0.0000
总资产报酬率	0.2515	0.0000	0.1866	0.0000	0.2745	0.0000
总资产净利率	0.2674	0.0000	0.2094	0.0000	0.3049	0.0000
投入资本回报率	0.1822	0.0011	0.1719	0.0000	0.2523	0.0000

资料来源：作者整理。

2. 公司治理指数与2020年一季报的盈利能力指标

根据表10-18，公司治理指数在0.1的置信水平上与2020年一季报净资产收益率（平均）、净资产收益率（加权）、净资产收益率（摊薄）、总资产净利率的Kendall和Spearman相关系数显著为正。

具体来说，公司治理指数与净资产收益率（平均）的Kendall和Spearman相关系数分别为0.0730和0.1048。公司治理指数与净资产收益率（加权）的Kendall和Spearman相关系数分别为0.0791和0.1155。公司治理指数与净资产收益率（摊薄）的Kendall和Spearman相关系数分别为0.0736和0.1063。公司治理指数与总资产净利率的Pearson、Kendall和Spearman相关系数分别为0.1208、0.0940和0.1386。

综上，公司治理越好的公司其盈利能力越强，而且存在一定的滞后效应。

表10-18 中央企业控股上市公司治理指数与2020年一季报盈利能力指标相关系数

指标	Pearson		Kendall		Spearman	
	相关系数	显著水平	相关系数	显著水平	相关系数	显著水平
净资产收益率（平均）	0.0052	0.9265	0.0730	0.0529	0.1048	0.0629
净资产收益率（加权）	0.0916	0.1045	0.0791	0.0363	0.1155	0.0405
净资产收益率（摊薄）	0.0296	0.6000	0.0736	0.0509	0.1063	0.0592
总资产报酬率	0.0882	0.1170	0.0590	0.1169	0.0863	0.1251
总资产净利率	0.1208	0.0310	0.0940	0.0123	0.1386	0.0132
投入资本回报率	0.0923	0.1015	0.0544	0.1492	0.0790	0.1613

资料来源：作者整理。

（二）中央企业控股上市公司治理指数与代理成本

1. 公司治理指数与2019年年报的代理成本指标

根据表10-19，公司治理指数与2019年年报的财务费用占营业收入比例的Pearson、Kendall和Spearman相关系数分别为-0.1233、-0.0665和-0.1013。这说明公司治理指数与财务费用占营业收入比例的Pearson相关系数在0.05的置信水平上显著，与财务费用占营业收入比例的Kendall和Spearman相关系数在0.1的置信水平上显著。而公司治理指数与其他两个反映代理成本的指标的所有相关系数均不显著。这说明公司治理指数与部分代理成本指标之间不存在显著的相关关系。

表 10-19　中央企业控股上市公司治理指数与 2019 年年报代理成本指标相关系数

指标	Pearson		Kendall		Spearman	
	相关系数	显著水平	相关系数	显著水平	相关系数	显著水平
销售费用占营业收入比例	0.0798	0.1643	0.0366	0.3409	0.0534	0.3524
管理费用占营业收入比例	-0.0586	0.2964	0.0451	0.2300	0.0651	0.2462
财务费用占营业收入比例	-0.1233	0.0284	-0.0665	0.0779	-0.1013	0.0721

资料来源：作者整理。

2. 公司治理指数与 2020 年一季报的代理成本指标

根据表 10-20，只有公司治理指数与财务费用占营业收入比例的 Kendall 和 Spearman 系数在 0.1 的置信水平上显著，其他均不显著，因此公司治理指数与 2020 年一季报的各代理成本指标均无稳健的相关关系。

表 10-20　中央企业控股上市公司治理指数与 2020 年一季报代理成本指标相关系数

指标	Pearson		Kendall		Spearman	
	相关系数	显著水平	相关系数	显著水平	相关系数	显著水平
销售费用占营业收入比例	0.0569	0.3243	0.0214	0.5786	0.0320	0.5799
管理费用占营业收入比例	-0.0435	0.4392	0.0364	0.3319	0.0511	0.3626
财务费用占营业收入比例	-0.0539	0.3385	-0.0733	0.0516	-0.1119	0.0464

资料来源：作者整理。

（三）中央企业控股上市公司治理指数与成长性

根据表 10-21，公司治理指数与总资产同比增长率在 0.01 的置信水平上显著正相关，Pearson、Kendall 和 Spearman 相关系数分别为 0.2118、0.1200 和 0.1792。这说明公司治理越好的公司总资产增长越快。

表 10-21　中央企业控股上市公司治理指数与 2019 年年报成长性指标相关系数

指标	Pearson		Kendall		Spearman	
	相关系数	显著水平	相关系数	显著水平	相关系数	显著水平
营业收入同比增长率	0.0707	0.2081	0.0361	0.3366	0.0534	0.3413
净利润同比增长率	0.1159	0.0385	0.0534	0.1547	0.0738	0.1888
总资产同比增长率	0.2118	0.0001	0.1200	0.0014	0.1792	0.0013
研发费用同比增长率	0.0009	0.9878	-0.0314	0.4331	-0.0443	0.4600

资料来源：作者整理。

（四）中央企业控股上市公司治理指数与分红

根据表 10-22，公司治理指数与 2019 年年报、2020 年一季报的上市以来分红率均无显著相关关系。这说明公司治理指数与其分红率之间不存显著的相关关系。

表 10-22　中央企业控股上市公司治理指数与分红率指标相关系数

指标	Pearson		Kendall		Spearman	
	相关系数	显著水平	相关系数	显著水平	相关系数	显著水平
上市以来分红率（2019 年年报）	−0.0512	0.3888	0.0190	0.6325	0.0271	0.6476
上市以来分红率（2020 年一季报）	0.0929	0.1168	0.0280	0.4803	0.0422	0.4772

资料来源：作者整理。

（五）中央企业控股上市公司治理指数与价值

根据表 10-23，公司治理指数与企业价值（含货币资金）、企业价值（剔除货币资金）、总市值 1 和总市值 2 在 0.01 的置信水平上显著正相关。其中，公司治理指数与企业价值（含货币资金）的 Pearson、Kendall 和 Spearman 相关系数分别为 0.2263、0.1071 和 0.1580；公司治理指数与企业价值（剔除货币资金）的 Pearson、Kendall 和 Spearman 相关系数分别为 0.2321、0.1116 和 0.1655；公司治理指数与总市值 1 的 Pearson、Kendall 和 Spearman 相关系数分别为 0.2500、0.1560 和 0.2338；公司治理指数与总市值 2 的 Pearson、Kendall 和 Spearman 相关系数分别为 0.2492、0.1537 和 0.2307。公司治理指数与市盈率（TTM）、扣非后的市盈率（TTM）的相关系数在 0.1 的置信水平上不存在显著的相关关系。

表 10-23　中央企业控股上市公司治理指数与估值和市值指标相关系数

指标	Pearson		Kendall		Spearman	
	相关系数	显著水平	相关系数	显著水平	相关系数	显著水平
企业价值（含货币资金）	0.2263	0.0000	0.1071	0.0045	0.1580	0.0048
企业价值（剔除货币资金）	0.2321	0.0000	0.1116	0.0030	0.1655	0.0031
总市值 1	0.2500	0.0000	0.1560	0.0000	0.2338	0.0000
总市值 2	0.2492	0.0000	0.1537	0.0000	0.2307	0.0000
市盈率（TTM）	−0.0864	0.1256	0.0069	0.8546	0.0074	0.8959
扣非后的市盈率（TTM）	−0.0512	0.3689	0.0582	0.1265	0.0875	0.1240

资料来源：作者整理。

根据表 10-24，公司治理指数与 2019 年年报的 EVA1 和 EVA2 在 0.01 的置信水平上显著正相关。其中，公司治理指数与 EVA1 的 Pearson、Kendall 和 Spearman 相关系数分别为 0.1659、0.1361 和 0.1984；而与 EVA2 的 Pearson、Kendall 和 Spearman 相关系数分别为 0.2130、0.1311 和 0.1934。以上相关性结果总体上说明公司治理越好的公司其价值创造能力越强。

表 10-24　中央企业控股上市公司治理指数与价值创造指标相关系数

指标	Pearson		Kendall		Spearman	
	相关系数	显著水平	相关系数	显著水平	相关系数	显著水平
EVA1	0.1659	0.0030	0.1361	0.0003	0.1984	0.0004
EVA2	0.2130	0.0001	0.1311	0.0005	0.1934	0.0005

资料来源：作者整理。

二、中央企业控股上市公司治理分指数与绩效相关性分析

（一）中央企业控股上市公司治理分指数与盈利能力

1. 公司治理分指数与 2019 年年报的盈利能力指标

根据表 10-25，股东治理指数与 2019 年年报的净资产收益率（加权）、总资产报酬率、总资产净利率和投入资本回报率均在 0.1 的置信水平上显著正相关，Pearson 相关系数分别为 0.1453、0.1402、0.1576 和 0.1076。

经理层治理指数与总资产报酬率和总资产净利率在 0.05 的置信水平上显著正相关，Pearson 相关系数分别为 0.1134 和 0.1132。

信息披露指数与净资产收益率（平均）、净资产收益率（加权）、总资产报酬率、总资产净利率和投入资本回报率均在 0.1 的置信水平上显著正相关，Pearson 相关系数分别为 0.1001、0.1234、0.1985、0.2202 和 0.1975。

董事会治理指数、监事会治理指数与盈利能力指标之间均不存在显著的相关性。

表 10-25　中央企业控股上市公司治理分指数与 2019 年年报盈利能力指标相关系数

指数	相关系数与显著水平	净资产收益率（平均）	净资产收益率（加权）	净资产收益率（摊薄）	总资产报酬率	总资产净利率	投入资本回报率
股东治理指数	相关系数	0.0921	0.1453	0.0492	0.1402	0.1576	0.1076
	显著水平	0.1016	0.0098	0.3825	0.0125	0.0048	0.0557
董事会治理指数	相关系数	0.0692	0.0342	0.0844	0.0659	0.0415	0.0139
	显著水平	0.2195	0.5454	0.1336	0.2417	0.4599	0.8058
监事会治理指数	相关系数	0.0385	0.0039	0.0515	-0.0178	-0.0269	-0.0408
	显著水平	0.4949	0.9447	0.3604	0.7529	0.6316	0.4696
经理层治理指数	相关系数	-0.0098	0.0520	-0.0006	0.1134	0.1132	0.0552
	显著水平	0.8619	0.3577	0.9917	0.0436	0.0433	0.3276
信息披露指数	相关系数	0.1001	0.1234	0.0680	0.1985	0.2202	0.1975
	显著水平	0.0751	0.0286	0.2274	0.0004	0.0001	0.0004

资料来源：作者整理。

2. 公司治理分指数与 2020 年一季报的盈利能力指标

根据表 10-26，董事会治理指数与 2020 年一季报的总资产报酬率、总资产净利率和投入资本回报率均在 0.1 的置信水平上显著正相关，Pearson 相关系数分别为 0.1006、0.0947 和 0.1190。

信息披露指数与总资产报酬率和总资产净利率在 0.1 的置信水平上显著正相关，Pearson 相关系数分别为 0.1010 和 0.1297。

股东治理指数、监事会治理指数、经理层治理指数与各个盈利指标之间均不存在显著的相关性。

表 10-26 中央企业控股上市公司治理分指数与 2020 年一季报盈利能力指标相关系数

指数	相关系数与显著水平	净资产收益率（平均）	净资产收益率（加权）	净资产收益率（摊薄）	总资产报酬率	总资产净利率	投入资本回报率
股东治理指数	相关系数	-0.0516	-0.0103	-0.0336	-0.0139	0.0022	0.0071
	显著水平	0.3602	0.8555	0.5523	0.8053	0.9693	0.8995
董事会治理指数	相关系数	0.0354	0.0893	0.0487	0.1006	0.0947	0.1190
	显著水平	0.5305	0.1139	0.3883	0.0737	0.0913	0.0345
监事会治理指数	相关系数	0.0164	0.0695	0.0263	0.0309	0.0276	0.0513
	显著水平	0.7714	0.2188	0.6414	0.5835	0.6232	0.3634
经理层治理指数	相关系数	0.0134	0.0443	0.0167	0.0609	0.0751	0.0475
	显著水平	0.8123	0.4329	0.7677	0.2798	0.1807	0.3998
信息披露指数	相关系数	0.0591	0.0907	0.0710	0.1010	0.1297	0.0822
	显著水平	0.2952	0.1083	0.2082	0.0725	0.0205	0.1449

资料来源：作者整理。

（二）中央企业控股上市公司治理分指数与代理成本

1. 公司治理分指数与 2019 年年报的代理成本指标

根据表 10-27，股东治理指数与 2019 年年报的销售费用占营业收入比例在 0.05 的置信水平上显著正相关，Pearson 相关系数为 0.1258；与财务费用占营业收入比例仅在 0.1 的置信水平上显著负相关，其 Pearson 相关系数为-0.1024。

信息披露指数与 2019 年年报的管理费用占营业收入比例在 0.05 的置信水平上显著负相关，Pearson 相关系数为-0.1229。

董事会治理指数、监事会治理指数和经理层治理指数与代理成本之间不存在显著的相关关系。

表 10-27 中央企业控股上市公司治理分指数与 2019 年年报代理成本指标相关系数

指数	相关系数与显著水平	销售费用占营业收入比例	管理费用占营业收入比例	财务费用占营业收入比例
股东治理指数	相关系数	0.1258	-0.0473	-0.1024
	显著水平	0.0281	0.3994	0.0692
董事会治理指数	相关系数	-0.0077	-0.0599	0.0337
	显著水平	0.8936	0.2864	0.5505
监事会治理指数	相关系数	-0.0614	0.0220	0.0098
	显著水平	0.2850	0.6959	0.8621
经理层治理指数	相关系数	0.0622	0.0641	-0.0289
	显著水平	0.2792	0.2535	0.6092
信息披露指数	相关系数	-0.0161	-0.1229	-0.0926
	显著水平	0.7796	0.0281	0.1004

资料来源：作者整理。

2. 公司治理分指数与 2020 年一季报的代理成本指标

根据表 10-28，信息披露指数与 2020 年一季报的财务费用占营业收入比例在 0.05 的置信水平上显著正相关，Pearson 相关系数为 0.1328。

股东治理指数、董事会治理指数、监事会治理指数和经理层治理指数与代理成本之间不存在显著的相关关系。

表 10-28　中央企业控股上市公司治理分指数与 2020 年一季报代理成本指标相关系数

指数	相关系数与显著水平	销售费用占营业收入比例	管理费用占营业收入比例	财务费用占营业收入比例
股东治理指数	相关系数	0.0733	−0.0394	−0.0277
	显著水平	0.2040	0.4842	0.6221
董事会治理指数	相关系数	−0.0259	−0.0041	0.0008
	显著水平	0.6533	0.9417	0.9881
监事会治理指数	相关系数	−0.0676	0.0544	0.0002
	显著水平	0.2412	0.3339	0.9973
经理层治理指数	相关系数	0.0340	0.0302	−0.0224
	显著水平	0.5559	0.5913	0.6914
信息披露指数	相关系数	0.0441	−0.0586	0.1328
	显著水平	0.4450	0.2984	0.0176

资料来源：作者整理。

综上，相较于国资委所属企业控股上市公司，中央企业控股上市公司的信息披露体现出的主要特点与代理成本不存在相关性。

（三）中央企业控股上市公司治理分指数与成长性

根据表 10-29，股东治理指数与净利润同比增长率和总资产同比增长率在 0.05 的置信水平上显著正相关。股东治理指数与以上指标的 Pearson 相关系数分别为 0.1155 和 0.1615。

经理层治理指数与总资产同比增长率在 0.05 的置信水平上显著正相关，Pearson 相关系数为 0.1149。

信息披露指数与净利润同比增长率和总资产同比增长率在 0.1 的置信水平上显著正相关。信息披露指数与以上指标的 Pearson 相关系数分别为 0.1785 和 0.1072。

表 10-29　中央企业控股上市公司治理分指数与 2019 年年报成长性指标相关系数

指数	相关系数与显著水平	营业收入同比增长率	净利润同比增长率	总资产同比增长率	研发费用同比增长率
股东治理指数	相关系数	0.0185	0.1155	0.1615	0.0301
	显著水平	0.7415	0.0393	0.0038	0.6156
董事会治理指数	相关系数	0.0494	−0.0243	−0.0004	0.0698
	显著水平	0.3788	0.6652	0.9942	0.2438
监事会治理指数	相关系数	−0.0627	−0.0590	−0.0234	−0.0396
	显著水平	0.2642	0.2936	0.6770	0.5081

续表

指数	相关系数与显著水平	营业收入同比增长率	净利润同比增长率	总资产同比增长率	研发费用同比增长率
经理层治理指数	相关系数	0.0316	-0.0157	0.1149	-0.0045
	显著水平	0.5739	0.7805	0.0403	0.9398
信息披露指数	相关系数	0.0500	0.1785	0.1072	-0.0679
	显著水平	0.3737	0.0014	0.0558	0.2565

资料来源：作者整理。

（四）中央企业控股上市公司治理分指数与分红

根据表10-30，除董事会治理指数与2020年一季报的上市以来分红率在0.05的置信水平上显著正相关之外，各公司治理分指数与上市公司分红率之间均不存在显著的相关关系。

表10-30　中央企业控股上市公司治理分指数与分红率指标相关系数

指数	相关系数与显著水平	上市以来分红率（2019年年报）	上市以来分红率（2020年一季报）
股东治理指数	相关系数	-0.0377	0.0834
	显著水平	0.5250	0.1595
董事会治理指数	相关系数	0.0687	0.1447
	显著水平	0.2467	0.0143
监事会治理指数	相关系数	0.0094	-0.0312
	显著水平	0.8740	0.5992
经理层治理指数	相关系数	-0.0236	-0.0097
	显著水平	0.6912	0.8709
信息披露指数	相关系数	-0.0955	0.0815
	显著水平	0.1069	0.1695

资料来源：作者整理。

（五）中央企业控股上市公司治理分指数与价值

根据表10-31，股东治理指数与企业价值（含货币资金）、企业价值（剔除货币资金）、总市值1和总市值2在0.05的置信水平上显著正相关，相关系数分别为0.1222、0.1201、0.1457和0.1479。

监事会治理指数与企业价值（含货币资金）、企业价值（剔除货币资金）、总市值1、总市值2和扣非后的市盈率（TTM）在0.01的置信水平上显著，相关系数分别为0.1652、0.1663、0.1601、0.1580和-0.1712。

信息披露指数与企业价值（含货币资金）、企业价值（剔除货币资金）、总市值1和总市值2在0.1的置信水平上显著正相关，相关系数分别为0.1121、0.1213、0.0927和0.0939。

表 10-31 中央企业控股上市公司治理分指数与估值和市值指标相关系数

指数	相关系数与显著水平	企业价值（含货币资金）	企业价值（剔除货币资金）	总市值1	总市值2	市盈率（TTM）	扣非后的市盈率（TTM）
股东治理指数	相关系数	0.1222	0.1201	0.1457	0.1479	-0.0266	0.0240
	显著水平	0.0296	0.0326	0.0092	0.0081	0.6377	0.6743
董事会治理指数	相关系数	0.0532	0.0605	0.0612	0.0628	-0.0649	-0.0509
	显著水平	0.3453	0.2831	0.2756	0.2637	0.2500	0.3720
监事会治理指数	相关系数	0.1652	0.1663	0.1601	0.1580	-0.0561	-0.1712
	显著水平	0.0032	0.0030	0.0041	0.0047	0.3206	0.0025
经理层治理指数	相关系数	0.0339	0.0362	0.0587	0.0544	-0.0559	0.0034
	显著水平	0.5480	0.5208	0.2955	0.3327	0.3216	0.9526
信息披露指数	相关系数	0.1121	0.1213	0.0927	0.0939	-0.0873	-0.0563
	显著水平	0.0461	0.0308	0.0985	0.0939	0.1213	0.3232

资料来源：作者整理。

根据表 10-32，股东治理指数与 EVA1 的 Pearson 和 Kendall 相关系数在 0.1 的置信水平上显著，分别为 0.0991 和 0.1454。

监事会治理指数与 EVA1 的 Kendall 相关系数为 0.1248，显著水平为 0.05。

经理层治理指数与 EVA1 的 Pearson、Kendall 和 Spearman 系数均显著为正，分别为 0.0945、0.0960 和 0.1435，显著水平为 0.1；与 EVA2 的 Kendall 和 Spearman 相关系数在 0.05 的置信水平上显著，分别为 0.0961 和 0.1452。

信息披露指数与 EVA1 和 EVA2 的 Pearson、Kendall 和 Spearman 相关系数均在 0.1 的置信水平上显著。

表 10-32 中央企业控股上市公司治理分指数与价值创造指标相关系数

指数	相关系数与显著水平	EVA1			EVA2		
		Pearson	Kendall	Spearman	Pearson	Kendall	Spearman
股东治理指数	相关系数	0.0991	0.1454	0.0502	0.0447	0.0762	0.0693
	显著水平	0.0772	0.0093	0.1809	0.2337	0.1748	0.2169
董事会治理指数	相关系数	0.0096	0.0381	0.0369	0.0388	0.0537	0.0565
	显著水平	0.8648	0.4979	0.3262	0.3015	0.3388	0.3144
监事会治理指数	相关系数	0.0053	0.1248	-0.0255	0.0560	-0.0397	0.0820
	显著水平	0.9252	0.0259	0.4967	0.1357	0.4795	0.1442
经理层治理指数	相关系数	0.0945	0.0960	0.1435	0.0406	0.0961	0.1452
	显著水平	0.0920	0.0108	0.0103	0.4704	0.0107	0.0094
信息披露指数	相关系数	0.0968	0.0948	0.1051	0.0690	0.1577	0.1038
	显著水平	0.0842	0.0910	0.0051	0.0660	0.0048	0.0642

资料来源：作者整理。

第三节　地方国企控股上市公司治理与绩效相关性分析

一、地方国企控股上市公司治理指数与绩效相关性分析

（一）地方国企控股上市公司治理指数与盈利能力

1. 公司治理指数与 2019 年年报的盈利能力指标

根据表 10-33，公司治理指数与 2019 年年报的所有盈利能力指标在 0.01 的置信水平上显著正相关。

其中，公司治理指数与净资产收益率（平均）的 Pearson、Kendall 和 Spearman 相关系数分别为 0.2335、0.1731 和 0.2545。公司治理指数与净资产收益率（加权）的 Pearson、Kendall 和 Spearman 相关系数分别为 0.2144、0.1736 和 0.2552。公司治理指数与净资产收益率（摊薄）的 Pearson、Kendall 和 Spearman 相关系数分别为 0.1206、0.1766 和 0.2590。

公司治理指数与总资产报酬率的 Pearson、Kendall 和 Spearman 相关系数分别为 0.2558、0.1836 和 0.2710。公司治理指数与总资产净利率的 Pearson、Kendall 和 Spearman 相关系数分别为 0.2692、0.2034 和 0.2996。而公司治理指数与投入资本回报率的 Pearson、Kendall 和 Spearman 相关系数分别为 0.2525、0.1921 和 0.2833。

综上，我们可以看出公司治理越好的公司其盈利能力越强。

表 10-33　地方国企控股上市公司治理指数与上市公司 2019 年年报盈利能力指标相关系数

指标	Pearson		Kendall		Spearman	
	相关系数	显著水平	相关系数	显著水平	相关系数	显著水平
净资产收益率（平均）	0.2335	0.0000	0.1731	0.0000	0.2545	0.0000
净资产收益率（加权）	0.2144	0.0000	0.1736	0.0000	0.2552	0.0000
净资产收益率（摊薄）	0.1206	0.0034	0.1766	0.0000	0.2590	0.0000
总资产报酬率	0.2558	0.0000	0.1836	0.0000	0.2710	0.0000
总资产净利率	0.2692	0.0000	0.2034	0.0000	0.2996	0.0000
投入资本回报率	0.2525	0.0000	0.1921	0.0000	0.2833	0.0000

资料来源：作者整理。

2. 公司治理指数与 2020 年一季报的盈利能力指标

根据表 10-34，除与投入资本回报率的 Pearson 相关系数不显著之外，公司治理指数在 0.05 的置信水平上与 2020 年一季报的各盈利能力指标均显著正相关。

其中，公司治理指数与净资产收益率（平均）的 Pearson、Kendall 和 Spearman 相关系数分别为 0.1603、0.1552 和 0.2287。公司治理指数与净资产收益率（加权）的 Pearson、Kendall 和 Spearman 相关系数分别为 0.1506、0.1561 和 0.2301。公司治理指数与净资产收益率（摊薄）的 Pearson、Kendall 和 Spearman 相关系数分别为 0.0951、0.1551 和 0.2284。

公司治理指数与总资产报酬率的 Pearson、Kendall 和 Spearman 相关系数分别为 0.1585、

0.1235 和 0.1838。公司治理指数与总资产净利率的 Pearson、Kendall 和 Spearman 相关系数分别为 0.1872、0.1448 和 0.2138。而公司治理指数与投入资本回报率的 Pearson、Kendall 和 Spearman 相关系数分别为 0.0396、0.1181 和 0.1752。

综上，我们可以看出公司治理越好的公司其盈利能力越强，而且公司治理存在一定滞后效应。

表 10-34　地方国企控股上市公司治理指数与 2020 年一季报盈利能力指标相关系数

指标	Pearson		Kendall		Spearman	
	相关系数	显著水平	相关系数	显著水平	相关系数	显著水平
净资产收益率（平均）	0.1603	0.0001	0.1552	0.0000	0.2287	0.0000
净资产收益率（加权）	0.1506	0.0003	0.1561	0.0000	0.2301	0.0000
净资产收益率（摊薄）	0.0951	0.0214	0.1551	0.0000	0.2284	0.0000
总资产报酬率	0.1585	0.0001	0.1235	0.0000	0.1838	0.0000
总资产净利率	0.1872	0.0000	0.1448	0.0000	0.2138	0.0000
投入资本回报率	0.0396	0.3438	0.1181	0.0000	0.1752	0.0000

资料来源：作者整理。

（二）地方国企控股上市公司治理指数与代理成本

1. 公司治理指数与 2019 年年报的代理成本指标

根据表 10-35，公司治理指数与 2019 年年报的销售费用占营业收入比例、管理费用占营业收入比例的 Pearson 相关系数均在 0.1 的置信水平上显著，而与财务费用占营业收入比例在 0.01 的置信水平上显著负相关。公司治理指数与财务费用占营业收入比例的 Pearson、Kendall 和 Spearman 相关系数分别为 -0.2164、-0.1459 和 -0.2157。这说明公司治理越好的公司财务费用越低，进而代理成本越低。

表 10-35　地方国企控股上市公司治理指数与 2019 年年报代理成本指标相关系数

指标	Pearson		Kendall		Spearman	
	相关系数	显著水平	相关系数	显著水平	相关系数	显著水平
销售费用占营业收入比例	0.0744	0.0799	0.0056	0.8427	0.0084	0.8427
管理费用占营业收入比例	-0.0852	0.0387	-0.0194	0.4823	-0.0298	0.4710
财务费用占营业收入比例	-0.2164	0.0000	-0.1459	0.0000	-0.2157	0.0000

资料来源：作者整理。

2. 公司治理指数与 2020 年一季报的代理成本指标

根据表 10-36，公司治理指数与 2020 年一季报的财务费用占营业收入比例的三个相关系数在 0.01 的置信水平上均显著负相关。公司治理指数与财务费用占营业收入比例的 Pearson、Kendall 和 Spearman 相关系数分别为 -0.1625、-0.1251 和 -0.1833。这说明公司治理越好的公司财务费用越低，进而代理成本越低。

表 10-36 地方国企控股上市公司治理指数与 2020 年一季报代理成本指标相关系数

指标	Pearson		Kendall		Spearman	
	相关系数	显著水平	相关系数	显著水平	相关系数	显著水平
销售费用占营业收入比例	-0.0247	0.5642	-0.0105	0.7140	-0.0148	0.7294
管理费用占营业收入比例	-0.0957	0.0202	-0.0423	0.1254	-0.0622	0.1317
财务费用占营业收入比例	-0.1625	0.0001	-0.1251	0.0000	-0.1833	0.0000

资料来源：作者整理。

（三）地方国企控股上市公司治理指数与成长性

根据表 10-37，公司治理指数与营业收入同比增长率的 Kendall 和 Spearman 相关系数在 0.01 的置信水平上显著正相关，分别为 0.1063 和 0.1547。这说明公司治理越好的公司营业收入增长越快。公司治理指数与总资产同比增长率在 0.05 的置信水平上显著正相关，Pearson、Kendall 和 Spearman 相关系数分别为 0.0839、0.1433 和 0.2132。这说明公司治理越好的公司总资产增长越快。除此之外，公司治理指数与研发费用同比增长率的 Kendall 相关系数在 0.1 的置信水平上显著为正，为 0.0535。

表 10-37 地方国企控股上市公司治理指数与 2019 年年报成长性指标相关系数

指标	Pearson		Kendall		Spearman	
	相关系数	显著水平	相关系数	显著水平	相关系数	显著水平
营业收入同比增长率	0.0260	0.5286	0.1063	0.0001	0.1547	0.0002
净利润同比增长率	0.0295	0.4751	0.0163	0.5553	0.0224	0.5878
总资产同比增长率	0.0839	0.0418	0.1433	0.0000	0.2132	0.0000
研发费用同比增长率	-0.0334	0.4881	0.0535	0.0970	0.0787	0.1026

资料来源：作者整理。

（四）地方国企控股上市公司治理指数与分红

根据表 10-38，公司治理指数与 2019 年年报和 2020 年一季报的上市以来分红率的 Kendall 和 Spearman 相关系数在 0.01 的置信水平上显著正相关，而与其他分红率指标均无显著相关关系。

表 10-38 地方国企控股上市公司治理指数与分红率指标相关系数

指标	Pearson		Kendall		Spearman	
	相关系数	显著水平	相关系数	显著水平	相关系数	显著水平
上市以来分红率（2019 年年报）	-0.0726	0.1004	0.0803	0.0066	0.1193	0.0068
上市以来分红率（2020 年一季报）	0.0507	0.2533	0.0825	0.0053	0.1236	0.0052

资料来源：作者整理。

（五）地方国企控股上市公司治理指数与价值

根据表 10-39，公司治理指数与含货币资金和剔除货币资金的企业价值均在 0.01 的置信水平上显著正相关，公司治理指数与含货币资金和剔除货币资金的企业价值的 Pearson 相关系数分别为 0.1262 和 0.1107，Kendall 相关系数分别为 0.1358 和 0.1354，而 Spearman 相关系数均为 0.1997。这说明公司治理越好的公司其内在价值越高。

而公司治理指数与总市值 1 和总市值 2 在 0.01 的置信水平上显著正相关，其中与总市值 1 的 Pearson、Kendall 和 Spearman 相关系数分别为 0.1102、0.1996 和 0.2915，与总市值 2 的 Pearson、Kendall 和 Spearman 相关系数分别为 0.1122、0.2000 和 0.2921。这说明公司治理越好的公司其总市值越高。

除此之外，公司治理指数与市盈率（TTM）的 Pearson、Kendall 和 Spearman 相关系数均在 0.1 的置信水平上显著正相关。公司治理指数与市盈率（TTM）的 Pearson 相关系数为 0.0735，Kendall 的相关系数为 0.0861，而 Spearman 的相关系数为 0.1315。公司治理指数与扣非后的市盈率（TTM）在 0.01 的置信水平上显著正相关，Pearson、Kendall 和 Spearman 相关系数分别为 0.1211、0.1462 和 0.2217。

表 10-39　地方国企控股上市公司治理指数与估值和市值指标相关系数

指标	Pearson		Kendall		Spearman	
	相关系数	显著水平	相关系数	显著水平	相关系数	显著水平
企业价值（含货币资金）	0.1262	0.0024	0.1358	0.0000	0.1997	0.0000
企业价值（剔除货币资金）	0.1107	0.0080	0.1354	0.0000	0.1997	0.0000
总市值 1	0.1102	0.0074	0.1996	0.0000	0.2915	0.0000
总市值 2	0.1122	0.0064	0.2000	0.0000	0.2921	0.0000
市盈率（TTM）	0.0735	0.0782	0.0861	0.0020	0.1315	0.0016
扣非后的市盈率（TTM）	0.1211	0.0037	0.1462	0.0000	0.2217	0.0000

资料来源：作者整理。

根据表 10-40，公司治理指数与 EVA1 和 EVA2 在 0.01 的置信水平上显著正相关。公司治理指数与 EVA1 的 Pearson、Kendall 和 Spearman 相关系数分别为 0.1412、0.1722 和 0.2525；而与 EVA2 的 Pearson、Kendall 和 Spearman 相关系数分别为 0.1162、0.1703 和 0.2504。这说明公司治理越好的公司其价值创造能力越强。

表 10-40　地方国企控股上市公司治理指数与价值创造指标相关系数

指标	Pearson		Kendall		Spearman	
	相关系数	显著水平	相关系数	显著水平	相关系数	显著水平
EVA1	0.1412	0.0006	0.1722	0.0000	0.2525	0.0000
EVA2	0.1162	0.0049	0.1703	0.0000	0.2504	0.0000

资料来源：作者整理。

二、地方国企控股上市公司治理分指数与绩效相关性分析

（一）地方国企控股上市公司治理分指数与盈利能力

1. 公司治理分指数与 2019 年年报的盈利能力指标

根据表 10-41，股东治理指数与 2019 年年报的各个盈利能力指标均在 0.05 的置信水平上显

著正相关，Pearson 相关系数分别为 0.1659、0.1298、0.0937、0.1360、0.1497 和 0.1267。

董事会治理指数、监事会治理指数与表 10-41 中所列示的盈利能力指标之间均不存在显著的相关关系。

经理层治理指数与总资产报酬率、总资产净利率和投入资本回报率在 0.1 的置信水平上显著正相关，Pearson 相关系数分别为 0.0711、0.0781 和 0.0734。

信息披露指数与表 10-41 中的各个盈利能力指标均在 0.01 的置信水平上呈现显著的正相关关系，Pearson 相关系数分别为 0.2625、0.2729、0.1614、0.2886、0.3046 和 0.2781。

表 10-41　地方国企控股上市公司治理分指数与 2019 年年报盈利能力指标相关系数

指数	相关系数与显著水平	净资产收益率（平均）	净资产收益率（加权）	净资产收益率（摊薄）	总资产报酬率	总资产净利率	投入资本回报率
股东治理指数	相关系数	0.1659	0.1298	0.0937	0.1360	0.1497	0.1267
	显著水平	0.0001	0.0017	0.0233	0.0011	0.0003	0.0024
董事会治理指数	相关系数	0.0255	0.0275	0.0177	0.0249	0.0212	0.0220
	显著水平	0.5379	0.5075	0.6682	0.5514	0.6081	0.5995
监事会治理指数	相关系数	0.0269	0.0075	−0.0263	0.0093	−0.0130	−0.0065
	显著水平	0.5153	0.8570	0.5256	0.8247	0.7526	0.8773
经理层治理指数	相关系数	0.0246	0.0329	0.0377	0.0711	0.0781	0.0734
	显著水平	0.5520	0.4270	0.3627	0.0889	0.0582	0.0791
信息披露指数	相关系数	0.2625	0.2729	0.1614	0.2886	0.3046	0.2781
	显著水平	0.0000	0.0000	0.0001	0.0000	0.0000	0.0000

资料来源：作者整理。

2. 公司治理分指数与 2020 年一季报的盈利能力指标

根据表 10-42，股东治理指数与除投入资本回报率之外的 2020 年一季报的各个盈利指标均在 0.05 的置信水平上显著正相关，Pearson 相关系数分别为 0.1553、0.1450、0.1001、0.1078、和 0.1388。

董事会治理指数与总资产报酬率、总资产净利率在 0.1 的置信水平上显著正相关，Pearson 相关系数分别为 0.0741 和 0.0807。

监事会治理指数和经理层治理指数与表 10-42 中所列示的盈利能力指标之间均不存在显著的相关关系。

信息披露指数与除净资产收益率（摊薄）、投入资本回报率之外的各项盈利能力指标在 0.05 的置信水平上呈显著的正相关关系，Pearson 相关系数分别为 0.1015、0.1012、0.1155 和 0.1537。

表 10-42　地方国企控股上市公司治理分指数与 2020 年一季报盈利能力指标相关系数

指数	相关系数与显著水平	净资产收益率（平均）	净资产收益率（加权）	净资产收益率（摊薄）	总资产报酬率	总资产净利率	投入资本回报率
股东治理指数	相关系数	0.1553	0.1450	0.1001	0.1078	0.1388	0.0620
	显著水平	0.0002	0.0004	0.0154	0.0097	0.0007	0.1381

指数	相关系数与显著水平	净资产收益率（平均）	净资产收益率（加权）	净资产收益率（摊薄）	总资产报酬率	总资产净利率	投入资本回报率
董事会治理指数	相关系数	0.0118	0.0109	-0.0027	0.0741	0.0807	-0.0058
	显著水平	0.7754	0.7933	0.9477	0.0762	0.0503	0.8901
监事会治理指数	相关系数	0.0017	0.0053	0.0073	0.0101	-0.0168	-0.0420
	显著水平	0.9673	0.8979	0.8600	0.8093	0.6846	0.3151
经理层治理指数	相关系数	0.0206	0.0143	-0.0002	0.0182	0.0206	0.0332
	显著水平	0.6184	0.7304	0.9971	0.6627	0.6170	0.4266
信息披露指数	相关系数	0.1015	0.1012	0.0656	0.1155	0.1537	0.0226
	显著水平	0.0140	0.0144	0.1131	0.0056	0.0002	0.5892

资料来源：作者整理。

（二）地方国企控股上市公司治理分指数与代理成本

1. 公司治理分指数与 2019 年年报的代理成本指标

根据表 10-43，股东治理指数与 2019 年年报的销售费用占营业收入比例在 0.05 的置信水平上显著正相关，而与财务费用占营业收入比例在 0.01 的置信水平上显著负相关，Pearson 相关系数分别为 0.1034 和 -0.1938。

董事会治理指数与销售费用占营业收入比例显著正相关，Pearson 相关系数为 0.0918。

监事会治理指数在 0.1 的置信水平上与 2019 年年报的销售费用占营业收入比例显著负相关，而与财务费用占营业收入比例显著正相关，Pearson 相关系数分别为 -0.1213 和 0.0694。

经理层治理指数与表 10-43 所列示的三个指标之间不存在显著的相关关系。

信息披露指数与 2019 年年报的管理费用占营业收入比例和财务费用占营业收入比例在 0.01 的置信水平上显著负相关，Pearson 相关系数分别为 -0.1265 和 -0.2131。

表 10-43　地方国企控股上市公司治理分指数与 2019 年年报代理成本指标相关系数

指数	相关系数与显著水平	销售费用占营业收入比例	管理费用占营业收入比例	财务费用占营业收入比例
股东治理指数	相关系数	0.1034	0.0055	-0.1938
	显著水平	0.0148	0.8941	0.0000
董事会治理指数	相关系数	0.0918	0.0490	-0.0280
	显著水平	0.0305	0.2352	0.5037
监事会治理指数	相关系数	-0.1213	-0.0331	0.0694
	显著水平	0.0042	0.4229	0.0969
经理层治理指数	相关系数	0.0607	-0.0017	-0.0523
	显著水平	0.1535	0.9666	0.2109
信息披露指数	相关系数	0.0179	-0.1265	-0.2131
	显著水平	0.6747	0.0021	0.0000

资料来源：作者整理。

2. 公司治理分指数与 2020 年一季报的代理成本指标

根据表 10-44，股东治理指数在 0.01 的置信水平上与 2020 年一季报的财务费用占营业收入比例显著负相关，Pearson 相关系数为-0.1649。

董事会治理指数与 2020 年一季报的三个指标之间不存在显著的相关关系。

监事会治理指数在 0.05 的置信水平上与 2020 年一季报的销售费用占营业收入比例显著负相关，Pearson 相关系数为-0.1012。

经理层治理指数与 2020 年一季报的三个指标之间不存在显著的相关关系。

信息披露指数在 0.1 的置信水平上与 2020 年一季报的销售费用占营业收入比例、管理费用占营业收入比例和财务费用占营业收入比例显著负相关，Pearson 相关系数分别为-0.0737、-0.1209 和-0.1598。

表 10-44　地方国企控股上市公司治理分指数与 2020 年一季报代理成本指标相关系数

指数	相关系数与显著水平	销售费用占营业收入比例	管理费用占营业收入比例	财务费用占营业收入比例
股东治理指数	相关系数	0.0305	-0.0464	-0.1649
	显著水平	0.4770	0.2615	0.0001
董事会治理指数	相关系数	0.0373	-0.0005	-0.0350
	显著水平	0.3843	0.9906	0.4036
监事会治理指数	相关系数	-0.1012	0.0048	0.0680
	显著水平	0.0179	0.9084	0.1040
经理层治理指数	相关系数	0.0051	-0.0268	-0.0529
	显著水平	0.9046	0.5167	0.2057
信息披露指数	相关系数	-0.0737	-0.1209	-0.1598
	显著水平	0.0850	0.0033	0.0001

资料来源：作者整理。

（三）地方国企控股上市公司治理分指数与成长性

根据表 10-45，股东治理指数与营业收入同比增长率、总资产同比增长率在 0.05 的置信水平上显著正相关。股东治理指数与以上指标的 Pearson 相关系数分别为 0.0871 和 0.0869。

董事会治理指数与各成长性指标之间不存在显著的相关关系。

监事会治理指数与营业收入同比增长率在 0.1 的置信水平上显著正相关，Pearson 相关系数为 0.0681。

经理层治理指数与营业收入同比增长率之间存在显著的负相关关系，Pearson 相关系数为-0.1389。

信息披露指数与净利润同比增长率在 0.05 的置信水平上显著正相关。信息披露指数与该指标的 Pearson 相关系数为 0.0812。

表 10-45　地方国企控股上市公司治理分指数与 2019 年年报成长性指标相关系数

指数	相关系数与显著水平	营业收入同比增长率	净利润同比增长率	总资产同比增长率	研发费用同比增长率
股东治理指数	相关系数	0.0871	0.0240	0.0869	0.0155
	显著水平	0.0345	0.5610	0.0350	0.7483
董事会治理指数	相关系数	0.0475	−0.0504	0.0327	−0.0314
	显著水平	0.2493	0.2221	0.4277	0.5148
监事会治理指数	相关系数	0.0681	0.0227	−0.0367	−0.0245
	显著水平	0.0988	0.5820	0.3740	0.6118
经理层治理指数	相关系数	−0.1389	−0.0288	0.0285	−0.0224
	显著水平	0.0007	0.4855	0.4906	0.6426
信息披露指数	相关系数	0.0267	0.0812	0.0561	−0.0404
	显著水平	0.5179	0.0489	0.1737	0.4021

资料来源：作者整理。

（四）地方国企控股上市公司治理分指数与分红

根据表 10-46，2020 年一季报的上市以来分红率与股东治理指数在 0.1 的置信水平上显著负相关，Pearson 相关系数为 −0.0738；与经理层治理指数在 0.1 的置信水平上显著正相关，Pearson 相关系数为 0.0776。而董事会治理指数、监事会治理指数和信息披露指数与分红率之间不存在显著相关关系。

表 10-46　地方国企控股上市公司治理分指数与分红率指标相关系数

指数	相关系数与显著水平	上市以来分红率（2019 年年报）	上市以来分红率（2020 年一季报）
股东治理指数	相关系数	−0.0254	−0.0738
	显著水平	0.5667	0.0959
董事会治理指数	相关系数	−0.0124	0.0225
	显著水平	0.7792	0.6123
监事会治理指数	相关系数	0.0004	0.0563
	显著水平	0.9930	0.2044
经理层治理指数	相关系数	−0.0081	0.0776
	显著水平	0.8540	0.0800
信息披露指数	相关系数	−0.0434	0.0195
	显著水平	0.3262	0.6608

资料来源：作者整理。

（五）地方国企控股上市公司治理分指数与价值

根据表 10-47，股东治理指数与市盈率（TTM）在 0.05 的置信水平上显著，Pearson 相关系数为 0.0982。

董事会治理指数与含货币资金和剔除货币资金的企业价值、总市值 1、总市值 2 以及扣非后的市盈率（TTM）的 Pearson 相关系数分别为 0.0689、0.0713、0.0681、0.0694 和 0.0798，且在 0.1 的置信水平上显著。这说明董事会治理越好的公司企业价值越高，市值越高。

监事会治理指数与市盈率（TTM）在 0.05 的置信水平上显著，Pearson 相关系数为 -0.0992。

经理层治理指数与各价值指标之间不存在显著的相关关系。

信息披露指数与企业价值（含货币资金）、企业价值（剔除货币资金）、总市值 1、总市值 2、市盈率（TTM）和扣非后的市盈率（TTM）在 0.1 的置信水平上显著正相关，Pearson 相关系数分别为 0.0818、0.0785、0.0764、0.0776、0.0978 和 0.0825。

表 10-47　地方国企控股上市公司治理分指数与估值和市值指标相关系数

指数	相关系数与显著水平	企业价值（含货币资金）	企业价值（剔除货币资金）	总市值 1	总市值 2	市盈率（TTM）	扣非后的市盈率（TTM）
股东治理指数	相关系数	0.0425	0.0400	0.0616	0.0619	0.0982	0.0505
	显著水平	0.3090	0.3382	0.1356	0.1333	0.0185	0.2278
董事会治理指数	相关系数	0.0689	0.0713	0.0681	0.0694	-0.0188	0.0798
	显著水平	0.0990	0.0879	0.0987	0.0922	0.6527	0.0563
监事会治理指数	相关系数	0.0514	0.0377	0.0088	0.0112	-0.0992	0.0218
	显著水平	0.2187	0.3668	0.8317	0.7860	0.0174	0.6026
经理层治理指数	相关系数	0.0100	-0.0020	-0.0052	-0.0051	0.0334	0.0550
	显著水平	0.8109	0.9626	0.8991	0.9016	0.4242	0.1883
信息披露指数	相关系数	0.0818	0.0785	0.0764	0.0776	0.0978	0.0825
	显著水平	0.0502	0.0603	0.0638	0.0598	0.0190	0.0485

资料来源：作者整理。

根据表 10-48，股东治理指数与 EVA1、EVA2 的 Kendall 和 Spearman 相关系数显著正相关。

监事会治理指数与 EVA1 的 Pearson 相关系数显著，但为负相关关系，Pearson 相关系数为 -0.1038；与 EVA2 的 Kendall 和 Spearman 相关系数显著正相关。

经理层治理指数与 EVA1 在 0.1 的置信水平上显著正相关，与 EVA2 的 Kendall 和 Spearman 相关系数显著正相关。

信息披露指数与 EVA1 和 EVA2 有显著的正相关关系且显著水平为 0.05。

表 10-48　地方国企控股上市公司治理分指数与价值创造指标相关系数

指数	相关系数与显著水平	EVA1			EVA2		
		Pearson	Kendall	Spearman	Pearson	Kendall	Spearman
股东治理指数	相关系数	0.0558	0.1140	0.1718	0.0387	0.0681	0.1039
	显著水平	0.1777	0.0000	0.0000	0.3498	0.0138	0.0119
董事会治理指数	相关系数	-0.0003	0.0165	0.0236	0.0365	0.0425	0.0646
	显著水平	0.9951	0.5514	0.5683	0.3781	0.1247	0.1185
监事会治理指数	相关系数	-0.1038	0.0160	0.0211	0.0144	0.1160	0.1697
	显著水平	0.0120	0.5639	0.6113	0.7286	0.0000	0.0000

指数	相关系数与显著水平	EVA1			EVA2		
		Pearson	Kendall	Spearman	Pearson	Kendall	Spearman
经理层治理指数	相关系数	0.1107	0.0488	0.0696	0.0124	0.0534	0.0788
	显著水平	0.0073	0.0783	0.0925	0.7639	0.0540	0.0567
信息披露指数	相关系数	0.1285	0.1626	0.2401	0.0901	0.1444	0.2161
	显著水平	0.0018	0.0000	0.0000	0.0293	0.0000	0.0000

资料来源：作者整理。

第四节　国有控股上市公司治理与绩效相关性分析结论

本章通过对国资委所属企业控股上市公司、中央企业控股上市公司和地方国企控股上市公司治理指数与反映绩效状况指标的相关性分析发现，总体来说，公司治理水平与盈利能力、成长性、分红、估值和市值、价值创造存在显著的正相关关系，与代理成本则存在显著的负相关关系。但不同指标、不同治理分指数的具体结果略有差异，详细结论如下：

一、国资委所属企业控股上市公司治理与绩效相关性分析结论

（一）国资委所属企业控股上市公司治理指数与绩效

通过相关性分析发现，国资委所属企业控股上市公司治理指数与净资产收益率（平均）、净资产收益率（加权）、净资产收益率（摊薄）、总资产报酬率、总资产净利率和投入资本回报率等反映公司盈利能力的主要指标均存在正相关关系，并且这种效应在滞后的一个季度内仍存在。

代理成本也是公司绩效的重要方面，但它是一个负向指标，公司治理越好的公司代理成本越低。报告通过相关性检验发现，国资委所属企业控股上市公司治理指数与反映代理成本的财务费用占营业收入比例这一指标存在显著的负相关关系，而且这种负相关关系在滞后的一个季度内仍能观察到。

通过相关性检验发现，国资委所属企业控股上市公司治理指数与反映公司成长性的营业收入同比增长率和总资产同比增长率存在显著的正相关关系。

分红状况是上市公司投资者关注的重要内容。通过相关性检验发现，国资委所属企业控股上市公司治理指数与上市以来分红率这一指标存在显著的正相关关系，这种关系也存在显著的滞后效应。

本书同时关注了公司治理指数与公司内在价值和市场价值之间的关系。相关性检验结果显示，国资委所属企业控股上市公司治理指数与企业价值、总市值和扣非后的市盈率之间存在显著的正相关关系，说明公司治理越好的公司无论是内在价值还是市场价值都更高。

本书还关注了公司治理指数与经济增加值所反映的公司价值创造状况之间的关系，结果发现国资委所属企业控股上市公司治理指数与经济增加值之间存在显著的正相关关系。

（二）国资委所属企业控股上市公司治理分指数与绩效

国资委所属企业控股上市公司股东治理指数与反映公司盈利能力的指标均存在显著的正相

关关系。国资委所属企业控股上市公司经理层治理指数与总资产报酬率、总资产净利率和投入资本回报率存在显著的正相关关系。信息披露指数与各盈利能力指标均存在显著正相关关系。部分分指数与盈利能力指标之间的关系还存在一定的滞后效应。

国资委所属企业控股上市公司股东治理指数和信息披露指数与财务费用占营业收入比例这一指标所反映的代理成本显著负相关，而且存在一定的滞后效应；国资委所属企业控股上市公司监事会治理指数与销售费用占营业收入比例这一指标显著负相关。

国资委所属企业控股上市公司股东治理指数和信息披露指数与反映公司成长性的总资产同比增长率显著正相关，国资委所属企业控股上市公司信息披露指数与反映公司成长性的净利润同比增长率显著正相关，国资委所属企业控股上市公司股东治理指数与反映公司成长性的营业收入同比增长率显著正相关。

国资委所属企业控股上市公司各治理分指数与上市以来的分红率均无显著的正相关关系，并且这种关系在滞后的一个季度内也不显著。

国资委所属企业控股上市公司股东治理指数、董事会治理指数、监事会治理指数、信息披露指数与企业价值和总市值均呈现显著的正相关关系。

国资委所属企业控股上市公司各治理分指数与经济增加值之间，只有股东治理指数和信息披露指数呈现出稳健的显著的正相关关系。

二、中央企业控股上市公司治理与绩效相关性分析结论

（一）中央企业控股上市公司治理指数与绩效

通过相关性分析发现，中央企业控股上市公司治理指数与净资产收益率（平均）、净资产收益率（加权）、净资产收益率（摊薄）、总资产报酬率、总资产净利率和投入资本回报率等反映公司盈利能力的主要指标均存在显著的正相关关系，并且这种效应在滞后的一个季度内部分存在。

通过相关性检验发现，中央企业控股上市公司治理指数与反映代理成本的财务费用占营业收入比例这一指标存在显著的负相关关系，并且在滞后的一个季度内可以部分观察到这种关系。

中央企业控股上市公司治理指数与反映公司成长性的总资产同比增长率这一指标存在显著的正相关关系。

中央企业控股上市公司治理指数与上市以来分红率这一指标不存在显著的正相关关系，并且在滞后的一个季度内也不显著。

本书同时关注了公司治理指数与公司内在价值和市场价值之间的关系。相关性检验结果显示，中央企业控股上市公司治理指数与企业价值、总市值之间存在显著的正相关关系。

最后，本书还关注了公司治理指数与经济增加值所反映的公司价值创造状况之间的关系，结果发现中央企业控股上市公司治理指数与经济增加值均显著正相关。

（二）中央企业控股上市公司治理分指数与绩效

中央企业控股上市公司股东治理指数、经理层治理指数和信息披露指数与反映公司盈利能力的部分指标存在显著的正相关关系。其他两个公司治理分指数与盈利能力指标之间均不存在显著的正相关关系。部分分指数在滞后的一个季度内与盈利能力指标呈现了显著的正相关关系。

中央企业控股上市公司分指数与多数代理成本相关指标之间不存在显著的关系或者这种关系在滞后的一个季度内观察不到。

中央企业控股上市公司股东治理指数和信息披露指数与反映公司成长性的净利润同比增长

率和总资产同比增长率显著正相关，中央企业控股上市公司经理层治理指数与反映公司成长性的总资产同比增长率显著正相关。

中央企业控股上市公司治理各分指数与上市以来的分红率均不存在显著的正相关关系，并且在滞后的一个季度内也没有观察到这种关系。

中央企业控股上市公司股东治理指数、监事会治理指数和信息披露指数与企业价值和总市值均呈显著的正相关关系。

中央企业控股上市公司信息披露指数与经济增加值之间呈显著的正相关关系。

三、地方国企控股上市公司治理与绩效相关性分析结论

（一）地方国企控股上市公司治理指数与绩效

通过相关性分析发现，地方国企控股上市公司治理指数与净资产收益率（平均）、净资产收益率（加权）、净资产收益率（摊薄）、总资产报酬率、总资产净利率和投入资本回报率等反映公司盈利能力的主要指标均存在正相关关系，并且这种效应在滞后的一个季度内仍存在。这方面结论与国资委所属企业控股上市公司样本总体相同。

通过相关性检验发现，地方国企控股上市公司治理指数与反映代理成本的财务费用占营业收入比例这一指标存在显著的负相关关系，并且这种负相关关系在滞后的一个季度内仍能观察到。这一结论与国资委所属企业控股上市公司样本相同。

报告通过相关性检验发现，地方国企控股上市公司治理指数与反映公司成长性的总资产同比增长率这一指标存在显著的正相关关系。

报告通过相关性检验发现，地方国企控股上市公司治理指数与上市以来分红率这一指标不存在显著的正相关关系，并且这种关系在滞后的一个季度内也不显著。这一结论与中央企业控股上市公司样本相同。

本书同时关注了公司治理指数与公司内在价值和市场价值之间的关系。相关性检验结果显示，地方国企控股上市公司治理指数与企业价值、总市值、市盈率、扣非后的市盈率之间存在显著的正相关关系。说明公司治理越好的公司无论是内在价值还是市场价值都更高。

本书还关注了公司治理指数与经济增加值所反映的公司价值创造状况之间的关系，结果发现地方国企控股上市公司治理指数与经济增加值之间均显著正相关。

（二）地方国企控股上市公司治理分指数与绩效

地方国企控股上市公司股东治理指数与反映公司盈利能力的各指标均存在显著的正相关关系。地方国企控股上市公司经理层治理指数与总资产报酬率、总资产净利率和投入资本回报率存在显著的正相关关系。信息披露指数与各盈利能力指标均存在显著正相关关系。而且，部分分指数与盈利能力指标之间的关系还存在一定的滞后效应。

与国资委所属企业控股上市公司样本类似，地方国企控股上市公司股东治理指数和信息披露指数与财务费用占营业收入比例这一指标所反映的代理成本显著负相关，并且存在一定的滞后效应。监事会治理指数与销售费用占营业收入比例显著负相关，而股东治理指数和董事会治理指数与销售费用占营业收入比例显著正相关。监事会治理指数与财务费用占营业收入比例显著正相关，而信息披露指数与管理费用占营业收入比例显著负相关。

地方国企控股上市公司股东治理指数与反映公司成长性的营业收入同比增长率和总资产同比增长率显著正相关，地方国企控股上市公司监事会治理指数与反映公司成长性的营业收入同比增长率显著正相关，地方国企控股上市公司信息披露指标与反映公司成长性的净利润同比增

长率指标显著正相关。

地方国企控股上市公司治理各分指数与上市以来的分红率均不存在显著的正相关关系，这种关系在滞后的一个季度内也不显著。这与国资委所属企业控股上市公司和中央企业控股上市公司样本结论相同。

地方国企控股上市公司董事会治理指数和信息披露指数与企业价值和总市值均呈显著的正相关关系。

地方国企控股上市公司各治理分指数与经济增加值之间，只有信息披露指数呈稳健的显著的正相关关系。这与中央企业控股上市公司样本结论完全相同。

第十一章　国有控股上市公司市值管理与绩效相关性分析

上市公司的市场价值表现是检验市值管理活动有效性的重要标准，市值管理是否提高了上市公司的市场表现已成为社会广泛关注的焦点。本章基于第六章对国资委所属企业控股上市公司市值管理情况的定量描述，进一步分析市值管理中的价值创造、价值经营与市场价值绩效指标的相关性，以检验上市公司市值管理活动产生的经济后果。根据已有文献研究和相关理论分析，价值创造与传统财务绩效指标，以及价值实现与市场价值绩效指标有一定的相关性，而价值创造、价值经营与市场价值在逻辑上不存在相关性。因此，本章重点关注价值创造和价值经营两个维度与市场价值绩效指标的相关关系。本章分为四节内容，分别是国资委所属企业控股上市公司市值管理与市场绩效相关性分析、中央企业控股上市公司市值管理与市场绩效相关性分析、地方国企控股上市公司市值管理与市场绩效相关性分析以及国有控股上市公司市值管理与绩效相关性分析结论。市场绩效指标数据来自 Wind 数据库，市值管理相关指标来自 Wind 数据库和国泰安数据库。

第一节　国资委所属企业控股上市公司市值管理与绩效相关性分析

一、国资委所属企业控股上市公司价值创造与绩效相关性分析

表 11-1 列示了国资委所属企业控股上市公司价值创造与市场绩效指标的 Pearson 相关系数。经济增加值、基本每股收益和净资产收益率与总市值 1、总市值 2 均在 1% 的显著性水平下显著正相关，表明基础价值创造能力有利于提高上市公司的市值表现。国有资本保值增值与市净率（MRQ）、市净率（LF）显著负相关。创新投入比率与市净率显著正相关，表明积极开展创新活动能够提高投资者的市场认可度。

表 11-1　国资委所属企业控股上市公司价值创造与市场绩效指标相关性分析

价值指标	经济增加值（亿元）	基本每股收益（元）	净资产收益率	营业利润现金比率	国有资本保值增值	创新投入比率
总市值 1	0.4627***	0.3471***	0.1425***	0.0086	0.0374	−0.0374

价值指标	经济增加值 （亿元）	基本每股收益 （元）	净资产收益率	营业利润 现金比率	国有资本 保值增值	创新投入比率
总市值 2	0.4563 ***	0.3441 ***	0.1415 ***	0.0087	0.0367	−0.0384
市盈率（TTM）	−0.0055	−0.0181	−0.0034	0.0013	−0.0128	−0.0252
扣非后的市盈率 （TTM）	−0.0061	−0.0166	0.0119	0.0738 **	−0.0034	0.0168
市净率（MRQ）	0.0780 **	0.0602 *	−0.0575 *	−0.0014	−0.0942 ***	0.1568 ***
市净率（LF）	0.0786 **	0.0477	−0.0582 *	0.0022	−0.1304 ***	0.1654 ***
市销率（TTM）	0.0262	0.0200	−0.0202	0.0021	0.0426	0.0059
市销率（LYR）	0.0372	0.0420	0.0098	0.0161	0.0513	−0.0005

注：*** 表示 p<0.01，** 表示 p<0.05，* 表示 p<0.1，下同。

资料来源：作者整理。

二、国资委所属企业控股上市公司价值经营与绩效相关性分析

表 11-2 列示了国资委所属企业控股上市公司价值经营与市场绩效指标的相关关系。是否分派股利与总市值 1 和总市值 2 均显著正相关，相关系数分别为 0.0919 和 0.0901，且均通过了 1% 的显著性水平测试。当年并购重组次数与总市值、扣非后的市盈率（TTM）负相关，与其他相对价值指标正相关，但统计意义均不显著。当年再融资次数与市净率（MRQ）在 10% 的显著性水平下存在正相关关系，且与其他相对价值指标正相关，而与总市值负相关，但统计意义均不显著。以上结果表明股利分派和再融资有助于提高上市公司相对市场价值，但对总市值则产生负面影响。

表 11-2　国资委所属企业控股上市公司价值经营与市场绩效指标相关性分析

价值指标	是否分派股利	当年并购重组次数	当年再融资次数
总市值 1	0.0919 ***	−0.0151	−0.0095
总市值 2	0.0901 ***	−0.0151	−0.0099
市盈率（TTM）	−0.0311	0.0153	−0.0095
扣非后的市盈率（TTM）	−0.0183	−0.0178	0.0025
市净率（MRQ）	−0.0171	0.0498	0.0570 *
市净率（LF）	−0.0189	0.0473	0.0030
市销率（TTM）	−0.0349	0.0240	0.0350
市销率（LYR）	−0.0275	0.0143	0.0387

资料来源：作者整理。

第二节　中央企业控股上市公司市值管理与绩效相关性分析

一、中央企业控股上市公司价值创造与绩效相关性分析

表11-3列示了中央企业控股上市公司价值创造与市场绩效指标的相关关系。中央企业控股上市公司的经济增加值、基本每股收益和净资产收益率与总市值1和总市值2存在正相关关系，且相关系数均在1%的显著性水平下显著，表明上市公司基础价值创造能力越强，越有利于提升公司的绝对市值，改善投资者评价。此外，基本每股收益和净资产收益率都与市净率在1%的显著性水平下正相关，表明中央企业控股上市公司的盈利水平越高，越有利于获得市场投资者的积极认可。营业利润现金比率与扣非后的市盈率（TTM）显著正相关，国有资本保值增值与市净率（LF）显著负相关，说明中央企业控股上市公司的产值增加与市场相对市值表现相脱节。创新投入比率与市净率在1%的显著性水平下正相关，而与总市值在10%的显著性水平下负相关，表明上市公司的研发努力程度越高，越有利于长期改善市场相对市值表现，但短期内降低了公司市值。

表11-3　中央企业控股上市公司价值创造与市场绩效指标相关性分析

价值指标	经济增加值（亿元）	基本每股收益（元）	净资产收益率	营业利润现金比率	国有资本保值增值	创新投入比率
总市值1	0.3593***	0.2010***	0.0959*	0.0169	0.0024	-0.0935*
总市值2	0.3486***	0.1950***	0.0933*	0.0176	0.0004	-0.0954*
市盈率（TTM）	-0.0606	-0.0674	-0.0127	-0.0942*	-0.0000	0.0381
扣非后的市盈率（TTM）	0.0117	0.0174	0.0364	0.1142**	0.0546	0.0476
市净率（MRQ）	0.0932*	0.2569***	0.5220***	0.0260	-0.0256	0.3371***
市净率（LF）	0.0911	0.2242***	0.4436***	0.0314	-0.1681***	0.3783***
市销率（TTM）	0.0268	0.0199	0.0323	-0.0080	0.0946*	0.0277
市销率（LYR）	0.0447	0.0376	0.0369	-0.0025	0.0806	0.0190

资料来源：作者整理。

二、中央企业控股上市公司价值经营与绩效相关性分析

表11-4列示了中央企业控股上市公司价值经营与市场绩效指标的相关关系。是否分派股利与总市值1、总市值2、扣非后的市盈率（TTM）和市净率正相关，而与市销率负相关，但统计意义均不显著。当年并购重组次数与总市值负相关，与市净率（MRQ）在10%的水平下显著正相关，与其他相对市值指标均正相关但不显著，表明并购重组活动对上市公司的绝对市场表现产生了较低的负向影响，而对相对市场表现则产生较显著的正向影响。当年再融资次数与总市值、市盈率（TTM）和市净率（LF）负相关，与扣非后的市盈率（TTM）、市净率（MRQ）以

及市销率正相关，但统计意义均不显著，表明当期再融资次数降低了当期上市公司的绝对市值，但对相对市值表现的影响则存在差异。

表 11-4　中央企业控股上市公司价值经营与市场绩效指标相关性分析

价值指标	是否分派股利	当年并购重组次数	当年再融资次数
总市值 1	0.0792	-0.0022	-0.0434
总市值 2	0.0771	-0.0042	-0.0431
市盈率（TTM）	-0.0538	0.0134	-0.0112
扣非后的市盈率（TTM）	0.0251	0.0972	0.1414
市净率（MRQ）	0.0357	0.0970*	0.0509
市净率（LF）	0.0670	0.0046	-0.0273
市销率（TTM）	-0.0566	0.0236	0.0579
市销率（LYR）	-0.0630	0.0200	0.0377

资料来源：作者整理。

第三节　地方国企控股上市公司市值管理与绩效相关性分析

一、地方国企控股上市公司价值创造与绩效相关性分析

表 11-5 列示了地方国企控股上市公司价值创造与市场绩效指标的相关关系。经济增加值、基本每股收益和净资产收益率都同总市值 1 和总市值 2 在 1% 的显著性水平下正相关，表明地方国企控股上市公司的基础价值创造能力有助于提升绝对市值。经济增加值和净资产收益率分别与市净率显著正相关和显著负相关，表明地方国企控股上市公司的盈利能力对上市公司相对价值实现的影响存在差异。国有资本保值增值与市净率显著负相关，表明地方国企控股上市公司的资本增值能力并未得到市场投资者的认可。创新投入比率与市净率在 5% 的显著性水平下正相关，与扣非后的市盈率（TTM）正相关，而与当期总市值、市盈率（TTM）以及市销率负相关，但统计意义均不显著。该结果表明，加大研发投入力度有利于长期改善地方国企控股上市公司的相对市值表现，但短期看不利于绝对市场价值的实现。

表 11-5　地方国企控股上市公司价值创造与市场绩效指标相关性分析

价值指标	经济增加值（亿元）	基本每股收益（元）	净资产收益率	营业利润现金比率	国有资本保值增值	创新投入比率
总市值 1	0.5609***	0.4287***	0.1646***	0.0080	0.0517	-0.0267

续表

价值指标	经济增加值（亿元）	基本每股收益（元）	净资产收益率	营业利润现金比率	国有资本保值增值	创新投入比率
总市值2	0.5600***	0.4313***	0.1657***	0.0079	0.0523	−0.0271
市盈率（TTM）	−0.0070	−0.0209	−0.0030	0.0013	−0.0145	−0.0282
扣非后的市盈率（TTM）	−0.0152	−0.0272	0.0068	0.0600	−0.0223	0.0202
市净率（MRQ）	0.0757*	−0.0086	−0.2535***	−0.0116	−0.1294***	0.0862**
市净率（LF）	0.0791*	−0.0110	−0.2184***	−0.0083	−0.1173***	0.0863**
市销率（TTM）	0.0252	0.0227	−0.0732*	0.0140	−0.0271	−0.0388
市销率（LYR）	0.0265	0.0512	−0.0151	0.0365	0.0125	−0.0388

资料来源：作者整理。

二、地方国企控股上市公司价值经营与绩效相关性分析

表11-6列示了地方国企控股上市公司绩效经营与市场绩效指标的相关关系。是否分派股利与总市值1和总市值2均在1%的显著性水平下正相关，表明现金分红对上市公司市场绝对价值的提高起到正向促进作用。当年并购重组次数与总市值、扣非后的市盈率（TTM）负相关，而与市盈率（TTM）、市净率和市销率正相关，但统计意义均不显著，表明并购重组对于地方国企控股上市公司的影响存在差异。当年再融资次数与总市值、市净率（MRQ）和市销率正相关，而与市盈率和市净率（LF）负相关。上述结果表明，地方国企控股上市公司开展价值经营活动对市场价值实现的影响存在一定的差异。

表11-6　地方国企控股上市公司价值经营与市场绩效指标相关性分析

价值指标	是否分派股利	当年并购重组次数	当年再融资次数
总市值1	0.1016**	−0.0126	0.0062
总市值2	0.1005**	−0.0112	0.0057
市盈率（TTM）	−0.0385	0.0167	−0.0107
扣非后的市盈率（TTM）	−0.0231	−0.0219	−0.0137
市净率（MRQ）	−0.0345	0.0296	0.0198
市净率（LF）	−0.0404	0.0270	−0.0173
市销率（TTM）	−0.0154	0.0342	0.0027
市销率（LYR）	0.0061	0.0155	0.0372

资料来源：作者整理。

第四节　国有控股上市公司市值管理与绩效相关性分析结论

一、国资委所属企业控股上市公司市值管理与绩效相关性分析结论

通过对国资委所属企业控股上市公司市值管理指标与反映公司市场价值的指标的相关性进行分析，可以得出的总体结论是两者之间存在显著的相关关系。具体来看，第一，国资委所属企业控股上市公司提升价值创造能力，有助于提高公司的市场价值表现。其中，盈利能力（经济增加值、基本每股收益和净资产收益率）作为公司基础价值创造的体现，与总市值显著正相关。国有资本保值增值与市净率显著负相关。创新投入比率与市净率显著正相关。总之，投资者能够对国有控股上市公司的价值创造水平给予客观评价。第二，国资委所属企业控股上市公司提升价值经营能力，有利于提高公司的市值表现。其中，是否分派股利与总体市值显著正相关，当年再融资与市净率显著正相关，表明投资者对价值经营活动予以充分肯定。值得注意的是，当年并购重组活动并未体现出明显的价值相关性，表明国资委所属企业控股上市公司在开展并购重组交易时应当注重交易质量和有效性，避免激进式和跟风式的并购活动，真正实现并购的协同效应，从而长期有助于实现价值的提升。

二、中央企业控股上市公司市值管理与绩效相关性分析结论

基于以上国资委所属企业控股上市公司样本的分析，本章还分别针对中央企业控股上市公司和地方国企控股上市公司的样本进行了市值管理指标与市场绩效指标的相关性分析。结果发现，第一，中央企业控股上市公司的价值创造与市场价值指标显著正相关。其中，盈利能力（经济增加值、基本每股收益和净资产收益率）和创造现金流能力（营业利润现金比率）与总市值显著正相关，创新投入比率与相对价值指标（市净率）显著正相关。但是，我们也应注意到，部分价值创造指标并未完全被市场所接受，甚至产生了负向市场反应（国有资本保值增值），说明短期来看中央企业控股上市公司的价值创造信息并未完全被投资者所捕获，还需通过提高信息披露质量，优化投资者关系管理，从而使市场价格真正反映公司内在价值。第二，中央企业控股上市公司的价值经营与绝大多数市场价值指标正相关，但相关性强度较弱。主要的原因可能是，一方面，在经济环境不确定的背景下，公司开展价值经营活动的动力不足，参与资本运作的积极性不高；另一方面，市场对中央企业控股上市公司的股利分派、并购重组以及再融资活动尚未给予充分的关注。

三、地方国企控股上市公司市值管理与绩效相关性分析结论

根据地方国企控股上市公司市值管理与市场价值指标的相关性分析结果可以得出以下结论：第一，地方国企控股上市公司价值创造与市场绩效的相关性存在差异，投资者异质性较高。其中，经济增加值、基本每股收益和净资产收益率与总市值显著正相关，而净资产收益率和国有资本保值增值率却与市净率显著负相关。此外，创新投入比率与市净率显著正相关。第二，地方国企控股上市公司价值经营与市场绩效的相关性存在不同结果。对于市场绝对价值指标而言，股利分派显著促进了上市公司总市值的提升，但股利分派与相对价值指标呈现负相关关系。此

外，当年并购重组与再融资活动并未同总市值和相对价值指标有显著的相关性，这可能是由于地方国企控股上市公司当年开展并购重组和再融资的频率较低，市场投资者对上述活动的信息效应反馈不足所致。

第十二章　国有控股上市公司经营机制
市场化与绩效相关性分析

本章在前文第七章描述国有控股上市公司经营机制市场化状况的基础上，分别从盈利能力、成长能力和价值指标这三个方面分析国有控股上市公司经营机制市场化与绩效的相关性（其中，领导人薪酬激励、高管—员工薪酬差距与绩效相关性分析的变量经过 Pearson 相关性检验；领导人股权激励与绩效相关性分析的变量经过 Spearman 相关性检验）。

第一节　国资委所属企业控股上市公司经营机制
市场化与绩效相关性分析

一、国资委所属企业控股上市公司领导人薪酬激励与绩效相关性分析

（一）国资委所属企业控股上市公司领导人薪酬激励与盈利能力相关性分析

以国资委所属企业控股上市公司为分析样本，从盈利能力方面来看，高管薪酬激励与净资产收益率（平均）、净资产收益率（加权）、总资产报酬率、总资产净利率和投入资本回报率显著正相关；董事长薪酬激励和总经理薪酬激励都与净资产收益率（平均）、净资产收益率（摊薄）、总资产报酬率、总资产净利率和投入资本回报率显著正相关（见表 12-1）。这在一定程度上表明国资委所属企业控股上市公司提高高管（尤其是董事长和总经理）的薪酬激励水平，有助于提高公司盈利能力。

表 12-1　国资委所属企业控股上市公司领导人薪酬激励与盈利能力相关性分析

盈利能力指标	高管薪酬激励	董事长薪酬激励	总经理薪酬激励
净资产收益率（平均）	0.081 ***	0.084 **	0.089 ***
净资产收益率（加权）	0.053 *	0.059	0.049
净资产收益率（摊薄）	0.048	0.091 **	0.062 **
总资产报酬率	0.121 ***	0.134 ***	0.139 ***
总资产净利率	0.134 ***	0.145 ***	0.146 ***
投入资本回报率	0.120 ***	0.144 ***	0.134 ***

注：*** 表示 $p<0.01$，** 表示 $p<0.05$，* 表示 $p<0.1$，下同。

资料来源：作者整理。

（二）国资委所属企业控股上市公司领导人薪酬激励与成长能力相关性分析

以国资委所属企业控股上市公司为分析样本，从成长能力方面来看，高管薪酬激励与营业收入同比增长率在10%的置信水平上显著正相关；董事长薪酬激励与营业收入同比增长率在5%的置信水平上显著正相关，与总资产同比增长率在1%的置信水平上显著正相关（见表12-2）。这在一定程度上表明国资委所属企业控股上市公司提高高管（尤其是董事长）的薪酬激励水平，有助于提高公司成长能力。

表12-2　国资委所属企业控股上市公司领导人薪酬激励与成长能力相关性分析

成长能力指标	高管薪酬激励	董事长薪酬激励	总经理薪酬激励
营业收入同比增长率	0.058 *	0.094 **	0.033
净利润同比增长率	0.043	0.025	0.035
总资产同比增长率	-0.014	0.189 ***	-0.009

资料来源：作者整理。

（三）国资委所属企业控股上市公司领导人薪酬激励与价值指标相关性分析

以国资委所属企业控股上市公司为分析样本，从价值指标方面来看，高管薪酬激励与企业价值（剔除货币资金）和EVA1在1%的置信水平上显著正相关，与EVA2在10%的置信水平上显著正相关；董事长薪酬激励与企业价值（剔除货币资金）显著正相关；总经理薪酬激励与企业价值（剔除货币资金）和EVA1均在1%的置信水平上显著正相关（见表12-3）。这在一定程度上表明国资委所属企业控股上市公司提高高管（尤其是董事长和总经理）的薪酬激励水平，有助于提高公司价值。

表12-3　国资委所属企业控股上市公司领导人薪酬激励与价值指标相关性分析

价值指标	高管薪酬激励	董事长薪酬激励	总经理薪酬激励
企业价值（剔除货币资金）	0.203 ***	0.358 ***	0.223 ***
EVA1	0.085 ***	0.063	0.082 ***
EVA2	0.049 *	-0.01	0.009

资料来源：作者整理。

二、国资委所属企业控股上市公司领导人股权激励与绩效相关性分析

（一）国资委所属企业控股上市公司领导人股权激励与盈利能力相关性分析

以国资委所属企业控股上市公司为分析样本，从盈利能力方面来看，高管股权激励与反映盈利能力的指标并未呈现显著的相关关系；董事长股权激励和总经理股权激励与净资产收益率（平均）、净资产收益率（加权）、净资产收益率（摊薄）、总资产报酬率、总资产净利率和投入资本回报率均在1%的置信水平上显著正相关（见表12-4）。这在一定程度上表明国资委所属企业控股上市公司提高董事长和总经理的股权激励水平，有助于提高公司盈利能力。

表 12-4　国资委所属企业控股上市公司领导人股权激励与盈利能力相关性分析

盈利能力指标	高管股权激励	董事长股权激励	总经理股权激励
净资产收益率（平均）	-0.011	0.104***	0.091***
净资产收益率（加权）	-0.007	0.108***	0.100***
净资产收益率（摊薄）	-0.010	0.105***	0.094***
总资产报酬率	-0.006	0.093***	0.087***
总资产净利率	-0.027	0.095***	0.087***
投入资本回报率	0.005	0.119***	0.119***

资料来源：作者整理。

（二）国资委所属企业控股上市公司领导人股权激励与成长能力相关性分析

以国资委所属企业控股上市公司为分析样本，从成长能力方面来看，高管股权激励与营业收入同比增长率在10%的置信水平上显著负相关；董事长股权激励与净利润同比增长率在10%的置信水平上显著负相关，与总资产同比增长率在5%的置信水平上显著正相关；总经理股权激励与总资产同比增长率在1%的置信水平上显著正相关（见表12-5）。这在一定程度上表明国资委所属企业控股上市公司提高董事长和总经理的股权激励水平，有助于提高公司成长能力。

表 12-5　国资委所属企业控股上市公司领导人股权激励与成长能力相关性分析

成长能力指标	高管股权激励	董事长股权激励	总经理股权激励
营业收入同比增长率	-0.059*	-0.014	0.001
净利润同比增长率	-0.049	-0.052*	-0.049
总资产同比增长率	0.045	0.064**	0.100***

资料来源：作者整理。

（三）国资委所属企业控股上市公司领导人股权激励与价值指标相关性分析

以国资委所属企业控股上市公司为分析样本，从价值指标方面来看，高管股权激励与企业价值（剔除货币资金）在1%的置信水平上显著正相关，与EVA2在10%的置信水平上显著正相关；董事长股权激励和总经理股权激励与企业价值（剔除货币资金）、EVA1和EVA2显著正相关（见表12-6）。这在一定程度上表明国资委所属企业控股上市公司提高高管（尤其是董事长和总经理）的股权激励水平，有助于提高公司价值。

表 12-6　国资委所属企业控股上市公司领导人股权激励与价值指标相关性分析

价值指标	高管股权激励	董事长股权激励	总经理股权激励
企业价值（剔除货币资金）	0.100***	0.092***	0.082**
EVA1	0.045	0.130***	0.125***
EVA2	0.065*	0.110***	0.111***

资料来源：作者整理。

三、国资委所属企业控股上市公司分配机制与绩效相关性分析

（一）国资委所属企业控股上市公司分配机制与盈利能力相关性分析

以国资委所属企业控股上市公司为分析样本，从盈力能力方面来看，高管—员工薪酬差距与净资产收益率（加权）、净资产收益率（摊薄）、总资产报酬率、总资产净利率、投入资本回报率正相关，但并不显著（见表12-7）。

表 12-7 国资委所属企业控股上市公司分配机制与盈利能力相关性分析

盈利能力指标	高管—员工薪酬差距
净资产收益率（平均）	−0.012
净资产收益率（加权）	0.006
净资产收益率（摊薄）	0.012
总资产报酬率	0.014
总资产净利率	0.023
投入资本回报率	0.012

资料来源：作者整理。

（二）国资委所属企业控股上市公司分配机制与成长能力相关性分析

以国资委所属企业控股上市公司为分析样本，从成长能力方面来看，高管—员工薪酬差距与营业收入同比增长率、净利润同比增长率正相关，但并不显著（见表12-8）。

表 12-8 国资委所属企业控股上市公司分配机制与成长能力相关性分析

成长能力指标	高管—员工薪酬差距
营业收入同比增长率	0.021
净利润同比增长率	0.045
总资产同比增长率	−0.017

资料来源：作者整理。

（三）国资委所属企业控股上市公司分配机制与价值指标相关性分析

以国资委所属企业控股上市公司为分析样本，从价值指标方面来看，高管—员工薪酬差距与企业价值（剔除货币资金）、EVA2正相关，但并不显著（见表12-9）。

表 12-9 国资委所属企业控股上市公司分配机制与价值指标相关性分析

价值指标	高管—员工薪酬差距
企业价值（剔除货币资金）	0.031
EVA1	−0.015
EVA2	0.031

资料来源：作者整理。

第二节　中央企业控股上市公司经营机制市场化与绩效相关性分析

一、中央企业控股上市公司领导人薪酬激励与绩效相关性分析

（一）中央企业控股上市公司领导人薪酬激励与盈利能力相关性分析

以中央企业控股上市公司为分析样本，从盈利能力方面来看，高管薪酬激励与净资产收益率（加权）、总资产报酬率、总资产净利率和投入资本回报率显著正相关；董事长薪酬激励和总经理薪酬激励与净资产收益率（加权）、总资产报酬率、总资产净利率和投入资本回报率均显著正相关（见表12-10）。这在一定程度上表明中央企业控股上市公司提高高管（特别是董事长和总经理）的薪酬激励水平，有助于提高公司盈利能力。

表 12-10　中央企业控股上市公司领导人薪酬激励与盈利能力相关性分析

盈利能力指标	高管薪酬激励	董事长薪酬激励	总经理薪酬激励
净资产收益率（平均）	0.075	0.103	0.084
净资产收益率（加权）	0.169***	0.156*	0.144**
净资产收益率（摊薄）	0.045	0.131	0.064
总资产报酬率	0.189***	0.236***	0.187***
总资产净利率	0.160***	0.227***	0.173***
投入资本回报率	0.122**	0.192**	0.117**

资料来源：作者整理。

（二）中央企业控股上市公司领导人薪酬激励与成长能力相关性分析

以中央企业控股上市公司为分析样本，从成长能力方面来看，高管薪酬激励、董事长薪酬激励、总经理薪酬激励与总资产同比增长率在1%的置信水平上显著正相关（见表12-11）。这在一定程度上表明中央企业控股上市公司提高高管（特别是董事长和总经理）的薪酬激励水平，有助于提高公司成长能力。

表 12-11　中央企业控股上市公司领导人薪酬激励与成长能力相关性分析

成长能力指标	高管薪酬激励	董事长薪酬激励	总经理薪酬激励
营业收入同比增长率	0.089	0.056	0.035
净利润同比增长率	0.028	0.052	0.036
总资产同比增长率	0.266***	0.281***	0.216***

资料来源：作者整理。

（三）中央企业控股上市公司领导人薪酬激励与价值指标相关性分析

以中央企业控股上市公司为分析样本，从价值指标方面来看，高管薪酬激励与企业价值

（剔除货币资金）、EVA1 和 EVA2 在 1% 的置信水平上显著正相关；董事长薪酬激励与企业价值（剔除货币资金）和 EVA1 在 1% 的置信水平上显著正相关；总经理薪酬激励与企业价值（剔除货币资金）和 EVA1 在 5% 的置信水平上显著正相关（见表 12-12）。这在一定程度上表明中央企业控股上市公司提高高管、董事长和总经理的薪酬激励水平，有助于提高公司价值。

表 12-12　中央企业控股上市公司领导人薪酬激励与价值指标相关性分析

价值指标	高管薪酬激励	董事长薪酬激励	总经理薪酬激励
企业价值（剔除货币资金）	0.196***	0.293***	0.129**
EVA1	0.238***	0.220***	0.142**
EVA2	0.173***	0.137	0.094

资料来源：作者整理。

二、中央企业控股上市公司领导人股权激励与绩效相关性分析

（一）中央企业控股上市公司领导人股权激励与盈利能力相关性分析

以中央企业控股上市公司为分析样本，从盈利能力方面来看，高管股权激励与盈利能力的各个指标正相关，但不显著；董事长股权激励与净资产收益率（加权）在 10% 的置信水平上显著正相关；总经理股权激励与净资产收益率（平均）、净资产收益率（加权）、净资产收益率（摊薄）、总资产报酬率、总资产净利率和投入资本回报率均在 1% 的置信水平上显著正相关（见表 12-13）。这在一定程度上表明中央企业控股上市公司提高董事长和总经理的股权激励水平，有助于提高公司盈利能力。

表 12-13　中央企业控股上市公司领导人股权激励与盈利能力相关性分析

盈利能力指标	高管股权激励	董事长股权激励	总经理股权激励
净资产收益率（平均）	0.072	0.090	0.220***
净资产收益率（加权）	0.064	0.097*	0.235***
净资产收益率（摊薄）	0.071	0.086	0.220***
总资产报酬率	0.027	0.039	0.166***
总资产净利率	0.033	0.095	0.180***
投入资本回报率	0.060	0.090	0.209***

资料来源：作者整理。

（二）中央企业控股上市公司领导人股权激励与成长能力相关性分析

以中央企业控股上市公司为分析样本，从成长能力方面来看，高管股权激励、总经理股权激励与总资产同比增长率在 1% 的置信水平上显著正相关；董事长股权激励与成长能力的各个指标的关系都不显著（见表 12-14）。这在一定程度上表明中央企业控股上市公司提高总经理的股权激励水平，有助于提高公司成长能力。

表 12-14   中央企业控股上市公司领导人股权激励与成长能力相关性分析

成长能力指标	高管股权激励	董事长股权激励	总经理股权激励
营业收入同比增长率	0.008	−0.004	0.091
净利润同比增长率	0.042	−0.048	−0.004
总资产同比增长率	0.182***	0.071	0.203***

资料来源：作者整理。

（三）中央企业控股上市公司领导人股权激励与价值指标相关性分析

以中央企业控股上市公司为分析样本，从价值指标方面来看，高管股权激励与企业价值（剔除货币资金）和 EVA1 在 10% 的置信水平上显著正相关；总经理股权激励与 EVA1 和 EVA2 显著正相关（见表 12-15）。这在一定程度上表明中央企业控股上市公司提高总经理的股权激励水平，有助于提高公司价值。

表 12-15   中央企业控股上市公司领导人股权激励与价值指标相关性分析

价值指标	高管股权激励	董事长股权激励	总经理股权激励
企业价值（剔除货币资金）	0.112*	−0.014	0.085
EVA1	0.116*	0.093	0.168***
EVA2	0.093	−0.003	0.147**

资料来源：作者整理。

三、中央企业控股上市公司分配机制与绩效相关性分析

（一）中央企业控股上市公司分配机制与盈利能力相关性分析

以中央企业控股上市公司为分析样本，从盈力能力方面来看，高管—员工薪酬差距与净资产收益率（加权）在 1% 的水平上显著负相关（见表 12-16）。这在一定程度上表明中央企业控股上市公司适当缩小高管与员工的薪酬差距，有助于提高公司盈利能力。

表 12-16   中央企业控股上市公司分配机制与盈利能力相关性分析

盈利能力指标	高管—员工薪酬差距
净资产收益率（平均）	−0.051
净资产收益率（加权）	−0.154***
净资产收益率（摊薄）	0.023
总资产报酬率	−0.032
总资产净利率	−0.034
投入资本回报率	−0.023

资料来源：作者整理。

（二）中央企业控股上市公司分配机制与成长能力相关性分析

以中央企业控股上市公司为分析样本，从成长能力方面来看，高管—员工薪酬差距与成长

能力的各个指标都不显著（见表12-17）。

表 12-17 中央企业控股上市公司分配机制与成长能力相关性分析

成长能力指标	高管—员工薪酬差距
营业收入同比增长率	0.010
净利润同比增长率	−0.003
总资产同比增长率	−0.092

资料来源：作者整理。

（三）中央企业控股上市公司分配机制与价值指标相关性分析

以中央企业控股上市公司为分析样本，高管—员工薪酬差距与企业价值（剔除货币资金）和EVA2在10%的置信水平上显著负相关（见表12-18）。这在一定程度上表明中央企业控股上市公司适度缩小公司高管—员工薪酬差距，有助于提高公司价值。

表 12-18 中央企业控股上市公司分配机制与价值指标相关性分析

价值指标	高管—员工薪酬差距
企业价值（剔除货币资金）	−0.110*
EVA1	−0.05
EVA2	−0.100*

资料来源：作者整理。

第三节 地方国企控股上市公司经营机制市场化与绩效相关性分析

一、地方国企控股上市公司领导人薪酬激励与绩效相关性分析

（一）地方国企控股上市公司领导人薪酬激励与盈利能力相关性分析

以地方国企控股上市公司为分析样本，从盈利能力方面来看，高管薪酬激励与净资产收益率（平均）、净资产收益率（加权）、总资产报酬率、总资产净利率和投入资本回报率均显著正相关；董事长薪酬激励与净资产收益率（平均）、净资产收益率（加权）、总资产报酬率、总资产净利率和投入资本回报率均显著正相关；总经理薪酬激励与净资产收益率（平均）、净资产收益率（加权）、净资产收益率（摊薄）、总资产报酬率、总资产净利率和投入资本回报率均显著正相关（见表12-19）。这在一定程度上表明地方国企控股上市公司提高高管（尤其是董事长和总经理）的薪酬激励水平，有助于提高公司盈利能力。

表 12-19　地方国企控股上市公司领导人薪酬激励与盈利能力相关性分析

盈利能力指标	高管薪酬激励	董事长薪酬激励	总经理薪酬激励
净资产收益率（平均）	0.133 ***	0.157 ***	0.154 ***
净资产收益率（加权）	0.138 ***	0.153 ***	0.153 ***
净资产收益率（摊薄）	0.061	0.084	0.071 *
总资产报酬率	0.099 **	0.110 *	0.108 **
总资产净利率	0.120 ***	0.127 **	0.126 ***
投入资本回报率	0.117 ***	0.121 **	0.125 ***

资料来源：作者整理。

（二）地方国企控股上市公司领导人薪酬激励与成长能力相关性分析

以地方国企控股上市公司为分析样本，从成长能力方面来看，高管薪酬激励与总资产同比增长率在5%的置信水平上显著正相关，与成长能力的其他指标都不存在显著的相关关系；董事长薪酬激励与总资产同比增长率在1%的置信水平上显著正相关（见表12-20）。这在一定程度上表明地方国企控股上市公司提高董事长的薪酬激励水平，有助于提高公司成长能力。

表 12-20　地方国企控股上市公司领导人薪酬激励与成长能力相关性分析

成长能力指标	高管薪酬激励	董事长薪酬激励	总经理薪酬激励
营业收入同比增长率	0.033	0.067	0.024
净利润同比增长率	0.021	-0.001	0.014
总资产同比增长率	0.082 **	0.174 ***	0.063

资料来源：作者整理。

（三）地方国企控股上市公司领导人薪酬激励与价值指标相关性分析

以地方国企控股上市公司为分析样本，从价值指标方面来看，高管薪酬激励与企业价值（剔除货币资金）和EVA2在1%的置信水平上显著正相关，与EVA1在5%的置信水平上显著正相关；董事长薪酬激励和总经理薪酬激励与企业价值（剔除货币资金）、EVA1和EVA2均在1%的置信水平上显著正相关（见表12-21）。这在一定程度上表明地方国企控股上市公司提高高管，特别是董事长和总经理的薪酬激励水平，有助于提高公司价值。

表 12-21　地方国企控股上市公司领导人薪酬激励与价值指标相关性分析

价值指标	高管薪酬激励	董事长薪酬激励	总经理薪酬激励
企业价值（剔除货币资金）	0.189 ***	0.437 ***	0.342 ***
EVA1	0.088 **	0.171 ***	0.160 ***
EVA2	0.193 ***	0.308 ***	0.272 ***

资料来源：作者整理。

二、地方国企控股上市公司领导人股权激励与绩效相关性分析

(一) 地方国企控股上市公司领导人股权激励与盈利能力相关性分析

以地方国企控股上市公司为分析样本,从盈利能力方面来看,高管股权激励与盈利能力的大多数指标正相关,但不显著;董事长股权激励与净资产收益率(平均)、净资产收益率(加权)、净资产收益率(摊薄)、总资产报酬率、总资产净利率和投入资本回报率显著正相关;总经理股权激励与净资产收益率(平均)、净资产收益率(加权)、净资产收益率(摊薄)、投入资本回报率显著正相关,与盈利能力的其他指标不存在显著的相关关系(见表12-22)。这在一定程度上表明地方国企控股上市公司提高董事长和总经理的股权激励水平,有助于提高公司盈利能力。

表 12-22 地方国企控股上市公司领导人股权激励与盈利能力相关性分析

盈利能力指标	高管股权激励	董事长股权激励	总经理股权激励
净资产收益率(平均)	0.015	0.143***	0.074*
净资产收益率(加权)	0.020	0.146***	0.077*
净资产收益率(摊薄)	0.019	0.146***	0.078*
总资产报酬率	0.019	0.122***	0.067
总资产净利率	-0.018	0.114***	0.070
投入资本回报率	0.035	0.160***	0.108**

资料来源:作者整理。

(二) 地方国企控股上市公司领导人股权激励与成长能力相关性分析

以地方国企控股上市公司为分析样本,从成长能力方面来看,高管股权激励与成长能力的各个指标的相关关系都不显著;董事长股权激励和总经理股权激励与总资产同比增长率在5%的置信水平上显著正相关,与成长能力的其他指标的相关关系不显著(见表12-23)。在一定程度上表明地方国企控股上市公司提高董事长和总经理的股权激励水平,有助于提高公司成长能力。

表 12-23 地方国企控股上市公司领导人股权激励与成长能力相关性分析

成长能力指标	高管股权激励	董事长股权激励	总经理股权激励
营业收入同比增长率	-0.044	0.003	-0.038
净利润同比增长率	-0.039	-0.021	-0.046
总资产同比增长率	0.036	0.097**	0.093**

资料来源:作者整理。

(三) 地方国企控股上市公司领导人股权激励与价值指标相关性分析

以地方国企控股上市公司为分析样本,从价值指标方面来看,高管股权激励与企业价值(剔除货币资金)和EVA2显著正相关;董事长股权激励和总经理股权激励与企业价值(剔除货币资金)、EVA1和EVA2显著正相关(见表12-24)。这在一定程度上表明地方国企控股上市公司提高高管,特别是董事长和总经理的股权激励水平,有助于提高公司价值。

表 12-24　地方国企控股上市公司领导人股权激励与价值指标相关性分析

价值指标	高管股权激励	董事长股权激励	总经理股权激励
企业价值（剔除货币资金）	0.122***	0.170***	0.099*
EVA1	0.061	0.156***	0.111**
EVA2	0.097**	0.174***	0.103**

资料来源：作者整理。

三、地方国企控股上市公司分配机制与绩效相关性分析

（一）地方国企控股上市公司分配机制与盈利能力相关性分析

以地方国企控股上市公司为分析样本，从盈利能力方面看，高管—员工薪酬差距与净资产收益率（平均）、净资产收益率（加权）、净资产收益率（摊薄）、总资产报酬率、总资产净利率和投入资本回报率均呈正相关关系，但不显著（见表 12-25）。

表 12-25　地方国企控股上市公司分配机制与盈利能力相关性分析

盈利能力指标	高管—员工薪酬差距
净资产收益率（平均）	0.012
净资产收益率（加权）	0.036
净资产收益率（摊薄）	0.000
总资产报酬率	0.037
总资产净利率	0.048
投入资本回报率	0.039

资料来源：作者整理。

（二）地方国企控股上市公司分配机制与成长能力相关性分析

以地方国企控股上市公司为分析样本，从成长能力方面看，高管—员工薪酬差距与成长能力的各个指标均不呈显著的相关关系（见表 12-26）。

表 12-26　地方国企控股上市公司分配机制与成长能力相关性分析

成长能力指标	高管—员工薪酬差距
营业收入同比增长率	−0.023
净利润同比增长率	0.065
总资产同比增长率	−0.033

资料来源：作者整理。

（三）地方国企控股上市公司分配机制与价值指标相关性分析

以地方国企控股上市公司为分析样本，从价值指标方面看，高管—员工薪酬差距与企业价值（剔除货币资金）、EVA1 和 EVA2 呈正相关关系，但不显著（见表 12-27）。

表 12-27　地方国企控股上市公司分配机制与价值指标相关性分析

价值指标	高管—员工薪酬差距
企业价值（剔除货币资金）	0.019
EVA1	0.065
EVA2	0.065

资料来源：作者整理。

第四节　国有控股上市公司经营机制市场化与绩效相关性分析结论

一、国资委所属企业控股上市公司经营机制市场化与绩效相关性分析结论

通过国资委所属企业控股上市公司经营机制市场化相关指标与反映公司绩效的指标的相关性分析可以得出的总体结论是两者之间存在显著的相关关系。

第一，国资委所属企业控股上市公司提高董事长和总经理的薪酬激励水平，有助于提高公司盈利能力和公司成长能力，提升公司价值。2014 年 8 月《中央管理企业负责人薪酬制度改革方案》提出，要建立与中央企业负责人选任方式相匹配、与企业功能性质相适应的差异化薪酬分配办法，对不合理偏高、过高收入进行调整，形成中央管理企业负责人与企业职工之间合理工资收入分配关系，合理调节不同行业企业负责人之间的薪酬差距，促进社会公平正义。根据上市公司数据分析，研究结论表明提高董事长和总经理的薪酬激励水平可以明显提升公司盈利能力、公司成长能力和公司价值。

第二，国资委所属企业控股上市公司提高董事长和总经理的股权激励水平，有助于提高公司盈利能力、公司成长能力以及公司价值。国有控股上市公司的主要激励工具为股票期权、股票增值权和限制性股票。主要政策依据包括：《国有控股上市公司（境外）实施股权激励试行办法》（国资发分配〔2006〕8 号）、《国有控股上市公司（境内）实施股权激励试行办法》（国资发分配〔2006〕175 号）、《关于严格规范国有控股上市公司（境外）实行股权激励有关事项的通知》（国资发分配〔2007〕168 号）、《关于规范国有控股上市公司实施股权激励制度有关问题的通知》（国资发分配〔2008〕171 号）、《上市公司股权激励管理办法》（中国证监会令第 126 号）以及《关于进一步做好中央企业控股上市公司股权激励工作有关事项的通知》（国资发考分规〔2019〕102 号）等。近年来，中央企业积极推动国有控股上市公司股权激励措施，推动了一批企业特别是科技型企业的股权激励，包括中国联通、海康威视、国网南瑞的限制性股票等。

第三，国资委所属企业控股上市公司高管—员工薪酬差距与公司盈利能力、公司成长能力和公司价值的关系不显著，一定程度上表明国资委所属企业控股上市公司高管与员工的薪酬关系需要坚持效益导向与维护公平相统一。

二、中央企业控股上市公司经营机制市场化与绩效相关性分析结论

针对中央企业控股上市公司的样本，对经营机制市场化指标与绩效指标的关系进行检验，

发现：

第一，中央企业控股上市公司提高高管，特别是董事长和总经理的薪酬激励水平，有助于提高公司盈利能力、公司成长能力和公司价值。

第二，中央企业控股上市公司提高董事长和总经理的股权激励水平，有助于提高公司盈利能力；提高总经理股权激励水平有助于提高公司成长能力和公司价值。

第三，中央企业控股上市公司合理缩小高管与员工的薪酬差距，有助于提高公司盈利能力和公司价值。

三、地方国企控股上市公司经营机制市场化与绩效相关性分析结论

针对地方国企控股上市公司的样本，对经营机制市场化指标与绩效指标的关系进行检验，发现：

第一，地方国企控股上市公司提高董事长和总经理的薪酬激励水平，有助于提高公司盈利能力；提高总经理薪酬激励水平有助于提高公司成长能力；提高高管（尤其是董事长和总经理）薪酬激励水平有助于提高公司价值。

第二，地方国企控股上市公司提高董事长和总经理的股权激励水平，有助于提高公司盈利能力、公司成长能力和公司价值。

第三，地方国企控股上市公司高管—员工薪酬差距与公司盈利能力、成长能力和公司价值的关系不显著。

第十三章　国有控股上市公司创新与绩效相关性分析

在变化迅速和竞争激烈的经营环境中，创新逐渐成为企业生存和发展的重要驱动力量。作为提升企业竞争力的关键，创新对企业绩效产生了重要影响。现有关于国有企业创新与绩效的研究主要集中于对某一行业或某一板块的研究，却没有关注中央企业和地方国企之间的差距。由于中央企业和地方国企的定位及制度差异，它们的创新行为对于绩效的影响效果和影响程度将会存在一定的差异。本章将重点聚焦国资委控股上市公司，分别以国资委所属企业控股上市公司、中央企业控股上市公司和地方国企控股上市公司为研究样本，选取 2014 年至 2019 年的数据，以研发投入金额、研发人员作为研发投入代理变量，以创新专利申请数、授权数作为创新产出代理变量，从盈利能力和价值指标两个方面对公司绩效进行衡量，并使用固定效应模型，对创新和绩效相关性进行回归分析，检验创新指标同绩效之间的相关性。本章数据来源于 CS-MAR 数据库及笔者整理。

第一节　国资委所属企业控股上市公司创新与绩效相关性分析

一、国资委所属企业控股上市公司研发投入与绩效相关性分析

（一）国资委所属企业控股上市公司当期研发投入与当期绩效相关性分析

由表 13-1 可知，对于国资委所属企业控股上市公司来说，当期的研发人员的数量及投入比例与企业的绩效指标负相关，而与市场价值指标正相关。产生这种现象的原因是当期的研发人员的投入相当于增加了企业的成本，然而当期的研发投入却无法立即转化为企业的盈利能力，因此企业的绩效指标呈现出与研发人员数量及比例负相关的趋势。另外，企业的研发投入金额与研发投入金额占营业收入的比例也同企业绩效指标负相关。但从企业的市场价值指标来看，研发人员的数量与企业的托宾 Q 值和市净率显著正相关，这体现了投资者对于企业当期研发人员投入的认可，表明市场充分肯定了国资委控股上市公司的研发投入，国资委控股上市公司应保持甚至继续加大创新投入，尤其是研发人员的投入。由表 13-2 可知，非国资委控股上市公司中，各指标的变化趋势与国资委控股上市公司基本相同，但其研发投入金额与托宾 Q 值和市净率负相关，表明市场并未对非国资委控股上市公司的研发投入有正向的反映。

表 13-1　国资委所属企业控股上市公司当期研发投入与当期绩效回归结果统计表

指标	总资产回报率	净资产回报率	投入资本回报率	基本每股收益	托宾 Q 值	市净率
研发人员数量	-0.056**	-0.143***	0.187	-0.295	1.264**	3.054***
研发人员比例	-0.030***	-0.077***	0.081	-0.302***	0.098	0.133
研发投入金额	-0.014	-0.073**	0.104	-0.080	-0.368	-1.032
研发投入金额比例	-0.332***	-0.898***	0.917	-2.914***	-2.779***	-2.565

注：***表示 p<0.01，**表示 p<0.05，*表示 p<0.1，下同。

资料来源：作者整理。

表 13-2　非国资委控股上市公司当期研发投入与当期绩效回归结果统计表

指标	总资产回报率	净资产回报率	投入资本回报率	基本每股收益	托宾 Q 值	市净率
研发人员数量	-0.175***	-0.297**	-1.453	-1.022**	3.390***	-0.213
研发人员比例	-0.062***	-0.115***	-0.477*	-0.366**	1.102***	-0.153
研发投入金额	-0.036	-0.055	0.304	-0.296	-0.997*	-2.794**
研发投入金额比例	-0.505***	-1.026***	-1.065	-3.464***	-1.210	-1.228

资料来源：作者整理。

（二）国资委所属企业控股上市公司前期研发投入与当期绩效相关性分析

由表 13-3、表 13-4 和表 13-5 可知，对于国资委控股上市公司来说，相比于当期绩效与当期研发投入，当期的市场价值指标与前几年的研发人员投入均为负相关，这说明前期的研发人员投入并不能提高市场对企业价值的判断，但是企业当期的绩效指标与前期的研发人员投入正相关，表明企业对于研发人员的投入确实会提升未来的绩效。而对于研发投入金额来说，滞后期的研发投入金额与当期的企业绩效指标无明显相关性，说明在国资委控股上市公司中，创新资金投入对企业绩效的影响并不显著。这种情况很大程度源于国有企业肩负的社会责任，其所进行的创新活动服务于整个行业甚至整个社会，因此创新的投入并不能很好地反映企业价值的提升。但国有企业在反映创新水平、创新质量的奖项"国家科学技术进步奖"中表现出色，充分证明了社会对其创造价值的肯定。同时，国有企业积极建设创新平台以服务于各行各业，如中国铁路总公司所属的中铁信息工程集团有限公司参与建立的国内首个以系统安全为目标的国家级科技创新平台——"城市轨道交通系统安全保障技术国家工程实验室"；中国电信打造 5G 双创能力开放中心，为全球产业链合作伙伴提供 5G 垂直应用研发试验环境，围绕物联网无人机、云 AR（增强现实）/VR（虚拟现实）、智能网联汽车等应用场景，合作研发 5G 创新应用，探索形成可复制、可推广的模式，打造 5G 产业生态圈，助推深圳构筑 5G 通信建设和应用的领跑格局。

表 13-3　国资委所属企业控股上市公司当期绩效与滞后一年研发投入回归结果统计表

指标	总资产回报率	净资产回报率	投入资本回报率	基本每股收益	托宾 Q 值	市净率
研发人员数量	0.075***	0.207***	-0.276	0.924***	-6.143***	-15.448***
研发人员比例	-0.002	0.002	-0.050	-0.009	-2.720***	-6.109***

续表

指标	总资产回报率	净资产回报率	投入资本回报率	基本每股收益	托宾Q值	市净率
研发投入金额	-0.008	-0.021	-0.189	-0.002	-0.514	-2.575***
研发投入金额比例	-0.069	-0.155	1.647*	-0.221	-6.680***	-15.857***

资料来源：作者整理。

表13-4　国资委所属企业控股上市公司当期绩效与滞后两年研发投入回归结果统计表

指标	总资产回报率	净资产回报率	投入资本回报率	基本每股收益	托宾Q值	市净率
研发人员数量	0.001	-0.001	0.344**	0.037	-1.730***	-4.424***
研发人员比例	-0.023	-0.071	1.170	1.123**	-5.469***	-15.992***
研发投入金额	-0.007	-0.012	-0.097	0.135	-0.017	-0.866
研发投入金额比例	0.007	-0.009	0.905	0.363	-2.875**	-6.869**

资料来源：作者整理。

表13-5　国资委所属企业控股上市公司当期绩效与过去三年研发投入回归结果统计表

指标	总资产回报率	净资产回报率	投入资本回报率	基本每股收益	托宾Q值	市净率
研发人员数量	-0.019**	-0.045**	-0.191	-0.211**	-0.828***	-2.318***
研发人员比例	-0.159**	-0.317*	0.364	-0.562	-3.588***	-7.990***
研发投入金额	-0.021	-0.035	0.113	0.032	0.350	-0.296
研发投入金额比例	-0.064	-0.219	-1.751	-1.143*	0.306	3.330

资料来源：作者整理。

　　由表13-6、表13-7和表13-8可知，对于非国资委控股上市公司来说，当期的绩效指标和市场指标均与滞后期的研发人员负相关，说明前期投入的研发人员并不能给非国资委控股上市公司带来绩效或市场认可的增加。而对于研发投入金额来说，当期的绩效指标与前期研发投入金额占营业收入的比例正相关，表明前期的研发投入比例会对非国资委控股上市公司未来的绩效起促进作用。

表13-6　非国资委控股上市公司当期绩效与滞后一年研发投入回归结果统计表

指标	总资产回报率	净资产回报率	投入资本回报率	基本每股收益	托宾Q值	市净率
研发人员数量	-0.133**	-0.240*	-1.300	-0.588	-6.482***	-22.934***
研发人员比例	-0.059***	-0.131***	-0.503*	-0.308**	-1.579***	-5.121***
研发投入金额	-0.104***	-0.208***	-0.628	-0.729***	-1.002	-3.142**
研发投入金额比例	-0.141	-0.037	3.313**	-0.690	-1.725	-7.451

资料来源：作者整理。

表 13-7　非国资委控股上市公司当期绩效与滞后两年研发投入回归结果统计表

指标	总资产回报率	净资产回报率	投入资本回报率	基本每股收益	托宾 Q 值	市净率
研发人员数量	-0.017	-0.015	-0.316	0.135	-1.949 ***	-4.631 ***
研发人员比例	-0.369 ***	-0.647 **	-3.799 **	-2.212 **	-4.893 *	-19.725 ***
研发投入金额	-0.101 ***	-0.155 *	-0.578	-0.622 **	-0.110	-1.894
研发投入金额比例	0.153	0.564 *	0.322	1.157	-7.739 ***	-17.488 ***

资料来源：作者整理。

表 13-8　非国资委控股上市公司当期绩效与过去三年研发投入回归结果统计表

指标	总资产回报率	净资产回报率	投入资本回报率	基本每股收益	托宾 Q 值	市净率
研发人员数量	0.015	0.050	0.552	-0.137	-1.913 ***	-5.400 ***
研发人员比例	-0.146	-0.246	4.346	-3.725 **	-2.877	-9.209
研发投入金额	-0.061	-0.106	0.669	-0.778 *	0.553	1.360
研发投入金额比例	0.300 *	0.918 **	-4.917 *	0.931	0.914	-5.978

资料来源：作者整理。

二、国资委所属企业控股上市公司创新产出与绩效相关性分析

（一）国资委所属企业控股上市公司当期创新产出与当期绩效相关性分析

由表 13-9 可知，对于国资委控股上市公司来说，当期专利申请数与当期的企业绩效指标显著正相关，说明企业的创新产出对其绩效有着正向的影响。此外，当期专利授权数与市净率正相关，反映出了市场对公司专利产出的重视。由表 13-10 可知，对于非国资委控股上市公司来说，专利的申请与授权对企业当期的绩效有负向的作用，表明非国资委控股上市公司的专利产出并不能立刻为其带来经济效益，其对专利的利用还需进一步加强。

表 13-9　国资委所属企业控股上市公司当期创新产出与当期绩效回归结果统计表

指标	总资产回报率	净资产回报率	投入资本回报率	基本每股收益	托宾 Q 值	市净率
专利申请数	0.118 ***	0.222 **	0.244	1.068 **	-1.274	-1.565
专利授权数	0.146 **	0.312 **	0.204	0.955	2.018	7.450 **
发明型专利申请数	0.067 *	0.162	-0.399	0.445	-0.759	-2.489
发明型专利授权数	0.013	0.070	0.118	-0.057	0.080	0.252

资料来源：作者整理。

表 13-10　非国资委控股上市公司当期创新产出与当期绩效回归结果统计表

指标	总资产回报率	净资产回报率	投入资本回报率	基本每股收益	托宾 Q 值	市净率
专利申请数	-0.273 **	-0.500 *	-2.895	-1.603	0.514	4.299
专利授权数	-0.348 **	-0.683 *	-5.811 **	-1.834	-4.131	-8.588
发明型专利申请数	-0.020	0.090	-2.334	-0.654	-3.559	-10.672

指标	总资产回报率	净资产回报率	投入资本回报率	基本每股收益	托宾 Q 值	市净率
发明型专利授权数	0.006	0.217	-3.590	-1.299	-5.221	-8.900

资料来源：作者整理。

（二）国资委所属企业控股上市公司前期创新产出与当期绩效相关性分析

由表 13-11、表 13-12 和表 13-13 可知，对于国资委控股上市公司来说，滞后一期的专利申请数对当期的公司绩效具有显著的正向影响，证实了专利对公司绩效影响的滞后性，尤其是发明型专利，作为公司专利质量的代表，其对公司未来绩效指标的影响更为显著。因此，国资委控股上市公司应更专注于专利的质量，为未来的公司发展提供动力。

表 13-11　国资委所属企业控股上市公司当期绩效与滞后一年创新产出回归结果统计表

指标	总资产回报率	净资产回报率	投入资本回报率	基本每股收益	托宾 Q 值	市净率
专利申请数	0.097**	0.165	-0.282	1.124**	0.667	0.591
专利授权数	0.089	0.095	1.509	0.933	0.057	-0.988
发明型专利申请数	0.102**	0.278**	-0.451	0.862*	-1.316	-4.360*
发明型专利授权数	0.084	0.102	0.602	0.616	-1.280	-3.045

资料来源：作者整理。

表 13-12　国资委所属企业控股上市公司当期绩效与滞后两年创新产出回归结果统计表

指标	总资产回报率	净资产回报率	投入资本回报率	基本每股收益	托宾 Q 值	市净率
专利申请数	0.051	0.131	-0.336	0.732	-0.096	-3.064
专利授权数	0.061	0.220	0.922	0.995	-0.326	-2.278
发明型专利申请数	0.063	0.128	-0.976	0.848	-0.322	-0.527
发明型专利授权数	0.039	0.113	-0.918	0.976	-0.748	-1.304

资料来源：作者整理。

表 13-13　国资委所属企业控股上市公司当期绩效与过去三年创新产出回归结果统计表

指标	总资产回报率	净资产回报率	投入资本回报率	基本每股收益	托宾 Q 值	市净率
专利申请数	-0.064	-0.129	-1.936	-0.657	-0.289	-2.240
专利授权数	-0.044	-0.078	-2.106	-0.879	-2.353	-7.585**
发明型专利申请数	-0.023	-0.023	0.228	0.155	1.066	0.251
发明型专利授权数	-0.134	-0.149	1.782	-0.517	2.031	2.340

资料来源：作者整理。

由表 13-14、表 13-15 和表 13-16 可知，对于非国资委控股上市公司来说，滞后期的专利申请数和授权数与公司当期绩效指标无显著关系，但滞后一期的发明型专利的申请数与授权数会显著提高公司的投入资本回报率，表明专利的质量是影响公司未来盈利能力的重要参考。

表 13-14   非国资委控股上市公司当期绩效与滞后一年创新产出回归结果统计表

指标	总资产回报率	净资产回报率	投入资本回报率	基本每股收益	托宾 Q 值	市净率
专利申请数	0.055	0.171	-0.018	0.627	4.144	4.755
专利授权数	0.226	0.649	4.314	2.796	5.162	9.478
发明型专利申请数	0.150	0.241	5.620**	1.595	1.930	2.125
发明型专利授权数	0.068	0.141	7.009*	1.312	1.698	-3.360

资料来源：作者整理。

表 13-15   非国资委控股上市公司当期绩效与滞后两年创新产出回归结果统计表

指标	总资产回报率	净资产回报率	投入资本回报率	基本每股收益	托宾 Q 值	市净率
专利申请数	0.148	0.202	1.778	1.090	3.396	6.010
专利授权数	0.175	0.385	1.450	0.099	6.583	16.841
发明型专利申请数	0.159	0.394	3.167	1.093	-3.977	-12.657
发明型专利授权数	-0.090	-0.412	-4.094	-1.662	-1.113	-4.782

资料来源：作者整理。

表 13-16   非国资委控股上市公司当期绩效与过去三年创新产出回归结果统计表

指标	总资产回报率	净资产回报率	投入资本回报率	基本每股收益	托宾 Q 值	市净率
专利申请数	-0.339*	-0.712	0.462	-3.010*	-4.38	-5.779
专利授权数	-0.194	-0.197	1.299	-1.909	-8.829**	-17.446
发明型专利申请数	-0.182	-0.316	7.088**	-1.211	-2.874	-6.402
发明型专利授权数	0.018	0.06	3.152	0.874	5.738	7.564

资料来源：作者整理。

第二节   中央企业控股上市公司创新与绩效相关性分析

一、中央企业控股上市公司研发投入与绩效相关性分析

（一）中央企业控股上市公司当期研发投入与当期绩效相关性分析

由表 13-17 可知，对于中央企业控股上市公司来说，当期的研发人员数量、研发人员比例、研发投入金额及研发投入金额比例均与当期各项企业绩效指标负相关，说明当期的研发投入增加了企业的成本，没有在当期就转化为企业的绩效。

表 13-17　中央企业控股上市公司当期研发投入与当期绩效回归结果统计表

指标	总资产回报率	净资产回报率	投入资本回报率	基本每股收益	托宾 Q 值	市净率
研发人员数量	-0.097***	-0.262***	0.455	-1.176***	-0.682	1.149
研发人员比例	-0.041***	-0.101***	0.050	-0.453***	-0.793***	-0.852
研发投入金额	-0.001	-0.072	0.499	-0.230	-0.893*	-0.539
研发投入金额比例	-0.377***	-0.905***	0.931	-3.577***	-4.911***	3.120

资料来源：作者整理。

（二）中央企业控股上市公司前期研发投入与当期绩效相关性分析

由表 13-18、表 13-19 和表 13-20 可知，对于中央企业控股上市公司来说，当期的绩效指标与前几年的研发投入无显著的相关性，说明滞后期的研发投入对企业绩效的影响不大。然而市场价值指标却与前几年的创新投入负相关，说明前期的研发投入会对当期的市场价值判断产生负向影响，这同国资委所属企业控股上市公司的趋势相同。然而，表 13-20 中中央企业控股上市公司的研发投入金额比例与公司的市场价值正相关，反映了市场对中央企业控股上市公司创新投入认可的滞后性。

表 13-18　中央企业控股上市公司当期绩效与滞后一年研发投入回归结果统计表

指标	总资产回报率	净资产回报率	投入资本回报率	基本每股收益	托宾 Q 值	市净率
研发人员数量	0.028	0.044	-0.603	0.060	-6.948***	-16.262***
研发人员比例	-0.004	-0.013	-0.151	-0.094	-2.878***	-6.064***
研发投入金额	-0.005	-0.032	0.279	-0.120	-0.540	-2.585**
研发投入金额比例	-0.063	-0.117	0.428	0.181	-6.047***	-11.948***

资料来源：作者整理。

表 13-19　中央企业控股上市公司当期绩效与滞后两年研发投入回归结果统计表

指标	总资产回报率	净资产回报率	投入资本回报率	基本每股收益	托宾 Q 值	市净率
研发人员数量	-0.001	-0.006	0.167	-0.013	-1.774***	-4.131***
研发人员比例	-0.038	-0.399*	2.025	0.053	-7.034***	-18.555***
研发投入金额	-0.001	-0.020	0.264	0.094	0.138	-1.170
研发投入金额比例	0.039	0.074	1.032	0.604	1.042	0.334

资料来源：作者整理。

表 13-20　中央企业控股上市公司当期绩效与过去三年研发投入回归结果统计表

指标	总资产回报率	净资产回报率	投入资本回报率	基本每股收益	托宾 Q 值	市净率
研发人员数量	-0.017	-0.031	-0.297	-0.21	-0.512**	-1.916***
研发人员比例	-0.090	-0.403	0.33	-0.572	-7.484***	-1.254
研发投入金额	-0.016	-0.057	0.421	0.078	0.275	0.040
研发投入金额比例	-0.155	-0.472*	-5.343**	-2.558**	2.064	10.662**

资料来源：作者整理。

二、中央企业控股上市公司创新产出与绩效相关性分析

（一）中央企业控股上市公司当期创新产出与当期绩效相关性分析

由表 13-21 可知，对于中央企业控股上市公司来说，其当期的专利申请数和授权数均与当期企业绩效显著正相关，说明企业当期的创新产出会对其绩效产生正向的影响。而当期的企业市场价值指标与专利产出数量并无明显的相关性，说明市场并没有对中央企业控股上市公司的专利产出有正向影响。

表 13-21　中央企业控股上市公司当期创新产出与当期绩效回归结果统计表

指标	总资产回报率	净资产回报率	投入资本回报率	基本每股收益	托宾 Q 值	市净率
专利申请数	0.210***	0.473***	0.748	2.148***	−1.655	−2.597
专利授权数	0.244***	0.572***	0.838	2.316**	0.958	5.191
发明型专利申请数	0.087	0.210	−0.963	0.596	−0.875	−1.952
发明型专利授权数	0.079	0.204	−0.757	0.420	−0.041	1.476

资料来源：作者整理。

（二）中央企业控股上市公司前期创新产出与当期绩效相关性分析

由表 13-22、表 13-23 和表 13-24 可知，对于中央企业控股上市公司而言，在滞后一年的数据中，企业当期绩效与滞后期的专利申请数正相关。这给中央企业控股上市公司传递了正向的反馈，因而中央企业控股上市公司应在保证创新产出质量的基础上继续保持其至加大创新产出。但在过去两年和三年的数据中，企业当期绩效与滞后期的创新产出无显著相关性或负相关，这体现了专利的时效性。

表 13-22　中央企业控股上市公司当期绩效与滞后一年创新产出回归结果统计表

指标	总资产回报率	净资产回报率	投入资本回报率	基本每股收益	托宾 Q 值	市净率
专利申请数	0.121*	0.246*	−0.514	1.595**	0.684	1.923
专利授权数	0.093	0.150	0.145	1.189	−2.158	−5.689
发明型专利申请数	0.079	0.217	−1.192	0.383	−1.888	−6.655**
发明型专利授权数	0.064	0.070	−0.484	0.595	−2.697	−6.469

资料来源：作者整理。

表 13-23　中央企业控股上市公司当期绩效与滞后两年创新产出回归结果统计表

指标	总资产回报率	净资产回报率	投入资本回报率	基本每股收益	托宾 Q 值	市净率
专利申请数	0.065	0.131	−0.582	0.565	−0.435	−3.611
专利授权数	0.137	0.228	0.797	1.628	0.166	−2.322
发明型专利申请数	−0.020	−0.148	−0.945	−0.394	−1.467	−3.703
发明型专利授权数	0.038	0.025	−2.211	0.804	−0.337	−2.289

资料来源：作者整理。

表 13-24　中央企业控股上市公司当期绩效与过去三年创新产出回归结果统计表

指标	总资产回报率	净资产回报率	投入资本回报率	基本每股收益	托宾 Q 值	市净率
专利申请数	-0.029	-0.094	-4.819***	-0.569	-0.308	-3.312
专利授权数	-0.056	-0.033	-3.560	-1.237	-3.468	-8.953*
发明型专利申请数	0.059	0.189	-0.296	0.632	1.131	1.588
发明型专利授权数	-0.110	-0.072	0.965	-0.421	0.366	1.354

资料来源：作者整理。

第三节　地方国企控股上市公司创新与绩效相关性分析

一、地方国企控股上市公司研发投入与绩效相关性分析

（一）地方国企控股上市公司当期研发投入与当期绩效相关性分析

由表 13-25 可知，对于地方国企控股上市公司来说，当期研发投入与企业绩效和市场价值的关系基本与中央企业控股上市公司相同。其中，研发人员的比例与大多数的企业绩效指标负相关，而与企业的市场价值指标正相关。这说明当期的研发投入会增加企业成本，但无法立刻转化为财务回报，因此会降低企业的绩效水平，但市场对其研发投入的判断呈现正向的趋势，托宾 Q 值、市净率均与当期的研发人员投入正相关，充分肯定了地方国企控股上市公司的研发投入活动。

表 13-25　地方国企控股上市公司当期研发投入与当期绩效回归结果统计表

指标	总资产回报率	净资产回报率	投入资本回报率	基本每股收益	托宾 Q 值	市净率
研发人员数量	-0.023	-0.045	-0.050	0.368	2.621***	4.390***
研发人员比例	-0.020*	-0.054**	0.083	-0.182*	0.963***	1.213**
研发投入金额	-0.017	-0.066*	-0.074	0.030	-0.184	-1.442*
研发投入金额比例	-0.285***	-0.855***	0.896	-2.412***	-1.601	-6.670**

资料来源：作者整理。

（二）地方国企控股上市公司前期研发投入与当期绩效相关性分析

由表 13-26、表 13-27 和表 13-28 可知，对于地方国企控股上市公司来说，在其滞后一年和滞后两年的数据中，多数企业的当期绩效会受到研发人员投入数量的正向影响，这呈现出了同中央企业控股上市公司不同的影响趋势，说明地方国企的创新投入确实能对未来几年的部分企业绩效产生正向影响，在服务于社会的同时，地方国企控股上市公司也能充分利用自身的创新来提升自身的绩效。因此，应加大地方国企的创新投入力度。在市场价值方面，企业的当期市场价值都受到了前期研发投入的负向影响，这与中央企业控股上市公司的影响趋势相同。

表 13-26　地方国企控股上市公司当期绩效与滞后一年研发投入回归结果统计表

指标	总资产回报率	净资产回报率	投入资本回报率	基本每股收益	托宾 Q 值	市净率
研发人员数量	0.107***	0.323***	-0.164	1.518***	-5.535***	-14.635***
研发人员比例	-0.002	0.015	-0.002	0.047	-2.549***	-6.021***
研发投入金额	-0.012	-0.020	-0.419	0.045	-0.491	-2.613***
研发投入金额比例	-0.069	-0.166	2.507**	-0.485	-6.970***	-17.991***

资料来源：作者整理。

表 13-27　地方国企控股上市公司当期绩效与滞后两年研发投入回归结果统计表

指标	总资产回报率	净资产回报率	投入资本回报率	基本每股收益	托宾 Q 值	市净率
研发人员数量	0.006	0.014	0.523**	0.102	-1.640***	-4.583***
研发人员比例	-0.020	0.054	0.866	1.507**	-4.685***	-14.424***
研发投入金额	-0.011	-0.014	-0.213	0.139	-0.121	-0.864
研发投入金额比例	-0.011	-0.050	0.789	0.176	-5.807***	-12.082***

资料来源：作者整理。

表 13-28　地方国企控股上市公司当期绩效与过去三年研发投入回归结果统计表

指标	总资产回报率	净资产回报率	投入资本回报率	基本每股收益	托宾 Q 值	市净率
研发人员数量	-0.015	-0.047	0.036	-0.190	-1.301***	-2.902***
研发人员比例	-0.178**	-0.296	0.483	-0.625	-2.301*	-9.052***
研发投入金额	-0.024	-0.033	-0.029	0.000	0.367	-0.294
研发投入金额比例	0.049	0.066	1.719	0.227	-0.945	-1.412

资料来源：作者整理。

二、地方国企控股上市公司创新产出与绩效相关性分析

（一）地方国企控股上市公司当期创新产出与当期绩效相关性分析

由表 13-29 可知，对于地方国企控股上市公司来说，当期的专利产出与企业绩效均无显著的相关性。然而，当期的专利授权数同企业的托宾 Q 值、市净率均正相关，说明地方国企控股上市公司的专利产出得到了市场的认可。

表 13-29　地方国企控股上市公司当期创新产出与当期绩效回归结果统计表

指标	总资产回报率	净资产回报率	投入资本回报率	基本每股收益	托宾 Q 值	市净率
专利申请数	-0.005	-0.125	-0.259	-0.380	-0.700	-0.214
专利授权数	0.015	-0.045	-0.367	-0.794	3.845*	10.780**
发明型专利申请数	0.048	0.117	0.413	0.316	-0.160	-2.090
发明型专利授权数	-0.065	-0.092	1.285	-0.712	0.597	0.018

资料来源：作者整理。

（二）地方国企控股上市公司前期创新产出与当期绩效相关性分析

由表13-30、表13-31和表13-32可知，对于地方国企控股上市公司来说，在其滞后一年和滞后两年的数据中，当期的企业绩效受前一年和前两年发明型专利申请数的正向影响，这充分肯定了地方国企控股上市公司创新质量的重要性。因此，应在加大地方国企控股上市公司的创新投入力度的同时，注重保证其专利产出质量。

表 13-30　地方国企控股上市公司当期绩效与滞后一年创新产出回归结果统计表

指标	总资产回报率	净资产回报率	投入资本回报率	基本每股收益	托宾 Q 值	市净率
专利申请数	0.077	0.070	0.074	0.518	0.636	-0.999
专利授权数	0.094	0.022	3.603**	0.549	3.376	6.529
发明型专利申请数	0.146**	0.396**	0.510	1.566**	-0.373	-0.907
发明型专利授权数	0.114	0.150	1.948	0.579	0.583	1.797

资料来源：作者整理。

表 13-31　地方国企控股上市公司当期绩效与滞后两年创新产出回归结果统计表

指标	总资产回报率	净资产回报率	投入资本回报率	基本每股收益	托宾 Q 值	市净率
专利申请数	0.024	0.133	-0.310	0.876	0.618	-1.666
专利授权数	-0.047	0.220	0.886	0.110	-0.845	-2.000
发明型专利申请数	0.148*	0.412**	-0.974	2.188***	0.867	2.890
发明型专利授权数	0.018	0.187	0.433	1.055	-1.047	0.416

资料来源：作者整理。

表 13-32　地方国企控股上市公司当期绩效与过去三年创新产出回归结果统计表

指标	总资产回报率	净资产回报率	投入资本回报率	基本每股收益	托宾 Q 值	市净率
专利申请数	-0.124	-0.210	1.332	-0.912	-0.381	-0.879
专利授权数	-0.044	-0.158	-0.635	-0.613	-1.057	-5.765
发明型专利申请数	-0.117	-0.288	0.917	-0.384	0.944	-1.610
发明型专利授权数	-0.169	-0.267	2.624	-0.720	4.091**	3.579

资料来源：作者整理。

第四节　国有控股上市公司创新与绩效相关性分析结论

一、国资委所属企业控股上市公司研发创新与公司绩效相关性分析结论

通过对国资委控股上市公司研发投入、创新产出与反映公司绩效指标的回归结果的分析可以得出的总体结论是，国资委控股上市公司研发投入金额和研发人员均与企业绩效负相关，这

是由创新投入增加成本决定的，但研发人员会对当期企业的市场价值产生正向的影响，这说明市场充分肯定了国资委控股上市公司的创新投入，尤其是研发人员的投入。在创新产出方面，国资委控股上市公司当期的创新产出，尤其是专利申请数方面，会对当期的企业绩效产生正向的影响。而滞后期发明型专利的申请数会对当期的企业绩效产生正向影响，反映了专利质量的重要性。相比非国资委控股上市公司而言，国资委控股上市公司的创新投入和产出对企业绩效水平的影响均较弱，这是由于国有企业进行的很多创新活动都服务了整个行业甚至整个社会，因而并未显著提升企业的绩效。然而，创新投入与市场价值的正相关性体现出了市场对于国资委控股上市公司创新投入的认可。

二、中央企业控股上市公司研发创新与公司绩效相关性分析结论

通过对中央企业控股上市公司研发投入、创新产出与反映公司绩效指标的回归结果的分析可以得出的总体结论是，当期的研发投入会对企业的绩效产生负向影响，这与国资委所属企业控股上市公司的结果类似。在创新产出方面，部分专利产出指标对中央企业控股上市公司的绩效产生了正向影响，这说明中央企业控股上市公司的创新产出对公司绩效产生了正向的影响，肯定了中央企业控股上市公司的创新质量把控。另外，由于中央企业在创新领域肩负国家重大专项且承担解决"卡脖子"问题，而该部分投入作为国家战略保障无法在市场价值中得以体现，因此中央企业控股上市公司创新投入在滞后期与企业绩效的相关性呈现出不显著的情况。

三、地方国企控股上市公司研发创新与公司绩效相关性分析结论

通过对地方国企控股上市公司研发投入、创新产出与反映公司绩效指标的回归结果的分析可以得出的总体结论是，在当期创新投入和企业绩效的关系中，地方国企控股上市公司展现出了比国资委所属企业控股上市公司更好的相关性。具体而言，当期的研发投入与企业的绩效负相关，当期的研发人员投入与企业的市场价值正相关。滞后期的研发投入指标中，许多指标同当期绩效水平正相关，说明在地方国企控股上市公司中，当期的绩效确实会受到前期创新投入的正向影响，充分体现了创新活动对企业绩效提升的滞后性。根据已有文献论述，随着地方国有企业层级的增加，政府对其放权程度增大，减轻了企业的政策性负担，企业能够将更多的经济资源留在企业内部，有利于其缓解资金约束，增加研发创新产出，提高创新成功率，进而提升公司绩效。[①] 另外，地方国企的经理人市场化水平较高，其薪酬的补偿机制更有利于经理人实施切实有效的创新活动，进而提升创新活动的数量和质量。[②] 在创新产出方面，发明型专利产出的数据也对地方国企控股上市公司绩效产生了正向影响，说明同中央企业控股上市公司相同，专利的质量是促进企业绩效的重要影响方面。

四、国有控股上市公司研发投入与绩效相关性分析结论

整体来看，国资委所属企业控股上市公司的研发投入与其企业绩效负相关，这与非国资委控股上市公司的情况基本相同，而在滞后期中，前一年的研发人员投入数量与企业的绩效指标正相关，这体现了创新投入的滞后性。另外，国资委控股上市公司的创新投入与企业托宾Q值和市净率正相关，反映了市场对其创新投入的认可。具体而言，中央企业控股上市公司的创新

① 江轩宇. 政府放权与国有企业创新——基于地方国企金字塔结构视角的研究 [J]. 管理世界，2016（9）：120-135.
② 辛清泉，林斌，王彦超. 政府控制、经理薪酬与资本投资 [J]. 经济研究，2007（8）：110-122.

投入对绩效影响也存在着滞后的效应，反观地方国企的创新投入会对企业当年及未来几年的绩效产生正向影响，正如上文所提，地方国企更少的政策负担会为其带来更多的创新绩效产出。

五、国有控股上市公司创新产出与绩效相关性分析结论

整体来看，国资委所属企业控股上市公司当期的专利申请数、专利授权数与企业绩效和市场价值均正相关，充分体现了创新产出的重要作用。具体而言，中央企业控股上市公司的专利申请数与专利授权数均与企业绩效正相关，而地方国企控股上市公司的创新产出与公司的市场价值正相关，尽管创新未能反映在企业绩效指标中，但其得到了市场的认可。另外，在滞后期中，地方国企控股上市公司的发明型专利的申请数与企业绩效正相关，其高质量创新的绩效改善效果明显。

第十四章　国有控股上市公司履行社会责任与绩效相关性分析

上市公司履行社会责任是否能提高公司绩效、提升公司价值一直是学术界和实务界都关注的焦点。本章在前文描述国有控股上市公司履行社会责任情况的基础上，分别从盈利能力、代理成本、成长能力和价值指标四个方面分析国有控股上市公司履行社会责任与绩效的相关性，并基于国资委所属企业控股上市公司 2019 年年报披露的相关数据，实证检验国有控股上市公司履行社会责任背后的驱动因素。本章分为四节内容，前三节分别以国资委所属企业控股上市公司、中央企业控股上市公司和地方国企控股上市公司为分析样本，进行上市公司履行社会责任与绩效相关性的分析，第四节阐述了国有控股上市公司履行社会责任与绩效相关性分析的结论。

第一节　国资委所属企业控股上市公司履行社会责任与绩效相关性分析

一、国资委所属企业控股上市公司股东和投资者权益保护与绩效相关性分析

（一）股东和投资者权益保护与盈利能力相关性分析

以国资委所属企业控股上市公司为分析样本，从盈利能力看，股东和投资者权益保护项下的网站建设和更新指标与投入资本回报率在 1% 显著性水平下正相关（见表 14-1）。

表 14-1　国资委所属企业控股上市公司股东和投资者权益保护与盈利能力相关性分析

盈利能力指标	累积投票	网站建设和更新	投资者关系管理
净资产收益率（平均）	0.0255	0.0067	0.0263
净资产收益率（加权）	−0.0031	0.0148	−0.0159
净资产收益率（摊薄）	0.0229	0.0456	−0.0027
总资产报酬率	−0.0178	0.0285	0.0269
总资产净利率	−0.0234	0.0358	0.0222
投入资本回报率	−0.0100	0.0890***	0.0195

注：*** 表示 p<0.01，** 表示 p<0.05，* 表示 p<0.1，下同。

资料来源：作者整理。

（二）股东和投资者权益保护与代理成本相关性分析

以国资委所属企业控股上市公司为分析样本，从代理成本看，股东和投资者权益保护项下的累积投票指标与销售费用占营业收入比例存在负相关关系；网站建设和更新指标与管理费用占营业收入比例、财务费用占营业收入比例在1%显著性水平下负相关（见表14-2）。

表14-2 国资委所属企业控股上市公司股东和投资者权益保护与代理成本相关性分析

代理成本指标	累积投票	网站建设和更新	投资者关系管理
销售费用占营业收入比例	−0.1072***	0.0538	−0.0239
管理费用占营业收入比例	−0.0400	−0.1040***	−0.0214
财务费用占营业收入比例	−0.0029	−0.0953***	−0.0085

资料来源：作者整理。

（三）股东和投资者权益保护与成长能力相关性分析

以国资委所属企业控股上市公司为分析样本，从成长能力看，股东和投资者权益保护项下的指标与三项成长能力指标间均不存在显著的相关关系（见表14-3）。

表14-3 国资委所属企业控股上市公司股东和投资者权益保护与成长能力相关性分析

成长能力指标	累积投票	网站建设和更新	投资者关系管理
营业收入同比增长率	−0.0518	0.0186	0.0445
净利润同比增长率	0.0020	0.0244	−0.0016
总资产同比增长率	−0.0369	0.0416	−0.0064

资料来源：作者整理。

（四）股东和投资者权益保护与价值指标相关性分析

以国资委所属企业控股上市公司为分析样本，从价值指标看，股东和投资者权益保护项下的累积投票指标与企业价值、总市值存在正相关关系；股东和投资者权益保护项下的网站建设和更新指标与企业价值、总市值间存在正相关关系；股东和投资者权益保护项下的投资者关系管理指标与企业价值（含货币资金）、EVA2间存在正相关关系（见表14-4）。

表14-4 国资委所属企业控股上市公司股东和投资者权益保护与价值指标相关性分析

价值指标	累积投票	网站建设和更新	投资者关系管理
企业价值（含货币资金）	0.0644*	0.0687**	0.0615*
企业价值（剔除货币资金）	0.0744**	0.0625*	0.0550
总市值1	0.0668**	0.0569*	0.0457
总市值2	0.0669**	0.0581*	0.0477
EVA1	0.0137	0.0070	0.0196
EVA2	0.0429	0.0477	0.0561*

资料来源：作者整理。

二、国资委所属企业控股上市公司职工权益保护与绩效相关性分析

（一）职工权益保护与盈利能力相关性分析

以国资委所属企业控股上市公司为分析样本，从盈利能力看，职工权益保护项下的员工人数指标与净资产收益率（加权）间存在正相关关系（见表14-5）。

表 14-5　国资委所属企业控股上市公司职工权益保护与盈利能力相关性分析

盈利能力指标	员工人数	员工持股
净资产收益率（平均）	0.0322	0.0324
净资产收益率（加权）	0.0562*	0.0535
净资产收益率（摊薄）	0.0240	0.0224
总资产报酬率	0.0218	0.0376
总资产净利率	0.0206	0.0345
投入资本回报率	0.0382	0.0429

资料来源：作者整理。

（二）职工权益保护与代理成本相关性分析

以国资委所属企业控股上市公司为分析样本，从代理成本看，职工权益保护项下的员工人数与管理费用占营业收入比例间存在负相关关系（见表14-6）。

表 14-6　国资委所属企业控股上市公司职工权益保护与代理成本相关性分析

代理成本指标	员工人数	员工持股
销售费用占营业收入比例	−0.0479	−0.0125
管理费用占营业收入比例	−0.0805**	−0.0339
财务费用占营业收入比例	−0.0461	−0.0485

资料来源：作者整理。

（三）职工权益保护与成长能力相关性分析

以国资委所属企业控股上市公司为分析样本，从成长能力看，职工权益保护项下的指标与三个成长能力指标间均不存在显著相关关系（见表14-7）。

表 14-7　国资委所属企业控股上市公司职工权益保护与成长能力相关性分析

成长能力指标	员工人数	员工持股
营业收入同比增长率	−0.0129	0.0286
净利润同比增长率	0.0208	0.0276
总资产同比增长率	0.0214	0.0343

资料来源：作者整理。

（四）职工权益保护与价值指标相关性分析

以国资委所属企业控股上市公司为分析样本，从价值指标看，职工权益保护项下的员工人数指标与企业价值、总市值和EVA间均在1%显著性水平下正相关（见表14-8）。

表14-8　国资委所属企业控股上市公司职工权益保护与价值指标相关性分析

价值指标	员工人数	员工持股
企业价值（含货币资金）	0.6764***	0.0492
企业价值（剔除货币资金）	0.6022***	0.0413
总市值1	0.5525***	0.0465
总市值2	0.5637***	0.0459
EVA1	0.1809***	0.0444
EVA2	0.7551***	0.0303

资料来源：作者整理。

三、国资委所属企业控股上市公司公共关系与绩效相关性分析

（一）公共关系与盈利能力相关性分析

以国资委所属企业控股上市公司为分析样本，从盈利能力看，公共关系项下的所得税指标与净资产收益率（加权）、总资产报酬率、总资产净利率以及投入资本回报率在1%显著性水平下正相关；公共关系项下的诉讼或仲裁事项指标与净资产收益率（平均）、净资产收益率（加权）、总资产报酬率、总资产净利率和投入资本回报率在1%显著性水平下正相关，与净资产收益率（摊薄）间存在正相关关系（见表14-9）。

表14-9　国资委所属企业控股上市公司公共关系与盈利能力相关性分析

盈利能力指标	所得税	违规处罚	诉讼或仲裁事项
净资产收益率（平均）	0.0515	0.0042	0.1257***
净资产收益率（加权）	0.0975***	0.0264	0.1409***
净资产收益率（摊薄）	0.0257	-0.0305	0.0852**
总资产报酬率	0.1294***	0.0248	0.1588***
总资产净利率	0.1099***	0.0484	0.1756***
投入资本回报率	0.0992***	0.0478	0.1432***

资料来源：作者整理。

（二）公共关系与代理成本相关性分析

以国资委所属企业控股上市公司为分析样本，从代理成本看，公共关系项下的所得税指标与管理费用占营业收入比例间存在负相关关系；公共关系项下的诉讼或仲裁事项指标与销售费用占营业收入比例间存在正相关关系，与管理费用占营业收入比例间存在负相关关系，与财务

费用占营业收入比例在1%显著性水平下负相关（见表14-10）。

表14-10　国资委所属企业控股上市公司公共关系与代理成本相关性分析

代理成本指标	所得税	违规处罚	诉讼或仲裁事项
销售费用占营业收入比例	-0.0515	0.0016	0.0793**
管理费用占营业收入比例	-0.0648*	0.0037	-0.0684**
财务费用占营业收入比例	-0.0230	-0.0418	-0.1350***

资料来源：作者整理。

（三）公共关系与成长能力相关性分析

以国资委所属企业控股上市公司为分析样本，从成长能力看，公共关系项下的诉讼或仲裁事项指标与营业收入同比增长率间存在正相关关系，与总资产同比增长率在1%显著性水平下正相关（见表14-11）。

表14-11　国资委所属企业控股上市公司公共关系与成长能力相关性分析

成长能力指标	所得税	违规处罚	诉讼或仲裁事项
营业收入同比增长率	0.0166	0.0540	0.0576*
净利润同比增长率	0.0214	-0.0113	0.0218
总资产同比增长率	0.0454	-0.0072	0.1004***

资料来源：作者整理。

（四）公共关系与价值指标相关性分析

以国资委所属企业控股上市公司为分析样本，从价值指标看，公共关系项下的所得税指标与企业价值、总市值和EVA均在1%显著性水平下正相关；公共关系项下的诉讼或仲裁事项指标与总市值和EVA2均在5%显著性水平下正相关，与EVA1在1%显著性水平下正相关（见表14-12）。

表14-12　国资委所属企业控股上市公司公共关系与价值指标相关性分析

价值指标	所得税	违规处罚	诉讼或仲裁事项
企业价值（含货币资金）	0.8643***	0.0034	0.0467
企业价值（剔除货币资金）	0.8306***	0.0135	0.0483
总市值1	0.7969***	0.0360	0.0762**
总市值2	0.8050***	0.0339	0.0766**
EVA1	0.3982***	0.0233	0.1205***
EVA2	0.9139***	-0.0213	0.0769**

资料来源：作者整理。

四、国资委所属企业控股上市公司社会公益和环境保护与绩效相关性分析

（一）社会公益和环境保护与盈利能力相关性分析

以国资委所属企业控股上市公司为分析样本，从盈利能力看，社会公益和环境保护项下的公益捐赠指标与净资产收益率（加权）、总资产报酬率、总资产净利率和投入资本回报率间存在正相关关系；社会公益和环境保护项下的环保措施指标与净资产收益率（平均）、净资产收益率（加权）、净资产收益率（摊薄）、总资产报酬率和总资产净利率间均存在正相关关系；社会公益和环境保护项下的社会责任报告指标则与净资产收益率（加权）、总资产报酬率和总资产净利率间存在正相关关系（见表14-13）。

表14-13　国资委所属企业控股上市公司社会公益和环境保护与盈利能力相关性分析

盈利能力指标	公益捐赠	环保措施	社会责任报告
净资产收益率（平均）	0.0391	0.1141***	0.0202
净资产收益率（加权）	0.0756**	0.1094***	0.1099***
净资产收益率（摊薄）	0.0190	0.1057***	0.0107
总资产报酬率	0.1023***	0.0640*	0.0585*
总资产净利率	0.0814**	0.0634*	0.0551*
投入资本回报率	0.0681**	0.0490	0.0446

资料来源：作者整理。

（二）社会公益和环境保护与代理成本相关性分析

以国资委所属企业控股上市公司为分析样本，从代理成本看，社会公益和环境保护项下的环保措施指标与管理费用占营业收入比例在1%显著性水平下负相关；社会公益和环境保护项下的社会责任报告指标与管理费用占营业收入比例存在负相关关系（见表14-14）。

表14-14　国资委所属企业控股上市公司社会公益和环境保护与代理成本相关性分析

代理成本指标	公益捐赠	环保措施	社会责任报告
销售费用占营业收入比例	-0.0436	-0.0231	-0.0499
管理费用占营业收入比例	-0.0437	-0.1022***	-0.0564*
财务费用占营业收入比例	0.0593*	-0.0345	-0.0274

资料来源：作者整理。

（三）社会公益和环境保护与成长能力相关性分析

以国资委所属企业控股上市公司为分析样本，从成长能力看，社会公益和环境保护项下的指标与三项成长能力指标间均不存在相关关系（见表14-15）。

◇ 国有控股上市公司发展报告

表 14-15   国资委所属企业控股上市公司社会公益和环境保护与成长能力相关性分析

成长能力指标	公益捐赠	环保措施	社会责任报告
营业收入同比增长率	0.0241	−0.0288	0.0127
净利润同比增长率	0.0107	−0.0075	0.0376
总资产同比增长率	0.0088	0.0011	0.0377

资料来源：作者整理。

（四）社会公益和环境保护与价值指标相关性分析

以国资委所属企业控股上市公司为分析样本，从价值指标看，社会公益和环境保护项下的公益捐赠指标与企业价值、总市值以及 EVA 均在 1% 显著性水平下正相关；社会公益和环境保护项下的环保措施指标与企业价值、总市值以及 EVA2 间在 1% 显著性水平下正相关；社会公益和环境保护项下的社会责任报告指标与企业价值、总市值以及 EVA2 在 1% 显著性水平下显著正相关，与 EVA1 在 10% 显著性水平下正相关（见表 14-16）。

表 14-16   国资委所属企业控股上市公司社会公益和环境保护与价值指标相关性分析

价值指标	公益捐赠	环保措施	社会责任报告
企业价值（含货币资金）	0.4500 ***	0.1034 ***	0.2300 ***
企业价值（剔除货币资金）	0.4577 ***	0.0999 ***	0.2100 ***
总市值 1	0.4740 ***	0.0867 ***	0.1709 ***
总市值 2	0.4731 ***	0.0881 ***	0.1748 ***
EVA1	0.3583 ***	0.0544	0.0555 *
EVA2	0.4521 ***	0.1152 ***	0.1842 ***

资料来源：作者整理。

第二节　中央企业控股上市公司履行社会责任与绩效相关性分析

一、中央企业控股上市公司股东和投资者权益保护与绩效相关性分析

（一）股东和投资者权益保护与盈利能力相关性分析

以中央企业控股上市公司为分析样本，从盈利能力看，股东和投资者权益保护项下的网站建设和更新指标与投入资本回报率间存在正相关关系（见表 14-17）。

·482·

表 14-17　中央企业控股上市公司股东和投资者权益保护与盈利能力相关性分析

盈利能力指标	累积投票	网站建设和更新	投资者关系管理
净资产收益率（平均）	0.0393	−0.0486	0.0796
净资产收益率（加权）	0.0228	−0.0494	0.0573
净资产收益率（摊薄）	0.0394	−0.0214	0.0687
总资产报酬率	0.0433	0.0553	0.0470
总资产净利率	0.0483	0.0614	0.0348
投入资本回报率	0.0457	0.1275**	0.0213

资料来源：作者整理。

（二）股东和投资者权益保护与代理成本相关性分析

以中央企业控股上市公司为分析样本，从代理成本看，股东和投资者权益保护项下的指标与三项代理成本指标间均不存在显著的相关关系（见表 14-18）。

表 14-18　中央企业控股上市公司股东和投资者权益保护与代理成本相关性分析

代理成本指标	累积投票	网站建设和更新	投资者关系管理
销售费用占营业收入比例	−0.0404	0.0355	0.0200
管理费用占营业收入比例	−0.0770	−0.0875	−0.0547
财务费用占营业收入比例	−0.0136	0.0315	−0.0326

资料来源：作者整理。

（三）股东和投资者权益保护与成长能力相关性分析

以中央企业控股上市公司为分析样本，从成长能力看，股东和投资者权益保护项下的网站建设和更新指标与净利润同比增长率以及总资产同比增长率存在正相关关系；股东和投资者权益项下的投资者关系管理指标与营业收入同比增长率在1%显著性水平下正相关（见表 14-19）。

表 14-19　中央企业控股上市公司股东和投资者权益保护与成长能力相关性分析

成长能力指标	累积投票	网站建设和更新	投资者关系管理
营业收入同比增长率	0.0762	−0.0080	0.1577***
净利润同比增长率	0.0167	0.1310**	−0.0048
总资产同比增长率	0.0245	0.1216**	0.0097

资料来源：作者整理。

（四）股东和投资者权益保护与价值指标相关性分析

以中央企业控股上市公司为分析样本，从价值指标看，股东和投资者权益保护项下的累积投票指标与企业价值（剔除货币资金）间存在正相关关系；股东和投资者权益保护项下的网站建设和更新指标与企业价值（含货币资金）间存在正相关关系；股东和投资者权益保护项下的投资者关系管理指标与企业价值、总市值和EVA2间存在正相关关系（见表 14-20）。

表 14-20　中央企业控股上市公司股东和投资者权益保护与价值指标相关性分析

价值指标	累积投票	网站建设和更新	投资者关系管理
企业价值（含货币资金）	0.0738	0.0948 *	0.1187 **
企业价值（剔除货币资金）	0.0953 *	0.0894	0.1128 **
总市值 1	0.0697	0.0796	0.1026 *
总市值 2	0.0704	0.0799	0.1043 *
EVA1	−0.0119	0.0136	0.0018
EVA2	0.0316	0.0622	0.1108 **

资料来源：作者整理。

二、中央企业控股上市公司职工权益保护与绩效相关性分析

（一）职工权益保护与盈利能力相关性分析

以中央企业控股上市公司为分析样本，从盈利能力看，职工权益保护项下的指标与六项盈利能力指标间均不存在显著相关关系（见表 14-21）。

表 14-21　中央企业控股上市公司职工权益保护与盈利能力相关性分析

盈利能力指标	员工人数	员工持股
净资产收益率（平均）	0.0224	0.0297
净资产收益率（加权）	0.0389	0.0727
净资产收益率（摊薄）	0.0208	0.0191
总资产报酬率	−0.0080	0.0357
总资产净利率	−0.0176	0.0189
投入资本回报率	0.0180	0.0300

资料来源：作者整理。

（二）职工权益保护与代理成本相关性分析

以中央企业控股上市公司为分析样本，从代理成本看，职工权益保护项下的员工人数指标与管理费用占营业收入比例间存在负相关关系（见表 14-22）。

表 14-22　中央企业控股上市公司职工权益保护与代理成本相关性分析

代理成本指标	员工人数	员工持股
销售费用占营业收入比例	−0.0697	0.0676
管理费用占营业收入比例	−0.1020 *	−0.0023
财务费用占营业收入比例	−0.0326	0.0001

资料来源：作者整理。

（三）职工权益保护与成长能力相关性分析

以中央企业控股上市公司为分析样本，从成长能力看，职工权益保护项下的员工持股指标与总资产同比增长率间存在正相关关系（见表 14-23）。

表 14-23　中央企业控股上市公司职工权益保护与成长能力相关性分析

成长能力指标	员工人数	员工持股
营业收入同比增长率	0.0010	0.0689
净利润同比增长率	0.0146	0.0590
总资产同比增长率	0.0826	0.1349**

资料来源：作者整理。

（四）职工权益保护与价值指标相关性分析

以中央企业控股上市公司为分析样本，从价值指标看，职工权益保护项下的员工人数指标与企业价值、总市值和 EVA 均在 1% 显著性水平下正相关（见表 14-24）。

表 14-24　中央企业控股上市公司职工权益保护与价值指标相关性分析

价值指标	员工人数	员工持股
企业价值（含货币资金）	0.7734***	0.0438
企业价值（剔除货币资金）	0.7106***	0.0300
总市值 1	0.7726***	0.0263
总市值 2	0.7755***	0.0263
EVA1	0.2021***	0.0445
EVA2	0.8171***	0.0042

资料来源：作者整理。

三、中央企业控股上市公司公共关系与绩效相关性分析

（一）公共关系与盈利能力相关性分析

以中央企业控股上市公司为分析样本，从盈利能力看，公共关系项下的诉讼或仲裁事项指标与净资产收益率（平均）、净资产收益率（加权）、总资产报酬率和总资产净利率均在 1% 显著性水平下正相关，与净资产收益率（摊薄）间存在正相关关系（见表 14-25）。

表 14-25　中央企业控股上市公司公共关系与盈利能力相关性分析

盈利能力指标	所得税	违规处罚	诉讼或仲裁事项
净资产收益率（平均）	0.0303	-0.0144	0.1476***
净资产收益率（加权）	0.0728	0.0400	0.1516***
净资产收益率（摊薄）	0.0200	-0.0465	0.1190**

续表

盈利能力指标	所得税	违规处罚	诉讼或仲裁事项
总资产报酬率	0.0577	0.0140	0.1703 ***
总资产净利率	0.0323	0.0677	0.1790 ***
投入资本回报率	0.0372	0.0613	0.0697

资料来源：作者整理。

（二）公共关系与代理成本相关性分析

以中央企业控股上市公司为分析样本，从代理成本看，公共关系项下的违规处罚指标与财务费用占营业收入比例间存在负相关关系；公共关系项下的诉讼或仲裁事项指标与财务费用占营业收入比例间存在负相关关系（见表14-26）。

表 14-26　中央企业控股上市公司公共关系与代理成本相关性分析

代理成本指标	所得税	违规处罚	诉讼或仲裁事项
销售费用占营业收入比例	−0.0681	−0.0070	0.0649
管理费用占营业收入比例	−0.0885	0.0232	0.0106
财务费用占营业收入比例	0.0131	−0.1179 **	−0.0959 *

资料来源：作者整理。

（三）公共关系与成长能力相关性分析

以中央企业控股上市公司为分析样本，从运营能力看，公共关系项下的违规处罚指标与净利润同比增长率间存在正相关关系；公共关系项下诉讼或仲裁事项指标与总资产同比增长率间存在正相关关系（见表14-27）。

表 14-27　中央企业控股上市公司公共关系与成长能力相关性分析

成长能力指标	所得税	违规处罚	诉讼或仲裁事项
营业收入同比增长率	0.0214	0.0256	0.0357
净利润同比增长率	0.0130	0.1090 *	−0.0531
总资产同比增长率	0.0820	0.0305	0.1005 *

资料来源：作者整理。

（四）公共关系与价值指标相关性分析

以中央企业控股上市公司为分析样本，从价值指标看，公共关系项下的所得税指标与企业价值、总市值和EVA均在1%显著性水平下正相关；公共关系项下的违规处罚指标与企业价值（含货币资金）以及EVA2间存在负相关关系；公共关系项下的诉讼或仲裁事项指标与EVA1间存在正相关关系（见表14-28）。

表 14-28　中央企业控股上市公司公共关系与价值指标相关性分析

价值指标	所得税	违规处罚	诉讼或仲裁事项
企业价值（含货币资金）	0.8867***	-0.1006*	0.0310
企业价值（剔除货币资金）	0.8570***	-0.0832	0.0340
总市值1	0.9002***	-0.0670	0.0813
总市值2	0.9010***	-0.0679	0.0815
EVA1	0.3058***	-0.0322	0.0962*
EVA2	0.9284***	-0.1286**	0.0666

资料来源：作者整理。

四、中央企业控股上市公司社会公益和环境保护与绩效相关性分析

（一）社会公益和环境保护与盈利能力相关性分析

以中央企业控股上市公司为分析样本，从盈利能力看，社会公益和环境保护项下的环保措施指标与净资产收益率（平均）以及净资产收益率（摊薄）间在1%显著性水平下正相关，与净资产收益率（加权）以及总资产报酬率间存在显著的正相关关系（见表14-29）。

表 14-29　中央企业控股上市公司社会公益和环境保护与盈利能力相关性分析

盈利能力指标	公益捐赠	环保措施	社会责任报告
净资产收益率（平均）	0.0216	0.1587***	-0.0190
净资产收益率（加权）	0.0514	0.1057*	0.0829
净资产收益率（摊薄）	0.0146	0.1553***	-0.0439
总资产报酬率	0.0594	0.0967*	-0.0344
总资产净利率	0.0308	0.0773	-0.0439
投入资本回报率	0.0278	0.0533	-0.0380

资料来源：作者整理。

（二）社会公益和环境保护与代理成本相关性分析

以中央企业控股上市公司为分析样本，从代理成本看，社会公益和环境保护项下的公益捐赠指标与财务费用占营业收入比例在1%显著性水平下正相关；社会公益和环境保护项下的环保措施指标与管理费用占营业收入比例存在负相关关系（见表14-30）。

表 14-30　中央企业控股上市公司社会公益和环境保护与代理成本相关性分析

代理成本指标	公益捐赠	环保措施	社会责任报告
销售费用占营业收入比例	-0.0827	-0.0384	-0.0321
管理费用占营业收入比例	-0.0737	-0.1029*	-0.0531
财务费用占营业收入比例	0.2189***	0.0614	0.0572

资料来源：作者整理。

（三）社会公益和环境保护与成长能力相关性分析

以中央企业控股上市公司为分析样本，从成长能力看，社会公益和环境保护项下的指标与三项成长能力指标间均不存在显著的相关关系（见表14-31）。

表14-31　中央企业控股上市公司社会公益和环境保护与成长能力相关性分析

成长能力指标	公益捐赠	环保措施	社会责任报告
营业收入同比增长率	0.0418	0.0557	−0.0298
净利润同比增长率	−0.0008	0.0348	−0.0281
总资产同比增长率	−0.0034	−0.0362	0.0507

资料来源：作者整理。

（四）社会公益和环境保护与价值指标相关性分析

以中央企业控股上市公司为分析样本，从价值指标看，社会公益和环境保护项下的公益捐赠指标与企业价值、总市值以及EVA间均在1%显著性水平下显著正相关；社会公益和环境保护项下的环保措施指标与企业价值、总市值以及EVA间存在正相关关系；社会公益和环境保护项下的社会责任报告指标与企业价值、总市值和EVA2间均在1%显著性水平下正相关（见表14-32）。

表14-32　中央企业控股上市公司社会公益和环境保护与价值指标相关性分析

价值指标	公益捐赠	环保措施	社会责任报告
企业价值（含货币资金）	0.3269***	0.1128**	0.2802***
企业价值（剔除货币资金）	0.3245***	0.1152**	0.2680***
总市值1	0.3410***	0.1034*	0.2349***
总市值2	0.3388***	0.1043*	0.2367***
EVA1	0.3763***	0.1021*	0.0874
EVA2	0.4198***	0.1221**	0.2059***

资料来源：作者整理。

第三节　地方国企控股上市公司履行社会责任与绩效相关性分析

一、地方国企控股上市公司股东和投资者权益保护与绩效相关性分析

（一）股东和投资者权益保护与盈利能力相关性分析

以地方国企控股上市公司为分析样本，从盈利能力看，股东和投资者权益保护项下的网站建设和更新指标与净资产收益率（平均）、净资产收益率（摊薄）以及投入资本回报率间存在正

相关关系；股东和投资者权益保护项下的投资者关系管理与净资产收益率（摊薄）间存在负相关关系（见表14-33）。

表14-33　地方国企控股上市公司股东和投资者权益保护与盈利能力相关性分析

盈利能力指标	累积投票	网站建设和更新	投资者关系管理
净资产收益率（平均）	0.0123	0.0837**	-0.0459
净资产收益率（加权）	-0.0122	0.0334	-0.0463
净资产收益率（摊薄）	0.0088	0.1051**	-0.0692*
总资产报酬率	-0.0374	0.0197	0.0212
总资产净利率	-0.0458	0.0252	0.0188
投入资本回报率	-0.0362	0.0705*	0.0188

资料来源：作者整理。

（二）股东和投资者权益保护与代理成本相关性分析

以地方国企控股上市公司为分析样本，从代理成本看，股东和投资者权益保护项下的累计投票指标与销售费用占营业收入比例在1%显著性水平下负相关；股东和投资者权益保护项下的网站建设和更新指标与销售费用占营业收入比例间均存在正相关关系，与管理费用占营业收入比例、财务费用占营业收入比例间均在1%显著性水平下负相关（见表14-34）。

表14-34　地方国企控股上市公司股东和投资者权益保护与代理成本相关性分析

代理成本指标	累积投票	网站建设和更新	投资者关系管理
销售费用占营业收入比例	-0.1415***	0.0717*	-0.0419
管理费用占营业收入比例	-0.0236	-0.1098***	-0.0063
财务费用占营业收入比例	-0.0026	-0.1270***	-0.0006

资料来源：作者整理。

（三）股东和投资者权益保护与成长能力相关性分析

以地方国企控股上市公司为分析样本，从成长能力看，股东和投资者权益保护项下的累积投票指标与营业收入同比增长率间存在负相关关系（见表14-35）。

表14-35　地方国企控股上市公司股东和投资者权益保护与成长能力相关性分析

成长能力指标	累积投票	网站建设和更新	投资者关系管理
营业收入同比增长率	-0.0886**	0.0265	0.0172
净利润同比增长率	0.0003	-0.0023	-0.0006
总资产同比增长率	-0.0558	0.0285	-0.0109

资料来源：作者整理。

（四）股东和投资者权益保护与价值指标相关性分析

以地方国企控股上市公司为分析样本，从价值指标看，股东和投资者权益保护项下的累积投票指标与企业价值、总市值以及 EVA2 间存在显著的正相关关系（见表 14-36）。

表 14-36　地方国企控股上市公司股东和投资者权益保护与价值指标相关性分析

价值指标	累积投票	网站建设和更新	投资者关系管理
企业价值（含货币资金）	0.0732*	0.0391	0.0166
企业价值（剔除货币资金）	0.0718*	0.0330	0.0111
总市值 1	0.0706*	0.0385	0.0135
总市值 2	0.0706*	0.0395	0.0147
EVA1	0.0281	0.0030	0.0292
EVA2	0.0722*	0.0305	0.0044

资料来源：作者整理。

二、地方国企控股上市公司职工权益保护与绩效相关性分析

（一）职工权益保护与盈利能力相关性分析

以地方国企控股上市公司为分析样本，从盈利能力看，职工权益保护项下的员工人数与净资产收益率（平均）在 1% 显著性水平下正相关，与净资产收益率（加权）以及投入资本回报率间存在正相关关系（见表 14-37）。

表 14-37　地方国企控股上市公司职工权益保护与盈利能力相关性分析

盈利能力指标	员工人数	员工持股
净资产收益率（平均）	0.1076***	0.0498
净资产收益率（加权）	0.1049**	0.0505
净资产收益率（摊薄）	0.0483	0.0270
总资产报酬率	0.0685	0.0401
总资产净利率	0.0661	0.0425
投入资本回报率	0.0835**	0.0514

资料来源：作者整理。

（二）职工权益保护与代理成本相关性分析

以地方国企控股上市公司为分析样本，从代理成本看，职工权益保护项下的员工人数指标与管理费用占营业收入比例、财务费用占营业收入比例间均存在负相关关系（见表 14-38）。

表 14-38　地方国企控股上市公司职工权益保护与代理成本相关性分析

代理成本指标	员工人数	员工持股
销售费用占营业收入比例	−0.0023	−0.0478
管理费用占营业收入比例	−0.0958**	−0.0465

代理成本指标	员工人数	员工持股
财务费用占营业收入比例	−0.0758*	−0.0675

资料来源：作者整理。

（三）职工权益保护与成长能力相关性分析

以地方国企控股上市公司为分析样本，从成长能力看，职工权益保护项下的指标与三个成长能力指标间均不存在显著的相关关系（见表14-39）。

表14-39　地方国企控股上市公司职工权益保护与成长能力相关性分析

成长能力指标	员工人数	员工持股
营业收入同比增长率	−0.0312	0.0192
净利润同比增长率	0.0289	0.0248
总资产同比增长率	0.0013	0.0122

资料来源：作者整理。

（四）职工权益保护与价值指标相关性分析

以地方国企控股上市公司为分析样本，从价值指标看，职工权益保护项下的员工人数指标和与企业价值、总市值以及EVA在1%显著性水平下正相关；职工权益保护项下的员工持股指标与企业价值（含货币资金）以及EVA间存在正相关关系（见表14-40）。

表14-40　地方国企控股上市公司职工权益保护与价值指标相关性分析

价值指标	员工人数	员工持股
企业价值（含货币资金）	0.3732***	0.0706*
企业价值（剔除货币资金）	0.3307***	0.0649
总市值1	0.3344***	0.0650
总市值2	0.2394***	0.0459
EVA1	0.5488***	0.0765*
EVA2	0.3732***	0.0706*

资料来源：作者整理。

三、地方国企控股上市公司公共关系与绩效相关性分析

（一）公共关系与盈利能力相关性分析

以地方国企控股上市公司为分析样本，从盈利能力看，公共关系项下的所得税指标与净资产收益率（平均）、净资产收益率（加权）、总资产报酬率、总资产净利率和投入资本回报率间均在1%显著性水平下正相关；公共关系项下的诉讼或仲裁事项指标与净资产收益率（平均）、净资产收益率（加权）、总资产报酬率、总资产净利率以及投入资本回报率均在1%显著性水平

下正相关（见表14-41）。

表 14-41　地方国企控股上市公司公共关系与盈利能力相关性分析

盈利能力指标	所得税	违规处罚	诉讼或仲裁事项
净资产收益率（平均）	0.1672***	0.0395	0.1366***
净资产收益率（加权）	0.1711***	0.0153	0.1373***
净资产收益率（摊薄）	0.0507	-0.0163	0.0591
总资产报酬率	0.2891***	0.0268	0.1599***
总资产净利率	0.2534***	0.0381	0.1793***
投入资本回报率	0.2321***	0.0369	0.1818***

资料来源：作者整理。

（二）公共关系与代理成本相关性分析

以地方国企控股上市公司为分析样本，从代理成本看，公共关系项下的诉讼或仲裁事项指标与销售费用占营业收入比例间存在正相关关系，与管理费用占营业收入比例、财务费用占营业收入比例均在1%显著性水平下负相关（见表14-42）。

表 14-42　地方国企控股上市公司公共关系与代理成本相关性分析

代理成本指标	所得税	违规处罚	诉讼或仲裁事项
销售费用占营业收入比例	-0.0290	0.0197	0.0869**
管理费用占营业收入比例	-0.0600	-0.0042	-0.1062***
财务费用占营业收入比例	-0.0594	-0.0087	-0.1527***

资料来源：作者整理。

（三）公共关系与成长能力相关性分析

以地方国企控股上市公司为分析样本，从成长能力看，公共关系项下的诉讼或仲裁事项指标与总资产同比增长率在1%显著性水平下正相关（见表14-43）。

表 14-43　地方国企控股上市公司公共关系与成长能力相关性分析

成长能力指标	所得税	违规处罚	诉讼或仲裁事项
营业收入同比增长率	0.0318	0.0668	0.0667
净利润同比增长率	0.0329	-0.0494	0.0434
总资产同比增长率	0.0625	-0.0138	0.1064***

资料来源：作者整理。

（四）公共关系与价值指标相关性分析

以地方国企控股上市公司为分析样本，从价值指标看，公共关系项下的所得税指标与企业

价值、总市值和 EVA 均在 1%显著性水平下正相关；公共关系项下的违规处罚指标与企业价值、
总市值以及 EVA2 间均存在正相关关系；公共关系项下的诉讼或仲裁事项指标与总市值和 EVA
间存在正相关关系（见表 14-44）。

表 14-44　地方国企控股上市公司公共关系与价值指标相关性分析

价值指标	所得税	违规处罚	诉讼或仲裁事项
企业价值（含货币资金）	0.8966***	0.0759*	0.0666
企业价值（剔除货币资金）	0.8772***	0.0760*	0.0647
总市值 1	0.8719***	0.0857**	0.0734*
总市值 2	0.8738***	0.0846**	0.0740*
EVA1	0.7121***	0.0522	0.1340***
EVA2	0.8948***	0.0793*	0.1027**

资料来源：作者整理。

四、地方国企控股上市公司社会公益和环境保护与绩效相关性分析

（一）社会公益和环境保护与盈利能力相关性分析

以地方国企控股上市公司为分析样本，从盈利能力看，社会公益和环境保护项下的公益捐
赠指标与净资产收益率（平均）、净资产收益率（加权）、总资产报酬率、总资产净利率和投入
资本回报率间均在 1%显著性水平下正相关；社会公益和环境保护项下的环保措施指标与净资产
收益率（平均）、净资产收益率（摊薄）间存在正相关关系，与净资产收益率（加权）在 1%显
著性水平下正相关；社会公益和环境保护项下的社会责任报告指标与净资产收益率（平均）、总
资产报酬率、总资产净利率和投入资本回报率间均存在正相关关系，与净资产收益率（加权）
在 1%显著性水平下正相关（见表 14-45）。

表 14-45　地方国企控股上市公司社会公益和环境保护与盈利能力相关性分析

盈利能力指标	公益捐赠	环保措施	社会责任报告
净资产收益率（平均）	0.1172***	0.0980**	0.0974**
净资产收益率（加权）	0.1220***	0.1073***	0.1164***
净资产收益率（摊薄）	0.0336	0.0734*	0.0674
总资产报酬率	0.1856***	0.0532	0.0895**
总资产净利率	0.1566***	0.0562	0.0843**
投入资本回报率	0.1344***	0.0438	0.0823**

资料来源：作者整理。

（二）社会公益和环境保护与代理成本相关性分析

以地方国企控股上市公司为分析样本，从代理成本看，社会公益和环境保护项下的环保措

施指标与管理费用占营业收入比例存在负相关关系（见表14-46）。

表14-46 地方国企控股上市公司社会公益和环境保护与代理成本相关性分析

代理成本指标	公益捐赠	环保措施	社会责任报告
销售费用占营业收入比例	0.0007	−0.0075	−0.0387
管理费用占营业收入比例	−0.0203	−0.1013**	−0.0571
财务费用占营业收入比例	−0.0463	−0.0609	−0.0480

资料来源：作者整理。

（三）社会公益和环境保护与成长能力相关性分析

以地方国企控股上市公司为分析样本，从成长能力看，社会公益和环境保护项下的指标与三个成长能力指标间均不存在显著的相关关系（见表14-47）。

表14-47 地方国企控股上市公司社会公益和环境保护与成长能力相关性分析

成长能力指标	公益捐赠	环保措施	社会责任报告
营业收入同比增长率	0.0296	−0.0494	0.0282
净利润同比增长率	0.0170	−0.0228	0.0507
总资产同比增长率	0.0275	0.0130	0.0419

资料来源：作者整理。

（四）社会公益和环境保护与价值指标相关性分析

以地方国企控股上市公司为分析样本，从价值指标看，社会公益和环境保护项下的公益捐赠指标与企业价值、总市值以及EVA间在1%显著性水平下正相关；社会公益和环境保护项下的环保措施指标与EVA2在1%显著性水平下正相关，与企业价值、总市值间存在正相关关系；社会公益和环境保护项下的社会责任报告指标则与企业价值、总市值和EVA2间在1%显著性水平下正相关（见表14-48）。

表14-48 地方国企控股上市公司社会公益和环境保护与价值指标相关性分析

价值指标	公益捐赠	环保措施	社会责任报告
企业价值（含货币资金）	0.7514***	0.0867**	0.1664***
企业价值（剔除货币资金）	0.7719***	0.0780*	0.1398***
总市值1	0.7678***	0.0689*	0.1184***
总市值2	0.7686***	0.0701*	0.1218***
EVA1	0.4229***	0.0288	0.0361
EVA2	0.5365***	0.1151***	0.1647***

资料来源：作者整理。

第四节　国有控股上市公司履行社会责任与绩效
相关性分析结论

一、国资委所属企业控股上市公司履行社会责任与绩效相关性分析结论

通过对国资委所属企业控股上市公司履行社会责任与反映公司绩效指标的相关性分析可以发现：

从股东和投资者权益保护视角来看，国资委所属企业控股上市公司累积投票与销售费用占营业收入比例负相关，与企业价值以及总市值正相关；网站建设和更新与投入资本回报率、企业价值以及总市值正相关，与管理费用占营业收入比例、财务费用占营业收入比例负相关；投资者关系管理与企业价值（含货币资金）以及 EVA2 正相关。

从职工权益保护视角来看，国资委所属企业控股上市公司员工人数与净资产收益率（加权）、企业价值、总市值以及 EVA 正相关，与管理费用占营业收入比例负相关。

从公共关系视角来看，国资委所属企业控股上市公司所得税与净资产收益率（加权）、总资产报酬率、投入资本回报率、企业价值、总市值以及 EVA 正相关，与管理费用占营业收入比例负相关；诉讼或仲裁事项与净资产收益率（平均）、净资产收益率（加权）、净资产收益率（摊薄）、总资产报酬率、总资产净利率、投入资本回报率、销售费用占营业收入比例、营业收入同比增长率、总资产同比增长率、总市值以及 EVA 正相关，与管理费用占营业收入比例以及财务费用占营业收入比例负相关。

从社会公益和环境保护视角来看，国资委所属企业控股上市公司公益捐赠与净资产收益率（加权）、总资产报酬率、总资产净利率、投入资本回报率、财务费用占营业收入比例、企业价值、总市值以及 EVA 正相关；环保措施与净资产收益率（平均）、净资产收益率（加权）、净资产收益率（摊薄）、总资产报酬率、总资产净利率、企业价值、总市值以及 EVA 正相关，与管理费用占营业收入比例负相关；社会责任报告与净资产收益率（加权）、总资产报酬率、总资产净利率、企业价值、总市值以及 EVA 正相关，与管理费用占营业收入比例负相关。

综合来看，国资委所属企业控股上市公司履行社会责任整体上能显著提升上市公司企业价值、总市值和经济增加值（EVA），国资委所属企业上市公司社会责任具有较好的价值相关性。

二、中央企业控股上市公司履行社会责任与绩效相关性分析结论

基于中央企业控股上市公司样本的相关性检验发现：

从股东和投资者权益保护视角来看，中央企业控股上市公司累积投票与企业价值正相关；网站建设和更新与投入资本回报率、净利润同比增长率、总资产同比增长率以及企业价值正相关；投资者关系管理与营业收入同比增长率、企业价值、总市值以及 EVA2 正相关。

从职工权益保护视角来看，中央企业控股上市公司员工人数与企业价值、总市值以及 EVA 正相关，与管理费用占营业收入比例负相关；员工持股与总资产同比增长率正相关。

从公共关系视角来看，中央企业控股上市公司所得税与企业价值、总市值以及 EVA 正相关；违规处罚与净利润同比增长率正相关，与财务费用占营业收入比例、企业价值以及 EVA2 负相

关；诉讼或仲裁事项与净资产收益率（平均）、净资产收益率（加权）、净资产收益率（摊薄）、总资产报酬率、总资产净利率、总资产同比增长率以及 EVA1 正相关，与财务费用占营业收入比例负相关。

从社会公益和环境保护视角来看，中央企业控股上市公司公益捐赠与财务费用占营业收入比例、企业价值、总市值以及 EVA 正相关；环保措施与净资产收益率（平均）、净资产收益率（加权）、净资产收益率（摊薄）、总资产报酬率、企业价值、总市值以及 EVA 正相关，与管理费用占营业收入比例负相关；社会责任报告与企业价值、总市值以及 EVA2 正相关。

综合来看，中央企业控股上市公司履行社会责任整体上能显著提升上市公司企业价值、总市值以及经济增加值（EVA）。

三、地方国企控股上市公司履行社会责任与绩效相关性分析结论

基于地方国企控股上市公司样本的相关性检验发现：

从股东和投资者权益保护视角来看，地方国企控股上市公司累积投票与企业价值、总市值以及 EVA2 正相关，与销售费用占营业收入比例、营业收入同比增长率负相关；网站建设和更新与净资产收益率（平均）、净资产收益率（摊薄）、投入资本回报率、销售费用占营业收入比例正相关，与管理费用占营业收入比例、财务费用占营业收入比例负相关；投资者关系管理与净资产收益率（摊薄）负相关。

从职工权益保护视角来看，地方国企控股上市公司员工人数与净资产收益率（平均）、净资产收益率（加权）、投入资本回报率、企业价值、总市值以及 EVA 正相关，与管理费用占营业收入比例、财务费用占营业收入比例负相关；员工持股与企业价值（含货币资金）以及 EVA 正相关。

从公共关系视角来看，地方国企控股上市公司所得税与净资产收益率（平均）、净资产收益率（加权）、总资产报酬率、总资产净利率、投入资本回报率、企业价值、总市值以及 EVA 正相关；违规处罚与企业价值、总市值以及 EVA2 正相关；诉讼或仲裁事项与净资产收益率（平均）、净资产收益率（加权）、总资产报酬率、总资产净利率、投入资本回报率、销售费用占营业收入比例、总资产同比增长率、总市值以及 EVA 正相关，与管理费用占营业收入比例、财务费用占营业收入比例负相关。

从社会公益和环境保护视角来看，地方国企控股上市公司公益捐赠与净资产收益率（平均）、净资产收益率（加权）、总资产报酬率、总资产净利率、投入资本回报率、企业价值、总市值以及 EVA 正相关；环保措施与净资产收益率（平均）、净资产收益率（加权）、净资产收益率（摊薄）、企业价值、总市值以及 EVA2 正相关，与管理费用占营业收入比例负相关；社会责任报告与净资产收益率（平均）、净资产收益率（加权）、总资产报酬率、总资产净利率、投入资本回报率、企业价值、总市值以及 EVA2 正相关。

综合来看，地方国企控股上市公司履行社会责任能显著提升上市公司企业价值、总市值以及经济增加值（EVA）。

第十五章　国有控股上市公司发展总结与对策

本章对研究结论做了简要概括，并分别从总体概况以及公司治理、市值管理、经营机制市场化、研发创新和履行社会责任五个维度提出了国有控股上市公司发展对策建议。

第一节　国有控股上市公司总体发展现状总结

一、国有控股上市公司总体概况

1129 家国有控股上市公司分布于 73 个行业之中，资产总额为 190.79 万亿元，负债总额为 160.78 万亿元，收入总额为 33.47 万亿元，净利润为 2.75 万亿元。其中，中央国有控股上市公司共有 402 家，占全部国有控股上市公司的 35.61%，总资产为 170.38 万亿元，总负债为 147.67 万亿元，营业收入总额为 22.41 万亿元，净利润为 2.15 万亿元，分别占国有控股上市公司的 89.30%、91.85%、74.53% 和 78.18%。地方国有控股上市公司共有 727 家，总资产为 20.41 万亿元，总负债为 13.11 万亿元，营业收入总额为 11.06 万亿元，净利润为 5995.87 亿元。中央国有控股上市公司数量相对较少，但体量更大。

二、国有控股上市公司分维度发展现状

（一）公司治理

国有控股上市公司治理水平处于领先地位，各类型国有控股上市公司治理水平差异不大，但不同行业、板块和地区的国有控股上市公司治理发展不平衡，差异较大。从各维度来看，股东治理方面，中央企业控股上市公司的股东治理指数相对较低，独立性和关联交易等方面是问题所在；董事会治理方面，国有控股上市公司落后于民营控股上市公司，主要原因在于董事会薪酬激励；监事会治理方面，国有控股上市公司明显好于其他各类型上市公司，规模结构和胜任能力较好是其领先的原因；经理层治理方面，国有控股上市公司明显好于其他各类型上市公司，但激励约束是短板；在信息披露方面，国有控股上市公司明显好于其他各类型上市公司。公司治理与绩效相关性分析发现，公司治理指数与绩效整体呈显著正相关关系，但各维度与不同绩效指标的相关性存在差异。

（二）市值管理

国有控股上市公司总市值处于较为合理的水平，但与全体上市公司的平均水平相比仍偏低。国有控股上市公司在价值创造方面相对不足，尤其是地方国企控股上市公司，盈利水平整体偏

低，现金流创造能力稍弱。价值经营方面，国有控股上市公司在股利分派和再融资次数方面低于全体上市公司平均水平。国资委所属企业控股上市公司的当年再融资次数非常低，平均值仅有0.10。市值管理与绩效的相关性分析发现，国有控股上市公司市值管理指标与反映公司市场价值的指标之间存在显著的相关关系。

（三）经营机制市场化

根据"双百行动"的进展情况，国有企业在推进经理层成员任期制和契约化管理，市场化选聘职业经理人以及市场化用工机制等方面取得了显著成绩。进一步分析国有控股上市公司的经营机制市场化状况发现，地方国企控股上市公司在高管（特别是董事长和总经理）薪酬激励方面有待进一步提升；国资委所属企业控股上市公司在股权激励方面有一定的提升空间；国资委所属企业控股上市公司高管与员工的薪酬差距较小，为提升激励效果，可以在兼顾公平的基础上适度拉开差距。此外，国资委所属企业控股上市公司经营机制市场化水平在行业、板块以及地区层面均存在发展不平衡的情况。

（四）研发创新

国有控股上市公司研发创新投入的绝对值要显著高于其他各类型上市公司，但考虑公司体量和规模，研发创新投入的相对值则偏小，投入力度仍有待进一步提高。而且创新投入在不同企业间存在巨大差距。在创新产出方面，国有控股上市公司的专利申请数、授权数和获得数均高于其他各类型上市公司，中央企业控股上市公司的专利申请和授权数较高，处于领跑地位，而地方国企控股上市公司的专利申请和授权数相对较低。研发创新与绩效的相关性分析发现，上市公司研发投入和创新产出对公司盈利能力存在不同的影响，但对企业价值的正向促进作用显著且稳定。

（五）社会责任履行

在股东和投资者权益保护方面，国资委所属企业控股上市公司在投资者关系管理方面的表现低于全体上市公司平均水平，但在累积投票以及网站建设和更新方面有所改善。在职工权益保护方面，国资委所属企业控股上市公司的平均员工人数高于全体上市公司，但在员工持股方面仍需完善。在公共关系方面，国资委所属企业控股上市公司所缴纳的所得税高于全体上市公司平均水平，而在违规处罚以及诉讼或仲裁方面的表现欠佳；在社会公益和环境保护方面，国资委所属企业控股上市公司在环境保护和社会责任报告披露方面的表现优于全体上市公司平均水平。社会责任履行与绩效的相关分析发现，国有控股上市公司履行社会责任能够显著提升公司价值。

第二节　国有控股上市公司总体发展的对策建议

一、全样本国有控股上市公司总体发展的对策建议

一是提升国有企业保值增值能力，推动国企从做大向做强、做优转变。国有企业平均资产、负债和所有者权益均远大于一般上市公司，表明国有控股上市公司发展规模大、基础好。然而，在保值增值能力或盈利能力方面，国有控股上市公司低于一般上市公司。例如，国有控股上市公司的净资产增长率、净利润增长率分别为14.56%和6.04%，均低于一般上市公司增长率

（15.31%和12.12%），发展能力有待提升。从发展质量来看，国有控股上市公司的经营现金净流量呈现负增长，而一般上市公司的经营现金净流量增长率为23.48%，因此国有控股上市公司发展质量需要进一步提高。而从发展效能来看，国有控股上市公司的平均财务费用、管理费用、销售费用均高于一般上市公司，因此国有控股上市公司应强化期间费用管控，提升企业经营水平，提高企业发展效能。

二是加快国企分类改革，优化国有资本布局，推动国企行业、区域协调发展。国有控股上市公司行业、区域发展不平衡，制约着国有控股上市公司整体发展水平的提高。从行业分布来看，国有控股上市公司行业发展差异较大。国有控股上市公司主要分布在制造业中（占比47.04%），在软件和信息技术服务业等高技术产业中分布较少。从区域分布来看，国有控股上市公司区域分布亦不平衡。北京、上海和广东的国有控股上市公司的资产、负债、所有者权益分别占全部国有控股上市公司的89.71%、92.15%、76.62%。北京、山西和陕西的国有控股上市公司资产总额占该区域全体上市公司的比重均超过80%，资本布局有进一步优化的空间。

三是加大金融支持实体经济力度，注重提升中小型、成长性企业经营能力。分行业来看，2019年金融业国有控股上市公司（包括货币金融服务、资本市场服务、保险业和其他金融业）的净利润在全体国有控股上市公司中占比52.10%，远高于制造业上市公司净利润在全体上市公司中的占比（14.67%）。在盈利能力方面，金融业平均销售净利率高达26.42%，而制造业平均销售净利率仅为4.57%，金融业盈利水平以及盈利能力与制造业差距较大，金融业与实体经济间存在一定的发展不平衡问题。另外，在各类型上市公司中，2019年中小企业板和创业板上市公司平均净利润均为负增长，其中创业板已连续2年净利润下滑。中小企业板和创业板上市公司在国民经济发展中的表现活跃，同时经营风险也较高。因此，应注重强化对中小型、成长性企业发展态势的研判，优化中小企业和科技创新企业扶持政策，助力其生存和发展。

二、中央国有控股上市公司总体发展的对策建议

第一，优化资本结构，推动企业稳健发展。中央国有控股上市公司总资产为170.38万亿元，总负债为147.67万亿元，所有者权益总额为22.71万亿元，规模体量均居于国有控股上市公司前列。中央国有控股上市公司平均资产负债率高达86.67%，高于一般国有控股上市公司，其财务费用2019年增长较快，达到15.87%，远高于国有控股上市公司的6.95%，而其期间费用增长率也快于国有控股上市公司。中央国有控股上市公司应根据行业特点，合理管控其负债水平以及财务费用，推动企业稳健发展，降低经营风险。

第二，以经营能力提升为基础，提高企业发展质量。经营能力是企业高质量发展的基础，盈利水平和盈利质量是企业发展质量的两个方面。从2019年中央国有控股上市公司发展数据来看，中央国有控股上市公司净利润水平增长较快，净利润增长率达到13.85%，远高于一般国有控股上市公司水平。然而同期中央企业控股上市公司经营现金流量增长率为-12.53%，说明盈利质量出现下滑。分板块来看，主板中央国有控股上市公司经营活动现金流下降是导致中央国有控股上市公司盈利质量下降的主要原因。作为中央国有控股上市公司主体的主板上市公司中存在制约经营能力提升的短板，因此应当着重加强该部分公司内部经营体系的完善和优化，进一步提升盈利水平，保障盈利质量。

第三，加强产业转型升级，提升公司保值增值能力。2019年，46个行业中的中央国有控股上市公司的所有者权益实现增长，而纺织服装、服饰业，汽车制造业，石油加工、炼焦及核燃料加工业等9个行业中的中央国有控股上市公司的所有者权益同比下降。2019年23个行业的中央国有控股上市公司净利润同比下降，下降较大的行业有公共设施管理业、通用设备制造业和汽车制造业，分别同比下降88.34%、143.14%和161.56%，在一定程度上表明这些行业发展遇到了较大瓶颈，须尝试寻求公司转型，实现公司战略调整，推动产业发展。

三、地方国有控股上市公司总体发展的对策建议

第一，着重提高盈利水平，提升保值增值能力。从营业收入和净利润来看，地方国有控股上市公司的营业收入增长速度放缓，净利润有所下降。营业收入和净利润的平均增长率均低于中央国有控股上市公司和全体国有控股上市公司的平均水平。与上一年度相比，地方国有控股上市公司的净利润出现明显下滑。下一步须着重提升地方国有控股上市公司的盈利水平，提升国有资产的保值增值能力。

第二，控制成本，提高公司的管理效能。地方国有控股上市公司在营业收入以及盈利水平增速放缓的同时，销售费用和管理费用及其相应的增长率较上一年均有所增加。期间费用不断扩张，在一定程度上说明公司内部管理效率较低，需要切实提升成本控制成效。地方国有控股上市公司应进一步健全内部管理制度，提高运营能力和管理效率，走高质量发展之路。

第三，强化现金流量管理，防范资金链断裂风险。地方国有控股上市公司的投资现金流量总额和筹资现金流量总额分别为-7301.21亿元和-949.38亿元，而且投资现金流增长率和筹资现金流量增长率均为负值，说明公司投资需求较大，且资金缺口风险较大。地方国企控股上市公司应当保持合理的发展速度，形成合理的资本结构和充足的经营现金流量，避免盲目扩张而造成的现金流量短缺，防范资金链断裂风险。

第三节 国有控股上市公司治理发展对策

一、公司治理总体的对策建议

第一，树立公司治理过程思维，持续优化公司治理。深化国有企业改革的进程中，全面建立现代企业制度是重要一环。公司治理作为现代企业制度的核心特征，建立和完善是一个长期过程，需要长期的投入与探索；国有控股上市公司治理水平的多年持续提升，反映了治理提升过程的长期性和趋势性，因此树立公司治理过程性思维，持续推动公司治理优化升级，对深化国企改革具有关键意义。

第二，深化国有企业混合所有制改革，加速治理转型。治理改革实践充分印证了中国公司治理由行政型向经济型转型的总逻辑，在这一转型过程中，公司治理的行政型治理度不断下降，经济型治理度不断上升。在当前行政型与经济型治理的"胶着期"，应进一步明确国企经济型治理方向，促使国企职能定位向单一的经济职能转化，分类、分层推进混合所有制改革，以管资本为主完善新型国资监管体系，推动市场化经营机制的完善。

第三，增强国有控股上市公司的合规意识，防范制度落差等引起的治理风险。市场经济是法治经济，合规是公司治理的三要素之一，国有企业和国有控股上市公司应适应资本市场开放的要求，尽快建立面向国有企业的治理准则，改善国内规则与国际规则中存在的"不一致""界限模糊"问题，化解制度落差引起的规则矛盾，提供面向中外股东的诉讼等维权机制，以防范

和有效化解合规层面的治理风险。

第四，发挥治理优秀的国有控股上市公司的引领示范作用，提升国有控股上市公司治理质量。在国有控股上市公司中，中央企业控股上市公司的平均治理水平更高，有一批样本公司在治理实践的某个或者多个方面走在前列，既有治理合规的好样本，也有治理创新的好样本。这些样本的治理经验值得全面推广，通过典型案例的分析和总结，有助于形成示范效应，减少改革阻力，有效降低改革风险。

第五，完善国有控股上市公司治理评价体系，全面诊断国有控股上市公司治理质量。改进国有控股上市公司治理的前提是要全面掌握国有控股上市公司的治理状况，而公司治理评价则是实现这一目标最有效的手段。因此，应在借鉴已有公司治理评价体系的基础上，进一步完善针对国有控股上市公司的治理评价体系，并基于该体系持续、动态地评价国有控股上市公司治理状况。

第六，弥补国有控股上市公司治理维度短板，实现国有控股上市公司治理的全面发展。精准定位制约公司治理质量提升的焦点和难点问题，加快补短板，强弱项，促使公司治理体系完善升级。一方面，针对国有控股上市公司治理发展中存在的经理层治理等短板进行治理探索和优化；另一方面，针对不同维度下的要素短板进行改进。

第七，努力改善国有控股上市公司治理发展的不平衡现象，实现国有控股上市公司治理的协调发展。针对国有控股上市公司治理发展中存在的地区、行业、板块不平衡现象，开展地区、行业和板块等分类公司治理建设，带动公司治理水平整体提升。特别是科创板和创业板公司应以注册制改革为契机，更加注重以投资者需求为导向，探索完善以信息披露为核心的公司治理体系。

第八，在国有控股上市公司治理合规性达到一定水平的基础上，以治理标准升级带动治理有效性提升。公司治理改革已进入"深水区"，遇到了诸多新挑战，要求治理规则及时跟进，以保障和促进公司治理的创新和发展。已有评价结果显示，经过多年的治理实践，我国国有控股上市公司在一些结构性指标方面表现较好。在此基础上，提升治理有效性是我国国有控股上市公司治理未来发展的着力点，应依托治理现状进行治理标准的调整和优化。

第九，加快国有控股上市公司高管的薪酬改革，建立市场化的高管激励体系。激励体系是完善公司治理的重要动力机制。针对国企转型发展的需要，必须改变单一行政型激励模式，导入分类治理，取消国企高管的行政身份，通过职业经理人制度来平衡任免高管、期权激励等过程中存在的矛盾，从而建立起相应的市场化薪酬机制，提高公司治理活力。

二、公司治理各维度的对策建议

（一）股东治理维度建议

第一，建立、健全证券纠纷多元化解决机制，充分运用在线纠纷解决方式开展非诉讼纠纷解决机制。借助互联网和大数据等现代科技手段，研究制定在线纠纷解决规则，推广远程调解等做法，降低投资者解决纠纷的治理成本；通过健全诉讼调解对接工作机制，增强调解的法律效力，弥补诉讼的低效率和高成本，保护中小投资者的合法权益，维护公开、公平、公正的资本市场秩序，促进资本市场的和谐健康发展。

第二，探索在国有企业混合所有制改革中引入差异化股权结构，建立类别股东制度。现行的公司法为差异化股权留有很大的空间，国企混改可按照一企一策的思路，探索通过优先股、双层股权结构、金股（Golden Share）等差异化股权结构安排，在各方的利益诉求之间找到平衡点，促进国企改革的迅速推进。

（二）董事会治理维度建议

第一，完善国有控股上市公司董事会组织结构，全面提高董事薪酬水平。一方面，保障董事会审计、战略、薪酬及提名委员会的有效运作，鼓励设立绿色专业委员会等其他专业委员会；另一方面，扩大领薪董事比例，提供具有竞争力的现金薪酬并通过股权激励手段使董事与公司及股东的长期利益保持一致。

第二，强化中央企业控股上市公司董事责任，保证董事践行勤勉义务，付出足够的时间和精力关注公司的经营。一方面优化董事会成员的年龄结构，尤其关注大龄董事比例，及时为董事会注入新鲜血液；另一方面关注董事兼职情况是否有碍于其独立性，董事应减少在股东单位及外单位兼职，有效履行勤勉忠实义务。

第三，提高地方国企控股上市公司董事会运作效率，保证董事会的职责履行和目标的实现。一方面，保证董事会会议质量与效率，避免董事会会议次数过少（如 3 次）或过多（如 34 次）等情况的出现；另一方面，降低董事长与总经理两职合一比例，保障工作的独立性。

（三）监事会治理维度建议

第一，保持监事会治理领先，借助混改实现经验辐射。国有控股上市公司的监事会治理水平一直处于明显领先地位，在监事会治理方面积累了较多的好经验。在继续弥补不足，提升监事会治理水平的同时，应通过混合所有制改革这一重要途径，形成经验辐射，推动我国上市公司监事会治理水平的全面提升。

第二，优化监事会规模结构，提高运行效率。国有控股上市公司的规模结构好于其他上市公司，但仍存在提升空间。为进一步促进监事会职能的发挥，可更多尝试强化党委、纪委成员嵌入监事会。此外，应根据实际情况优化监事会会议的频率和效率，提高监事会运行质量。

第三，全面提升监事的胜任能力，保障监事高效履职。国有控股上市公司的监事胜任能力虽然高于其他上市公司，但具体来看，大多数监事的学历仅是本科甚至是大专，具有法律或财务背景的不足半数。进一步提升监事会治理水平可从监事成员的胜任能力入手，聘选高学历和任职背景搭配更为合理的监事，保障其高效履职。

（四）经理层治理维度建议

第一，深化国有控股上市公司高管层激励约束机制改革。推进建立适应现代公司发展要求的激励体系，是真正构建公司治理的动力机制，同时也是改善国有控股与不同股东性质上市公司激励约束机制现状差异的重要途径。

第二，改善国有控股上市公司经理层执行保障机制建设。控制上市公司高管层在关联单位兼任的比例，减少上市公司间执行保障机制差异度，加强控制经济变动不同周期中上市公司高管层在关联单位兼任比例上升的情况。

第三，适度提高地方国企控股上市公司经理层治理的独立度，改善地方国企控股上市公司高管学历状况。降低地方国企控股上市公司总经理与董事长兼职比例，并适度降低中央企业控股上市公司总经理与董事长、党委书记兼职比例。

（五）信息披露治理维度建议

第一，全面提升地方国企控股上市公司信息披露水平。现阶段，国有控股上市公司信息披露指数处于领先地位，但具体来看，地方国企控股上市公司的信息披露指数明显低于中央企业控股上市公司，而且在真实性、相关性和及时性三个方面都处于落后地位，可见地方国企控股上市公司的信息披露水平仍需全面提升。尤其是在真实性和及时性两个方面，在挑选的四个信息披露要素中,地方国企控股上市公司仅在内部控制有效性程度方面披露水平略高,在年报审计意见、实际披露所处期间以及当年延迟披露处罚方面均不及中央企业控股上市公司。地方国企控股上市公司应该逐步提高年报审计质量,减少保留意见、否定意见和拒绝表示意见等情况的出现;同时,应按时披露公司年报、半年报与季报,减少出现当年延迟披露处罚等违规信息披露现象,全面提高信息披露质量。

第二,重点提高国有控股上市公司信息披露的相关性。从信息披露的三大维度看,国有控股上市公司在信息披露的真实性方面强于其他各类型上市公司,在及时性方面仅次于职工持股会控股上市公司,但是在相关性方面弱于职工持股会控股、外资控股和民营控股等类型上市公司,国有控股上市公司应重点提高信息披露的相关性。具体可从以下方面入手:对公司未来发展战略进行详细描述;对公司所在行业或市场的地位进行客观披露;对公司日常经营相关的关联交易在定价原则、交易价格、交易金额、结算方式等方面进行全面说明并披露预计未来年度将要发生的关联交易;加强对现金流数据发生重大变动及其原因的披露,明确列示公司现金流量项目发生同比变动的比例并说明发生重大变动的原因,清晰指出经营活动产生的现金流量与报告期净利润是否存在重大差异并揭示存在重大差异的原因。

第三,着力缩小信息披露治理水平的行业差异。分行业看,住宿和餐饮业、科学研究和技术服务业等行业信息披露水平较高,而租赁和商务服务业,农、林、牧、渔业等行业信息披露水平较低,并且差距明显。因此一方面应当鼓励和引导信息披露治理水平较低的行业通过开展公司治理会议、调研优秀企业等形式向高治理水平的行业借鉴经验;另一方面在制定法律法规和进行监督监管的过程中也应向信息披露治理欠缺的行业倾斜。

第四节　国有控股上市公司市值管理发展对策

一、价值创造方面的对策建议

第一,制定正确的公司战略方案,提高经营管理效率,秉持竞争中性原则,不断提高财务价值创造水平。国有控股上市公司应制定符合自身实际情况的公司战略方案计划,为公司发展提供方向坐标。与此同时,在秉持竞争中性原则的基础上,积极参与国内外同行业竞争,做好主业的理念,不断提升产品竞争力,扩大国有资本增值收益,提高创造现金流的能力,为保障企业正常运转和把握投资机会提供充足的资金支持。

第二,通过研发创新提升公司质量。当前国有控股上市公司的研发创新投入强度仍然较低,尤其对于"卡脖子"的关键技术领域突破仍然面临着严峻的挑战。国有控股上市公司需要进一步加强研发创新投入水平,制定较为详细的创新活动计划和激励制度,提高全员创新积极性,营造创新企业文化,以实现产品质量的提升,进而为国有控股上市公司的价值创造提供内在动力。

二、价值经营方面的对策建议

第一,运用好资本市场平台,为国有控股上市公司发展赋能。首先,随着我国资本市场体系的逐步完善,配套的相关法律趋于成熟,国有控股上市公司应当进一步利用资本运作手段不断提升公司价值。比如，国有控股上市公司可以借助资产证券化方式配置国有资本，这不仅能够提高国有资本收益率，还能够提高市场投资者的认同感。其次，我国资本市场的对外开放，为国有控股上市公司的发展创造了新的机会，国有控股上市公司可以通过海外并购等方式整合公司资源，发挥协同效应。最后，国有控股上市公司应当积极开展股权交易，尤其是加大股权再融资的比重，降低债务融资的依赖性，进而实现融资渠道多元化。

第二，借助资本运作工具优化价值实现。当股价明显被高估时，可以借助增发或定向增发开展再融资活动，这不仅能以较低的资本成本融得所需资金，而且有助于抑制股价高估的泡沫。当股价被明显低估时，可以采用股票回购、并购重组和股份增持等方式重建投资者信心，使股价回升内在价值。此外，上市公司还可以借助其他工具来实现保值增值。例如，借助股指期货、利率期货和汇率期货等套期工具实施套期保值，对冲市场的系统性风险，稳定公司市值。也可以通过卖空交易机制看空其他公司以获得投资收益等。与此同时，过度的金融产品创新和监管制度尚不完善的情境下，容易诱导上市公司通过蓄意价值经营活动牟取不当利益，如操纵股价和内幕交易等负面行为。因此，价值经营在改善上市公司市值的同时，监管部门应当尽快完善相关法律制度建设，以打造公正、公开和透明的资本市场。

三、价值实现方面的对策建议

第一，提高主板上市公司质量，进一步提升价值实现。从托宾 Q、市盈率和市净率指标分析可以看出，我国主板国有控股上市公司在价值实现方面偏低，而中小企业板和创业板上市公司相对较高。因此，需要进一步提高主板上市公司质量，优化公司治理水平，研发新技术新工艺，提高产品质量，在现有产品的基础之上拓展新兴市场，进而促进公司内在价值和市场价值的提升。

第二，提升公司治理能力，促进企业价值实现。一方面，国有控股上市公司应当优化对管理层的选聘和监督机制，降低因股东与管理层信息不对称导致的代理问题，比如提高信息披露质量，选聘品德和能力表现好的管理层，或者充分发挥审计委员会的内部监督治理功能等。另一方面，由于我国资本市场中大股东与中小股东间的代理问题较普遍，国有控股上市公司可以通过引入多个大股东来制衡控股股东的利己主义倾向，同时还可以通过加强投资者关系管理，与中小投资者进行认真和充分的沟通，保障中小投资者的利益诉求，进而维护公司市值稳定并实现价值提升。

第五节　国有控股上市公司经营机制市场化发展对策

一、宏观层面的对策建议

第一，加快国有控股上市公司由行政型治理向经济型治理转型。2017 年 7 月，国务院办公厅印发《中央企业公司制改制工作实施方案》，要求在当年年底前将按照全民所有制工业企业法登记的中央"企业"全部改制为按照公司法注册的"公司"。在一系列政府政策的指导下，国有企业公司制改革顺利开展，2018 年政府工作报告指出"国企国资改革扎实推进，公司制改革基本完成"。公司制改革等一系列治理任务的完成，标志着国有企业实现了从"企业"到"公司"

的历史转变。公司制改革完成后，国有企业由遵循《企业法》变为遵循《公司法》，政府与企业关系由行政隶属关系变为以资本为纽带的出资与被出资关系，董事长和总经理由实质上的上下级关系转变为董事会和总经理的委托代理关系，企业决策由一把手决策变为董事会集体决策，这些转变从理论上讲有助于推进政企分开、政资分开、所有权与经营权分离，国有控股上市公司改革实践应该以此为契机，加快由行政型治理向经济型治理转型。

第二，落实董事会选聘经理层职权，建立职业经理人制度。国企高管长期处于官员与经理身份定位不明的问题，当前解决这类治理问题又往往容易采取行政性的做法，如在国企高管限薪问题上，往往是先强调其行政级别，然后按照官员级别对其进行限薪，这些做法显然是不利于国企从行政型治理向经济型治理转变的。应加快推进职业经理人制度建设，落实董事会选聘总经理等职权，逐渐取消国有控股上市公司高管的行政身份，明确他们作为企业经营者的身份，完善其激励机制。

二、微观层面的对策建议

第一，适度提高董事长和总经理的薪酬水平，促进国有控股上市公司高管薪酬与市场化挂钩。提高董事长和总经理的薪酬激励水平，有助于提高国有控股上市公司盈利能力和成长能力，并提升公司价值。2014年8月《中央管理企业负责人薪酬制度改革方案》明确提出，要建立与中央企业负责人选任方式相匹配、与企业功能性质相适应的差异化薪酬分配办法，对不合理的偏高、过高收入进行调整，形成中央管理企业负责人与企业职工之间的合理工资收入分配关系，合理调节不同行业企业负责人之间的薪酬差距，促进社会公平正义。因此，应根据业绩对高管进行考核评价，使薪酬与业绩而不是与岗位挂钩，实现高管薪酬与市场化薪酬水平接轨。

第二，适当提高国有控股上市公司高管的股权激励水平，建立健全长效激励机制。国有控股上市公司的主要激励工具为股票期权、股票增值权和限制性股票。近年来，中央企业积极推动国有控股上市公司股权激励措施，推动了一批企业特别是科技型企业的股权激励，包括中国联通、海康威视、国网南瑞的限制性股票等，并且适当提高了董事长和总经理的股权激励水平，进而大力提高了国有控股上市公司的盈利能力、成长能力和公司价值。因此，应在公司治理较完善、业绩考核体系健全、发展目标明确的国有控股上市公司，适当提升核心高管的股权激励水平。

第三，推进国有控股上市公司员工持股等激励方式，建立健全工资与效益联动机制。国有控股上市公司实施员工持股计划有利于建立劳动者与所有者的利益共享机制，将员工自身利益与公司长期价值结合在一起，有利于提高公司的运营能力，进而提升公司价值。因此，应进一步完善相关配套方案，继续推进《关于国有控股混合所有制企业开展员工持股试点的意见》，通过员工持股计划支持关键技术岗位、管理岗位和业务岗位人员持股。

第六节 国有控股上市公司研发创新发展对策

一、国家及地方政策引导方面的对策建议

第一，完善重点行业的创新政策，充分引导创新产业的发展。无论是创新投入还是创新产出，不同行业国有控股上市公司的水平相差较大，其中信息传输、软件和信息技术服务业，科

学研究和技术服务业以及制造业具有明显优势。针对这些创新相对集中的行业，国家及地方政府应给予政策性的支持，通过人才引进、税收减免、平台支撑等方式不断加强创新氛围的营造，增强企业创新意识与创新动力，鼓励企业间的创新交流合作，以发挥创新型产业的独特优势。

第二，根据地方特点制定相关政策，注重创新人才培养，发挥地方创新优势。地方政府应充分考虑地方的独特优势，如沿海地区，应根据当地的地理优势及人文特征，促进城市间、行业间、企业间的协同合作，构建并完善产业链、创新链，促进学科之间的融合，实现创新的有机互动。前文的研究结论显示：除少数地区外，各地区研发资金投入水平相差不大，但研发人员投入水平有明显差距，且注重研发人员投入的企业专利的产出效率也较高，因而地方政府应制定人才培养计划，吸引创新型人才，为企业注入创新活力。

二、资本市场支持方面的对策建议

第一，发挥资本市场活力，为创新活动提供资金保障。良好的股权市场是企业创新活动的重要保障，资本市场为企业进行创新活动提供了充足的资金。另外，通过前文的研究分析可知，当企业的财务绩效因创新活动的失败或长回报期而表现较差时，资本市场仍对企业有着积极的反映，这体现了资本市场对创新失败较高的容忍度，国有企业应继续深化混合所有制的改革，充分发挥资本市场的活力，为创新活动提供充足的资金保障。

第二，发挥不同市场板块的优势，有的放矢，优化创新投入分配。前文的研究结论显示：主板公司的创新投入绝对值较大，而中小企业板及创业板公司的创新投入相对值较大。尽管中小企业板公司的研发投入金额较主板公司少，但其专利产出的数量却与主板公司相差不多，这反映出中小企业板公司的创新产出效率较高。因此，在创新投入分配方面，应综合考虑公司规模与创新能力，充分发挥中小企业板、创业板的创新优势。

第三，把握新趋势，推进新兴科技产业的发展。创业板与科创板的注册制改革为创新创业企业提供了更好的融资渠道，打破了新兴科技产业的融资瓶颈。随着注册制改革的推进，新兴科技产业的估值也会实现市场化，这将为此类产业提供更多的发展动力。在注册制的背景下，应充分发挥资本市场的助力作用，激发全社会在技术、人力、资本等方面加大对创新创业的投入，加快新旧动能转换，实现企业和社会的创新发展，推动经济走上高质量发展之路。

三、企业内部治理建设方面的对策建议

第一，重视长期发展，增加创新投入，同时提升创新转化能力。创新活动具有投资回报期长，风险高的特点，很难在短期内提升企业绩效，但从前文研究结果来看：企业的创新活动对于提升企业长期价值、增强企业在资本市场中的竞争优势起重要促进作用，而其中研发人员的投入对企业价值的提升作用更为显著。因而企业应重视创新投入，尤其是创新人才的投入，实现长期价值的提升。另外，研究结论显示：发明型专利的申请和授权对其当期及未来绩效的影响显著，因此企业应将工作重点放在促进自主研发，提高专利质量的工作上。从创新投入的转化能力来看，中央企业控股上市公司的创新产出差距较大，其主要的创新产出集中于少数公司，大多数公司的创新产出与投入不成正比。因此，应切实提升将创新投入转化为创新产出的能力，确保资金和人员的投入得到合理利用。

第二，设置合理的激励机制，激励高管人员关注创新活动，做出合理的创新决策。高管人员出于对自身利益的考虑会避免风险较高的创新活动，进而导致公司可能错失转型升级的良机，在设置激励机制时，应充分考虑创新活动的特点，合理分配创新相关的成本。在国有企业中，

应充分给予高管进行创新决策的保护，增加对创新失败的容忍度，免除高管的后顾之忧，促进其为公司的长远发展适时做出正确的创新决策。

第三，履行社会责任，加强国有企业的创新引领作用。创新不仅是企业自身发展的动力，同时也是整个社会进步的源泉。许多创新活动对企业财务绩效的提升并没有显著的作用，但是却促进了整个行业的发展。与国有企业相比，民营企业具备市场反应更加敏捷、探索新技术意愿更强等优势。国有企业可以将自己的资金优势、人才优势与民营企业的优势实现融合，与民营企业联合开展科技创新攻坚，帮助民营企业承担更多创新风险，与民营企业共享科技创新成果，实现共融共发展。

第七节　国有控股上市公司履行社会责任发展对策

一、制度建设层面的对策建议

第一，强化制度供给，尽快出台具体可行的环境、社会与公司治理（ESG）指引或绿色治理指引。在中国证监会新修订的《上市公司治理准则》及相关研究基础上，加快推出适合我国现阶段国有控股上市公司社会责任发展现状的 ESG 指引或绿色治理指引，率先在国有控股上市公司中实现治理规则的升级，完善国有控股上市公司履行社会责任制度体系，为国有控股上市公司更好履行社会责任提供制度依据。

第二，完善社会责任信息披露制度，规范国有控股上市公司社会责任信息披露行为。在 ESG 框架下，统筹披露公司治理、社会责任和环境保护信息。国有控股上市公司应定期清晰、准确、充分、及时地披露其决策活动对社会和环境的影响，并做好风险预案，为上市公司履行社会责任信息披露搭建具有针对性和操作性的框架，明确"不披露就解释"的披露原则，进一步引导和规范国有控股上市公司的社会责任信息披露行为。

第三，探索建立国有控股上市公司履行社会责任成本的社会分担机制。上市公司履行社会责任具有很强的正外部性，特别是国有控股上市公司履行社会责任的成本巨大，还需政府和社会进行多方统筹。监管部门在大力引导和推动上市公司履行社会责任的过程中也应充分考虑上市公司面临的巨大成本，逐步探索国有控股上市公司履行社会责任成本的分担机制，从源头上为上市公司履行社会责任提供动力。

二、上市公司层面的对策建议

第一，提高股东和投资者的参与程度与互动性。在大数据背景下，将微信、公众号、微博等社交媒体或自媒体平台导入中小股东投票机制之中，保障中小股东参与投票的便捷性，通过降低治理成本，提高小股东参与治理的积极性，更好地保障股东权益；同时，利用自媒体等新型平台提高利益相关者之间的互动和沟通，通过完善公司网站，保障投资者之间的互动和投资者关系的有效管理。

第二，提升上市公司治理和运行的合规性。国有控股上市公司要积极主动适应规则变化和升级，注意化解制度落差引起的规则矛盾，参照《中央企业合规管理指引（试行）》等文件要求积极开展和完善国有控股上市公司合规管理工作，加快提升依法合规经营管理水平，进而协调好与供应商、客户、监管部门等利益相关者的关系，促进上市公司持续健康发展。

第三，增强履行社会责任的价值相关性。国有控股上市公司履行社会责任能够提升上市公司企业价值、市值和经济增加值，但价值相关性仍有待进一步提升。国有控股上市公司，特别是中央企业控股上市公司应积极通过价值经营等方式促进价值实现，使得履行社会责任的上市公司得到市场和投资者的认可，实现公司长期价值。

参考文献

[1] 毕茜, 于连超. 环境税的企业绿色投资效应研究——基于面板分位数回归的实证研究 [J]. 中国人口·资源与环境, 2016, 26 (3): 76-82.

[2] 蔡学军, 张莉. 上市公司市值管理评价体系优化探索 [J]. 财会通讯, 2017, 40 (2): 69-73.

[3] 曹洪军, 陈好孟. 不确定环境下我国绿色信贷交易行为的博弈分析 [J]. 金融理论与实践, 2010 (2): 17-22.

[4] 曾贤刚. 中国区域环境效率及其影响因素 [J]. 经济理论与经济管理, 2011 (10): 103-110.

[5] 陈海若. 绿色信贷研究综述与展望 [J]. 金融理论与实践, 2010 (8): 90-93.

[6] 陈红, 杨凌霄. 我国国有控股上市公司治理: 现实困境及制度求解——基于双重委托代理理论的分析框架 [J]. 当代经济研究, 2012 (3): 64-69.

[7] 陈宏辉, 贾生华. 企业社会责任观的演进与发展: 基于综合性社会契约的理解 [J]. 中国工业经济, 2003 (12): 85-92.

[8] 陈钰芬, 陈劲. 开放式创新促进创新绩效的机理研究 [J]. 科研管理, 2009, 30 (4): 1-9.

[9] 成思危. 中国股市回顾与展望: 2002-2013 [M]. 北京: 科学出版社, 2015.

[10] [英] 大卫·皮尔斯等. 绿色经济的蓝图 [M]. 何晓军译. 北京: 北京师范大学出版社, 1996.

[11] 丁祖荣, 陈舜友, 李娟. 绿色管理内涵拓展及其构建 [J]. 科技进步与对策, 2008, 25 (9): 14-17.

[12] 高汉祥, 郑济孝. 公司治理与企业社会责任: 同源、分流与融合 [J]. 会计研究, 2010 (6): 32-36.

[13] 高明华, 苏然, 方芳. 中国上市公司董事会治理评价及有效性检验 [J]. 经济学动态, 2014 (2): 24-35.

[14] 国企改革历程编写组. 国企改革历程 1978-2018 [M]. 北京: 中国经济出版社, 2019.

[15] 郝臣. 现代企业学 [M]. 北京: 清华大学出版社, 2021.

[16] 郝臣. 中国上市公司治理案例 [M]. 北京: 中国发展出版社, 2009.

[17] 胡鞍钢, 周绍杰. 绿色发展: 功能界定、机制分析与发展战略 [J]. 中国人口·资源与环境, 2014, 24 (1): 14-20.

[18] 胡美琴, 骆守俭. 基于制度与技术情境的企业绿色管理战略研究 [J]. 中国人口·

资源与环境，2009，19（6）：75-79.

[19] 胡美琴，骆守俭. 企业绿色管理战略选择——基于制度压力与战略反映的视角 [J].
工业技术经济，2008，27（2）：11-14.

[20] 黄珺，周春娜. 股权结构、管理层行为对环境信息披露影响的实证研究——来自沪市
重污染行业的经验证据 [J]. 中国软科学，2012（1）：133-143.

[21] 黄晓春. 非协同治理与策略性对应——社会组织自主性研究的一个理论框架 [J].
社会学研究，2014（6）：99-123.

[22] 黄永春，姚山季. 产品创新与绩效：基于元分析的直接效应研究 [J]. 管理学报，
2010，7（7）：1027-1031.

[23] 纪莺莺. 当代中国的社会组织：理论视角与经验研究 [J]. 社会学研究，2013（5）：
219-241.

[24] 贾生华，郑海东. 企业社会责任：从单一视角到协同视角 [J]. 浙江大学学报（人
文社会科学版），2007，37（2）：79-87.

[25] 蒋洪伟，韩文秀. 绿色供应链管理：企业经营管理的趋势 [J]. 中国人口·资源与
环境，2000，10（4）：90-92.

[26] 颉茂华，刘艳霞，王晶. 企业环境管理信息披露现状、评价与建议——基于 72 家上
市公司 2010 年报环境管理信息披露的分析 [J]. 中国人口·资源与环境，2013，23（2）：136-
141.

[27] 蓝天祥，陈阳，刘强等. 市值的博弈：市值管理理论、实践与探索 [M]. 北京：中
国金融出版社，2011.

[28] 黎文靖，胡玉明. 国企内部薪酬差距激励了谁？[J]. 经济研究，2012（12）：
125-136.

[29] 黎文靖，郑曼妮. 实质性创新还是策略性创新？——宏观产业政策对微观企业创新的
影响 [J]. 经济研究，2016，51（4）：60-73.

[30] 李碧珍. 企业社会责任缺失：现状、根源、对策——以构建和谐社会为视角的解读
[J]. 企业经济，2006（6）：12-15.

[31] 李立清，李燕凌. 企业社会责任研究 [M]. 北京：人民出版社，2005.

[32] 李姝，谢晓嫣. 民营企业的社会责任、政治关联与债务融资——来自中国资本市场的
经验证据 [J]. 南开管理评论，2014，17（6）：30-40.

[33] 李四海，江新峰，宋献中. 高管年龄与薪酬激励：理论路径与经验证据 [J]. 中国
工业经济，2015（5）：122-134.

[34] 李维安，程新生. 公司治理评价及其数据库建设 [J]. 中国会计评论，2005，3
（2）：387-400.

[35] 李维安，郝臣. 公司治理手册 [M]. 北京：清华大学出版社，2015.

[36] 李维安，刘绪光，陈靖涵. 经理才能、公司治理与契约参照点——中国上市公司高管
薪酬决定因素的理论与实证分析 [J]. 南开管理评论，2010，13（2）：4-15.

[37] 李维安，邱艾超. 国有企业公司治理的转型路径及量化体系研究 [J]. 科学学与科
学技术管理，2009（4）：168-171.

[38] 李维安，徐建，姜广省. 绿色治理准则：实现人与自然的包容性发展 [J]. 南开管
理评论，2017，20（5）：23-28.

［39］李维安，张耀伟，郑敏娜，李晓琳，崔光耀，李惠．中国上市公司绿色治理及其评价研究［J］．管理世界，2019，35（5）：126-133.

［40］李维安．"绿色管理"：后金融危机时代管理新趋势［J］．南开管理评论，2009（6）：1.

［41］李维安．"中国公司治理原则"问题笔谈中国公司治理原则——世界潮流与企业改革的呼唤［J］．南开大学学报，2001（1）：1-5.

［42］李维安．对计划经济制度下企业治理制度的考察［J］．三田商学研究，1996（2）：125-141.

［43］李维安等．非营利组织管理学［M］．北京：高等教育出版社，2013.

［44］李维安等．公司治理评价与指数研究［M］．北京：高等教育出版社，2005.

［45］李维安等．公司治理学（第二版）［M］．北京：高等教育出版社，2009.

［46］李维安等．公司治理学（第三版）［M］．北京：高等教育出版社，2016.

［47］李维安等．公司治理学（第一版）［M］．北京：高等教育出版社，2005.

［48］李维安．绿色治理：超越国别的治理观［J］．南开管理评论，2016（6）：1.

［49］李维安．社会组织治理转型：从行政型到社会型［J］．南开管理评论，2015（4）：1.

［50］李维安．演进中的中国公司治理：从行政型治理到经济型治理［J］．南开管理评论，2009（1）：1.

［51］李维安等．中国公司治理与发展报告2012［M］．北京：北京大学出版社，2012.

［52］李维安等．中国公司治理与发展报告2013［M］．北京：北京大学出版社，2014.

［53］李维安等．中国公司治理与发展报告2015［M］．北京：北京大学出版社，2016.

［54］李维安等．中国上市公司治理评价研究报告2015［M］．北京：商务印书馆，2016.

［55］李维安等．中国上市公司治理准则修订案报告［M］．北京：经济科学出版社，2018.

［56］李维安等．中国上市公司治理评价研究报告2018［M］．北京：商务印书馆，2021.

［57］李维安等．公司治理［M］．天津：南开大学出版社，2001.

［58］李维安等．绿色治理准则与国际规则比较［M］．北京：科学出版社，2018.

［59］李维安等．中国公司治理：转型与完善之路［M］．北京：机械工业出版社，2013.

［60］李伟阳，肖红军．企业社会责任的逻辑［J］．中国工业经济，2011（10）：87-97.

［61］李卫宁，吴坤津．企业利益相关者、绿色管理行为与企业绩效［J］．科学学与科学技术管理，2013，34（5）：89-96.

［62］李文贵，余明桂．民营化企业的股权结构与企业创新［J］．管理世界，2015（4）：112-125.

［63］李晓西，赵峥，李卫锋．完善国家生态治理体系和治理能力现代化的四大关系——基于实地调研及微观数据的分析［J］．管理世界，2015（5）：1-5.

［64］李怡娜，叶飞．制度压力、绿色环保创新实践与企业绩效关系——基于新制度主义理论和生态现代化理论视角［J］．科学学研究，2011（12）：1884-1893.

［65］李忆，司有和．探索式创新、利用式创新与绩效：战略和环境的影响［J］．南开管理评论，2008（5）：4-12.

［66］厉以宁，朱善利，罗来军等．低碳发展作为宏观经济目标的理论探讨——基于中国情

形 [J]．管理世界，2017（6）：1-8.

　　[67] 刘林艳，宋华．"绿色"公司作用于企业绩效吗？——基于美国和中国的一项对比研究 [J]．科学学与科学技术管理，2012，33（2）：104-114.

　　[68] 刘亚莉，王新，魏倩．慈善组织财务信息披露质量的影响因素与后果研究 [J]．会计研究，2013（1）：76-83.

　　[69] 鲁桐，吴国鼎．中小板、创业板上市公司治理评价 [J]．学术研究，2016（5）：79-86.

　　[70] 鲁桐，仲继银，叶扬，于换军，吴国鼎，党印．中国中小上市公司治理研究 [J]．学术研究，2014（6）：64-71.

　　[71] 陆国庆．中国中小板上市公司产业创新的绩效研究 [J]．经济研究，2011，46（2）：138-148.

　　[72] 逯东，王运陈，付鹏．CEO激励提高了内部控制有效性吗？——来自国有上市公司的经验证据 [J]．会计研究，2014（6）：66-72.

　　[73] 罗文恩，周延风．中国慈善组织市场化研究——背景、模式与路径 [J]．管理世界，2010（12）：65-89.

　　[74] 马骏．论构建中国绿色金融体系 [J]．金融论坛，2015（5）：18-27.

　　[75] 马永斌．市值管理与资本实践 [M]．北京：清华大学出版社，2018.

　　[76] 毛其淋，许家云．中国企业对外直接投资是否促进了企业创新 [J]．世界经济，2014，37（8）：98-125.

　　[77] 毛勇春．市值管理方略 [M]．上海：同济大学出版社，2012.

　　[78] 毛勇春．市值管理新论——从定性到定量 [M]．上海：同济大学出版社，2015.

　　[79] 孟智．新常态下国企混合所有制改革的原因及选择 [J]．现代经济信息，2018（11）：128.

　　[80] 南开大学中国公司治理研究院公司治理评价课题组．中国上市公司治理评价与指数报告 [J]．管理世界，2008（1）：145-151.

　　[81] 南开大学中国公司治理研究院公司治理评价课题组．中国上市公司治理评价与指数分析 [J]．管理世界，2007（5）：104-114.

　　[82] 南开大学中国公司治理研究院公司治理评价课题组．中国上市公司治理指数与公司绩效的实证分析 [J]．管理世界，2006（3）：104-113.

　　[83] 南开大学中国公司治理研究院公司治理评价课题组．中国上市公司治理状况评价研究 [J]．管理世界，2010（1）：142-151.

　　[84] 欧阳瑞．从生态经济学的发展谈绿色金融 [J]．金融与经济，2005（6）：54-55.

　　[85] 任辉．环境保护、可持续发展与绿色金融体系构建 [J]．现代经济探讨，2009（10）：85-88.

　　[86] 邵福泽，周伟．开放式创新、战略柔性与创新绩效——一个交互效应模型 [J]．科技进步与对策，2016，33（9）：1-7.

　　[87] 深圳市国有资产管理研究会课题组．国有资产出资人履职模式比较研究 [M]．深圳：海天出版社，2010.

　　[88] 沈灏，魏泽龙，苏中锋．绿色管理研究前沿探析与未来展望 [J]．外国经济与管理，2010（11）：18-25.

［89］沈红波，谢越，陈峥嵘．企业的环境保护、社会责任及其市场效应——基于紫金矿业环境污染事件的案例研究［J］．中国工业经济，2012（1）：141-151.

［90］沈洪涛，黄珍，郭肪汝．告白还是辩白——企业环境表现与环境信息披露关系研究［J］．南开管理评论，2014，17（2）：56-63.

［91］沈奇泰松，葛笑春，宋程成．合法性视角下制度压力对 CSR 的影响机制研究［J］．科研管理，2014，35（1）：123-130.

［92］施光耀，刘国芳，梁彦军．中国上市公司市值管理评价研究［J］．管理学报，2008，16（1）：78-87.

［93］施光耀，刘国芳．市值管理理论［M］．北京：北京大学出版社，2008.

［94］石军伟，胡立君，付海艳．企业社会责任，社会资本与组织竞争优势：一个战略互动视角——基于中国转型期经验的实证研究［J］．中国工业经济，2009（11）：87-98.

［95］舒绍福．绿色发展的环境政策革新：国际镜鉴与启示［J］．改革，2016（3）：102-109.

［96］宋建波，李爱华．企业社会责任的公司治理因素研究［J］．财经问题研究，2010（5）：23-29.

［97］宋建波，盛春艳．基于利益相关者的企业社会责任评价研究——以制造业上市公司为例［J］．中国软科学，2009（10）：153-163.

［98］宋岩，宋爽．股权质押与市值管理：基于中国沪深股市 A 股上市公司的实证检验［J］．中国管理科学，2019，36（6）：10-20.

［99］孙文祥，王武魁．绿色管理——企业可持续发展的必然选择［J］．北京林业大学学报（社会科学版），2002，1（1）：62-66.

［100］唐国平，李龙会，吴德军．环境管制、行业属性与企业环保投资［J］．会计研究，2013（6）：83-89.

［101］汪波，白彦壮，李敏．企业可持续发展的绿色供应链管理研究［J］．科学管理研究，2004，22（1）：5-9.

［102］汪应洛，王能民，孙林岩．绿色供应链管理的基本原理［J］．中国工程科学，2003，5（11）：82-87.

［103］王名，贾西津．中国 NGO 的发展分析［J］．管理世界，2002（9）：30-45.

［104］王能民，孙林岩，汪应洛．绿色供应链管理［M］．北京：清华大学出版社，2005.

［105］王能民，汪应洛，杨彤．绿色供应链管理的研究进展及趋势［J］．管理工程学报，2007，21（2）：118-122.

［106］王书斌，徐盈之．环境规制与雾霾脱钩效应——基于企业投资偏好的视角［J］．中国工业经济，2015（4）：18-30.

［107］王晓岭，武春友，于文嵩．绿色增长驱动因素的国际比较研究——基于"20 国集团（G20）"面板数据的实证检验［J］．北京理工大学学报（社会科学版），2015，17（6）：12-20.

［108］王晓巍，陈慧．基于利息相关者的企业社会责任与企业价值关系研究［J］．管理科学，2011，24（6）：29-37.

［109］王站杰，买生．企业社会责任、创新能力与国际化战略——高管薪酬激励的调节作用［J］．管理评论，2019，31（3）：193-202.

［110］翁世淳.从价值创造到市值管理：价值管理理论变迁研究评述［J］.会计研究，2010，31（4）：74-80.

［111］吴德军，唐国平.环境会计与企业社会责任研究——中国会计学会环境会计专业委员会2011年年会综述［J］.会计研究，2012（1）：93-96.

［112］吴敬琏.论现代企业制度［J］.财经研究，1994（2）：3-13.

［113］吴敬琏.什么是现代企业制度［J］.改革，1994（1）：17-34.

［114］吴敬琏.现代公司与企业改革［M］.天津：天津人民出版社，1994.

［115］武春友，朱庆华，耿勇.绿色供应链管理与企业可持续发展［J］.中国软科学，2001（3）：67-70.

［116］武立东.中国民营上市公司治理及其评价研究［M］.天津：南开大学出版社，2007.

［117］谢风华.市值管理［M］.北京：清华大学出版社，2008.

［118］徐二明，李维光.中国企业战略管理四十年（1978—2018）：回顾、总结与展望［J］.经济与管理研究，2018，39（9）：3-16.

［119］徐寿福，徐龙炳.信息披露质量与资本市场估值偏误［J］.会计研究，2015，36（1）：40-47.

［120］徐伟，张荣荣，刘阳，刘鹏.分类治理、控股方治理机制与创新红利——基于国有控股上市公司的分析［J］.南开管理评论，2018（3）：90-102.

［121］薛军堂，王嘉.基于绿色管理视角的政府管理创新［J］.科技管理研究，2008，28（6）：22-24.

［122］薛求知，高广阔.跨国公司生态态度和绿色管理行为的实证分析——以上海部分跨国公司为例［J］.管理世界，2004（6）：106-112.

［123］薛求知，李茜.跨国公司绿色管理研究脉络梳理［J］.经济管理，2012（12）：184-193.

［124］严若森.中国非营利组织的政府性异化及其适应性治理［J］.管理世界，2010（7）：167-168.

［125］杨俊，邵汉华，胡军.中国环境效率评价及其影响因素实证研究［J］.中国人口·资源与环境，2010，20（2）：49-55.

［126］杨立华.构建多元协作性社区治理机制解决集体行动困境——一个"产品—制度"分析（PIA）框架［J］.公共管理学报，2007，4（2）：6-23.

［127］易莹.市值管理：首要把握核心理念［J］.证券市场导报，2014，24（11）：1-1.

［128］原毅军，孔繁彬.中国地方财政环保支出、企业环保投资与工业技术升级［J］.中国软科学，2015（5）：139-148.

［129］张兵生.政府绿色管理：基本依据、构建路径和战略着力点［J］.中国行政管理，2007（4）：8-11.

［130］张成，陆旸，郭路，于同申.环境规制强度和生产技术进步［J］.经济研究，2011（2）：113-124.

［131］张功富.政府干预、环境污染与企业环保投资［J］.经济与管理研究，2013（9）：38-44.

［132］张济建，苗晴.中国上市公司市值管理研究［J］.会计研究，2010，31（4）：

82-88.

[133] 张维迎．所有制、治理结构及委托—代理关系——兼评崔之元和周其仁的一些观点 [J]．经济研究，1996（9）：3-16.

[134] 赵曙明．企业社会责任的要素、模式与战略最新研究综述 [J]．外国经济与管理，2009，31（1）：2-8.

[135] 郑迎飞，赵旭．我国企业的环保战略选择——绿色供应链管理 [J]．环境保护，2002（6）：42-44.

[136] 中国公司治理评价课题组．2019 中国公司治理评价报告 [R]．中国公司治理研究院，2019.

[137] 中国公司治理研究院绿色治理评价课题组．2018 中国上市公司绿色治理评价报告 [R]．中国公司治理研究院，2018.

[138] 中国企业家调查系统，李兰，张泰，李燕斌，盛来运，于武，贡森，丛亮，王克良，吴频，余明勤，杨元伟，余平，郝玉峰，李强，樊纲，路江涌，彭泗清，潘建成，郝大海，仲为国．新常态下的企业创新：现状、问题与对策——2015·中国企业家成长与发展专题调查报告 [J]．管理世界，2015（6）：22-33.

[139] 周冬华，黄佳，赵玉洁．员工持股计划与企业创新 [J]．会计研究，2019（3）：63-70.

[140] 周中胜，何德旭，李正．制度环境与企业社会责任履行：来自中国上市公司的经验证据 [J]．中国软科学，2012（10）：59-68.

[141] 朱庆华，窦一杰．基于政府补贴分析的绿色供应链管理博弈模型 [J]．管理科学学报，2011，14（6）：86-95.

[142] 朱庆华，窦一杰．绿色供应链中政府与核心企业进化博弈模型 [J]．系统工程理论与实践，2007，12（12）：85-89.

[143] 朱庆华，赵清华．绿色供应链管理及其绩效评价研究述评 [J]．科研管理，2005，26（4）：93-98.

[144] 朱庆华．绿色供应链管理 [M]．北京：化学工业出版社，2004.

[145] 朱有明，杨金石．中国社会组织协同治理模式研究 [M]．上海：上海交通大学出版社，2016.

[146] 邹伟进，裴宏伟，王进．基于委托代理模型的企业环境行为研究 [J]．中国人口·资源与环境，2014，24（163）：60-63.

[147] Ararat M，Black B S，Yurtoglu B B. The Effect of Corporate Governance on Firm Value and Profitability：Time-Series Evidence from Turkey [J]．Emerging Markets Review，2016，30（3）：113-132.

[148] Aydin A D，Ozcan A. Corporate Governance and Firm Performance：Recent Evidence from Borsa Istanbul（BIST）Corporate Governance Index（XKURY）[J]．Research Journal of Finance and Accounting，2015，14（6）：198-204.

[149] Bansal P R，Roth K B P. Why Companies Go Green：A Model of Ecological Responsiveness [J]．Academy of Management Journal，2000，43（4）：717-736.

[150] Bansal P. Building Sustainable Value through Fiscal and Social Responsibility [J]．IVEY Business Journal，2005，1（11）：1-8.

［151］Buysse K, Verbeke A. Proactive Environmental Strategies: A Stakeholder Management Perspective［J］. Strategic Management Journal, 2003, 24（5）: 453-470.

［152］Calza F, Profumo G, Tutore I. Corporate Ownership and Environmental Proactivity［J］. Business Strategy & the Environment, 2016, 25（6）: 369-389.

［153］Cameron K. A Study of Organizational Effectiveness and its Predictors［J］. Management Science, 1986, 32（1）: 87-112.

［154］Carver J. Boards that Make a Difference: A New Design for Leadership in Nonprofit and Public Organization［M］. San Francisco: Jossey-bass, 1990.

［155］ChenJ J, Cheng X, Gong S X, Tan Y. Do Higher Value Firms Voluntarily Disclose More Information? Evidence from China［J］. The British Accounting Review, 2014, 46（1）: 6-32.

［156］Christmann P. Effects of "Best Practices" of Environmental Management on Cost Advantage: The Role of Complementary Assets［J］. Academy of Management Journal, 2000, 43（4）: 663-680.

［157］Clyde E H, Brain H. Innovation in Non-profit and For-profit Organizations: Visionary, Strategic, and Financial Considerations［J］. Journal of Change Management, 2006, 6（1）: 53-65.

［158］Darnall N, Henriques I, Sadorsky P. Adopting Proactive Environmental Strategy: The Influence of Stakeholders and Firm Size［J］. Journal of Management Studies, 2010, 47（6）: 1072-1094.

［159］Das S C. Corporate Governance in India: An Evaluation［M］. Delhi: PHI Learning Pvt. Ltd. , 2012.

［160］Dees J G. Enterprising nonprofit［J］. Harvard Business Review, 1998, 76（1）: 55-67.

［161］Eells R S F. The Meaning of Modern Business: An Introduction to the Philosophy of Large Corporate Enterprise［M］. New York: Columbia University Press, 1960.

［162］Fallatah Y. Corporate Governance and Firm Performance and Value in Saudi Arabia［J］. African Journal of Business Management, 2012, 6（36）: 10025-10034.

［163］Fineman S, Clarke K. Green Stakeholders: Industry Interpretations and Response［J］. Journal of Management Studies, 1996, 33（6）: 715-730.

［164］Freeman R E, Evan W M. Corporate Governance: A Stakeholder Interpretation［J］. Journal of Behavioral Economics, 1990, 19（4）: 337-359.

［165］Gibson MS. Is Corporate Governance Ineffective in Emerging Markets?［J］. Journal of Financial and Quantitative Analysis, 2003, 38（1）: 231-252.

［166］Goldsmith S, Eggers W D. Governing by Network: The New Shape of the Public Sector. Brookings Institution Press and the Innovations in American Government Program at the John F［M］. Washington: Kennedy School of Government at Harvard University, 2005.

［167］GRI. Sustainability Reporting Guidelines－G3 Sustainability Reporting Guidelines［R］. Amsterdam, 2006.

［168］Hart S L. A Natural-Resource-Based View of the Firm［J］. Academy of Management Review, 1995, 20（4）: 986-1014.

［169］Henriques I, Sodorsky P. The Relationship between Environmental Commitment and Managerial Perceptions of Stakeholder Importance ［J］. Academy of Management Journal, 1999, 42 (1): 87-99.

［170］ Ilinitch A Y, Soderstrom NS, Thomas T E. Measuring Corporate Environmental Performance ［J］. Journal of Accounting and Public Policy, 1998 (17): 383-408.

［171］ Ilinitch A Y, Soderstrom N S, Thomas T E. Revising the Relation between Environmental Perforamnce and Environmental Disclosure: An Empirical Analysis ［J］. Accounting, Organization, and Society, 2008 (1): 201-226.

［172］ ISO. ISO 14031: Environmental Performance Evaluation: Guidelines ［R］. Geneva ISO, 1995.

［173］ Jennings P D, Zandbergen P A. Ecologically Sustain Able Organizations: An Institutional Approach ［J］. Academy of Management Review, 1995, 4 (20): 1015-1052.

［174］ Jensen M C, Meckling W H. Theory of the Firm: Managerial Behavior, Agency Costs and Ownership Structure ［J］. Journal of Financial Economics, 1976 (3): 305-360.

［175］ Jensen M C. The Takeover Controversy: The Restructuring of Corporate America ［Z］. Social Science Electronic Publishing, 1987.

［176］ Klassen R D, McLaughlin C P. The Impact of Environmental Management on Firm Performance ［J］. Management Science, 1996, 42 (8): 1199-1214.

［177］ Klassen R D, Whybark D C. The Impact of Environmental Technologies on Manufacturing Performance ［J］. Academy of Management Journal, 1999, 42 (6): 599-615.

［178］ Kuntz L, Pulm J, Wittland M. Hospital Governance and the Structure of German Hospital Supervisory Boards ［J］. Gesundheitswesen, 2014, 76 (6): 392-398.

［179］ Li J, Yang J, Yu Z. Does Corporate Governance Matter in Competitive Industries? Evidence from China ［J］. Pacific-Basin Finance Journal, 2017, 43 (6): 238-255.

［180］ Mcwilliams A, Siegel D. Corporate Social Responsibility and Financial Performance: Correlation or Misspecification? ［J］. Strategic Management Journal, 2000, 21 (5): 603-609.

［181］ Melnyk S A, Sroufe R P, Calantone R. Assessing the Impact of Environmental Management Systems on Corporate and Environmental Performance ［J］. Journal of Operations Management, 2003, 21 (3): 329-351.

［182］ Towards Green Growth: Monitoring Progress-OECD Indicators ［R］. OECD, 2012.

［183］ Ostrom E. Governing the Commons: The Evolution of Institutions for Collective Action ［M］. Cambridge: Cambridge University Press, 1990.

［184］ Peng P. Harmony between Human Being and Nature, Dao Obeys Nature—Analyze the Philosophic Thinking and the Cultural Spirit that Implicate in the Classical Landscape Gardening Art and The Enlightenment to the Modern Design ［J］. Art & Design, 2007.

［185］ Post C, Rahman N, Rubow E. Green governance: Boards of Directors' Composition and Environmental Corporate Social Responsibility ［J］. Business & Society, 2011, 50 (1): 189-223.

［186］ Provan K G, Milward H B. Do Networks Really Work? A Framework for Evaluating Public-Sector Organizational Networks ［J］. Public Administration Review, 2001, 61 (4): 414-423.

［187］ Puyvelde S V, Caers R, BoisC D. The Governance of Nonprofit Organizations: Integrating Agency Theory with Stakeholder and Stewardship Theories ［J］. Nonprofit and Voluntary Sector Quarterly, 2012, 41 (3): 431-451.

[188] Rogers E M. Diffusion of Innovations: Fifth Edition [M]. New York: Free Press, 2003.

[189] Rugman A M, Verbeke A. Corporate Strategy and International Environmental Policy [J]. Journal of International Business Studies, 1998, 29 (4): 819-833.

[190] Sarkisa J, Gonzalez-Torreb P, Adenso-Diazb B. Stakeholder Pressure and the Adoption of Environmental Practices: The Mediating Effect of Training [J]. Journal of Operations Management, 2010, 28 (2): 163-176.

[191] Schmidheiny S. Changing Course: A Global Business Perspective on Development and The Environment [M]. Massachusetts: MIT Press, 1992.

[192] Sharma S, Verdenburg H. Proactive Corporate Environmental Strategy and The Development of Competitively Valuable Organizational Capabilities [J]. Strategic Management Journal, 1998, 8 (19): 729-753.

[193] Shleifer A, Vishny R W. A Survey of Corporate Governance [J]. The Journal of Finance, 1997, 52 (2): 737-783.

[194] Shrivastava P, Hart S. Creating Sustainable Corporations [J]. Business Strategy and Environment, 1995, 4 (3): 154-165.

[195] Smart B. Beyond Compliance: A New Industry View of The Environment [J]. Washington, DC: World Resources Institute, 1992.

[196] Strenger C. The Corporate Governance Scorecard: A Tool for the Implementation of Corporate Governance [J]. Corporate Governance: An International Review, 2004, 12 (1): 11-15.

[197] Theyel G. Management Practices for Environmental Innovation and Performance [J]. International Journal of Operations & Production Management, 2010, 20 (2): 249-266.

[198] Thomas P G. Accountability: Introduction, In: Peters B. G., Jon Pierre (eds), Handbook of Public Administration [M]. London: SAGE Publications, 2003.

[199] Vafeas N. Board Meeting Frequency and Firm Performance [J]. Journal of Financial Economics, 1999, 53 (6): 113-142.

[200] Venkatraman N, Ramanujam V. Measurement of Business Performance in Strategy Research: A Comparison of Approaches [J]. The Academy of Management Review, 1986, 11 (4): 801-814.

[201] Williamson O E. Corporate Governance [J]. Yale Law Journal, 1984, 93 (7): 1197-1230.

[202] Inclusive Green Growth: The Pathway to Sustainable Development [R]. World Bank, 2012.

[203] Zsolnail. Environmental Ethics for Business Sustainability [J]. International Journal of Social Economics, 2011, 38 (11): 892-899.

后　记

为进一步优化国有资本布局，完善国有资本监管体系，加快建设中国特色现代国有企业制度，造就世界一流企业，2018 年 12 月，由我担任课题组首席专家，包括南开大学中国公司治理研究院和国务院国资委研究中心在内共计 30 余位成员的《国有控股上市公司发展报告》课题组正式组建。课题组在构建包括公司治理（发展保障）、市值管理（发展工具）、经营机制市场化（发展前提）、创新（发展动力）、社会责任（发展基石）等维度的国有控股上市公司发展模型的基础上，利用公开数据完成了以国有控股上市公司为研究对象的系统性发展报告，并顺利通过了评审专家的评审。

评审组专家认为，该报告是我国首部以国有控股上市公司为研究对象的发展报告，构建了国有控股上市公司发展模型并加入了发展维度与绩效的相关性分析，因而研究结果更具现实价值。评审专家同时指出，宏观上，该报告构建的国有控股上市公司发展模型为国资委、证监会等相关监管机构优化监管制度，制定深化国有企业改革的政策提供了重要参考依据；微观上，国有企业也可以根据该研究报告对自身的发展情况进行对照检验。在课题结项报告的基础上，南开大学中国公司治理研究院课题组成员进一步修改和完善，形成了呈现在各位读者面前的《国有控股上市公司发展报告》。

《国有控股上市公司发展报告》一书从公司治理、市值管理、经营机制市场化、创新、社会责任多个维度对我国国有控股上市公司的发展状况进行了客观评价并提出了相关改进建议。本书的具体写作分工如下：我和郝臣负责报告总体框架设计，第一章初稿由张耀伟和曹甜甜撰写，第二章初稿和第三章初稿由孟乾坤撰写，第四章初稿由孟乾坤和郑敏娜撰写，第五章初稿由郝臣、吴德胜、曹甜甜、王鹏程、张国萍、程新生等撰写，第六章初稿和第十一章初稿由李姝和杜亚光撰写，第七章初稿和第十二章初稿由徐建撰写，第八章初稿和第十三章初稿由牛建波和周家宝撰写，第九章初稿由崔光耀和郑敏娜撰写，第十章初稿由郝臣和刘昱沛撰写，第十四章初稿由崔光耀撰写，第十五章初稿由王鹏程撰写；初稿完成后，崔光耀和孟乾坤负责报告合成、图表编辑和参考文献整理工作；最后，由我和郝臣负责定稿。

长期以来，为完善国有企业公司治理，推动国有企业改革进程，南开大学中国公司治理研究院团队先后承接了国务院国资委的"中国国有独资公司董事会建设问题研究"（2005 年）、"中国国有企业领导班子及成员评价指标体系研究"（2005 年）、"国有公司董事评价问题研究"（2005 年）、"整体改制上市中央企业监事会监督模式研究"（2009 年）等研究课题，为我国国有企业深化改革发展提供了客观依据和理论支撑。

本报告获得国家自然科学基金项目（72174096）、南开大学人文社会科学基本科研业务费专项资金的资助，在此表示衷心感谢。感谢本报告出版过程中提供宝贵建议的专家学者和企业高管；感谢经济管理出版社杨世伟社长的鼎力支持和出版社胡茜等编辑专业和严谨的审校工作。

李维安

2021 年 11 月 15 日

于南开园